선진유학사상의 심리학적 함의

서강학술총서
003

선진유학사상의 심리학적 함의

조긍호 지음

서강대학교출판부

서강학술총서 003

선진유학사상의 심리학적 함의

초판발행 | 2008년 10월 30일
지 은 이 | 조긍호
발 행 인 | 손병두
편 집 인 | 우찬제
발 행 처 | 서강대학교 출판부
등록번호 | 1978년 9월 28일 제10-50호

주　　소 | 서울특별시 마포구 신수동 1번지
전　　화 | (02) 705-8212
팩　　스 | (02) 705-8612

ISBN 978-89-7273-142-9　94180
ISBN 978-89-7273-139-9(세트)

값 35,000원

* '서강학술총서'는 SK SUPEX 기금의 후원으로 제작됩니다.

올해는 필자의 갑년(甲年)이다. 필자는 무자생(戊子生)인데 올해가 다시 무자년이니, 일주갑(一周甲)을 돌아 육십 년이 지났다. 주갑(周甲)을 맞았다고 해서 특별한 감회는 없다. 다만 세월이 너무 빠르다는 사실을 통감할 밖에……. 아직도 장래의 꿈에 들뜬 떠꺼머리인 것 같은 느낌인데, 어느덧 머릿밑이 희끗한 육십 객이 되어, 앞날보다 지난날이 더 정겨워지다니 도대체 믿어지지가 않는다. 옛 선인(先人)은 "소년은 쉬이 늙고 학문을 이루기는 어려우니, 단 한 순간이라도 가벼이 여길 수 없다"(少年易老學難成 一寸光陰不可輕)고 경계하셨는데, 공부하는 사람으로서 학문적으로 이루어놓은 것도 없이 나이만 먹었으니, 선인의 가르침을 따르지 못한 부끄러움에 저절로 가슴이 막막해지고 머리가 숙여질 따름이다.

지금까지 필자가 출간한 동양심리학 또는 문화심리학 관계의 책이 네 권이다(『유학심리학: 맹자 · 순자 편』, 1998년, 나남출판; 『한국인 이해의 개념틀』, 2003년, 나남출판; 『이상적 인간형론의 동 · 서 비교: 새로운 심리학의 가능성 탐색 I』, 2006년, 지식산업사; 『동아시아 집단주의의 유학사상적 배경: 심리학적 접근』, 2007년, 지식산업사). 이 네 권에 대한 친구들의 평을 들어보면, 필자의 책에 관해 일반인들이 가지고 있는 생각을 다음의 두 가지로 가늠해볼 수 있다. 첫째는 책이 너무 두껍다는 것이다. "너는 뭐 할 말이 그리 많아?"라는 것이 친구들이 필자의 책을 보고 하는 첫 번째 반응이다. 둘째는 책이 너무 난해하다는 것이다. "네 글은 왜 그리 어려워?"라는 것이 친구들의 또 다른 반응이다. 잘 이해되지도 않는데다가 양도 만만치 않아 베개로 사용하기에 딱 알맞으니, 피곤할 때 잠 오는 약으로 안성맞춤이라는 것이 그들의 솔직한 심정인 것이다. 이번 책에 대해서 뿐만 아니라, 앞으로 나올 필자의 책에 대해서도 이들의 반응은 비슷할 것이다. 그러므로 이쯤에서 이 두 가지 비판에 대한 필자의 소견을 솔직하게 밝혀두는 것이 든든한 후원군들인 친구들과 소수의 독자들에 대한 예의가 될 것이라 여겼다. 필자는 할 말이 뭐가 그리도 많을까? 그리고 또 쓰는 글마다 왜 그리도 어려워질까?

필자뿐만이 아니라 무릇 모든 공부하는 사람들의 가장 큰 바램은 좋은 제자를 몇 명 가지는 일이다. 똑똑하고 성실한 제자들이 선생의 생각을 비판하고 수정하여 이를 좀 더 정교하고 세련된 이론으로 체계화해주는 것, 이것이 바로 모든 공부하는 사람들의 꿈일 것이다. 그러기에 선생들은 좋은 제자를 키우기 위해 온 힘을 다 쏟는다. 여기서 말하는 제자란 선생과 같은 분야, 같은 주제를 공부하여 그의 지도로 최소한 석사 이상의 학위를 받은 후, 같은 분야에서 계속 함께 공부하는 그런 사람을 가리킨다. 그러나 필자에게는 그런 제자가 없다. 애석하고도 불행한 일이다.

필자에게 그런 제자가 없는 까닭은, 필자가 몸담고 있는 서강대학교에는 겨우 2006년에 들어서서야 심리학과가 설치되었으므로 그동안 제자 양성의 기회가 원천적으로 봉쇄되었었기 때문이기도 하지만, 필자가 공부하는 분야, 곧 "유학사상에 바탕을 둔 새로운 동양심리학 체계의 정립"이라는 다소 허무맹랑한(?) 공부의 방향이 심리학 전반의 연구 상황을 놓고 볼 때 현재는 매우 궁벽한 연구 분야여서, 선뜻 이를 전공하도록 동도의 후학들에게 권유하기가 힘들었기 때문이기도 하다.

서강대학교 심리학과에 대학원이 설치되는 것은 아직도 몇 년 더 있어야 될 일이고, 심리학 연구의 동향이 현재와 같이 지속된다면 대학원이 설치된다고 해도 필자와 같은 분야를 공부하겠다는 학생은 당분간 없을 것이다. 그러니 현직에 있으면서, 아니 살아 생전에 필자가 제자를 가지는 것은 요원한 일일 것이다. 아마 필자의 팔자에 제자는 없는 모양이다. 그러나 그렇다고 해서 명색이 대학 선생으로서, 공부하는 사람들의 최대의 희망을 포기할 수는 없는 일 아니겠는가? 필자의 방략은 앞으로 50여 년 후, 곧 필자가 죽은 다음에 필자를 사숙(私淑)할 제자를 두어 명 키우자는 것이다.

앞으로 20~30년 후쯤 되면 중국 · 일본 · 한국 · 대만 · 홍콩 · 싱가포르 · 베트남 등 동아시아 유교권 국가들이 세계 경제의 중심축으로 우뚝 서게 될 것이고, 그렇게 되면 인문 · 사회과학 분야 연구자들의 유학사상에 대한 관심이 높아져서, 이를 통해 해당 학문 분야를 재정립하려는 시도들이 학문 세계의 주류를 형성하게 될 것이다. 이때가 되면 필자가 몸담고 있는 심리학 분야에서도 필자가 현재 하고 있는 것과 같은 작업들의 가치가 높아질 것이고, "조긍호를 읽자"는 바람이 불게 될 것이다. 지나치고도 비현실적인 낙관론인지는 모르지만, 필자는 꼭 그렇게 될 것으로 확신한다. 그러니 그때 필자를 찾을 사람들을 위한 준비를 해두자는 것이 필자의 생각이고, 이것이 저술의 모티프가 되고 있다. 필자의 책들이 양이 많고 어려운 배경에는 이러한 모티프가 깔려 있는 것이다.

현세에서 제자를 기를 수 없어 사후에 필자를 사숙할 사람들에게 기대다 보니, 그들에게 필자의 생각을 전달할 유일한 방법은 글로 써서 책으로 남기는 수밖에 없다. 제자들과 대면하여 말로써 의사소통을 할 수가 없으니, 필자가 하고 싶은 말, 해야 할 말, 그리고 할 수 있는 말을 시시콜

콜 글로 써서 전달해야 하는 것이다. 그러니 써야 할 말이 많아질 수밖에 없지 않겠는가? 이것이 필자의 책들이 양이 많고 두꺼워지는 까닭이다. 필자도 부피가 작으면서 예쁜 책을 내고 싶다. 그러나 사정이 허락하지 않는 것을 어찌하랴!

앞으로 50여 년 후에 필자를 사숙할 제자들에게 해야 할 말들을 정리해 보니, 대충 열한 권 정도의 책이 필요할 듯하다. 지금까지 네 권을 펴내고 이번에 또 한 권을 추가하였으니, 아직 여섯 권이 남은 셈이다. 그러나 필자에게 남은 세월은 그리 많지 않다. 벌써 눈이 침침해지니, 필요한 책을 읽다가도 자주 쉬어야 한다. 팔의 힘도 예전 같지 않으니, 원고지를 메우는 일도 버겁게 느껴진다. 무엇보다 큰 일은 기억력이 아주 감퇴하여 바로 전에 찾은 단어를 곧 다시 찾아보아야 할 정도여서, 독서 속도가 점점 느려지고 있다는 사실이다. 필자 나이 벌써 예순하나! 그런대로 맑고 똘똘한 정신으로 버티는 것은 기껏해야 일흔 살 어름까지 일 듯하니, 필자에게 남은 시간은 겨우 십 년 남짓 정도밖에 되지 않는다.

앞으로 남은 십 년 남짓의 시간 동안 아직 못 쓴 여섯 권을 마쳐야 한다. 교정이나 색인 작업 등 책의 출판에 들어가는 이런저런 가외의 일들을 생각해보면, 일 년 내지 일 년 반 정도에 한 권씩을 마쳐야 하는 것이다. 필자의 최대 관심은 남은 시간 동안에 필자가 써야 할 나머지 책들을 모두 출간해내는 일이다. 과연 십 년 동안에 이 일을 다 마칠 수 있을까? 이런 생각을 하면, 마음이 무척 바빠진다. 바로 이 점이 필자의 책이 난해해지는 까닭이다.

책을 쉽게 쓰는 데는 몇 가지 필요한 것이 있다고 생각된다. 그 하나는 재능이다. 글을 쉽고 이해하기 편하게 쓰는 것은 커다란 재능을 필요로 하는 일이다. 이런 재능을 가지고 있는 사람들의 말이나 글은 아주 쉽고 이해하기도 편하다. 또 하나는 시간이다. 비록 글을 쉽게 쓰는 재주가 없더라도, 한번 써놓은 글을 오랜 시간을 두고 고치고 다듬으면, 그런대로 읽기 쉽게 만들 수 있다. 필자도 편하고 쉽게 읽히는 책을 쓰고 싶다. 그러나 필자에게는 그런 재능이 없을 뿐만 아니라, 설상가상으로 시간도 많이 남아 있지 않은 것이다.

이상이 양도 많고 어렵기도 한 필자의 책에 대한 변명이다. 필자는 앞으로 남은 십 년 남짓의 시간 동안 아직 못 쓴 나머지 책들을 마치기 위해 전력투구할 것이다. 이 책은 그러한 과정의 산물로, 필자의 다섯 번째 저술에 해당한다. 그러나 써야 할 책이 아직 여섯 권이나 남아 있다. 그러니 지금까지 이루어놓은 것보다 앞으로 해야 할 일이 더 많은 셈이다. 세월은 자꾸 가고 있는데…….

필자는 지난 20여 년 동안 한국 · 중국 · 일본 같은 동아시아 사회 사람들의 삶의 배경이 되어 왔던 유학사상, 그 중에서도 특히 모든 유학사상의 뿌리인 선진유학(先秦儒學)의 체계에 담긴 심리학적인 함의(含義)를 찾아내려는 작업에 몰두해왔다. 이러한 작업의 과정에서 필자는 유학사상, 특히 선진유학사상은 인간이 태어날 때부터 본유적으로 갖추고 있는 특성에 관한 사색인 인성론(人性論), 이러한 본성을 지닌 사람으로서 지향해야 할 가장 바람직한 이상적 상태에 관한 사색인 군자론(君子論) · 성인론(聖人論), 사회적 존재로서 이러한 이상적 인간이 걸어가야 할 삶의 양식에 관한 사색인 도덕실천론(道德實踐論) · 예론(禮論), 그리고 개인적으로 이러한 이상적 상태를 이루기 위해 인간이 해야 할 일에 관한 사색인 수양론(修養論)의 네 체계로 정리해볼 수 있다는 생각을 하게 되었다. 그 후 유학사상에 담긴 심리학적 함의를 이 네 체계를 중심으로 고찰하면서, 필자는 이러한 유학사상에서 도출되는 심리학의 연구 문제들은 지금까지 전개되어온 현대 서구심리학의 그것과는 매우 다른 모습의 것이 될 수밖

에 없다는 깨달음에 이르게 되었다

고대 그리스로부터 이어져 내려온 서구의 철학적 전통에 기초하고 있는 현대심리학은 인간의 심성(心性)이 지(知)·정(情)·의(意) 세 요소로 구성되어 있다는 삼요소설(三要素說)에 바탕을 두고 전개되어왔으며, 이 세 요소 중에서도 지적인 요소가 핵심이라는 이성중심주의를 주조로 삼아 발전해왔다. 이와는 대조적으로, 유학의 인성론에서는 이 세 요소 말고도 도덕성이 인간의 심성에 본유적으로 갖추어져 있다는 덕(德)·지·정·의 사요소설(四要素說)을 주장하며, 이 네 요소 가운데 도덕성이 핵심이라는 덕성중심주의의 관점을 견지하고 있다. 이러한 유학의 인성론 체계를 통해서는 현대심리학과는 다른 '심리구성체론'을 이끌어낼 수 있다는 것이 필자의 견해이다.

현대 서구인의 삶의 바탕이 되고 있는 자유주의 사조에서는, 타인과 구분되는 독립적이고 평등한 실체인 개인 존재가 사회의 가장 궁극적인 구성 단위라는 개인중심적 인간관의 기초 위에서, 개인이 스스로의 이성적이고도 자유로운 선택을 통해 개체로서 지닌 독특한 능력과 특성을 현실세계에서 최대한 발휘하는 자기실현(自己實現)을 이상적 인간의 기본 조건이라 여겨왔다. 이와는 대조적으로, 더불어 삶을 영위하고 있는 타인과 공동체에 대한 관심과 배려를 축으로 하여 인간 존재를 이해하려는 유학의 군자론·성인론에서는, 사회의 가장 궁극적인 구성 단위는 부자·군신·부부·장유·붕우 같은 사회관계라는 관계중심적 인간관의 바탕 위에서, 수기(修己)를 통해 도덕적 자기완성을 이루어야 할 뿐만 아니라, 이렇게 터득한 도(道)를 타인과 사회에까지 미쳐 그들과 함께 더 나은 공동체를 이루는 자기확대(自己擴大)를 바람직한 인간인 군자와 성인이 되는 핵심이라 여겼다. 이러한 유학의 군자론·성인론 체계를 통해서는 현대심리학과는 다른 '이상적 인간형론'을 도출해낼 수 있다는 것이 필자의 판단이다.

개인중심적 인간관이 지배적인 현대 서구 개인주의 사회에서 사회관계를 보는 기본틀은 사회교환(社會交換)의 관점이다. 이 관점에서는 사회관계란 기본적으로 이기적 본성을 지니고 있는 상호 평등하고 독립적인 개인들이 정보 · 도움 · 보상 · 애정들을 주고받는 교환의 관계라는 기본 전제에서 출발한다. 이러한 교환의 과정에서 개인들은 합리적 선택과 계산을 기초로 자기 이익 최대화를 도모하게 되고, 이 과정에서 필연적으로 빚어지는 이익 갈등을 공정한 교환을 통해 해소하려 한다는 것이 사회교환 관점의 기본 명제이다. 이렇게 사회교환의 관점에는 인간을 철저하고도 합리적인 계산자라고 보는 견해가 바탕에 깔려 있다. 이와는 대조적으로, 가족관계와 같은 사람 사이의 관계를 사회 구성의 기본 단위로 인식하는 유학의 도덕실천론 · 예론에서는, 이러한 사회관계의 융합을 통해 사람들 사이의 조화와 질서를 추구하는 것이 사회관계의 기본 목표라고 여긴다. 유학자들은 이러한 조화롭고 통일된 관계를 이루는 데 가장 필요한 것은, 모든 관계 당사자들이 각 관계에서 각자에게 요구되는 역할을 분명하게 인식하고, 이를 일상생활의 과정에서 충실하게 수행하는 일(正名)이라고 본다. 사회관계의 융합과 조화를 가져오는 역할의 체계가 바로 사회관계에서 요구되는 예와 도덕이다. 이러한 유학의 도덕실천론 · 예론 체계를 통해서는 현대심리학과는 다른 '사회관계론'을 유도해낼 수 있다는 것이 필자의 의견이다.

전통적으로 개인의 자유와 권리를 중시하는 자유주의와 개인주의를 삶의 모토로 삼아온 서구 사회에서는 인간과 환경, 개인과 사회를 대립항으로 놓고, 개인이 외부 환경 자극과 사회로부터 오는 영향력을 주도적으로 제어하여 스스로의 안정성을 유지하는 것이 통제(統制)의 핵심이라 여겨 왔으며, 이러한 환경에 대한 통제력이 삶을 영위할 수 있는 스스로의 능력에 대한 신념 체계인 자기효능감(自己效能感)을 구성하는 중추라고 인식해왔다. 이와는 대조적으로, 사람들 사이의 연계성, 곧 인간의 사회적 존재 특성을 강조하는 유학사상에서는 인간과 자연, 개인과 사회를 서로 대립하는 실체로 보지 않고, 서로가 서로를 내포하고 있어서 넓고 크게 서로를 끌어안아 조화를 이루고 있는 광대화해(廣大和諧)의 존재들로 받아들였다. 따라서 통제해야 할 대상은 외부의 환경 세계가 아니라 모든 삶의 주체인 자기 자신이며, 결과적으로 사회관계의 조화 유지에 방해가 되는 자기의 이기적 생물적 욕구와 감정을 다스리는 자기통제력이 수양의 핵심이자 효능감의 원천이라 여겨왔던 것이다. 이러한 유학의 수양론 체계를 통해서는 현대심리학과는 다른 '자기통제론'을 구성해낼 수 있다는 것이 필자의 생각이다.

이상과 같은 상식적인 입론을 바탕으로, 그동안 필자는 유학사상의 인성론 · 군자론(성인론) · 도덕실천론(예론) · 수양론으로부터 각각 심리구성체론 · 이상적 인간형론 · 사회관계론 · 자기통제론과 관련된 심리학적 함의를 끌어내고, 서구 현대심리학과 유학사상에서 도출될 수 있는 심리학적 연구 문제의 차이를 이 네 분야로 나누어 정리하여왔다. 이 책은 지난 20여 년 동안 필자가 해왔던 이러한 작업의 성과를 종합하여 정리해본 것이다.

필자가 구체적으로 유학사상에 담긴 심리학적 함의를 이 네 체계로 정리하기 시작한 것은 1997년 5월쯤부터이다. "동양심리학의 모색"을 주제로 그 해 10월 말에 개최하기로 되어 있던 한국심리학회 추계심포지엄에서 "선진유학사상에 담긴 심리학적 함의"에 대해 발표하기로 하고, 그동안 출간했던 맹자(孟子)와 순자(荀子)에 관한 논문들을 재검토하는 과정에서 이러한 깨달음을 얻게 되었던 것이다. 그 해 늦은 봄부터 초가을까지,

필자는 새로이 눈을 뜬 흥분 속에서 이 네 체계로 유학사상의 심리학적 함의를 정리하고, 이를 기초로 유학사상을 바탕으로 하여 정립될 새로운 심리학의 모습을 그려내는 작업에 몰두하였다. 필자의 것을 포함하여 그 해의 심리학회 추계심포지엄에서 발표된 논문들은 『동양심리학: 서구심리학에 대한 대안 모색』(1999년, 지식산업사)이라는 단행본으로 출간되었다.

필자는 1997년의 학회 이후 이 네 체계로 정리한 유학사상과 심리학의 관계를 계속 탐구하면서, 새로운 자료를 첨가하고 설익었던 생각을 좀 더 다듬음으로써 필자의 초기 견해를 여러 차례 수정하고 보완하여왔다. 이렇게 수정되고 보완된 견해를 종합적으로 정리해볼 요량을 하고 있던 차에, 마침 필자가 몸담고 있는 서강대학교에서 "서강학술총서"를 기획하면서 기회를 주기에, 그동안의 작업성과를 이 총서의 한 권으로 발간하게 되었다. 그러니까 이 책은 1997년의 심리학회에서 발표한 원고를 바탕으로 하되, 여기에 그 이후 필자의 작업 결과들을 보충하여 대폭 수정함으로써 이루어진 것이다.

이 책을 펴내는 과정에서도 필자는 많은 사람들의 도움을 받았다. 너무 많은 분들의 도움을 받았기 때문에, 이 모든 분들을 일일이 거명하고 감사를 표하는 것은 실제로 불가능한 일이다. 그래서 특별히 두 분의 선생님과 가족들에게만 감사의 인사를 드리기로 한다.

우선 필자의 오늘이 있기까지 학문적으로 키워주신 이인(里仁) 정양은(鄭良殷, 전 서울대학교) 선생님의 학은(學恩)에 감사드린다. 이인 선생님의 솔선수범의 가르침은 학문적으로나 인간적으로 필자가 삶의 과정에서 지향해야 할 지침이 되고 있다. 또 한 분, 필자가 동양심리학 분야의 공부를 필생의 업으로 삼도록 지원하고 격려해주신 영곡(靈谷) 이수원(李秀遠, 전 한양대학교) 교수께도 감사드린다. 이인 선생님이 학문적인 스승이셨다면,

필자에게 영곡 선생은 정신적인 후원자이셨다. 새로운 책을 펴낼 때마다 지금은 타계하고 안 계신 두 분의 모습이 새삼 그리워지는 까닭은, 두 분이 약관(弱冠) 시절부터 지천명(知天命)을 넘기기까지 삼십 년이 훨씬 넘는 세월 동안 한결같이 필자의 학문과 삶의 길잡이가 되어주셨으므로, 두 분의 지도와 보살핌 없이 새 글을 내놓는다는 것이 마치 어린아이가 첫 걸음마를 떼어놓는 것처럼 위태위태하고 조마조마하기 때문이다.

올해로 여든넷이 되신 어머니께서는 작년까지만 해도 정정하셨으나, 지난겨울 감기를 두 번 앓으신 뒤로는 기력이 예전 같지 않으시다. 또 뒤로 미루어 긴 후회를 남기지 않기 위해서라도 이 책은 어머니께 드리기로 한다. 어머니의 희생과 사랑의 삶을 잠시라도 잊지 않고 길이 가슴에 담아두기 위하여…….

올해는 필자 내외에게 매우 특별한 해이다. 우리 둘이 함께 갑년을 맞았을 뿐만 아니라, 큰 아이 아라는 학위 과정을 새로 시작하였으며, 둘째 한민(漢珉)이가 결혼하여 우리에게 오연정(吳衍姃)이란 딸이 하나 새로 생긴 까닭이다. 아라의 학문에 커다란 성취가 있기를 기원하며, 또 민이와 연정이의 새 가정이 하루 빨리 제대로 자리 잡기를 바라는 마음 간절하다. 이 책의 원고도 아내가 컴퓨터로 정리해주었는데, 그녀에게 느끼는 고마움은 더 이상 진부한 말로는 표현할 길이 없다. 턱 없이 부족하지만, 그래도 여느 때와 마찬가지로 우리 두 사람의 정성이 모두어진 이 책이 회갑을 맞은 아내에게 작은 웃음이라도 줄 수 있기를 바랄 뿐이다.

2008년 7월 열하루

지이재(止耳齋)에서 상현달을 바라보며

조긍호(趙兢鎬) 삼가 적음

차례

제1장

서장: 유학사상과 인간 이해의 문제

"문화의 심층 원리는 모든 문화가 개인과 집단 사이의 관계를 두고 다루어야 하는 문제로서, 여기에는 개인을 집단보다 우선시하느냐 아니면 집단을 개인보다 우선시하느냐 하는 두 가지 선택지가 있을 뿐이다."[1] 이 중에서 개인을 집단보다 우선시키는 것은 개인주의 문화의 특징으로, 이는 북미와 오세아니아 및 북서 유럽 사회의 지배적인 문화 유형이다. 이에 비해, 집단을 개인보다 우선시키는 것은 집단주의 문화의 특징으로, 이는 중국 · 대만 · 홍콩 · 싱가포르 같은 중화계와 한국 및 일본으로 대표되는 동아시아 사회를 지배하고 있는 문화 유형이다.

서구인들은 개인 존재를 독립적이고 개별적인 실체로 파악하고, 소속 집단의 목표보다 개인의 목표를 앞세우며, 사회 행위의 원동력을 성격과 능력 같은 개인 내적 속성에서 찾는 반면, 동아시아인들은 자기와 타인과의 연계 속에서 개인의 존재 의의를 찾고, 소속 집단의 목표를 개인의 목표보다 앞세우며, 사회 행위의 원동력을 개인의 내적 속성보다는 사회적

1 Greenfield, 2000, p. 229.

규범 · 의무 · 책임감 같은 관계적 및 상황적 요인에서 찾고, 개인에게 불리할지라도 내집단과 조화로운 관계를 유지하려는 특징을 보인다.[2] 이와 같이 동아시아 사회에서는 개인보다는 집단에 더 큰 관심을 기울이고 중시하는 집단주의적인 행동 양식을 높이 평가한다.

이러한 동아시아 사회의 정치 · 경제 · 문화 등 제반 삶의 영역에서 중심적인 역할을 한 나라는 역시 중국이었다. 지정학적으로 한국과 일본 같은 주변 국가들은 중국의 영향을 받지 않을 수 없는 위치에 놓여 있다. 전통적으로 중국은 동아시아에서 유일한 문화 선진국이자 초강대국이었다. 게다가 역사적으로 동아시아 사회는 오랜 세월 동안 중국의 문자인 한자를 통해 문자 생활을 하는 한자문화권(漢字文化圈)을 형성해왔으므로, 중국의 선진 문화와 사상이 이들 동아시아 사회를 지배하게 되었던 것은 어쩌면 당연한 일이었다.

중국뿐만 아니라 한국과 일본 같은 동아시아 사회를 오랫동안, 특히 최근세까지 지배해왔던 대표적인 사상 체계는 유학(儒學)이었다. 중국에서는 한(漢, B. C. 202~A. D. 220)의 무제(武帝, 재위 B. C. 140~87) 이후 2,000년 이상의 긴 기간 동안 유학이 관학(官學)이자 국가 통치의 기본 이념으로서 사회 전체를 지배하였다. 한국에서는 조선(朝鮮, 1392~1910) 왕조가 등장하면서 유학이 관학으로 숭상되었으며, 일본에서는 에도 막부(江戸幕府, 1603~1867)가 통일 일본 사회를 지배하면서 유학이 국가 경영의 최고 이념으로 떠올랐다. 이와 같이 중국 · 한국 · 일본의 동아시아 사회는 특히 근세에 들어서면서 유학을 공통의 사상적 기반으로 하는 유교문화권(儒教文化圈)을 형성했던 것이다.

이렇게 중국 · 한국 · 일본 같은 동아시아 사회에 집단주의 문화가 태동

2 Triandis, 1995, pp. 43~44.

하게 된 밑바탕에는 공통된 문화적 배경으로 유학사상이 놓여 있다. 필자는 앞선 작업[3]에서 이러한 사실을 동아시아 사회에서 유학사상이 차지해온 위상, 유학의 인간관과 개인관에 드러나 있는 집단주의의 면모, 그리고 유학사상에서 사회 인지 · 정서 · 동기 같은 인간 심성을 파악하는 기본 입장과 현대 동아시아인들이 보이는 사회 인지 · 정서 · 동기 행동 사이의 논리적 및 사실적 연관성들을 중심으로 하여 고찰함으로써, 그동안 상식적으로 운위되어오던 '동아시아 집단주의와 유학사상의 관련성'을 이론적으로 천착해내었다. 앞선 작업에 이어 이 책에서는 이와 같이 동아시아 집단주의 문화의 사상적 배경인 유학사상, 그 중에서도 특히 후대에 전개된 모든 유학사상의 뿌리인 선진유학(先秦儒學) 사상에 드러나 있는 심리학적 함의를 찾아봄으로써, 유학사상을 통해 도출될 수 있는 새로운 심리학의 가능성과 그 연구 문제를 확인해보고자 한다.

이를 위해 1장에서는 우선 현대 동아시아 집단주의 사회에서 유학사상이 차지하는 위상에 대해 간단히 살펴봄으로써 동아시아 사회에서 유학사상은 과거의 유물만이 아니라 현재에도 살아 있는 삶의 가치 체계라는 사실을 확인한 다음, 『논어』(論語), 『맹자』(孟子), 『순자』(荀子) 같은 선진유학의 문헌들에 드러나고 있는 인간 파악의 기본 입장들을 살펴봄으로써, 유학사상이 동아시아 사회에 집단주의 문화를 생성한 바탕에는 기본적으로 유학자들이 인간을 바라보는 관점이 놓여 있음을 확인해보고자 한다.

이 책에서는 선진유학사상에서 도출되는 새로운 심리학의 문제들을 현대 서구심리학의 연구 경향과 비교하여 살펴볼 터인데, 이렇게 하려면 현대 서구심리학의 배경에 놓여 있는 서구 사회의 인간관을 유학자들이 제시하는 인간관과 대비해 볼 필요가 있다. 그러므로 이 장에서는 선진유학

---

3 조긍호, 2007, 2008.

자들의 인간관에 이어, 서구 사회의 기본적인 인간 파악의 관점을 정리해 보기로 하겠다.

마지막으로 이러한 인간관을 바탕으로 하여 도출되는 심리학적 문제들을 유도해냄으로써, 앞으로의 논의를 위한 기초로 삼고자 한다. 그러니까 이 장은 이 책 전체의 전개를 위한 서론이 되는 셈이다.

1. 동아시아 사회와 유학사상

유학사상이 태동된 고대 중국에서는 사람들이 넓고 비옥한 평원에서 치수와 관개같이 많은 사람의 협력이 필요한 농경에 종사하여 삶을 영위하였으므로, 이웃과의 협동과 조화의 추구가 삶의 중요한 부분이었다. 게다가 이 사회에는 오래전부터 중앙집권화된 왕조가 출현하여, 위계화되고 질서 잡힌 강력한 관료 조직이 사회를 지배하고 있었다.

농경이란 외부 환경, 특히 한발과 홍수 같은 기후 조건에 크게 의존하는 삶의 양식이므로, 고대 중국인들은 기후의 변화 같은 환경 조건에 특히 주의를 기울이며 살아갈 수밖에 없었다. 또한 격자같이 꽉 짜인 사회 조직의 일원으로 살아야 했으므로, 그들은 함께 살아가고 있는 다른 사람들과의 관계와 이러한 관계 속에서 각자에게 주어진 본분을 지키는 일에 항상 신경을 써야 했다.

이러한 배경에서 중국인들은 각 개체로서는 존재 의미가 없고, 모든 것은 상호 연관적인 맥락 속에 존재한다고 생각하게 되었다. 그러므로 그들은 항상 변화하는 상황 속에서 상호 연관된 역할과 의무 같은 규범을 파악하여, 공동생활의 조화와 질서를 이루려 노력하는 삶의 태도를 굳게 간직하게 되었다. 그 결과 그들에게는 분리되고 고립된 개별적인 대상보다는 그들이 놓여 있는 전체 장(場, field)이 주의의 초점으로 떠올랐다. 이러한 맥락 속에서 그들은 역동적으로 변화하는 가소성(可塑性, malleability)을 파악하여 통일성을 이루어내려 노력하게 되었으며, 결국 관계의 유사성과 중도(中道, Middle Way)의 인식, 변증법에 따른 갈등의 해결 및 총체적 사고(holistic thinking)의 양식이 발달하게 되었다.[4]

이러한 고대 중국인의 삶의 양식과 그로부터 비롯된 사고 방식을 배경으로 하여 태동된 것이 유학사상이다. 유학은 춘추(春秋) 시대 공자(孔子, B. C. 551?~479)에 의해 창시되어, 전국(戰國) 시대 맹자(孟子, B. C. 371?~289?)와 순자(荀子, B. C. 321?~230?) 같은 걸출한 사상가에 의해 기초가 닦인 사상 체계이다. 이 시기는 주(周, B. C. 1050~256) 왕실이 쇠퇴하고, 여러 제후국들이 패권을 다투면서 합종연횡(合從連衡)에 열을 올리던 불안한 시대였다. 공자가 살았던 춘추시대까지만 해도 주 왕실의 권위가 어느 정도 유지되고 있었으나, 맹자와 순자가 살았던 전국시대에 이르러 주 왕실은 완전히 몰락하여 겨우 명맥만 유지하고 있을 뿐이었다.

이 혼란한 춘추 · 전국시대의 최대의 위기는 사회가 온통 이기적인 자기 이익 추구에 혈안이 되어, 인간관계의 근본이 무너졌다는 데 있었다. 따라서 이 시기의 유학자들이 무너져버린 인간관계의 원형을 결코 해체될 수 없는 가족과 같은 일차 집단에서 찾아, 이 관계에서 이루어지는 조화와 질서를 사회관계에까지 점진적으로 확장하는 일이 사회의 조화와 평화, 그리고 통일을 이루는 근본이라고 생각하게 된 것은 어쩌면 당연한 귀결이었다. 곧 개인과 집단 중에서 집단을 더 중시하고, 인간 존재의 사회성(인간의 상호의존성)과 도덕성(타인에 대한 관심 · 배려 · 헌신)을 회복하는 일이 이 시기 유학사상가들의 관심사였으며, 그런 점에서 유학사상은 동

4 Nisbett, 2003, pp. 1~28, 29~39; Triandis, 1990, pp. 70~77.

아시아 집단주의 문화의 사상적 모태로 자리 잡게 되었다.[5]

유학은 이러한 혼란의 시대를 배경으로 하여 태어났는데, 초기 유학자들은 유학의 왕도(王道) 사상을 펼치고, 같은 시대에 태어났던 여러 사상 체계들과의 경쟁에서 유학을 수호하는 일을 사명으로 삼고 있었다. 이 시대의 유학을 선진유학(先秦儒學) 또는 원시유학(原始儒學)이라고 하는데, 이 시기는 이후 중국 · 한국 · 일본 등 동아시아의 정신사를 지배해왔던 유학사상의 기초가 확립되었던 시기였다. 그 뒤로 유학사상은 관학으로 승격되어 국가의 통치 이념으로 부각된 한 대로부터 당(唐, 618~907) 대에 이르는 약 천 년 동안의 한당유학(漢唐儒學), 불교 및 도교와 경합하면서 사변적 형이상학적 철학 체계로 확립된 송(宋, 960~1270) 대 이후의 신유학(新儒學), 유학에 차용된 도교와 불교의 사변적 경향을 제거하고 선진유학의 순수한 형태로 돌아가자는 청(淸, 1616~1912) 대의 고증학(考證學)적 유학,[6] 그리고 근대의 서세동점(西勢東漸)의 여파로 말미암은 유학배척운동에 대항하여 서양 문명과 유학 전통의 절충적 종합을 통해 동양의 문화적 정체성을 회복하고자 했던 1930년대 이후의 현대신유학(現代新儒學)을 거치면서 오늘에 이르렀다.[7]

신유학과 고증학적 유학을 비롯한 새로운 유학의 사조들은 항상 선진유학의 본래 모습으로 돌아가자는 기치 아래, 선진유학의 경전들을 그 이전 시대와는 달리 새롭게 해석하려는 시도들이었다. 곧 "원시유학의 본래 사상으로 돌아간다는 주장은 사실 새로운 해석이 등장할 때마다 있었던 것이다."[8] 그러므로 선진유학은 가장 순수하고 원형적인 유학사상

5 고대 중국 사회에서 유학사상이 발흥된 배경과 동아시아 삼국에서 유학사상이 받아들여진 역사에 대해서는 졸저(조긍호, 2006, pp. 284~292; 2007, pp. 34~45) 참조.

6 김승혜, 1990, pp. 307~333.

7 이승환, 1998a, pp. 367~385; 김성기, 2000, pp. 33~45.

8 김승혜, 1990, p. 311.

의 정수라고 볼 수 있다. 이러한 맥락에서 이 책에서는 유학사상에 담긴 심리학적 함의를 주로 선진유학의 경전들을 중심으로 하여 고찰해보고자 한다.[9]

1) 유학배척론의 등장과 유교개신운동의 전개

역사적으로 중국 · 한국 · 일본 같은 동아시아 각국에서 유학은 국교(國敎) 또는 관학으로 떠받들어져, 사회의 사상적 통합과 치국의 지도 이념이 되었다. 중국에서는 한 왕조 초기에 동중서(董仲舒, B. C. 198?~106?)가 "제자백가 중에서 유가만을 한조의 정통 신앙으로 확립하는 데 큰 공적을 세웠고, 또한 유가의 정통성을 수호하기 위하여 제도적인 기반을 창출"[10] 함으로써 유학사상의 국교화를 이루었다. 이 시기는 한이라는 새로운 왕조가 출현하여 치국의 이념 정립이 시급히 요청되던 시대였다. 우리나라에서는 불교를 국교로 삼았던 고려(高麗, 918~1392)를 대체하여 조선이 등장하면서, 신유학의 한 갈래인 성리학을 새 왕조의 치국 이념으로 내세움으로써 유학이 관학으로 부상하였다. 물론 고려시대에도 광종(光宗, 재위 949~975)에 의해 과거제가 실시됨으로써, 유학적 가치가 관료 선발에 중요하게 작용하고 있었다. 일본에서는 도쿠가와 이에야스(德川家康, 1542~1616)가 에도 막부를 연 이래, 새로운 통일 막부 체제의 사회적 통합을 위한 방편으로 유학사상을 장려하여 관학의 지위에 올려놓았다.

이렇게 중국을 비롯한 전통적인 동아시아 국가들에서는 유학사상이 국가의 근본 이념으로 떠받들어졌고, 따라서 삶의 기본 철학으로 받아들여지고 있었다. 그러나 이러한 사정은 최근세에 들어서면서 서구 세력에 떠

---

9 이 절은 졸저(조긍호, 2006, pp. 284~297; 2007, pp. 33~52)의 내용에 새로운 자료를 첨가하여 보완하고 재조직함.

10 馮友蘭, 1948/1977, p. 253.

밀려 개방의 압력과 침략의 위협이 높아가면서 달라지기 시작했다. 중국에서 이러한 위협은 아편전쟁(1840~1842)으로 본격화하였는데, 아편전쟁이 영국의 승리로 끝난 뒤의 동양과 서구의 관계는 서세동점으로 특징지을 수 있다. 이러한 "서세동점의 여파로 19세기 후반기부터 20세기에 이르기까지 동아시아의 전통적 유교 국가들에서는 유교를 비판하는 현상이 현저"[11]하게 되었다. 동아시아 사회를 사상적으로 지배해왔던 유학의 체계가 이 지역의 정체성(停滯性)과 낙후성의 주범으로 인식되었기 때문이다.

중국에서 이러한 유교배척운동은 5 · 4운동(1919) 때에 절정에 이르렀는데, "이 시기 중국 지식인들의 당면 과제는 유교의 삼강오륜과 결별하고, 서구의 민주와 과학을 받아들이는 일이었다. 따라서 철저하게 자신의 전통을 비판하고 서구 문화를 수용하려는 '전반서화론'(全般西化論)이 시대정신으로 부상하게 되었다."[12]

19세기 말 한국의 사정도 중국과 비슷했다. 서구 문명의 동점 현상에 대응한 이 시기 우리나라 유학자들의 다양한 반응 가운데, 초기에 힘을 얻은 것은 '위정척사론'(衛正斥邪論)이었다. 이는 "정신적으로나 물질적으로 서구 문명 전체를 배격하고, 종래의 성리학적 문화를 옹호 · 유지"[13]하고자 하는 주장으로, 철저한 유학고수론이었다. 이러한 위정척사론자들은 구한말 항일 의병운동의 주축이 되고, 일제강점기에도 항일 민족주의 운동과 관련을 맺음으로써, 어느 정도 민중적 지지를 확보하고 있었다.[14] 그러나 "나라가 일제에게 패망하자 그 책임이 조선 500년 동안 지배 이념

11 이광세, 1998, p. 64.
12 이승환, 1998a, p. 368.
13 윤사순, 1997, p. 483.
14 윤사순, 1997, pp. 482~487.

이었던 유교에게 돌려졌다. 유교는 타도되어야 하며, 그 대안으로 서구의 과학 기술과 제도는 물론 종교와 가치관까지도 받아들여야 한다고 주장"[15] 하는 철저한 유학배척론이 등장하게 되었다. "이와 같은 주장은 1884년 갑신정변을 일으킨 김옥균 · 박영효 등 '문명개화론자'(文明開化論者)들에게서 이미 보이고 있다. (……) 문명개화론자들은 서양 문화를 새로운 '보편 문화'로 받아들이고, 기독교를 포함한 서양 문화의 전면적 수용을 통해 개화를 이루어야 한다고 생각했다."[16]

서세동점 현상에 대한 근세 일본의 반응은 중국이나 한국과 사뭇 달랐다. 일본의 지도층은 철저한 서구 따라 배우기를 통한 근대화만이 일본의 살 길이라고 인식하였다. 그들은 "위로부터의 혁명인 메이지유신(明治維新, 1868)에 의해 근대 민족국가로서의 면모를 확립했을 뿐만 아니라, 나아가 동아시아의 제국주의 국가로 성장하게 되었다. 외국의 압력을 받으면서 자본주의 발전과 근대화를 수행하기 위해 구 지배계급인 사무라이 계급의 계획과 지도 하에 메이지 유신이 이루어졌다."[17] 이러한 근대화운동의 배경이 되었던 것은, 일본 사회를 지배해왔던 기존의 지식과 기술 및 가치관을 서구의 것으로 대체함으로써, 낙후된 아시아적 가치와 질서 체계에서 탈피하고 선진화된 서구를 따라 배우자는 '탈아입구론'(脫亞入歐論)이었는데, 이는 중국과 한국의 유학배척론과 같은 성격의 것이었다고 할 수 있다.

이와 같이 19세기 말과 20세기 초엽 동아시아 삼국에서는 공통적으로 유학배척론이 대두되고, 이에 근거를 둔 근대화운동이 전개되었다. 일본에서는 '위로부터의 혁명'을 통해 지배계층 스스로가 근대화운동의 주역

---

15 최영진, 2000, p. 31.

16 최영진, 2000, p. 31, 주 10.

17 김석근, 2000, p. 53.

이 됨으로써 근대화에 성공하였으나, 중국과 한국에서는 외세에 의한 국권 침탈이라는 혼란의 와중에서 구국운동이 급선무로 등장하게 됨으로써 근대화운동은 뒤로 돌려질 수밖에 없었으며, 따라서 그 이념적 배경인 유학배척론이 힘을 받을 수 없었다. 이러한 맥락에서 등장한 것이 '중체서용론'(中體西用論: 중국의 경우)과 '동도서기론'(東道西器論: 한국의 경우) 같은 유학개신론이었다.

중국에서는 이미 1920년대 '과학과 현학 논쟁'(科玄論戰)을 통해 전통에 깊은 애정을 지닌 일군의 지식인들(玄學派)이 유교배척론(科學派)과 대립하는 과정에서 '현대신유학'의 장을 열어, 전통 문화의 회복과 근대화의 결합을 주장하였다. 이들의 주장은 "서양의 민주와 과학을 수용하면서, 동시에 유가 전통의 인문 정신과 도덕 의식을 계승"하려는 것이었다. 곧 "민주와 과학은 서양으로부터 수용하되(新外王), 내성(內聖)에 있어서는 유가의 '심성지학'(心性之學)을 계승하고자 했던 것이다."[18] 말하자면, 이들은 유가의 정신 문화의 전통(中體) 위에 서구의 기술 문화(西用)를 수용하는, 양자의 절충적 결합을 통해 동양의 문화적 정체성을 회복하고자 했다고 볼 수 있다.

이러한 현대신유가들의 활동에 힘입어 대만 · 홍콩 · 싱가포르 같은 중화계 사회에서 유교배척론(全般西化論 · 科學派)은 오래전에 자취를 감추고, 유학은 새로이 "동 · 서 문화의 회통과 상호 보완처를 제창하여, 서방문화의 장점과 유가 문화와의 새로운 만남"[19]의 장이 됨으로써, 중화 문화권의 지배적인 사상 체계다운 위상을 되찾았다. 이러한 사정은 중국 대륙도 마찬가지이다. 공산화의 영향으로 1950~1970년대에 정치에 종속

---

18 이승환, 1998a, pp. 371~372.

19 김성기, 2000, p. 34.

되고 이데올로기에 예속된 중국 대륙의 유학 연구는, 1980년대에 현대신유가의 영향을 받아 사상해방운동의 성격을 띠게 된 다음, 1990년대에 들어서 현대신유가를 적극 받아들임으로써 '대륙신유가'(大陸新儒家)가 출현하게 되었다. 곧 중국 대륙에서 "1980년대의 분위기는 단지 현대신유가에 대한 연구의 차원에 머물렀다면, 이제는 직접 자신이 현대신유가를 자임"[20]하고 있는 것이다.

유학고수론인 위정척사론과 유학배척론인 문명개화론이 대립하고 있던 20세기 초엽의 한국에서도 중국과 유사하게, "정신적인 가치관에 있어서는 전통적인 유학을 고수하면서도, 물질적인 과학 기술 부분에서는 개방적 태도를 취하는"[21] 이른바 동도서기론이 제시되어 대세를 장악하였다. 이러한 동도서기의 구상은 전통적인 성리학의 사상 체계를 견지함으로써 동양의 문화적 정체성은 유지하되, 서구의 기술 문명을 수용함으로써 "개화로 상징되는 근대적 '부국강병'의 추진력"[22]을 얻으려 했다는 점에서, 중국 현대신유가의 중체서용론과 같은 동·서의 절충적 통합론이었다.

위로부터의 혁명인 메이지유신을 통해 서구식의 근대화를 추진하던 19세기 말엽 일본의 사정은 중국 및 한국과는 매우 달랐다. 중국과 한국에서 동·서의 절충적 통합론은 지배계층이 아니라 유학자들을 비롯한 지식인들과 일반 민중 사이에서 태동되었으나, 일본 사회에서는 메이지유신을 추진하던 지배세력들에게서 이러한 움직임이 나왔던 것이다. 서구의 과학 기술의 도입을 통해 철저한 근대화를 추진하던 메이지유신의 추진 세력들은 외형상으로 입헌군주제를 채택하고, 근대적인 법치국가를

20 김성기, 2000, p. 41.
21 윤사순, 1997, p. 487.
22 윤사순, 1997, p. 490.

정치의 방침으로 결정하게 됨에 따라, 새로운 사회의 유지를 위해 군주와 인민, 그리고 인민들 사이의 관계를 규정하는 사회윤리 체계가 필요하게 되었는데, 이 상황에서 주목했던 것이 에도시대까지 일본 사회에서 선양되어왔던 유교의 가치관이었다. "상 · 하 관계와 상호간의 관계를 유지하는 세속 윤리에 있어 가장 적합했던 것은 역시 유교였기 때문이다. (……) 다시 말해, 일본은 근대국가를 정비하고 이념적인 기초를 마련하는 과정에서, 특히 대내적인 인간관계 및 사회적 규범의 존재 양태를 규율하는 윤리를 전통적인 동양의 그것에서 찾았다. 그래서 충효와 같은 유교적인 윤리가 (……) 서양 학문과 근대화의 충격 속에서도 나름대로 그 모습을 유지"[23]할 수 있었던 것이다.

이상에서 살펴 본 바와 같이, 19세기 중엽부터 몰아닥친 서세동점의 여파로 말미암아 동아시아 사회에서는 유학사상이 발전의 지체와 낙후의 원인으로 지목되면서 유학배척론이 강하게 대두되었다가, 곧이어 서구의 과학 기술은 받아들이되 유학의 인문 정신을 통해 문화적 정체성을 회복하고자 하는 절충적 통합론이 세를 얻게 되었다. 이러한 절충론들은 대체로 유학개신론의 형태를 띠고 전개되어 오늘날까지 이어지고 있다.

대만을 중심으로 전개되던 현대신유학운동은 1980년대부터 중국 대륙에 영향을 미쳐, 1990년대에 이르면서는 대륙신유가가 출현하게 되었다. 이러한 대륙신유가들은 "유가사상은 동아시아 지역에서 현대화를 실현한 주요 사상 자원이며, 따라서 중국 현대화의 사상 기초와 '동력원'이 될 수 있다고 주장하고, 또 유가 윤리 도덕을 전면 긍정하여 '오늘에도 여전히 쓸모가 있다'고 진단함으로써, 유가 윤리를 기초로 하여 오늘날 중국의 도덕규범 체계를 중건해야 한다고 주장하기도 한다."[24] 이렇게 현대신

23 김성기, 2000, pp. 53~54.

24 김성기, 2000, p. 43.

유학은 대만 · 홍콩 · 싱가포르 같은 중화계 사회에서 이미 1950~1960년대를 거치면서 지배적인 사상 체계로서의 위상을 되찾았을 뿐만 아니라,[25] 1990년대에 이르러서는 중국 대륙에서도 "중국인들의 새로운 삶의 철학으로 자리"[26] 잡고 있다.

이 시기 한국에서 전개된 동도서기론은 유교의 개신론이었다.[27] 곧 "이 시기 유학의 주조는 '자강 · 자립 · 독립'을 위한 유교의 새로운 인식, 이른바 유교 개신의 경향"[28]이었던 것이다. "해방을 맞이한 이후에도 한국 유학은 일제 강점기에 보인 개신의 노력을 지속시켜 스스로의 존재 가치를 확인하는 한편, 계속적인 발전의 길을 모색"[29]하면서 오늘에 이르고 있다.

이러한 유학계 자체의 개신의 노력으로 우리나라에서는 유교적 사고 양식과 관습, 그리고 가치관이 강하게 남아 있다. 이는 1970~1980년대의 급속한 경제 발전과 1990년대의 정치 발전을 통해 "경제 성장과 민주화라는 두 가지 프로젝트를 이루어낸"[30] 배경이 되었거나, 또는 그 결과 생긴 자부심에 근원을 둔 '우리 것 찾기 운동'에 반영되어 있기도 하다. 최영진은 1996~2000년 사이의 기간 동안 국내 일간지에 게재된 유교 관련 기사를 분석한 결과, "유교가 결코 박물관의 박제품이 아니라, 우리 사회에 살아 있는 역동적 기제임을 확인할 수 있었다"[31]고 보고하고 있다.

메이지유신이라는 위로부터의 혁명을 통해 서구 문물에 힘입은 근대화

---

25 이승환, 1998a, pp. 368~375; 김성기, 2000, pp. 33~40.
26 김성기, 2000, p. 49.
27 윤사순, 1997, pp. 494~500.
28 윤사순, 1997, pp. 497~498.
29 윤사순, 1997, p. 500.
30 최영진, 2000, p. 31.
31 최영진, 2000, p. 24.

와 유학을 비롯한 기존 가치 체계에 따른 사회 통합에 성공한 일본 사회에서 "유교의 위상은 상대적으로 메이지 시대 이후 더 높아졌다. (……) 천황제 국가를 창출해 낸 후, 상·하 관계와 상호간의 관계를 유지해 가는 세속 윤리로 유교에 주목했으며, 유교적 덕치주의를 원용했기 때문이다. 특히 유교 윤리는 충과 효를 중시하는 형태로 일본 고유의 논리와 이어지게 되었고, 이어 '일본 이데올로기'의 주요한 측면을 이루게"[32] 되었던 것이다. 19세기 말엽 이래 일본의 유교 연구열이 세계에서 가장 치열하여, 일본인에게 유교가 가장 친숙한 주제 가운데 하나가 되어 있는 까닭은 이러한 배경에서 그 근원을 찾아볼 수 있다.[33] 그리하여 오늘날까지도 일본인의 공식적인 대인관계와 사회윤리는 철저히 유교적이어서, 21세기의 "현대 일본인에게도 유교 예교제(禮敎制)의 근간인 '충'과 '효'의 가치관"[34]이 강하게 남아 있는 것이다.

2) 마음의 유교적 습성들

이상에서 보아왔듯이, 중국인·한국인·일본인 같은 동아시아인들에게 유학사상은 더 이상 과거의 체계가 아니라, 현재 살아남아 있는 현실의 체계이고, 이것이 동아시아 사회에서 유학이 차지하는 현재적 위상이다. 전통은 우리가 그것을 잘 이해하고 있던 그렇지 못하던 간에 살아 있는 현실의 일부로, 이러한 전통과의 교섭은 인간의 삶의 과정에서 피할 수 없는 운명과도 같은 것이라고 볼 수 있다. 한마디로, 전통 사상은 현대인의 삶과 행동 및 사유 속에 녹아들어서 현대인들이 그것을 인식하던 그렇지 못하던 간에 그들에게 영향을 미치고 있는 것이다. 이러한 전통 사

32 김석근, 2000, pp. 65~66.

33 김석근, 2000, pp. 52~56.

34 김태영, 2002, p. 14.

상 가운데 "동아시아인의 생활과 의식 구조의 뼈대"[35]를 이루어온 것은 바로 유학사상이었다. 곧 "유학의 전통은 아직도 한국인은 물론이요, 동아시아인들 모두의 삶의 방식, 인생관과 가치관을 지배하고 있다 해도 과언이 아닌 것이다."[36]

투 웨이밍(Tu, Wei-Ming)은 현대 유교권 사람들의 의식 구조 속에 공통적인 가치관과 행동 또는 사유 방식으로 자리 잡은 유교 문화의 영향을 "마음의 유교적 습성들"(the Confucian habits of the heart)[37]이라 부르고 있다. 이러한 습성들 안에는 "학문의 본질적 가치에 대한 인정, 유기적 인간관계, 신용과 신의에 기반을 둔 공동체로서의 사회, 개인적 이익과 공동선의 조화, 책임과 함께 증가하는 도덕 의식, 지도자들이 도덕적 행동의 실천을 통해 모범이 되어야 한다는 기대, 문화적 엘리트의 사회적 책임, 수재 교육 제도 등이 포함되어 있다."[38] 이러한 '마음의 유교적 습성들'의 한 축을 형성하는 근면 · 절약 · 성실 · 청렴 및 교육의 중요성을 강조하는 유교의 전통적 가치관은 현대 동아시아인의 삶의 과정에서 지대한 영향을 미쳐, 이 지역 국가들의 성공적인 경제 발전의 원동력이 되었던 것이다.[39]

이렇게 유교적 가치 체계는 현대에도 동아시아 일반 민중의 생활에 광범위한 영향을 미치고 있으며, 따라서 유학사상은 동아시아인의 "문화 전통과 의식 구조의 중추"[40]가 되어 있다. 이러한 사실과 관련하여, 현대 한국인의 종교 관련 신념과 행동을 심층적으로 분석한 어떤 연구[41] 결과는

35 이광세, 1998, p. 41.
36 길희성, 1998, p. 3.
37 Tu, Wei-Ming, 1996, p. 343.
38 이광세, 1998, p. 66.
39 이광세, 1998, pp. 66~67; 이승환, 2000, pp. 198~199.
40 이광세, 1998, p. 63.
41 윤이흠 · 박무익 · 허남린, 1985.

흥미 있는 시사점을 제시하고 있다. 이 연구에서 조사 대상자 가운데 자신이 '유교인'이라고 대답한 사람은 0.5%에 지나지 않아, 자신을 '개신교인'이라고 답한 사람(26.25%), '천주교인'이라고 답한 사람(5.0%), '불교인'이라고 답한 사람(19.25%)과는 비교할 수 없을 만큼 적었다. 그러나 이들도 일반적 신념 내지 사상(효제충신 · 삼강오륜 · 인의예지 · 수신제가 같은 유교의 핵심 사상에 대한 확신), 일상생활의 기본 실천(조상의 제사, 부모에의 효도)과 일반적 관행(부계 가통, 동성동본 혼인 반대, 성묘와 시제, 삼년상, 폐백, 어른 공경), 그리고 집단 행사에 참여하는 일(가족이나 문중 행사, 종친회나 족보 사업)에서는 일정한 정도 이상으로 유교적 신념을 지닐 뿐만 아니라, 유교적 행동과 태도 및 습관을 보이고 있는 것으로 조사되었다. 조사 결과 확인된 불교인의 100%, 개신교인의 76.6%, 천주교인의 90%, 무종교인(47.25%)의 96.8% 등 전체 조사 대상자 중 91.7%가 그 신념이나 행동 · 습관으로 보아 유교도라고 볼 수 있어서, "한국인의 절대 다수가 유교의 실천 성원"[42]이라는 것이다.

이 조사에서 흥미로운 결과는 한국인은 외현적으로 밝히는 종교에 대한 자기 확인의 반응과는 상관없이, 실제로는 "유교적 가치관과 행습들이 다른 종교 신도들에게 대단히 강하게 침투해 들어가 있다는 사실이다."[43] 곧 한국 사회에서 "유교는 〔……〕 독립된 자기 보존 조직(maintaining organization)으로서는 존재하지 않으면서도, 한국인의 심정적 확신과 내면적 가치관의 근거를 이루고 있음"이 확실하다. "한마디로, 한국인은 절대 다수가 유교라는 연성 가치 집단의 성원"이어서, "유교적 가치관은 현재 한국 사회의 정신적 가치관의 기초를 이루고 있음"[44]이 분명한 것이다.

42 윤이흠 외, 1985, p. 370.
43 고병익, 1996, p. 294.
44 윤이흠 외, 1985, p. 358.

유교가 경성 종교 조직인 기독교와는 달리 일정한 교당이나 예배 의식 및 입교 조건이 없는 연성 가치 집단이라는 점에서,[45] 한국인에게서 나타난 이러한 종교 행동의 경향은 중국이나 대만 및 일본 같은 동아시아 유교권 국가들에서도 마찬가지로 나타날 것이라고 추측해볼 수 있다. 오랫동안 이 사회를 지배해왔던 유교적 삶의 방식은 동아시아인들의 생활에 광범위한 영향을 미쳐, 중국 · 한국 · 일본을 비롯한 동아시아인들의 공통적인 습성을 낳은 것이다. 동아시아인들의 일상생활에서 나타나는 신념 · 행동 · 습관의 근간에 이렇게 유학사상의 배경이 깔려 있다는 사실은 가치에 대한 문화 비교 연구의 결과에서도 드러난다.

본드(M. H. Bond)를 중심으로 한 일군의 연구자들은[46] 22개국의 대학생을 대상으로 중국인에게 기본적인 가치 문항 40개로 구성된 '중국적 가치 검사'(Chinese Value Survey)를 실시하고, 호프스테드(G. Hofstede)와 같은 생태학적 요인 분석을 진행했다.[47] 그 결과 호프스테드가 밝혀낸 네

45 윤이흠 외, 1985, pp. 346~348.

46 Chinese Culture Connection, 1987.

47 Hofstede(1980)는 1967년부터 1973년 사이에 다국적 거대 기업인 IBM에 근무하는 66개국 117,000명의 종업원들을 대상으로 작업 목표 및 가치에 관련된 조사를 실시하였다. 이 연구의 대상들은 모두 IBM이라는 동일 회사에 근무하는 종업원들이었으므로, 근로 조건 · 학력 · 연령 같은 요인은 대체로 비슷하고 단지 국적만 다르다는 사실에 비추어보면, 이 조사에서 나타나는 차이는 곧 국가 또는 문화의 차이를 그대로 반영하는 것이라고 Hofstede는 생각하였다. 결과 분석 과정에서 그는 국가 간 차이를 부각시키기 위하여, 각 문항에 대한 국가별 응답자들의 평균치를 기초 자료로 하여 요인 분석을 실시하였다. 그는 이러한 국가 수준 또는 사회 수준의 분석을 생태학적 분석(ecological analysis)이라고 하여, 개인별 응답을 기초 자료로 삼아 분석하는 개인 수준 분석과 구별하고 있다. 그 결과 각 국가 또는 문화의 차이를 잘 드러내는 차원으로, 권력 거리(power distance: 사회 내의 권력 분포의 불평등의 지표. 상위자와 하위자의 세력의 차이 또는 불평등의 정도를 나타냄), 개인주의(individualism: 개인의 자유와 선택을 중시하고, 개인 사이의 구속력이 느슨한 정도를 나타내는 지표), 남성성(masculinity: 자기주장 · 경쟁 · 물질적 성취 같은 남성적 가치를 선호하는 정도), 불확실성 회피(uncertainty avoidance: 불확실하거나 판단하기 어려운 상황으로 말미암아 위협을 느껴 회피하려는 정도)의 네 가지 요인 구조가 확인되었다.

차원 가운데 세 차원(권력 거리, 개인주의, 남성성)과 함께 국가 간 차이를 드러내는 또 다른 가치 차원이 나타났는데,[48] 이는 인내심, 지위와 서열 존중, 절약, 검소, 염치, 체면 유지, 전통 존중, 인사치레와 은혜 갚기 같은 유교적 가치를 반영하는 차원이었다. 그들은 이를 "유교적 역동성"(Confucian dynamism)이라고 명명하고, 호프스테드의 연구에서 밝혀진 가치 차원과 관련지어 여러 관계를 분석하고 있다.[49] 이 척도에서 강한 유교적 역동성의 가치를 보유하고 있는 나라들은 중국(118점, 1위)·홍콩(96점, 2위)·대만(87점, 3위)·일본(80점, 4위)·한국(75점, 5위) 같은 동아시아의 유교권 국가들이고, 미국(29점, 17위)·영국(25점, 18위)·캐나다(23점, 20위) 같은 서구의 국가들은 그 반대쪽의 가치를 지닌 것으로 밝혀지고 있다.[50] 이 연구에서도 '마음의 유교적 습성들'이 여전히 동아시아인의 행동과 사유의 근간을 이루고 있음이 드러나고 있는 것이다.

이러한 사실들을 함께 놓고 보면, 동아시아 사회에서 지배적인 집단주의 문화의 사상적 배경은 아직까지 동아시아인이 보유하고 있는 '마음의 유교적 습성들'에서 찾을 수 있다는 점이 확실해진다. '유교적 역동성'의 가치 차원에서 분명하게 드러나는 이러한 '마음의 유교적 습성들'을 트리안디스(H. C. Triandis)는 "집단주의적인 습성 구조"(collectivistic structure of habits)[51]라고 부르고 있는데, 이렇게 동아시아인이 드러내는 전형적인 신념·가치·태도·행동의 배후에는 아직도 이 사회에 살아 역동적으로 영향을 미치고 있는 유학사상이 놓여 있는 것이다.

---

48 이 연구에서 Hofstede(1980)의 "불확실성 회피" 차원은 검출되지 않고 있다.

49 예: Hofstede, 1991; Hofstede & Bond, 1988.

50 Hofstede, 1991/1995, p. 244, 표 7.1.

51 Triandis, 1995, p. 67.

2. 선진유학자들의 인간 파악의 기본 입장

이상에서 살펴본 바와 같이, 유학은 오랫동안 동아시아 사회의 역사를 지배해왔을 뿐만 아니라, 현재에도 이 지역인들의 마음속에 살아남아 역동적으로 영향을 끼치고 있는 사상 체계이다. 이러한 유학사상은 동아시아 사회인의 삶의 양식과 사유 방식에 지속적으로 영향을 미쳐, 이 지역에 집단주의 문화를 꽃피우게 한 원동력이 되었다.

유학은 인간의 사회적 존재 특성을 기반으로 하여 성립하고 있는 사상 체계이다. 유학사상은 인간이 태어날 때부터 도덕적 바탕을 본유하고 있다는 인간 존재의 사회성과 도덕성을 근거로 삼는 점에 그 특징이 있다. 동아시아 사회에 집단주의 문화가 꽃피게 된 배경에는 유학사상에서 인간을 파악하는 기본 관점이 이렇게 집단주의적이라는 사실이 놓여 있다.

어떻게 보면, 유학 사상의 핵심은 바로 '인간의 존재 확대'라고 요약할 수 있다. 유학자들은 인간이 인간된 까닭을 도덕적 존재로서의 인간의 사회성에서 찾음으로써 존재 확대의 가능성을 따져보고, 존재 확대의 이상적 모형을 군자(君子)와 성인(聖人)으로 설정하여 삶의 목표로 삼은 다음, 그러한 목표를 이루기 위한 방법을 제시하고 있는 것이다. 유학사상에서 제시하는 인간의 존재 확대의 길은, 타인에 대한 관심을 가지고 그들을 배려하여, 자기 자신뿐만 아니라 다른 사람들도 군자와 성인이 되도록 도와줌으로써, 인간이 추구해야 할 도(道) 안에서 다른 사람과 자신의 일체화를 이루는 일이다. 이렇게 타인에 대한 관심과 배려를 인간 삶의 기본 동인으로 삼는 유학사상은 오랫동안 이를 기본 철학으로 삼고 살아왔던 동아시아 사회에 집단주의적인 삶의 양식과 사유 방식이 꽃피게 한 사상적 배경이었던 것이다.

유학자들이 이렇게 인간의 존재 확대를 부르짖게 되는 근거는 그들의 인간 파악의 기본틀에 놓여 있다. 유학, 특히 그 원형이 되는 선진유학 경전 전체를 꿰뚫고 있는 인간 파악의 기본 입장은 대체로 세 가지로 정리해볼 수 있다. 곧 유학사상에서는 인간을 사회적 관계체(關係體)인 존재, 능동적 주체자(主體者)인 존재, 그리고 무한한 가능체(可能體)인 존재로 파악하고 있다. 말하자면, 인간은 개체로서 지닌 존재 가치를 뛰어넘어, 사회에 대한 책임을 스스로 짊어지고 실천해야 하는 존재〔關係體〕로서, 능동적 주체적인 도덕 인식과 실천〔主體者〕을 통하여 존재 확대를 이루어낼 수 있는 가능성〔可能體〕을 보유하고 있다는 것이다.

유학자들이 인간을 이러한 세 가지 관점에서 파악하고 있다는 사실은, 유학의 창시자인 공자의 『논어』 첫 머리 「학이」(學而)편 1장에 제시되어 있는 삼호(三乎)에 관한 언급과, 공자에 이어 선진유학 체계를 완성한 맹자의 『맹자』 「진심상」(盡心上)편 20장에 제시되어 있는 군자삼락(君子三樂)에 관한 논의에서 잘 드러난다.

> 배우고 그것을 항상 익히면, 또한 기쁘지 아니하겠는가? 벗이 있어 먼 곳으로부터 찾아오면, 또한 즐겁지 아니하겠는가? 남이 알아주지 않는다고 하더라도 노여워하지 않는다면, 또한 군자답지 아니하겠는가?[52]

> 군자에게는 세 가지 즐거움이 있는데, 천하에 왕 노릇 하는 일은 여기에 들지 못한다. 부모님이 함께 생존해 계시고, 형제들에게 아무런 탈이 없는 것, 이것이 첫 번째 즐거움이다. 위로 하늘에 부끄러움이 없고, 아래로 사람들에게 부끄러움이 없는 것, 이것이 두 번째 즐거움이다. 천하의 뛰어난 인재들을 얻어

52 學而時習之 不亦說乎 有朋自遠方來 不亦樂乎 人不知而不慍 不亦君子乎 (『論語』, 學而 1): 이는 朱熹의 『論語集註』의 편차에 따른 『論語』 學而篇 1장을 가리킨다. 이하 『論語』의 인용은 이 예에 따른다.

서 이들을 가르쳐 기르는 것, 이것이 세 번째 즐거움이다. 군자에게는 이러한 세 가지 즐거움이 있을 뿐, 천하에 왕 노릇 하는 일은 이러한 군자의 즐거움에 들지 못한다.[53]

여기서 공자의 1호(學而時習之 不亦說乎)와 맹자의 3락(得天下英才而教育之 三樂也)은 무한한 가능체(배움을 통해 군자와 성인까지도 될 수 있는 존재)인 인간 존재의 특성을, 2호(有朋自遠方來 不亦樂乎)와 1락(父母俱存 兄弟無故 一樂也)은 사회적 관계체(가족 및 다른 사람과 맺는 관계 속에서 다른 사람들과 함께 어울리면서 살아가야 하는 존재)인 인간 존재의 특성을, 그리고 3호(人不知而不慍 不亦君子乎)와 2락(仰不愧於天 俯不怍於人 二樂也)은 능동적 주체(자기가 모든 일의 주체로서, 스스로에게서 모든 일의 원인을 찾고, 스스로 모든 책임을 져야 하는 존재)인 인간 존재의 특성을 드러내고 있는 것이다.

이렇게 선진유학자들은 인간 존재의 사회성(공자의 2호와 맹자의 1락), 도덕적 주체성(3호와 2락), 그리고 가소성(1호와 3락)에 초점을 맞추어 인간의 기본 특성을 파악하고 있다. 인간의 이러한 세 가지 특성으로부터 선진유학자들의 인간관이 도출되며, 이러한 인간관으로부터 그들이 개인 존재를 파악하는 관점이 드러나게 되고, 이러한 개인관으로부터 동아시아 사회인들의 집단주의적인 행동 특징들이 나오게 되는 것으로 볼 수 있다. 이러한 맥락에서 이 절에서는 선진유학자들의 인간관과 개인관 및 이로부터 도출되는 집단주의적인 행동 특징들에 대해 정리해봄으로써, 유학사상에 담긴 심리학적 함의를 도출해내기 위한 기초로 삼으려 한다.[54]

53 君子有三樂 而王天下不與存焉 父母俱存 兄弟無故 一樂也 仰不愧於天 俯不怍於人 二樂也 得天下英才而教育之 三樂也 君子有三樂 而王天下不與存焉 (『孟子』, 盡心上 20): 이는 朱熹의 『孟子集註』의 편차에 따른 『孟子』 盡心上篇 20장을 가리킨다. 이하 『孟子』의 인용은 이 예에 따른다.

54 이 절은 졸저(조긍호, 2006, pp. 297~352; 2007, pp. 98~134)의 내용을 재정리하여 구성하였음.

1) 인간 존재의 사회성

유학은 인간 존재의 기본 특성을 사람과 사람 사이의 관계라는 사회성에서 찾으려 하는 사상 체계이다. 사람은 부모와 자식, 군주와 신하, 남편과 아내, 어른과 아이, 친구와 친구 사이의 관계 속에서 태어나서, 이러한 관계 속에서 살다가, 관계 속에서 죽어가는 존재이므로, 이러한 관계를 떠나서는 인간의 존재 의의를 찾을 수 없다고 보는 것이 유학사상이다. 이렇게 인간의 사회적 존재 특성을 내세워 인간을 '사회적 관계체'로 파악하는 것이 유학자들의 인간 파악의 기본 관점이다.

이와 같이 인간을 사회관계 속에서 바라보므로, 개인 존재는 이러한 관계 속의 '역할 · 의무 · 배려의 복합체'라고 보는 입장이 대두된다. 그리하여 개인이 수행하는 대부분의 사회 행위의 원동력을 이러한 관계 속에 내재하고 있거나 이러한 관계가 요구하고 있는 역할과 의무 및 타인에 대한 배려에서 찾으려 하게 되며, 사회 행위의 목표를 다른 사람 및 내집단과 원만하고 평화로운 관계를 맺고 유지하는 것에 두게 된다. 그러므로 이와 같이 인간 존재의 사회성을 앞세우는 유학사상을 삶의 철학으로 받아들여온 동아시아 사회인들은, 개체로서의 개인의 독립성과 자율성의 추구보다는, 사회관계에서의 연계성의 확립과 조화성의 추구를 강조하는 집단주의적인 행동 양식을 드러내게 되는 것이다.

(1) 사회적 관계체로의 인간 이해

선진유학자들은 인간을 함께 살아가고 있는 다른 사람들과 맺는 관계 속의 존재로 규정하고, 이러한 관계가 사회를 구성하는 근본적인 기본 단위라고 인식한다. 곧 인간 존재의 생물적 특성이나 개체적 특성보다는 사회적 특성을 중심으로 인간의 제반 문제를 바라보고자 하는 것이 유학사상의 가장 큰 특징이다.

이렇게 공자, 맹자와 순자를 비롯한 유학사상가들은 인간 존재의 기본 특성을 사람과 사람 사이의 관계라는 사회성에서 찾고 있다. 곧 '사회적 관계체'로 인간의 존재 특성을 규정하는것이 유학사상에서 도출되는 인간 파악의 가장 기본적인 관점이다. 말하자면, 인간이 본래부터 지닌 도덕적 바탕〔仁義禮智〕은 바로 이러한 인간 존재의 사회성에서 나온다는 관점이 유학사상의 핵심인 것이다.

공자 『논어』에서 공자는 자기 사상의 핵심인 인(仁)을 "무릇 인이란 자기가 서고자 하면 남을 먼저 세워주고, 자기가 이루고자 하면 남이 먼저 이루게 해주는 일"[55]이라거나, "자기가 하려 하지 않는 것을 남에게 베풀지 않는 일,"[56] 또는 "남을 사랑하는 일"[57]로서, "자기의 사욕을 이기고, 예(禮)로 돌아가는 것이 인을 행하는 일"[58]이라고 제시하여, 타인에 대한 관심과 배려가 인의 핵심이라고 보고 있다. 이러한 사실은 공자가 인간의 사회성을 인간 존재의 중핵으로 규정하고 있음을 드러내는 것이다.

공자가 인간의 사회적 존재 특성을 무엇보다도 강조하고 있다는 사실은 그의 정명론(正名論)에서도 확인된다. 그는 사회관계 속에서 각자에게 주어진 역할을 충실히 수행하는 것이 사회 질서와 조화 유지의 핵심이라고 보았다. 곧 "군주는 군주의 역할을 다하고, 신하는 신하의 역할을 다하며, 부모는 부모의 역할을 다하고, 자식은 자식의 역할을 다하는 것"[59]이 사회에 질서와 조화를 가져오는 정사(政事)의 근본이기 때문에, 자기에게

---

55 夫仁者 己欲立而立人 己欲達而達人 (『論語』, 雍也 28)

56 仲弓問仁 子曰 〔……〕 己所不欲 勿施於人 (顔淵 2); 子貢問曰 有一言而可以終身行之者乎 子曰 其恕乎 己所不欲 勿施於人 (衛靈公 23)

57 樊遲問仁 子曰 愛人 (顔淵 22)

58 顔淵問仁 子曰 克己復禮爲仁 (顔淵 1)

59 齊景公問政於孔子 孔子對曰 君君 臣臣 父父 子子 (顔淵 11)

정사를 맡겨준다면 반드시 이름을 바로잡는 일〔正名: 각자에게 주어진 역할을 충실히 수행하도록 하는 일〕부터 하겠다[60]고 공자는 말하고 있는 것이다.

이렇게 유학의 창시자인 공자부터 이미 인간을 기본적으로 타인에 대한 관심과 배려를 지닌 존재로 보기 시작했으며, 모든 사회 행위의 원동력을 사회관계 속에 주어진 쌍무적인 역할에서 찾음으로써, 인간 존재의 사회성을 강조하고 있다. 바로 이렇게 인간을 사회적 관계체인 존재로 파악하는 것이 유학사상에서 인간을 파악하는 가장 기본적인 관점이다.

맹자　　이러한 공자의 관점은 맹자와 순자 같은 초창기 유학자들에게 그대로 이어지고 있다. 맹자는 인간이 선천적 인식능력〔良知〕과 선천적 도덕 행위능력〔良能〕을 갖추고 있다고 보는데, 이러한 사실은 누구나 어려서부터 배우지 않고도 자기 어버이를 사랑할 줄 알고, 자기 형을 공경할 줄 안다는 사실에서 드러난다. 맹자가 말하는 인의(仁義)는 다른 것이 아니라, 어버이를 친애하고〔親親〕, 어른을 공경함〔敬長〕에서 비롯하는 것이다.[61] 곧 맹자는 "인(仁)의 핵심은 어버이를 모시는 것이고, 의(義)의 핵심은 형을 따르는 것이며, 지(智)의 핵심은 이 두 가지를 깨달아 이를 버리지 않는 것이고, 예(禮)의 핵심은 이 두 가지를 조절하고 아름답게 꾸미는 것"[62]이라고 본다. 이렇게 맹자는 인간 행위의 당위적 규범인 인의예지(仁義禮智)의 핵심을 바로 친친(親親)과 경장(敬長)에서 구하고 있는 것이다.

이는 인간 존재의 기초를 부모-자식과 형-아우의 관계에서 구하고 있

60 子路曰 衛君待子而爲政 子將奚先 子曰 必也正名乎 (子路 3)

61 人之所不學而能者 其良能也 所不慮而知者 其良知也 孩提之童 無不知愛其親也 及其長也 無不知敬其兄也 親親 仁也 敬長 義也 無他 達之天下也 (『孟子』, 盡心上 15)

62 仁之實 事親是也 義之實 從兄是也 智之實 知斯二者弗去是也 禮之實 節文斯二者是也 (離婁上 27)

는 것이라고 해석할 수 있다. 그리하여 여기에서 체득한 인의의 도를 백성을 친애하고, 사물을 아끼고 사랑하는〔親親而仁民 仁民而愛物〕[63] 단계까지 확장하여 실천하기에 이르러야 한다는 것이 바로 맹자 사상의 핵심이다. 이를 맹자는 "도는 가까이에 있는데 이를 멀리에서 구하고, 할 일은 쉬운 데에 있는데 이를 어려운 데서 구하려 한다. 사람마다 자기 어버이를 친애하고 자기 어른을 공경한다면, 천하가 화평하게 될 것"[64]이라고 지적했다. 이러한 점에서 맹자가 군자의 세 가지 즐거움 가운데 첫 번째를 "부모가 모두 생존해 계시고 형제들에게 아무 탈이 없는 것"[65]으로 잡고 있는 까닭을 이해할 수 있는데, 이는 바로 이러한 인의(仁義) 체득과 실천의 객관적 대상이 존재하고 있기 때문에 즐겁다는 의미라고 풀이할 수 있다.

이러한 관점에서 보면, 맹자는 인간 존재의 의미를 사람과 사람 사이의 관계에서 찾고 있다. 곧 부자 · 군신 · 부부 · 장유 · 붕우 사이의 관계에서 인간의 존재 특성이 부각되므로, 개별적인 존재에서는 인간 존재의 의미를 찾을 수 없다는 것이 맹자의 주장이다. 부자 · 군신 · 부부 · 장유 · 붕우 사이의 관계에서 각각 친(親) · 의(義) · 별(別) · 서(序) · 신(信)이 있도록 하는 것이 바로 사람이 지켜야 할 다섯 가지 도리〔五倫〕인데, "사람이 편

---

63 君子之於物也 愛之而不仁 於民也 仁之而不親 親親而仁民 仁民而愛物 (盡心上 45)

64 道在爾而求諸遠 事在易而求諸難 人人親其親 長其長 而天下平 (離婁上 11)

65 盡心上 20: 여기서 맹자가 말하는 군자의 세 가지 즐거움이 모두 인간의 사회성을 강하게 함축하고 있다는 사실을 주목할 필요가 있다. 一樂은 인의 체득과 실천의 대상(부모와 형제)이 존재하고 있기 때문에 느끼는 즐거움이고, 二樂은 실제로 인의를 체득하여 일상생활의 대인관계에서 실천함으로써 느끼는 즐거움이며, 三樂은 다른 사람들에게 스스로가 체득한 인의의 도를 가르쳐주는 즐거움이라고 해석할 수도 있다. 이렇게 보면, 맹자는 군자의 즐거움을 모두 사람들 사이의 관계에서 설정되는 것으로 보고 있으며, 사회 속에서 사회적 존재로서 성덕(成德)을 지향하는 데 즐거움의 근거가 있으므로, "천하를 지배하고 다스리는 것은 군자의 즐거움에 들지 못한다"(王天下不與存焉)는 당당함이 나오는 것이라고 하겠다.

안히 살고 가르침이 없으면 금수와 같아질 수밖에 없으므로, 성인이 이를 걱정하여 이 다섯 가지 사람의 도리를 가르치게 하였다"[66]는 지적은 이러한 입장을 단적으로 드러내는 것이다. 이를 보면, 사람의 도리는 바로 사람들 사이의 관계에서 찾을 수 있고, 따라서 인간은 개별적인 존재로 태어나고 살아가는 것이 아니라, 이러한 관계 속에서 태어나고 살아가는 존재, 곧 사회적 관계체인 존재라는 것이 맹자의 인간 파악의 기본 관점이라고 하겠다.

순자 순자도 인간의 사회성을 강조하며, 따라서 사회관계가 인간의 존재 특성을 규정하는 것으로 파악하고 있다. 순자는 다른 생물체에 견주어 인간 존재는 생득적으로 허약하고 무력한 까닭에 단결이 필요하고,[67] 개인적인 능력과 기술의 한계로 말미암아 협동과 상부상조가 필요하기[68] 때문에, 사람은 필연적으로 모여서 사회생활을 할 수밖에 없다〔人生不能無群〕[69]고 본다. 이러한 점은 그의 명분사군(明分使群)의 예론을 통해 쉽게 이해될 수 있다. 곧 사람은 군신 · 부자 · 형제 · 부부 같은 사회윤리 관계나 사 · 농 · 공 · 상 따위의 사회직분 관계 속의 존재로서, 이러한 관계 속에서 예에 따라 규정되는 각자의 역할〔分〕을 충실히 수행함으로써

66 人之有道也 飽食暖衣 逸居而無教 則近於禽獸 聖人有憂之 使契爲司徒 教以人倫 父子有親 君臣有義 夫婦有別 長幼有序 朋友有信 (滕文公上 4)

67 力不若牛 走不若馬 而牛馬爲用 何也 曰 人能群 彼不能群也 人何以能群 曰 分 分何以能行 曰 以義 故義以分則和 和則一 一則多力 多力則彊 彊則勝物 (『荀子』, 王制 20~21): 이는 富山房本 漢文大系 卷十五 『荀子集解』의 王制篇 pp. 20~21을 가리킨다. 이하 『荀子』 본문의 인용은 이 예에 따른다.

68 故百技所成 所以養一人也 而能不能兼技 人不能兼官 離居不相待則窮 群而無分則爭 窮者患也 爭者禍也 救患除禍 則莫若明分使群矣 (富國 2~3)

69 故人生不能無群 群而無分則爭 爭則亂 亂則離 離則弱 弱則不能勝物 (王制 21); 人之生不能無群 群而無分則爭 爭則亂 亂則窮矣 故無分者人之大害也 有分者天下之本利也 (富國 6~7)

사회생활〔群〕을 영위해야 하는 존재라는 것이다.[70] 이러한 관점은 인간을 상호 독립적이고 분리된 존재가 아니라, 사회관계에 따라 본질적으로 연관을 맺고 있는 상호의존적인 존재로 파악하는 시각을 잘 드러내는 것이다. 이러한 시각은 『순자』의 「왕제」(王制)편에 나오는 다음의 지적에서 잘 드러난다.

> 군신 · 부자 · 형제 · 부부의 관계는 처음이자 마지막이고, 마지막이자 처음으로서, 천지와 더불어 이치를 같이 하고, 만세를 통하여 영구히 지속되는 것으로, 무릇 이를 일러 '위대한 근본'〔大本〕이라고 한다.[71]

이는 군신 · 부자 · 형제 · 부부 같은 사회관계가 지니는 보편성을 지적한 것으로서, 이러한 사람들 사이의 관계가 사회의 가장 궁극적인 단위임을 표현하는 것이라고 볼 수 있다. 바로 이러한 사실에서도 인간을 사회적인 관계체로 보는 순자의 관점을 확인해볼 수 있는 것이다.

(2) 역할 · 의무 · 배려의 복합체로의 개체 인식

이상에서 보았듯이, 유학사상에서는 사회 구성의 기본 단위를 사람들 사이의 관계라고 파악함으로써, 인간을 '사회적 관계체'로 이해하는 인간관을 드러내고 있다. 이러한 관점을 가장 집약적으로 드러내고 있는 사람은 순자인데, 그는 유명한 대본설(大本說)을 통해 "군주와 신하, 부모와 자

---

70 夫貴爲天子 富有天下 是人情之所同欲也 然則從人之欲 則勢不能容 物不能贍也 故先王案爲之 制禮義以分之 使有貴賤之等 長幼之差 知賢愚能不能之分 皆使人載其事 而各得其宜 然後慤祿多少厚薄之稱 是夫群居和一之道也 (榮辱 39~40): 王先謙(1891)의 『荀子集解』에서는 知賢愚에서 知는 智로 읽어야 하고, 賢은 원문에서 삭제되어야 하며, 慤祿은 穀祿이 되어야 한다고 본다.

71 君臣父子兄弟夫婦 始則終 終則始 與天地同理 與萬歲同久 夫是之謂大本 (王制 19~20)

식, 형과 동생 및 남편과 아내 사이의 관계는 처음이자 마지막이고, 마지막이자 처음으로서, 천지와 더불어 이치를 같이 하고, 만세를 통하여 영구히 지속되는 위대한 근본"[72]이라고 진술하여, 사회적 관계체로 인간을 보는 견해를 선언하고 있다. 이 대본설에서 순자가 주장하려고 했던 것은 군신·부자·형제·부부 같은 인간관계는 우주(天地)의 기본 질서와 마찬가지로서, 아무리 시간이 지나더라도 변화하지 않는 인간 삶의 핵심적이고도 보편적인 원리가 된다는 사실이다. 곧 인간은 천지를 떠나서 살 수 없듯이 사람들 사이의 관계를 떠나서는 살 수 없으므로, 이러한 관계는 인간의 삶이 이루어지는 기본 터전이며, 이러한 사실은 아무리 시간이 지나더라도 달라지지 않는다고 순자는 보고 있는 것이다.

맹자는 오륜설(五倫說)을 통해 이러한 입장에서 한 걸음 더 나아간 주장을 펴고 있다. 그는 "부모와 자식 사이에는 친애함(親)이 있어야 하고, 군주와 신하 사이에는 의로움(義)이 있어야 하며, 남편과 아내 사이에는 직분의 나뉨(別)이 있어야 하고, 어른과 아이 사이에는 차례(序)가 있어야 하며, 벗들 사이에는 믿음(信)이 있어야 한다"[73]고 주장하여, 각 관계에는 필연적으로 이루어야 할 질서가 있으며, 이러한 질서가 달성될 때에야 비로소 조화롭고 평화로운 사회가 이룩될 수 있다고 주장했다.

그렇다면, 각 관계의 조화로운 질서는 어떻게 해야 달성될 수 있는가? 이에 대한 해답은 공자의 유명한 정명론(正名論)에서 찾을 수 있다. 공자는 사회관계 속에서 각자에게 주어진 역할과 의무를 충실히 수행하는 것이 사회 질서와 조화 유지의 핵심이라고 보고, 이를 정명론 체계로 제시하고 있다.[74] 맹자와 순자도 이러한 공자의 정명론의 체계를 이어받아,

---

72 『荀子』, 王制 19~20.

73 『孟子』, 滕文公上 4.

74 『論語』, 顔淵 11; 子路 3.

각 관계 속에서 이루어지는 역할과 의무 수행이 각 관계의 질서를 유지하는 핵심 요건이라고 보고 있다. 맹자는 이러한 견해를 "군주다운 군주가 되려면 군주의 역할과 도리를 다해야 하고, 신하다운 신하가 되려면 신하의 역할과 도리를 다해야 한다"[75]고 진술하고 있다. 순자는 이러한 견해를 좀 더 자세히 분석하여, 조화로운 사회관계를 이루기 위해서는 우선 사회관계에서 각자가 해야 할 역할과 의무를 명백히 하고〔明分〕 실생활에서 이를 실행해야 한다〔守分〕고 보고, 이를 명분사군론(明分使群論)[76] 또는 군거화일론(群居和一論)[77]으로 제시하고 있다.

역할과 의무의 충실한 수행 이외에, 선진유학자들이 사회관계의 질서와 조화를 유지하는 데 필요한 요인으로 또 한 가지 중시하고 있는 것은 관계를 맺고 있는 타인에 대한 관심과 배려이다. 유학의 창시자인 공자부터 이미 타인에 대한 관심과 배려가 유학적 덕목의 핵심인 인(仁)의 기본 내용이라고 보고 있다.[78] 맹자는 이러한 타인에 대한 관심과 배려가 "자기를 미루어 다른 사람에게 미쳐가는 일"〔推己及人〕[79]과 "다른 사람들과 즐거움과 괴로움을 함께 하는 일"〔與民同之〕[80]로 드러난다고 보고 있다.

75 欲爲君 盡君道 欲爲臣 盡臣道 (『孟子』, 離婁上 2)

76 『荀子』, 富國 2~3.

77 榮辱 39~40.

78 『論語』, 雍也 28; 顏淵 2, 22; 衛靈公 23.

79 得天下有道 得其民斯得天下矣 得其民有道 得其心斯得民矣 得其心有道 所欲與之聚之 所惡勿施爾也 (『孟子』, 離婁上 9); 老吾老 以及人之老 幼吾幼 以及人之幼 天下可運於掌 〔……〕 故推恩 足以保四海 不推恩 無以保妻子 古之人 所以大過人者無他焉 善推其所爲而已矣 (梁惠王上 7)

80 이러한 생각은 『孟子』의 첫 머리인 梁惠王篇의 중심이 되고 있다. 예를 들면, 梁惠王上 2(古之人 與民偕樂 故能樂也), 梁惠王下 1(今王與百姓同樂則王矣), 梁惠王下 2(文王之囿 方七十里 〔……〕 與民同之 民以爲小 不亦宜乎), 梁惠王下 4(爲民上而不與民同樂者 亦非也 樂民之樂者 民亦樂其樂 憂民之憂者 民亦憂其憂 樂以天下 憂以天下 然而不王者未之有也), 梁惠王下 5(王如好貨 與百姓同之 於王何有 〔……〕 王如好色 與百姓同之 於王何有) 등에서 이러한 견해를 직접 표출하고 있다.

순자는 타인에 대한 관심과 배려는 다른 사람을 너그럽게 포용하는 일로 드러난다는 겸술론(兼術論)을 제시하고 있다.[81]

이렇게 유학사상에서는 인간의 사회생활과 사회 행위의 원동력을 사회관계 속의 역할과 의무에서 찾음으로써, 개체로서의 개인 존재를 '역할 · 의무 · 배려의 복합체'로 간주하며, 결과적으로 이러한 역할과 의무의 근거인 관계 당사자들 사이의 연계성이나 그들에 대한 관심과 배려를 강조하게 되는 것이다.

(3) 연계성과 조화성 및 타인에 대한 배려의 강조

이러한 관점은 사회행위의 원동력과 목표 차원에서 개체로서의 개인 존재의 독립성과 자율성을 강조하는 개인주의 문화와는 달리,[82] 사람들 사이의 연계성을 강조하는 집단주의 문화의 관점과 같은 것이다. 곧 인간을 '사회적 관계체'로 보는 관점에 따라 개인 존재를 '의무 · 역할 · 배려의 복합체'로 파악하는 유학사상의 견해는, 이를 그 사상적 배경으로 하고 있는 집단주의 사회에 살고 있는 현대 동아시아인의 심성과 행동의 특징으로 그대로 연결되고 있는 것이다.

관계중심적으로 인간을 이해하려는 견해를 바탕으로, 타인과 맺고 있는 관계와 자기 및 관계 당사자가 처해 있는 상황과 관련하여 사람을 파악하는 집단주의 사회에서는, 개인의 제반 사회 행위의 일차적인 원천을 개인이 속해 있는 관계 속의 의무와 역할 및 타인에 대한 관심과 배려에서 찾게 되고, 사회행위의 목표를 관계 상대방과 연계성을 확립하고 조화를 이루는 데 둔다. 그 결과 집단주의 사회에 살고 있는 사람들에게는 자

81 故君子賢而能容罷 知而能容愚 博而能容淺 粹而能容雜 夫是之謂兼術 (『荀子』, 非相 17)

82 집단주의와 개인주의 문화의 비교 문제를 여러 차원 또는 문제 상황에서 개관하고 있는 졸고(조긍호, 1993, 1996a, b, 1997a, 1999a, 2000) 및 졸저(조긍호, 2003, 2006, 2007) 참조.

기 자신보다는 관계를 맺고 있는 다른 사람과 집단이, 그리고 자기의 내적 성향(성격 · 능력 · 의도 · 욕구 · 정서)보다는 외적 행위 규범(역할 · 의무 · 배려)과 상황적 요구가 주의의 초점으로 떠오르게 되며, 사람을 평가하는 기준도 '연계성'과 '조화성' 및 '배려성' 같은 사회관계 지향적인 특성들에서 찾게 되는 것이다.

2) 인간 존재의 도덕적 주체성

유학자들은 타인 및 그들과 함께 삶을 영위하는 터전인 사회에 대한 관심과 배려가 곧 덕의 근원이라고 본다. 그들은 이러한 덕의 바탕이 인간에게 본래부터 갖추어져 있다는 전제에 따라, 사람은 스스로가 도덕의 주체라는 사실을 깨달아 이를 능동적 주체적으로 삶의 장면에서 실천함으로써, 개인적 이기적인 욕구와 감정 같은 나머지 인성 요소들이 덕에 맞추어 통제되도록 하는 것이 바른 삶의 자세라는 주장을 편다. 이렇게 유학사상에서는 사회적 존재로서의 인간이 지향해야 할 바람직한 삶의 자세는 능동적 주체적인 도덕 인식과 실천이라고 보아, 인간을 '능동적 주체자'로 파악한다.

이러한 인간의 능동성과 주체성은 인간의 사회성과 도덕성에 대한 인식을 바탕으로 하는 것이다. 곧 스스로에게 본래부터 모든 도덕성의 근거가 갖추어져 있으므로, 이를 잃지 말고 잘 간직하고〔存心〕 길러서〔養性 · 養心〕, 일상생활에서 실천하는 일이 능동적 주체적인 삶의 자세라는 주장, 이것이 바로 유학사상의 기본 관점이다. 따라서 '능동적 주체자'로 인간 존재를 파악하는 관점은 사회적 관계체로 인간을 보는 태도에서 연역되어 나오는 관점이라고 할 수 있을 것이다.

유학사상에서는 이렇게 인간의 도덕적 주체성을 강조하므로, 개체로서의 개인을 이성이나 감성 또는 욕구의 주체로서보다는 '덕성의 주체'로 간주하게 된다. 결과적으로 이러한 유학사상을 기본 철학으로 삼고 살아온 동아시아인들은 삶의 과정에서 적극적인 자기 주장보다는 자기 억제와 자기 은폐를 강조하는 집단주의적인 삶의 태도를 발전시키게 되었다. 개인적인 욕구와 감정의 자유로운 표출은 사회와 그 기본 단위인 내집단의 조화를 깨치게 되기 쉬운 까닭이다.

(1) 능동적 주체자로의 인간 이해

인간을 파악하는 유학자들의 관점 가운데 두 번째 특징은 도덕 주체(道德主體)로서 인간이 지닌 능동성과 주체성을 강조하는 데 있다고 볼 수 있다. 그들은 도덕의 근거를 인간의 주체적 인식에서 구하고, 도덕적 책임을 스스로에게서 찾음으로써, 이러한 관점을 드러내는 것이다.

공자 『논어』에서 공자는 "인(仁)의 실천은 오로지 자신에게 달린 일이지, 남에게 달린 것이 아니다"[83]라고 하여, 이러한 관점을 드러내고 있다. 곧 군자는 스스로가 도덕 주체라는 사실을 확고히 인식하고 있기 때문에, "남에게 모든 책임을 돌리는 소인(小人)과는 달리, 모든 일의 책임을 자기 자신에게서 찾으려 한다."[84] 따라서 군자는 "남이 알아주지 않는다고 해도 노여워하지 않는데",[85] 이는 그 원인을 바로 자기의 무능함에서 찾기 때문이다.[86]

---

83 爲仁由己 而由人乎哉 (『論語』, 顔淵 1)
84 君子求諸己 小人求諸人 (衛靈公 20)
85 學而 1.
86 不患無位 患所以立 不患莫己知 求爲可知也 (里仁 14); 不患人之不己知 患其不能也 (憲問 32); 君子病無能焉 不病人之不己知也 (衛靈公 18)

맹자 이러한 인간의 능동성과 주체성의 근거를 맹자는 인의예지 같은 도덕의 뿌리가 인간에게 본래부터 내재하고 있다는 사실에서 구하고 있다. 여기서 한 걸음 더 나아가, 맹자는 인간이 본래 갖추고 있는 선단(善端)을 잃지 않고 그대로 간직〔存心〕하기 위해서는, 우선 스스로가 도덕 주체라는 사실을 주체적으로 인식하여 이를 확충해야 한다고 보아, 「공손추상」(公孫丑上)편 6장에서 다음과 같이 진술하고 있다.

> 사람은 누구나 남에게 차마 모질게 하지 못하는 마음을 가지고 있다. 〔……〕 사람이 누구나 남에게 차마 모질게 하지 못하는 마음을 가지고 있다는 사실은, 이제 어떤 사람이 어떤 어린아이가 우물에 빠지는 것을 문득 보았다면, 누구나 깜짝 놀라 불쌍하게 여기는 마음을 가지게 된다는 데서 드러난다. 〔……〕 이로 보건대, 불쌍히 여기는 마음〔惻隱之心〕이 없으면 사람이 아니요, 자기의 옳지 않음을 부끄러워하고 남의 옳지 않음을 미워하는 마음〔羞惡之心〕이 없으면 사람이 아니요, 사양하는 마음〔辭讓之心〕이 없으면 사람이 아니요, 옳고 그름을 가리려는 마음〔是非之心〕이 없으면 사람이 아니다. 불쌍히 여기는 마음은 인의 시초〔仁之端〕요, 부끄러워하고 미워하는 마음은 의의 시초〔義之端〕요, 사양하는 마음은 예의 시초〔禮之端〕요, 옳고 그름을 가리려는 마음은 지의 시초〔智之端〕이다. 사람이 이 네 가지 시초〔四端〕를 갖추고 있다는 사실은 마치 사람에게 사지(四肢)가 갖추어져 있는 것과 마찬가지다. 〔……〕 무릇 나에게 갖추어져 있는 네 가지 시초를 모두 넓혀서 채울 줄 알게 되면, 마치 불이 처음 타오르고 샘물이 처음 흘러내리듯 할 것이니, 진실로 이를 채울 수 있으면 사해(四海)를 보전하고도 남음이 있을 것이지만, 진실로 이를 채우지 못하면 부모를 섬기기에도 부족할 것이다.[87]

87 人皆有不忍人之心 〔……〕 所以謂人皆有不忍人之心者 今人乍見孺子將入於井 皆有怵惕

맹자는 이렇게 사람에게는 인의예지 같은 도덕의 근거가 되는 측은지심 · 수오지심 · 사양지심 · 시비지심의 사단이 갖추어져 있고, 그렇기 때문에 인간의 본성은 착하다고 본다. 이것이 이른바 성선설(性善說)인데, 이를 통해 맹자가 제시하려고 한 것은 인의예지의 바탕이 인간 본성 속에 주체적으로 내재되어 있는 자연적인 것이지, 외부에서 주어지는 인위적인 것은 아니라는 사실이다.[88] 이는 마치 사람이 팔 · 다리를 가지고 태어나는 것처럼 본래부터 갖추어져 있는 인간의 본성이라는 것이다.

맹자의 성선설에서 도덕의 본유성보다 중요한 것은 이러한 사실의 주체적 자각이 더욱 강조되고 있다는 점이다. 맹자는 인의예지를 비롯한 모든 인간 행위의 근거를 주체적 인식에서 구하고 있고, 따라서 인간의 능동성과 주체성을 강조했던 것이다. 이러한 사실은 인간이 본래 갖추고 태어난 선단을 잃지 않고 그대로 간직〔存心〕하려면 우선 주체적으로 도를 인식해야〔明道〕 하고, 이러한 도의 주체적 인식을 위해서는 "모든 일의 책임을 스스로에게 돌이켜 찾아야 한다〔反求諸己〕"[89]는 주장에서도 잘 드러나고 있다. "만물의 이치는 모두 나에게 구비되어 있으므로"[90] 내가 모든 일의 주체이고, 따라서 모든 일이 나에게서 비롯하는 것이다. 그리하여 "화(禍)와 복(福)이 모두 자기 스스로가 초래하지 않은 것이 없고,"[91] "무릇 사람들은 스스로가 먼저 모멸한 다음에 남이 그를 모멸하는 것"[92]이기에,

---

惻隱之心 〔……〕 由是觀之 無惻隱之心 非人也 無羞惡之心 非人也 無辭讓之心 非人也 無是非之心 非人也 惻隱之心 仁之端也 羞惡之心 義之端也 辭讓之心 禮之端也 是非之心 智之端也 人之有是四端也 猶其有四體也 〔……〕 凡有四端於我者 知皆擴而充之矣 若火之始然 泉之始達 苟能充之 足以保四海 苟不充之 不足以事父母 (『孟子』, 公孫丑上 6)

88 仁義禮智 非由外鑠我也 我固有之也 弗思耳矣 (告子上 6)

89 行有不得者 皆反求諸己 (離婁上 4)

90 萬物皆備於我矣 (盡心上 4)

91 禍福無不自己求之者 (公孫丑上 4)

92 夫人必自侮 然後人侮之 (離婁上 8)

능동적 주체자인 자기에게서 모든 책임과 근거를 찾아야 한다는 것이 바로 맹자의 주장이다. 이렇게 능동적 주체적 존재로 인간을 파악하는 것이 맹자의 인간 이해의 핵심이다.

순자 순자도 인간을 능동적이고 주체적인 존재로 파악하고 있다. 이는 천인지분(天人之分)과 참어천지(參於天地)에 관한 그의 이론 체계로부터 쉽게 추론해볼 수 있는 사실이다. 곧 하늘은 인간사와 무관한 자연현상일 뿐이므로,[93] 하늘 · 땅 · 사람은 저마다 독특한 직분을 가지고 있다는 것이 천인지분의 논리이며, 순자는 바로 여기서 하늘에 종속되지 않은 독립적인 인간의 능동성과 주체성의 근원을 찾고 있다.[94]

이러한 천인지분의 논리는 천 · 지 · 인이 각각 따르는 바가 서로 다르다는 점을 전제로 하여 성립한다. 곧 "하늘은 한결같은 도〔常道〕를 지니고 있고, 땅은 한결같은 법칙〔常數〕을 가지고 있으며, 군자는 한결같이 행해야 할 바〔常體〕가 있다"[95]는 것이다. 그렇다면, 천 · 지 · 인이 한결같이 따르는 각각의 직분은 무엇인가? 순자는 이를 "하늘은 그 때〔時〕를 가지고 있고, 땅은 그 재원〔財〕을 가지고 있으며, 사람은 그 다스림〔治〕을 가지고 있다. 이를 일러 '사람이 천지와 나란히 참여할 수 있음'

93 이러한 논지는『荀子』天論篇의 핵심 주장으로서, 예를 들면, 天論 30 (夫星之隊 木之鳴 是天地之變 陰陽之化 物之罕至者也 怪之可也 而畏之非也)과 33 (雩而雨 何也 日 無何也 猶不雩而雨也 日月食而救之 天旱而雩 卜筮然後決大事 非以爲得求也 以文之也〔……〕以爲文則吉 以爲神則凶也) 같은 데 잘 드러나고 있다.

94 天行有常 不爲堯存 不爲桀亡 應之以治則吉 應之以亂則凶 彊本而節用 則天不能貧 養備而動時 則天不能病 修道而不貳 則天不能禍〔……〕本荒而用侈 則天不能使之富 養略而動罕 則天不能使之全 倍道而妄行 則天不能使之吉〔……〕受時與治世同 而殃禍與治世異 不可以怨天 其道然也 故明於天人之分 則可謂至人矣 (天論 21~23)

95 天有常道矣 地有常數矣 君子有常體矣 (天論 28): 여기서는 군자가 사람을 대표하고 있다. 순자는 대체로 사람의 道를 체득하고 이룬 사람인 군자나 성인을 천지와 마주하는 사람의 대표로 기술하고 있다.

〔能參〕이라고 한다"[96]고 논술하고 있다. 말하자면, 하늘과 땅은 각각 그 때와 재원을 가지고 사람을 포함한 만물을 만들어내는 직분을 지니고 있고, 사람은 이를 이치에 맞게 조화시키고 다스리는 직분을 지닌다는 것이다.

이렇게 사람은 천지와 직분을 달리 하는 존재로서, 스스로의 능동적이고 주체적인 노력에 의해 천지에 질서를 부여하고 만물을 부림으로써, 천지의 화육에 동참할 수 있는 존재이다.[97] 바로 여기에 "도(道)는 하늘의 도도 아니고, 땅의 도도 아니며, 사람이 행해야 할 바로서, 군자가 따르는 것"[98]이라는 인도론(人道論)이 나오는 근거가 있다. 이러한 생각은 인간을 외부 환경 조건의 영향을 받기만 하거나, 환경 조건에 따라 수동적으로 규정되기만 하는 존재가 아니라, 능동적 주체적으로 스스로를 규정하는 존재로 파악하는 시각을 명백히 드러내는 것이다.

(2) 덕성 주체로의 개체 인식

이상에서 보았듯이, 유학사상에서는 인의예지 같은 모든 도덕의 바탕이 사람에게 본래부터 갖추어져 있고, 인간은 이를 주체적으로 인식하여 일상생활에서 실천할 수 있는 능동적 주체적 존재라고 인식한다. 이렇게 인간을 '능동적 주체자'로 파악하는 관점은 개체로서 존재하는 개인이 '덕성의 주체'라는 사실에 대한 자각을 전제로 하고 있는 것이다. 인의예지의 바탕이 되는 측은지심 · 수오지심 · 사양지심 · 시비지심의 사단이

---

96 天有其時 地有其財 人有其治 夫是之謂能參 (天論 23)

97 天能生物 不能辨物也 地能載人 不能治人也 宇中萬物生人之屬 待聖人然後分也 (禮論 24~25); 天地生之 聖人成之 (富國 11)

98 道者非天之道 非地之道 人之所以道也 君子之所道也 (儒效 9~10): 楊倞(818)은 『荀子注』에서 人之所以道也를 人之所行之道也로 풀고 있으며, 王先謙도 『荀子集解』에서 人之所以道也의 道를 行의 誤字로 보고 있다.

사람에게 본래부터 갖추어져 있다는 사단설[99]을 통해 맹자는 "인의예지 같은 도덕의 근거는 인간의 본성 속에 본래부터 내재되어 있는 자연적인 것이지, 외부에서 주어지는 인위적인 것은 아니다"[100]라는 도덕의 본유설을 주장한다. 맹자는 한 걸음 더 나아가, 인간은 스스로가 덕성의 주체라는 사실을 능동적으로 인식하고 주체적으로 실천할 수 있는 능동적 주체적 존재라는 사실을 고자(告子)의 인내의외설(仁內義外說)에 대한 비판을 통해 분명히 하고 있다.[101] 이 논쟁에서 맹자는 객관적 사물 존재 자체에서 도덕적 행위의 근거를 찾으려는 고자에 비해, 사물 존재 자체가 아니라 이에 대한 개인의 주관적 인식에서 도덕적 행위의 근거를 찾으려는 입장을 전개했고, 따라서 도덕의 본유성 그 자체보다는 이에 대한 개인의 주체적 자각에서 도덕성의 근거를 찾음으로써, 인간의 능동성과 주체성을 강조하는 관점을 드러내고 있다.

이렇게 덕성 주체인 인간의 자각을 도덕성의 바탕으로 강조하는 시각은 공자로부터 이어지는 유학사상의 전통이다. 공자는 "내가 인(仁)을 행하고자 하면, 곧바로 인이 이르게 된다"[102]고 보아, 도덕성이란 자기 몸에 그 근거가 갖추어져 있는 것이긴 하지만, 이를 자각하는 일이 무엇보다 중요함을 역설하고 있다. 그리하여 그는 "인을 행하는 것은 자기에게 달려 있는 일이지, 남에게 달린 것이 아니므로",[103] "능히 가까이 자기 몸에서 취해서 남에게 비유할 수 있으면, 인을 행하는 방도라고 이를 만하다"[104]고 보고

---

99 『孟子』, 公孫丑上 6.

100 告子上 6.

101 告子上篇 4장에서 맹자가 告子와 가진 유명한 仁內義外說에 관한 논쟁에 관해서는 졸저(조긍호, 1998a, pp. 413~414; 2003a, pp. 155~156; 2006, pp. 305~306) 참조.

102 仁遠乎哉 我欲仁 斯仁至矣 (『論語』, 述而 29)

103 顔淵 1.

104 夫仁者 己欲立而立人 己欲達而達人 能近取譬 可謂仁之方也已 (雍也 28)

있는 것이다. 이와 같이 공자는 덕성 주체인 스스로에 대한 자각이 일상생활에서 도덕성을 실천하는 바탕임을 강조하고 있다.

순자도 또한 그의 독특한 인도론(人道論)을 통해 같은 입장을 제시한다. 그는 "도(道)는 하늘의 도도 아니고, 땅의 도도 아니며, 사람으로서 행해야 할 바로서 군자가 따르는 것"[105]이라는 인도론의 근거에 따라, "군자는 자기에게 달려 있는 일〔在己者〕을 삼가 행할 뿐, 하늘에 달린 일〔在天者〕을 사모하지 않으며 〔……〕 그렇기 때문에 날로 발전한다"[106]는 천인지분(天人之分)의 논리를 전개한다. 그에게 "자기에게 달린 일이란 마음과 뜻을 닦고, 덕행에 힘쓰며, 인식과 판단을 명확히 하고, 오늘날에 태어났지만 옛 사람의 도에 뜻을 두는 것,"[107] 곧 스스로가 도덕의 주체임을 자각하고, 이를 일상생활에서 실천하려 노력하는 일인 것이다.

유학사상에서 인간을 '능동적 주체자'로 파악하는 입장은 이렇게 스스로가 도덕 주체라는 사실에 대한 자각으로부터 연유하는 것이다. 스스로가 '덕성의 주체'라는 사실에 대한 자각은 곧바로 모든 일의 책임을 스스로에게서 찾는 삶의 태도로 이어지게 되는데, 이렇게 보면 인간 존재의 능동성과 주체성은 모든 책임을 스스로에게서 구하는 태도와 직접 연결된다고 볼 수 있다. 공자는 "인의 실천은 남에게 달려 있는 일이 아니라 자기에게 달린 일"[108]임을 분명하게 인식하고 있기 때문에, "군자는 모든 책임을 남에게 돌리는 소인과는 달리, 모든 일의 책임을 스스로에게서 찾으려 한다"[109]고 본다. 곧 "군자는 남이 자기를 알아주지 않는다고 해도,

---

105 『荀子』, 儒效 9~10.

106 故君子敬其在己者 而不慕其在天者 〔……〕 是以日進也 (天論 28~29)

107 若夫心意修 德行厚 知慮明 生於今而志乎古 則是其在我者也 (天論 28)

108 『論語』, 顔淵 1.

109 衛靈公 20.

성내거나"[110] "걱정하지 않고, 다만 자기의 무능함을 걱정할 뿐"[111]인데, 모든 책임이 덕성 주체인 자기에게 달려 있다는 사실을 확고하게 자각하고 있기 때문이다.

맹자도 "만물의 이치는 모두 나에게 구비되어 있으므로,"[112] "화와 복이 모두 자기 스스로가 초래하지 않은 것이 없고,"[113] 행동에 알맞은 결과를 얻지 못하면, 돌이켜 자기에게서 책임을 구하는(反求諸己) 태도가 필요하다고 본다. 따라서 "내가 남을 사랑하는데도 그가 나를 친애하지 않으면 나의 인(仁)이 부족하지 않은지 돌이켜 반성해보고, 남을 다스리는데도 잘 다스려지지 않으면 나의 지혜가 부족하지 않은지 돌이켜 반성해보며, 남에게 예로 대했는데도 그가 예로 답해오지 않으면 나의 공경함이 부족하지 않은지 돌이켜 반성해보아야 한다"[114]는 것이다.

순자도 같은 입장을 견지하고 있다. 그도 인간의 능동성과 이의 주체적 자각을 강조하면서, "같이 놀면서 사랑받지 못하는 것은 반드시 내가 먼저 어질지 못한 점이 있었기 때문이고, 서로 사귀면서 공경받지 못하는 것은 반드시 내가 먼저 공손하지 않은 점이 있었기 때문인데 (……) 도대체 자기가 잘못해놓고서 남에게 책임을 미루는 일은 사정에 아주 어두운 일"[115]이라고 진술하고 있다.

이와 같이 공자 · 맹자 · 순자 같은 유학의 선구자들은 모두 스스로가

---

110 學而 1.

111 里仁 14; 憲問 32; 衛靈公 18.

112 『孟子』, 盡心上 4.

113 公孫丑上 4.

114 愛人不親 反其仁 治人不治 反其智 禮人不答 反其敬 行有不得者 皆反求諸己 其身正而天下歸之 (離婁上 4)

115 同遊而不見愛者 吾必不仁也 交而不見敬者 吾必不長也 (……) 失之己 而反諸人 豈不亦迂哉 (『荀子』, 法行 21~22)

덕성 주체라는 사실에 대한 자각에서 모든 일이 자기결정적이라는 확고한 인식이 나오게 된다고 보아, 결과적으로 일상생활에서 모든 일의 책임을 스스로가 지려 하는 삶의 태도(反求諸己)를 갖는 일이 중요함을 강조하고 있는 것이다.

(3) 자기 억제와 자기 은폐의 강조

인간을 '능동적 주체자'로 이해하는 관점으로부터 연역하여, 개인 존재를 '덕성 주체'로 파악하는 유학사상에서 도출되는 책임의 자기 귀인을 강조하는 삶의 태도는, 이를 그 사상적 배경으로 하고 있는 집단주의 사회에 살고 있는 현대 동아시아인의 심성과 행동의 특징으로 그대로 이어지고 있다. 관계중심적인 인간관을 바탕으로 내집단과 사회의 조화를 최대의 명제로 삼고 있는 집단주의 사회인에게 중요한 것은 조화로운 집단 속에서 유용한 성원으로 받아들여지는 일이다. 그러므로 이들은 집단 내에 불화를 일으키지 않고, 그들과 원만한 관계를 유지하는 일을 바람직한 것으로 여긴다. 따라서 이들에게는 '양보와 협동 및 겸손' 그리고 '자기 억제'가 미덕으로 등장하게 된다.

이는 감정이나 욕구 표출의 경우에도 마찬가지다. 자기 감정과 욕구를 있는 그대로 표출하는 것은 결국 집단 내에 갈등을 야기하기 쉬우므로, 감정과 욕구의 표출을 억제할 것이 권장된다. 집단의 목표와 개인의 목표가 갈등을 일으킬 때는 집단의 목표가 우선권을 갖는 것으로 받아들여지며, 억제해야 할 것은 집단의 목표가 아니라 개인의 목표이다. 이들에게 통제란 외부 환경을 나에게 맞도록 변화시키는 것이 아니라, 덕성 주체인 나를 외부 환경에 맞추어 변화시키는 일이다. 곧 통제의 대상은 외부 환경 조건이 아니라 자기 자신인 것이다.

곤경에 빠진 사람을 불쌍히 여기는 마음(惻隱之心), 나의 옳지 않음을 부끄러워하고, 남의 옳지 않음을 미워하는 마음〔羞惡之心〕, 사양하는 마음〔辭讓之心〕, 옳고 그름을 가리려는 마음〔是非之心〕 같은 인의예지의 근거〔四端〕가 인간에게 본래부터 갖추어져 있다는 성선설에서, 도덕 근거의 본유성보다 맹자가 더욱 강조하고 있는 것은 이에 대한 주체적 자각의 문제이다. 이러한 사실은 공자로부터 이어지는 유학의 가장 핵심적인 시각의 하나이다.

이러한 관점에서는 모든 사회 행위의 원인과 결과를 '덕성 주체'인 자신의 내부로 귀환시켜, 자신 속에 침잠할 것을 강조하게 된다. 곧 스스로가 능동적 주체적인 행위 원천이므로, 통제의 대상은 바로 자기 자신에게 있다고 보게 되고, 따라서 모든 결과의 책임을 스스로가 떠맡음으로써, 자기 주장 대신 '자기를 억제'하는 태도를 중시하게 되는 것이다.

3) 인간 존재의 가소성

유학은 성덕(成德)을 지향하는 체계로서, 인간은 누구나 도덕적인 완성을 이루고, 이를 사회생활에 실천하는 군자나 성인이 될 수 있는 가소적인 존재라고 유학자들은 보고 있다. 유학사상은 인간이란 가르침〔敎〕과 배움〔學〕을 통해 누구나 덕을 이룰 수 있는 가소적인 존재, 곧 '무한한 가능체'라고 파악하는 입장을 바탕으로 하여 성립한다. 성덕이란 다른 사람들과의 바람직한 관계를 통해 이루어지는 것이므로, 이렇게 덕을 이루어 군자와 성인의 경지에 이를 수 있는 무한한 가능체로 인간 존재를 파악하는 인간관도 역시 인간의 사회성과 도덕성을 강조하는 데서 나오는 관점인 것이다.

인간 존재의 가소성을 기초로 인간을 무한한 가능체로 보는 관점은, 개체로서의 개인을 고정적이고 불변적인 존재가 아니라 '과정적이고 가변적인 존재'라고 간주하는 입장을 낳는다. 이렇게 개인은 가변적이고 과정적인 존재이지, 절대로 불변적이거나 고정적인 존재로 볼 수 없다고 보는 유학사상의 관점에서는, 자기가 가지고 있는 단점을 확인하고 수용하며, 배움을 통해 이를 개선함으로써 자기 향상을 이룰 수 있다고 보아, 인간의 '가변성'과 '자기 개선'을 강조한다. 따라서 유학사상의 영향을 강하게 받은 동아시아 사회인들은 상황에 따른 행위 가변성을 중시하고, 자기의 단점을 수용하고 고치려는 집단주의적인 심리와 행동의 특징이 강하게 나타나는 것이다.

(1) 무한한 가능체로의 인간 이해

유학사상 만큼 교육의 중요성을 인식하고, 이를 강조한 사상 체계도 드물 것이다. 이는 선진유학 이래로 내려오는 유학의 전통이라고 볼 수 있다. 선진유학자들이 배움〔學〕과 가르침〔敎〕을 얼마나 크게 여겼는지 하는 점은 『논어』, 『맹자』, 『순자』에서 학(學)과 교(敎)라는 글자가 각각 64회와 7회,[116] 32회와 35회,[117] 81회와 42회[118]나 쓰이고 있다는 사실에서도 잘 드러난다. 유학사상에서 이렇게 배움과 가르침을 중시한다는 것은, 유학자들이 인간을 안정적인 특성을 지닌 고정적인 실체로서가 아니라, 무한한 가소성을 지닌 가능체로서의 존재로 이해한다는 사실을 의미하는 것이다.

공자 『논어』에서 공자는 스스로를 "배우기를 좋아하는 사람"〔好

116 『論語引得』(Harvard-Yenching Institute. Sinological Index Series, Supplement 16. 1940) 참조.

117 『孟子引得』(Harvard-Yenching Institute. Sinological Index Series, Supplement 17. 1941) 참조.

118 荀子引得』(Harvard-Yenching Institute. Sinological Index Series, Supplement 22. 1950) 참조.

學)[119] 및 "가르치기를 게을리 하지 않는 사람"(誨人不倦)[120]이라고 하여, 가르치고 배우는 일을 강조하였다. 배우고 가르치는 일, 그리고 배운 내용을 강구하고 실천함으로써 자기를 개선하는 일은 공자와 제자들이 자기를 성찰하는 핵심 내용이었던 것이다.[121] 공자는 가르침을 베풀면 누구나 착하게 된다고 보고 사람을 가리지 않아,[122] 예의를 갖추고 찾아오는 사람이면 누구에게나 가르침을 베풀었다.[123]

공자는 스스로를 호학(好學)이라고 자평했지만, 제자 가운데는 안회(顔回)만이 "배우기를 좋아하는 사람"이라고 하면서, 호학의 조건으로 "같은 잘못을 두 번 저지르지 않는 일"(不貳過)을 들고 있다.[124] 그는 "잘못을 하고도 고치지 않는 것이 바로 잘못"[125]이라고 보고, "잘못이 있으면, 고치기를 꺼리지 말아야 한다"[126]고 강조한다. 이렇게 자기를 성찰하여 잘못을 고침으로써, 항상 자기 개선을 이루려 노력하는 자세,[127] 이것이 『논어』에서 도출되는 대인평가 기준의 하나로, 이는 인간을 무한한 가능체로 인식하는 공자의 시각을 잘 드러내는 것이다.

---

119 十室之邑 必有忠信如丘者焉 不如丘之好學也 (『論語』, 公冶長 27)

120 子曰 若聖與仁 則吾豈敢 抑爲之不厭 誨人不倦 則可謂云爾已矣 (述而 33)

121 默而識之 學而不厭 誨人不倦 何有於我哉 (述而 2); 子曰 德之不修 學之不講 聞義不能徙 不善不能改 是吾憂也 (述而 3); 曾子曰 吾日三省吾身 爲人謀而不忠乎 與朋友交而不信乎 傳不習乎 (學而 4)

122 子曰 有教無類 (衛靈公 38)

123 子曰 自行束脩以上 吾未嘗無誨焉 (述而 7)

124 哀公問 弟子孰爲好學 孔子對曰 有顔回者好學 不遷怒 不貳過 不幸短命死矣 今也則亡 未聞好學者也 (雍也 2)

125 過而不改 是謂過矣 (衛靈公 29)

126 過則勿憚改 (學而 8; 子罕 24)

127 見賢思齊焉 見不賢而內自省也 (里仁 17); 三人行 必有我師焉 擇其善者而從之 其不善者而改之 (述而 21); 內省不疚 夫何憂何懼 (顔淵 4)

맹자 이러한 공자의 입장은 맹자와 순자에게도 그대로 이어지고 있는데, 그 가운데 맹자의 관점은 자못 독특한 데가 있다. 맹자는 인간의 능동성과 주체성의 근거를 인간이 생각하는 기관인 '마음'(心)을 갖추고 있다는 데에서 찾고 있다. 그의 성선설에 담긴 핵심 주장은 동물과는 다른 인간만의 독특한 특성에서 인간의 본성을 찾는다는 것이다. 그에 따르면, 인간도 동물과 마찬가지로 생물적 감각적 욕구 체계를 가지고 있다.[128] 그러나 인간은 이밖에도 다른 동물이 갖추지 못한 '마음'을 갖추고 있고, 마음의 기능은 바로 생각하는 것이다. 이는 감각기관의 작용과 대비하여 제시한 다음과 같은 말에서 잘 드러나고 있다.

> 눈과 귀 같은 감각기관은 생각하지 못하고, (외부의) 물체에 가려진다. 감각기관(物)이 외부의 사물(物)과 교접하면, 거기에 이끌려버릴 뿐이다. 이와는 달리, 마음은 생각을 한다. 생각하면 스스로가 갖추고 있는 사람의 도리를 깨달아 얻고, 생각하지 않으면 그것을 깨달아 얻지 못한다. 이는 하늘이 나에게 준 것이다.[129]

이 글에서 드러나듯이, 감각 경험은 어떤 조건 아래서 성립하는 것이어서, 사상(事象)의 관계만을 표시할 뿐이다. 그러므로 "감각기관이 외부의 사물과 교접하면(物交物), 거기에 이끌릴 뿐"이라고 한 것이다. 그러나 마음은 생각하는 작용을 한다. 여기서 생각하는 작용은 가치 의식의 자각을 말하는 것이다. 곧 가치 의식의 자각이 마음의 작용인 것이다.[130]

---

128 이에 관해서는 졸저(조긍호, 1998a, pp. 76~82; 2003a, pp. 321~323; 2006, pp. 355~364; 2007, pp. 190~192, 368~369) 참조.

129 耳目之官 不思而蔽於物 物交物 則引之而已矣 心之官則思 思則得之 不思則不得也 此天之所與我者 (『孟子』, 告子上 15)

130 心之官則思의 내용을 마음의 작용은 가치 의식을 자각하는 것이라고 보는 것은 『孟子』를

이렇게 인간은 스스로를 반성하고 자각할 수 있는 능력을 갖추고 있으며, 배우지 않고도 인의를 알 수 있고, 배우지 않고도 인의를 행할 수 있는 양지(良知)·양능(良能)을 구비하고 있으므로,[131] 스스로에게 갖추어져 있는 선단을 깨달아 이를 넓혀서 채우면 "누구나 다 요(堯)·순(舜) 같이 될 수 있는"[132] 가능성을 지닌 존재인 것이다.

순자 순자도 인간을 무한한 가능성을 지닌 존재로 파악한다는 점에서는 공자나 맹자와 마찬가지다. 이러한 사실은 성위지분(性僞之分)과 성위지합(性僞之合)의 인성론에 바탕을 두고 있는 그의 수양론에서 쉽게 추론해낼 수 있다. 곧 사람은 인식능력〔知〕과 도덕적 행위능력〔能〕을 본유적으로 갖추고 있는 존재로서,[133] 이러한 본유적 능력을 발휘하여 도의 최고 규범인 예를 배우고 익혀 일상생활에서 실행함으로써, 이상적 인간형인 성인의 상태에 도달할 수 있는 존재라는 것이다.[134] 이는 인간을 과거나 현재에 의해서만 규정되는 존재가 아니라, 무한한 미래의 가능성에 따라 규정되는 존재로 파악하는 관점을 분명히 드러내는 것이다.

순자는 지(知)와 능(能)의 한 글자씩을 가지고 가능태(可能態, potentiality)

연구하는 여러 학자들(예: 김충렬, 1982; 勞思光, 1967/1986; 배종호, 1982; 양승무, 1986; 이강수, 1982; 이상은 1976; 馮友蘭, 1948/1977; Legge, 1970 등)의 공통된 견해이다.

131 盡心上 15.

132 曹交問曰 人皆可以爲堯舜 有諸 孟子曰 然 (告子下 2)

133 所以知之在人者 謂之知 知有所合 謂之智 所以能之在人者 謂之能 能有所合 謂之能(『荀子』, 正名 3): 『荀子集解』에서는 謂之智의 智를 知의 誤字로 보고 있다.

134 이는 『荀子』 전체에서 산견되는 순자의 인성론과 수양론의 핵심이다. 예를 들면, 榮辱 31~32(可以爲堯禹 〔……〕 在注錯習俗之所積耳), 儒效 36(故聖人者 人之所積也 〔……〕 故人知謹注錯 愼習俗 大積靡 則爲君子矣), 性惡 2~3(今之人化師法 積文學 道禮義者 爲君子), 性惡 13~14(塗之人可以爲禹 〔……〕 今使塗之人伏術爲學 專心一志 思索孰察 加日縣久 積善而不息 則通於神明 參於天地矣 故聖人者 人之所積而致也) 등에서 이러한 논지가 구체적으로 드러나고 있다.

인 인간 본성 또는 능력과, 현실태(現實態, actuality)인 작용 결과를 모두 나타내는 개념으로 설명하여, 인간 파악의 이중성을 드러내고 있다.[135] 그런데 "여기서 중요한 것은 순자가 가능태보다도 현실태를 중시하여서, 가능태로서의 인간의 인식 능력이나 행위 능력에 대해서는 직접적인 언급이 별로 없는 대신에, 사려와 선택을 통해 이루어지는 위(僞), 곧 인간의 도덕적 행위 및 인격 형성에는 지대한 관심을 표명했다는 것이다."[136] 이러한 가능태가 현실태로 바뀌는 것이 바로 성위지합(性僞之合)이라고 볼 수 있다. 그리고 이러한 성위지합의 논리야말로 인간을 무한한 가능성의 존재로 보는 순자의 관점을 가장 잘 드러내는 것이다.

(2) 가변적 과정적 존재로의 개체 인식

이상에서 드러나듯이, 유학사상에서는 본래부터 갖추고 있는 반성적 사유능력〔良知 · 知〕과 도덕적 행위능력〔良能 · 能〕을 능동적 주체적으로 발휘하여, 도덕성과 사회성이라는 존재 특성을 일상생활에서 실현하고 이루어낼 수 있는 '무한한 가능체'로 인간을 파악하고 있다. 인간은 자기보다 앞서 도를 이룬 사람들의 가르침을 따라 배움으로써 자기 성찰과 자기 개선을 이루어내고, 그럼으로써 현재의 불완전한 소인의 상태에서 장차 이상적인 군자 · 성인의 상태로 변화될 수 있는 가변적인 존재이며, 인간의 삶은 이러한 궁극적인 성덕의 상태를 지향해가는 과정이라고 유학자들은 본다. 곧 개체로서의 개인은 '가변적이고 과정적인 존재'이지, 절대로 불변적이거나 고정적인 존재로 볼 수 없다고 유학자들은 간주하는 것이다

교육의 중요성에 대한 강조 역시 공자로부터 이어지는 유학사상의 전

---

135 正名 3.
136 김승혜, 1990, p. 237.

통이다. 공자의 가르침과 언행을 기록한 『논어』는 '배움'(學)이란 글자로 시작하고 있으며, 공자는 스스로를 "배우기를 좋아하는 사람"[137]과 "가르치기를 게을리하지 않는 사람"[138]이라고 하여, 배우고 가르치는 일을 중요하게 여기고 있다.

맹자도 교육을 중시하여,[139] "천하의 영재를 얻어서 이들을 교육하는 일은 군자의 세 가지 즐거움 가운데 하나로서, 천하를 지배하고 다스리는 일은 군자의 즐거움에 들지 못한다"[140]라고 진술함으로써, 교육을 그 무엇보다 중요한 일로 내세우고 있다. 그는 한 걸음 더 나아가 교육을 선각자 또는 군자의 의무라고까지 격상시켜,[141] "중정(中正)의 도를 얻은 사람은 그렇지 못한 사람을 교육하고, 재능 있는 사람은 재능 없는 사람을 교육해야 한다. (……) 만일 중정의 도를 얻은 사람이 그렇지 못한 사람을 버리고, 재능 있는 사람이 그렇지 못한 사람을 버려 교육하지 않는다면, 현명한 사람과 어리석은 사람의 차이는 거의 없을 것이다"[142]라는 입장을 밝히고 있다. 따라서 맹자도 "가르침을 베푸는 데 있어 가는 사람은 좇지 않고, 오는 사람은 거절하는 법이 없었으며, 진실로 도를 배우겠다는 마음으로 오면, 이를 모두 받아들일 뿐이었다."[143] 공자 · 맹자의 이런 태도

---

137 『論語』, 公冶長 27.

138 述而 33

139 오늘날 쓰이는 "敎育"이란 용어는 맹자가 유명한 君子三樂說 (『孟子』, 盡心上 20)에서 처음 사용한 말이다.

140 『孟子』, 盡心上 20.

141 天之生此民也 使先知覺後知 使先覺覺後覺也 予天民之先覺者也 予將以斯道覺斯民也 非予覺之而誰也 (萬章上 7): 萬章下篇 1장에서 伯夷 · 伊尹 · 柳下惠 · 孔子와 비교하여 聖人의 품격을 논하면서 伊尹을 기술하는 데에도 같은 말이 나오고 있어, 맹자가 교육의 책임을 얼마나 통감하고 있는지 알 수 있게 한다.

142 中也養不中 才也養不才 (……) 如中也棄不中 才也棄不才 則賢不肖之相去 其間不能以寸 (離婁下 7)

143 夫子之設科也 往者不追 來者不拒 苟以是心至 斯受之而已矣 (盡心下 30)

는 순자에게도 이어져, 『순자』 32편 가운데 제1편인 「권학」(勸學)편이 "배움이란 멈출 수 없는 것"〔學不可已〕이란 말로 시작하고 있는 것이다.

이러한 배움의 목표는 도덕의 근거가 자신 속에 본래부터 갖추어져 있다는 사실을 자각하고, 이를 실생활에서 실현함으로써 인간의 존재 의의를 완성하는 일이다. 『논어』에서는 이를 "군자는 배움으로써 그 도를 이룩한다"[144]고 표현하고 있으며, 맹자는 "배움의 도란 다른 것이 아니라, 그 놓쳐버린 마음을 찾는 데 있을 뿐이다"[145]라고 하여, 도덕적 자각을 중요하게 여기고 있다. 맹자는 교육의 요체가 자신이 도덕 주체라는 점에 대한 자각에 있다는 사실을 다음과 같이 강조하고 있다.

> 군자가 올바른 방법으로 깊이 탐구하여 나아가는 것은 스스로 깨달아 얻고자 하는 것이다. 스스로 깨달아 도를 얻으면 이에 처하는 것이 안정되고, 그렇게 되면 도를 활용하는 데 더욱 깊이가 있게 된다. 이렇게 도를 활용하는 데 깊이가 있게 되면, 자기의 좌우 가까이에서 항상 그 근원을 파악하게 된다. 그러므로 군자는 도를 깨달아 스스로 얻고자 하는 것이다.[146]

이 인용문에서 강조하듯이, 맹자는 스스로에게 본유적으로 갖추어져 있는 인의(仁義)의 도를 스스로 자각하여 체득하도록 하는 것이 교육의 기본적인 목표라고 보고 있다. 이렇게 인의를 자각하여 체득하게 되면 도에 처하는 것이 더욱 안정되고, 도를 활용하는 데 더욱 깊이가 있게 되며, 좌우 가까이에서 항상 도의 근원을 파악하는 사람, 곧 이상적 인간이 될 수

144 君子學以致其道 (『論語』, 子張 7)

145 學問之道無他 求其放心而已矣 (『孟子』, 告子上 11)

146 君子深造之以道 欲其自得之也 自得之 則居之安 居之安 則資之深 資之深 則取之左右逢其原 故君子欲其自得之也 (離婁下 14)

있다는 것이다.

순자는 배움의 목표가 이렇게 도의 자각을 통해 소인의 상태에서 이상적 인간의 상태로 변화하는 일에 있다는 사실을 직접 지적하여, "배움의 궁극적인 목표는 사(士)가 되는 데서 시작하여 성인(聖人)이 되는 데서 끝난다"[147]라거나 "배우는 사람은 본디 성인이 되기 위해 배우는 것"[148]이라고 진술하고 있다. 순자는 성인은 태어나면서부터 성인이 아니라, 사람이 할 일을 배우고 닦음으로써 보통 사람에서 변화하여 이르는 상태임을 강조한다.[149] 배움의 목표가 인간의 존재 의의를 완성한 성인의 상태에 도달하는 일이고, 따라서 성인은 배움을 통해서 이루어진다는 이러한 관점은 유학자들에게 공통적인 것이다.

이러한 배움에 대한 예찬은 인간의 무한한 가소성에 대한 믿음에 근거를 두고 있다. 유학자들은 사람에게 본래부터 인식능력과 도덕적 행위능력이 갖추어져 있음을 전제하고 있다. 맹자는 "생각하지 않고도 알 수 있는 인식능력"인 양지(良知)와 "배우지 않고도 행할 수 있는 도덕적 행위능력"인 양능(良能)의 본유설을 주장하고 있고,[150] 순자도 역시 인식능력〔知〕과 도덕적 행위능력〔能〕의 본유설을 인정하고 있다.[151] 바로 이러한 선천적 인식능력과 도덕적 행위능력을 통해 사람은 스스로가 도덕 주체라는 사실을 자각하여 배울 수 있고, 이러한 배움을 실생활에서 실행함으로써 성인의 상태로 변화될 수 있다는 것이 유학자들의 한결같은 주장이다.

---

147 學惡乎始 惡乎終 〔……〕 其義則始乎爲士 終乎爲聖人 (『荀子』, 勸學 12)

148 聖人者道之極也 故學者固學爲聖人也 (禮論 14)

149 涂之人百姓 積善而全盡 謂之聖人 彼求之而後得 爲之而後成 積之而後高 盡之而後聖 故聖人也者 人之所積也 (儒效 36); 今使塗之人伏術爲學 專心一志 思索孰察 加日縣久 積善而不息 則通於神明 參於天地矣 故聖人者 人之所積而致也 (性惡 14)

150 『孟子』, 盡心上 15.

151 『荀子』, 正名 3.

이러한 인식능력과 행위능력의 본유성에 대한 입장은 바로 인간의 무한한 가소성에 대한 확신의 배경이 되어, 자기 성찰과 자기 개선을 통해 성인의 상태로 변모될 수 있는 근거를 이룬다. 곧 개체로서 개인은 불변적인 속성을 갖춘 고정적 실체가 아니라, 가르침과 배움, 그리고 자기 성찰과 자기 개선을 통하여 자기 향상을 이룰 수 있는 '가변적이고 과정적인 존재'라고 유학자들은 인식하는 것이다.

(3) 행위 가변성과 자기 개선의 강조

유학자들에게 자기 개선은 성인이나 군자가 되기 위한 전제이다. 공자는 거듭거듭 개과(改過)를 통한 자기 개선을 강조하고 있으며,[152] 이러한 태도는 맹자[153]와 순자[154]에게 그대로 이어지고 있다. 이러한 자기 개선을 통해 인간은 소인의 상태에서 벗어나 군자와 성인의 상태에 이르게 된다고 유학자들은 보며, 따라서 자기 개선은 교육의 목표(성인이 되는 일)를 이루는 핵심 과정인 것이다. 이렇게 '무한한 가능체'로 인간을 파악하여 개체로서의 개인을 '가변적이고 과정적인 존재'로 인식하는 관점에서는 인간의 '가변성'에 대한 강조와 '자기 개선'을 위한 노력을 중시하는 태도가 나오게 된다. 이러한 점은 행위의 변이가능성 차원에서 일관적인 안정성을 강조하는 개인주의 문화와는 달리, 상황에 따른 가변성을 강조하는 집단주의 문화의 입장과 같은 것이다.

개인을 '가변적이고 과정적인 존재'로 파악하는 유학사상에서 도출되는 개인의 '가변성'과 '자기 개선의 노력'을 중시하는 삶의 태도는, 이를 그 사상적 배경으로 하고 있는 집단주의 사회에 살고 있는 현대 동아시아

152 『論語』, 學而 8; 里仁 17; 雍也 2; 述而 21, 30; 子罕 24; 顔淵 4; 衛靈公 29; 子張 21.

153 『孟子』, 公孫丑下 9; 告子下 15.

154 『荀子』, 勸學 2.

인의 심성과 행동의 특징으로 그대로 이어지고 있다. 집단주의 사회인들은 인간의 가변성에 대한 믿음에 바탕을 두고, 스스로의 부적 특성과 단점을 확인하고 이를 수정함으로써, 자기 향상을 꾀하려는 경향이 강한 것이다. 그리하여 개인의 성격이나 능력 같은 내적 속성은 고정적이고 안정적인 특성들이어서 불변적인 실체라고 보는 서구 개인주의 사회인들과는 달리, 동아시아 집단주의 사회인들은 개인의 성격이나 능력은 시간과 상황에 따라 체계적으로 변화하는 역동적이고 가변적인 것이라고 보는 '증가설적 신념 체계'를 강하게 보유하고 있다.[155] 그 결과 이들은 개인의 성격이란 살아가는 동안 계속 변화하는 가변적인 것이라고 인식하며,[156] 지능 같은 능력도 고정적인 것이 아니라 개인의 노력에 따라 얼마든지 변화할 수 있다고 본다.[157] 이러한 사실은 동아시아인들이, 인간이란 상황의 영향과 개인의 노력에 따라 달라질 수 있는 가변적인 존재라고 인식하는 경향이 강함을 드러내주는 증거이다.

3. 서구 개인주의 사회의 인간 파악의 기본 입장

서구 사회에서 14~16세기에 르네상스와 종교개혁을 통해 고조된 개인화의 흐름은 17세기에 들어서서 명예혁명 · 과학혁명 · 상업혁명을 거쳐

155 Chiu, Hong, & Dweck, 1997; Cousins, 1989; Dweck, Hong, & Chiu, 1993; Heine, Kitayama, Lehman, Takata, Ide, Leung, & Matsumoto, H., 2001; Hong, Chiu, & Kung, 1997; Lee, Hallahan, & Herzog, 1996; Markus & Kitayama, 1991, 1994; Miller, J. G., 1984 등.

156 Choi, I., & Nisbett, 1998, 2000; Choi, I., Nisbett, & Norenzayan, 1999; Nisbett, 2003; Norenzayan, Choi, I., & Nisbett, 2002.

157 Markus & Kitayama, 1991.

대두된 자유주의 사상에 의해 그 정점에 달하였다. 이러한 자유주의의 물결은 뒤이은 18~19세기의 계몽주의운동과 산업혁명을 통해 정치 분야와 경제 분야에 적용되고 확산됨으로써, 서구인의 의식과 삶의 기본적인 자세로 자리 잡게 되었다. 이러한 맥락에서 서구 개인주의의 사상적 배경은 자유주의에서 찾아볼 수 있다. "자유주의의 인간관과 사회관은 [……] 개인주의적인 인간관과 사회관"이고, "따라서 자유주의의 철학적 핵심은 개인주의"[158]인 것이다. 이렇게 자유주의는 서구 사회에 개인주의적인 삶의 양식이 꽃피게 된 사상적 배경이었다.

자유주의는 '개인을 사회 제도 및 사회 구조에 앞서는 것으로 보아, 사회보다 더 현실적이고 보다 더 기본적인 것'으로 간주하는 신념 체계이다. 곧 자유주의는 사회의 존재론적 구성 단위를 개체로서의 개인이라고 보는 신념 체계로서, 이렇게 "개인이 사회에 우선하고, 개인이 사회보다 더 진실하다"고 간주함으로써, "논리상 사회는 개인들의 산술적 총계에 불과한 하나의 허구"[159]라고 인식한다. 이와 같이 자유주의의 세계관에서는 움직일 수 없는 중심점을 개인에게 부여하고 있고, 그렇기 때문에 자유주의는 개인보다 사회를 앞세우는 어떤 종류의 사회이론에 대해서도 시종일관 대항해왔으며, 따라서 개인주의의 이념적 배경은 바로 자유주의인 것이다.

이상에서 보듯이 자유주의의 인간관은 개인주의와 마찬가지로 개인중심적 인간관이고, 그 사회관은 '개인 존재의 총합체가 곧 사회'라는 관념이다. 이러한 맥락에서 보면, 자유주의가 어떤 것이냐의 문제는 곧 자유주의에서는 사회의 존재론적 구성 단위로서의 개인을 어떻게 개념화하고

158 노명식, 1991. p. 27.
159 노명식, 1991, pp. 31, 43.

있느냐 하는 문제와 직결되는 것으로 볼 수 있을 것이다. 개인주의의 이념적 배경으로서의 자유주의에서 개인을 파악하는 핵심에는 공통적으로 자유와 자유의지, 이성과 진보, 그리고 평등과 존엄성 같은 관념이 놓여 있는 것으로 볼 수 있다.[160]

1) 독립적 개체로의 인간 이해

개인주의의 사상적 배경이 되어온 자유주의에서는 사회의 궁극적인 구성 단위를 상호 평등하고 독립된 개체적 존재인 개인에게서 찾는다. 사회는 이러한 평등하고 독립적인 개인들의 복수적인 집합에 불과하다는 것이다. 개인은 그 자체 속에 모든 행위의 원동력이 되는 성격 · 능력 · 감정 · 의도 같은 내적 속성들을 완비하고 있는 존재이며, 스스로 자기의 행위를 선택하여 수행할 수 있는 자율성을 보유하고 있는 독특한 존재라고 간주된다. 이렇게 평등하고 독립적인 자율적 존재라는 사실에서 인간의 존엄성이 나온다는 것이 서구인들의 생각이다. 평등하고 독립적인 개인이 가지는 존엄성의 근거는 개인이 자유의 보유자라는 사실에서 나온다는 것이다.[161] 이와 같이 개인주의 사회에서는 사회의 구성 단위인 개인 존재가 가지는 제일의 특징을 개인이 '자유의 보유자'라는 사실에서 찾는다.

(1) 자유의 보유자로의 개체 인식

"개인주의의 핵심적 가치는 개인의 자유이다."[162] 자유주의에서는 그 어느 가치보다도 자유가 최고의 위치를 차지하며, 개인적 자유 이외에 자유주의가 추구하는 모든 다른 가치들은 개인적 자유와 밀접하게 관련되

---

160 이 절은 졸저(조긍호, 2006, pp. 89~193, 426~441)의 내용을 기초로 하여 구성함.
161 Lukes, 1973, pp. 125~126.
162 노명식, 1991, p. 53.

어 있다. 자유라는 개념이 서양사상사에서 그 나름의 자리를 차지하게 된 것은 자유주의 사상이 대두된 이후부터였다.

자유라는 관념이 역사상 처음 나타난 것은 고대 그리스에서였지만, 그 자유는 폴리스와 같은 사회 집단의 자유로, 거기에는 아직 개인적 자유라는 관념은 없었다. 르네상스를 거쳐 개성의 적극적이고도 자율적인 발휘를 인정하고 존중하게 됨으로써 본격적으로 개인화의 물결이 굽이치기 시작하면서, 근대적인 자유의 개념이 싹트게 되었던 것이다. 이러한 근대적인 개인적 자유의 개념은 개인의 권리라는 개념과 동전의 앞뒷면과 같이 쌍벽을 이루는 관계에 있다. 개인의 자유는 개인의 권리 수호를 목표로 하는 것이고, 개인의 권리는 개인의 자유의 확보를 그 바탕으로 하는 것이다. 이러한 맥락에서 개인적 자유의 관념이 확산되는 데 중요한 기여를 한 것은 종교개혁이었다고 볼 수 있다. "자유의 주체로서의 개인의 권리를 강조하게 되는 데 있어 가장 중요한 사건은 종교개혁이었"[163]던 것이다.

종교개혁은 '신앙의 자유'와 '양심의 자유'라는 관념을 가져온 서구 역사에서 획기적인 사건이었다. 종교개혁과 맞물리면서 정치 사회 질서로서의 봉건제도가 붕괴되고 절대왕권이 군림하게 되자, 보편적 합리성을 지닌 국가 이성(raison d'état)의 개념이 대두되고, 그 연장선 상에서 '정치적 자유'라는 추상적 보편 개념이 탄생하게 되었다. 같은 시기에 인쇄기가 발명되고, 이로 인해 인쇄술이 급속하게 발전되면서 지식과 정보가 급속하게 보급되기 시작하자, 민주주의적 이념이 민중 속에 일깨워지면서 '표현의 자유'라는 관념이 뿌리내리게 되었다. 그리고 조선술과 항해술이 발달됨으로써 이른바 지리상의 발견이 이루어지고, 그 결과 항해 시대가

---

163 노명식, 1991, p. 57.

도래하게 됨으로써 상업자본주의가 급속히 성장하여, '경제적 자유주의'의 개념이 보급되었다. "이렇게 하여 홉스(T. Hobbes)와 로크(J. Locke) 시대에 이르면, 어떤 권위도 침범할 수 없는 자연적 초시간적 천부의 권리의 구체적 실체로서의 개인이라는 관념"이 자연권 사상과 함께 제반 삶의 기반으로 굳어지게 되었으며, "여기서 시민적 제 자유(civic liberties)가 당연한 권리로서 주장되기에 이른 것이다. 이토록 16세기 이래 서구 세계에서는 양심의 자유, 신앙의 자유, 정치적 자유, 표현의 자유, 경제적 자유 및 시민적 제 자유의 기본적 관념들이 성장하여, 근대적 의미의 개인적 자유의 관념이 수립되었다."[164]

자유주의가 추구해온 제일의 이념은 이와 같이 개인적 자유의 확보에 있었다. 자유주의의 이념에 비추어볼 때, 개인은 자율적으로 신앙과 양심 및 도덕 표준을 누구의 간섭이나 제재도 받지 않고 스스로가 선택하고 준수할 자유를 가지고 있는 존재이다. 그는 이렇게 자기가 자율적으로 선택한 신앙 · 양심 · 사상 및 도덕 표준을 누구의 간섭이나 제재도 받지 않고 말이나 글이나 또는 행동으로 표현할 수 있는 자유를 가지고 있다. 그 뿐만 아니라, 개인은 스스로가 본유적으로 갖추고 있는 제반 권리를 보호하고 또 이를 신장시켜줄 수 있는 정치 체제와 그 대표자들을 자율적으로 선정할 수 있는 자유를 보유하고 있으며, 자기의 사적 소유권과 사적 이익을 그 누구의 부당한 간섭이나 제재도 받지 않고 적극적으로 추구할 수 있는 자유를 갖추고 있다. 또한 그는 자기만의 사적 공간과 영역을 확보하여 진실로 자기 혼자만의 사생활을 즐기고, 자기만이 갖추고 있는 독특한 개성을 신장시킬 수 있는 자유도 가지고 있다. 자유주의의 이념에 따르면, 이러한 모든 자유는 개인에게 있어서 천부의 권리이기도 한 것이다.

164 노명식, 1991, pp. 57~58.

이상에서 보듯이, 개인 존재가 '자유의 보유자'로서 지니는 가장 기본적인 특징은 자율적인 선택의 가능성이 그에게 주어져 있다는 사실이다. 개인은 스스로의 판단과 원망(願望)에 따라 자율적으로 자기에게 가장 유리하거나, 가장 적합하거나, 또는 가장 타당한 신앙 · 양심 · 사상 · 도덕률 · 정치 체제 및 경제 체제를 선택할 권리를 갖추고 있으며, 이것이 바로 개인적 자유의 내용인 것이다. 따라서 개인적 자유의 핵심은 바로 이러한 개인의 '자율성'에서 찾을 수 있는 것이다.

(2) 자율성과 독특성의 강조

개인주의의 기본 요소인 자율성은 "개인이 독자적이고 합리적인 가치 판단의 주체임을 의미"[165]하는 것으로, 개인 존재가 타인이나 사회 또는 제반 사회적 장치와는 독립적인 존재라는 독립성의 개념을 전제로 한다. 개인의 사고와 행동은 독립적인 존재인 개인의 것이며, 그의 통제 밖에 있는 작인(作因)이나 원인에 의해 지배되지 않고, 순전히 그 자신의 의지와 의사에 따라 결정된다는 자발적 방향 설정 또는 자기결정성이 곧 자율성의 내용이다. 따라서 개인은 자기가 직면하는 압력과 규범을 의식적 비판적으로 평가하여 자기의 의도를 형성하고, 또 독립적이고 합리적인 숙고를 통해 실제적 결정을 할 수 있는 한에 있어서 자율적이다. 말하자면, 자율성은 개인의 독립성과 자기결정성을 통해 표출되는 가치인 것이다.

이렇게 개인의 독립성을 전제로 하여 자율성이 표출된다면, 독립성이 최대로 보장되는 곳인 사적 영역, 곧 사생활의 장면에서 자율성이 최대로 발휘된다고 볼 수 있다. 말하자면, 사생활의 자유는 자율성이 발휘되는 바탕이 된다. 이러한 사생활의 자유는 개인주의를 철학적 기반으로 하는

---

165 김영한, 1975, p. 111.

자유주의의 기본 이념이다. “공공의 간섭을 전혀 받지 않고 생각하고 행동하는 개인 고유의 생활 영역, 즉 현대적 의미의 사생활의 자유라는 관념이야말로 자유주의의 중심 사상을 구성하고”[166] 있는 것이다. 이러한 사생활의 자유가 현대 자유주의자들에게 매우 중요한 이유는 개인의 최대의 행복과 성취를 기대할 수 있는 곳이 사적 영역이기 때문이다. 이렇게 사생활의 자유는 개인의 삶을 내재화시키는 기능을 하고, 이 때문에 스스로에 대한 성찰을 강화시키는 배경이 된다. 바로 이러한 사생활의 사유화와 내재화 및 그로 인한 자기 성찰은 외부의 영향이 닿을 수 없는 사적인 영역에서 개인의 독립적 자율적 성향이 최대로 발휘될 수 있기 때문에 가능한 것이다.

'자유의 보유자'로 개인 존재를 파악하는 자유주의 이념을 그 사상적 배경으로 하고 있는 개인주의 사회에서 이렇게 개인의 자율성과 독립성을 중시하는 경향은 그대로 현대 서구 사회인의 심성과 행동의 특징으로 나타난다. 개인중심적인 인간관을 바탕으로, 사람을 그가 처해 있는 상황과 관련짓지 않고 독립적인 존재로 파악하는 개인주의 사회에서는 개인의 자율성을 강조하게 되며, 결과적으로 개별적이고 평등한 개체로서의 독립성과 독특성의 추구가 이 사회에 살고 있는 사람들의 주의의 초점으로 부각되게 마련이다. 따라서 개인주의 사회에서는 개인의 '자율성'·'독립성'·'독특성'을 중심으로 사람을 평가하고, 그의 제반 행동의 원인을 우선 개체로서의 개인의 독특하고 독립적인 '자율적 선택'에서 찾으려 하며, 이러한 개인의 자율성과 독립성 및 독특성을 드러내는 정서가 권장되고, 또한 이러한 제반 특성을 드러내고자 하는 욕구가 강하게 드러나게 되는 것이다.

166 노명식, 1991, p. 46.

2) 합리적 존재로의 인간 이해

계몽사상으로 이어진 자유주의에서는 인간의 이성에 대해 서구 사상사에서 그 어느 때보다 더 적극적이고도 낙관적인 입장을 표명한다. "이 흐름의 자유주의자들에게 있어서 이성은 계산 능력보다 더 높은 차원의 것으로서, 개인생활과 사회생활을 그 이성의 이상(理想) 위에 수립할 수 있다고 믿는다."[167] 그들은 개인이나 사회는 이러한 합리적인 이성의 기능에 의해 자연과 인간성에 대한 합리적 이해를 할 수 있게 된다고 생각한다. 그뿐만 아니라 자유주의자들은, 이러한 합리적 이해에 근거하여 불합리하거나 비합리적인 정열 · 욕망 · 증오 · 편견 · 습관 · 전통 따위의 굴레에서 벗어나게 되고, 그 결과 인류의 진보와 행복에 보편적으로 적용할 수 있는 원리들을 체계적으로 도출할 수 있게 된다고 믿는다. 이렇게 이성은 인간과 자연 및 인류 사회를 지배하는 보편적 원리를 발견해낼 수 있는 과학적 탐구의 근거이며, 결과적으로 인류 사회의 진보는 바로 이성이 인간에게 본유적으로 갖추어져 있다는 사실 때문에 가능하게 된다고 자유주의자들은 보고 있는 것이다. 이와 같은 자유주의를 사상적 배경으로 하고 있는 개인주의 사회에서는 인간 존재를 '이성 주체'로 파악하는 특징을 띤다.

(1) 이성 주체로의 개체 인식

개인주의에는 자기와 관련된 것은 무엇이든지 자기의 것이라는 소유의 개념이 깊이 스며 있다. 이렇게 무엇이라도 나와 관계된 것은 내 것이라는 생각은 17세기 이래 자유주의 철학에 깊이 침투하여, 자신의 생명뿐만 아니라 노동이나 정신적 산물로서의 재산이나 제반 결과물 및 심지어는 인

167 노명식, 1991, p. 42.

격까지도 자기의 소유라는 철저한 '소유의 개인주의'를 낳았다. 그렇다면, 그러한 소유와 재산은 어떻게 얻을 수 있는가? 이 문제에 대해 자유주의적 개인주의가 제시하는 주장에는 두 가지가 있는데, "하나는 인간은 욕망에 의해 움직인다는 자유주의적 인간관이고, 또 하나는 그 욕망 충족을 추구하는 데는 이성의 엄격한 기능의 지시를 받는다는 이성관이다."[168]

이기적인 욕망이 인간 행동의 근본적인 동기라는 인간관은 자유주의의 가장 큰 특색 중의 하나이다. 자유주의적 인간관에 의하면 개인을 움직이게 하는 욕망은 매우 적극적인 것으로, 개인은 자기 자신의 행복과 쾌락과 만족을 추구하는, 기본적으로 이기적인 정열과 욕망에 의해 활동하고 행동하는 존재라는 사실을 전제로 하여 이러한 자유주의적 인간관이 성립되고 있다. 이렇게 개인의 행동의 제일의 동인은 자기 자신의 이익과 행복, 곧 이기적인 쾌락의 추구에 있다고 자유주의자들은 보며, 이러한 쾌락 추구를 위해 적극적으로 노력할 권리가 모든 개인에게 천부적으로 주어져 있을 뿐만 아니라, 아무런 외적인 간섭과 제재만 없다면, 최대한의 쾌락 추구라는 자기 본위적 목표가 달성될 수 있다고 보는 것이 자유주의의 기본 관념이다. 말하자면, "자유주의는 인간의 욕망은 저절로 있는 것이고, 인간의 기본적 성품의 일부이며, 외적 압력을 전혀 받지 않고 형성되는 것"이라고 본다. 그리하여 "자유주의는 (……) 사람들은 자기들이 원하는 바가 무엇이며, 자기들의 이해관계가 무엇인지를 다 알고 있고, 표현할 수 있다고 강조"[169]하는 것이다.

여기에서 자유주의의 욕망관과 이성관이 만나게 된다. 자유주의에서는 인간은 이기적인 쾌락 추구의 욕망과 함께 이성의 주체로서, 자기가 가지

---

168 노명식, 1991 p. 38.
169 노명식, 1991, p. 39.

고 있는 욕망의 내용을 인식함은 물론, 이를 자기에게 유리하게 충족시킬 수 있는 방식을 합리적으로 선택할 수 있는 존재라고 보는 것이다. 이렇게 자유주의에서 욕구의 인식과 그 실현 방법의 선택은 전적으로 개인이 가지고 있는 이성의 결과라고 보아서, 욕망에 대한 이성의 우월성을 가정하고 있다.

자유주의의 욕망관과 이성관이 만나게 되는 또 하나의 접점은 개인 사이의 욕망 충돌의 가능성에서 찾을 수 있다. 누구든지 천부의 재산권과 소유권에 따라 자기의 이기적 욕구의 충족을 도모하다 보면, 필연적으로 욕구의 충돌이 빚어질 수밖에 없고, 그렇게 되면 사회는 혼란에 빠져 서로 간에 공멸의 상태에 이르게 될 수밖에 없을 것이다. 이러한 충돌을 피하기 위해 개인들의 동의 하에 욕구 조정의 체제를 만들기로 합의하게 되고, 그 결과 나타나는 것이 국가 체제라고 자유주의자들은 주장한다. 이것이 유명한 '사회계약설'의 요지인데, 이러한 계약설의 근저에는 개인 존재가 가지고 있는 이성 혹은 합리성에 대한 믿음이 놓여 있는 것이다. 이렇게 개인들의 욕망의 충돌이 낳을 파괴적 혼란을 방지해주는 장치가 바로 개인이 본유적으로 갖추고 있는 이성 혹은 합리성이라고 보는 것이 개인주의의 기본 이념이다.

욕망이 있고, 그 욕망을 추구하는 추진력이 있는 것만으로는 그 욕망의 충족이 보장되지 않는다. 이를 자기에게 가장 적절하고 유리한 방법을 선택하여 행동으로 옮겨야 욕망의 충족 여부가 결정된다. 이성은 이러한 선택의 기능을 수행하는 인간의 본성이다. 이성은 개인이 가진 서로 다른 욕망들이 경쟁할 때, 그리고 나의 욕구와 타인의 욕구가 충돌할 때 "가장 경제적인 방법으로 최대의 만족을 얻는 방법을 가르친다." 따라서 "이성은 본질적으로 자기 이익을 가장 효과적으로 추구할 수 있는 계산 능력"[170]을 본질로 한다. 이렇게 욕망이 이성보다 선행하는 것일지는 모르지만, 그 충족 여부는 전적으로 그 충족 방법에 대한 합리적인 계산과 선택에 달려 있게 마련이고, 이러한 관점에서 보면 인간의 삶에 있어서 이성은 욕망보다 우월한 것이다.

이상에서 보듯이, '이성의 주체'로서 개인은 그 자체 속에 모든 행위의 원천을 갖추고 있을 뿐만 아니라, 자기의 독특한 개성을 확인하여 이를 실생활에서 실현할 수 있는 최선의 방책을 강구함으로써, 자기 발전을 도모할 수 있는 존재이기도 하다. 이성은 합리적 선택의 근거이고, 앞에서 살펴본 자율성은 자유로운 선택을 의미하는 것이었다는 점에서, 이성의 주체로 개인 존재를 파악하는 자유주의의 입장은 개인의 자율성이라는 요소와도 관련을 맺고 있다고 할 수 있을 것이다.

(2) 적극적인 자기 주장의 강조

이와 같이 '이성의 주체'로서 개인 존재를 파악하는 자유주의 이념을 그 사상적 배경으로 하고 있는 개인주의 사회에서는 개인을 그 행위의 원인이 되는 조건들(욕구 · 감정 · 인식 능력 등)을 완비하고 있는 존재로 본다. 따라서 개인주의 사회에서는 자기 완비적인 개인중심적 인간관을 바탕으로 하여, 개인이 갖추고 있는 내적 속성에서 모든 행동의 원인을 찾게 된다. 그 결과 상황 조건보다는 성격 · 능력 · 의도 · 욕구 · 감정 등 개인의 성향 특성에서 행위의 원인을 찾는 '성향 편향적인 귀인 양식'[171]이 두드러지게 된다. 또한 개인주의 사회에서는 자기 자신보다는 외부 상황이나

170 노명식, 1991, p. 41.

171 개인의 행동 원인을 그를 둘러싸고 있는 상황적 요인이나 개인의 역할과 의무 같은 외적 조건에서 찾지 않고, 성격 · 능력 · 감정 · 동기 같은 개인 내부의 성향적 요인에서 찾으려는 귀인 편향을 말한다. Ross(1977, p. 183)는 이렇게 "행동 통제에서 상황 요인의 영향은 과소평가하고, 성향 요인의 영향을 과대평가하는 경향"을 "근본적 귀인 오류"(fundamental attribution error)라고 불러, 이를 서구 사회인들의 보편적인 귀인 경향이라고 보고 있다.

조건을 통제의 대상으로 보는 '환경 통제의 욕구'와 이에 따른 '외부 지향적 행동 특성'(능동성 · 적극성 · 도전 · 경쟁)을 높이 평가하게 되며, 스스로에 대해서 사실 이상으로 낙관적으로 인식하는 '정적(正的) 착각'의 경향도 높아진다.

개인주의 사회에서는 '이성의 주체'인 개인이 합리적인 선택에 의해 자기의 개성을 확인하고, 이를 최대로 발전시킬 수 있는 능력을 보유하고 있는 존재로 파악한다. 그 결과 개인주의 사회에서는 이러한 이성의 힘을 통해 자신의 독특성과 개성 및 이의 개발을 위한 최선의 방책을 스스로가 찾아내어, 이를 실현시키려 노력하는 사람을 높이 평가한다. 그리하여 이 사회에 살고 있는 사람들은 스스로의 독특성을 사실 이상으로 과장되게 인식하는 경향이 높아지고, 이러한 경향은 자기의 장점은 과다하게 인지하고 추구하지만, 자기의 단점은 무시하거나 왜곡하여 인식하는 행동으로 이어지게 된다. 같은 연장선 상에서 이들은 일상생활에서 부정적인 정서와 불행감은 의도적으로 회피하려 하고, 반대로 긍정적 정서와 행복감에는 과도하게 집착하고 추구하는 경향을 보인다. 한마디로 개인주의 사회에 살고 있는 사람들은 자기의 긍정적 특성과 정서, 독특성, 환경 통제력 및 낙관적 미래관 등 자기의 장점이나 긍정적 측면을 사실 이상으로 과장해서 인식하고, 또 이를 추구하는 '자기 고양'의 경향이 강하게 나타나는 것이다.

그뿐만 아니라, 개인주의 사회에서는 독립적인 개인이 자기를 드러내는 것은 개인이 가진 자연스러운 권리라고 인식하여, 적극적인 '자기 주장'을 당연하게 여긴다. 그리하여 자기의 욕구나 감정 등이 타인에게 미칠 영향이나 자기가 소속하고 있는 집단의 조화를 해칠 가능성 등을 염두에 두지 않고, 이를 적극적으로 드러낼 것을 권장하는 것이다.

3) 고정적 완성체로의 인간 이해

서구 사회에서는 일찍부터 모든 사물이 고정적이고 안정적이며 일관적인 특성을 가지고 있다고 믿고, 이를 사물의 본질이라고 여겼다. 이러한 고정적이고도 안정적이며 일관적인 특성을 가지고 있는 것은 자연 사물뿐만 아니라, 동식물과 같은 생물들 그리고 심지어는 사람도 마찬가지라고 여겼으며, 각각이 가지고 있는 안정적인 실체로서의 본질을 파악하게 되면, 세상의 모든 삼라만상을 이해할 수 있을 것이라고 생각했다. 이렇게 안정적인 실체로서 사물의 본질을 이해하려는 경향은 서구 문화 발상의 원천인 그리스 문명에서부터의 전통이었다.

그리스인들은 나와 나 아닌 것, 인간과 자연, 하나의 사물과 다른 사물을 엄격히 구별하여, 그들 사이의 차이를 찾아 범주화하고, 각각의 불변적이고도 안정된 고정적 본질을 추상화하여, 그들을 지배하는 법칙을 찾아내려 노력하였다. 그 결과 그들에게는 맥락과 분리된 독립적인 대상이 주의의 초점으로 부각되어, 이러한 분리된 대상의 안정적, 불변적, 고정적 속성을 인식하는 데 주력하게 되었다. 플라톤(Platon)은 사물들이 가지는 이러한 고정적이고 불변적이며 안정적인 속성은 그 사물들로부터 얻는 감각을 뛰어넘는 것으로, 논리적 범주화와 접근에 의해 파악되는 이데아(idea), 곧 형상(形相, form)만이 사물의 참된 실재라고 가르쳤다. "아리스토텔레스(Aristoteles)는 형상의 실재성을 인정하지는 않았지만, 그 역시 어떤 사물의 속성이란 그 사물의 감각적 속성과는 무관하게 존재한다고 생각하였다."[172]

그리스인들은 더 나아가, 사물들이 가지는 이러한 불변적인 본질적 속성이 그 사물의 운동과 제반 상태의 원천이라고 보았다. 이러한 맥락에서

---

172 Nisbett, 2003, p. 9.

그리스인들은 사물뿐만 아니라 사람들도 역시 독립적이고 개별적인 실체라고 보았으며, 각 개인이 가지고 있는 고정적이고 불변적이며 안정적인 속성을 파악하는 것이 개인의 행동과 심성의 상태를 이해하는 첩경이라고 여겼다. 곧 그들은 개인은 그의 심성과 행동의 원천이 되는 성격 특성 · 능력 · 욕구 등의 내적 성향을 갖추고 있는데, 이들은 비교적 불변적이고 고정적이며 안정적인 개인의 본질을 이룬다고 보았다.[173] 이렇게 서구 사회에는 고대 그리스시대로부터 인간을 고정적이고 불변적인 속성을 완비하고 있는 안정적인 실체적 존재로 보려는 전통이 강하였던 것이다.

(1) 안정적 실체로의 개체 인식

이와 같이 모든 존재를 고정적, 불변적, 안정적 실체로 인식하는 경향은 고대 그리스 이후 서구 문화의 전통이 되어왔다. "이렇게 고정적 불변적인 심리적 속성이 개인에게 원천적으로 부여되어 있다는 사실은 개인을 단순히 그러한 속성들의 담지자로서 파악하는 개인에 대한 추상적 관념을 산출한다."[174] 루크스(S. Lukes)에 따르면, 스스로의 행동과 제반 심리적 경향의 원천이 되는 내적 성향을 본유적으로 갖추고 있는 고정적, 불변적, 안정적인 실체로 개인 존재를 인식하는 개인에 대한 추상적 관념은 개인주의의 기본 요소의 하나로서, 이러한 관념은 17~18세기 자유주의 사상의 모태로 작용하였다.[175] 곧 자유주의의 핵심인 자연법 사상과 사회계약설은 개인 존재에게 고정적이고 안정적이며 불변적인 기본권과 내적 성향이 본유적으로 갖추어져 있다는 사실을 전제로 하여 성립되고 있는 것이다. 자연법 이론가들은 개인은 그의 행위와 심성의 모든 본질적

173 Nisbett, 2003, pp. 1~28, 29~39; Nisbett, Peng, Choi, I., & Norenzayan, 2001.

174 Lukes, 1973, p. 73.

175 Lukes, 1973, pp. 73~78.

원천을 본유적으로 갖추고 있는데, 이는 고정적, 불변적, 안정적인 것으로서, 결코 남에게 양도할 수도 없고, 또 그 어떤 것으로부터 침해받아서도 안 되며, 이것이 바로 국가 형성 이전의 자연 상태의 모습이라고 본다. 자연 상태에서 개인이 가지는 스스로에 대한 원천적인 주권(sovereignty)은 바로 이러한 고정적 불변적 속성의 본유적인 소여성(所與性, givenness)에 그 근거가 있으며, "이러한 개인적 주권이 집단권위(Group-authority)의 유일한 원천으로서, 사회는 개인의 의지와 권력의 집합체(aggregate)일 뿐"[176]이라고 자유주의자들은 인식하고 있는 것이다.

이렇게 개인은 모든 행위와 심리적 경향의 원천이 되는 내적 성향(성격·능력·감정·동기 등)을 본유적으로 갖추고 있으며, 이러한 내적 성향은 시간과 상황에 따라 거의 달라지지 않는 고정적이고 불변적이며 안정적인 경향을 띤다고 인식함으로써, 개인 존재를 안정적인 실체로 파악하는 관점은 고대 그리스시대부터 서구 사회의 전통이 되어왔다. 더구나 이는 자유주의 이론가들의 자연법 사상과 사회계약설의 기초가 되어 있는 관념이기도 하다. 이렇게 개인은 누구나가 고정적 불변적인 성향을 갖춘 '안정적 실체'이기 때문에 스스로에 대한 주권을 갖추고 있고, 이러한 점에서 누구나 평등하고 존엄한 존재이다. "자유주의의 철학적 핵심은 개인주의이고, 개인주의에 있어서의 개인의 개념은 본질적으로 보편적이고 평등주의적이다."[177] 비록 그 내용은 서로 다를지라도, 누구나가 똑같이 고정적 불변적인 성향을 갖추고 있는 안정적 실체이고, 이러한 점에서 누구나가 똑같은 주권적 실체라는 사실에서 인간 존엄성의 근거를 찾을 수 있는 것이다.

---

176 Lukes, 1973, p. 74.

177 노명식, 1991, p. 82.

(2) 일관성과 안정성의 강조

불변적 안정적 실체로서 개인 존재를 파악하는 자유주의의 이념을 그 사상적 배경으로 하고 있는 개인주의 사회에서는 세계를 서로 구별되는 독특한 불변적 안정적 속성을 보유한 대상들로 구성되는 고정되고 안정된 곳이라고 본다. 이러한 세계 인식 양식은 아동 사회화에도 그대로 이어져, 개인주의 사회에서는 아동들에게 고정되고 안정된 특성을 지닌 대상들 사이의 차이에 주목하도록 요구한다. 이러한 사회화 강조점은 그대로 언어 습득 과정에 영향을 미쳐, 개인주의 사회의 아동들은 동사보다 명사를 먼저 습득하는 '명사 편향'(noun bias)을 보인다. 명사는 고정되고 독특한 특성을 가진 대상에 대한 명명(命名)이고, 동사는 대상들 사이의 유동적인 관계를 진술하는 것이므로, 개인주의 사회에서는 유아 초기부터 고정적이고 안정된 사물들 사이의 차이에 더 주목하도록 사회화되기 때문이다.[178]

이렇게 고정이고 불변적이며 안정적인 대상들로 세계가 구성된 것으로 보는 개인주의 사회의 특징은 사람에 대한 인식에도 그대로 반영된다. 드웩(C. S. Dweck)과 그 동료들은 성격과 능력 같은 자기의 속성들에 대해 사람들이 가지고 있는 내현적 이론(implicit theory)은 '실체설'(entity theory)과 '증가설'(incremental theory)의 두 가지로 나눌 수 있는데, 이러한 내현적 이론 체계는 대인평가, 자기 지각, 상호작용, 성취 귀인 등의 장면에서 서로 다른 목표를 유발하여, 사회 상황에서의 제반 행동적 차이를 낳게 된다는 이론을 제시하였다.[179]

여기서 실체설은 개인의 성격과 능력 등 내적 특성은 상황이나 시간의

178 Nisbett, 2003, pp. 148~152.

179 Chiu et al., 1997; Dweck, 1991; Dweck et al., 1993; Dweck & Leggett, 1988.

변화에도 불구하고, 비교적 고정적이고 안정적이며 불변적이라고 보는 신념 체계이고, 증가설은 개인의 성격이나 능력은 시간과 상황에 따라 체계적으로 변화하는 역동적이고 가변적이라고 보는 신념 체계이다. 실체설 신념자들은 사회 상황에서 자기에 대한 긍정적 평가를 추구하고, 부정적 평가를 회피하는 판단을 하려는 수행 목표(performance goal)에 따라 동기화되고, 증가설 신념자들은 자기의 능력이나 특성을 개선하려는 학습 목표(learning goal)에 따라 동기화된다. 그 결과 전자는 성공과 자기의 장점, 긍정적 특성을 추구하고, 실패와 단점, 부정적 특성을 회피하려 하며, 성취 장면에서 장애를 만났을 때 쉽게 포기하는 경향이 높고, '하향적인 사회 비교'를 함으로써 자기를 고양하려는 경향이 높아진다. 반대로 후자는 자기의 부정적 특성이나 단점도 비교적 무난히 수용하며, 성취 장면에서 실패했거나 장애를 경험해도 포기하지 않고 재도전하는 자기 비판과 자기 개선의 경향을 보인다.

많은 문화비교연구들에서는 개인주의 사회에 사는 사람들은 이 중 실체설적 신념 체계에 따라 자기를 파악하는 경향이 강하다는 사실이 밝혀지고 있다.[180] 그 결과 이들은 개인의 성격 특성은 상황이나 시간에 따라 변화하지 않는 고정적인 것이라고 보는 경향이 강하고[181] 능력도 선천적이고 고정적인 안정된 특성이어서 시간이나 노력에 따라 변화할 수 없다고 본다.[182] 이들은 성취는 노력의 산물이라고 보는 동아시아인들과는 달리, 성취는 노력보다는 고정적인 능력의 결과라고 인식한다.[183]

---

180 Chiu et al., 1997; Cousins, 1989; Dweck et al., 1993; Heine et al., 2001; Hong et al., 1997; Lee et al., 1996; Markus & Kitayama, 1991, 1994; Miller, J. G., 1984 등

181 Choi, I., & Nisbett, 1998, 2000; Choi, I. et al., 1999; Nisbett, 2003; Norenzayan et al., 2002.

182 Markus & Kitayama, 1991.

183 Heine et al., 2001; Holloway, 1988; Stevenson & Stiegler, 1992.

개인주의 사회에 살고 있는 사람들은 이렇게 고정적이고 안정적인 자기개념을 가지고 있으므로, 원인으로서의 내적 속성과 그 결과로서의 외적 행위 사이에 일관성을 추구하는 경향이 아주 높고,[184] 자기의 성격 특성들 사이의 일치도와 '자기개념 명료도'(self-concept clarity)도 아주 높으며,[185] 내적 속성인 기대와 실제 결과 사이에 불일치가 있을 때 심한 혼란을 경험하여 크게 놀라는 경향을 보인다.[186] 이렇게 개인주의 사회에서는 개인의 행위를 안정되고 고정적이며 불변적인 내적 속성의 발현이라고 보아, 내적 속성과 외적 행위의 불일치, 내적 속성들 사이의 상황 간 불일치 및 외적 행동들의 상황 간 불일치는 개인의 정체성에 심한 혼란을 야기하게 되고, 결과적으로 '일관성' 추구의 경향이 강해지는 것이다.[187]

4. 동 · 서 인간 이해 관점의 대비

지금까지 동아시아 사회에 집단주의 문화가 태동하게 된 배경에는 고대 중국에서 발원하여 중국은 물론 그 이웃인 한국과 일본 같은 동아시아 사회를 오랫동안 지배해왔던 유학사상이 놓여 있음을 살펴보았다. 이러한 유학사상은 동아시아 사회의 과거를 지배해왔던 역사적 유물이기만 한 것이 아니라, 현재도 살아 이 지역 사람들의 "문화 전통과 의식 구조의

184 Markus & Kitayama, 1991, 1994; Fiske A. P., Kitayama, Markus, & Nisbett, 1998; Heine & Lehman, 1997.

185 Choi, I., 2002; Choi, I., & Choi, Y. 2002.

186 Choi, I., & Nisbett, 2000; Nisbett et al., 2001.

187 Fiske, A. P. et al., 1998; Heine et al., 2001; Heine & Lehman, 1997; Markus, & Kitayama, 1991, 1994; Nisbett, 2003; Nisbett et al., 2001.

중추"[188]를 형성하고 있다. 곧 동아시아인들은 아직도 "마음의 유교적 습성들"[189]을 지니고 살아가고 있다. 이렇게 유교적 가치 체계는 동아시아인들의 현재의 삶을 지배하고 있는 현실의 체계인 것이다.

이렇게 유학적 가치를 사상적 배경으로 삼고 있는 동아시아 사회인들은 강한 집단주의 문화를 형성했다. 이들은 사회의 궁극적인 구성 요소를 개인들 사이의 관계라고 보아, 사람들 사이의 연계성과 상호의존성을 중시하며, 이러한 관계 속에서 조화를 이루는 일을 삶의 가장 중요한 주제로 삼는 자세를 굳게 지니고 있다. 이들은 개인적 감정이나 이기적 욕구는 대인관계와 집단의 조화를 해치는 핵심 요소라고 보아서, 삶의 과정에서 이를 적극 억제하려 한다. 인간은 이러한 자기 억제를 통해 자기 개선을 이룰 수 있고, 그럼으로써 이상적 상태에 이를 수 있는 가변적인 존재라고 이들은 인식한다. 이렇게 동아시아인들은 사람들 사이의 연계성 · 상호의존성 · 조화성을 추구하고, 자기 억제를 중시하며, 가변성과 자기 개선을 강조하는 삶의 태도를 지니고 있는데, 이러한 사실은 그들의 실제 행동과 심성에 그대로 드러나고 있다.

동아시아인들이 보이는 이러한 집단주의적인 삶의 모습은 기본적으로 이 사회를 오랫동안 지배해왔던 유학사상의 인간관에서 직접 도출되는 것이다. 유학사상에서는 인간을 개체적 존재로서는 그 존재 의의를 찾을 수 없는 사회적 관계체, 모든 도덕의 근거를 스스로 갖추고 있는 능동적 주체자, 그리고 자기 수련과 자기 개선을 통해 이상적 인간의 상태에 도달할 수 있는 무한한 가능체로 파악한다. 이렇게 사회적 관계체로 인간을 인식하므로 사람들 사이의 연계성과 상호의존성, 그리고 조화성의 추구

188 이광세, 1998, p. 63.
189 Tu, Wei-Ming, 1996, p. 343.

를 강조하게 되고, 능동적 주체로 인간을 파악하므로 도덕 주체인 스스로를 통제의 대상으로 보아 스스로에게서 모든 책임을 구하는 자기 억제를 중시하게 되며, 사람을 무한한 가능체라고 생각하므로 자기 향상을 위해 자기 개선을 지향하는 태도를 간직하게 된다.

이와는 대조적으로, 서구 개인주의 사회인들은 독립적이고 평등한 개인들 각자가 사회 구성의 궁극적 단위라고 보아 개인의 자율성과 독립성, 그리고 독특성을 강조하고, 개인이 본유적으로 갖추고 있는 자유와 권리들을 적극적으로 드러내고 추구하는 일을 중시하며, 개인은 안정적이고도 고정된 속성을 갖춘 실체라고 인식한다. 이렇게 서구인들은 개체적 존재인 개인의 독립성 · 자율성 · 독특성을 중시하고, 적극적으로 자기 주장을 하며, 개인의 고정된 안정성을 강조하는 삶의 태도를 지니고 있는데, 이는 그들의 실생활의 행동과 심성의 특징으로 고스란히 드러나고 있는 것이다.

서구인들이 보이는 이러한 개인주의적인 삶의 모습은 이 사회에서 인간과 세상사를 파악하는 배경으로 작용해온 자유주의 사상의 인간관에서 직접 나오는 것이다. 자유주의 사상에서는 사회를 이루는 기본 단위인 개인을 자기완비적인 자유의 보유자, 이성의 주체, 그리고 고정적이고 안정적인 실체라고 개념화한다. 자유의 보유자이기 때문에 개인은 스스로의 자율적인 선택과 독특성을 중시하게 되고, 스스로가 이성의 주체로서 합리성의 원천이기 때문에 적극적인 자기 주장을 강조하게 되며, 안정적인 실체이므로 자기의 신념이나 행동 체계들 사이의 일관된 안정성을 추구하는 삶의 태도를 갖추게 되는 것이다.

서구 자유주의자들과 동아시아 유학자들이 인간을 이해하는 기본 관점의 이러한 차이들을 표로 제시하면, 다음의 〈표 1〉과 같다.

〈표 1〉 인간 이해 관점의 동 · 서 대비

대립 내용	자유주의	선진유학
개체성 : 사회성	개체성 중시 → 자유의 보유자 → 자율성 · 독특성 강조	사회성 중시 → 의무 · 역할 · 배려의 복합체 → 연계성 · 조화성 강조
합리성 : 도덕성	합리성 중시 → 이성 주체 → 자기 주장 강조	도덕성 중시 → 덕성 주체 → 자기 억제 강조
완성체 : 가능체	안정성 중시 → 안정적 실체 → 일관성 · 안정성 강조	가변성 중시 → 과정적 존재 → 가변성 · 자기 개선 강조

서구의 자유주의 사상에서 인간 존재를 이와 같이 파악하는 관점은 서구 사회에서 발달해온 현대심리학의 연구 내용과 그 방향을 결정하는 역할을 해왔다. 심리학은 인간이 삶의 과정에서 경험하는 심리 내용과 그 과정 및 이의 행동적 표출에 대해 객관적으로 탐구하여 그 법칙성을 찾아내려는 학문이다. 그러므로 심리학은 그것이 탐구되고 있는 사회의 인간을 대상으로 할 수밖에 없으며, 따라서 해당 사회에서 인간을 파악하는 관점에 따라 탐구하는 내용이 달라질 수밖에 없다. 서구에서 발달한 현대심리학은 서구인이 가지고 있는 인간관을 그대로 반영하고 있는 것이다. 이러한 맥락에서 보면, 인간을 파악하는 관점이 서구와 다른 동아시아 사회에서는 심리학의 체계를 달리 구성할 수밖에 없을 것이다.

5. 선진유학사상에서 도출되는 심리학의 문제

앞에서 계속 강조해왔듯이, 동아시아 집단주의의 사상적 배경이 되었던 것은 유학의 체계였다. 이러한 유학사상은 현재에도 동아시아인들의 삶의 과정에서 지배적인 영향력을 행사하고 있다. 이러한 배경에서 동아시아인들은 세상사와 인간을 파악하는 사고 방식이 서구인들과 다를 뿐만 아니라, 정서 · 동기 같은 심리 내용과 그에 따른 행동도 매우 달라진다. 그러므로 동아시아인들의 삶에 토대를 둔 심리학의 내용은 서구인들의 삶에 근거한 현대 서구심리학의 그것과는 다른 모습을 갖출 수밖에 없다. 동아시아인들의 삶의 배경을 이루고 있는 것이 유학사상이므로, 동아시아인들의 삶에 토대를 둔 동양심리학[190]은 유학적 심리학이 되지 않을 수 없는 것이다. 이 책에서 필자는 유학사상, 특히 선진유학의 경전에 담긴 심리학적 함의를 확인해봄으로써, 새로운 동양심리학의 체계를 구성하기 위한 기초 자료를 탐색해보고자 한다.

유학사상, 특히 이후의 모든 유학사상의 뿌리인 선진유학사상에서 심리학적 관련이 깊은 체계는 다음 네 가지 측면의 입론으로, 이로부터 현대 서구심리학에 대한 대안으로서의 동양심리학의 모습을 그려볼 수 있다.[191]

첫째는 우주 안에서 인간이 차지하는 독특한 위치와 특성은 무엇인가에 관한 사색으로, 이는 그들의 인성론(人性論)으로 구체화되고 있다. 인

---

190 "동양심리학"이란 용어는 "동아시아인들에 관한 토착심리학"이라는 의미로 쓰일 수도 있고, "동아시아인들의 삶에 토대를 둔 보편심리학의 체계"라는 의미로 쓰일 수도 있다. 여기서는 이를 서구에서 전개된 현대심리학을 보완하는 새로운 심리학의 체계라는 관점에서 후자의 의미로 쓰기로 한다.

191 이 절은 졸저(조긍호, 2003a, 144~149; 2007, pp. 478~510)의 내용을 참조하여 재구성함.

성론은 우주에서 인간이 차지하는 독특한 위상을 인간이 태어날 때부터 갖추고 있는, 그리하여 다른 생물체와는 구별되는 인간의 본성에서 찾아 보려는 이론 체계로서, 유학사상이 성립하고 있는 논리적 바탕이다.[192] 이러한 유학의 인성론은 도덕적 기초(仁義禮智)가 인간에게 본유적으로 갖추어져 있다는 인간 존재의 사회성 · 도덕성을 기초로 하고 있다는 점에 그 특징이 있으며, 후속되는 군자론 · 예론 · 수양론 등에서 인간관계의 사회성이 강조되는 배경에는 이러한 인성론의 특징이 그대로 놓여 있는 것이다. 이러한 인성론으로부터 인간이 태어날 때부터 갖추고 있는 심성의 내용에는 어떠한 것들이 있느냐 하는 문제, 그래서 심리학에서 핵심적으로 탐구해야 할 인간 심성의 내용은 어떠한 것들이냐 하는 심리구성체론(心理構成體論)의 문제를 도출해낼 수 있다. 선진유학자들의 인성론의 핵심은 인간에게 본유한 특성을 생물적 욕구 체계와 감정 체계, 인지 능력의 체계 및 도덕성의 체계로 보고, 이 중에서 도덕성의 체계를 가장 핵심적인 것으로 간주하고 있다는 사실이다. 이는 인간 심리를 지 · 정 · 의(知 · 情 · 意)의 삼분 체계로 구성되는 것으로 보고, 특히 이 셋 중에서 지적인 체계를 중시하는 인지우월론(認知優越論)의 현대 서구심리학의 심리구성체론과는 다른 것이다. 곧 선진유학의 체계에서 도출되는 심리구성체론은 덕(德) · 지 · 정 · 의라는 사분체계론과 덕성우월론(德性優越論)을 기저로 하고 있는 것이다. 이러한 배경에서 동양심리학의 핵심 체계 중 하나는 현대 서구심리학에서 그동안 도외시해온 도덕심리학(道德心理學)이 되어야 할 것이다. 이러한 사실은 2장에서 자세하게 다루어질 것이다.

둘째는 위에서와 같은 독특성을 갖는 사람으로서 지향해야 할 최상의

192 김충렬, 1982, pp. 180~182; 馮友蘭, 1948/1977, pp. 105~107; Needham, 1969/1986, Vol. II, pp. 21~29.

이상적 상태는 어떤 것인가에 관한 사색으로, 이는 선진유학자들의 군자론(君子論)·성인론(聖人論)으로 구체화되고 있다. 이는 인간 삶의 목표를 설정하고자 한 논리 체계로서, 이로부터 이상적 인간형론(理想的 人間型論)의 문제를 도출해낼 수 있다. 서구의 현대심리학에서는 이상적 인간의 전형을 자기 개체의 독립성과 독특성을 확인하고, 일상생활에서 자기의 독특한 특성과 능력을 최대로 발휘하는 자기실현(自己實現, self-actualization)을 이룬 사람에게서 찾고 있다. 그러나 선진유학자들은 수기(修己)를 통한 이러한 자기완성(自己完成) 이외에, 대인관계에서의 조화와 안정을 통한 관계완성(關係完成)과 사회적인 책무의 자임(自任)과 완수를 통한 사회완성(社會完成)이 이상적 인간의 특징이라고 보고 있다. 이러한 이상적 인간형론의 차이는 동·서양의 인간 이해 양식의 차이를 그대로 반영하는 것으로, 이러한 배경에서 유학심리학의 체계는 상호 독립적인 실체로서의 개별적인 인간 존재의 특성을 강조하는 서구의 현대심리학과는 달리, 인간의 사회성을 중시하는 심리학이 되어야 할 것이다. 이러한 군자론과 성인론은 삶의 과정에서 추구해야 할 가장 바람직한 인간상에 관한 탐구인데, 이러한 성인론과 군자론으로부터 역으로 바람직하지 못한 인간의 삶의 모습에 관해 추론해볼 수 있다. 그러므로 이로부터 정신건강과 심리치료 문제를 보는 동양심리학의 체계를 도출해낼 수 있을 것이다. 이러한 문제는 3장에서 자세하게 다루어질 것이다.

셋째는 사회적 존재인 사람들 사이에 이루어야 할 바람직한 관계는 어떠한 것인가에 관한 사색으로, 이는 선진유학자들의 도덕실천론(道德實踐論)과 예론(禮論)으로 구체화되고 있다. 이는 군자와 성인같이 이상적인 상태에 이른 사람들의 사회적인 삶의 양태를 제시하고 있는 논리 체계로, 이로부터 사회관계론(社會關係論)의 문제를 도출해낼 수 있다. 선진유학자들은 사회 구성의 기본 단위는 사람들 사이의 관계 및 이러한 관계의 원형인 가족과 같은 일차 집단으로서, 인간의 사회 행위의 원동력은 이러한 관계 속에 내포된 예(禮)와 역할〔分〕이며, 이의 충실한 수행〔正名〕을 통해 관계의 조화와 질서가 완성될 수 있다고 본다. 곧 역할 수행을 통해 복례(復禮)와 여인위선(與人爲善) 및 군거화일(群居和一)의 상태를 이루는 일이 선진유학자들로부터 도출되는 사회관계론의 핵심인 것이다. 이는 사회 구성의 기본 단위를 이기적 존재로서의 상호 독립적이고 평등한 개인으로 보고, 사회관계를 이익 최대화를 도모하는 개인들 사이의 교환과 거래의 관계라고 간주하는 현대 서구심리학의 사회관계론과는 근본적으로 다른 것이다. 이러한 선진유학자들의 사회관계론으로부터는 역할 취득(role-taking)과 역할 수행(role-performance)의 문제가 심리학적으로 중요한 문제로 부각되며, 따라서 동양심리학에서는 지금까지 사회학의 연구 주제로 간주되어 심리학자들이 도외시해왔던 역할의 문제가 핵심적인 연구 문제로 떠오르게 될 것이다. 이러한 사실은 4장의 주제로 다루어질 것이다.

넷째는 개인적인 삶의 과정에서 군자와 성인 같은 삶의 이상적 목표 상태를 이루기 위해 인간이 해야 할 일이 무엇인가에 대한 사색으로, 이는 선진유학자들의 수양론(修養論)의 구체적인 내용을 이루고 있다. 선진유학의 특징은 인간론을 중심으로 하고 있다는 것인데, 인간론의 문제 가운데서도 "인성론보다는 실천적인 수양론이 핵심을 이루고 있다."[193] 이는 유학이 기본적으로 성덕(成德)을 지향하는 이론 체계라는 점에서 쉽게 이해될 수 있는 사실이다. 유학의 체계에서 이론적 전개에 더 많은 관심을 기울이고 있는 부분은 인성론과 군자론 · 성인론이다. 이는 인간의 본질적 존재 특성에 관한 논리(인성론)와 이에 근거한 이상적 상태에 관한 논리

193 김승혜, 1990, p. 328.

(군자론 · 성인론)의 체계이다. 이와는 대조적으로, 도덕실천론과 수양론은 유학의 실천론에 해당한다. 도덕실천론은 다른 사람과의 사회생활에서 이루어야 할 도덕적 삶의 양태에 대해 다루고 있고, 수양론은 개인적인 삶의 과정에서 추구해야 할 삶의 자세에 대해 다루고 있다. 곧 수양론은 인성론에서 제시한 바와 같은 특성을 본유적으로 갖추고 있는 사람이 이상적 인간상인 군자나 성인의 상태에 도달하기 위해서 어떻게 해야 하는지를 물음하고 있는 실천철학 및 그 방법론의 체계인 것이다. 이러한 수양의 핵심은 자기 절제로 귀결된다는 것이 유학자들의 관점이다. 이러한 수양론에서는 자기 통제를 주축으로 하는 자기통제론(自己統制論)의 문제를 이끌어낼 수 있다. 서구의 현대심리학에서는 통제란 외부 환경을 나에게 맞추어 변화시키는 일이라는 전제에서,[194] 외적 보상의 크기를 조작함으로써 이것이 개인에게 미치는 영향력을 제어하려는 이론이 주류를 이루어왔다. 그러나 선진유학자들은 개인이 본유적으로 갖추고 있는 도덕성의 근거를 잘 간직하고, 확충하며, 자기를 변화시킴으로써, 외부 환경과 조화를 취하는 것이 바로 통제라고 보는 자기통제론을 제시하고 있다. 이러한 논리 체계에서 보면, 동양심리학에서는 인간의 자기 반성과 욕구의 조절을 강조하는 입장이 중요하게 대두될 것이다. 이러한 문제는 5장의 주제로 다루어지게 될 것이다.

이렇게 유학사상은 인간 존재의 사회적 도덕적 특성(인성론)을 전제로 하여, 이러한 존재 특성을 가지는 인간이 지향해야 할 이상적 상태(군자론 · 성인론)를 정립한 다음, 사회적 차원(도덕실천론 · 예론)과 개인적 차원(수양론)에서 이러한 이상적 상태에 도달하기 위해 노력해야 할 바를 제시하고자 한 이론 체계라고 정리할 수 있다. 이와 같은 유학의 이론 체계들

194 Markus & Kitayama, 1991, p. 228.

에는 유학자들이 인간을 파악하는 입장이 반영되어 있다. 사회성 · 도덕성 · 가소성을 기초로 인간을 사회적 관계체, 능동적 도덕 주체, 그리고 무한한 가능체로 인식하는 유학사상의 기본 입장은 유학자들의 인성론 · 군자론 · 도덕실천론 · 수양론들에 그대로 드러나 있는 것이다.

이 책의 마지막 결론 부분인 6장에서는 이상과 같은 유학사상의 네 체계에서 도출되는 심리학적 연구 문제들을 종합적으로 정리하고, 이를 기초로 서구의 현대심리학이 안고 있는 문제점과 그 치유책을 모색해봄으로써, 앞으로 유학사상을 토대로 하여 전개될 새로운 동양심리학의 모습을 개략적으로나마 그려보기로 하겠다.

제2장

인성론과 심리구성체론의 문제

서구의 현대심리학은 인간의 심성을 지 · 정 · 의 삼분체계로 파악하는 전통적인 서구 철학의 심리구성체론을 바탕으로 하여 성립하고 있다.[1] 곧 "서양에서는 플라톤에서부터 심성을 삼분하는 사상이 발달하여, 칸트(I. Kant)에 이르러 지 · 정 · 의를 삼분하는 이론이 철학의 형이상학에 우세"[2] 하게 되었고, 이러한 전통에 따라 "지적 체험, 정적 체험, 의지적 체험을 각각 독립된 심적 단위로 구분하여"[3] 연구하는 심리학이 발달하였다.

현대심리학에서는 이들 심성의 세 요소를 각각 인지 · 정서 · 동기로 연구해오고 있으며, 이 세 체계 사이의 관계를 이성중심주의(理性中心主義)의 관점에서 고찰하여,[4] 정서나 동기 체계는 부차적인 체계이거나 인지 체계에 힘입어 생겨나는 하위 체계라고 보는 입장[5]이 주조를 이루어왔다. 비록 최근에 이러한 인지우월론에 대한 반론[6]이 나오고, 또한 동기와 정

1 Hilgard, 1980; Parkinson & Colman, 1995.

2 정양은, 1986, p. 11.

3 정양은, 1970, p. 78.

4 정양은, 1970, 1976, 1986; Hilgard, 1980; Mandler, 2007.

5 예: Lazarus, 1982, 1984; Weiner, 1974.

서가 역으로 인지에 미치는 영향이 매우 크다는 사실이 밝혀지고 있지만,[7] 아직까지 지적 체계와 과정을 중심으로 인간을 이해하려는 견해가 서구심리학을 지배하고 있다는 사실은 부인하기 힘들다.[8] 이러한 이성중심주의의 싹은 이미 플라톤에게서 발견할 수 있는 서구 철학의 전통이었으며,[9] 특히 현대 서구 사회를 형성하고 있는 개인주의의 사상적 배경인 자유주의와 계몽주의는 모두 이성중심주의를 개념적 뼈대로 하여 성립하고 있는 이념 체계인 것이다.[10]

유학사상의 인성론에서 제시하고 있는 심리구성체론은 이와는 다르다. 공자를 비롯한 유학자들도 서구 철학자들과 마찬가지로 인간의 심성에 지·정·의의 요소가 갖추어져 있다고 본다. 그러나 유학자들은 이밖에 도덕성의 바탕이 인간의 심성에 본래부터 갖추어져 있다고 보아, 덕·지·정·의라는 사분체계로 인간의 심성을 이해하려 한다. 이 점이 유학사상에서 도출되는 심리구성체론의 기본 특징이다.

유학사상에서는 인간의 심성을 구성하는 이 네 체계 가운데 덕의 요소가 중심으로서, 이에 의해 나머지 심성 요소들(지·정·의)이 제어되고 통합될 것을 강조하는 덕성중심주의(德性中心主義)의 관점을 굳게 지니고 있다. 이는 유학이 성덕(成德)을 지향하는 사상 체계라는 사실에서 나오는 당연한 논리적인 귀결이다. 곧 유학사상에서는 인간이 가진 생물적 이기적 욕구와 감정 체계를 지양하고, 스스로가 도덕 주체임을 깨달아, 일상생활에서 도덕성을 실천하는 것이 인간 삶의 이상이라고 보고 있다.

---

6 예: Zajonc, 1980, 1984, 1998.

7 조은경, 1994; Fiske, S. T., & Taylor, S. E., 1991; Parkinson & Colman, 1995.

8 정양은, 1995, 2003; Hilgard, 1980; Kunda, 1990; Mandler, 2007.

9 Bordt, 1999/2003, pp. 109~110.

10 노명식, 1991, pp. 37~43; Russell, 1959/2003, pp. 312~321, 342~343.

이와 같이 유학사상에서 도덕성의 인식과 실천은 하나로 통합되는 것이고, 이는 결국 이상적 인간이 되는 길에서 핵심을 이루는 심리구성체이다. 도덕 인식과 실천이 곧 덕성의 핵심 내용이며, 이러한 사실에서 유학자들이 그토록 지행합일(知行合一)을 강조하는 근거를 찾아볼 수 있는 것이다. 이렇게 스스로 갖추고 있는 도덕성에 대한 인식과 이의 실천이 유학적 삶의 모습이고, 이러한 삶의 이상적 표본이 바로 군자(君子)와 성인(聖人)이다.

이 장에서는 우선 공자 · 맹자 · 순자가 제시하는 사분체계론과 덕성우월론을 통해 유학사상의 심리구성체론을 확인해본 다음, 현대심리학의 배경이 되고 있는 서구 철학의 삼분체계론과 인지우월론을 살펴 양자를 비교해봄으로써, 이러한 심리구성체론의 동 · 서 차이에서 도출될 수 있는 새로운 심리학적 연구 문제를 찾아내기 위한 기초로 삼으려 한다.[11]

1. 선진유학사상의 인성론: 사분체계론과 덕성중심주의

유학의 체계는 우주 안에서 인간이 차지하는 독특한 위상을 인간이 갖추고 태어나는 본성에서 찾으려는 인성론(人性論)을 바탕으로 하여 성립하고 있다.[12] 전통적으로 유학의 인성론은 동물과 다른 인간의 본성이 착한지 아니면 악한지 하는 문제에 따라 고찰되어왔다. 이러한 배경에서 유학사상사에서 인성론의 비조를 "맹자의 성선설(性善說)과 순자의 성악설

---

11 이 장은 졸고(조긍호, 1999b, pp. 46~59)와 졸저(조긍호, 2006, pp. 355~379; 2007, pp. 189~202)의 내용에 새로운 자료를 첨가하여 수정하고 보완함.

12 김충렬, 1982, pp. 180~182; 馮友蘭, 1948/1977, pp. 105~107; Needham, 1969/1986, Vol. II. pp. 21~29.

(性惡說)의 두 주류로 삼기 일쑤인"[13] 까닭을 찾아볼 수 있다.

그러나 여기에서는 그러한 선악의 관점을 떠나, 유학사상에서 인간의 심성에 본유하는 것으로 여기는 특성은 그것이 동물적인 근거를 가지는 것이든, 아니면 인간에게만 고유한 것이든 상관없이 모두 인간의 본성이라고 보는 관점에서 인성론을 고찰하고자 한다. 말하자면, 이 책에서 인성론은 인간의 심성 체계를 구성하는 심리구성체론(心理構成體論)과 같은 의미를 내포하는 개념으로 사용되고 있다고 볼 수 있다.

여기에서 유학의 인성론을 심리구성체론의 관점에서 살펴보려는 까닭은, 비록 유학사상사에서 인성론의 주춧돌을 놓고 완성한 유학자가 맹자와 그에 이은 순자라고 할 수 있을지라도,[14] 이들의 인성론의 근저에 공자의 인간론이 놓여 있다는 사실을 부인하기 어려울 것이기 때문이다.[15] 곧 유학의 인성론은 공자에게서 출발되는 유학사상의 기반인 것이다. 또한 유학의 인성론이 가지는 심리학적 함의는 인성의 선·악 여부의 확인을 통해 찾아질 수 있는 것이라기보다는, 인간에게 본유적으로 갖추어져 있는, 그리하여 인간 심성을 구성하는 원초적인 요소로서 심리학적 연구의 대상이 되어야 할 내용들을 확인하는 작업을 통해 찾아질 수 있을 것이기 때문이기도 하다.

1) 공자의 인성론

유학사상사에서 다른 이론 체계와는 달리 인성론의 경우에만 공자를 그 시조로 여기지 않게 된 것은, 그가 맹자나 순자 같이 성선이나 성악이라는 분명한 입장을 제시하지 않았을 뿐만 아니라, 사람이 본래 갖추고

---

13 김충렬, 1982, p. 170.

14 김충렬, 1982, pp. 170~175; 馮友蘭, 1948/1977, pp. 105~107.

15 이강수, 1982, p. 200.

태어나는 인간의 본성을 지칭하는 성(性)이 『맹자』에서는 35회, 그리고 『순자』에서는 92회나 쓰이고 있지만, 『논어』에서는 오직 2회만 쓰이고 있을 뿐[16]이라는 사실에서 기인한다고도 볼 수 있다. 공자가 직접 성에 대해 말한 것은 "사람의 본성(性)은 서로 비슷하지만, 익히는 바(習)에 따라 서로 달라진다"[17]는 것뿐이고, 제자들과 나눈 대화에서 공자는 이에 대해 거의 언급하지 않았다. 공자의 제자인 자공(子貢)은 "선생님의 문장은 들을 수 있었지만, 선생님께서 성과 천도(天道)에 대해 말씀하시는 것은 들을 수 없었다"[18]고 하여, 공자가 인간의 본성에 대한 이론을 직접 제시하지는 않았음을 분명히 하고 있다.

그러나 "공자가 본 성(性)은 그 선 · 악이 전혀 인위적인 것"[19]이라는 의미에서 그가 성선이나 성악의 관점을 피력하지 않았을 뿐, 그에게서 사람의 본성에 관한 논의를 찾아볼 수 없는 것은 아니다. 오히려 그는 사람들은 서로 비슷한 본성을 갖추고 태어나지만, 그 익히는 바에 따라 서로 달라지게 된다는 사실을 분명히 밝혀, 후대에 전개되는 성선설과 성악설의 기초를 열었다.[20] 또한 사분체계의 유학적 심리구성체론과 이 네 요소 중 덕성이 가장 중핵이라는 덕성중심주의의 기치는 공자에게서부터 이미 발견되는 유학의 가장 핵심적인 논지이다. 그러므로 비록 명시적으로 선 · 악의 관점에서 인성론을 전개하지는 않았으나, 이후의 유학자들이 제시하는 모든 인성론의 배경에는 공자의 인간론이 자리 잡고 있다고 볼 수 있는 것이다.

16 『孟子引得』, 『荀子引得』, 『論語引得』 참조.

17 性相近也 習相遠也 (『論語』, 陽貨 2)

18 子貢曰 夫子之文章 可得而聞也 夫子之言性與天道 不可得而聞也 (公冶長 12)

19 김충렬, 1982, p. 173.

20 김충렬, 1982, p. 170~175.

(1) 인성의 본유적 요소: 사분체계론

그렇다면, 『논어』에서 공자가 사람들이 서로 비슷하게 갖추고 태어나는 본성의 내용으로 제시하는 요소들은 어떠한 것들인가? 『논어』에서 제시되고 있는 본성의 구성 요소들을 찾아내기 위해서는 덕 · 지 · 정 · 의와 같은 용어들이 사용되고 있는 예를 살펴보아야 할 것이다. 그러나 이러한 용어들이 공자 시대에도 오늘날과 같은 의미를 가지고 있었다고 보기 어려운 경우가 많으므로, 각 심리구성체가 내포하는 내용들이 『논어』에서 제시되고 있는 구체적인 사례나 구절들을 살펴보는 간접적인 확인 방법을 사용할 수밖에 없을 것이다. 이는 『맹자』나 『순자』의 경우에도 마찬가지이다.

욕구 체계 사람의 욕구 체계를 지칭하는 욕(欲)이란 글자는 『논어』에서 45회 나오고 있는데,[21] 이 중 32회 정도가 그 추구 대상이 분명하게 제시되어 욕구나 동기 상태를 지칭하는 용어로 사용되고 있다. 이밖에 『논어』에서 그 추구 대상이 분명히 명시되어 있어, 욕구 또는 동기에 관한 진술임이 분명한 부(富) · 귀(貴) · 생(生) · 이(利) · 식(食) · 색(色) 들에 관한 용례를 분석해 보면, 공자가 특정한 상황에서 특정한 대상을 추구하려는 사람의 욕구 체계를 인간이 태어날 때부터 갖추고 태어난 본성의 한 요소로 인정하고 있음을 알 수 있다.[22]

이러한 분석에 근거해서 보면, 『논어』에서 공자가 직접 제시하고 있거나 암묵적으로 인정하고 있는 본유적 욕구들에는 생물체적 생존 욕구〔食 · 色 · 居 · 生 등〕, 이기적 욕구〔富 · 貴 · 利 · 得 등〕, 자기제시 욕구〔言 ·

21 『論語引得』 참조.

22 졸저(조긍호, 2007), pp. 366~367.

伐 · 克 · 鬪 등)들이 포함된다.[23] 이렇게 공자는 생물체로서 갖추고 있는 생존 욕구와 이기적 욕구 같은 욕구 체계가 사람에게 본유적으로 갖추어져 있는 본성의 하나라고 본다. 이러한 사실은 다음과 같은 진술들에서 잘 드러나고 있다.

> (주나라 무왕 이래로 성인들은) 생존 욕구〔食〕의 충족을 도덕성〔喪祭〕의 실천과 마찬가지로 사람들의 삶에서 소중하게 여겨왔다.[24]

> 나는 도덕성의 실천〔好德〕을 생존 욕구의 충족〔好色〕만큼 중시하는 사람을 아직 보지 못하였다.[25]

> 부(富)와 귀(貴)는 사람들이 본디부터 바라는 것이다.[26]

---

23 필자는 앞선 글(조긍호, 2007, pp. 366~367. 377~379, 392~394)에서 이 이외에 仁과 善의 추구, 역할 수행, 도덕 실천의 욕구 같은 것을 '도덕적 동기'로 개념화하여, 공자가 제시하는 또 하나의 욕구로 진술하고 있다. 이는 '도덕성'이 사회관계 속에서 타인과 사회에 대한 관심과 배려를 핵심으로 하는 심적 구성 요소이고, 따라서 이는 타인과 사회에 대한 심적 지향성(intentionality)을 근간으로 한다는 점에서 욕구 체계의 하나로 볼 수도 있다는 추론에 근거를 둔 생각이었다. 그러나 여기에서는 공자가 이러한 도덕적 동기를 통해 생물적 이기적 욕구를 제어해야 한다는 주장을 폄으로써 덕성우월주의의 근거로 삼고 있다는 사실과, 이러한 도덕적 지향성은 유학자들이 보는 사회적 삶의 중핵인 도덕 인식과 실천의 심리적 근거라는 점에서, '도덕성'의 요소를 단순히 욕구 체계의 하나로 보기보다는 이를 공자가 제시하는 인간 심성의 중핵적 요소로 끌어올리는 것이 공자의 인성론을 더 바르게 이해하는 것이 될 뿐만 아니라, 이 책의 논리에 비추어서도 더 타당하다고 여겨, 이를 욕구 체계의 분석에서 제외하였다. 이러한 사실은 뒤에 이어지는 맹자와 순자의 인성론에 대한 분석에서도 마찬가지이다.

24 所重民食喪祭 (『論語』, 堯曰 1)

25 吾未見好德如好色者也 (子罕 17; 衛靈公 12)

26 富與貴 是人之所欲也 (里仁 5)

위의 첫 번째 인용문에서 공자는 생존 욕구의 본유성에 대해 언급하고 있고, 두 번째 인용문에서는 어떻게 보면 이러한 생존 욕구가 도덕성의 실천보다 더 강하고 근본적일 수도 있음을 진술하고 있으며, 세 번째 인용문에서는 이기적 욕구의 본유성에 대해 주장하고 있다.

감정 체계 오늘날 감정 또는 정서를 지칭하는 용어인 정(情)은 『논어』에서 모두 두 번 나오는데,[27] 모두 '진심'이나 '진실'의 뜻으로 쓰이고 있어,[28] 오늘날과 같은 감정이나 정서의 뜻은 없다. 그렇다고 해서 『논어』에 감정 체계에 대한 논의가 없는 것은 아니다. 『논어』는 '배우고 익히는 기쁨'〔說〕과 '친구가 찾아오는 즐거움'〔樂〕 및 '남이 나를 알아주지 않아도 성내지 않음'〔慍〕 같은 정서에 관한 논의[29]에서 시작하고 있는 것이다.

『논어』에는 『예기』(禮記)의 「예운」(禮運)편에서 처음 제시되어 유학적 정서이론의 한 축을 이루고 있는 칠정(七情)[30]에 해당하는 "기쁨〔喜〕 · 성냄〔怒〕 · 슬픔〔哀〕 · 두려움〔懼〕 · 사랑함〔愛〕 · 미워함〔惡〕 · 하고 싶어함〔欲〕"이 모두 92회[31]나 제시되고 있다. 그뿐만 아니라 『논어』에는 이밖에도 좋아함〔好〕 · 즐거워함〔樂〕 · 부끄러워함〔恥〕 · 불쌍히 여김〔矜〕 · 걱정함〔患〕 · 근심함〔憂〕 · 무서워함〔恐〕 · 싫어함〔疾〕 · 원망함〔怨〕 · 분하게 여김

---

27 『論語引得』 참조.

28 上好信 則民莫敢不用情 (子路 4); 曾子日 上失其道 民散久矣 如得其情 則哀矜而勿喜 (子張 19)

29 學而 1.

30 何謂人情 喜怒哀懼愛惡欲 七者弗學而能 〔……〕 故聖人之所以治人七情 脩十義 講信脩睦 尙辭讓 去爭奪 舍禮何以治之 飮食男女 人之大欲存焉 死亡貧苦 人之大惡存焉 故欲惡者 心之大端也 人藏其心 不可測度也 美惡皆在其心 不見其色也 欲一以窮之 舍禮何以哉 (『禮記』, 禮運 301): 이는 王夢鷗 註譯(1969) 『禮記今註今譯』(臺北: 臺灣商務印書舘)의 禮運篇, p. 301을 가리킨다. 앞으로 『禮記』의 인용은 이 예에 따른다.

31 『論語引得』 참조.

〔忿〕 같은 다양한 정서들이 다수 제시되고 있어, 공자가 사람의 감정 체계를 인간이 본디부터 갖추고 태어난 본성의 한 가지로 여기고 있음을 알 수 있게 한다.[32]

이들 중 칠정에 속하는 애(哀)와 애(愛)를 포함하여 호(好) · 락(樂) · 치(恥) · 긍(矜)들은 『논어』에서 긍정적으로 평가되어 권장되고 있는 정서들로, 대체로 타인을 참조 대상으로 하는 '타인중심적 정서'(other-focused emotion)들이다. 그 외에 칠정에 속하는 희(喜) · 노(怒) · 구(懼) · 오(惡)와 환(患) · 우(憂) · 공(恐) · 질(疾) · 원(怨) · 분(忿)들은 『논어』에서 부정적으로 평가되어 내적으로 통제하고 조절해야 하는 정서들로, 자기 자신을 참조 대상으로 하여 외부 대상이나 조건에 의해 촉발되는 '자아중심적 정서'(ego-focused emotion)들이다. 공자는 이러한 정서들은 모두 인간에게 태어날 때부터 갖추어져 있는 것이기는 하지만, 도덕적인 지향성의 지도 아래 후자의 자아중심적 정서를 억제하고, 전자의 타인중심적 정서를 함양하도록 하는 것이 도덕적 완성을 지향해가는 인간 삶의 기본적인 태도라고 보고 있다.[33]

지적 능력 체계 『논어』에서 지적 인식능력과 이러한 인식능력의 작용 결과를 나타내는 용어인 지(知)는 모두 118회[34] 나오는데, 이 가운데 '지혜'〔智〕 그 자체 또는 '지혜로운 사람'을 가리키는 경우가 23회[35]이다. 그러니까 지혜를 가리키는 23회를 제외한 95회의 용례들이 『논어』에서

32 졸저(조긍호, 2007), pp. 277~278.

33 졸저(조긍호, 2007), pp. 287~289, 295~296, 299~301.

34 『論語引得』 참조.

35 『論語』, 里仁 1, 2; 公冶長 17, 20; 雍也 21; 子罕 28; 顔淵 22; 憲問 13, 30; 衛靈公 7, 32; 陽貨 1, 3, 8, 24; 子張 25.

지적 능력 체계와 관련된 진술이라고 볼 수 있다.

이러한 95회의 사용 예들은 크게 세 부류로 나눌 수 있는데, 이 가운데 '인식 작용 일반'을 가리키는 용례가 14회,[36] 인식 결과인 '지식 내용'을 가리키는 용례가 17회,[37] 그리고 인식의 대상을 특별히 명시함으로써 '인식 능력'을 지칭하는 경우가 64회였다. 인식능력의 본유성을 드러내기 위하여 구체적으로 들고 있는 인식 대상들에는 자기(己)와 타인(人) 등 사람이 17회,[38] 인(仁)·예(禮)·덕(德) 같은 도덕성과 그 내용이 22회,[39] 천명(天命)·생사(生死)·시간·세월 같은 자연 현상 또는 그 이치에 관한 것이 12회,[40] 그리고 기타 여러 가지 구체적인 사실에 관한 것이 13회[41] 포함되어 있다.

이와 같이 『논어』에서 지(知)는 지혜나 지혜로운 사람, 지적 능력, 지적 작용 및 지적 활동의 결과 획득되는 지식 내용을 두루 가리키는 용어로 사용되고 있다. 이러한 사실은 공자가 지적 능력 체계를 인간에게 태어날 때부터 갖추어져 있는 본성의 하나로 여기고 있음을 드러내주는 것이다. 다음 진술문들은 이러한 추론의 타당성을 잘 알려주는 예들이다.

> 유(由)야! 내 너에게 안다는 것이 무엇인지 가르쳐주겠다. 아는 것을 안다고 하고, 모르는 것을 모른다고 하는 것, 이것이 바로 앎의 본질이다.[42]

---

36 爲政 17; 公冶長 8; 雍也 20; 述而 19, 30; 泰伯 9; 季氏 9; 子張 5.

37 爲政 17; 八佾 11; 里仁 14; 公冶長 7, 18; 述而 27; 泰伯 16; 子罕 7; 子路 2, 3; 憲問 18; 微子 7.

38 學而 1, 16; 里仁 14; 子罕 6; 先進 25; 顔淵 22; 子路 2; 憲問 32, 37, 42; 衛靈公 13, 18; 堯曰 3.

39 學而 12; 八佾 11, 15, 22; 里仁 7; 公冶長 4, 7, 21; 雍也 18; 述而 30; 先進 25; 憲問 2; 衛靈公 3; 堯曰 3.

40 學而 15; 爲政 4, 11, 23; 里仁 21; 述而 18; 子罕 22; 先進 11; 季氏 9; 堯曰 3.

41 爲政 22, 23; 八佾 23; 述而 13; 泰伯 3; 子罕 27; 子路 15; 憲問 41; 衛靈公 33; 微子 6; 子張 24.

42 由 誨女知之乎 知之爲知之 不知爲不知 是知也 (爲政 17)

> 내가 아는 것(지식)이 많은가? 나는 아는 것이 없노라.[43]

> 남이 나를 알아주지 않음을 걱정하지 말고, 오로지 내가 남을 알지 못함을 걱정해야 한다.[44]

> 천명을 알지 못하면 군자가 될 수 없고, 예를 알지 못하면 홀로 설 수 없으며, 상대방의 말을 알지 못하면 그 사람을 알 수 없다.[45]

여기서 첫 번째 인용문은 인식 작용 일반에 관해 진술하고 있고, 두 번째 인용문은 인식 결과인 지식의 많고 적음에 대해 언급하고 있으며, 세 번째와 네 번째 인용문은 구체적인 인식 대상을 명시함으로써 인식능력의 본유성을 암묵적으로 제시하고 있다.

이렇게 공자가 지적 능력 체계를 인간이 본디부터 갖추고 있는 본성으로 보고 있다는 사실은 『논어』에서 학(學)과 교(敎)라는 글자가 64회와 7회[46]나 나오고 있다는 사실에서도 잘 드러난다. 배우는 활동과 가르치는 활동의 근저에는 인간이 지적 능력을 갖추고 있다는 전제가 깔려 있다고 볼 수 있기 때문이다. 앞 장에서 분명해졌듯이, 유학사상에서 인간의 가소성을 바탕으로 하여 '무한한 가능성'을 갖추고 있는 존재로 인간을 파악하는 배경에는 사람들이 본래부터 지적 능력을 갖추고 있다는 사실이 전제되어 있는 것이며, 이러한 인간 파악의 관점은 공자로부터 비롯된 유학사상의 기본적인 견해인 것이다.

---

43 吾有知乎哉 無知也 (子罕 7)

44 不患人之不己知 患不知人也 (學而 16)

45 不知命 無以爲君子也 不知禮 無以立也 不知言 無以知人也 (堯曰 3)

46 『論語引得』 참조.

도덕적 지향성의 체계 『논어』에서 드러나는 인간을 파악하는 기본 관점은 인간 존재의 가소성과 함께 사회성과 도덕성이다. 이 가운데 사회성과 도덕성은 서로 떼어서 생각할 수 없는 특성들이다. 도덕성이란 사회적 존재인 인간이 사회 속에서 타인들과 관계를 맺으면서 살아가는 과정에서 요구되는 기본적인 특성이기 때문이다. 이러한 점에서 도덕성의 기초는 바로 '타인과 사회에 대한 관심과 배려'라고 볼 수 있다.

공자는 자기 사상의 핵심인 인(仁)이 바로 '타인과 사회에 대한 관심과 배려'라고 보아서, 도덕성의 근거를 사회적 존재 특성에서 구하고 있다. 그는 인이란 "자기가 하려 하지 않는 것을 남에게 베풀지 않는 일"[47]이라거나 "자기가 서고자 하면 남을 먼저 세워주고, 자기가 이루고자 하면 남이 먼저 이루게 해주는 일,"[48] 또는 "남을 사랑하는 일,"[49] 그리하여 "어려운 일은 남보다 먼저 하지만, 그 대가는 남보다 나중에 받는 일"[50]이어서, "개인의 사욕을 이기고 예(禮)로 돌아가는 것이 인을 행하는 일"[51]이라고 제시함으로써, 타인에 대한 관심과 배려가 인, 곧 도덕성의 중핵이라고 보고 있는 것이다.

다음 인용문들에서 보듯이, 『논어』에는 이러한 도덕적 지향성이 인간의 본성에 본디부터 갖추어져 있다는 사실에 대해 자주 언급하고 있다.

> 인(仁)이 멀리 있는가? (그렇지 않다.) 내가 인을 행하고자 하면, 곧바로 인이 (마음속으로부터 올라와) 이르게 된다.[52]

---

47 顔淵 2; 衛靈公 23.
48 雍也 28.
49 顔淵 22.
50 樊遲〔……〕問仁 曰 仁者先難而後獲 可謂仁矣 (雍也 20)
51 顔淵 1.
52 仁遠乎哉 我欲仁 斯仁至矣 (述而 29)

개인의 사욕을 이기고 예로 돌아가는 것이 인을 행하는 일이니, 단 하루라도 사욕을 이기고 예로 돌아갈 수 있으면, 천하가 인으로 돌아오게 될 것이다. 인을 행하는 것은 자기에게 달려 있는 일이지, 어찌 남에게 달려 있는 일이겠는가?[53]

무릇 인이란 자기가 서고자 하면 남을 먼저 세워주고, 자기가 이루고자 하면 남이 먼저 이루게 해주는 일이다. 능히 가까이 자기 몸에서 취해 남에게 미루어갈 수 있으면, 인을 행하는 방도라고 이를 만하다.[54]

위의 첫 번째 인용문에서는 도덕성이 사람의 외부에 멀리 있는 것이 아니라, 본디부터 바로 자기 마음속에 갖추어져 있기 때문에, 이를 행하고자 하면 곧바로 마음속으로부터 올라오게 된다고 하여, 도덕성의 본유성에 대해 직접 언급하고 있다. 그렇기 때문에 이러한 도덕성의 실천은 자기 자신에게 달려 있는 일이지, 외적 조건이나 타인에게 달려 있는 일이 아니라고 두 번째 인용문에서 주장할 수 있는 것이다. 이렇게 도덕성이 인간 본성에 본디부터 갖추어져 있으므로, 나나 타인이나 하고자 하는 것과 이루고자 하는 것은 대체로 비슷한 것이고, 따라서 자기에게 비추어 남에게 미루어가는 일이 바로 인간에게 본디부터 갖추어져 있는 도덕성을 일상생활에서 실천하는 방안이 된다고 세 번째 인용문에서 주장하게 되는 것이다.

사람이 태어날 때부터 갖추고 있는 이러한 도덕성은 구체적으로 일상생활에서 인(仁)이나 선(善) 및 의(義)의 추구, 효제(孝弟)의 실천, 그리고 사회 속에서 요구되는 역할 수행에 대한 지향성들로 드러나게 된다[55]는 것

53 克己復禮爲仁 一日克己復禮 天下歸仁焉 爲仁由己 而由人乎哉 (顔淵 1)
54 夫仁者 己欲立而立人 己欲達而達人 能近取譬 可謂仁之方也已 (雍也 28)
55 졸저(조긍호, 2007), pp. 366~367.

이 『논어』에서 제시하고 있는 공자의 관점이다.

(2) 인성 요소들 사이의 관계: 덕성우월주의

이상에서 밝혀졌듯이, 공자는 사람이 태어날 때부터 생물체로서 가지는 욕구〔意〕, 자기 자신 또는 다른 사람을 참조 대상으로 하여 촉발되는 감정〔情〕, 외계에 대한 인식의 근거가 되는 지적 능력〔知〕, 그리고 사회적 존재인 인간이 타인과 사회에 대해 가지는 관심과 배려의 근거가 되는 도덕적 지향성〔德〕을 갖추고 있는 것으로 보고 있다. 곧 사람의 본성을 덕 · 지 · 정 · 의라는 사분체계로 개념화하여 받아들이는 것이다. 그렇다면, 인성을 구성하는 이 네 요소 사이의 관계를 공자는 어떻게 설정하고 있는가?

공자는 이 네 체계 가운데 도덕성에 의해 나머지 요소들이 조절되고 제어되어야 한다는 덕성우월주의의 관점을 강하게 제시하고 있다. 이는 다음과 같은 인용문들에서 잘 드러나고 있는 공자의 핵심적인 주장이다.

> 부(富)와 귀(貴)는 사람들이 바라는 것이지만, 그 도(道)로써 얻은 것이 아니라면, 이에 머무르지 말아야 한다.[56]

> 군자는 걱정하거나 두려워하지 않는다. 〔……〕 안으로 살펴보아 잘못이 없는데, 무엇을 걱정하며, 또 무엇을 두려워하겠는가?[57]

> 군자는 도덕성의 실천〔道〕을 도모하지, 생물체로서 가지는 욕구의 충족〔食〕을

56 富與貴 是人之所欲也 不以其道得之 不處也 (『論語』, 里仁 5)
57 君子不憂不懼 〔……〕 內省不疚 夫何憂何懼 (顔淵 4)

도모하지 않는다. 〔……〕 군자는 도덕성의 실천 여부에 대해 걱정하지, 생물체로서 가지는 욕구 충족의 여부에 대해 걱정하지 않는다.[58]

지적 능력이 충분하더라도 도덕성이 능히 이를 지켜주지 못하면, 비록 일시적으로 지식을 얻거나 어떤 지위를 차지할 수는 있을지라도, 머지않아 반드시 잃게 될 것이다.[59]

위의 첫 번째 인용문에서는 생물적 이기적 욕구가 도덕적 지향성에 의해 제어되어야 함을 말하고 있고, 두 번째 인용문에서는 도덕성이 외부 대상에 의해 유발되는 자기중심적 정서 반응을 제어해야 함을 강조하고 있다. 이러한 사실을 세 번째 인용문에서 종합적으로 확인할 수 있다. 그리고 네 번째 인용문에서는 지적 활동도 도덕성의 통제를 받아야 함을 역설하고 있다. 이렇게 공자는 지 · 정 · 의 같은 인성의 요소들이 도덕적 지향성에 의해 통제되어야 한다는 덕성우월주의의 기치를 드높이고 있는 것이다.[60]

이렇게 덕성이 지 · 정 · 의 같은 다른 요소들보다 우월한 까닭을, 공자는 자기의 도(道)가 덕성으로 통합되어 있기 때문이라고 보고 있다. 이러한 사실은 『논어』에 다음과 같이 진술되어 있다.

공자께서 "삼(參)아! 내 도는 하나의 이치로 관통되어 있다"고 말씀하시자, 증자(曾子)가 "예"라고 대답하였다. 그리고 나서 공자께서 방에서 나가시자, 제자들이 "무슨 말씀입니까?"라고 증자에게 물었다. 이에 대해 증자는 "선생님

58 君子謀道 不謀食 〔……〕 君子憂道 不憂貧 (衛靈公 31)
59 知及之 仁不能守之 雖得之 必失之 (衛靈公 32)
60 졸저(조긍호, 2007), pp. 205~208, 299~301, 392~394.

의 도는 '자기를 다하는 일〔忠〕'과 '자기를 미루어 남에게 미치게 하는 일〔恕〕'일 뿐이다"라고 대답하였다.[61]

여기서 자기를 다하는 충(忠)은 인, 곧 자기에게 본유적인 도덕성의 자각과 체득을 의미하는 것이고, 자기를 미루어 남에게까지 미루어가는 서(恕)는 이러한 도덕성의 실천을 말하는 것이다.[62] 이렇게 자기를 다하고 또 자기를 남에게까지 미루어가는 '충'과 '서'를 도덕성의 중추인 인의 본질로 보는 관점은, 공자 자신이 "인이란 개인의 사욕을 억제하고〔克己〕 사회생활의 규범 체계로 돌아가는 것〔復禮〕"[63]이라고 한 설명에서 뚜렷이 드러난다. 여기서 '극기'(克己)는 자기의 인격을 닦는 일로서, 도덕적 주체성을 체득하여 자기를 다하게 되는 '충'을 말하는 것이고, '복례'(復禮)는 사람들과 맺는 관계 안에서 예에 맞는 바를 실천하는 일로서, 자기를 미루어 남에게까지 미치도록 실천하는 '서'와 같은 것으로 볼 수 있다. 이렇게 보면, '충 · 서'와 '극기 · 복례'는 "자기에게서 시작되어 남에게로 확대되는 인의 사회적 성격을 드러낸다"[64]고 볼 수 있다.

이와 같이 도덕적 지향성은 곧 도덕적 본유성의 인식과 체득, 그리고 이의 일상적 실천을 의미하는 것이다. 유학은 바로 이러한 과정을 통해 성덕에 이르고자 하는 이념 체계라는 점에서, 도덕적 지향성이 인성의 가장 중핵적인 요소가 되어야 하는 논리가 도출되는 것이다. 이러한 맥락에서 공자는 "자기가 하고자 하지 않는 것을 남에게 베풀지 않는 일, 곧 인의 실천은 사람이 일생을 통해 굳게 지녀야 하는 유

61 子日 參乎 吾道一以貫之 曾子日 唯 子出 門人問日 何謂也 曾子日 夫子之道 忠恕而已矣 (里仁 15)

62 盡己之謂忠 推己之謂恕 (朱熹, 『論語集註』)

63 顔淵, 1.

64 김승혜, 1990, p. 113.

일한 행동 원칙"[65]이라고 역설하고 있다. 그에 따르면, 도덕적 지향성은 누구에게나 본디부터 갖추어져 있는 본성이기 때문에, 도덕성 곧 인을 실천하는 데에 힘이 부족한 사람은 없다[66]고 한다. 그러므로 공자는 "군자가 인을 떠나서는 그 이름을 이룰 수 없는 법이다. 따라서 군자는 밥을 먹는 짧은 동안에도 인을 떠나서는 안 되고, 경황 중이나 위급한 때에도 반드시 인을 행해야 한다"[67]고 하여, 도덕적 지향성이 인간의 모든 생활의 중심이 되어 인성의 다른 요소들(지 · 정 · 의)을 통어해야 한다는 덕성중심주의를 제창하고 있는 것이다.

이렇게 도덕적 본유성을 자각하고, 이를 일상생활에서 실천하는 사람이 인간 삶의 이상적 상태, 곧 성덕에 이른 군자이다. 이들은 "생물적 이기적 욕구에만 밝은 소인과는 달리 도덕적 지향성에 밝게 되고,"[68] 뿐만 아니라 "덕이 닦여지지 않은 것, 배움을 연마하지 못한 것, 의(義)를 듣고도 이를 몸소 체현하지 못한 것, 그리고 착하지 않은 점을 고치지 못한 것을 항상 반성하고 걱정하는 태도"[69]를 지니며 살고 있다. 이렇게 성덕에 이른 군자의 삶은 도덕적 지향성에 의해 지 · 정 · 의 같은 심성의 요소들이 조절되고 통합되어, 도덕 인식과 도덕 실천이 삶의 중추적 동인이 되어 있는 상태로서, 이것이 바로 모든 사람의 삶의 이상이라는 주장이 『논어』에서 도출되는 덕성중심주의의 핵심 요지인 것이다.

2) 맹자의 인성론

유학사상사에서 본격적인 인성론은 맹자의 성선설(性善說)에서 비롯된

---

65 子貢問曰 有一言而可以終身行之者乎 子曰 其恕乎 己所不欲 勿施於人 (衛靈公 23)
66 有能一日用其力於仁矣乎 我未見力不足者 (里仁 6)
67 君子去仁 惡乎成名 君子無終食之間違仁 造次必於是 顚沛必於是 (里仁 5)
68 君子喩於義 小人喩於利 (里仁 16)
69 子曰 德之不修 學之不講 聞義不能徙 不善不能改 是吾憂也 (述而 3)

다. 공자도 자기의 도가 인(仁) 곧 도덕성의 인식과 이의 실천으로 관통된다고 주장하였지만,[70] "어째서 인간이 인을 실천해야 하는가에 대한 이유를 설명하지 아니하였다. 맹자는 이러한 질문에 해답을 주려고 하였으며, 이것이 바로 성설설이다."[71]

이러한 맹자의 성선설은 유학사상사에서 획기적인 의의를 갖는 것이다. "왜냐하면, 맹자의 성선설이 나옴으로 해서 유가는 비로소 인간을 만물과 구별하고 도덕의 총부로 보는 천지지성(天地之性) 또는 천명(天命)과 연결시킬 수 있는 근본이 섰기 때문이다."[72] 실로 맹자 사상의 핵심은 성선설에 있으며, 다른 문제에 대한 그의 입론들은 모두 성선설에 뿌리를 두고 있다고 볼 수 있다. 그의 성선설은 남송시대 신유학에 힘입어 『맹자』가 『논어』와 『대학』(大學) 및 『중용』(中庸)과 함께 사서(四書)의 하나로 받아들여져, 유학의 가장 중요한 경전으로 그 위상이 격상됨에 따라 자연히 유학의 정통 인성론으로 인정되었다.[73]

(1) 인성의 본유적 요소: 사분체계론

맹자는 자주 인간 본성의 착함을 말하곤 하였는데,[74] 그의 성선설은 유명한 사단설(四端說)[75]을 근거로 한다. 그렇다면, 맹자는 인간에게 본래부터 갖추어져 있는 본성이 모두 선하다고 보는 것인가? 그렇지는 않다. "흔히 성선 하니까 맹자가 인간의 본성을 모두 선하다고 규정한 것같이 받아들이기 쉬운데, 맹자에 있어서도 생리적인 면이 없어진 것은 아니다.

70 『論語』, 里仁 15; 衛靈公 23.
71 馮友蘭, 1948/1977, p. 106.
72 김충렬, 1982, pp. 173~174.
73 Needham, 1969/1986, Vol. II, pp. 21~29.
74 孟子道性善 言必稱堯舜 (『孟子』, 滕文公上 1)
75 公孫丑上 6.

다만 맹자는 성(性)의 심리적인 면을 제시하여 그것에 선단(善端)이 있음을 주장하고, 그것을 확충함으로써 생리적 성, 즉 악에 기울어질 수 있는 부분을 선되게 할 수 있다는 사실을 제시했을 뿐이다."[76]

맹자는 동물과 구별하여 인간만이 가진 특성의 측면에서 성선을 말하고 있다. 곧 맹자가 말하는 성은 인간이 다른 동물과 구별되는 까닭, 다시 말하면 사람만이 독특하게 가지고 있는 특성을 말하는 것이며, 그런 점에서 사람의 본성은 착하다는 것이다. 이는 성에 관한 전통적 해석의 시각[77]에서 "태어난 그대로를 성이라고 한다"는 고자(告子)의 생지위성론(生之謂性論)에 대한 맹자의 비판에서 잘 드러난다.

> 고자는 "태어난 그대로를 성이라고 한다"고 말하였다. 이에 대해 맹자가 "태어난 그대로를 성이라 하는 것은 흰 것을 희다고 말하는 것과 같은 의미인가?"라고 물었더니, 고자가 "그렇다"고 답하였다. 이에 대해 맹자는 또 "깃털의 흰 것을 희다고 하는 것은 눈의 흰 것을 희다고 하는 것과 같으며, 눈의 흰 것을 희다고 하는 것은 옥의 흰 것을 희다고 하는 것과 같은가?"라고 물었는데, 고자의 대답은 역시 "그렇다"는 것이었다. 그러니까 맹자는 다시 "그렇다

---

76 김충렬, 1982, p. 174: 맹자 性善說의 심리학적 함의에 대해서는 졸고(조긍호, 1990) 참조.

77 性은 고문(古文)에서는 生과 같은 글자였으므로, 사람들은 매번 이른바 性을 사람이 태어나면서부터 갖추고 있는 생리적 특성으로 여겼다(勞思光, 1967/1986; 양승무, 1986). 이것이 성론(性論)의 전통적 입장이었다. 그러나 "맹자에 이르러 성론은 전통과 반전통으로 갈라졌다. 전통적 입장에 선 고자는 여전히 생리적 측면에서 性을 규정, 생지위성(生之謂性)을 주장했고, 반전통적 입장이 된 맹자는 처음으로 심리적인 면에서 性을 설명, 성선설을 내세웠다. 일반적으로 맹자의 성선을 유가의 전통으로 보지만, 인성론사(人性論史)에서는 그야말로 반전통론자였던 것이다"(김충렬, 1982, p. 173). 이러한 지적에서 볼 수 있듯이, 맹자의 성론은 동물과는 다른 인간만이 가지고 있는 독특한 특성의 측면에서 전개한 것이라는 사실은 맹자에 관한 여러 연구자들의 견해가 공통적이다(예: 김충렬, 1982; 勞思光, 1967/1986; 배종호, 1982; 양승무, 1986; 이강수, 1982; 이상은 1976; 馮友蘭, 1948/1977, Legge, 1970 등).

면, 개의 성이 소의 성과 같고, 소의 성이 사람의 성과 같다는 말인가?" 라고 물었다.[78]

이 인용문에서 보듯이, 고자는 태어나면서부터 갖추어져 있는 것을 성이라고 보고 있다. 그리하여 그는 식욕과 색욕 같은 생리적 감각적 욕구를 성이라고 보고,[79] 이는 인간과 동물이 다를 것이 없으므로, 사람을 포함한 모든 동물의 본성은 다 같으며, 따라서 태어난 그대로의 특성, 곧 생명 현상으로서의 성은 선도 악도 아닌 중성적인 것으로 볼 수밖에 없다는 성무선·무불선설(性無善·無不善說)을 주장하기에[80] 이르는 것이다.

그러나 맹자는 일체의 사물의 성은 각각이 독특하게 가지고 있는 특성에서 찾아야 한다고 본다. 따라서 개와 소, 그리고 사람은 타고난 특성이 서로 다르므로, 각각의 성은 서로 다르다는 것이다. 그러나 맹자도 인간이 동물적 특성을 갖추고 있다는 사실을 부정하는 것은 아니다. 다만 인간의 본성은 모든 동물이 공통적으로 갖추고 있는 특성에서가 아니라, 인간만이 독특하게 갖추고 있는 특성에서 찾아야 한다고 보았을 뿐인 것이다. 그렇다면, 맹자가 동물들과 공통적인 것이든 아니면 인간만의 고유한 것이든 간에, 인간이 본유적으로 갖추고 있는 본성이라고 보고 있는 요소들에는 무엇이 있는가?

욕구 체계 『맹자』 전체에서 사람의 욕구 체계를 지칭하는 욕(欲)이

---

78 告子曰 生之謂性 孟子曰 生之謂性也 猶白之謂白與 曰 然 白羽之白也 猶白雪之白 白雪之白 猶白玉之白與 曰 然 然則犬之性 猶牛之性 牛之性 猶人之性與 (告子上 3)

79 告子曰 食色性也 (告子上 4)

80 公都子曰 告子曰 性無善無不善也 (告子上 6)

란 글자는 93회 나오는데,[81] 이 가운데 50회 정도가 명시적으로나 암묵적으로 그 추구 대상이 제시되어 욕구나 동기 상태를 지칭하고 있다. 이밖에 『맹자』에서 식(食) · 색(色) · 부(富) · 귀(貴) · 이(利)와 같이 추구 대상이 분명하여 욕구 체계에 대한 진술임이 분명한 용례를 분석해보면, 맹자가 생물체로서 가지는 생존 욕구와 이기적 욕구 같은 욕구 체계를 인간이 태어날 때부터 갖추고 태어난 본성의 한 요소로 인정하고 있음을 확인할 수 있다.[82]

이렇게 맹자도 사람에게 생리적 감각적 욕구와 이기적 욕구 같은 생물체로서 가지는 욕구가 선천적으로 갖추어져 있음을 인정한다.[83] 맹자는 고자와의 인내의외지변(仁內義外之辯)에서 고자가 "식욕과 색욕은 성이다"라고 한 데 대해 직접적인 비판을 가하지 않고, 그의 의외설(義外說)에 대한 비판만을 함으로써,[84] 사람이 식(食) · 색(色) 같은 생존 욕구를 가지고 있음을 부정하지 않고 있다.

또한 그는 이 · 목 · 구 · 비 같은 감각기관의 감각 욕구뿐만 아니라, 부 · 귀 따위의 이기적 욕구도 사람이 본유적으로 갖추고 있음을 인정하고 있다.

그러므로 무릇 같은 종류끼리는 모두 서로 비슷한 법이다. 어찌 홀로 사람에

81 『孟子引得』 참조.

82 졸저(조긍호, 2007), pp. 368~370.

83 蒙培元, 1990/1996, pp. 64~73.

84 告子曰 食色性也 仁內也 非外也 義外也 非內也 孟子曰 何以謂仁內義外 (告子上 4): 이 인용문에서 맹자는 고자가 "食 · 色은 性이다. 仁은 내재하는 것이지 외재하는 것은 아니고, 義는 외재하는 것이지 내재하는 것은 아니다"라고 한 데 대해, 義外說에 대한 비판만을 할 뿐 食色性也라는 또 다른 주장에 대해서는 아무런 비판을 하지 않고 있다. 이는 맹자도 食 · 色과 같은 생물학적 생존 욕구가 인간에게 본유하고 있다는 사실을 받아들이고 있음을 의미하는 것이다.

게 있어서만 그렇지 않다고 의심하겠는가? 성인도 나와 같은 종류의 인간이다. 〔……〕 그러므로 맛에서는 누구나 입으로 똑같이 맛있는 음식을 즐기고자 함이 있고, 소리에서는 누구나 똑같이 귀로 아름다운 소리를 즐기고자 함이 있으며, 색깔에서는 누구나 눈으로 똑같이 아름다운 것을 즐기고자 함이 있는 것이다.[85]

천하의 선비들이 자기를 좋아해주는 것은 사람들이 모두 바라는 바이고 〔……〕 아름다운 여색은 사람들이 모두 바라는 바이며 〔……〕 부(富)도 사람들이 모두 바라는 바이고 〔……〕 귀(貴) 또한 사람들이 모두 바라는 바이다.[86]

여기서 앞의 인용문은 감각 욕구의 본유성을 말하고 있고, 뒤의 인용문은 주로 이기적 욕구의 본유성을 말하고 있는 것으로 볼 수 있다. 그러나 이러한 생존 욕구와 감각 욕구 및 이기적 욕구들은 모든 동물이 함께 가지고 있는 것이고, 그 충족 여부는 외적 환경 조건에 달려 있으므로,[87] 이를 인간의 본성으로 볼 수 없다는 것이 성선설의 요지이다. 그 대신 사람에게는 다른 동물과는 달리 인 · 의 · 예 · 지의 근거가 갖추어져 있고,[88] 이는 인간만이 독특하게 갖추고 있는 것으로, 이를 인간의 본성으로 보아야 한다는 것이다.[89] 그러나 맹자가 인간에게 생물체적 욕구 체계가 갖추어져 있다는 사실을 부정하는 것은 아니다. 다만 이러한 욕구들이 도덕성

85 故凡同類者擧相似也 何獨至於人而疑之 聖人與我同類者 〔……〕 故曰 口之於味也 有同耆焉 目之於聲也 有同聽焉 目之於色也 有同美焉 (告子上 7)

86 天下之士悅之 人之所欲也 〔……〕 好色人之所欲 〔……〕 富人之所欲 〔……〕 貴人之所欲 (萬章上 1)

87 求則得之 舍則失之 是求有益於得也 求在我者也 求之有道 得之有命 是求無益於得也 求在外者也 (盡心上 3)

88 公孫丑上 6; 盡心上 21.

89 蒙培元, 1990/1996, pp. 64~90.

의 지도와 감독을 받아야 함을 강조하고 있을 뿐이다.[90]

감정 체계 『맹자』에 정(情)이란 글자는 모두 네 번 나오는데,[91] 여기서도 '본질·실정·본성'의 뜻으로 쓰일 뿐, 정서나 감정이라는 의미는 찾아볼 수 없다.[92] 이렇게 맹자 시대에도 공자 시대와 마찬가지로 정(情)이란 용어가 유개념(類概念)으로서의 정서 또는 감정을 지칭하는 의미는 아직 띠지 않고 있다. 그러나 유학적 정서 이론의 중심인 사단칠정론(四端七情論) 가운데 사단이 『맹자』「공손추상」(公孫丑上)편 6장에 처음 제시되고 있고, 또 맹자가 칠정에 대해 직접 언급하고 있지는 않지만, 이에 해당되는 감정들〔喜·怒·哀·懼·愛·惡·欲〕과 여타 감정들〔예: 恥·樂·患·憂·畏·怨·恐 등〕이 자주 제시되고 있다는 사실[93]은 맹자도 정서를 인간에게 본유한 특성으로 보고 있다는 증거가 된다.

『맹자』에서도 『논어』에서와 마찬가지로, 이 가운데 칠정에 속하는 애(哀)와 애(愛)를 포함하여 낙(樂)·치(恥) 및 사단은 타인 및 사회적 규범을 참조 대상으로 하는 '타인 및 규범 지향 정서'로서 적극 권장되고 있다. 특히 사단은 대인관계에서 타인을 지향 대상으로 하는 사회적 정서로서,[94] 도덕성의 출처가 되기도 하는 것이어서[95] 맹자뿐만 아니라 이후의 유학자들이 크게 중시하는 정서이다. 이와는 대조적으로, 칠정에 속하는 희(喜)·노(怒)·구(懼)·오(惡)와 환(患)·우(憂)·공(恐)·외(畏)·원(怨)들은

---

90 졸저(조긍호, 2007) pp. 379~381, 389~390, 394~396.

91 『孟子引得』 참조.

92 夫物之不齊 物之情也 (『孟子』, 滕文公上 4); 聲聞過情 君子恥之 (離婁下 18); 乃若其情則可以爲善矣 乃所謂善也 (告子上 6); 是豈人之情也哉 (告子上 8)

93 졸저(조긍호, 2007), pp, 279~280.

94 정양은, 1970, pp. 86~90; 한덕웅, 1994, pp. 108~134, 221~222.

95 蒙培元, 1990/1996, pp. 65~70.

『맹자』에서 부정적으로 평가되어 내적으로 통제하고 조절해야 하는 정서들로서, 자기 자신을 참조 대상으로 하여 외부 대상이나 조건에 의해 촉발되는 '자아중심적 정서'들이다. 맹자도 공자와 마찬가지로 이러한 정서들은 모두 인간이 본디부터 갖추고 태어나는 것이기는 하지만, 도덕적인 지향성의 지도 아래 후자의 자아중심적 정서를 억제하고, 전자의 타인 및 규범 지향적 정서를 함양하도록 하는 것이 도덕적 완성을 지향해 가는 인간 삶의 기본적인 태도라고 보고 있다.[96]

지적 능력 체계 『맹자』에서 지적 인식능력과 그 작용 결과를 나타내는 '지'(知)는 모두 114회[97] 나오는데, 이 가운데 '지혜'(智) 또는 '지혜로운 사람'이나 '깨달은 사람'을 가리키는 경우가 8회,[98] 그리고 도덕성의 인식능력을 가리키는 양지(良知)로 쓰이는 경우가 1회[99]이다. 그러므로 이들 9회를 제외한 105회 정도가 『맹자』에서 지적 능력 체계와 관련된 진술이라고 볼 수 있다.

이러한 105회의 사용 예들도 『논어』의 경우와 마찬가지로 크게 '인식 작용 일반', '지식 내용' 그리고 '인식능력'의 세 부류에 대한 진술로 나누어볼 수 있다. 이 가운데 보편적인 '인식 작용'에 대한 진술이 25회,[100] 이러한 인식 작용의 결과인 '지식 내용'을 가리키는 진술이 17회[101] 정도이고, 나머지 63회는 인식의 대상을 특별히 명시함으로써 인간이 갖추고 있

96 졸저(조긍호, 2007), pp. 289~292, 296~297, 301~303.

97 『孟子引得』 참조.

98 『孟子』, 萬章上 2; 萬章下 1; 盡心上 18, 46; 盡心下 10.

99 盡心上 15.

100 梁惠王上 3; 公孫丑上 2, 6; 公孫丑下 5; 滕文公下 10; 萬章上 1; 告子上 8, 11, 12, 14; 告子下 2, 13; 盡心上 15, 25, 30; 盡心下 38.

101 梁惠王上 3, 5, 7; 公孫丑上 1; 公孫丑下 9; 滕文公上 2; 滕文公下 7; 離婁下 31, 33; 萬章上 9; 告子上 7; 告子下 6, 13; 盡心上 46; 盡心下 25.

는 '인식능력'을 지칭하는 진술이었다. 이렇게 인식능력의 본유성을 드러내기 위하여 구체적으로 들고 있는 인식 대상들에는 자기와 타인 등 사람이 11회,[102] 인·의·도·덕 같은 도덕성과 그 내용이 15회,[103] 천·명·생사·장래의 예측 같은 시간 및 자연 현상과 그 이치에 관한 것이 9회,[104] 기타 여러 가지 구체적 사실에 관한 것이 28회[105] 포함되어 있다.

이상에서 보듯이, 『맹자』에서 '지'(知)라는 용어는 『논어』에서와 마찬가지로 지혜나 지혜로운 사람, 지적 능력, 지적 작용, 그리고 그러한 지적 활동의 결과 획득되는 지식 내용을 두루 가리키는 말로 사용되고 있다. 이러한 사실은 맹자가 지적 능력 체계를 인간이 태어날 때부터 갖추고 있는 본성의 하나로 받아들이고 있음을 드러내주는 것이다. 맹자는 이러한 지적 능력을 통해 인간의 본성을 이해하게 되어, 스스로가 도덕 주체라는 사실에 대한 인식에 도달할 수 있다고 보고 있다. 곧 맹자는 인간이 지적 능력을 통해 인식해야 할 가장 중요한 것은 바로 스스로에게 갖추어져 있는 도덕성의 기초라고 보는 것이다. 이러한 사실은 다음과 같은 진술들에 잘 드러나 있다.

> '마음'(心)이라는 기관은 생각을 한다. 이렇게 마음으로 생각하기 때문에, 스스로가 갖추고 있는 도덕성을 깨달아 얻을 수 있다. 그러나 생각하지 않으면, 그것을 깨달아 얻지 못한다. 이는 하늘이 나에게 부여해준 능력인 것이다.[106]

---

102 梁惠王上 7; 梁惠王下 7; 公孫丑上 2; 公孫丑下 4, 7, 12; 滕文公下 9; 萬章下 8; 盡心上 9, 13.

103 公孫丑上 2, 4; 滕文公下 8; 離婁上 27; 離婁下 1; 告子上 6; 盡心上 1, 5, 15.

104 公孫丑下 9; 萬章上 2, 9; 告子下 15; 盡心上 1, 2; 盡心下 29.

105 梁惠王上 6, 7; 梁惠王下 7, 16; 公孫丑上 2; 公孫丑下 4, 10; 滕文公下 7; 離婁上 27; 萬章上 1, 2, 9; 萬章下 6; 告子上 7, 12, 13; 盡心上 46; 盡心下 7.

106 心之官則思 思則得之 不思則不得也 此天之所與我者 (告子上 15)

> 그 마음을 다하는 사람은 스스로에게 갖추어져 있는 본성을 깨달아 알게 된다. 자기의 본성을 깨달아 알게 되면, 곧 천명을 알게 된다.[107]

> 무릇 자기 자신에게 사단이 갖추어져 있다는 사실을 깨달아 이를 넓혀져 채울 줄 알게 되면, 가히 불이 처음 타오르고 샘물이 처음 흘러나오는 것과 같을 것이니, 진실로 이를 채울 수 있으면 천하를 보전할 수도 있을 것이지만, 이를 채우지 못하면 부모를 섬기기에도 부족할 것이다.[108]

> 사람들은 닭이나 개를 잃고 나서는 이를 찾을 줄 알되, 자기 마음을 잃고서는 찾을 줄 알지 못한다. 학문의 도란 다른 것이 아니라, 그 잃어버린 마음을 찾는 것일 뿐이다.[109]

이 첫 번째 인용문에서 맹자는 '마음'이 갖추고 있는 생각하는 작용은 하늘이 부여해준 것이라고 진술하여, 지적 능력의 본유성을 직접 언급하고 있다. 이러한 지적 능력을 발휘하여 깨달아야 할 것은 스스로가 갖추고 있는 인간의 본성이며, 이는 생각하는 지적 능력을 부여해준 하늘의 명령이라고 두 번째 인용문에서 맹자는 주장하고 있다. 세 번째 인용문에서 보면, 이렇게 깨달아 알아야 할 인간의 본성 가운데 가장 핵심적인 것은 스스로에게 갖추어져 있는 사단과 같은 도덕성이다.

『맹자』 전체에서 학(學)과 교(敎)라는 글자가 32회와 35회[110]나 나올 정도로 맹자가 배움과 교육을 강조하는 배경에는 이렇게 인간이 지적 능력

---

107 盡其心者 知其性也 知其性 則知天矣 (盡心上 1)

108 凡有四端於我者 知皆擴而充之矣 若火之始然 泉之始達 苟能充之 足以保四海 苟不充之 不足以事父母 (公孫丑上 6)

109 人有鷄犬放 則知求之 有放心而不知求 學問之道無他 求其放心而已矣 (告子上 11)

110 『孟子引得』 참조.

을 본유하고 있다는 사실이 깔려 있다. 위의 네 번째 인용문에서 천하에 왕 노릇 하는 것보다 더 즐거운 일이라고 여길 정도로 중시하는 교육[111]의 목표를, 바로 이러한 본유적인 마음의 생각하는 작용을 잘 간직하여 스스로가 갖추고 있는 도덕성을 인식하는 일에서 찾고 있다는 사실은, 맹자가 지적 능력 체계의 본유성을 얼마나 강조하고 있는지 알 수 있게 하는 것이다.

도덕성의 체계 맹자의 성선설은 도덕성의 기초(四端) 또는 인의예지 같은 도덕성 그 자체가 인간 본성 속에 본디부터 갖추어져 있다는 사실을 전제로 하여 성립되고 있다. 다음 진술들은 이러한 점을 잘 드러내주고 있다.

> 곤경에 빠진 사람을 불쌍히 여기는 마음(惻隱之心)이 없으면 사람이 아니요, 자기의 옳지 않음을 부끄러워하고 남의 옳지 않음을 미워하는 마음(羞惡之心)이 없으면 사람이 아니요, 사양하고 공경하는 마음(辭讓之心)이 없으면 사람이 아니요, 옳고 그름을 가리려는 마음(是非之心)이 없으면 사람이 아니다. 남을 불쌍히 여기는 측은지심은 인의 기초(仁之端)요, 옳지 않음을 부끄러워하고 미워하는 수오지심은 의의 기초(義之端)요, 남에게 양보하는 사양지심은 예의 기초(禮之端)요, 옳고 그름을 가리려는 시비지심은 지의 기초(智之端)이다. 사람이 이 네 가지 기초(四端)를 갖추고 있다는 사실은 마치 사람에게 팔과 다리가 갖추어져 있는 것과 마찬가지다.[112]

111 盡心上 20.

112 無惻隱之心 非人也 無羞惡之心 非人也 無辭讓之心 非人也 無是非之心 非人也 惻隱之心 仁之端也 羞惡之心 義之端也 辭讓之心 禮之端也 是非之心 智之端也 人之有是四端也 猶其有四體也 (公孫丑上 6)

측은지심을 사람이면 누구나 가지고 있고, 수오지심을 사람이면 누구나 가지고 있으며, 공경지심(여기서 공경지심은 사양지심과 같은 것임)을 사람이면 누구나 가지고 있고, 시비지심을 사람이면 누구나 가지고 있다. 측은지심은 인이고, 수오지심은 의이고, 공경지심은 예이고, 시비지심은 지이다. 인의예지 같은 도덕성은 외부로부터 사람에게 스며들어온 것이 아니고, 사람이 본디부터 갖추고 있는 것이다. 다만 이러한 사실을 깨닫지 못하고 있을 뿐이다.[113]

군자가 사람의 본성으로 삼는 것은 인의예지 같은 도덕성으로서, 이는 사람의 마음에 뿌리를 두고 있는 것이어서, 그 겉으로 드러남이 얼굴에 그대로 나타나며, 등에 가득하며, 팔 다리에 베풀어져서, 굳이 말하지 않아도 팔 다리가 저절로 깨달아 행하게 된다.[114]

위의 첫 인용문에서는 인 · 의 · 예 · 지 같은 도덕성의 기초인 측은지심 · 수오지심 · 사양지심 · 시비지심의 사단이 인간에게 본유적으로 갖추어져 있음을 말하고 있다. 이 첫 인용문에서는 측은 · 수오 · 사양 · 시비가 각각 인 · 의 · 예 · 지의 기초, 곧 사단이라고 진술하고 있으나, 두 번째 인용문에서는 측은 · 수오 · 공경(사양) · 시비가 곧 인 · 의 · 예 · 지 그 자체, 곧 도덕성 그 자체라고 진술하고 있다. 이에 대해 주희(朱熹)는 「고자상」(告子上)편 6장에 붙인 주(註)에서 "「공손추상」편 6장에서는 이 네 가지 마음을 넓혀서 채우게 하려고 네 가지 기초(四端)라고 한 것이고,

113 測隱之心 人皆有之 羞惡之心 人皆有之 恭敬之心 人皆有之 是非之心 人皆有之 惻隱之心 仁也 羞惡之心 義也 恭敬之心 禮也 是非之心 智也 仁義禮智非由外鑠我也 我固有之也 弗思耳矣 (告子上 6)

114 君子所性 仁義禮智根於心 其生色也睟然見於面 盎於背 施於四體 四體不言而喻 (盡心上 21)

여기에서는 다만 그 쓰임〔用〕을 바탕으로 하여 그 본체를 드러내고자 했을 뿐"[115]으로, 둘 사이에 근본적인 차이가 있는 것은 아니라고 보고 있다. 곧 측은 · 수오 · 사양 · 시비를 인 · 의 · 예 · 지 같은 도덕성의 기초로 보던, 아니면 도덕성 그 자체로 보던 간에, 인간에게 도덕성이 본디부터 갖추어져 있는 본성이라는 것이 맹자의 주장이며, 이것이 그의 성선설의 근본 취지인 것이다. 위의 세 번째 인용문에서 맹자는 인의예지 같은 도덕성은 사람의 본성에 본디부터 갖추어져 있는 것임을 다시 한 번 강조하고 있다.

이와 같이 인간의 본성에 도덕성이 본유하고 있다는 사실은, 도덕적 인식능력과 도덕적 행위능력인 양지(良知)와 양능(良能)이 인간에게 본디부터 갖추어져 있다는, 다음과 같은 맹자 자신의 진술에서도 잘 드러난다.

> 사람에게는 배우지 않고서도 실천할 수 있는 도덕적 실천능력이 있으니 그것이 바로 본유적인 양능이며, 또한 생각하지 않고서도 인식할 수 있는 도덕적 인식능력이 있으니 그것이 바로 본유적인 양지이다. 어린아이는 누구나 다 자연히 자기 어버이를 사랑할 줄 알게 마련이고, 점차 자라나게 되면서는 자연히 자기 형을 공경할 줄 알게 마련이다. 어버이를 친해하는 것〔親親〕이 바로 인이고, 어른을 공경하는 것〔敬長〕이 바로 의이다. 인과 의 같은 도덕성은 다른 것이 아니라, 바로 이러한 친친과 경장의 마음을 천하의 다른 사람에게까지 넓혀가는 일인 것이다.[116]

주희는 양지 · 양능에서 "양(良)이란 것은 본래 잘하는 것을 말한다"면

---

115 前篇言是四者爲仁義禮智之端 而此不言端者 彼欲其擴而充之 此直因用以著其本體 故言有不同耳 (『孟子集註』)

116 人之所不學而能者 其良能也 所不慮而知者 其良知也 孩提之童 無不知愛其親也 及其長也 無不知敬其兄也 親親 仁也 敬長 義也 無他 達之天下也 (盡心上 15)

서, 정자(程子)의 말을 인용하여, "양지와 양능은 모두 후천적인 작위의 근거가 없는 것이니, 이는 바로 선천적으로 갖추어진 것이지, 후천적인 인위(人爲)에 달려 있는 것은 아니다"[117]라고 해석하고 있다. 후한(後漢, 25~220) 시대 조기(趙岐, ?~201)도 양능을 "인간 본성에 스스로 실천할 수 있는 것", 양지를 "인간 본성에 스스로 알 수 있는 것"이라고 해석하여, 양지 · 양능은 인성에 본유하는 능력이라는 주장을 펴고 있다.[118] 그러므로 생각하지 않고도 알 수 있는 능력인 양지는 선천적인 도덕적 인식능력을 말하는 것이고, 배우지 않고도 실천할 수 있는 능력인 양능은 선천적인 도덕적 실천능력을 말하는 것이라고 볼 수 있다. 이와 같은 맥락에서 생각해보면, 맹자가 말하는 본유적인 도덕성이란 곧 선천적인 도덕적 인식능력과 도덕적 실천 능력을 의미하는 것이라고 추론할 수 있다. 말하자면, 도덕성이란 스스로가 도덕 주체임에 대한 자각과 스스로가 갖추고 있는 도덕성의 일상적 실천에 의해 그 본유성의 여부가 드러나는 인간 본성의 일부인 것이다.

(2) 마음(心)의 기능과 덕성우월주의

이상에서 보듯이, 맹자는 인간에게 도덕성의 인식 및 그 실천능력의 체계, 지적 능력의 체계, 감정 체계, 그리고 욕구 체계가 갖추어져 있다고 본다. 그런데 맹자에게 있어서 욕구 체계나 감정 체계뿐만 아니라, 지적 능력의 체계까지도 모두 도덕성을 바탕으로 하여 이의 실천을 지향하는 체계로 통합되고 있으며, 이것이 바로 그의 성선설의 요지이다. 맹자는 이러한 통합 기능을 생각의 기관인 마음(心)에 부여하고 있다.

---

117 良者本然之善也 程子曰 良知良能 皆無所由 及出於天 不繫於人 (『孟子集註』)

118 不學而能 性所自能 良甚也 是人之所能甚也 知亦猶是能也 (『孟子章句』)

> 눈과 귀 같은 감각기관은 생각하지 못하고 (외부의) 물체에 가려진다. 감각기관이 외부 사물과 교접하면, 거기에 이끌려버릴 뿐이다. 그러나 마음의 기관은 생각을 한다. 생각하면 스스로가 도덕 주체임을 자각하게 되고, 생각하지 않으면 이를 자각하지 못하게 된다. 이는 하늘이 나에게 부여해준 것이다.[119]

여기서 마음의 생각하는 작용은 가치 의식의 자각을 말하는 것이다. 곧 가치 의식의 자각이 마음의 작용이다.[120] 맹자에게 "심(心)은 도덕정감(道德情感)일 뿐만 아니라 또한 인식주체(認識主體)이고, 인식 작용과 공능(功能)을 가지고 있으며, 양자는 합해서 하나인 것이다. 사(思)의 작용을 통해서 도덕정감은 자각적인 도덕이성(道德理性)으로 변한다."[121]

이러한 마음의 생각하는 작용을 통해 맹자는 도덕 주체로서의 인간 존재에 대해 해명을 하고 있는 것이라고 볼 수 있다.[122] 이로써 보면, 맹자가 말하는 성선은 곧 가치 의식의 자각 주체가 개인 자신이며, 이러한 가치 의식의 자각심이 본래 인간에게 갖추어져 있다는 점에서 인간 본성은 착하다는 의미라고 추론할 수 있다. 말하자면, 마음의 생각하는 기능을 통해 인간에게 본유적인 도덕성을 인식하고, 동물적 욕구와 감정 체계를 제어하며, 자각된 도덕성을 일상생활에서 실천하는 것이 성선(性善)한 존재로서의 인간의 삶의 이상이라는 것이 맹자 성선설의 요체인 것이다.

위의 인용문에서 맹자가 직접 언급하고 있지는 않지만, 감각기관은 외부 사물에 따라 유발되는 생물체적 욕구와 감정 같은 심성 요소의 주관자라고 볼 수 있다. 마음의 관장을 받는 도덕성의 인식과 그 실천의 문제는

---

119 告子上 15.
120 제1장의 주 130(pp. 68~69) 참조.
121 蒙培元, 1990/1996, p. 75.
122 勞思光, 1967/1986, p. 131.

개인이 하기에 달린 것, 곧 재아자(在我者)이지만, 감각기관의 관장을 받는 욕구와 감정의 충족 및 그 촉발의 여부는 외부 사물이나 조건에 의존하는 것, 곧 재외자(在外者)라는 것이 맹자의 관점이다.[123] 그러므로 맹자는 심성의 구성 요소들 가운데 재외자인 욕구와 감정 체계들은 재아자인 도덕성의 통제와 지도를 받아야 한다고 본다. 이렇게 맹자도 공자와 마찬가지로 덕성우월주의의 기치를 드높이고 있는 것이다. 이러한 사실은 다음 진술문들에 잘 드러나고 있다.

> 삶(生: 생존 욕구) 또한 내가 바라는 것이고, 의(義: 도덕적 지향성) 또한 내가 바라는 것이다. 그런데 이 두 가지를 함께 얻을 수 없다면, 삶(생존 욕구)을 버리고 의(도덕적 지향성)를 취해야 한다. 삶 또한 내가 바라는 것이지만, 삶보다 더 간절하게 바라는 것〔義〕이 있으므로, 구차하게 삶을 얻고자 하지 않는 것이다. 〔……〕 만일 사람이 바라는 것 가운데 삶보다 더 큰 것이 없다면, 누구라도 무릇 삶을 보장해줄 수 있는 일이라면, 무엇이라도 해보려 하지 않겠는가? 〔……〕 이렇게 삶보다 더 간절하게 바라는 것이 있는데 〔……〕 오직 어진 사람만이 이러한 마음을 갖는 것은 아니다. 사람은 누구나 다 이러한 마음을 가지고 있지만, 오직 어진 사람만이 이러한 마음을 잃지 않고 간직하는 것이다.[124]

> 손가락이 남보다 못하면 이를 싫어할 줄 알지만, 마음이 남보다 못하면 이는 싫어할 줄 모른다. 이를 일러 도를 알지 못한다고 하는 것이다.[125]

---

123 求則得之 舍則失之 是求有益於得也 求在我者也 求之有道 得之有命 是求無益於得也 求在外者也 (盡心上 3)

124 生亦我所欲也 義亦我所欲也 二者不可得兼 舍生而取義者也 生亦我所欲 所欲有甚於生者 故不爲苟得也 〔……〕 如使人之所欲莫甚於生 則凡可以得生者 何不用也 〔……〕 是故所欲有甚於生者 〔……〕 非獨賢者有是心也 人皆有之 賢者能勿喪耳 (告子上 10)

125 指不若人 則知惡之 心不若人 則不知惡 此之謂不知類也 (告子上 12)

사람에게는 귀한 부분도 있고 천한 부분도 있으며, 작은 것도 있고 큰 것도 있는데 〔여기서 귀하고 큰 것은 생각의 기관인 심(心), 천하고 작은 것은 감각적 욕구와 자기중심적 정서의 기관인 이목지관(耳目之官)을 가리킴〕, 작은 것으로 큰 것에 해를 끼쳐서는 안 되며, 천한 것으로 귀한 것에 해를 끼쳐서도 안 된다. 그 작은 것을 기르는 사람은 소인(小人)이고, 그 큰 것을 기르는 사람은 대인(大人)이다.[126]

여기서 첫 번째 인용문은 욕구 체계의 조절에 대해 언급하고 있다. 이를 "군자가 사람의 본성으로 삼는 것은 인의예지로서, 이는 마음에 뿌리를 두고 있는 것이어서, 그 겉으로 드러남이 그대로 얼굴에 나타나며, 등에 가득하며, 사체에 베풀어져서, 사체가 굳이 말하지 않아도 저절로 깨달아 행해진다"[127]는 주장과 결부시켜보면, 맹자가 주장하고자 하는 바가 분명하게 드러난다. 우선 인간에게는 생물체로서 가지는 생존 및 이기적 욕구와 함께 인의예지를 추구하는 도덕적 지향성이 본유적으로 갖추어져 있다는 것이다. 그런데 이 중에서 전자는 외적 조건에 의해 그 충족 여부가 결정되는 욕구, 곧 내재적으로 통제 불가능한 욕구들이고, 후자는 스스로의 자발적인 노력에 의해 충족되는 지향성, 곧 내재적으로 통제 가능한 도덕성의 근거이다. 이렇게 "충족 여부가 스스로에게 달려 있는 도덕성〔在我者〕은 구하면 얻어지고 내버려두면 없어지는 것이어서, 애써 노력하면 반드시 충족되게 마련이지만, 충족 여부가 외적 조건에 달려 있는 생물체로서의 욕구〔在外者〕는 구하는 데 방법이 따로 있고 또 얻어지느냐의 여부는 외적 조건〔命〕에 달려 있으므로, 애써 구하려 해도 별로 잘 충

---

126 體有貴賤 有小大 無以小害大 無以賤害貴 養其小者爲小人 養其大者爲大人 (告子上 14)
127 盡心上 21.

족되지 않기"[128] 때문에, 재외자(在外者)인 생물체적 욕구들이 아니라 재아자(在我者)인 도덕적 지향성이 인간의 중핵적 심성 체계가 되어야 한다는 것이 맹자의 성선설의 기본 논지인 것이다.

위의 두 번째 인용문은 감정의 통제에 대해 언급하고 있고, 세 번째 인용문은 욕구와 감정의 통제 전반에 대해 진술하고 있다. 맹자는 「공손추상」편 6장에서 측은지심 · 수오지심 · 사양지심 · 시비지심이 각각 인 · 의 · 예 · 지의 기초로써, 이를 사단(四端)이라고 표현하고 있지만, 「고자상」편 6장에서는 이를 인 · 의 · 예 · 지 그 자체라고 표현하고 있기도 하다. 이렇게 인 · 의 · 예 · 지 같은 도덕의 근거인 측은 · 수오 · 사양 · 시비의 네 가지 기초가 인간에게 본유적으로 갖추어져 있고, 그렇기 때문에 인간의 본성은 착하다는 것이 맹자의 성선설이다. 이러한 사단은 기본적으로 대인관계에서 타인을 지향 대상으로 하는 사회적 정서이다. 따라서 사단을 사람이 본유적으로 갖추고 있다는 사실은 "도덕성의 출처가 사람의 (본유적인) 심리정감(心理情感)에 있음"[129]을 의미하는 것이다. 곧 맹자는 도덕의 근거가 인간에게 본유적으로 내재해 있는 자연스러운 정감(情感)에 있다고 보는 것으로, 사람은 자기에게 본유적으로 갖추어져 있는 이러한 선(善)의 기초를 확충하도록 노력해야 한다는 것이 바로 맹자의 생각이다. 말하자면, 맹자는 사단과 같은 사회 및 타인 지향적 정서의 함양을 적극적으로 권장하는 입장을 취하는 것이다.

이와 같이 맹자도 공자와 마찬가지로 도덕성이 인간 심성의 중핵적 체계가 되어야 한다는 덕성우월론의 관점을 굳게 간직하고 있다. 이러한 사실은 맹자가 생물적 감각적 욕구나 감정 체계를 중심으로 해서가 아니라,

128 盡心上 3.
129 蒙培元, 1990/1996, p. 67.

인의예지 같은 도덕성을 중심으로 해서 인간을 파악하려는 성선설의 입장을 견지하고 있다는 사실에서 그 근거를 찾아볼 수 있다. 이는 다음과 같은 진술에서 잘 표현되고 있는 맹자의 독특한 입장이다.

> 입의 맛에 관한 것, 눈의 색에 관한 것, 귀의 소리에 관한 것, 코의 냄새에 관한 것, 사지의 편안함에 관한 것은 성(性: 타고난 본성)이다. 그러나 거기에는 명(命: 외적 조건)이 있으니, 군자는 이를 성(인간에게만 고유한 본성)이라고 일컫지 않는다. 인(仁)의 부자(父子)에 관한 것, 의(義)의 군신(君臣)에 관한 것, 예(禮)의 손님과 주인에 관한 것, 지(智)의 현명한 사람에 관한 것, 성인(聖人)의 천도(天道)에 관한 것은 명(命: 하늘이 부여한 것)이다. 그러나 거기에는 성(性: 사람이 고유하게 할 일)이 있으므로, 군자는 이를 명(외부로부터 부여된 특성)이라고 일컫지 않는다.[130]

이 인용문에서 맹자는 감각기관의 관장을 받는 생물체적 욕구와 감정체계는 타고난 본성이기는 하지만, 그 충족 여부와 촉발 조건이 외부 환경 세계에 달려 있는 재외자들이기 때문에, 이를 인간의 중핵적인 심성의 체계로 삼을 수는 없다고 주장한다. 그 대신 마음의 생각하는 작용의 관장을 받는 인의예지 같은 도덕적 지향성이 실천하기는 비록 어려울지라도, 이의 실천 여부는 개인의 노력 여하에 달려 있는 재아자이므로, 이것이 인간 심성의 중핵적 요소가 되어야 한다는 것이다.

맹자는 이와 같이 도덕성이 인간 심성의 중핵이 되면, 인간이 가지고 있는 욕구와 감정이 모두 도덕적 욕구와 도덕적 감정의 상태로 승화하게

130 口之於味也 目之於色也 耳之於聲也 鼻之於臭也 四肢之於安佚也 性也 有命焉 君子不謂性也 仁之於父子也 義之於君臣也 禮之於賓主也 智之於賢者也 聖人之於天道也 命也 有性焉 君子不謂命也 (盡心下 24)

된다고 본다. 그렇게 되면 '해야 할 일'(所爲)과 '해서는 안 될 일'(所不爲) 및 '바라야 할 것'(所欲)과 '바라서는 안 될 것'(所不欲)을 잘 구별하게 된다. 곧 "사람은 하지 않는 일이 있게 된 후에야 해야 할 일을 이룰 수 있게 되므로,"[131] 소위(所爲)와 소불위(所不爲), 소욕(所欲)과 소불욕(所不欲)〔도덕적 지향성과 그 밖의 욕구들〕을 잘 구별하여야, "할 일만을 행하고 해서는 안 될 일은 하지 않으며, 바랄 것만을 바라고 바라서는 안 될 것은 바라지 않는 경지"[132]에 이르게 된다. 이것이 바로 욕구와 감정의 승화가 이루어진 상태이다. 이렇게 되면 "인의〔仁義: 도덕적 지향성〕에 배가 불러서 맛있는 음식〔생물적 이기적 욕구와 이의 충족으로 인한 즐거움의 감정〕을 더 이상 바라지 않게"[133] 되는 바, 이러한 욕구와 감정의 승화에 관한 맹자의 견해는 그가 제시하는 덕성우월주의의 논지를 잘 드러내주고 있는 것이다.

3) 순자의 인성론

순자의 인성론은 성악설(性惡說)로 알려져 있다. 이는 『순자』 32편 가운데 제23편인 「성악」(性惡)편에 근거하는 것이다. 그러나 최근에는 순자의 인성론을 성악설로 단정 짓는 것은 순자의 전체 이론 체계를 잘못 이해하게 만들 소지가 많다는 주장이 설득력을 얻어가고 있다. 이렇게 성악설을 순자의 핵심 이론 체계로 보는 것이 옳지 않다는 주장은 대체로 세 가지 방향에서 제기되고 있다. 이들은 문헌학적인 비판, 성악설 자체가 갖는 논리적 모순성에 대한 비판 및 이와 밀접한 관련이 있기는 하지만 성악설과 순자의 다른 이론 체계와의 모순성에 대한 비판 등이다.[134]

---

131 人有不爲也 而後可以有爲 (離婁下 8)

132 無爲其所不爲 無欲其所不欲 如此而已矣 (盡心上 17)

133 飽乎仁義也 所以不願人之膏粱之味也 (告子上 17)

134 이에 대해서는 郭沫若(1945/1991, pp. 256~265), 김승혜(1990, pp. 220~221, 244~245) 및 졸고(조긍호, 1995, pp. 4~6; 1998a, pp. 215~219) 참조.

이러한 비판들에 근거하여 곽말약(郭沫若)은 "성악설은 순자가 맹자에게 지기 싫어서 억지로 주장한 것에 불과하며, 그의 심리설이나 교육설과도 일정한 유기적 관련이 없는 것"[135]이라고 혹평하고 있으며, 많은 학자들이 순자의 성악설은 예(禮) · 사(師) · 법(法) · 군주(君主)의 정치를 중시하려는 전국 말기의 시대적 요구를 반영한 것일 뿐, 엄밀한 논증이 부족한 이론이라고 폄하하고 있다.[136] 이들은 순자도 성은 본래 악을 지향하는 것이라고 했지 선한 쪽으로 방향을 바꿀 가능성까지 부인하는 것은 아니며, 따라서 이는 인성향악설(人性向惡說)이라고 보는 것이 타당하다는 주장을 펴고 있다. 곧 맹자의 성선설과 순자의 성악설은 사람의 어느 측면을 중심으로 고찰했느냐의 차이에 불과하므로, 맹자의 이론은 심의 자각작용을 중시한 심선설(心善說), 순자의 이론은 정의 자연스러운 충동을 중시한 정악설(情惡說)이라고 보는 것이 타당하다는 것이다.[137] 이러한 배경에서 필자는 좁은 의미에서의 전통적인 성악이란 입장에서 떠나서, 순자가 전반적으로 인성에 본유한 것으로 보고 있는 요소들을 확인하고, 이를 넓은 의미에서 성(性)이라고 보는 입장을 취하고자 한다.

(1) 인성의 본유적 요소: 사분체계론

순자는 치란 · 길흉 같이 인간사와는 관계없는 객관적이고 기계적인 자연 현상으로서의 하늘〔天〕의 파악에 근거하여, 천지와 직분을 달리 하는 사람의 독자성을 밝혀내고〔天人之分〕, 사람은 이러한 독자성으로부터 연유되는 고유 직분을 충실히 수행함으로써 천지에 동참하게 된다〔參於天地〕는 독특한 천인관계론(天人關係論)을 전개하고 있다. 그러므로 천인지

---

135 郭沫若, 1945/1991, p. 265.

136 예: 徐復觀, 1969; 陳大齊, 1954.

137 김충렬, 1982, p. 175.

분(天人之分)에 따라 사람이 해야 할 일〔所爲〕과 해서는 안 될 일〔所不爲〕을 명확히 하여〔明於天人之分〕, 소불위(所不爲)에 속하는 하늘에 달린 것〔在天者〕을 사모하거나 알려고 하지 말고, 소위(所爲)에 속하는 자기에게 달린 것〔在己者〕을 갈고 닦고 익혀서 바르게 하는 것이 바로 참어천지(參於天地)하는 길이라고 보는 것이 순자의 천인관계론의 핵심이다.[138] 이렇게 사람의 능동성과 자율성을 강조하는 순자의 천인관계론의 논리적 뼈대는 바로 '분(分)과 합(合)'에 있다. 이러한 '분과 합'의 개념은 그의 인성론 · 예론 · 수양론 등 전체 이론의 논리적 기초로 그대로 이어지고 있는 것이다.[139]

순자에게 인성론은 천인지분을 통해서 하늘로부터 독립된 사람이 할 수 있고 또 해야 할 일〔所爲〕을 찾아내는 근거가 된다는 점에서 중요성을 갖는다. 순자는 이를 우주 만물과 다른 사람의 독특성에서 찾고 있다. 그는 사람에게 있는 것을 태어나면서부터 가지고 있는 자연적인 것과 후천적으로 갖추게 된 인위적인 것으로 나누고, 전자를 성(性), 후자를 위(僞)[140]라고 부르고 있다. 이러한 성위지분(性僞之分)은 천인관계론에서의

---

138 이에 관해서는 김승혜(1990, pp.288~305), 정인재(1992) 및 졸고(조긍호, 1994) 참조.

139 김승혜, 1990, pp.273~276, 297~299; 조긍호, 1994.

140 이는 "거짓"이나 "꾸밈"의 뜻이 아니라 "人爲"의 뜻이다. 王先謙의 『荀子集解』에서는 『荀子』에 나오는 僞는 대체로 爲로 보아야 한다고 논술하고 있는데(『荀子』 正名 2의 心慮而能爲之動 謂之僞의 해설에서 王은 荀書多以僞爲爲라고 기술하고 있다), 특히 性과 대립되어 僞가 쓰일 때는 항상 爲를 가리키는 것이다.

Dubs(1927, pp. 82~83)는 宋代에 朱熹 등에 의해 순자의 인성론이 이단으로 배척된 데에는 두 가지 요인이 있는데, 그 중 하나가 순자의 본의와는 달리 僞를 "거짓"이나 "꾸밈"의 뜻으로 해석한 것이라고 본다. 즉, 人之性惡 其善者僞也 (性惡 1)를 "사람의 본성은 악하다. 그 착한 것은 인위적인 노력의 소산이다"(p. 83)로 해석하지 않고, "(사람의 본성이기도 한) 자연은 악하다. 그 (겉보기에) 착한 것은 사악한 것이다" (p. 83. 괄호 안은 원문 그대로 임)라고 해석한 때문이라는 것이다. Dubs가 순자 배척의 또 하나의 요인으로 제시하고 있는 것은, 맹자와 순자가 "인간 본성"(human nature)을 지칭하는 용어로 사용하고 있는 性이란 글자를 朱熹는 "우주의 자연"(the Nature of the Universe)으로 해석하여, 우주론적 개념(cosmological concept)으로 만들었다는 점이다. 이러한 맥락에서 朱熹는 性惡이란

천인지분의 인성론적 전개인 셈이다. 그렇다면, 순자가 인간에게 본유적으로 갖추어져 있는 자연적인 성이라고 보는 요소들에는 어떠한 것들이 있는가?

욕구 체계 순자도 공자나 맹자와 마찬가지로 사람에게 생리적 욕구, 감각 추구 욕구 및 이기적 욕구 같은 생물체적 욕구가 태어나면서부터 갖추어져 있다고 본다.

> 무릇 사람에게는 한 가지로 똑같은 바가 있다. 굶주리면 배불리 먹기를 바라고, 추우면 따뜻해지기를 바라며, 피로하면 휴식을 취하기를 바란다. 또한 이익을 좋아하고, 손해를 싫어한다. 이것은 사람이 태어나면서부터 갖추고 있는 바로서, 그렇게 되기를 기다려서 그러한 것이 아니다. 이는 성인인 우(禹)나 악인인 걸(桀)이나 똑같다.[141]

> 무릇 눈이 아름다운 색깔을 좋아하고, 귀가 듣기 좋은 소리를 좋아하며, 입이 맛있는 음식을 좋아하고, 마음이 이익을 좋아하며, 몸과 피부가 편안함을 좋아하는 것은 모두 사람의 본성에서 나온 것으로, 느껴서 스스로 그러한 것이

말을 "자연은 악하다"(p. 82) 또는 "우주는 악하다"(p. 82)로 해석했고, 만유의 생성 근거로서의 "자연"을 악하다고 보는 입장을 받아들일 수 없었다는 것이다. 이러한 두 가지 배경에서 朱熹와 그의 추종자들이 "순자를 비난하고 배척한 것은 그야말로 자연스러운 결과였다"(p. 83)는 것이다. 이러한 논의가 맞는다면, 신유학자들의 순자 폄하론은 이승환(1998b)이 제시하는 바의 "해석의 5단계" 중 제1단계인 "어원학적 이해"(philological understanding)의 장벽을 넘지 못한 데에 그 원천이 있다고 볼 수 있을 것이다. 즉, 주희(朱熹) 시대(1100년대 후반)의 글자의 뜻을 가지고 1400여 년 전의 순자(B. C. 250년대)를 해석하려 한 데서 나온 오류인 것이다.

141 凡人有所一同 飢而欲食 寒而欲煖 勞而欲息 好利而惡害 是人之所生而有也 是無待而然者也 是禹桀之所同也 (『荀子』, 榮辱 31): 非相 8~9에도 凡人有所一同을 제외한 똑같은 구절이 나온다.

지, 그렇게 되기를 기다려서 그러한 것은 아니다.[142]

무릇 귀(貴)하기로는 천자(天子)가 되고 싶고, 부(富)하기로는 천하를 소유하고 싶은 것, 이는 사람의 본성으로 모두 똑같이 바라는 것이다.[143]

의〔義: 도덕성〕와 이〔利: 이기적 욕구〕는 사람이 함께 가지고 있는 것이다. 비록 요(堯)나 순(舜) 같은 성인도 사람들의 이익 추구 욕구를 다 없앨 수는 없지만, 이익 추구 욕구가 의를 좋아하는 마음〔도덕성〕을 이기지 못하게 할 수는 있다.[144]

위의 첫 인용문에서는 생리적 욕구와 이기적 욕구, 두 번째 인용문에서는 감각 추구 욕구와 이기적 욕구, 세 번째 인용문에서는 이기적 욕구, 그리고 네 번째 인용문에서는 이기적 욕구의 본유성에 대해 언급하고 있다.

이들 가운데 도덕적 지향성의 충족 여부는 사람이 하기에 달려 있어서 자발적인 통제가 가능하지만, 나머지 생물체적 욕구들(생리적, 감각 추구적, 이기적 욕구)의 충족 여부는 외적 조건에 달려 있어서 자발적인 통제가 불가능하다고 본다는 점에서는 순자도 공자 및 맹자와 의견을 같이 한다. 순자는 도덕성의 실천으로 인한 즐거움은 사람의 내부로부터 나오는 것이기 때문에 이를 "의로운 즐거움"〔義榮〕이라 부르고, 생물체적 욕구의 충족으로 인한 즐거움은 밖으로부터 오는 것이기 때문에 이를 "조건적 즐거

142 若夫目好色 耳好聲 口好味 心好利 骨體膚理好愉佚 是皆生於人之情性者也 感而自然不待事而後生之者也 (性惡 6)

143 夫貴爲天子 富有天下 是人情之所同欲也 (榮辱 39)

144 義與利者 人之所兩有也 雖堯舜 不能去民之欲利 然而能使其欲利不克其好義也 (大略 20)

움”〔勢榮〕이라 부르고 있다.[145] 그는 전자는 “내가 하기에 달린 것”〔在我者〕, 후자는 “외적 조건에 달린 것”〔在天者〕이기 때문에, 사람은 외적 조건에 달린 것에 연연해하지 말고, 자기가 하기에 달린 것에 삼가 힘씀으로써, 날로 발전이 있도록 해야 한다[146]고 주장한다. 이렇게 순자도 공자나 맹자와 마찬가지로 생물체적 욕구의 본유성을 인정하지만, 인간의 가장 중핵적 심성 체계는 역시 도덕적 지향성이 되어야 한다는 견해를 간직하고 있는 것이다.

감정 체계 인간의 감정 체계를 지칭하는 ‘정’(情)이란 글자가 『순자』에는 모두 118회나 나오고 있는데, 이 중 대부분(91회)은 정(情)자 홀로 의미를 가지는 것이고, 성정(性情, 2회)·정성(情性, 18회)·정욕(情欲, 4회)·천정(天情, 3회) 등으로 두 글자가 연합해서 쓰임으로써 의미를 가지게 되는 경우가 27회나 된다.[147] 『순자』에서 쓰이는 정(情)도 대부분은 『논어』나 『맹자』에서와 마찬가지로 ‘진실·진정·진실된 마음’ 등의 뜻을 가진다. 그러나 『순자』에서 정은 인간이 태어나면서부터 갖추고 있는 생물적 욕구와 정서적 측면을 포괄하는 용어로 쓰이는 경우도 많다는 점이 특이한 사실이다. 대체로 성정·정성·정욕이라고 연용되어 쓰일 때에는 생물적 욕구 체계를 지칭하는 의미를 가지고 있지만, 천정(天情)으로 연용되고 쓰일 때[148]와 정(情) 한 글자로만 쓰이는 몇몇의 경우[149]에는 각 개별적

---

145 志意修 德行厚 知慮明 是榮之由中出者也 夫是之謂義榮 爵列尊 貢祿厚 形勢勝 上爲天子諸侯 下爲卿相士大夫 是榮之從外至者也 夫是之謂勢榮 (正論 28~29)

146 若夫心意修 德行厚 知慮明 生於今而志乎古 則是在我者也 故君子敬其在己者 而不慕其在天者 〔……〕 君子敬其在己者 而不慕其在天者 是以日進也 (天論 28~29)

147 『荀子引得』 참조.

148 天論 24, 25.

149 正名 2, 22.

인 감정 반응을 아우르는 유개념(類概念)으로서의 감정 또는 정서의 의미로 사용되고 있다. 다음은 『순자』에서 유개념으로서의 정서의 의미로 쓰이고 있는 예들이다.

> 사람의 육체가 갖추어지고 정신이 생겨나면, 여기에는 '좋아함〔好〕· 미워함〔惡〕· 기쁨〔喜〕· 성냄〔怒〕· 슬픔〔哀〕· 즐거움〔樂〕'이 갖추어져 있게 되는데, 이를 '자연적 정서'〔天情〕라고 한다.[150]

> 사람의 본성에 갖추어져 있는 '좋아함〔好〕· 미워함〔惡〕· 기쁨〔喜〕· 성냄〔怒〕· 슬픔〔哀〕· 즐거움〔樂〕'을 일러 '정'(情)이라고 한다.[151]

이러한 예들에서 보면, 순자는 정(情)에 감정 또는 정서의 의미를 부여하고 있으며, 따라서 유학자들 중에서 정을 정서의 유개념으로 사용하는 것은 순자가 효시를 이룬다고 하겠다. 이러한 정은 순자에게 있어서 욕(欲)과 함께 사람이 태어날 때부터 갖추고 있는 성(性)을 구성하는 한 가지 요소이다. 이러한 사실은 다음 진술문에 잘 드러나 있다.

> 성(性)이란 하늘이 이루어낸 것〔性者天之就〕이다. 정(情)은 성의 바탕〔情者性之質〕이다. 그리고 욕(欲)은 외부 사물에 대한 정의 반응〔欲者情之應〕이다.[152]

여기서 "성자천지취(性者天之就)란 성은 선천적으로 타고나는 것으로, 태어나면서부터 갖추어져 있음을 말한다. 정자성지질(情者性之質)이란 성

---

150 形具而神生 好惡喜怒哀樂臧焉 夫是之謂天情 (天論 24)
151 性之好惡喜怒哀樂 謂之情 (正名 2)
152 性者天之就也 情者性之質也 欲者情之應也 (正名 22)

은 정을 그 바탕〔本質〕으로 하는 것으로, 정 말고는 성이 없으므로, 정이 곧 성으로서, 성과 정은 동질적이고 동위적(同位的)임을 말한다. 〔……〕 그리고 욕자정지응(欲者情之應)이란 욕은 정에 대한 반응으로 생겨나는 것임을 가리킨다. 말하자면, 귀와 눈이 아름다운 소리와 색깔을 좋아하는 것은 욕인데, 이러한 욕은 사랑하고 좋아하는 감정(愛好之情)에 대한 반응으로 생겨나는 것"[153]임을 나타내고 있다. 이렇게 보면, 순자가 보는 좁은 의미의 성은 정과 욕을 의미하는 것으로, 이러한 "정(情)·욕(欲)은 이성적인 것이 아니라 감성적인"[154] 인간 구조의 측면을 나타내는 것이다.

이와 같이 『순자』에서 성은 그의 인간구조론이 제시하는 인간의 모든 생득적 특성인 생물체적 욕구와 정서〔欲·情〕, 그리고 다음에 기술될 지적 능력〔知〕과 도덕적 행위능력〔能〕을 모두 포괄하는 넓은 의미로 쓰이기도 하고, 또 생물체적 욕구와 정서〔欲·情〕만을 지칭하는 좁은 의미로 쓰이기도 한다.[155] 이렇게 좁은 의미에서 정과 욕만을 의미할 때 성은 악하게 될 가능성이 많다고 순자는 개념화하고 있다. 이 점이 바로 순자의 이론이 성악설로 알려진 근거인데, 따라서 정과 욕은 인간의 삶과 행위의 최고 규범인 예(禮)에 의해 조절되고 통제되어야 한다고 순자는 보고 있는 것이다.[156]

지적 능력 체계 『순자』에서 지적 능력의 체계를 의미하는 용어인 '지'(知)는 모두 482회나 출현하여,[157] 순자가 인간의 지적 능력의 체계를 얼마나 중시했는지 알 수 있게 한다. 이러한 사실은 순자가 인간 존재를

153 蔡仁厚, 1984, p. 390.
154 黃公偉, 1974, p. 465.
155 김승혜, 1990, pp. 235~239; 조긍호, 1994, pp. 44~47; 조긍호, 1995, pp. 2~12.
156 조긍호, 1997b, 1998a, b, 2000, 2003a.
157 『荀子引得』 참조.

'도덕 주체'로서만이 아니라 '지성 주체'로도 파악하고 있음[158]을 드러내주는 것이다. 이 가운데 '지혜'나 '지혜로운 사람' 또는 '깨달은 사람'을 가리키는 경우가 97회[159]이고, 나머지 385회가 지적 능력 체계를 지칭하는 용어로 사용되고 있다.

『순자』에서 특이한 점은 '지적 능력의 본유성'을 지(知)라는 용어로 표현하는 경우가 25회[160]나 되고 있다는 사실이다. 이는 순자가 인간을 지성 주체로 인식하고 있음을 잘 드러내주는 사실이라고 볼 수 있다. 이밖에 '인식 작용 일반'을 나타내는 경우가 158회,[161] 인식 활동의 결과 갖추어지는 '지식 내용'을 가리키는 경우가 46회,[162] 그리고 구체적인 인식 대상을 명시함으로써 '인식능력'을 지칭하는 경우가 156회나 된다. 이렇게 인간이 갖추고 있는 인식능력의 본유성을 드러내기 위하여 구체적으로 들고 있는 인식 대상들로는 자기와 타인 같은 사람이 26회,[163] 인 · 의 ·

158 牟宗三, 1979, pp. 224~225; 蔡錦昌, 1989, pp. 82~86; 蔡仁厚, 1984, pp. 405~409; 黃公偉, 1974, pp. 454~458: 이에 대해서는 졸고(조긍호, 1995, pp. 2~18; 1998a, pp. 210~245) 참조.

159 不苟 7, 8, 13; 榮辱 40; 非相 7, 17; 非十二子 33; 仲尼 41, 47, 48, 49; 儒效 12, 17, 37; 王制 32; 富國 1, 2, 3, 9; 王覇 28, 32; 君道 7, 16, 17, 23, 24; 臣道 4; 議兵 15; 天論 28; 正論 6, 14, 25, 27, 28; 解蔽 7, 8, 9, 16, 27; 正名 6, 19, 22, 24; 性惡 16, 17, 18, 20; 成相 12; 賦 22, 27, 30; 大略 4, 18, 35, 36, 39; 宥坐 1, 9; 子道 17, 18; 法行 20; 哀公 26, 27, 32; 堯問 37, 41, 42, 43.

160 修身 24; 榮辱 28, 29, 30, 40; 王制 20; 王覇 19; 禮論 32; 解蔽 12, 25; 正名 3, 8; 性惡 13, 14.

161 修身 27, 37; 不苟 10; 榮辱 29, 30, 35, 36, 37, 38; 非相 12, 14; 非十二子 30, 31; 儒效 10, 31, 33; 王覇 4, 10, 13, 28; 君道 10, 15, 22, 25, 26; 臣道 13; 議兵 2; 彊國 12; 天論 26, 35, 36; 正論 2, 10, 23, 26, 27, 31; 禮論 4, 15, 18, 24, 37,; 樂論 11; 解蔽 6, 8, 11, 12, 13, 14, 16, 17, 18, 25, 26; 正名 3, 8, 9, 19, 23; 性惡 3, 8, 13, 21; 君子 22, 23; 賦 20, 23, 32; 大略 8, 10, 23; 宥坐 10; 子道 16, 17; 法行 18; 哀公 29, 31, 33, 34.

162 勸學 2; 修身 26, 37; 非相 7; 非十二子 23, 32, 33, 35; 儒效 13, 14, 21, 30, 31, 33, 34, 37, 38; 議兵 19, 21; 正論 7; 解蔽 9; 正名 3; 大略 28, 37; 子道 16, 17; 哀公 26, 32; 堯問 39.

163 不苟 3, 16; 榮辱 21, 25; 富國 16; 議兵 19; 解蔽 3, 4, 7, 10; 性惡 18, 21; 成相 9; 大略

예 · 지 · 도 · 덕 같은 도덕성과 그 내용이 50회,[164] 천명 · 생사 · 시간 같은 자연 현상과 그 이치에 관한 것이 8회,[165] 그리고 기타 여러 가지 구체적인 사실에 관한 언급이 72회[166] 사용되고 있다.

이상에서 보듯이, 『순자』에서도 '지'(知)는 『논어』나 『맹자』에서와 마찬가지로 지혜나 지혜로운 사람, 지적 능력, 지적 작용 및 지적 활동의 결과 획득되는 지식 내용을 두루 가리키는 용어로 사용되고 있다. 그런데 다른 경전들과는 달리, 『순자』에서 '지'는 지적 능력의 본유성을 지칭하는 용어로 사용되는 경우가 25회나 되고 있다는 점이 흥미를 끈다. 이러한 사실은 순자가 인간의 본성을 다른 무엇보다 지적 능력의 체계를 중심으로 파악하고 있다는 점〔以智識心〕[167]을 직접 드러내주고 있다. 『순자』에서 강조되고 있는 지적 능력의 본유성에 대한 주장은 다음과 같은 진술문들에 그대로 드러나고 있다.

> 알 수 있는 근거〔所以知〕가 사람에게 갖추어져 있는 것을 지(知: 지적 능력)라고 하고, 이러한 지적 능력의 결과 받아들인 내용이 외부 사물과 합치되는 것을 또한 지(知: 지식 내용)라고 한다.[168]

23, 25; 子道 17, 18; 哀公 24; 堯問 42, 43.

164 修身 37; 不苟 6; 榮辱 23, 27, 33; 非相 12; 非十二子 26, 30; 儒效 12, 13, 29, 36; 王制 10, 11, 12, 13, 15; 富國 27; 君道 2, 13, 14; 議兵 28; 天論 25, 36; 正論 23; 解蔽 10, 11; 性惡 8, 13, 14; 成相 10, 16.

165 榮辱 25; 非相 12; 非十二子 35; 天論 24, 26; 解蔽 4.

166 勸學 2, 3, 20; 榮辱 36; 非相 1, 12; 非十二子 24, 27; 儒效 25; 王制 23, 24, 27, 33; 富國 11, 16, 27; 王覇 17; 臣道 11; 致士 21; 彊國 19; 正論 11, 21; 禮論 28; 樂論 9, 10, 11; 解蔽 10, 14; 正名 13, 15, 25, 26; 君子 25; 成相 4, 12, 13; 賦 31; 大略 17, 19, 23, 25, 30; 宥坐 5, 10; 哀公 25, 29; 堯問 39.

167 蔡仁厚, 1984, pp. 405~409.

168 所以知之在人者 謂之知 知有所合 謂之知 (正名 3)

사람은 태어나면서부터 지적 능력을 갖추고 있는데, 이러한 지적 능력을 발휘하여 사물을 기억할 수 있다. 〔……〕 또한 사람의 마음에는 태어나면서부터 지적 능력이 갖추어져 있는데, 이러한 지적 능력을 발휘하여 사물들을 변별할 수 있다.[169]

무릇 알 수 있는 지적 능력은 사람의 본성에 본디 갖추어져 있는 것이고, 이를 통해 알 수 있는 것은 사물의 이치이다. 사람의 본성에 갖추어져 있는 바의 지적 능력을 가지고, 이를 통해 인식할 수 있는 바의 사물의 이치를 구해 알아야 한다[170]

이렇게 길거리의 보통 사람들도 누구나 다 인·의 같은 도덕성과 사회 규범 및 정의 원칙을 깨달아 알 수 있는 바의 바탕을 갖추고 있다. 〔……〕 오늘날에는 길거리의 보통 사람들도 누구나 다 안으로 부모와 자식 사이의 의로운 도덕 원칙을 깨달아 알 수 있고, 밖으로 군주와 신하 사이의 올바른 행위 원칙을 깨달아 알 수 있는 것이다. 그러므로 도덕성과 사회 규범을 깨달아 알 수 있는 바의 바탕이 〔……〕 길거리의 보통 사람 누구에게나 다 갖추어져 있다는 사실은 너무나 자명한 일인 것이다.[171]

위의 네 인용문들에서는 모두 사람에게 지적 능력의 체계가 갖추어져 있으며, 이는 인간의 본성이라고 진술함으로써 이의 본유성에 대해 강조하고 있다. 이러한 지적 능력을 통하여 사람들은 외부 사물들을 구별하여

169 人生而有知 知而有志 〔……〕 心生而有知 知而有異 (解蔽 12)

170 凡以知 人之性也 可以知 物之理也 以可以知人之性 求可以知物之理 (解蔽 25)

171 然而塗之人也 皆有可以知仁義法正之質 〔……〕 今塗之人者 皆內可以知父子之義 外可以知君臣之正 然則其可以知之質 〔……〕 其在塗之人明矣 (性惡 13~14)

인식하고, 이들 사이의 차이를 기억함으로써(두 번째 인용문), 외부 사물들에 대한 합당한 지식 내용을 얻게 된다(첫 번째 인용문). 사람들은 이러한 본유적인 지적 능력에 힘입어 외부 사물들에 대한 구체적인 지식 내용뿐만 아니라, 사물들의 이치도 또한 깨달아 알 수 있게 되며(세 번째 인용문), 더 나아가 도덕성과 올바른 행위 원칙에 대해서도 인식할 수 있는 것이다(네 번째 인용문).

이와 같이 순자도 공자나 맹자와 마찬가지로 지적 능력의 체계를 인간이 본디부터 갖추고 있는 본유적인 본성의 한 요소로 인정하고 있다. 특히 순자는 지적 능력의 인간 본유성과 그 다양한 기능에 대해 공자나 맹자보다도 더욱 강조함으로써,[172] 선진유학자들 가운데 누구보다도 지적 능력 체계의 중요성을 강조해서 인간을 이해하려는 관점을 강하게 보여주고 있는 것이다.

도덕 실천 능력의 체계 순자도 공자 및 맹자와 마찬가지로 사람에게 선천적으로 도덕성과 도덕적 행위능력이 갖추어져 있다고 보고, 사람이 우주 안에서 가장 귀한 존재가 되는 까닭을 이러한 도덕적 본유성에서 찾고 있다. 이러한 사실은 다음의 진술문들에 잘 드러나 있다.

> 물과 불 같은 무생물에게는 자연적인 기(氣)는 있지만, 생명〔生〕은 없다. 풀과 나무 같은 식물들에게는 생명은 있지만, 지각 능력〔知〕은 없다. 새와 짐승 같은 동물들에게는 지각 능력은 있지만, 도덕성〔義〕은 없다. 사람에게는 기도 있고, 생명도 있고, 지각 능력도 있으며, 또한 더 나아가 도덕성도 갖추어져

172 김승혜, 1990, pp. 233~242; 정인재, 1981; 牟宗三, 1979, pp. 224~225; 蔡錦昌, 1989, pp. 55~94; 蔡仁厚, 1984, pp. 405~428; 黃公偉, 1974, pp. 454~458.

있다. 그러므로 사람은 천하에서 가장 귀한 존재인 것이다.[173]

> 사람이 사람된 까닭은 단지 사람들이 다른 동물들과는 달리 두 발로 직립하여 서고, 또 몸에 털이 없기 때문만은 아니다. 이는 사람이 옳고 그름을 가려[辨] 도덕적으로 행동할 수 있기 때문이다. 무릇 새나 짐승들에게도 부모와 자식의 관계는 있지만 부모와 자식 사이의 친애함은 없으며, 수컷과 암컷은 있지만 남녀 사이의 분별함은 없다. 그러므로 (옳고 그름을 가려 도덕적으로 행동하는 것은 본디부터 갖추어져 있는 사람의 본성이므로) 사람의 도리에 옳고 그름을 가려 도덕적으로 행동하지 않을 수가 없는 것이다.[174]

위의 첫 인용문에서 보면, 인간은 '무생물 → 식물 → 동물 → 사람'으로 이어지는 우주의 위계 질서 가운데 최상위에 자리하고 있는 존재인데, 그 까닭은 바로 우주 안에서 사람만이 도덕성[義]을 갖추고 있는 존재이기 때문이라고 하여, 순자가 인간의 도덕적 본유성을 매우 강조하고 있음을 알 수 있다. 두 번째 인용문에서는 이러한 입장을 더 강하게 함축하여, 인간이 인간으로 인정받고 대접받을 수 있는 근거는 바로 이렇게 인간이 본유적으로 갖추고 있는 도덕성[辨]을 일상생활에서 실천할 수 있기 때문이라고 주장한다.

순자는 이렇게 인간이 인간일 수 있는 근거를 도덕적 본유성과 이의 일상적 실천에서 찾고 있다. 이러한 그의 관점은 자연스럽게 사람이 태어나면서부터 도덕적 행위능력을 갖추고 있다는 주장으로 이어진다. 그는 인

---

173 水火有氣而無生 草木有生而無知 禽獸有知而無義 人有氣有生有知 亦且有義 故最爲天下貴也 (王制 20)

174 人之所以爲人者 非特以其二足而無毛也 以其有辨也 夫禽獸有父子 而無父子之親 有牝牡 而無男女之別 故人道莫不有辨 (非相 9~10)

간에게 갖추어져 있는 이러한 도덕적 행위능력을 '능'(能)이라고 표현하고 있다.

> 도덕성을 실천할 수 있는 근거〔所以能〕가 사람에게 갖추어져 있는 것을 능(能: 도덕적 행위능력)이라고 하고, 이러한 도덕적 행위능력을 통해 실천한 행위들이 객관적인 도덕 원칙과 합치되는 것을 또한 능(能: 도덕적 행위)이라고 한다.[175]

> 사람의 바탕이 되는 본성에 있는 지적 인식능력〔知〕과 도덕적 행위능력〔能〕은 군자나 소인이나 마찬가지이다. 〔……〕 그러므로 소인의 지적 인식능력과 도덕적 행위능력을 자세히 살펴보면, 그들이 군자가 하는 일을 똑같이 하고도 남음이 있을 만큼 충분히 갖추고 있음을 알 수 있다.[176]

> 무릇 우(禹) 임금 같은 성인이 우 임금이 될 수 있었던 까닭은 그가 인·의 같은 도덕성과 사회 규범 및 올바른 도덕 원칙을 일상생활에서 실천하여 행할 수 있었기 때문이다. 그러므로 도덕성과 사회 규범 및 올바른 행위 원칙에는 이를 인식하여 알 수 있고, 또 이를 일상생활에서 실천해낼 수 있는 이치가 갖추어져 있는 법이다. 이렇게 길거리의 보통 사람들에게도 누구에게나 도덕성과 사회 규범 및 올바른 행위 원칙을 깨달아 알 수 있는 바의 바탕이 갖추어져 있을 뿐만 아니라, 이러한 도덕성과 사회 규범 및 올바른 행위 원칙을 일상생활에서 실천할 수 있는 바의 능력이 본디부터 갖추어져 있는 것이다.[177]

---

175 所以能之在人者 謂之能 能有所合 謂之能 (正名 3)

176 材性知能 君子小人一也 〔……〕 故熟察小人之知能 足以知其有餘可以爲君子之所爲也 (榮辱 28~30)

177 凡禹之所以爲禹者 以其爲仁義法正也 然則仁義法正 有可知可能之理 然而塗之人也 皆有可以知仁義法正之質 皆有可以能仁義法正之具 (性惡 13)

위의 첫 인용문에서는 도덕성을 실천할 수 있는 도덕적 행위능력〔能〕이 인간에게 본유적으로 갖추어져 있음을 분명히 밝히고 있다. 그런데 여기서 한 가지 분명하게 해두어야 할 것은, 두 번째와 세 번째 인용문에서 보듯이 순자도 맹자와 마찬가지로 도덕적 행위능력과 도덕적 인식능력을 함께 언급하여, 도덕성의 인식은 그 실천을 목표로 하는 것으로 보고 있다는 사실이다. 이는 지행합일을 강조하는 유학사상의 기본 입장에 비추어볼 때, 매우 당연한 논리적인 귀결이라고 할 수 있다. 이러한 도덕적 인식능력과 도덕적 행위능력의 관계에 대해 순자는 "도를 알기만 하는 것은 이를 행하는 것만 못하다. 배움이란 배운 것을 실제로 행하는 데에서 끝나는 것이다. 이렇게 배운 것을 행하면 밝게 통하게 되고, 밝게 통하면, 성인이 된다"[178]고 하여, 도덕적 인식은 그 실천을 위한 도구일 뿐임을 분명히 하고 있다. 다음 인용문은 여기서 더 나아가 도덕적 인식과 실천의 구체적 내용에 대해 진술하고 있다.

> 마음으로 도(道: 인성에 본유적인 도덕성)를 인식하지 않을 수 없다. 마음으로 도를 인식하지 못하면, 도를 옳다고 받아들이지 않고, 그 대신 도가 아닌 것을 옳다고 받아들이게 될 것이다. 〔……〕 마음으로 도를 인식하게〔知道〕 된 다음에라야 도를 올바른 것으로 인정하여 받아들이게〔可道〕 되고, 도를 올바른 것으로 인정하여 받아들인 다음에라야 도덕적 실천능력을 통해 도를 지키고〔守道〕, 그럼으로써 도가 아닌 것을 금할 수 있게〔禁非道〕 되는 것이다. 〔……〕 이렇게 사람이 마음으로 도를 인식하여 〔……〕 도에 밝게 되고, 이러한 도를 실천하여 일상생활에서 행하게 되면, 도를 몸소 체현하는 사람〔體道者〕이 되는 것이다.[179]

---

178 知之不若行之 學至於行之而止矣 行之明也 明之爲聖人 (儒效 33)

179 心不可以不知道 心不知道 則不可道 而可非道 〔……〕 心知道然後可道 可道然後能守道

이 인용문에서는 '지도(知道) → 가도(可道) → 수도(守道) → 금비도(禁非道)'의 순서를 도덕성의 인식과 그 일상적 실천의 순서로 제시하고 있다. 여기서 지도는 도덕성의 인식을 말하고, 가도는 상황에 알맞는 도덕적 행위의 선택 작용을 말하는 것으로, 이러한 가도를 포함하여 수도와 금비도가 곧 도덕성의 일상적 실천을 말하는 것으로 볼 수 있다. 이렇게 보면, 순자도 맹자와 마찬가지로 도덕성의 인식은 이의 일상적 실천을 목표로 하는 것이라는 관점을 가지고 있다고 추론할 수 있다. 다만 인간의 지성 주체로서의 측면을 강조하는 순자는, 도덕성의 실천은 스스로가 본유하고 있는 도덕성에 대한 확실한 인식과 상황에 알맞는 내용의 선택을 전제로 하여 이루어지는 것이라는 견해를 강하게 피력하고 있다는 특징을 보이고 있는 것이다.

(2) 도덕적 인식과 실행의 기관인 심(心): 덕성우월주의

이렇게 순자는 생물적 욕구의 체계, 감정 반응의 체계, 지적 인식능력의 체계 및 도덕적 행위능력의 체계가 사람에게 본유적으로 갖추어져 있는 특성들이라고 본다. 그렇다면, 각각의 기능을 주재하는 기관은 무엇인가? 순자는 이를 감각기관〔天官〕과 마음〔心〕에서 찾고 있다.

> 귀 · 눈 · 코 · 입 · 몸(피부)은 각각 특유하게 외부 사물에 접하여 이를 받아들일 뿐, 서로의 기능을 바꾸어 할 수는 없는데, 이를 일러 '자연적인 감각기관'〔天官〕이라고 한다. 마음〔心〕은 사람의 한가운데에 자리 잡고 있어서 오관을 다스리는 것으로, 이를 일러 '자연적인 군주'〔天君〕이라고 한다.[180]

以禁非道 〔……〕 人何以知道 日 心 〔……〕 知道察 知道行 體道者也 (解蔽 10~13)

180 耳目鼻口形能 各有接而不相能也 夫是之謂天官 心居中虛 以治五官 夫是之謂天君 (天論 24~25): 王先謙(1891)의 『荀子集解』에서는 形能은 形態의 誤字로 보고 있다.

이 중에서 감각기관은 생물적 욕구와 정서의 담당 기관이다. 아름다운 색깔을 좋아하는 것, 듣기 좋은 소리를 좋아하는 것, 맛있는 음식을 좋아하는 것, 편안함을 좋아하는 것 등 생물체적 욕구와 감정 반응은 모두 눈·귀·입·피부 같은 감각기관의 기능[181]이라고 순자가 보고 있음은 앞에서 이미 지적한 바 있다. 순자는 감각기관에 의해 외부 사물을 변별해서 받아들임에 따라 좋아하거나 싫어하는 등의 감정 반응과 바라거나 피하려는 등의 욕구 반응이 나타나게 된다고 보고 있다.[182] 채인후(蔡仁厚)는 순자의 욕(欲)과 정(情)은 "모두 생물체의 생명적인 내용으로서, 사람에게 남아 있는 동물적 본성을 말하는 것이다. 말하자면, 여기서는 '사람이 동물인 근거'로서의 자연생명적인 징표만을 볼 수 있을 뿐, '사람이 사람된 근거'로서의 도덕 가치의 내용은 볼 수 없다"[183]고 주장하면서, 따라서 '사람이 동물인 근거'로서의 욕과 정은 인간이 동물과 공유하는 감각기관에서 담당하는 심리구성체라고 본다.

그러나 '사람이 사람 된 근거'를 이루는 변(辨)[184]과 의(義)[185]의 근거인 지(知)와 능(能)은 사람의 고유 기관인 심(心)의 기능에 속한다. 지적 인식 능력〔知〕이 마음〔心〕의 기능에 속한다는 사실은 "심은 징지(徵知)를 가지고 있어서"[186] 사람은 이 마음을 통해 비로소 도(道)를 알 수 있게 된다[187]는 순자 자신의 기술에서 단적으로 드러난다. 여기서의 징지(徵知)에 대해 양

181 性惡 6.

182 何緣而以同異 曰 緣天官 凡同類同情者 其天官之意物也同 〔……〕 形體色理 以目異 聲音淸濁 〔……〕 奇聲 以耳異 甘苦鹹淡 〔……〕 奇味 以口異 香臭芬鬱 〔……〕 奇臭 以鼻異 疾養 〔……〕 輕重 以形體異 (正名 6~8)

183 蔡仁厚, 1984, p. 390.

184 非相 9~10.

185 王制 20.

186 心有徵知 (正名 8)

187 人何以知道 曰 心 (解蔽 11)

량(楊倞)은 『순자주』(荀子注)에서 "징(徵)은 부른다 · 모은다〔召〕는 말로써, 징지란 심이 만물을 불러 모아서 이를 인식하게 됨을 말한다"[188]고 해석하고 있다. 그 이후 이에 대한 해석은 "증명"(證明),[189] "지용(智用), 즉 지성(知性)",[190] "이해"(理解),[191] "전반적 오성"(overall understanding),[192] "감각적 인상에 대한 의미 부여"(gives meaning to impression)[193] 등 매우 다양하게 제시되어왔다. 이들을 종합해보면, 징지란 "지식으로 하여금 근거 있게 하는 것으로서, 잡다하게 받아들인 감각 또는 인상을 수집하여, 조리 있게 정리하고 해석하며 종합해주는 작용이다."[194] 곧 "오관(五官)을 통해 감각으로 경험한 잡다한 사실들을 해석하고 정리하여 통일된 인식에 도달"하게 하는 것으로서, "개별적으로 경험된 것들의 전체적 의미를 분명히 해줌으로써 오관의 작용을 완성시키는 것"[195]이 바로 심의 징지인 것이다. 이렇게 보면, 이는 현대심리학에서의 인지능력 및 작용과 같은 것이라고 볼 수 있는데, 순자는 이렇게 지적 인식능력의 기능을 심(心)에 부여하고 있는 것이다.

이어서 순자는 도덕적 행위능력〔能〕을 담당하는 기관 또한 심(心)이라고 보고 있다. 이는 "마음이 도를 인식한〔知道〕 연후에야 도를 옳은 것으로 받아들이게 되고〔可道〕, 그런 후에야 도를 지키고〔守道〕, 그럼으로써 도가 아닌 것을 금할 수〔禁非道〕 있게 된다"[196]는 기술에서 잘 드러나고 있다.

---

188 徵召也 言心能召萬物而知之 (『荀子注』)
189 胡適, 1961, p. 51.
190 牟宗三, 1979, p. 262.
191 蔡仁厚, 1984, p. 438.
192 Watson, B., 1963, p. 142.
193 Dubs, 1928/1966, p. 285.
194 정인재, 1981, p. 334.
195 김승혜, 1990, p. 241.
196 解蔽 11.

앞에서도 언급하였듯이, 여기서 도를 옳은 것으로 받아들이는 가도(可道)는 도덕적 선택 작용을 말하고, 이를 일상생활에서 지키는 수도(守道)와 도가 아닌 것을 금하는 금비도(禁非道)는 도덕적 실천을 말하는 것이다. 이러한 도덕적 선택과 실천이 바로 도덕적 행위라고 보면, 이의 근거는 지도(知道)에 있으며, 지도의 주체는 바로 심(心)이므로, 심이 바로 도덕적 행위능력의 주체임이 분명해지는 것이다.

이상에서 보았듯이, 순자는 정(情)과 욕(欲)은 감각기관, 그리고 지(知)와 능(能)은 심에서 담당하는 심리구성체라고 보고 있다. 그렇다면, 감각기관과 심은 서로 어떠한 관계에 있는가? 앞의 인용문[197]에서 감각기관은 천관(天官), 심은 천군(天君)이라고 표현한 데에서 이미 이 둘 사이의 관계가 드러나고 있다. 순자는 또 다른 곳에서 "심(心)은 (감각기관을 포함해서) 신체의 군주(形之君)이고 정신작용의 주인(神明之主)이다. 명령을 내리기는 하지만, 명령을 받는 적은 없다"[198]고 기술하여, 둘 사이의 관계를 분명히 하고 있다. 곧 심(心)은 절대적인 자율성과 능동성을 가지고 있는 주체이고, 감각기관은 이의 지배를 받는 존재라는 것이다. 따라서 "심(心)이 시키지 않으면, 희고 검은 것이 앞에 있어도 눈은 이를 보지 못하며, 옆에서 천둥이 치고 북이 울려도 귀는 이를 듣지 못하는 것이다."[199]

이렇게 도덕성의 인식과 실천의 기관인 마음이 욕구와 감정의 기관인 감각기관을 제어해야 한다는 견해는 곧바로 도덕성의 체계에 의해 욕구나 감정, 그리고 심지어는 지적 능력의 체계까지도 통제되어야 한다는 덕성우월론으로 이어진다. 다음 진술문들은 이러한 주장을 펴고 있는 예들이다.

197 天論 24~25.

198 心者形之君也 而神明之主也 出令而無所受令 (解蔽 14)

199 心不使焉 則白黑在前 而目不見 雷鼓在側 而耳不聞 (解蔽 2)

눈으로 하여금 예(禮: 도덕성의 체계)가 아니면 보려 하지 않게 하고, 귀로 하여금 예가 아니면 들으려 하지 않게 하며, 입으로 하여금 예가 아니면 말하려 하지 않게 하고, 마음으로 하여금 예가 아니면 생각하지 않게 해야 한다.[200]

『서경』(書經)에 이르기를 "자기대로의 좋아하는 감정을 억누르고, 오직 옛 성왕이 정하신 법(도덕 원칙)을 따르며, 또 자기대로의 싫어하는 감정을 나타내지 말고, 반드시 옛 성왕의 법을 따르라"고 하였으니, 이것은 군자가 공의(公義: 도덕성의 체계)로써 개인적 감정과 욕구를 이겨야 함을 말한 것이다.[201]

무엇이 사람의 마음을 가리워지게 만드는가? 좋아서 하고 싶은 것〔欲〕이 가리워지게 만들고, 싫어하는 것〔惡〕이 가리워지게 만든다. 〔……〕 무릇 모든 사물을 변별하게 되면, 서로 가리워지지 않는 것은 아무것도 없다. 이것이 '마음 씀의 공통적인 걱정거리〔心術之公患〕'인 것이다. 〔……〕 성인은 '마음 씀의 걱정거리〔心術之患〕'와 그 '가리워지고 막히는 폐해〔蔽塞之禍〕'를 알고 계셨다. 그리하여 좋아서 하고 싶어 하는 감정도 없고, 싫어서 피하고자 하는 감정도 없이 〔……〕 모든 사물을 함께 벌여놓고, 그 가운데에 도덕성이라는 기준을 드리움으로써, 모든 변별적 감정이 서로 가려 올바른 마음의 도리(도덕성의 체계)를 어지럽히지 못하도록 하셨다.[202]

---

200 使目非是無欲見也 使耳非是無欲聞也 使口非是無欲言也 使心非是無欲慮也 (勸學 21): 여기서의 是는 사람의 正道, 곧 禮를 말하는 것인데, 이는 『論語』 顔淵 1장의 非禮勿視 非禮勿聽 非禮勿言 非禮勿動과 같은 입장이다.

201 書曰 無有作好 遵王之道 無有作惡 遵王之路 此言君子之能以公義勝私欲也 (修身 40): 天論 37에는 끝 절만 此之謂也라고 바뀌었을 뿐, 같은 내용이 보인다.

202 故爲蔽 欲爲蔽 惡爲蔽 〔……〕 凡萬物異 則莫不相爲蔽 此心術之公患也 〔……〕 聖人知心術之患 見蔽塞之禍 故無欲無惡 〔……〕 兼陳萬物 而中縣衡焉 是故衆異不得相蔽以亂其倫也 (解蔽 3~10): 『荀子集解』에서는 첫 구의 故를 胡의 誤字로 보아, 何의 뜻으로 풀고 있다.

위의 첫 번째 인용문에서는 도덕성에 의한 욕구와 지적 작용의 통제에 대해 언급하고 있고, 두 번째 인용문에서는 도덕성에 따른 감정과 욕구의 통어에 대해 진술하고 있으며, 세 번째 인용문에서는 도덕성의 체계에 의한 지적 작용의 제어에 대해 논의하고 있다. 이와 같이 순자도 공자나 맹자와 마찬가지로 도덕성의 체계에 의해 욕구 체계, 감정 체계, 그리고 지적 능력의 체계까지도 전반적으로 통합되고 제어되어야 한다는 강한 덕성우월론의 관점을 견지하고 있는 것이다.

4) 선진유학사상의 심리구성체론 종합

지금까지 공자와 맹자, 그리고 순자가 사람이 태어날 때부터 인간의 본성에 본래 갖추어져 있는 심성의 구성 요소에는 어떠한 것들이 있으며, 또한 이들 사이의 관계는 어떠하다고 보고 있는지에 관한 이론, 곧 선진유학자들이 전개해온 인성론에 대해 살펴보았다. 이러한 이론적 고찰을 통해 선진유학사상에서 제시하고 있는 심리구성체론을 이끌어낼 수 있었다. 그것은 곧 인간의 심성은 덕(도덕성) · 지(지적 능력) · 정(감정) · 의(생물체적 욕구)의 네 요소로 구성되어 있다는 사분체계론과, 이들 가운데 도덕성이 중핵이어서 나머지 요소들은 모두 덕성에 의해 통제되어야 한다고 보는 덕성중심주의를 근간으로 하는 것이었다. 이제 여기에서는 이러한 선진유학사상에서 도출되는 심리구성체론을 종합하여 정리해보기로 하겠다.

(1) 선진유학사상의 사분체계론

전통적으로 현대 서구심리학은 인간의 심성을 지 · 정 · 의 삼분체계의 구조로 파악하는 입장에 근거하여 성립하고 있다. 현대심리학에서는 이들 각각을 인지 · 정서 · 동기의 문제로 다루며 연구해오고 있는데, 이들 세 체계 사이의 관계를 놓고도 인지우월론(認知優越論)의 관점에서 지적 체계를 중심으로 보는 관점이 현대심리학을 지배해왔던 것이다.

그러나 앞에서 보았듯이, 선진유학자들이 보는 심리구성체론은 이와는 다르다. 유학의 창시자인 공자는 분명한 인성론을 제시하고 있지는 않지만, 그는 인간에게 태어날 때부터 생물체적 욕구 체계, 감정 반응의 체계, 지적 인식능력의 체계, 그리고 도덕적 지향성의 체계 같은 네 가지 요소가 본유적으로 갖추어져 있다고 보고 있다. 누구나 자신에게 갖추어져 있는 도덕성을 스스로 다할 뿐만 아니라, 이를 다른 사람에게까지 미루어가는 일(忠·恕)이 바로 공자의 사상 전체를 꿰뚫는 핵심[203]이라는 사실은, 그가 이 네 체계 가운데 도덕성의 체계를 가장 중시하였음을 단적으로 드러내준다.

맹자는 유학사에서 처음으로 분명한 인성론인 성선설을 제시하고 있는데, 그도 또한 공자와 마찬가지로 생물체적 욕구 체계, 감정 반응의 체계, 지적 인식능력의 체계, 그리고 도덕성의 체계가 인간에게 본유적으로 갖추어져 있다고 본다. 그의 성선설의 핵심은 이러한 인간 본성의 네 요소 가운데 도덕성의 요소를 중심으로 하여 인간의 특성을 이해하려 한다는 점이다. 곧 인성을 구성하는 다른 요소들, 특히 생물체적 욕구와 감정 반응의 체계는 인간과 동물이 공유하는 것이므로, 이를 인간을 규정하는 본성으로 볼 수는 없다는 것이 맹자의 생각이다. 그 대신 그는 인간만이 독특하게 갖추고 있는 특성, 곧 도덕성에서 인간의 본성을 찾아야 한다는 입장인 것이다. 그에 따르면, 이러한 도덕성이 인간에게 본디부터 갖추어져 있다는 사실은 사단의 존재,[204] 인의예지 같은 도덕성의 본유성,[205] 그리고 이러한 본유적인 도덕성을 인식하고 일상생활에서 실천할 수 있는

203 『論語』, 里仁 15; 衛靈公 23.

204 『孟子』, 公孫丑上 6.

205 告子上 6; 盡心上 21.

능력인 양지(良知)와 양능(良能)의 구비성에서 찾아볼 수 있다.

이러한 심리구성체 가운데 맹자가 가장 중시한 것은 도덕적 인식능력과 도덕적 행위능력이다. 맹자에게 양지와 양능은 "아주 어린아이라도 태어나면서부터 누구나 자기 어버이를 친애할 줄 알고, 자라나서는 누구나 자기 형을 공경할 줄 아는 것"[206]이다. 어버이를 친애하는〔親親〕 인(仁)의 시초와 어른을 공경하는〔敬長〕 의(義)의 시초를 깨달아 알고, 이를 실천할 수 있는 능력이 양지와 양능, 곧 도덕적 인식능력과 도덕적 행위능력인 것이다. 이렇게 맹자가 말하는 도덕적 인식능력과 도덕적 행위능력은 스스로가 도덕 주체임을 인식할 수 있는 능력〔良知〕과 이를 일상생활에서 실천할 수 있는 행위능력〔良能〕을 가리키는 것이다. 말하자면, 맹자에게 양지와 양능은 도덕성이라는 하나의 체계를 구성하는 동전의 앞면과 뒷면 같아서, 떼어내고자 해도 떼어낼 수 없는 능력들인 것이다. 여기에 인간 본성의 중핵을 도덕성에서 찾는 맹자 인성론의 관건이 놓여 있다.

순자도 공자 및 맹자와 마찬가지로 사람에게는 태어날 때부터 감각적 생리적 욕구 체계, 감정 반응 체계, 지적 인식능력의 체계, 그리고 도덕적 행위능력의 체계가 갖추어져 있다고 본다. 그런데 순자에게서 특이한 점은 그가 지적 능력의 체계를 그 어느 선진유학자보다도 강조하여, 인간을 지성 주체로 보고 있다는 사실이다. 그러나 그에게서도 이러한 지적 능력을 통해 사람이 인식해야 할 가장 중요한 것은 스스로가 본유하고 있는 도덕성이다. 이러한 도덕성의 인식은 상황에 알맞는 도덕적 행위의 선택과 이를 기초로 한 도덕성의 일상적 실천의 근거로서 중요하다는 것이 순자의 기본 입장인 것이다.

이러한 순자의 관점은 지(知)와 능(能)에 관한 그의 견해를 통해 이해할

206 盡心上 15.

수 있다. 여기서 지는 외부의 사물을 받아들여서 종합하고, 분별하고, 판단하는 지성적인 인식능력이다. "무릇 알 수 있는 것은 사람의 본성이고, 이를 통해 알게 되는 것은 사물의 이치이다"[207]라는 순자 자신의 진술에서도 분명히 드러나듯이, "인식할 수 있는 근거가 사람에게 갖추어져 있는 것"이 바로 지인 것이다.[208] 이어서 능은 옳은 것으로 판단된 도리를 행하고 지킴으로써 도덕성의 실천에 이를 수 있는 도덕적 행위능력이다. 곧 "도를 알기만 하는 것은 이를 행하는 것만 못하다. 배움이란 배운 것을 실제로 행하는 데서 끝나는 것이다"[209]라는 진술에서 순자가 말하는 바의, 알게 된 도를 실제로 "행할 수 있는 근거가 사람에게 갖추어져 있는 것"이 바로 능인 것이다.[210]

이렇게 『순자』에서 지와 능은 도덕적 인식과 도덕적 행위의 근거가 되는 심리구성체이다. 맹자와 마찬가지로 순자에게도 도덕적 인식과 도덕적 실천은 서로 떼어서 생각할 수 없는 도덕성 자체의 부분들이다. 곧 순자에게 지적 능력을 통한 도덕성의 인식은 이의 실행을 위한 전제이며, 도덕성을 인식하는 목표는 바로 도덕적 행위능력을 통한 도덕성의 실천인 것이다.

이렇게 보면, 선진유학자들은 감각적 생물체적 욕구 체계(欲), 외부 사물이나 자기 자신 또는 타인을 지향 대상으로 하여 유발되는 감정 반응의 체계(情), 외부 환경 세계와 자기 자신 및 타인, 그리고 스스로가 갖추고 있는 도덕성을 인식할 수 있는 지적 능력의 체계(知), 그리고 도덕적 지향성과 도덕 의지 및 도덕적 행위능력으로 드러나는 도덕성의 체계(德)의

207 『荀子』, 解蔽 25.
208 正名 3.
209 儒效 33.
210 正名 3.

네 가지로 인간의 심리구성체를 파악하고 있다고 볼 수 있다. 곧 선진유학에서는 심리구성체가 도덕성 · 지성 · 욕구 및 정서의 체계로 이루어져 있다고 보는 셈이다. 이러한 관점에서는 도덕성이 종래의 심리학에서 추구했던 인지 · 동기 · 정서와 별도로 연구되어야 할 필연성이 도출되며, 여기에 바로 동양심리학이 성립될 수 있는 밑바탕이 놓여 있다고 볼 수 있을 것이다.

(2) 선진유학사상의 덕성중심주의

유학의 심리구성체론에서 특별히 주의해서 생각해보아야 할 것은, 이 체계에서 지적 인식능력과 도덕적 행위능력을 별개의 심리구성체로 상정하기는 하지만, 이 양자의 기능은 유학의 근본 목적인 성덕이라는 한 가지 목표로 통합되는 것이어서, 따로 떼어 고찰할 수가 없다는 사실이다. 스스로에게 갖추어져 있는 도덕성과 스스로가 도덕 주체라는 사실에 대한 인식은 일상생활에서 도덕을 실천할 것을 목표로 하는 것이고, 또 후자(도덕 실천)는 전자(도덕 인식)를 근거로 하기 때문이다.

이렇게 도덕적 인식과 이의 일상적 구현은 도덕 주체로서 인간이 이루어야 하는, 서로 분리할 수 없는 양 측면이라는 것이 유학사상의 특징이다. 유학자들은 인식 없는 실행이나 실행을 전제로 하지 않는 인식은 모두 공허한 것으로 보고 배격하는 입장을 취하며, 도덕 주체인 인간에게서 이 두 측면(인식과 실행)이 통합되는 것이 바로 덕을 이루어 군자가 되는 길이라고 보는 것이다.[211]

도덕적 인식과 그 실행이 통합되어야 한다는 것은 공자로부터 이어지는 유학의 전통이다. 유학의 가장 핵심적 경전인 『논어』는 공자의 "배우

211 김승혜, 1990; 勞思光, 1967/1986; 蔡仁厚, 1984; Nisbett, 2003; Tu, Wei-Ming, 1985.

고 (지적 능력에 의한 인식) 그것을 때에 맞추어 익히면 (도덕적 행위능력을 통한 실행) 또한 기쁘지 아니 하겠는가?"[212]라는 말씀에서 시작하여, 도덕적 인식과 그 실행의 통합을 강조하는 유학의 전통을 열고 있다. 이러한 입장을 공자는 "도(道)를 깨달아 알기만 하는 사람은 그것을 실천해보아서 좋아하는 사람만 못하고, 그것을 좋아하기만 하는 사람은 그것을 체현하여 즐기는 사람만 못하다"[213]고 표현하기도 하여, 사람이 해야 할 일, 곧 도덕성의 인식과 실행이 통합되어야 함을 역설하고 있는 것이다.

맹자도 공자의 입장을 이어받아, 도덕적 인식과 실행의 통합이 중요함을 다음과 같이 진술하고 있다.

> 군자가 올바른 방법으로 깊이 탐구하여 나아가는 것은 스스로 깨달아 얻고자 하는 것이다(도덕 인식). 스스로 깨달아 도를 얻으면 이에 처하는 것이 안정되고, 그렇게 되면 도를 활용하는 데 더욱 깊이가 있게 된다(도덕 실천). 이렇게 도를 활용하는 데 깊이가 있게 되면, 자기의 좌우 가까이에서 항상 그 근원을 파악하게 된다. 그러므로 군자는 스스로 도를 깨달아 얻고자 하는 것이다.[214]

맹자는 이렇게 도를 깨달아 인식하는 일〔明道〕과 이를 일상생활에서 실행하는 일〔集義〕의 조화(配義與道), 곧 도덕 인식과 실행의 통합을 군자가 되는 핵심이라고 본다. 이는 그가 유명한 호연지기론(浩然之氣論)에서 밝히고 있는 입장이다.[215]

도덕적 인식과 실천의 통합에 대해서 공자와 맹자보다 더 집중적으로

---

212 『論語』, 學而 1.

213 知之者不如好之者 好之者不如樂之者 (雍也 18)

214 『孟子』, 離婁下 14.

215 敢問浩然之氣 曰 難言也 〔……〕 其爲氣也 配義與道 無是 餒也 (公孫丑上 2)

논의하고 있는 사람은 순자이다. 앞에서도 지적하였듯이, 순자에게 도는 곧 인도(人道)이고,[216] 이는 곧 예의(禮義)이다.[217] 예의는 일상생활, 개인 감정, 자연 질서, 사회 질서 같은 인간 생활 전반의 규범이므로, 이는 실생활의 실천을 전제로 하는 것이다.[218] 그렇다면, 이러한 예의에 대한 인식은 이의 실천과 불가분의 관계에 있을 수밖에 없다. 양자 사이의 관계에 대한 순자의 입장은 다음의 진술에 잘 드러나 있다.

> 마음이 도를 인식한〔知道〕 다음에야 도를 옳은 것으로 받아들이게 되고〔可道〕, 도를 옳은 것으로 받아들인 다음에야 비로소 도를 지키고〔守道〕, 그럼으로써 도가 아닌 것을 금할 수〔禁非道〕 있게 된다. 〔……〕 도를 인식하여 밝게 깨닫고〔知道察〕, 인식한 도를 실행하면〔知道行〕, 도와 일체를 이룬 사람〔體道者〕이 되는 것이다.[219]

이 인용문에서 "도를 인식하고, 옳은 것으로 받아들이는 일"〔知道 · 可道〕은 "도를 인식하여 밝게 깨달은 상태"〔知道察〕에 해당하고, "도를 지키고, 도 아닌 것을 금하는 일"〔守道 · 禁非道〕은 "인식한 도를 실행하는 상태"〔知道行〕에 해당하는 것이다. 그러니까 도의 인식〔察道〕은 도를 인식하여 옳은 것으로 받아들이는 일을 말하고, 도의 실행〔行道〕은 도를 지키고, 도 아닌 것을 금하는 일을 말하는 셈이다. 이렇게 "지도찰(知道察) · 지도행(知道行)의 구절에 근거하여 마음이 능히 지도(知道) · 가도(可道) · 수도(守道) · 금비도(禁非道)할 수 있다는 말을 살펴보면, 순자가 주장하는 인지

216 『荀子』, 儒效 9~10.
217 禮者人道之極也 (禮論 13)
218 唐君毅, 1986; 牟宗三, 1979; 柳熙星, 1993; 張其昀, 1984; 蔡錦昌, 1989; 蔡仁厚, 1984; 馮友蘭, 1948/1977; 黃公偉, 1974; Cua, 1985; Dubs, 1927.
219 解蔽 11~13.

심(認知心)은 실제로 지(知)·행(行)의 두 방면을 아울러 포괄하는 것으로, 다만 인지의(認知義)뿐만 아니라, 실천의(實踐義)도 포함하는 것임을 알 수 있다."[220]

이상의 논의들에서 분명히 드러나듯이, 유학사상에서는 도덕적 인식과 실행은 서로 분리하여 생각할 수 없으며, 양자의 통합이 이상적 인간이 되는 지름길이라고 본다. 따라서 유학사상에서 보는 도덕성의 문제를 고찰하기 위해서는 도덕적 인식만이 아니라, 그 실천의 문제를 함께 고려할 필요가 있다. 이렇게 도덕적 인식과 이의 실천의 통합을 이룬 사람들이 바로 군자나 성인인 것이다.

이에 비해, 이기적 생물체적 욕구와 감정 반응이 삶의 중심이 되고 있는 사람이 소인이다. 도덕성을 밝게 인식하여 이를 일상생활에서 실천하는 군자[221]는 이러한 욕구와 감정을 잘 통제하여, 이들이 항상 도덕성의 지도 아래 있도록 한다.[222] 이렇게 도덕성이 심성의 중핵적 요소가 되어야 한다는 것이 공자로부터 이어지는 유학의 전통이다.

이와 같이 도덕성의 인식과 실천이 인간 심성의 중핵적 요소여서, 생물체적 욕구와 감정 반응의 체계가 도덕성의 체계에 의해 통제받아야 하는 까닭을 맹자와 순자는 두 가지 근거에서 찾고 있다. 그 하나는 도덕성의 인식과 실천은 본인이 하기에 달려 있는 것, 곧 스스로 통제할 수 있는 것〔在我者, 在己者〕이지만, 생물체적 욕구의 충족과 감정 반응의 유발 조건은 외부 상황의 요인에 달려 있는 것, 곧 본인이 스스로 통제할 수 없는 것〔在外者, 在天者〕이기 때문이다.[223] 또 하나는 생물체적 욕구와 감정 반응의

---

220 蔡仁厚, 1984, p. 416.

221 『論語』, 里仁 16.

222 里仁 5; 顔淵 1, 4; 衛靈公 31, 32.

223 『孟子』, 盡心上 3; 『荀子』, 天論 28~29.

관장 기관은 눈·코·입·귀·피부 같은 감각기관(五官)이지만, 도덕성의 관장 기관은 마음(心)으로서,[224] 마음은 사람의 한가운데 자리 잡고 있어서 감각기관을 다스리는 군주가 되기 때문이다.[225]

이러한 이론적 배경을 바탕으로 하여 선진유학자들은 강한 덕성중심주의의 견해를 굳게 간직하고 있으며, 이러한 태도는 이후 전개된 모든 유학사상의 전통이 되어왔다. 이와 같이 인간 심성을 구성하는 구성체들 가운데 도덕성이 핵심이라는 덕성우월론의 관점에 서게 되면, 심성을 구성하는 요소들 사이의 관계도 도덕성의 요소를 중핵으로 하고, 나머지 요소들, 특히 욕구와 감정의 체계는 도덕성에 지배되는 부차 체계이거나 또는 이에 부속되는 체계로 볼 수밖에 없을 것이다. 여기에서 바로 지성중심주의의 맥락 아래 인지우월론의 관점에서 전개되어온 현대 서구심리학과는 다른 양상을 띠는 동양심리학이 성립할 수 있는 근거를 찾아볼 수 있을 것이다.

2. 현대 서구심리학의 삼분체계론과 이성중심주의

이상에서 선진유학사상의 인성론에서 도출되는 심리구성체론은 덕·지·정·의 사분체계론과 이 네 요소 가운데 덕성의 요소를 핵심으로 하는 덕성중심주의를 근간으로 하고 있다는 사실이 밝혀졌다. 이와는 대조적으로 현대 서구심리학의 바탕이 되어온 심리구성체론은 지·정·의 삼분체계론과 이 세 요소 가운데 지성의 요소를 중심으로 삼는

224 『孟子』, 告子上 15; 盡心上 1; 『荀子』, 解蔽 10~13; 正名 6~8; 性惡 6.
225 『荀子』, 天論 24~25; 解蔽 14.

이성중심주의의 맥락 위에 서 있다. 이러한 삼분체계론과 이성중심주의는 고대 그리스시대로부터 면면히 이어져온 서구 철학의 전통이었다고 볼 수 있다.[226]

1) 서구의 삼분체계론적 전통

인간의 영혼이나 정신 또는 마음의 기능이나 이들이 본유적으로 갖추고 있는 능력 및 그 구성 요소들을 이성 · 감성 · 욕구, 곧 지 · 정 · 의의 세 체계로 정리해보려는 견해는 서구 사회에서 아주 뿌리가 깊은 사상이었다. 이는 고대 그리스시대로부터 비롯되어, 중세를 거쳐 근세에 이르기까지 서구 철학의 전통적인 관점이었으며, 현대 서구심리학은 이러한 전통 위에서 태동되었던 것이다.[227] 여기에서는 고대로부터 현대에 이르기까지 서구 사회의 사상적 전통이 되어온 이러한 삼분체계론을 시대별로 간단히 살펴보기로 하겠다.

(1) 고대와 중세의 철학

서구 사회에서 인간 심성의 구성 요소를 지 · 정 · 의 세 체계로 보는 관점의 서막을 연 사람은 고대 그리스의 철학자인 플라톤(Platon, B. C. 428~348)이었다. 그는 인간의 영혼(psyche)이 욕망(epithumetikon) · 열정(thumikon) · 이성(logikon)으로 구성된다고 보았다.[228] 이 가운데 "욕망은 영양 섭취 및 종족 번식과 관련하며, 그래서 종의 보존을 실현시킨다. 열정은 권력 · 우월함 · 인정받음 등의 사회적 가치들을 추구한다. 욕망은

---

226 이 절 가운데 18세기 이후의 조류는 주로 Hilgard(1980)에 기대어 정리하였음.

227 정양은, 1970, 1986; Hilgard, 1980; Parkinson & Colman, 1995.

228 박전규, 1985, p. 44; Bordt, 1999/2003, pp. 107~111; Dickinson, 1967/1989, p. 148; Guthrie, 1960/2003, pp. 146~151; Höffe, 1994~1995/2001, Vol. 1, pp. 100~101; Ricken,1988/2000, pp. 155~170.

이성과는 무관한 본능적 충동이다. 열정은 그것이 판단력에 의해 해소될 수 있는 한에서 이성에 동참한다. 그러나 그것 자체는 이성적 판단은 아니다."[229] 이러한 두 하위 능력에 견주어 이성은 인간만이 가지고 있는 사고의 능력으로서, 욕망과 열정을 다스리는 역할을 한다는 것이 플라톤의 생각이다.

플라톤의 영혼 삼체계설은 그가 제시한 국가의 구성 원칙으로부터 도출된다. 그에게 "국가는 확대된 인간이며, 인간은 축소된 국가이다. 영혼이 가지고 있는 능력들 사이의 관계는 국가를 구성하는 계층들 사이의 관계에 상응한다."[230] 그에 따르면, 국가는 철인(哲人)인 지배계층, 군인인 호위계층, 그리고 일반 대중인 생산계층으로 구성되는데, 각 계층에 지배적으로 요구되는 덕(aretē)이 지혜 · 용기 · 절제로서, 각각 인간의 영혼이 갖추고 있는 이성 · 열정 · 욕망의 최선, 또는 최적의 발현 상태에 해당된다는 것이다. 이상적이고 평화로운 국가에 지혜 · 용기 · 절제의 덕을 갖춘 지배계층 · 호위계층 · 생산계층이 갖추어져 있어야 하듯이, 개인의 영혼에 이 세 가지 덕의 근원이 되는 이성 · 열정 · 욕망의 기능이 갖추어져 있다는 것이 플라톤의 영혼 삼체계설이다.

이러한 플라톤의 영혼 삼체계설은 아리스토텔레스(Aristoteles, B. C. 384~322)에게 이어졌다.[231] "그는 플라톤의 영혼 삼분법을 이어받았다. 이에 따라 그는 영혼을 영양혼(vegetative soul)과 감각혼(sensory soul), 그리고 이성혼(rational soul)으로 나누고 있다. 이 중의 첫 번째 영양혼은 모든 생물이 지니고 있는데, 이 영양혼을 가진 생물은 모두 신진대사를 한다고 할 수 있다. 감각혼 즉 감수성은 동물과 인간에게 있지만 식물에는 없는

229 Ricken, 1998/2000, pp. 159~160.
230 Ricken, 1988/2000, p. 160.
231 Brett, 1921, Vol. 2, p. 139.

반면에, 이성혼 즉 이성은 인간에게만 특유한 것이다."[232] 여기서 영양혼 · 감각혼 · 이성혼은 각각 플라톤의 욕망 · 열정 · 이성에 해당하는 것으로, 이와 같이 아리스토텔레스는 플라톤의 영혼 삼체계설을 받아들이고 있다.

플라톤과 아리스토텔레스 같은 고대 그리스의 철학자들은 "영혼에 종교적이거나 초자연적인 속성을 부여하지는 않았는데, 인간의 영혼에 종교적이거나 초자연적인 속성을 첨가한 것은 〔……〕 중세의 기독교 철학자들이었다."[233] 이들 가운데 대표적인 사람은 "주로 플라톤의 영향을 받은 아우구스티누스(St. Augustinus, 354~430)"와 "아리스토텔레스 철학을 기초로 삼고 기독교의 교리를 합리화 시켰던 토마스 아퀴나스(St. Thomas Aquinas, 1225~1274)"[234]였다.

플라톤의 영향을 받은 아우구스티누스는 그의 영혼 삼체계설을 그대로 받아들였는데, "그 당시 아우구스티누스가 사용한 용어는 인식 · 감정 · 의지의 삼중 구조를 시사하는 것이었다."[235] 아우구스티누스에 따르면, 악은 나쁜 의지의 산물인데, 이는 인식능력인 이성에 의한 신성(神性)의 인식에 의해 종교적으로 제어될 수 있다고 보았다.

아리스토텔레스의 영향을 받은 아퀴나스는 아우구스티누스의 이러한 견해를 이어받았다. "그는 아우구스티누스의 '의지'가 아리스토텔레스의 '이성'에 의해 지배되어야 하며, 아리스토텔레스의 '이성혼'은 불멸적이고 부활하는 것"이어서, 종교적 인식과 체험의 근거가 된다고 보았다. "아퀴나스는 아리스토텔레스의 '영혼'의 위계설을 수정하여, 인간에게

---

232 Russell, 1959/2003, p. 140.
233 Wesley, 1972, p. 58.
234 Russell, 1959/2003, p. 186.
235 Brett, 1921, Vol. 2, p. 20. (Hilgard, 1980, p. 108에서 재인용)

는 단일한 영혼이 있을 뿐인데, 이러한 영혼은 비물질적이어서 불멸하는 이성 능력(rational faculty)과 물질적이어서 신체와 함께 소멸하는 감각 능력(sensory faculty)과 영양 능력(vegetative faculty)으로 구성된다고 주장하였다."[236]

이와 같이 중세 기독교 철학자들도 고대 그리스 철학자들과 마찬가지로, 인간의 영혼 또는 마음이 지 · 정 · 의 세 요소로 구성되어 있다고 보아, 서구 철학의 전통을 형성하고 있다. 다만 고대의 플라톤과 아리스토텔레스는 영혼의 위계설(영양혼 → 감각혼 → 이성혼)을 전개하고 있는 데 반해, 중세 기독교 철학자들, 특히 아퀴나스는 이를 다만 영혼 또는 마음의 다양한 기능이나 능력으로 개념화하며, 이성에 종교적 초자연적 특성을 부여하고 있다는 정도의 차이만을 보이고 있다고 할 수 있을 것이다.

(2) 18세기 독일과 스코틀랜드의 철학과 능력심리학

근대에 들어서서 인간 심성의 삼분체계설이 본격적으로 전개된 것은 라이프니츠(Wilhelm Leibniz, 1646~1716)와 칸트(Immanuel Kant, 1724~1804) 사이의 18세기 독일에서였다. 이 시기 독일에서는 인간 심성이 갖추고 있는 여러 가지 능력을 확인해내려는 능력심리학(faculty psychology)이 태동되어 탐구되고 있었으며, 곧 스코틀랜드학파(Scottish School)와 연계하여, 고대 그리스시대 이래 이어져온 인간의 심성이 갖춘 능력의 지 · 정 · 의 삼체계설을 주장하고 전파하는 온상의 역할을 하였다. 마침 18세기 유럽 대륙의 시대 조류는 계몽주의였는데, 계몽주의가 표방하는 개인과 그의 의식에 대한 관심, 개인의 심성이 갖추고 있는 능력들에 대한 무한한 신뢰라는 시대정신과 부합되면서, 능력심리학에서 주장하는 인간 능력의

236 Wesley, 1972, p. 59.

삼분체계설은 인간 심성에 대한 타당한 이론으로서의 지위를 획득하게 되었다.[237]

독일에서 인간의 심성이 갖추고 있는 능력으로 강조하는 능력심리학의 문을 연 사람은 울프(C. Wolff, 1678~1754)였다.[238] 그러나 그는 삼체계설 대신 마음의 능력을 인식과 욕망의 두 가지로 보고 있다. 그에 이어서 바움가르텐(A. G. Baumgarten, 1714~1762)은 마음이 가지는 감정의 능력을 상정하였다. 이 두 사람의 견해를 종합하여, 인간의 심성이 가지는 능력을 이해 · 감정 · 의지의 세 체계로 분류하는 이론을 제시한 사람이 멘델스존(M. Mendelssohn, 1729~1789)이다. 멘델스존에 이르러 "심리학은 그 자체 광범위한 계몽주의운동의 중요한 분야가 되어, 경험의 주체인 인간을 새로운 최상위의 지위로 끌어올리게 되었다."[239]

멘델스존에 이어 인간의 마음이 인식 · 감정 · 의지의 세 가지 근본 능력을 갖추고 있다고 주장한 사람은 물리학이나 생리학과는 다른 심리학의 특성을 분트(Wilhelm Wundt, 1832~1920)보다 100년이나 앞서서 그 분석적이고 내성적인 방법에서 찾았던 테텐스(J. N. Tetens, 1736~1805)였다.[240] 그는 자신의 경험을 조심스럽게 내성(內省, introspection)을 통해 관찰함으로써, 멘델스존이 도달했던 결론, 곧 마음의 삼분체계 능력설에 이르게 되었던 것이다.

능력심리학자들의 이러한 마음의 삼분체계 능력설은 칸트에 의해 지지를 받으면서, "당시 가장 영향력 있는 철학자의 지원을 받게 되었다." 칸

237 Hilgard, 1980, pp. 107~111.

238 Hilgard, 1980, p. 108: 보통 '능력심리학'은 전적으로 '스코틀랜드학파'와 관련하여 논의되고 있으나(예: Boring, 1950; Robinson, 1976), Hilgard(1980, pp. 108~110)는 이의 발상을 18세기 독일의 심리학자들과 철학자들에게서 찾고 있다.

239 Hilgard, 1980, p. 108.

240 Brett, 1921, p. 328.

트의 세 비판서(순수이성비판, 실천이성비판, 판단력비판) 가운데 "순수이성은 지성 또는 인지에 해당되고, 실천이성은 의지, 행위 또는 의욕에 해당되며, 판단력은 쾌 또는 고통의 감정에 해당된다."[241] 경험적 내성에 의해 삼체계 능력설을 주장한 테텐스와는 달리, 칸트는 인간의 선험적 능력에 대한 조심스러운 반성적 사고를 통해 삼분체계 능력설에 도달하게 되었다. 이러한 사실은 칸트 자신의 다음과 같은 진술에서 잘 드러나고 있다.

> 절대적이고 더 이상 다른 것으로 환원할 수 없는 세 가지 능력, 곧 인식 · 감정 · 욕망의 능력이 인간의 마음에 갖추어져 있다. 자연 현상에 대한 이론적 인식을 지배하는 법칙은 순수한 선험적 개념 안에서 오성(悟性, understanding)에 의해 제공된다. 욕망이 따라야만 하는 법칙은 자유라는 개념 안에서 이성(reason)에 의해 선험적으로 규정된다. 인식과 욕망 사이에는 쾌 또는 고통의 감정이 존재하는데, 이는 판단력(judgment)이 오성과 이성 사이를 중재하는 것과 마찬가지이다. 그러므로 우리는 판단력이 그 자체 오성의 원리나 이성의 원리와는 별개의 선험적인 원리를 갖추고 있다는 사실을 인정해야만 한다.[242]

이 인용문에서 밝혀지고 있듯이, 칸트는 마음의 능력을 더 이상 다른 것으로 대체할 수 없는 세 가지, 곧 지 · 정 · 의로 개념화하여 받아들이고 있으며, 이러한 세 능력은 그 자체 선험적인 근거를 가지는 것이라고 주장하여, 마음의 삼체계설에 논리적인 확실성을 부여하고 있다.

독일에서 발달된 능력심리학은 스코틀랜드의 레이드(T. Reid, 1710~1796)와 스튜어트(D. Stewart, 1775~1828) 같은 사람들에 의해 받아들

241 Hilgard, 1980, p. 109.
242 Kant, 1888, p. 311.

여져서, 19세기 중반 해밀턴(W. Hamilton, 1788~1856)으로까지 이어졌다. 레이드와 스튜어트 같은 스코틀랜드학파는 인간이 가지고 있는 다양한 능력들을 찾아내는 일에 주력하였을 뿐, 마음의 삼분체계 능력설에는 그리 큰 관심이 없었다. 한 가지 예로, 레이드는 마음이 가지는 24개의 활동적 능력(예: 자기 보존, 배고픔, 모방 본능, 권력욕, 자존감, 감사함, 연민, 의무감, 상상력 등)과 6개의 지적 능력(예: 지각, 판단, 기억, 개념화, 도덕적 선호 등)의 목록을 제시하고 있다.[243] 레이드와 스튜어트의 이와 같은 능력 목록은 모두 37개에 이르렀는데, 이는 골(F. J. Gall, 1758~1828)에 의해 받아들여져, 그가 골상학(骨相學, phrenology)의 논지에 따라 각 심적 능력에 대한 대뇌 국소화(localization)를 이론화하는 밑바탕이 되었다.[244]

레이드와 스튜어트 같은 스코틀랜드 학파가 이렇게 다양한 능력의 목록 작성을 위해 노력했다고 해서, 그들의 이론을 능력의 삼체계설에 따라 해석할 수 없는 것은 아니다. 이들의 능력심리학의 관점을 19세기에 이어받은 해밀턴은 "인간의 정신 현상은 세 가지 자연적 범주 또는 일차적인 종류로 나뉜다. 그들은 인식 또는 인지 현상, 감정 또는 쾌와 고통의 현상, 그리고 의욕 또는 의지와 욕망의 현상이다"[245]라고 진술하여, 독일의 철학자와 심리학자들이 견지하고 있었던 서구 전통의 인간 능력 삼체계설을 이어받고 있었던 것이다.

스코틀랜드학파의 능력심리학과 골상학의 연결은 마음 또는 정신의 능력 또는 기능을 대뇌 기능에서 찾아보려 했다는 점에서 심리학의 과학화에 공헌한 측면이 있다. 그러나 골상학의 이론적 근거가 희박하다는 사실이 밝혀졌을 뿐만 아니라, 19세기에 들어서 낭만주의가 지배적인 조류로

243 Boring, 1950, p. 205.

244 Boring, 1950, pp. 51~58, 205~207; Hilgard, 1980, p. 110.

245 Hamilton, W., Sr., 1854, Vol. 2, p. vii. (Hillgard, 1980, p. 110에서 재인용)

등장함에 따라 인간 마음의 개별적이고 서로 다른 많은 능력들의 확인보다는 인간 정신 작용의 전반적인 통일성의 검증이 시대정신으로 부각됨으로써, 스코틀랜드학파의 능력심리학은 퇴조할 수밖에 없었다.[246] 또한 이렇게 다양한 개별적 능력의 존재에 대한 가정은 어떠한 설명 능력도 갖지 못한다는 점이 밝혀졌다는 사실도 능력심리학의 퇴조에 영향을 끼친 요인이었다. "왜냐하면, 이러한 능력들이 존재한다고 주장할 수 있는 유일한 증거는 바로 그러한 심리 현상들이 있다는 것"으로 "이러한 능력들은 새로운 심리 현상들을 우리에게 제공해주거나, 이미 알려져 있는 심리 현상들에 관하여 보다 정확한 이해를 제공해주지"[247] 못하기 때문이다.

(3) 19세기 영국의 연합주의 심리학

19세기에 들어서면서 영국의 심리학자들을 중심으로 연합주의(associationism) 심리학이 대두되면서, 인간 심성이 갖추고 있는 서로 다른 다양한 능력의 존재 여부에 관심을 갖는 입장에 대한 비판이 이어져, 능력심리학이 퇴조하게 되었다. 이들은 정신 작용의 통합성에 대한 관심에서, 통일되고 종합적인 인간 정신을 구성하는 요소들의 연합 과정의 연구에 열을 쏟았다. 그러나 이들이 능력의 개념을 비판하기는 하였지만, 능력심리학자들이 제시했던 심성의 삼체계설 자체를 폐기했던 것은 아니었다. 예를 들면, 브라운(T. Brown, 1779~1820)같이 스코틀랜드학파에 몸담았다가 이를 비판하고 연합주의의 주장을 편 학자도 능력의 개념을 철저히 비판하기는 했지만, 마음의 삼체계설에 대해서는 여전히 강한 지지를 보였다. 곧 19세기에 들어서서도 "마음의 삼체계설은 여전히 대중적인

---

246 Boring, 1950, pp. 57~58.
247 Shaffer, 1981/1983, p. 9.

인기를 누리고 있었던 것이다." 이들은 "모든 정신생활의 표현은 인식 · 감정 · 욕망이 각 순간에 하나의 기능으로 나타나서, 한 때는 이 중 어느 하나가, 다른 때는 또 다른 것이 지배적으로 나타나게 된다"고 봄으로써, 마음이 서로 다른 세 가지 능력을 갖추고 있는 것이 아니라, 통합적인 마음의 작용 또는 기능이 각 순간에 서로 다른 세 가지 측면으로 드러날 뿐이라고 보고 있는 것이다.[248]

19세기에 들어서서 꽃피게 된 영국 연합주의 심리학의 대표자는 베인(A. Bain, 1818~1903)이었다. 그가 출간한 두 권의 책[249]은 "19세기 내내 영국 심리학계에서 표준적인 교과서로 받아들여졌다."[250] 그는 영국 연합주의 철학의 대표자인 밀(John Stuart Mill, 1806~1873)과 교유하였는데, 이 과정에서 밀 부자(父子, 아버지인 James Mill, 1773~1836과 아들인 John Stuart Mill)의 연합의 법칙에 기초한 마음의 연합주의적 구성의 교의를 받아들이게 되었다. 보링(E. G. Boring)에 따르면, "밀 부자와 베인은 (당시까지 전개되어온) 철학적 심리학의 수준을 과학적 심리학이 곧바로 넘겨받아 연구할 수 있을 정도의 위치로까지 끌어올렸다."[251] 베인의 작업은 미국심리학계에도 영향을 미쳤는데, 미국심리학의 비조라 일컬어지는 "윌리암 제임스(William James, 1842~1910)도 자기 저술[252]의 무려 27쪽에서 베인을 비교적 길게 인용하면서 자기의 이론적 입장을 지지하는 전거로 삼고 있기도 하다."[253]

베인이 영국 심리학계에서 차지하는 이러한 지배적인 위상에 비추어볼

248 Hilgard, 1980, pp. 108~111. (직접 인용은 각각 p. 111과 pp. 109~110임)

249 The Senses and Intellect (1855); The Emotions and the Will (1859).

250 Hilgard, 1980, p. 111.

251 Boring, 1950, p. 210.

252 The Principles of Psychology (1890).

253 Hilgard, 1980, p. 111.

때, 마음의 삼체계설에 대한 그의 입장은 19세기 영국 심리학계의 공식적인 견해라고 볼 수 있다. 베인은 『감각과 지성』(The Senses and Intellect)이라는 저술의 서문에서 "마음의 표출은 전적으로 연합의 법칙에 따른다"고 하여 자기가 능력이라는 개념을 버렸음을 분명히 선언하였지만, 마음이 표출하는 현상은 보통 다음의 세 가지 측면에서 이해할 수 있다고 진술하여 자기가 마음의 삼체계설을 지지하고 있음을 확실히 하고 있다.

> I. 그것이 전부는 아니지만, 쾌와 고통을 포괄하는 '감정'(FEELING): 정서(emotion) · 열정(passion) · 정의(情誼, affection) · 정조(情操, sentiment)들이 감정을 나타내는 명칭들이다.
>
> II. 감정에 의해 방향 지워지는 인간 행위 전체를 포괄하는 결의(VOLITION) 또는 의지(will).
>
> III. 사고(THOUGHT), 지성(intellect) 또는 인지(cognition).[254]

이 인용문에서 분명히 드러나듯이, 베인은 인간의 심리 현상이 감정 · 결의 · 사고, 곧 정 · 의 · 지의 세 가지 현상으로 경험된다고 봄으로써, 플라톤으로부터 이어지는 인간 심성의 삼분체계설을 이어받고 있다. 다만 그는 이러한 삼체계가 능력심리학자들이 주장하듯이 인간의 마음이 갖추고 있는 세 가지 서로 다른 능력이나 기능이 아니라, 인간의 마음이 작용하여 겉으로 표출되는 세 가지 범주의 현상이라고 보고 있을 뿐이다. 그에 따르면, 이러한 세 가지 범주의 현상들의 다양한 특징들을 연합 법칙에 의해 더하기 하여 묶어내면, 인간의 마음이 갖는 총체적 본성에 이르게 된다는 것이다. 이러한 베인의 삼분체계설과 연합주의는 19세기 영국

254 Bain, 1868, p. 2. (Hilgard, 1980, p. 111에서 재인용)

의 연합주의 심리학을 따르는 사람들의 공통적인 견해였다.

(4) 19세기 이후의 현대 미국심리학

페이(J. W. Fay)[255]와 로백(A. A. Roback)[256]에 따르면, 미국 대학에 유럽의 심리학을 처음 소개한 것은 스코틀랜드의 학자들이었다. 위더스푼(J. Witherspoon, 1722~1794)은 18세기 중엽에, 그리고 맥코쉬(J. McCosh, 1811~1894)는 19세기 중엽에 스코틀랜드로부터 미국으로 건너와 심리학을 가르쳤는데, 그들이 가져온 것은 스코틀랜드학파의 능력심리학과 인간이 본유하고 있는 능력의 삼분체계설이었던 것이다. 그러므로 미국의 심리학계에서도 인간 심성의 삼분체계설은 대중적인 지지를 받고 있는 뿌리 깊은 견해이다.

19세기 말엽 영국의 연합주의 심리학이 미국에 도입되면서 스코틀랜드학파의 영향을 받은 능력심리학의 교의는 반박되기 시작하였으나, "이 당시 미국에서 새로이 움트고 있던 새로운 실험심리학에 참여하고 있었던 사람들 사이에서도 영국에서와 마찬가지로 때때로 마음의 삼분체계설이 언급되어 받아들여지고 있었다."[257] 곧 영국의 연합주의 심리학자들과 마찬가지로 미국의 실험심리학자들도 능력의 개념은 부정하였으나, 인간 심성의 삼분체계설은 받아들이고 있었던 것이다.

윌리엄 제임스를 비롯하여 19세기 말엽과 20세기 초반에 미국심리학의 초석을 놓았던 학자들은 심리학의 실험심리학화, 곧 실험실 안에서의 객관적인 실험(내성에 의한 자기 관찰이 아니라 제삼자 행동의 객관적인 관찰)을 통한 심리학의 연구에 경도되어 있었으므로, 마음의 삼분체계설 같은 이

---

255 Fay, 1939.
256 Roback, 1964.
257 Hilgard, 1980, p. 112.

론적 추구에는 그리 큰 관심을 기울이지 않았다. 하지만 이 당시 이들에 의해서도 "지 · 정 · 의 같은 마음의 삼분체계는 심리학의 용어로서 아주 친숙하게 사용되고 있었다."[258] 다만 이들은 이러한 삼분체계설이 능력심리학에서와 마찬가지로 마음이 본유하고 있는 서로 다른 개별적인 능력들로 받아들여지지나 않을까 하는 사실을 염려하고 있었던 것이다. 이는 의식의 기능을 이론화하면서, 마음의 세 가지 능력의 개별성이 인간 발달의 초기부터 생리적인 근거를 갖추고 있다는 능력심리학의 교의를 비판하고 있는 워렌(H. Warren, 1867~1934)의 다음과 같은 진술에서 잘 드러나고 있다.

> 인지의 특별한 징표는 그 표현적 본성 속에 갖추어져 있다. 이러한 특징을 제공하는 대부분의 감각은 외적인 근원을 갖는 것이다. 이렇게 인간 의식의 인지적, 정적, 그리고 의지적 측면 사이의 구별은 (인간 마음에 본유적이거나 내적인 또는 생리적인 근원을 갖는 차이에 의해서 나오는 것이 아니라) 대체로 외적이고, 체계적인, 그리고 감각운동적인 감각들 사이의 차이에 상응해서 나오게 된다고 말할 수 있다. 인지적 의식은 외부 세계에 대한 체험을 제공한다. 정적 의식은 우리로 하여금 우리 자신의 유기체적 상태와 접촉하게 한다. 의지적 의식은 운동 생활을 체험하게 하여, 자발적 활동의 근거를 제공한다.[259]

물론 20세기 초반 미국심리학계에도 지 · 정 · 의 삼분체계의 본유성에 대한 주장을 하는 사람이 없었던 것은 아니다. 미국 기능주의 심리학의 초기를 열었던 앤젤(J. R. Angell, 1869~1949)도 그러한 사람이었다. 그는 미국심리학회장 취임 연설에서 다음과 같이 말하고 있다.

258 Hilgard, 1980, p. 113.
259 Warren, 1906, p. 220. (Hilgard, 1980, p. 113에서 재인용)

인지 · 감정 · 의지가 다만 정신 활동의 기본적으로 서로 다른 양식에 불과할 뿐인가? 확실히 이러한 구분은 그 자체 '정신 생활의 이러한 근본적인 속성들은 이에 상응되고 서로 구별되는 개별적인 요소들이 마음속에 존재하고 있다'는 확신을, 최소한 암묵적으로라도 수반하고 있다. 〔……〕 분명히 한정된 기능을 수행하는 서로 다른 개별적인 형태의 정신 활동들이 존재하고 있다는 생각에는 명백한 증거가 있으며, 그동안 타기되어왔던 능력심리학조차도 이 점에서는 완전히 올바를 뿐만 아니라 타당하기까지도 한 것이다.[260]

그러나 이 시기 미국심리학계의 주류는 역시 워렌같이 의식이 작용하는 세 측면, 곧 의식의 세 요소로 지 · 정 · 의 삼 체계를 보고자 하는 견해였다. 이러한 견해는 본능심리학(instinct theory)의 문을 연 맥두갈(W. McDougall, 1871~1944)에서 절정을 이루었다.[261] 이러한 입장을 맥두갈은 다음과 같이 진술하고 있다.

우리는 왕왕 지적 또는 인지적 활동에 대해 이야기 하거나, 의지적 활동 또는 해결 · 선택 · 분투 · 추구 같은 활동에 대해 이야기하거나, 또는 감정 상태에 대해 이야기하기도 한다. 일반적으로 모든 정신 활동은 이러한 세 측면, 곧 지 · 정 · 의라는 세 측면을 갖추고 있다는 사실이 인정되고 있다. 그리고 우리가 이 세 용어 가운데 어느 하나를 정신 활동의 어느 단계에든 적용하고자 할 때, 우리는 우리가 이름 붙이려 하는 측면이 그 순간에 이 세 가지 중에서 가장 두드러진 측면을 드러내는 것일 뿐이라는 사실을 알고 있기도 하다. 모든

260 Angell, 1907, p. 83.

261 Hilgard(1980, p. 114)에 따르면, McDougall은 본능이론을 창안하고 이를 계속 주장한 사람으로 인식되고 있으나, 나중에는 미국의 반본능(anti-instinct) 운동에 몸담았으며, 행동의 동기적 힘을 나타내는 용어로 instinct 대신 propensity를 사용할 것을 제안하였다.

정신 활동은 이 세 측면의 순환으로 구성되는 것이다.[262]

이상에서 보았듯이, 지 · 정 · 의 삼 체계를 인간이 본유적으로 갖추고 있는 마음의 서로 다른 능력 또는 기능으로 볼 것인지, 아니면 정신 활동의 원천인 마음 그 자체는 통합적인 통일체이지만 그 작용의 측면이 세 가지로 드러나는 것일 뿐인지 하는 관점의 차이는 보이지만, 미국의 심리학계에서도 19세기 중반부터 마음의 삼체계설이 일반적으로 받아들여지고 있었던 것이다.

그러나 미국심리학계에서, 곧 현대 서구심리학계에서 마음의 삼체계설에 관한 논의는 맥두갈과 더불어 막을 내리게 되었다. 올포트(G. Allport, 1897~1967)가 지적했듯이, 1920년대 행동주의의 득세와 함께 심리학계에서 '거대 통합 이론'(synoptic theories)들이 자리를 잃게 되면서 마음의 삼체계설 같이 일반적으로 받아들여지고 있었던 견해들도 퇴색할 수밖에 없었다. 자극-반응의 좁은 틀로 인간을 이해하려는 행동주의의 입장에서는 더 이상 인간의 정신 과정에 대한 통합적이고 포괄적인 분류를 할 필요성을 느끼지 못하게 되었던 것이다.[263]

하지만 1960년대 인지 과정에 대한 관심이 되살아나 행동주의가 퇴조하고 '인지 혁명'(cognitive revolution)이 시작되면서 사정은 달라졌다. 인간의 마음에 대한 관심이 심리학자들 사이에 다시 되살아나게 되었던 것이다. 그러나 이 당시의 관심은 주로 인지, 곧 마음의 지적인 측면 또는 지적인 마음에 국한되고 있었다. 아직 삼체계설이 부활한 것은 아니었던 것이다. 1980년대 말 사회심리학자들을 중심으로 정서와 동기 과정에 미

262 McDougall, 1923, p. 266. (Hilgard, 1980, p. 114에서 재인용)
263 Allport, 1940.

치는 문화의 영향에 관한 연구들이 이어지면서, 인지심리학에서 탐구되어오던 인지의 부속 체계로서의 정서와 동기가 아니라, 정서와 동기 과정 그 자체에 대해 심리학자들의 관심이 되살아나게 되었다.[264] 그리하여 1990년대 이후 심리학계에서는 다시 정서와 동기 과정에 대해서도 인지 과정에 대해서와 마찬가지로 관심을 가지고 연구하게 되었다. 이러한 사실에 비추어보면, 지 · 정 · 의 삼체계설은 현재에도 서구심리학계에서 일반적으로 받아들여지고 있는 인간의 마음에 관한 보편적인 기본 관점이라고할 수 있을 것이다.

2) 서구의 이성중심주의적 전통

이상에서 보았듯이, 인간 심성을 구성하는 심리구성체를 지 · 정 · 의 삼분체계로 보는 것은 현대 서구심리학이 받아들인 서양 철학의 전통이었다. 이 가운데 정은 현대심리학에서 정서(emotion)로, 의는 동기(motivation)로 탐구되어, 인간 행동의 열소적(熱素的, hot) 압력 체계[265] 또는 행동 동원 체계[266]에 대한 연구의 맥을 구성하였다. 반면에 지는 감각(sensation) · 지각(perception) · 학습(learning) · 문제 해결(problem solving) · 기억(memory) 등 넓은 의미의 인지심리학(cognitive psychology)으로 탐구되었다. 이는 인간이 자신과 타인 및 외부 대상 세계를 인식하고, 그 결과로써 지식이 획득되고 축적되어 활용되는 인간 행동의 냉소적(冷素的, cold) 측면에 대한 연구를 이루었다.

전통적으로 현대의 서구심리학은, 특히 1960년대의 인지 혁명 이후에는 인지우월주의에 의해 지배되어, 열소적 요인인 정서와 동기를 인간 행

264 Pittman, 1998, p. 549; Tomkins, 1981, pp. 306, 328.
265 Kövecses, 1990.
266 Duffy, 1962.

동의 설명에 부차적인 체계로 보아, 인지의 부속 체계로 간주하는 입장이 주류를 이루었다.[267] 현대 서구심리학의 이러한 인지우월주의의 입장은 서구 사회에 면면히 이어져온 이성중심주의의 결과이다. 서구 사회에서는 고대 그리스시대부터 지·정·의 삼체계 가운데 지적인 활동의 원천인 이성을 우위에 놓고, 이를 중심으로 인간 존재를 이해하려는 전통이 강하였다. 여기에서는 고대 그리스 철학으로부터 현대심리학에 이르기까지 서구 사회의 사상적 전통이 되어온 이러한 이성중심주의를 시대별로 간단히 살펴보기로 하겠다.

(1) 고대와 중세의 철학

서구에서 인간 심성의 구성 요소를 이렇게 지·정·의 세 요소로 보는 입장은 플라톤으로부터 시작되어 꾸준히 이어오는 전통인데, 그는 인간의 영혼이 욕망·열정·이성의 세 요소로 구성되어 있다고 보았다. 플라톤이 이렇게 영혼의 세 가지 요소를 상정한 것은 정의(正義)의 개념을 규정하기 위한 전제조건이었다. 플라톤이 제시한 정의와 영혼의 세 요소 사이의 관계는 다음과 같이 정리할 수 있다.

> 인간의 정의는 영혼의 세 부분이 서로 바른 관계를 유지하는 데서 성립한다. 바른 관계는 영혼의 세 부분이 각자 자기 몫을 행함으로써, 즉 각자에게 합당한 일을 행함으로써 달성된다. 이성의 경우 합당한 일은 바르게 사고하는 것이고, 열정의 경우는 적절히 반응하는 것이고, 욕망의 경우는 인간의 삶을 적절한 방식으로 규정하는 것이다. 그러나 열정과 욕망이 적절히 반응하게 하기 위해서는 이성이 바르게 사고할 뿐만 아니라, 일정한 방식으로 정서와 충동을

267 Markus & Zajonc, 1985.

> 다스림으로써, 결과적으로 열정과 욕망이 이성을 따르게 할 필요가 있다. 이성의 다스림은 열정이나 욕망에 대한 억압의 한 형식으로 이해되어서는 안 되고, 인간의 감정과 충동의 질서로 이해되어야 한다. 질서는 이를테면 인간의 정서적 반응이 욕망을 따르지 않고 이성을 따르는 데에 세워진다. (……) 열정과 욕망은 이성의 다스림을 통해서만 전체로서의 영혼이 일종의 내적 조화를 달성하게끔, 다시 말해서 인간이 아무런 내적 갈등도 겪지 않게끔 정돈될 수 있다. 이런 내적 조화가 곧 인간의 정의이다.[268]

비교적 길게 따온 이 인용문에서 서구 사상이 따르고 있는 이성중심주의의 교의가 플라톤에서부터 이미 시작되고 있다는 사실을 유추할 수 있다. 플라톤은 열정과 욕망이 이성의 지배를 통해서라야 제대로 기능을 수행할 수 있다고 봄으로써, 사람의 심성(영혼)을 구성하는 세 가지 요소 중에서 이성을 가장 핵심적인 위치에 놓아, 인간을 이성 주체로 파악하는 전통의 초석을 놓고 있는 것이다.

플라톤이 이렇게 이성의 우월성을 상정하게 된 것은, 그가 열정과 욕망은 영혼의 하위 능력이지만, 이성은 상위의 능력이라고 보기 때문이다. 그는 이상적인 국가의 성립 근거를 이성을 통해 갖추게 되는 덕인 '지혜'의 담지자인 지배계층, 열정의 최적 발현을 통해 얻어지는 덕인 '용기'의 담지자인 호위계층, 그리고 욕망의 적합한 충족과 억제를 통해 보유하게 되는 덕인 '절제'의 담지자인 생산계층이 엄격한 상하의 위계 질서 속에서 각자의 역할을 충실히 수행하는 데에서 찾고 있다. 곧 이성－열정－욕망의 위계 구조로 인간의 영혼이 갖추고 있는 능력들 사이의 관계를 파악하는 것이 플라톤의 기본 관점인 것이다.

---

268 Bordt, 1999/2003, pp. 109~110.

> 이상적인 국가의 통치는 정의로운 통치이며, 이것은 구성원 모두의 동의에 기초하는 통치이다. 이에 상응하는 원칙이 영혼의 여러 능력들 사이에서도 유효하다. (……) 열정과 욕망이 이성에 의해 인도된다는 것은 이들에게 이득이 된다. 왜냐하면 이들은 이성의 인도 없이는 이들이 지향하는 가치들을 제대로 찾아가지 못할 위험에 빠지기 때문이다. 오직 이성만이 선을 인식할 수 있다. 이성만이 깊이 따져 생각할 수 있으며, 모든 것의 경중을 재고 헤아릴 수 있으며, 앞으로의 변화를 미리 예견할 수 있다. 이성은 영혼의 다른 능력들보다 상위에 위치하며, 그럼으로써 영혼의 다른 능력들에 대해서도 올바르게 대처할 수 있다. 이성적 지배의 목표는 인간의 모든 충동과 능력들의 전체적인 조화를 실현하는 일인 것이다.[269]

이렇게 플라톤은 영혼의 위계구조설의 근거를 이상 국가 체제에 관한 이론에서 유추해내고 있다. 이와는 대조적으로, 아리스토텔레스는 영혼의 위계구조설의 근거를 영혼의 각 능력이 어떻게 인간에게 갖추어지게 되었는지 하는 발생 근거에서 찾고 있다. 그에 따르면, 욕망의 원천인 영양혼은 식물적 근거를 갖는 것이다. 이는 인간과 동물만이 아니라 식물들도 갖추고 있는 가장 하위의 영혼이다. 열정의 원천인 감각혼은 식물에게는 없고, 인간과 동물만이 보유하고 있는 것이다. 정서적 반응은 인간과 동물같이 감각 능력을 갖추고 있는 존재들의 특징일 뿐, 식물은 갖추지 못한 능력이다. 그러므로 감각혼은 영양혼보다 상위에 있는 영혼이다. 마지막으로 지적 활동의 원천인 이성혼은 인간에게만 갖추어져 있다. 따라서 이성적 능력은 영혼이 갖추고 있는 세 능력 가운데 최상위에 자리 잡고 있다.[270] 이와 같이 아리스토텔레스는 이성중심주의의 근거를 인간 영

269 Ricken, 1988/2000, p. 160.

270 Barns, 1982/1989, pp. 122~127; Russell, 1959/2003, p. 140; Wesley, 1972, p. 58.

혼의 계열적 발생 순서에서 찾고 있는 것이다.

플라톤과 아리스토텔레스 같은 고대 그리스 철학자들의 영혼 삼분체계설을 이어 받은 중세 기독교 철학자들은 지 · 정 · 의 삼 체계 사이의 관계에 대해서도 그리스 철학자들의 견해를 그대로 이어받았다. 이들 기독교 철학자들은 이성 · 감성 · 욕구의 세 체계 가운데 이성만이 신의 존재와 그 의지를 인식하여 종교적 체험을 할 수 있는 근거가 된다고 보아, 고대 그리스 철학자들의 이성중심주의의 교의를 계승하고 있다.

플라톤의 영향을 받은 아우구스티누스는 인식능력인 이성을 영혼의 최상위의 위치에 놓고, 이렇게 최상위 능력인 이성이 하위 능력들인 감정과 의지를 지도하여 개인이 악에 빠질 가능성을 방지하도록 하여야 한다고 주장하였다. 아리스토텔레스의 영향을 받은 아퀴나스는 이성은 비물질적이고 불멸적인 영혼이라고 보아, 이것이 물질적이고 신체와 함께 소멸하는 감각과 영양의 능력보다 상위에 있는 영혼의 능력이므로, 이성이 감각과 영양의 능력을 통제해야 인간은 신성을 체험할 수 있게 된다고 보았다. 이와 같이 기독교 철학자들은 이성에 신의 존재와 신성의 체험 능력을 부여함으로써, 이를 인간 영혼의 중심 체계로 간주하는 관점을 굳게 지켜나가고 있는 것이다.[271]

(2) 18~19세기 유럽 대륙의 철학과 심리학

18~19세기는 서구 사회에 계몽주의와 낭만주의의 사조가 위세를 떨치던 시기였다. "계몽운동은 본질적으로 자립된 지적 활동의 가치를 더 높이는 일이었으며, 참으로 글자 뜻 그대로 이제까지 암흑이 지배해오던 곳에 광명의 빛을 비추는 것을 목표로 삼았었다." 이와 마찬가지로 낭만주

---

271 Höffe, 1994~1995/2001, Vol. 1, pp. 311~357, 401~442; Russell, 1959/2003, pp. 186, 197~200, 228~234; Wesley, 1972, pp. 58~59.

의의 "첫 번째 영향은 이성을 지나치게 강조하게 된 일인데, 이 노선에 따른 사람들은 인류의 현안 문제에 우리의 정신을 좀 더 치밀하게 집중하기만 하면, 인류의 모든 어려운 문제가 영구히 해결될 수 있다는 실현성 없는 희망을 갖게 되었다." 이렇게 계몽주의와 낭만주의가 서구 사회를 풍미하던 18세기와 19세기 서구의 "모든 사상가가 함께 강조하고 있었던 것은 이성의 탁월성이었다."[272]

이러한 입장에서 서구의 사상가들은 인간의 영혼 또는 마음을 구성하는 세 체계 가운데 지적 능력의 체계인 또는 지적 활동을 담당하는 이성의 우월성을 중심으로 마음의 삼분체계설을 개념화하고 있다. 칸트는 선험적 인식능력의 원천을 순수이성에서, 욕구와 의지적 선택 능력의 원천을 실천이성에서, 그리고 감정과 정념의 원천을 판단력에서 찾고 있는데, 이는 기본적으로 지성의 능력에서 인간이 보유하고 있는 지 · 정 · 의 삼 체계의 근거를 구하려는 태도를 드러내는 것이라고 볼 수 있다.

영국을 중심으로 하여 전개된 연합주의 심리학에서는 이러한 인지우월주의가 더욱 확실히 자리를 잡게 되었다고 볼 수 있다. "연합주의자들은 아리스토텔레스의 연합의 원리가 지식 · 사고 · 심상 · 관념 같은 모든 정신적 내용의 선택과 저장, 그리고 구성 과정에서 핵심적 역할을 하게 된다고 믿고 있었다."[273] 이들에 따르면, 감정과 욕구 같은 의식의 다른 측면들도 각각에 대한 관념들의 연합 과정으로 분석할 수 있다고 한다. 이렇게 이들도 지 · 정 · 의 세 측면의 의식이 지적인 측면을 중심으로 하여 구성된다는 인지우월주의의 기치를 드높이고 있는 것이다.

연합주의자들의 이러한 인지우월주의의 입장은 19세기 영국 연합주의 심리학의 대표자인 베인의 관점에서 잘 드러나고 있다. "그는 의식의 삼

272 Russell, 1959/2003, pp. 338, 340, 342.
273 Wesley, 1972, p. 59.

체계를 서술하면서 사고 또는 인지로부터 시작하는 대신,[274] 감정에 우선성을 두고, 활동과 사고는 그 뒤로 돌리고 있다."[275] 그는 감정의 존재는 인간의 마음이 가지고 있는 징표 가운데 가장 의심할 나위가 없는 징표라고 확신하고 있다. 이러한 사실은 인간의 활동 가운데서 감정 반응 현상이 가장 먼저 나타난다는 감정의 우선성에서 뿐만 아니라, 동물 창조의 서로 다른 순서에서도 똑같은 증거를 찾아볼 수 있기 때문이라는 것이다. 곧 식물계나 무생물계에는 감정이 없으므로, 감정 현상이 인간 의식 가운데 가장 먼저 생겨나는 부분임이 분명하다는 것이다.

다음으로 마음을 가지고 있는 것으로 인정되는 모든 동물들은 활동할 수 있다는 사실로부터 의지적이거나 욕구적인 의식의 범주가 존재하고 있다는 확실한 근거를 찾을 수 있다고 베인은 본다. 이어서 남는 것은 기억 · 추론 · 판단 · 상상과 같은 활동을 포괄하는 사고와 지능 및 인지의 광범위한 영역인데, 이러한 광범위한 인지 기능의 수행 과정에서 베인은 변별 · 비교 · 파지의 기능에 핵심적인 중요성을 부여하고 있다. 그에 따르면, 이러한 변별 · 비교 · 파지의 기능은 인간에게만 고유한 기능으로, 아리스토텔레스의 연합의 법칙이 적용되는 의식의 영역이다. 따라서 이는 인간의 의식을 구성하는 가장 핵심적인 측면이라는 것이 그의 견해이다.

이러한 베인의 견해는 아리스토텔레스의 영혼 발생위계설과 유사한 점이 있다. 어쨌든 베인을 포함하는 영국의 연합주의 심리학자들은 지 · 정 · 의 세 체계 가운데 지적인 측면을 중심으로 하여 인간의 의식 현상을 파악하려는 인지우월주의의 관점을 견지함으로써, 플라톤으로부터 이어져온 서구 사회의 이성중심주의의 전통을 이어가고 있는 것이다.

---

274 앞 항목에 인용된 Bain(1868)의 글(주 254: p. 178) 참조.

275 Hilgard, 1980, p. 111.

(3) 20세기 중반의 인지심리학과 인지우월주의

18세기 중엽 스코틀랜드학파의 능력심리학이 미국 사회에 소개되면서부터, 미국의 심리학계에서 마음의 삼분체계설은 보편적으로 받아들여지는 표준적인 견해였다. 능력심리학같이 지·정·의 삼 체계를 마음이 본유적으로 갖추고 있는 세 가지 서로 다른 능력의 체계로 보든지, 아니면 연합주의 심리학같이 이를 통합적인 의식이 특정한 순간에 겉으로 드러나는 세 차원의 의식 현상으로 보든지 간에, 미국에서도 지·정·의 삼 체계 사이의 관계를 파악하는 인지우월주의의 뿌리는 매우 깊다. 어느 정도나 인지우월주의의 뿌리가 깊은가 하면, 헤이븐(J. Haven, 1816~1874)이 이미 19세기 중엽 곧 "인지심리학이 그 최대 절정에 이르기 1세기 전에 이미 지·정·의 세 체계 중 인지를 과다하게 강조하는 풍조에 대해 강력하게 경고"[276]하고 있을 정도인 것이다.

심리학자들이 이렇게 지적인 요소에 기울어져서 마음의 삼 체계를 파악하는 인지우월주의에 기울어지게 된 데에는 서구 사회에 오랫동안 이어져온 사상적 배경도 큰 몫을 하였지만, 과학적 탐구를 지향해온 심리학의 학문적 성격도 일정한 부분 영향을 미쳤다. 심리학은 인간의 심성에 대한 객관적 과학적 탐구를 모토로 삼고 철학으로부터 독립하였다. 그러므로 심리학과 철학의 가장 기본적인 차이는 그 방법론에 있다. 철학의 제일 방법은 논리적인 사색이지만, 심리학의 제일 방법은 실증적인 관찰이다. 초기에 심리학자들이 채택한 실증적 관찰의 방법은 내성법이었다. 이는 외부에서 주어지는 자극에 대한 자기 자신의 의식 내용을 스스로가 관찰해서 보고하는 방법이다.

초기의 심리학자들은 이러한 내성 방법을 통해 인간의 의식을 구성하

276 Hilgard, 1980, p. 112.

는 요소들을 찾아내려 하였다. 외부에서 주어지는 자극을 통해 얻어지는 감각 내용이나 관념 내용을 스스로가 관찰하여 연구자에게 보고하면, 내성하는 사람 자신일 수도 있고 제삼자일 수도 있는 연구자는 이 내용들을 분석하여 제시되는 자극에 대한 의식의 구성 요소들을 확인하려 하는 것이다. 이러한 내성법에 의해 탐구되는 주제는 대체로 감각과 지각 같은 지적인 내용의 것이었다. 그것이 가장 손쉽고도 객관적으로 접근할 수 있는 의식의 내용이기 때문이다. 이러한 맥락에서 심리학자들이 인간 의식의 문제를 인지적인 측면을 중심으로 바라보게 된 근거의 일단을 찾아볼 수 있을 것이다.[277]

그러나 이러한 내성 방법은 곧 그 객관성에 대해 의심을 받게 되었다. 자기의 의식 내용을 스스로가 관찰하여 보고하는 내성 자료의 객관적인 신빙성을 믿기 힘들다는 것이었다. "심리학 이론의 성공을 위한 기준이 내성 같은 개인의 사적인 체험에만 의존한다면, 그러한 증거는 공공성을 확보할 수 없다"[278]는 것이 비판의 요지였다. 이러한 비판을 가장 격렬하게 제시한 사람들은 왓슨(J. B. Watson, 1878~1958)을 중심으로 한 행동주의자들이었다.

이들은 내성 방법은 주관적이어서 과학적 자료 수집 방법으로 가치가 없으므로, 이를 버리고 제삼자의 객관적인 행동을 제삼자가 관찰하는 자연과학적인 실험 방법을 심리학의 연구 방법으로 채택해야 심리학이 과학으로 성립할 수 있다고 주장하였다. 더 나아가 이들은 객관적인 행동의 설명에서도 의식이나 마음 같은 주관적인 용어를 버리고, 오로지 객관적으로 측정된 자극–반응의 체계로만 이해하여야 심리학의 과학화가 이루어

277 Fiske, S. T., & Taylor, S. E., 1991, pp. 6~14.

278 Fiske, S. T., & Taylor, S. E., 1991, p. 7.

질 수 있다고 보았다. 다음은 이러한 주장을 담은 왓슨의 글의 일부이다.

> 행동주의자의 입장에서 보면, 심리학은 순전히 자연과학의 객관적인 실험 분과가 되어야 하며, 그 이론적 목표는 행동의 예측과 통제에 두어야 한다. 내성은 결코 심리학의 기본적인 방법이 될 수 없으며, 그 자료의 과학적인 가치가 결단코 의식에 기초한 해석에 의존하여 얻어질 수는 없다. 심리학이 절대로 의식에 대해 언급하지 말아야 할 때가 온 것이다.[279]

이러한 행동주의는 1910년대에 태동되어 1960년대 초반까지 미국뿐만 아니라 전 세계의 심리학계를 지배하는 흐름이 되었다. 이러한 행동주의의 시대에 의식이나 마음은 심리학계에서 폐기 처분되어, 심리학자들이 이러한 개인 내적 구성물의 의미를 함축하고 있는 단어를 더 이상 심리학의 용어로 사용하지 않게 되었다. 그러나 1950년대를 거쳐 1960년대 초반에 이르러 인지에 대한 관심이 되살아나면서, 의식의 문제가 심리학의 전면에 부활하게 되었다.[280]

1960년대에 인지에 대한 관심이 되살아나게 된 데에는, 첫째 자극-반응의 개념틀로 언어 습득과 언어 사용 현상을 설명하려는 시도들이 실패로 끝나고 말았다는 사실, 둘째 지식과 기술 습득에 관한 연구들을 통해 '정보 처리'(information processing)라는 새로운 접근법이 도입되었다는 사실, 그리고 셋째 컴퓨터의 출현과 발달로 인해, 자극과 반응 사이에 개재하는 것으로 추정되기는 하지만 겉으로는 관찰할 수 없는 정신 과정을 추적하여 연구할 수 있는 방법이 개발되었다는 사실들이 놓여 있다.[281]

---

279 Watson, J. B., 1913, p. 158.

280 Mandler, 2007, pp. 93~107.

281 Fiske, S. T., & Taylor, S. E., 1991, pp. 7~9.

이러한 배경에서 되살아난 인지 과정에 대한 관심은 "1950년대부터 미국심리학계를 중심으로 전개된 인지 혁명을 이끌었다."[282] 이러한 인지 혁명의 결과 지 · 정 · 의 세 측면의 인간 의식 가운데 인지를 중심으로 하고, 나머지는 인지의 부속 체계 또는 하위 체계로 보려는 인지심리학이 1960년대 이후의 미국을 위시한 서구심리학의 핵심 조류를 형성하게 되었다. 이렇게 행동주의를 퇴장시키고 의식이나 마음의 문제를 심리학의 전면에 다시 등장시킨 사건이 '정서 혁명'이나 '동기 혁명'이 아니라 '인지 혁명'에 의해 주도되었다는 현실은, 서구 사회에서 이성중심주의의 뿌리가 얼마나 강고한지를 웅변적으로 드러내주고 있는 사실이라고 할 수 있을 것이다.

3. 동 · 서 심리구성체론의 비교

지금까지 공자 · 맹자 · 순자 같은 선진유학자들의 인성론과 고대 그리스시대의 철학자들로부터 현대심리학자들에 이르기까지 서구인들이 제시해온 인간 심성에 관한 이론들을 살펴보았다. 이러한 논의에서 분명해진 것은 동양과 서양에서 전개되어온 심리구성체론, 곧 인간의 마음(심성)을 구성하는 요소 또는 측면들과 이들 사이의 관계에 관한 이론이 서로 매우 다르다는 사실이다.

이러한 동 · 서 심리구성체론은 두 지역인들이 인간 존재를 파악하는 기본 관점들과 밀접하게 관련되어 있을 것이라고 볼 수 있다. 이러한 맥락에서 여기에서는 우선 인간 존재를 파악하는 동아시아 유학사상과 서

282 Mandler, 2007, p. 165.

구 자유주의의 차이가 두 지역인들이 제시해온 심리구성체론의 특징에 어떻게 드러나고 있는지를 우선 살펴보고, 이어서 이를 기초로 지금까지 고찰해온 동 · 서 심리구성체론을 종합적으로 대비해보기로 하겠다.

1) 동 · 서의 인간관과 심리구성체론의 관계

유학은 인간의 존재 의의를 사회관계 속에서 찾으려 하는 이론 체계이다. 곧 인간의 사회적 특성을 내세워 인간을 '사회적 관계체'로 파악하는 것이 유학자들이 인간을 파악하는 기본 관점이다. 이와 같이 인간을 사회관계 속에서 바라보므로, 유학자들은 개인 존재를 '역할 · 의무 · 배려의 복합체'라고 인식한다. 따라서 유학사상에서는 인간 행동의 원동력을 사회관계 속에 내재하고 있는 역할과 의무 및 타인에 대한 배려에서 찾으려 하고, 여러 가지 사회 행위의 최종 목표를 조화로운 관계의 형성과 유지에서 구한다.

이렇게 사회성을 강조하여 인간을 파악하므로, 유학자들은 인간을 도덕적 존재로 파악한다. 타인과 공동체에 대한 관심과 배려가 곧 덕의 근원이기 때문이다. 유학자들은 이러한 덕의 근원이 인간에게 본유적으로 갖추어져 있다고 보고, 사회적 존재로서 인간이 지향해야 할 바람직한 삶의 자세는 능동적 주체적인 도덕 인식과 실천이라고 여긴다. 이러한 맥락에서 유학자들은 인간을 '능동적 주체자'로 파악하며, 같은 연장선 상에서 개인 존재를 '덕성 주체'로 인식한다.

이러한 덕성의 주체로서 인간은 스스로가 갖추고 있는 도덕성을 일상생활에서 실현할 수 있는 능력의 보유자이다. 성덕을 지향하는 과정에서 인간은 누구나 도덕적인 완성을 이루고, 이를 사회생활에 실천하는 군자나 성인이 될 수 있는 '무한한 가능체'로 인간을 파악하는 것이 유학사상의 특징이다. 이렇게 인간 존재의 가소성을 기초로 인간을 무한한 가능체로 보는 관점은 개인을 '과정적이고 가변적인 존재'라고 간주하는 입장을 낳는다. 인간 삶을 성덕의 과정이라고 이해하는 것이 유학자들의 관점인 것이다.

이와 같이 개인을 '의무 · 역할 · 배려의 복합체', '덕성 주체', 그리고 '가변적 존재'로 파악하는 유학자들의 인간관의 핵심은 인간 존재의 사회성과 도덕성에 대한 강조이다. 이러한 유학자들의 관점은 그들의 인성론으로 그대로 이어지고 있다. 앞에서 살펴보았듯이, 유학자들은 인간의 심성이 덕 · 지 · 정 · 의 사분체계로 구성되었다고 보고, 이 네 체계 가운데 덕성의 요소가 중심이라는 덕성중심주의의 입장을 견지하고 있다. 덕은 타인과 사회에 대한 배려에서 나오는 것이라는 점에서 생각해보면, 이러한 덕성중심주의의 관점은 사회적 존재 특성을 바탕으로 하여 인간 존재를 이해하려는 유학자들의 인간 파악의 관점과 자연스럽게 연결되는 것이다.

이렇게 인간의 사회적 특성을 바탕으로 인간 존재를 파악하는 유학자들과는 대조적으로, 서구 자유주의자들은 개체로서의 존재 특성을 바탕으로 하여 인간을 이해하려는 관점을 보인다. 그들은 개체적 존재인 개인의 독립성 · 합리성 · 안정성을 바탕으로 하여, 개인을 '자유의 보유자', '이성 주체', 그리고 '안정적 실체'라고 본다. 그러므로 개체로서의 개인을 자율적 선택과 독특성의 추구, 자기 이익 추구와 적극적인 자기 주장, 그리고 일관성과 안정성의 추구를 강조하여 이해하려는 입장을 보인다.

자유주의의 영향을 받은 개인주의자들은 사회란 평등하고 독립된 개인들의 복수적인 집합에 불과하다고 보아, 개인의 개체성과 독립성을 기반으로 하여 인간 사회를 이해하려는 입장을 취한다. 이들에 따르면, 개인은 모든 행위의 원천이 되는 성격 · 능력 · 감정 · 의도 · 동기 따위의 내적 속성들을 갖추고 있어서, 이러한 내적 속성들이 개인의 행위의 근본적인 원인으로 작용한다. 이러한 내적 속성들을 갖추고 있는 개인은 스스로 자기의 행위를 선택하여 수행할 수 있는 자율성을 갖춘 '자유의 보유자'라고 보는 것이 자유주의자들의 인간 파악의 핵심 관점이다. 그러므로 개인주의 사회에서는 개인의 자율적 선택과 독특성의 추구를 강조하는 경향이 강한 것이다.

자유주의사상에서는 인간의 이기적인 욕망을 자연스러운 것으로 보아, 개인적인 욕구의 적극적인 추구를 긍정적으로 인정한다. 그러나 이들은 또한 개인적 욕구의 적극적인 추구는 개인 사이의 갈등과 다툼을 야기하게 된다는 사실을 인정한다. 이 지점에서 합리적인 이성이 빛을 발하게 된다는 것이 자유주의자들의 견해이다. 개인적 욕구의 무제한적인 추구는 필연적으로 개인 간의 이익 갈등을 유발하게 될 것이므로, 이러한 갈등을 해소하고 조화로운 관계의 유지를 위한 조치가 요구되는 바, 이것이 이성의 능력을 통한 합리적 계산이라는 것이다. 곧 합리적 계산 능력을 통한 자기 이익의 확보가 사회 갈등 해소의 배경이라는 것이 자유주의자들의 견해이다. 이렇게 사회의 조화는 타인에 대한 우선적 배려에서 나온다고 보는 유학자들과는 달리, 자유주의자들은 이성의 능력을 통한 합리적인 계산에서 나온다고 보는 차이를 보이고 있다.

자유주의 사상가들은 이렇게 자율성과 합리적 이성의 보유자인 개인은 그 자체 안정적이고 일관된 자기완비체라고 본다. 이들은 개인의 안정성과 일관성을 강조하여 봄으로써, 인간 존재를 고정적이고 안정적인 실체라고 간주하는 것이다. 곧 인간은 일관되고 안정적이며 자율적인 이성적 존재라는 것이 이들의 인간 파악의 기본 입장인 것이다.

이와 같이 개인을 자율적이고 안정적인 이성의 주체로 보는 자유주의자들의 인간관은 서구 개인주의 사회의 심리구성체론으로 그대로 연결되고 있다. 서구 사회에서는 인간의 심성이 지 · 정 · 의 삼분체계로 구성되었다고 보고, 이 세 체계 가운데 이성의 요소가 중심이라는 이성중심주의의 관점을 굳게 드러내고 있다. 개체가 보유하고 있는 지적 인식능력의 체계, 곧 합리적이고도 자율적인 선택을 기초로 하여 인간을 이해하는 서구인의 인간관은 그들의 이성중심주의의 입장과 자연스럽게 연결되고 있는 것이다.

2) 심리구성체론의 동 · 서 대비

앞에서 밝혀졌듯이, 서구에서는 고대 그리스시대 이래 전통적으로 지 · 정 · 의 삼분체계설을 중심으로 영혼이나 마음 또는 의식 활동의 문제를 보아왔으며, 이 3체계 사이의 관계도 지적인 측면을 관장하는 이성을 중심으로 하여 파악하는 이성중심주의가 주류를 이루어왔다. 서구인들이 굳게 이어온 이러한 삼분체계설과 이성중심주의의 입장은 그 제안자들의 학문적 배경이나 이론적 주장(예를 들면, 관념론철학과 경험론철학, 또는 능력심리학과 연합주의심리학)과는 상관없이 일관되는 서구의 전통이었다.

이와는 대조적으로, 유학사상에서는 공자 · 맹자 · 순자 같은 선진 시대 유학자들로부터 이미 덕 · 지 · 정 · 의 사분체계설을 기초로 인간의 본성을 이해하려 하며, 이 네 체계 사이의 관계도 덕성을 핵심으로 하여 파악하는 덕성중심주의의 교의를 견지하여왔다. 공자 · 맹자 · 순자의 이와 같은 인성론의 체계는 그들이 보는 인간 본성의 선악 여부에 대한 이론적 입장의 차이(예를 들면, 맹자의 성선설과 순자의 성악설)와는 상관없이 공통적이었으며, 이러한 그들의 관점은 후대의 유학자들에게 그대로 이어져 유학적 심리구성체론의 골격을 이루고 있다.

서구와 동양의 이론가들이 제시해온 심리구성체론의 이러한 차이를 표로 나타내면, 다음과 같다.

〈표 2〉 심리구성체론의 동 · 서 대비

구분	서구심리학	선진유학
심리 구성 요소	지(知, 인지) 정(情, 정서) 의(意, 동기)	지(인지) 정(정서) 의(동기) 덕(德, 도덕성)
구성 요소 사이의 기본 관계	인지우월론 (이성중심주의)	덕성우월론 (덕성중심주의)

이러한 심리구성체론의 동 · 서 차이는 각각을 바탕으로 하여 구성될 심리학의 모습을 매우 다르게 만들 수밖에 없다. 서구심리학에서는 심리 구성체인 지 · 정 · 의를 각각 인지 · 정서 · 동기로 개념화하여 연구해오고 있다. 환경 세계 속에서 환경 세계와 맺는 상호작용의 과정에서 인간이 환경 세계를 이해하고 이에 대한 지식 체계를 정립하며, 이를 저장해 두었다가 필요할 때 꺼내어 활용하는 문제에 대한 탐구가 인지 분야의 연구를 형성하고 있다. 환경 세계와 맺는 관계 속에서 이에 대한, 또는 이를 통해 얻게 되는 감정 반응 체계에 대한 탐구가 정서 분야의 연구를 형성하고 있다. 그리고 생물체적 존재로서 또한 사회적 존재로서 인간이 삶의 과정에서 추구하고 지향하는 외적 및 내적 대상에 대한 활동성의 문제에 대한 탐구가 동기 분야의 연구를 형성하고 있다. 이와 같이 현대 서구심리학에서는 지 · 정 · 의 삼분체계설을 바탕으로 하여, 인간의 심성을 인지 · 정서 · 동기의 세 분야로 대별하여 연구하는 전통을 이어오고 있는 것이다.[283]

283 정양은, 1970, 1986; Hilgard, 1980; Parkinson & Colman, 1995.

3) 새로운 심리학의 과제: 도덕심리학의 문제

선진유학 체계에서 도출되는 사분체계론의 관점에서 보면, 종래까지 삼분체계론을 바탕으로 전개되어온 서구심리학이 인간을 얼마나 좁은 관점에서 파악해왔는지가 단적으로 드러나고 있다. 곧 서구의 심리학에서는 인간의 사회성의 근거가 되는 도덕성의 문제는 도외시해왔던 것이다. 이러한 도덕심리학의 문제는 피아제(J. Piaget, 1896~1980)[284]와 콜버그(L. Kohlberg, 1927~1987)[285] 등의 도덕 판단의 발달에 관한 연구를 제외하면, 거의 연구가 이루어지고 있지 않은 것이다. 그리고 이들 연구들도 도덕 판단의 발달을 인지능력 발달의 함수로 보고 있다는 점에서, 발달심리학이나 인지심리학의 일부이지 순수하게 도덕심리학의 연구라고 보기는 힘들다.

서구에서 도덕성을 이렇게 인지능력의 부속 체계 또는 그 결과물로 보려는 입장은 이미 플라톤으로부터 비롯되는 관점이다. 플라톤은 그가 사주덕(四株德)으로 암시하고 있는 용기 · 절제 · 지혜 · 정의의 네 가지 기본적인 덕 가운데 정의가 가장 중요한 덕으로서, 이 정의의 덕은 영혼의 삼요소(욕망 · 열정 · 이성) 사이의 내적 조화의 산물이라고 보고 있다. 이는 덕이 인간의 심성에 본유적인 요소가 아니라, 이성에 의한 정서 및 욕구 지배의 결과, 곧 이성의 부속물이라는 입장을 드러내는 것이다.

덕(virtue)에 해당하는 헬라어(그리스어)는 아레테(aretē)이다. "아레테는 무엇보다도 우선 어떤 특정한 일에 있어서의 숙달 또는 능함을 의미"하였다. 이는 상대적인 용어로서, 단독으로는 불완전한 단어이다. 언제나 '무엇의 아레테' 또는 '누구의 아레테'라는 종속 관계를 나타내었다. "레슬링

---

284 Piaget, 1926, 1932.
285 Kohlberg, 1963, 1964.

선수들의 아레테, 말 타는 사람들이나 장군들 및 제화공들, 또는 노예들의 아레테가 있다. 정치적인 아레테, 가정적인 아레테, 군사적인 아레테가 있다. 그것은 사실상 '능함'(efficiency)을 의미했다." 따라서 "그와 같은 능함은 종사하는 일에 대한 특유한 이해와 지식에 의존한다." 그리하여 소크라테스(Socrates, B. C. 470~399)는 "덕은 앎(지식)이다"라고 규정하였다. "그러므로 모든 경우에 있어서 아레테는 먼저 일정한 할 일을 가지는 데 달려 있고, 둘째로는 그 일이 무엇이며, 그것이 달성하고자 목표로 하고 있는 것이 무엇인지에 대한 철저한 앎에 달려 있다."[286]

이렇게 고대 그리스에서 덕은 자신이 하는 일에서의 능함 또는 탁월성을 의미했으며, 따라서 덕은 지식의 근거가 되는 이성의 결과물이었다. 이와 같이 덕을 인간 심성에 본유적인 것이 아니라 이성의 하위 체계 또는 이성적 판단의 결과라고 보는 입장은 플라톤 이후 서양 철학의 전통이 되어왔다. 서양인들은 흄(David Hume, 1711~1776)같이 덕의 근거를 정념, 곧 욕구에서 찾으려 하든, 아니면 칸트같이 의지(善意志)에서 찾으려 하든[287] 이성적 지식 또는 판단의 결과물이라고 보는 입장을 견지해왔던 것이다.

이러한 서양 철학의 전통은 그대로 심리학의 연구로 이어지고 있다. 현대 서구심리학에서는 도덕성을 인간에게 본유적인 요소가 아니라 부차적인 것이거나, 후천적으로 학습되는 행동 습관이거나, 또는 인지 발달의 결과 나타나는 선택 능력의 일종이라고 보고 연구를 진행해왔던 것이다.

서구의 심리학에서 도덕성의 문제를 다루고 있는 연구자로는 피아제와 콜버그 같은 인지발달론자 이외에도 프로이트(Sigmund Freud, 1856~1937)

---

286 Guthrie, 1960/2003: 인용문은 차례대로 pp. 23, 21, 23, 24와 99, 그리고 101.

287 박재주, 2003, pp.130~134, 185~195.

를 들 수 있다. 프로이트는 인간의 심성을 구성하는 체계를 무의식적이며 본능적인 생물적 욕구 체계인 원초아(原初我, id), 원초아의 욕구를 현실 생활에서 충족시키는 현실 생활의 담당 체계인 자아(自我, ego), 그리고 자아가 욕구를 충족시킬 때 사회적으로 용납 받는 방법으로 충족시키도록 지도 · 감독하는 체계인 초자아(超自我, super-ego)의 세 가지로 보고 있다. 여기서 초자아는 바로 개인에게서 양심(良心, conscience)의 역할을 하는 도덕성의 체계이다. 이렇게 보면, 프로이트도 인간의 도덕성 또는 도덕 의지를 인간의 심성을 구성하는 핵심 체계 중의 하나로 잡고 있다고 생각할 수 있다.[288]

그러나 프로이트가 말하는 초자아는 도덕성 또는 도덕 의지나 도덕적 행위능력인 맹자의 양능(良能)이나 순자의 능(能)과는 여러 가지 점에서 서로 다르다. 우선 생각해볼 수 있는 것은 도덕성의 근거에 대한 입장의 차이이다. 프로이트에 따르면, 초자아는 외디푸스 복합(Oedipus complex)의 결과로 나타나는 동성 부모에 대한 동일시(同一視, identification)를 통해, 사회의 도덕 규범과 행위 양식을 내면화함으로써 형성되는 것이다. 곧 초자아는 외재적 근거를 갖는 것으로, 후천적으로 습득된다는 것이다. 그러나 공자 및 맹자와 순자는 도덕적 지향성 및 도덕적 행위의 근거 또는 도덕 의지는 인간에게 본유한 것으로 본다. 비록 순자는 도덕의 내용인 예의(禮義)가 외재적인 근거를 갖는 것으로 보기는 하지만, 맹자는 도덕의 내용인 인의예지(仁義禮智)의 사덕(四德) 자체가 그 시원적인 형태(四端)로 인간 본성에 갖추어져 있다고 보는 것이다.

또 한 가지 생각해볼 수 있는 것은 덕성의 위상에 대한 입장의 차이이

---

288 Freud의 이론 체계에 대해서는 이진숙(1960/1993), Hall, C. S.와 Lindzey(1978/1987), Hjelle와 Ziegler(1981/1983) 및 Phares(1984/1989)를 주로 참조하였음.

다. 프로이트는 인간 행동의 근거는 모두 원초아의 무의식적 본능적 욕구에 있는 것으로 보고, 자아나 초자아는 이러한 욕구의 집행을 담당하거나 그 과정에 통제적인 영향을 미치는 것으로 보고 있다. 곧 원초아가 본유적인 체계라면 자아나 초자아, 특히 초자아는 욕구 충족을 억제하거나 지연시키는 역할을 하는 부수적인 체계라고 보고 있는 것이다. 이와는 대조적으로, 공자와 맹자 및 순자는 본유적인 도덕성 또는 도덕 의지를 인간 존재 특성의 핵심에 두어, 덕성우월론의 입장을 펴고 있다. 곧 도덕 의지에 의한 전 인간 존재 특성의 통합을 강조하고 있는 것이다.

이러한 측면에서 공자와 맹자 및 순자가 제시하는 도덕성이나 도덕 의지의 중핵적 위상을 가늠해볼 수 있을 것이다. 도덕성이나 도덕 의지를 심리학적으로 접근하게 될 이러한 도덕심리학은 선진유학사상에서 도출되는 심리학의 연구 문제 중 가장 핵심적인 것의 일부로서, 이러한 점에서 바로 서구심리학과는 다른 동양심리학이 성립되는 기반을 찾아볼 수 있을 것이다. 그리고 이러한 관점에서라야 비로소 인간의 생물적 존재 특성과 사회적 존재 특성을 전체적으로 조감하여 이해하는 콩트(Auguste Comte, 1798~1857)의 이른바 '도덕학'(la morale) 곧 '진정한 최종 과학'(true final science)으로서의 심리학[289]이 출현하게 될 것이다.

---

289 Allport, 1968, pp. 6~10.

제3장

군자론 · 성인론과 이상적 인간형론의 문제

앞 장에서 살펴보았듯이, 서구에서는 고대 그리스시대로부터 인간의 심성이 지 · 정 · 의 삼분체계로 구성되는 것으로 이해하고, 이 세 요소 사이의 관계에서도 지적인 활동을 담당하는 이성이 중심이 되어야 한다는 이성중심주의의 입장을 굳게 지녀왔다. 이러한 관점에서 서구인들은 덕을 인간에게 본유적인 요소로 보지 않고, 이성이 정서와 욕구 체계를 지배함으로써 심성을 이루는 삼 체계 사이에 조화를 이룬 상태라고 간주해 왔다. 곧 개체로서 개인이 갖추고 있는 이성 능력의 최대한의 발휘가 덕의 근원이라는 것이었다.

서구인들은, 특히 자유주의 사상이 사회의 지배적인 사조로 대두된 17세기 이래, 사회를 이루는 궁극적인 구성 단위를 서로 독립적이고 평등한 존재들인 개인에게서 찾는 개인주의 문화를 형성하여왔다. 그들에게 사회란 독립적이고 평등한 자율적 개체들의 복수적인 집합에 불과할 뿐이었다. 이러한 개인주의적인 서구 사회에서는 인간 삶의 기본 양상을 개인이 독특하게 갖추고 있는 여러 내적 속성들의 표출이라고 보고, 이러한 독특한 개인적 속성의 자율적이고도 적극적인 발휘를 강조하는 태도를

지녀왔다.[1]

플라톤으로부터 면면히 이어져온 서구의 이성중심주의적 전통과 17세기 이후 서구인의 삶의 기본 양식이 되고 있는 개인주의 문화의 특징을 결부시켜보면, 서구 사회에서 그리는 이상적 인간의 특징이 드러난다. 서구 사회에서 그리는 이상적 인간은 상호 독립적이고 평등한 개체로서 존재하는 이성 주체인 개인이 갖추고 있는 이성의 능력을 최대로 발휘하여 삶의 과정에서 자기를 실현하는 사람이다. 곧 이성 주체로서의 자기실현이 서구 사회에서 그리는 이상적 인간의 전형적인 모습인 것이다. 이러한 사실은 현대 서구심리학의 이상적 인간형론인 성숙인격론에 잘 드러나 있다.[2]

이와는 대조적으로, 유학사상에서는 공자로부터 인간의 심성이 덕 · 지 · 정 · 의 사분체계로 구성되는 것으로 보고, 이 네 요소 사이의 관계에서도 도덕적 지향성 또는 도덕 실천 능력의 체계인 덕성의 요소가 중심이 되어야 한다는 덕성중심주의의 입장이 지배해왔다. 유학자들은 덕을 타인과 공동체에 대한 관심과 배려를 축으로 삼아 이해하려 하는데, 이러한 덕의 원형이 인간의 본성 속에 태어날 때부터 갖추어져 있다고 보는 것이 유학사상의 기본 특징이다.

유학자들이 이렇게 덕의 본유설을 주장하게 되는 배경에는 그들이 인간을 사회적 존재로 개념화하여 본다는 사실이 놓여 있다. 유학자들은 인간이 인간된 근거를 인간 존재의 사회성에서 찾는다. 인간은 부모와 자식, 군주와 신하, 남편과 아내, 형과 아우, 그리고 벗과 벗 사이의 관계 속에서 태어나서, 이러한 관계 속에서 살다가, 이러한 관계 속에서 죽어가는 존재라고 유학자들은 이해한다. 그들에 따르면, 이러한 관계가 인간

1 정양은, 1988; 조긍호, 1993, 1996a, 1997a, 1999a, 2000, 2003a, 2006, 2007; 조긍호 · 이재영, 2007; Bond & Hwang, 1986; Chung, 1994.

2 김성태, 1976; 조긍호, 2006.

삶의 원초적 기반이자 굴레여서, 이러한 관계를 떠나서는 인간의 삶을 이해할 수 없다. 따라서 이러한 유학사상의 지배를 받아온 동아시아 사회에는 오래전부터 사회를 이루는 궁극적인 구성 단위는 바로 이러한 사람들 사이의 관계라는 집단주의 문화가 형성되었던 것이다.

개체적 존재로서의 개인보다 사람들 사이의 관계를 중시하는 이러한 집단주의적 삶의 양식을 지니고 살아온 동아시아인들이 그려온 이상적 인간은 유학사상에서 제시하는 군자(君子)와 성인(聖人)이었다. 이러한 군자와 성인은 스스로가 도덕 주체임을 인식하고 일상생활에서 유학적 덕성을 체현함으로써 스스로가 성덕(成德)할 뿐만 아니라, 함께 살아가고 있는 다른 사람들도 덕을 이루도록 도와주는 삶의 태도를 지니며 살아가고 있는 사람이다. 곧 타인과 공동체에 대한 관심과 배려가 이들 유학적 이상적 인간인 군자와 성인들의 기본 특징인 것이다. 이러한 사실은 선진유학자들의 군자론 · 성인론에 잘 드러나 있다.

이러한 이상적 인간형론은 각 사회에서 보는 인간관 및 개인관과 밀접한 관련을 맺지 않을 수 없다. 1장에서 유학사상의 인간관 · 개인관을 살펴보았는데, 유학적 이상적 인간형론의 도출에는 이 논의가 유용한 배경으로 쓰일 것이다. 같은 맥락에서 1장에서 살펴본 서구 자유주의사상의 인간 파악의 기본 관점은 서구 사회에서 그리는 이상적 인간형론의 도출을 위한 배경으로 사용될 것이다. 이 장에서는 선진유학자들의 군자론 · 성인론과 현대 서구심리학의 성숙인격론을 통해 동 · 서 이상적 인간형론의 차이를 살펴본 다음, 이러한 이상적 인간형론의 대비를 통해 추론해낼 수 있는 새로운 심리학의 연구 문제를 도출해보기로 하겠다.[3]

---

3 이 장의 내용은 졸저(조긍호, 2006, pp. 195~278, 379~420, 425~509)의 내용을 기초로 하여 구성함.

1. 선진유학사상의 군자론 · 성인론

유학은 성덕을 지향하고 있는 이론 체계이다. 유학자들은 인성론을 통해 우주 안에서 인간만이 갖추고 있는 고유한 본성을 정위한 다음, 이를 바탕으로 인간이 이룰 수 있는 가장 바람직한 인간상을 삶의 목표로 설정하여 그려내고 있다. 이러한 이상적 인간은 일상생활에서 덕을 이룬 성덕자(成德者)이다.

유학의 경전들에서 성덕자의 모범으로 제시되는 사람들은 요(堯) · 순(舜) · 우(禹) · 탕(湯) · 문(文) · 무(武) · 주공(周公) · 공자(孔子) 같은 사람들이다. 유학은 이들을 성덕자로 설정해놓고, 이러한 상태에 도달하는 일을 삶의 목표로 삼는 사상체계인 것이다. 선진유학자들의 저술에서 덕을 이룬 이러한 이상적 인간은 대인(大人) · 대장부(大丈夫) · 대유(大儒) · 현인(賢人) · 현자(賢者) · 지인(至人) · 성인(成人) · 군자(君子) · 성인(聖人)과 같은 다양한 용어로 표현된다.[4]

이 가운데 '대인'은 『논어』에서는 2회,[5] 『맹자』에서는 12회,[6] 『순자』에서는 2회[7] 나오고, '대장부'는 『맹자』에서만 3회[8] 보일 뿐이며, '대유'는 『순자』에서만 14회[9] 나온다. 그리고 '성인'(成人)은 『논어』에서 4회,[10] 『순자』에서 1회[11] 나오고 있고, '지인'은 『순자』에서만 3회[12] 나올 뿐이다.

---

4 앞으로 제시되는 각 용어의 출처와 횟수는 『論語引得』, 『孟子引得』, 『荀子引得』 참조.

5 『論語』, 季氏 8.

6 『孟子』, 滕文公上 4; 離婁上 20; 離婁下 6, 11, 12; 告子上 14, 15; 盡心上 19, 33; 盡心下 34.

7 『荀子』, 解蔽 14; 成相 9.

8 『孟子』, 滕文公下 2.

9 『荀子』, 儒效 1, 4, 27, 28, 32, 38; 成相 5.

10 『論語』, 憲問 13.

11 『荀子』, 勸學 22.

'현'(賢)이란 글자는 『논어』에서는 모두 18개 장에서 24회 나오는데, 이 가운데 "회(回)는 참 어질도다"[13]나 "사(師: 子張)와 상(商: 子夏) 가운데 누가 더 낫습니까?"[14]와 같이 술어형으로 쓰인 경우가 13회이고, 이상적 인간을 일컫는 경우가 11회인데, '현'이 6회,[15] '현자'가 4회,[16] '현인'이 1회[17] 나온다. 『맹자』에서 '현'은 33개 장에서 74회 나오는데, 이 중 관형어나 술어형으로 쓰이는 경우가 30회이고, 이상적 인간을 지칭하는 경우는 '현'이 22회,[18] '현자'가 18회,[19] '현인'이 4회[20] 제시되고 있다. 『순자』에서 '현'은 모두 145회 나오고 있는데, 이 중에서 관형어나 술어형으로 쓰이는 경우가 39회이고, 이상적 인간을 지칭하는 '현'이 22개편[21]에서 56회, '현자'가 9개편[22]에서 17회, '현인'이 4개편[23]에서 11회, '현량'(賢良)이 6개편[24]에서 13회, '현사'(賢士)가 3개편[25]에서 5회, '현능'(賢能)이 3개편[26]에서 4회 출현하고 있다.

---

12 『荀子』, 天論 23; 解蔽 21~22.

13 賢哉回也 (『論語』, 雍也 9)

14 師與商孰賢 (先進 15)

15 『論語』, 學而 7; 里仁 17; 子路 2; 子張 3.

16 憲問 39; 衛靈公 13; 子張 22.

17 述而 14.

18 『孟子』, 梁惠王上 7; 公孫丑上 5; 離婁上 7; 離婁下 7, 20; 萬章上 6; 萬章下 3, 6, 7; 告子下 6, 7; 盡心上 46; 盡心下 12.

19 梁惠王上 2; 梁惠王下 4, 16; 公孫丑上 4; 滕文公上 4; 離婁下 17; 萬章上 9; 萬章下 3, 6; 告子上 10; 告子下 6; 盡心上 31; 盡心下 20, 24.

20 公孫丑上 1; 萬章下 7.

21 『荀子』, 修身 · 非相 · 非十二子 · 仲尼 · 儒效 · 王制 · 富國 · 王覇 · 君道 · 臣道 · 致士 · 議兵 · 彊國 · 天論 · 正論 · 解蔽 · 君子 · 成相 · 大略 · 宥坐 · 子道 · 堯問

22 非十二子 · 富國 · 臣道 · 致士 · 正論 · 性惡 · 君子 · 成相 · 堯問

23 非相 · 大略 · 哀公 · 堯問

24 王制 · 君道 · 正論 · 君子 · 子道 · 賦

25 王覇 · 彊國 · 成相

26 仲尼 · 王制 · 成相

이에 비해, 유학에서 이상적 인간의 전형으로 쓰이는 '군자'(君子)와 '성인'(聖人)이란 표현은 상대적으로 많이 쓰이는 편이다. '군자'는 『논어』의 86개장에서 모두 107회, 『맹자』의 54개장에서 81회, 『순자』의 모든 편에서 279회나 제시되고 있다. '성인'은 이보다 좀 적어서 『논어』에서 4회,[27] 『맹자』에서 29회,[28] 『순자』의 22개편[29]에서 83회 제시되고 있다. '성'(聖) 한 글자로 성인을 나타내는 경우도 『논어』에서 4회,[30] 『맹자』에서 16회,[31] 『순자』의 10개편[32]에서 19회나 되고 있다.

이렇게 보면, 선진유학의 경전에서 이상적 인간을 지칭하는 말로 가장 많이 등장하는 것은 '군자'와 '성인'이라고 볼 수 있다.[33] 이러한 맥락에서 이 책에서는 군자와 성인에 관한 선진유학자들의 진술을 기초로 하여, 선진유학사상에 제시되고 있는 이상적 인간형에 대해 살펴보기로 하겠다.

---

27 『論語』, 述而 25; 季氏 8; 子張 12.

28 『孟子』, 公孫丑上 2; 公孫丑下 9; 滕文公上 4; 滕文公下 9; 離婁上 1, 2; 萬章上 7; 告子上 7; 盡心上 23, 24, 38; 盡心下 15, 24, 38.

29 『荀子』, 勸學 · 修身 · 不苟 · 榮辱 · 非相 · 非十二子 · 仲尼 · 儒效 · 王制 · 富國 · 君道 · 天論 · 正論 · 樂論 · 解蔽 · 正名 · 性惡 · 成相 · 賦 · 大略 · 堯問

30 『論語』, 雍也 28; 述而 33; 子罕 6.

31 『孟子』, 公孫丑上 2; 滕文公下 9; 離婁下 1; 萬章下 1; 盡心下 25.

32 『荀子』, 仲尼 · 儒效 · 正論 · 解蔽 · 性惡 · 君子 · 成相 · 大略 · 哀公 · 堯問

33 『논어』, 『맹자』, 『순자』에서 '현인'이나 '현자'도 많이 쓰이는 용어이기는 하나, 이는 '지혜로운 사람'이라는 뜻을 함축하고 있다는 점에서 '덕을 이룬 사람'이라는 뜻을 강하게 지니는 '군자'나 '성인'과는 약간 다르다. 곧 '현인'이나 '현자'는 '도를 자각한 어질고 지혜로운 군주 또는 선비'라는 뜻으로 쓰이는 경우가 많은 것이다. 이러한 사실은 '현'의 대칭 개념이 '불초'(不肖)로 쓰이고 있다는 점(예: 『孟子』, 離婁下 7; 萬章上 6; 告子下 6)이나, '현' 또는 '현자'가 직접 '지'(智)의 의미로 쓰이기도 한다는 점(예: 『孟子』, 盡心上 43; 盡心下 24)에서 잘 드러난다. 이러한 맥락에서 여기에서는 유학적 이상적 인간의 모습을 주로 '군자론'과 '성인론'을 중심으로 하여 정리해보기로 하겠다.

1) 공자의 군자론

후대의 모든 유학자들이 제시하는 이상적 인간형론은 공자의 군자론에 그 논리적 뿌리를 두고 있다. 일찍이 공자는 "성인은 요 · 순도 이를 오히려 어렵게 여겼거늘"[34] "성(聖)과 인(仁)을 내가 어찌 감히 넘보리오?"[35]라고 하여 성인의 경지를 높이 평가하고 있다. 공자는 "성인은 내가 아직 만나 보지 못하였다. 그러니 군자라도 만나볼 수 있다면 좋겠다"[36]거나 "군자에게는 두려워할 것이 세 가지가 있으니, 천명(天命)과 대인(大人)과 성인(聖人)의 말씀이다"[37]라고 하여, 성인을 군자보다 상위 개념으로 잡고 있다. 이렇게 공자는 보통 사람으로 이룰 수 있는 이상적 인간형을 군자로 보고 있는 것이다.

(1) 군자의 세 가지 특징

공자는 제자인 자로(子路)와 가진 문답에서 군자의 특징을 다음과 같이 세 가지로 요약하여 제시하고 있다.

> 자로가 군자에 대해 묻자, 공자는 "군자는 자기를 닦음으로써 삼가는 사람이다"〔修己以敬〕라고 대답하였다. 자로가 "그것뿐입니까?" 하고 묻자, 공자는 "군자는 자기를 닦음으로써 사람들을 편안하게 해 주는 사람이다"〔修己以安人〕라고 대답하였다. 자로가 거듭 "그것뿐입니까?" 하고 묻자, 공자는 "군자는 자기를 닦음으로써 온 백성들을 편안하게 해주는 사람이다〔修己以安百姓〕. 자기를 닦음으로써 온 백성들을 편안하게 해주는 일은 요 · 순도 이를 오

---

34 必也聖乎 堯舜其猶病諸 (『論語』, 雍也 28)

35 子曰 若聖與仁 則吾豈敢 (述而 33)

36 子曰 聖人吾不得而見之矣 得見君子者斯可矣 (述而 25)

37 孔子曰 君子有三畏 畏天命 畏大人 畏聖人之言 (季氏 8)

히려 어렵게 여겼다"고 대답하였다.[38]

이 인용문에서 공자는 군자의 특징을 "자기를 닦음으로써 삼가는 일"(修己以敬), "자기를 닦음으로써 주위의 사람들을 편안하게 해주는 일"(修己以安人), 그리고 "자기를 닦음으로써 온 천하 사람들을 편안하게 해주는 일"(修己以安百姓)의 세 가지로 보고 있다. 여기서 수기이경(修己以敬)은 자기 완성, 수기이안인(修己以安人)은 대인관계에서의 조화의 달성(관계 완성), 그리고 수기이안백성(修己以安百姓)은 사회적 책무의 자임(自任)과 달성(사회 완성)을 의미하는 것이다. 그러므로 공자는 개인적 인격의 수양과 완성뿐만 아니라, 타인에 대한 관심과 배려 및 사회에 대한 책임감을 이상적 인간의 기본적인 특징으로 보고 있는 것이다. 곧 인간은 스스로가 타고난 도덕적 인격을 완성해야 할 뿐만 아니라, 기본적으로 이를 타인과 사회에 대한 배려와 책임감으로 승화시켜야 하는 존재라고 공자는 보고 있는 것이다.

수기이경 군자는 인의(仁義)에 근거하여 자기 몸을 닦는 사람이다. 이를 공자는 "군자가 인(仁)을 떠나면, 어떻게 이름을 이룰 수 있겠는가? 군자는 밥 한 끼 먹을 시간에도 인을 떠나서는 안 되고, 경황 중이나 위급한 상황에서도 반드시 인에 거해야 한다"[39]거나, "군자는 의(義)를 으뜸으로 삼아야 한다"[40]거나, "군자는 천하의 일에 있어서 (……) 오로지 의를 따라야 한다",[41] 또는 "군자는 의를 깨달아 이에 밝고, 소인은

38 子路問君子 子曰 修己以敬 曰 如斯而已乎 曰 修己以安人 曰 如斯而已乎 曰 修己以安百姓 修己以安百姓 堯舜其猶病諸 (憲問 45)
39 君子去仁 惡乎成名 君子無終食之間違仁 造次必於是 顚沛必於是 (里仁 5)
40 君子義以爲上 (陽貨 23)
41 君子之於天下也 (……) 義之與比 (里仁 10)

이익에 밝다"[42]고 말하고 있다. 이렇게 군자는 인의의 도를 깨달아 이에 밝기 때문에, 일상생활에서 자기를 다하고〔忠〕 믿음이 있으며〔信〕,[43] 항상 도(道)를 도모하고 걱정할 뿐 일신의 욕심을 도모하거나 걱정하지 않는다.[44]

이와 같이 군자는 인 · 의 · 도 · 덕에 근거하여 자기 수양을 이룬 사람이기 때문에, 자기에게 잘못이 있을 때 이를 고치기를 주저하지 않으며,[45] "어진 사람을 보면 그와 같아지려 하며, 어질지 못한 사람을 보면 안으로 스스로를 반성하여"[46] 자기를 개선하려 한다. "군자의 잘못은 일식 · 월식과 같아서, 군자가 잘못하면 모든 사람이 그것을 보게 되지만, 이를 고치면 모든 사람이 그를 우러러보게 되는 것이다."[47] 이렇게 군자가 잘못을 고쳐 자기 개선을 할 수 있는 것은 "널리 글을 배워 인의의 도를 깨우치고, 예로써 자기 몸을 단속하여,"[48] "모든 책임을 남에게 돌리는 소인과는 달리 스스로에게서 모든 책임을 찾기"[49] 때문이다. 그리하여 "군자는 자기의 무능을 책할지언정 남이 자기를 알아주지 않는 것을 책하지 않으

42 君子喻於義 小人喻於利 (里仁 16)

43 君子 〔……〕 主忠信 (學而 8): 공자가 忠과 信을 修己의 기초로 강조하고 있다는 사실은 "십호쯤 되는 작은 마을에도 반드시 나처럼 忠 · 信한 사람이 있겠지만, 나처럼 배우기를 좋아하는〔好學〕 사람은 없을 것이다"(十室之邑 必有忠信如丘者焉 不如丘之好學也, 公冶長 27)라고 하여, 스스로를 忠信과 好學으로 자평하고 있다는 사실과 "공자께서는 네 가지로 가르치셨으니, 文 · 行 · 忠 · 信이었다"(子以四敎 文行忠信, 述而 24)는 진술 등에 잘 드러나고 있다.

44 君子謀道不謀食 〔……〕 君子憂道不憂貧 (衛靈公 31)

45 過則勿憚改 (學而 8)

46 見賢思齊焉 見不賢而內自省也 (里仁 17)

47 君子之過也 如日月之食焉 過也 人皆見之 更也 人皆仰之 (子張 21)

48 君子博學以文 約之以禮 (雍也 25): 子罕篇 10장에는 제자인 顔淵이 공자를 평하면서 "선생님께서는 차근차근히 사람을 잘 이끄시어, 文으로써 나를 넓혀 주시고, 禮로써 나를 단속하게 해 주셨다"(夫子循循然善誘人 博我以文 約我以禮)고 하여, 같은 얘기가 나오고 있다.

49 君子求諸己 小人求諸人 (衛靈公 20)

며,"[50] 결과적으로 "남이 자기를 알아주지 않는다고 해도 서운해 하지 않을"[51] 수 있는 것이다.

군자는 이렇게 항상 잘못을 개선하고 모든 책임을 스스로에게서 찾기 때문에, 정서적으로 안정되어 있어서 "걱정하거나 두려워하지 않는다. (……) 안으로 돌이켜보아 잘못이 없으므로, 걱정하거나 두려워할 것이 없기 때문이다."[52] 그리하여 "항상 걱정에 싸여 있는 소인과는 달리, 군자는 언제나 마음이 평탄하고 여유가 있는 것이다."[53] 이렇게 정서적인 안정을 이루고 있는 군자는 "태연하고 교만하지 않으며"[54] 항상 겸손하다. 군자가 겸손하다는 것은 공자 스스로가 "군자의 일을 몸소 행하는 일은 내가 아직 모자란다"[55]거나, "성(聖)과 인(仁)을 내가 어찌 감히 넘보겠는가? 나는 다만 인을 행하기를 싫어하지 않고, 남을 가르치기를 게을리 하지 않는다고 할 수 있을 뿐이다"[56]라거나, "군자의 도에 세 가지가 있는데, 나는 하나도 능한 것이 없다"[57]거나, 또는 "나는 나면서부터 아는 사람(生而知之者)은 못된다. 다만 옛것을 좋아해서 속히 그것을 구하고자 하는 사람일 뿐이다"[58]라고 겸손하게 자평하고 있다는 사실에서 잘 드러나

---

50 君子病無能焉 不病人之不己知也 (衛靈公 18); 學而 16(不患人之不己知 患不知人也), 里仁 14(不患無位 患所以立 不患莫己知 求爲可知也), 憲問 32(不患人之不己知 患其不知也)에도 같은 내용이 제시되고 있다. 이를 위의 君子求諸己 小人求諸人(衛靈公 20)과 함께 고찰해보면, 공자가 자기에게 돌이켜 모든 책임을 구하는 反求諸己의 태도를 얼마나 강조했는지를 알 수 있다.

51 學而 1.

52 君子不憂不懼 (……) 內省不疚 夫何憂何懼 (顔淵 4)

53 君子坦蕩蕩 小人長戚戚 (述而 36)

54 君子泰而不驕 小人驕而不泰 (子路 26)

55 子曰 文莫吾猶人也 躬行君子 則吾未之有得 (述而 32)

56 子曰 若聖與仁 則吾豈敢 抑爲之不厭 誨人不倦 則可謂云爾已矣 (述而 33)

57 子曰 君子道者三 我無能焉 (憲問 30)

58 子曰 我非生而知之者 好古敏以求之者也 (述而 19)

고 있다.

군자는 정서적으로 안정되어 있을 뿐만 아니라, 또한 자기의 이기적 욕구를 억제할 수 있는 사람이다. 군자는 배부름이나 편안함,[59] 부귀,[60] 이익 추구,[61] 그리고 여색과 남을 이기려는 욕구 및 탐욕[62] 등 생물체로서의 이기적 욕구를 억제하고, "의(義)를 밝게 깨달아,"[63] "덕을 항상 마음속에 간직하고 있는 사람"[64]이다. 이렇기 때문에 군자는 자기 표출을 억제하여, 말을 아끼고 삼간다.[65] 이렇게 자기 표출을 억제하는 것은 "행동이 말을 따라가지 못할까봐 걱정해서"[66]인데, 이렇게 "군자는 말은 신중하게 하고, 이를 실행하기는 빠르게 하는 사람"[67]인 것이다.

이상에서 보듯이, 군자는 인의를 바탕으로 하여 도를 체득함으로써 자기 개선을 이루고, 모든 책임을 스스로에게 돌이켜 구함으로써 정서적으로 안정되며, 이기적 욕구와 자기 표출을 억제하고, 자기가 체득한 도를 실행하려 노력하는 사람이다. 이것이 바로 자기를 닦아 삼가게 된〔修己以敬〕 군자의 특징으로, 공자는 이를 "군자는 의(義)로써 바탕을 삼고, 예(禮)로써 이를 행하며, 겸손하게 이를 드러내고, 성실함으로써 이를 이루나

59 君子食無求飽 居無求安 (學而 14)

60 富與貴 是人之所欲也 不以其道得之 不處也 (里仁 5)

61 君子懷德 小人懷土 君子懷刑 小人懷惠 (里仁 11)

62 君子有三戒 少之時 血氣未定 戒之在色 及其壯也 血氣方剛 戒之在鬪 及其老也 血氣旣衰 戒之在得 (季氏 7)

63 里仁 16.

64 君子懷德 小人懷土 (里仁 11)

65 仁者其言也訒 (顔淵 3)

66 君子恥其言之過其行也 (憲問 29); 古者言之不出 恥躬之不逮也 (里仁 22)

67 君子 〔……〕 敏於事而愼於言 (學而 14); 君子欲訥於言而敏於行 (里仁 24); 子貢問君子 子曰 先行 其言而後從之 (爲政 13): 何晏(193~249)은 『論語集解』에서 先行을 句로 보아 띄어 읽고 있으나, 朱熹는 『論語集註』에서 先行其言을 句로 보아 띄어 읽고 있다. 여기서는 古注의 풀이가 더 자연스럽다고 보아, 이를 택하였다.

니, 이것이 바로 군자다움"[68]이라고 표현하고 있는 것이다.

수기이안인 군자는 인의를 기초로 자기 몸을 닦아 도덕적 수양을 이룬 이후에 일상생활을 통해 주위 사람들과 조화를 이루고, 그들을 편안하게 이끌어주는 사람이다. 이들은 우선 가족들에게 효와 우애를 다하여 가정의 질서를 도모한다. 이것이 인을 행하는 근본이 되기 때문이다.[69] 이들은 친척들에게 돈독하게 하고, 옛 친구들도 잘 보살피며,[70] 그들이 선을 행하도록 정성을 다하여 권면한다.[71]

군자는 사람들을 공경하고, 그들에게 공손하고 예의바르게 대하여 주위 사람들을 형제같이 여기며,[72] 교만하지 않고,[73] "남을 긍휼히 여겨 다투지 않으며, 또 함께 어울리되 편당을 짓지 않는다."[74] 이들은 "바르고 곧되, 자기만 옳다고 고집을 부리지 않으며,"[75] 남의 악함을 들추어내거나 남을 비방하는 것을 미워한다.[76] "군자는 소인들처럼 이익에 붙좇지 않고, 사람들과의 사이에 조화를 추구하기"[77] 때문이다.

---

68 君子義以爲質 禮以行之 孫以出之 信以成之 君子哉 (衛靈公 17)

69 君子務本 本立而道生 孝弟也者 其爲仁之本與 (學而 2)

70 君子篤於親 〔……〕 故舊不遺 (泰伯 2); 周公謂魯公日 君子不施其親 不使大臣怨乎不以故舊無大故 則不棄也 無求備於一人 (微子 10)

71 子路問日 何如斯可謂之士矣 子日 切切偲偲 怡怡如也 可謂士矣 朋友切切偲偲 兄弟怡怡 (子路 28)

72 君子敬而無失 與人恭而有禮 四海之內 皆兄弟也 君子何患乎無兄弟也 (顔淵 5)

73 子路 26.

74 君子矜而不爭 群而不黨 (衛靈公 21)

75 君子貞而不諒 (衛靈公 36): 里仁篇 10장에도 "군자는 천하에 있어서 꼭 이래야 한다는 것도 없고, 이래서는 절대로 아니 된다는 것도 없이, 오직 義를 따를 뿐이다"(君子之於天下也 無適也 無莫也 義之與比)라고 하여, 같은 내용이 제시되고 있다.

76 子貢日 君子亦有惡乎 子日 有惡 惡稱人之惡者 惡居下流而訕上者 惡勇而無禮者 惡果敢而窒者 (陽貨 24)

77 君子和而不同 小人同而不和 (子路 23)

이와 같이 "사람들을 편애하거나 아첨할 뿐 널리 사랑하지 못하는 소인과는 달리, 군자는 사람들을 널리 사랑하지 편애하거나 아첨하지 않는다."[78] 곧 군자는 도를 배움으로써 사람들을 사랑하고,[79] 그럼으로써 그들과의 사이에 조화를 이루게 되는 것이다.

수기이안백성 수기를 통해 인격적 수양을 이룬 군자는 가족·친척·친구 등 주변 사람들만 포용하고, 그들과만 조화를 이루려 하는 것은 아니다. "군자는 어진 사람을 존중하고, 모든 사람을 포용한다. 잘하는 사람을 가상히 여길 뿐만 아니라, 무능한 사람도 긍휼히 여겨 포용하는 것이다."[80] "마치 온갖 장인들이 공장에 있으면서 자기 일을 이루어내듯이, 군자는 배움을 통해 그 도를 이루려 하는데,"[81] 군자가 이루려는 도는 바로 수기를 통한 도덕적 인격적 완성이나 대인관계에서의 조화의 추구만이 아니라, 자기에게 주어진 사회적 책무의 자임(自任)과 완수까지도 포함되는 것이다. 공자는 "천명으로 부여된 자기가 할 일을 알지 못하면 군자가 될 수 없다"[82]고 말하고, 자신은 "감히 성(聖)과 인(仁)을 자처할 수는 없지만, 인의의 도를 행하기를 싫어하지 않으며, 남을 가르치기를 게을리하지 않는다"[83]고 하여, 다른 사람들에게 인의의 길을 가르쳐서 그들로 하여금 인의의 도를 따르도록 인도하는 일, 그리하여 온 천하의 사람들을 편안하게 해주는 일을 자기에게 부여된 천명으로 알고, 이 일을 기꺼이 떠맡아 실행하고 있음을 분명히 하고 있다. 공자는 이렇게 온 천하의 사

78 君子周而不比 小人比而不周 (爲政 14)

79 君子學道則愛人 小人學道則易使也 (陽貨 4)

80 君子尊賢而容衆 嘉善而矜不能 (子張 3)

81 百工居肆以成其事 君子學以致其道 (子張 7)

82 不知命 無以爲君子也 (堯曰 3)

83 述而 33.

람을 편안하게 해주는 안백성(安百姓)을 자기에게 부여된 천명으로 자임하고 있었기에, 송(宋)의 환퇴(桓魋)가 그를 해치려 하는데도 "하늘이 나에게 덕(德)을 부여해주셨으니, 환퇴가 나를 어찌하겠는가?"[84] 하는 당당한 부동심(不動心)을 견지할 수 있었던 것이다.

그런데 이렇게 사회적 책무를 자임하고 완수하는 일은 실제로 무척 어려운 일이다. 공자는 제자인 자공(子貢)이 "널리 백성들에게 은혜를 베풀어 많은 사람을 구제한다면, 어떻습니까? 인(仁)하다고 할 만하겠습니까?" 하고 물은 데 대해 "어찌 인에만 머물겠는가? 반드시 성인일 것인데, 이는 요 · 순도 오히려 어렵게 여겼던 경지이다"라고 대답하여,[85] 안백성하는 일의 어려움을 제시하고 있다. 이러한 수기이안백성은 수기이경 · 수기이안인과 함께 이상적 인간의 세 가지 특징 중 하나인 것이다.

(2) 군자가 되는 과정

여기서 공자가 보는 이상적 인간의 이러한 세 가지 특징은 모두 수기(修己)를 그 바탕으로 하고 있다는 점에 주목해야 할 필요가 있다. 이러한 수기의 기초는 바로 인의이고, 이상적 인간은 모두 이러한 인의를 자각하여 체득했다는 공통점을 가지고 있다. 따라서 그들의 세 가지 특징은 이러한 인의가 상황과 처지에 따라 달리 표출되고 있을 뿐인 것이다. 이러한 사실은 다음과 같은 진술에서 잘 드러나고 있다.

---

84 子曰 天生德於予 桓魋其如予何 (述而 22): 공자가 이러한 당당한 부동심을 굳게 지니고 있었다는 사실은, 匡人들에게서 위협을 당했을 때 "文王이 돌아가신 이후 문화 전통이 나에게 이어지지 않았는가? 하늘이 장차 이 문화를 멸망시키려 했다면, 내가 이 문화에 참여할 수는 없었을 것이다. 하늘이 이 문화를 멸망시키려 하지 않는데, 匡人들이 나를 어찌 하겠는가?" (子畏於匡 曰 文王旣沒 文不在玆乎 天之將喪斯文也 後死者不得與於斯文也 天之未喪斯文也 匡人其如予何, 子罕 5)라고 말하면서 태연했다는 진술에서도 잘 드러나고 있다.

85 子貢曰 如有博施於民而能濟衆 何如 可謂仁乎 子曰 何事於仁 必也聖乎 堯舜其猶病諸 (雍也 28)

공자께서 자산(子産)에 대해 평하여 말씀하셨다. "그는 군자의 도 네 가지를 간직하고 있었으니, 몸가짐은 공손하고, 윗사람을 섬김에는 공경스러웠으며, 백성을 기름에는 은혜로웠고, 백성들에게 일을 시킴에는 의로웠다."[86]

이 인용문에서 몸가짐이 공손한 것은 수기이경, 윗사람을 공경하는 것은 안인에 속하는 일이라면, 백성들을 은혜로 기르고 의롭게 일시키는 일은 안백성에 속하는 일이라고 할 수 있을 것이다. 이렇게 군자는 수기의 바탕을 자기의 도덕적 인격적 완성, 대인관계에서의 조화의 달성, 그리고 사회적 책무의 자임과 완수로 확대해가는 사람인 것이다.

그렇다면, 군자는 이러한 세 가지 특징을 어떠한 과정을 거쳐 갖추게 되는가? 선진유학자들의 이상적 인간형론에서 이상적 인간의 특징론 이외에 한 가지 더 살펴볼 것은, 이상적 인간의 상태에 도달하는 과정이나 단계 또는 이상적 인간에게 필수적으로 요구되는 여러 특징들을 갖추어 가는 과정이나 단계에 관한 논의이다. 공자는 스스로의 경험에 비추어 인간의 발달 과정을 연령의 함수로 제시하고 있는데, 이로부터 군자가 되는 과정에 관한 그의 생각을 읽어낼 수 있다.

나는 열다섯에 배움에 뜻을 두었고〔志于學〕, 서른에 도에 굳건히 설 수 있게 되었으며〔而立〕, 마흔에는 외부 사물에 의해 미혹되지 않게 되었고〔不惑〕, 쉰에는 천명을 알게 되었으며〔知天命〕, 예순에는 어떤 것을 들어도 저절로 깨닫게 되었고〔耳順〕, 일흔에는 무엇이나 마음에 하고자 하는 바를 좇아도 도리에 어긋나지 않게 되었다〔從心所欲 不踰矩〕.[87]

86 子謂子產 有君子之道四焉 其行己也恭 其事上也敬 其養民也惠 其使民也義 (公冶長 15)
87 吾十有五而志于學 三十而立 四十而不惑 五十而知天命 六十而耳順 七十而從心所欲 不踰矩 (爲政 4)

이러한 연령 단계 중 '지학'(志學)으로부터 '불혹'(不惑)까지는 자기수양과 밀접한 관계가 있는 특징들을 나타낸다. 이에 비해 '지명'(知命)은 자기만이 해야 할 역할의 인식과 관련이 있다. 이는 자기 인생의 존재 의의가 현실 정치에 참여하는 데 있는지, 아니면 교육을 통한 도의 전수에 있는지를 확실하게 이해하는 것을 의미한다. '이순'(耳順)은 대체로 어떤 것을 들어도 저절로 깨우치게 되는 특징, 곧 지식의 확충으로 풀이하고 있으나, 이는 자기객관화를 통한 편안하고 조화로운 상태를 이루는 단계로 볼 수도 있다. 지천명을 통해 확인한 자기의 고유 역할을 실제 사회생활을 통해 펼치고, 그 결과 타인들과 조화로운 관계를 유지하는 자기객관화를 귀가 순조로워지는 이순의 핵심이라고 볼 수 있을 것이다. 그리고 '종심'(從心)의 상태는 이제 인간적으로 완성되어 항상 어떤 일을 하든지 사람의 도리에 맞는 삶의 경지에 도달한 상태, 곧 자기수양과 대인관계의 조화뿐만이 아니라, 사회적 책임도 다함으로써 이루어진 완성된 삶의 상태를 지칭하는 것이라고 생각할 수 있다. 이와 같이 지천명으로부터 종심소욕까지는 수기의 결과를 안인과 안백성의 경지로 확대한 상태를 의미하는 것이라고 볼 수 있다. 이렇게 보면, 공자의 연령 단계론은 '수기 → 안인 → 안백성'의 단계론으로 정리할 수 있을 것이다.

공자의 단계론을 이와 같이 '수기 → 안인 → 안백성'의 점진적 확대론으로 볼 수 있다는 사실은 수기 · 안인 · 안백성의 군자론에서부터 드러나고 있다.[88] 공자는 제자인 자로의 군자에 대한 거듭되는 물음에 '수기 →

---

88 공자의 군자론을 '수기 → 안인 → 안백성'의 점진적 확대론으로 보는 것은 『論語』에 대한 주석자들의 일치하는 견해이다. 예를 들면, 古注 가운데 가장 널리 인용되는 삼국시대 魏나라 何晏(193~249)의 『論語集解』에서는 安人의 人을 人謂朋友九族也라고 하여 친구와 친척 같은 주위 사람을 가리키는 것으로 보아, 安百姓의 百姓과 구별하고 있다. 新注의 전통을 연 朱熹도 『論語集註』에서 人者對己以言 百姓則盡乎人矣라고 하여 같은 견해를 밝히고 있으며, 淸대의 劉寶楠은 『論語正義』라는 24권짜리 방대한 주석서에서 安人을 齊家로, 安

안인 → 안백성'의 순서로 대답한 다음, 맨 마지막에 "수기이안백성은 요 · 순도 오히려 어렵게 여긴 경지"[89]라고 말하여, 이러한 확대론을 직접 피력하고 있는 것이다.

『논어』의 또 다른 곳에서 공자는 "백성들에게 널리 베풀고 뭇사람들을 구제하는 안백성의 상태는 요 · 순도 오히려 어렵게 여긴 경지"라고 하여, 똑같은 확대론을 제시하고 있다. 또한 이 장에서는 제자인 자공과의 이러한 문답 직후에 "무릇 인(仁)이란 자기가 서고자 하는 곳에 남을 먼저 세워주고, 자기가 이루고자 하는 일을 남이 먼저 이루도록 해주는 것이다. 능히 자기 몸 가까이에서 취하여 이를 미루어갈 수 있으면, 인을 행하는 방도라고 이를 만하다"[90]고 하여, 안인과 수기는 안백성의 전 단계임을 분명히 하고 있다. 이렇게 수기를 거쳐 안인의 상태에 이르고, 안인을 거쳐 안백성의 상태에 이르는 점진적 확대 과정이 이상적 인간상에 도달하는 단계라고 보는 것이 공자의 단계론의 기본 입장인 것이다.

2) 맹자의 성인론

맹자는 제자인 공손추(公孫丑)와의 문답에서 공손추가 "선생님은 이미 성인이십니까?" 하고 묻자 "아! 그 무슨 말인가? (……) 무릇 성인은 공자께서도 스스로 이러한 경지에 있지 않다고 하셨거늘, 그 무슨 소리를 함부로 하고 있느냐?"고 나무라면서, "나는 아직 이루지 못하였다. 나의 소망은 오직 공자를 배우는 것일 뿐이다"[91]고 하여, 성인의 경지를 높이 평

百姓을 治國 · 平天下로 보아 점진적 확대론의 논지를 펴고 있다. 김승혜(1990, pp. 104~124)도 같은 관점의 논리를 전개하여, 점진적 확대론이 공자 군자론의 기본 논리임을 지적하고 있다.

89 修己以安百姓 堯舜其猶病諸 (憲問 45)

90 子貢曰 如有博施於民而能濟衆 何如 可謂仁乎 子曰 何事於仁 必也聖乎 堯舜其猶病諸 夫仁者 己欲立而立人 己欲達而達人 能近取譬 可謂仁之方也已 (雍也 28)

가하고 있다. 곧 성인은 시공(時空)을 초월하는 절대적인 존재이기 때문에,[92] "인륜의 표준"[93]으로서 "백대 후에도 본받을 스승"[94]이 될 만큼, 그 감화력이 위대한 존재라고 맹자는 보고 있는 것이다.

(1) 성인의 세 가지 특징

이상적 인간의 특징을 수기 · 안인 · 안백성의 세 가지로 보는 공자의 입장은 맹자에게 그대로 이어지고 있다. 맹자는 백이(伯夷) · 이윤(伊尹) · 유하혜(柳下惠) · 공자를 비교하면서, 성인의 유형을 다음과 같이 정리하고 있다.

> 백이는 성인 중에서 가장 순수하고 깨끗한 분이고〔聖之淸者〕, 이윤은 성인 중에서 가장 사회적인 책임을 다한 분이고〔聖之任者〕, 유하혜는 성인 중에서 가장 융화를 도모한 분이며〔聖之和者〕, 공자는 성인 중에서 가장 시중(時中)을 취하신 분이다〔聖之時者〕. 이 중에서 공자는 이들을 모두 모아서 크게 이루신 분이다.[95]

---

91 然則夫子旣聖矣乎 日 惡 是何言也 〔……〕 夫聖孔子不居 是何言也 〔……〕 吾未能有行焉 乃所願則學孔子也 (『孟子』, 公孫丑上 2)

92 이러한 논지는 『孟子』에 나오는 聖人에 대한 기술의 배경을 이루고 있는데, 이러한 논점을 직접 언급하고 있는 구절도 많다. 예를 들면, 離婁下 1장에서는 舜과 文王을 비교하면서 "이 두 사람은 피차의 땅의 거리가 천리 이상 떨어져 있고, 또 피차의 세대의 차이가 천년 이상이나 된다. 그렇지만 두 분이 다 뜻을 이루어 중국에서 왕도 · 덕치를 행한 점이 마치 부절을 맞춘 듯이 일치한다. 곧 앞선 聖人이나 뒤에 난 聖人이나 그 법도는 하나였던 것이다"(地之相去也 千有餘里 世之相後也 千有餘歲 得志行乎中國 若合符節 先聖後聖 其揆一也) 라고 기술하고 있다.

93 聖人 人倫之至也 (離婁上 2)

94 聖人 百世之師也 (盡心下 15)

95 伯夷聖之淸者也 伊尹聖之任者也 柳下惠聖之和者也 孔子聖之時者也 孔子之謂集大成 (萬章下 1)

이 인용문에서 공자는 앞에 언급된 백이 · 이윤 · 유하혜의 청(淸) · 임(任) · 화(和)를 모두 모아서 크게 이루신 분이라고 표현되고 있다. 이는 백이 · 이윤 · 유하혜가 어느 한쪽으로 편벽된 성인의 한 측면만을 이룬 것이라면, 공자는 이들을 모두 모아서 크게 이루어〔集大成〕, 시의에 맞게 중용(中庸)을 취한 성인의 전형이라는 의미이다. 이러한 사실은 맹자가 다른 곳에서 "백이는 좁고, 유하혜는 소홀하다. 좁거나 소홀한 것을 군자는 따르지 않는 법이다"[96]라고 비판한 데에서 잘 드러난다. 그러나 맹자는 또 다른 곳에서 백이와 유하혜를 칭찬하여, "성인은 백대 후에도 본받을 스승으로, 백이와 유하혜가 바로 이러한 사람이다"[97]라고 높이 평가하고 있다. 이 세 사람 가운데 맹자가 시종 높이 평가하고 있는 것은 이윤뿐이다.[98] 이러한 점에서 보면, 맹자가 이상적 인간의 특징으로 보고 있는 것

---

96 伯夷隘 柳下惠不恭 隘與不恭 君子不由也 (公孫丑上 9)

97 聖人百世之師也 伯夷柳下惠是也 (盡心下 15)

98 이 세 사람에 대한 기술은 『孟子』 전 편을 통하여 伯夷는 8개 장(公孫丑上 2, 9; 滕文公下 9; 離婁上 13; 萬章下 1; 告子下 6; 盡心上 22; 盡心下 15), 柳下惠는 5개 장(公孫丑上 9; 萬章下 1; 告子下 6; 盡心上 28; 盡心下 15), 그리고 伊尹은 8개 장(公孫丑上 2; 公孫丑下 2; 萬章上 6, 7; 萬章下 1; 告子下 6; 盡心上 31; 盡心下 38)에서 산견된다. 이 중 백이와 유하혜를 비판한 公孫丑上 9장을 제외하고는 대체로 백이는 聖之淸의 전형으로, 유하혜는 聖之和의 전형으로, 그리고 이윤은 聖之任의 전형으로 표현되고 있어, 맹자가 이 세 사람을 얼마나 높이 평가했는지를 잘 알 수 있다.

이 세 사람 중 이윤은 전혀 맹자의 비판을 받고 있지 않다는 점에서 맹자가 가장 높이 평가하고 있는 것으로 볼 수 있으며, 公孫丑上 9장에서 "백이는 좁고, 유하혜는 소홀하다"라고 비판한 것은 맹자 자신의 처신에 대한 合理化를 위한 탄식이 아니었을까 추측된다. 즉, 맹자가 처했던 戰國 시대도 백이가 처했던 殷 나라 말기의 紂王 때와 마찬가지로 난세였는데, 백이는 이 혼란을 피해 숨어 버려서 淸을 견지했음에 반하여, 맹자는 仁義王道를 실현하려는 꿈을 버리지 않고 제후국을 순방하였으며, 그렇다고 유하혜 같이 낮거나 높은 관직을 가리지 않고 맡아 항상 和를 추구하지도 못하고, 가는 곳마다 자기의 뜻이 받아들여지지 않으면 버리고 떠났으므로, 맹자 자신이 보기에 仁義王道를 펴보려는 뜻도 가지지 않고 숨어버린 백이는 지나치게 좁고, 仁義王道를 펼 만한 자리가 아닌데도 머무르곤 했던 유하혜는 지나치게 소홀했다고 비판해야 자기의 처신이 合理化될 수 있다고 생각한 것은 아닐까 추측할 수 있는 것이다. 그러나 이윤은 역시 난세인 夏 나라 말기의 桀王 때에 湯을 도와 殷 나라의 성

은 바로 백이의 청(淸) · 유하혜의 화(和) · 이윤의 임(任)[99]이라고 생각할 수 있다.

성지청 이는 수기를 통하여 인의를 체득함으로써 본래 타고난 깨끗함과 순수함을 견지하는 상태를 말하는데, 이의 전형은 백이에게서 볼 수 있다.

> 백이는 눈으로는 나쁜 것을 보지 않았고, 귀로는 나쁜 소리를 듣지 않았다. 그는 인의의 도를 지키는 임금이 아니면 섬기지 않았고, 착한 백성이 아니면 다스려 쓰지도 않았으며, 천하가 잘 다스려지면 나가서 벼슬했으나, 흐트러지면 물러나 은퇴했다. 그는 포악한 정치를 꾸며대는 나라나 횡포한 백성이 사는 곳에서는 참고 살지를 못했으며, 도덕을 가릴 줄 모르는 사람과 함께 있는 것을 마치 관복을 입고 흙탕물 속에 앉아 있는 듯이 생각했다. 그는 은(殷) 나라의 폭군 주왕(紂王) 때에는 북해의 물가에 은둔하여 천하가 맑아지기를 기다렸다. 그러므로 백이의 고고한 덕풍을 들으면 감화를 받아, 욕심이 많은 사람은 청렴하게 되고, 겁이 많은 사람은 굳은 뜻을 세우게 되었다.[100]

립에 결정적 역할을 했으므로, 맹자가 추구하는 仁義王道의 실현을 이룬 인물로 나무랄 점을 찾기 어려웠을 것이며, 또한 그를 추켜올림으로써, 이를 통해 자기의 처신을 合理化하는 발판을 삼으려 했다고 생각할 수도 있을 것이다.

어떻든 伯夷 · 柳下惠 · 伊尹의 세 인물은 聖人의 특징 각각을 전형적으로 대표할 수 있는 인물이라고 맹자가 보고 있는 것만은 틀림없는 사실인 것이다.

99 앞에 인용한 萬章下 1장에서는 淸(伯夷) · 任(伊尹) · 和(柳下惠)의 순서로 제시되고 있지만, 여기에서는 淸 · 和 · 任의 순서로 기술하고자 한다. 이는 公孫丑上 9장에서의 기술대로 伯夷(淸)와 柳下惠(和)는 맹자에 의해 비판을 받고 있지만, 伊尹(任)은 『孟子』 전 편을 통하여 전혀 비판을 받고 있지 않다는 점과, 또한 淸은 개인적 수양, 和는 대인관계에서의 조화, 그리고 任은 사회적 책임의 측면에서의 성인의 특징을 나타내므로, 그 적용 범위로 보아도 淸 · 和 · 任의 순서로 이상적 인간의 특징을 논술하는 것이 타당하다고 생각되기 때문이다.

100 伯夷目不視惡色 耳不聽惡聲 非其君不事 非其民不使 治則進 亂則退 橫政之所出 橫民

이렇게 이상적 인간은 "태어날 때부터 가지고 있는 본래의 순수한 마음을 잃지 않고"[101] 항상 깨끗함을 견지하는 사람이다. 그리하여 비록 "이들의 행위는 상황에 따라 서로 달라져서 혹은 멀리 물러나 은퇴하기도 하고, 혹은 가까이 참여하기도 하며, 혹은 벼슬을 내놓고 떠나기도 하고, 혹은 자리를 고수하여 머물러 있기도 하지만, 모두 자기 자신을 깨끗하게 지킨다는 데로 귀결"[102]되는 것이다.

이들이 이렇게 순수하고 깨끗함을 지킬 수 있는 것은 이들이 "사람의 마음에 뿌리를 두고 있는 인의예지를 성(性)으로 삼아"[103] 항상 "인에 머물고, 의를 따르기"[104] 때문이다. 그리하여 이들은 "예답지 않은 예나 의답지 않은 의는 절대로 행하지 않고,"[105] 오로지 자기가 체득한 "인의를 자연스럽게 행할 뿐이지 억지로 그 효과를 바라고 행하지는 않으며,"[106] 이

之所止 不忍居也 思與鄕人處 如以朝衣朝冠坐於塗炭也 當紂之時 居北海之濱 以待天下之淸也 故聞伯夷之風者 頑夫廉 懦夫有立志 (萬章下 1)

101 大人者 不失其赤子之心者也 (離婁下 12)

102 聖人之行不同也 或遠或近 或去或不去 歸潔其身而已矣 (萬章上 7)

103 盡心上 21.

104 居仁由義 大人之事備矣 (盡心上 33)

105 非禮之禮 非義之義 大人弗爲 (離婁下 6): 이와 똑같은 내용이 離婁下 28장에도 "이런 까닭에 군자에게는 일생 동안의 걱정이라면 '舜도 사람이고 나도 사람으로, 순은 천하의 표본이 되어 후세에 전해지는데, 나는 아직 일개 평범한 마을 사람에 불과하다'는 것이니, 이는 걱정할 만한 일이다. 이를 걱정한다면 어떻게 해야 하는가? 오직 순과 같이 할 따름이다. 이렇게 된다면, 군자에게 있어서 근심거리는 없어지는 것이다. 仁이 아니면 하지 않고, 禮가 아니면 행하지 않는다면, 만일 일시적 환난이 닥쳐온다 해도 군자는 근심하지 않게 되는 것이다"(是故君子有終身之憂 無一朝之患也 乃若所憂則有之 舜人也 我亦人也 舜爲法於天下 可傳於後世 我由未免爲鄕人也 是則可憂也 憂之如何 如舜而已矣 若夫君子所患則亡矣 非仁無爲也 非禮無行也 如有一朝之患 則君子不患矣)라고 제시하고 있다.

106 舜明於庶物 察於人倫 由仁義行 非行仁義 (離婁下 19): 이렇게 仁義의 도를 체득한 사람은 仁義와 일체가 되어 이를 자연스럽게 행하는 것이지, 그 효과를 바라고 억지로 仁義에 맞도록 인위적으로 행동하는 것이 아니라는 사실은, 이 이외에도 離婁下 11(大人者 言不必信 行不必果 惟義所在), 盡心下 33(哭死而哀 非爲生者也 經德不回 非以干祿也 言語必信 非以正行也 君子行法 以俟命而已矣) 등에 기술되어 있다.

(利)를 좇지 않고 오로지 인의(仁義)에만 전념하는 것이다.[107]

이렇게 이상적 인간은 본래의 깨끗함과 순수함을 견지함으로써 "하늘을 우러러도 부끄럽지 않고, 사람들을 굽어보아도 부끄럽지 않으며,"[108] "천하의 넓은 곳에 머물고, 천하의 바른 지위에 서며, 천하의 대도를 행하여 〔……〕 부귀하게 되어도 마음을 방탕하게 흩뜨리지 않고, 빈천에 빠져도 마음을 변하지 않으며, 위세나 무력에도 굴복하지 않는 대장부"[109]의 당당함을 갖춘 사람인 것이다. 이러한 성지청(聖之淸)은 바로 공자가 말하는 수기이경(修己以敬)의 상태와 같은 경지라고 볼 수 있을 것이다.

성지화 이는 수기를 통하여 체득한 인의를 대인관계에서 발현함으로써 사람들 사이에 조화를 이루는 상태를 말하는데, 이의 전형은 유하혜에게서 볼 수 있다.

---

107 『孟子』 전 편에서 利는 仁義의 대립 개념으로 쓰이고 있다. 이는 『孟子』의 첫 머리인 梁惠王上 1장이 "양혜왕이 맹자에게 '선생님께서 불원천리하고 오셨으니, 역시 장차 우리나라를 이롭게 할 방도가 있겠습니까?'라고 묻자, 맹자는 '왕께서는 하필 利를 말씀하십니까? 역시 仁義가 있을 뿐입니다'라고 대답하였다"(孟子見梁惠王 王曰 叟 不遠千里而來 亦將有以利吾國乎 孟子對曰 王何必曰利 亦有仁義而已矣)는 구절로부터 시작한다는 데에서 잘 드러난다. 利와 仁義를 대립시킨 구절은 告子下 4(何必曰利)에도 나온다. 따라서 仁義를 좇는 사람은 利와 富貴를 탐하지 않는다는 것이 맹자의 생각인데, 이는 "富해지려 하면 仁할 수 없고, 仁을 행하면 富해지지 않는다"(爲富不仁矣 爲仁不富矣, 滕文公上 3)는 표현에 그대로 드러나 있다. 이러한 생각은 유학의 기본 정신이라고도 생각할 수 있는데, 일찍이 공자도 이에 대해 "君子는 義에 밝고, 小人은 利에 밝다"(君子喩於義 小人喩於利, 『論語』, 里仁 16)라고 적고 있다. 『孟子』에서 이러한 논지는 離婁下 29(顔子當亂世 居於陋巷 一簞食 一瓢飮 人不堪其憂 顔子不改其樂 孔子賢之), 告子上 17(言飽乎仁義也 所以不願人之膏粱之味也 令聞廣譽施於身 所以不願人之文繡也), 告子下 9(君不鄕道 不志於仁 而求富之 是富桀也), 盡心上 25(欲知舜與跖之分 無他 利與善之間也) 등 여러 곳에서 거듭 나타나고 있다.

108 仰不愧於天 俯不怍於人 (盡心上 20)

109 居天下之廣居 立天下之正位 行天下之大道 〔……〕 富貴不能淫 貧賤不能移 威武不能屈 此之謂大丈夫 (滕文公下 2)

> 유하혜는 더러운 임금을 섬기는 것을 수치로 여기지 않았고, 작은 관직이라도 마다하지 않았다. 그는 나가서 벼슬을 할 때는 자기의 현명한 재덕을 감추지 않고 반드시 도(道)를 따랐으며, 설사 버림을 받아도 원망하지 않았고, 또 곤궁한 지경에 빠져도 걱정하지 않았다. 예절을 모르는 시골 사람과 함께 있어도 유유하게 어울렸으며, 차마 버리고 떠나지 못하였다. 그는 "너는 너고, 나는 나다. 비록 내 옆에서 벌거벗고 알몸이 된다고 해도, 네가 어찌 나를 더럽힐 수 있겠느냐?"는 태도를 견지했다. 그러므로 유하혜의 관후한 풍도를 듣게 되면 감화를 받아, 도량이 좁은 사람은 너그러워지고, 성격이 각박한 사람은 돈독하게 되었다.[110]

이렇게 이상적 인간은 대인관계에서 조화를 이루는 사람이다. 이러한 인화(人和)를 이상적 인간의 한 특징으로 보는 데에서 더 나아가 맹자는 "천시(天時)는 지리(地利)만 못하고, 지리는 인화만 못하다"[111]고 봄으로써, 국가 경영에서도 인화가 가장 중요함을 역설하여 인화에 적극적인 의미를 부여하고 있다.

이상적 인간이 이렇게 인화를 이룰 수 있는 것은 그가 사람을 널리 사랑하기 때문이다. 그는 "자기 어버이를 친애하는〔親親〕 마음을 넓혀 사람들을 인애하고〔仁民〕, 또 이를 넓혀 사물을 아끼고 사랑한다〔愛物〕."[112] 곧 "어진 사람은 남을 사랑하고, 예를 지키는 사람은 남을 공경한다. 따라서 남을 사랑하는 사람, 그를 사람들도 사랑하고, 남을 공경하는 사람, 그를

---

110 柳下惠不羞汚君 不辭小官 進不隱賢 必以其道 遺逸而不怨 阨窮而不憫 與鄕人處 由由然不忍去也 爾爲爾 我爲我 雖袒裼裸裎於我側 爾焉能浼我哉 故聞柳下惠之風者 鄙夫寬薄夫敦 (萬章下 1)

111 天時不如地利 地利不如人和 (公孫丑下 1)

112 親親而仁民 仁民而愛物 (盡心上 45)

사람들도 공경하게 되는 것이다."[113]

이들이 이렇게 널리 사람을 사랑할 수 있는 것은 "무릇 자기에게서 나온 것은 자기에게로 돌아간다"[114]는 사실을 잘 인식하고, 항상 모든 일의 원인을 자기에게로 돌이켜 구하기 때문이다. 이들은 절대로 "하늘을 원망하지 않고, 남을 탓하지 않으면서,"[115] "자기가 남을 사랑하는데도 그가 친근하게 대해 오지 않으면, 자기의 인이 부족하지 않은지 반성하고 (……) 남에게 예로 대했는데도 그가 예로써 답하지 않으면, 자기의 공경함이 부족하지 않은지 반성한다."[116] 그리하여 이들은 잘못을 저질렀을 때에도 "자기의 행동이 의가 아님을 알게 되자마자 이를 속히 그만두며,"[117] 이렇게 이들이 "자기의 잘못을 고치면, 사람들이 우러러보면서"[118] 그들을 믿고 따름으로써, 인화가 자연스럽게 이루어지게 되는 것이다. 맹자는 인화를 이루는 데 있어 신의의 중요성을 역설하여, "군자로서 신의롭지 않으면, 그가 무엇을 지켜 행할 수 있겠는가?"[119]라고 진술하고 있다. 이러한 성지화(聖之和)는 바로 공자가 말하는 수기이안인(修己以安人)의 경지라고 말할 수 있을 것이다.

성지임 이는 수기를 통하여 체득한 인의를 사회적으로 구현함으로써 사회적 책임을 다하는 상태를 말하는데, 이의 전형은 이윤에게서 볼 수 있다.

---

113 仁者愛人 有禮者敬人 愛人者人恒愛之 敬人者人恒敬之 (離婁下 28)

114 出乎爾者 反乎爾者也 (梁惠王下 12)

115 君子不怨天 不尤人 (公孫丑下 13)

116 愛人不親 反其仁 (……) 禮人不答 反其敬 (離婁上 4)

117 如知其非義 斯速已矣 (滕文公下 8)

118 且古之君子 過則改之 (……) 古之君子 其過如日月之食 民皆見之 及其更也 民皆仰之 (公孫丑下 9)

119 君子不亮 惡乎執 (告子下 12)

이윤은 "누구인들 잘 섬기면 임금이 아니며, 누구인들 잘 부리면 백성이 아니랴?"라고 하면서, 나라가 잘 다스려져도 나가서 벼슬하였고, 나라가 잘 다스려지지 않아도 나가서 역시 벼슬하였다. 또 그는 "하늘이 백성을 양육하심에 선지자로 하여금 후지자를 깨우치게 하고, 선각자로 하여금 후각자를 깨우치게 하셨다. 나는 하늘이 낳은 백성 중의 선각자로서, 장차 이 도(道)로써 이 백성을 깨우치고자 한다"고 말하면서, 온 천하의 백성들로 비록 미천한 남녀라고 할지라도 요·순 때와 같은 은덕을 입지 못하는 사람이 있으면, 바로 자기가 그들을 구렁 속에 밀어 넣어 고생시키는 것처럼 생각하였다. 그는 이렇듯이 천하에 대한 무거운 짐을 스스로 지고자 하였다.[120]

이렇게 이상적 인간은 사회적 책임을 강하게 느끼고, 이를 널리 실천하는 사람이다. 그는 자기가 체득한 인의의 도를 통해 스스로의 깨끗함을 견지하거나 대인관계에서의 인화를 도모하는 데만 머물지 않고, 다른 사람도 인의의 도를 체득케 하려 하고, 또 이를 그들과 더불어 실행코자 하며, 더 나아가 이러한 인의의 은택을 그들이 누리도록 하려는 사회적 책임을 떠맡는 사람인 것이다. 곧 이상적 인간은 "다른 사람으로부터 선을 취하여 이를 그들과 함께 행하려 하는데, 이것이 바로 남과 더불어 선을 이루는 일이며, 군자에게 있어 이렇게 남과 더불어 선을 이루는 일(與人爲善)보다 더 큰 일은 없는 것이다."[121]

이상적 인간이 이렇게 남과 더불어 선을 이루는 방법으로 『맹자』에서 제시되고 있는 것은 두 가지이다. 그 하나는 교육이고, 또 하나는 현실 정

---

120 伊尹曰 何事非君 何使非民 治亦進 亂亦進 曰 天之生斯民也 使先知覺後知 使先覺覺後覺 予天民之先覺者也 予將以此道覺此民也 思天下之民 匹夫匹婦有不與被堯舜之澤者 若己推而內之溝中 其自任以天下之重也 (萬章下 1)

121 取諸人以爲善 是與人爲善者也 故君子莫大乎與人爲善 (公孫丑上 8)

치에 참여하여 인정(仁政)을 펴는 일이다. 이는 공자 이래 유학의 전통이 되어왔다. 공자와 맹자 모두 제자들을 교육하면서, 현실 정치에 참여할 방법을 찾기 위해 동분서주하였던 것이다.

이들은 교육을 통하여 교화를 베풂으로써, 사람들이 자신 속에 본래 갖추어져 있는 인의의 도를 깨닫도록 한다. 곧 이들은 "자신이 깨달은 밝은 도리로써 사람들을 밝게 깨우쳐줌으로써,"[122] "자기 스스로를 바르게 하고, 나아가서는 천하 만물도 바로잡아주는 사람"[123]인 것이다. 그리하여 "이들이 지나간 곳의 백성들은 모두 교화되고, 이들의 덕을 속에 간직하면 마음이 신통하게 되어, 위아래가 천지의 조화와 일치하여 흐르게 되는 것이다."[124]

또한 이들은 "그 마음과 생각을 다하고, 이어서 남에게 차마 잔인하게 하지 못하는 정치〔不忍人之政〕를 베풂으로써, 인(仁)이 천하를 덮고 가득 차게 하려 한다."[125] 이러한 인정(仁政)을 받고 있는 백성들은 "설사 자기를 죽인다 해도 원망할 줄 모르고, 자기를 이롭게 해주어도 고마운 줄 모르며, 감화를 받아 날로 선(善)으로 옮아가도 누구 때문에 그렇게 되는지를 모르는"[126] 태평성대를 구가하게 되는 것이다. 이렇게 "이들이 지키려 하는 바는 자기 몸을 닦아서 천하를 바르게 하려는 것"[127]일 뿐으로, 공자도 이미 지적하였듯이[128] 이러한 사회적 책임을 다하는 일은 이상적 인간에게도 어려운 일이다. 이러한 성지임(聖之任)은 바로 공자가 말하는 수기

---

122 賢者以其昭昭 使人昭昭 (盡心下 20)

123 有大人者 正己而物正者也 (盡心上 19)

124 夫君子所過者化 所存者神 上下與天地同流 (盡心上 13)

125 聖人 〔……〕 旣竭心思焉 繼之以不忍人之政 而仁覆天下矣 (離婁上 1)

126 王者之民 〔……〕 殺之而不怨 利之而不庸 民日遷善而不知爲之者 (盡心上 13)

127 君子之守 修其身而天下平 (盡心下 32)

128 『論語』, 雍也 28.

이안백성(修己以安百姓)의 상태와 같은 경지라고 볼 수 있겠다.

(2) 성인이 되는 과정

이렇게 이상적 인간은 순수함과 깨끗함, 대인관계에서의 조화 및 사회에 대한 관심과 책임의 완수를 특징으로 하는 사람이라는 것이 공자와 맹자의 공통된 생각이다. 여기서 맹자도 공자와 마찬가지로 이상적 인간의 이러한 세 특징이 모두 인의에 근거한 수기를 바탕으로 하고 있다고 보며, 따라서 이들의 세 가지 특징은 이러한 인의가 각자 처하고 있는 상황과 처지에 따라 달리 표현되는 것이라고 본다는 점에 주목해야 한다.

이러한 사실은 "백이 · 유하혜 · 이윤의 세 사람은 비록 그 길이 같지는 않았지만, 그 지향하는 바는 한 가지였다. 이 한 가지는 바로 인(仁)이었으며, 이렇게 군자는 역시 인일뿐인 것이다. 어찌 반드시 똑같겠는가?"[129]라는 맹자 자신의 진술에서 잘 드러나고 있다.[130] 곧 이들은 "궁해도 의(義)를 잃지 않음으로써 선비로서 자신의 절개를 지킬 수가 있고, 잘 되어도 도(道)에서 벗어나지 않음으로써 백성들을 실망시키지 않는 사람이다. 이들은 뜻을 얻으면 백성들에게 은택을 더욱 베풀어주고, 뜻을 얻지 못하면 자신의 몸을 수양함으로써 후세에까지 이름을 남기게 된다. 따라서 이들은 궁하면 홀로 그 몸을 선하게 하고, 잘되면 온 천하를 선하게 하는 것이다."[131] 이렇

---

129 三子者不同道 其趨一也 一者何也 曰 仁也 君子亦仁而已矣 何必同 (『孟子』, 告子下 6)

130 仁義의 道를 체득한 사람들은 비록 상황에 따라 그 처신이 달랐지만 "처지를 바꾸면 똑같을 것이다" 〔易地則皆然〕라는 맹자의 생각은 이 告子下 6장 이외에 舜과 文王을 비교하여 기술한 離婁下 1 (先聖後聖 其揆一也), 禹 · 稷 · 顔回를 비교하여 기술한 離婁下 29 (禹稷顔回同道 〔……〕 禹稷顔子易地則皆然), 이윤의 행실에 대한 세인의 비판에 대해 그를 두둔하여 서술한 萬章上 7 (聖人之行不同也 或遠或近 或去或不去 歸潔其身而已矣) 등에도 표현되고 있다.

131 窮不失義 故士得己焉 達不離道 故民不失望焉 古之人得志澤加於民 不得志修身見於世 窮則獨善其身 達則兼善天下 (盡心上 9)

게 이들은 "뜻을 얻으면 백성들과 함께 도를 따르고, 뜻을 얻지 못하면, 혼자서라도 그 도를 실행하는"[132] 자유자재한 사람들로서, 이들의 세 가지 특징은 각각 별개의 것이 아니라 상황과 처지에 따라 달리 표출될 뿐인 것이다.

그렇다면, 이러한 성인의 상태에 도달하는 단계를 맹자는 어떻게 설정하고 있는가? 맹자도 앞에서 제시한 공자의 연령 단계론을 받아들이고 있다.[133] 이러한 공자의 단계론은 주로 개인적 수양의 측면을 강조하는 입장이 강한데 비해, 맹자는 인간의 사회적 존재 특성을 강조하는 입장에서 독특한 단계론을 제시하고 있다. 이는 제자인 호생불해(浩生不害)와의 다음과 같은 문답에서 잘 드러나 있다.

> 모든 사람이 좋아하고 욕심내는 사람을 선인(善人)이라고 하고, 선한 덕성을 자기 몸에 지녀 체득함으로써 믿음을 얻게 되면 신인(信人)이라고 하고, 선을 힘써 실천하여 이를 꽉 채우면 미인(美人)이라고 하고, 충실하고 또 그 덕업이 빛을 발휘하게 되면 대인(大人)이라고 하고, 크면서도 생각하거나 노력함이 없이도 도와 일치하여 남을 감화하게 되면 성인(聖人)이라고 하고, 성하면서 알 수 없는 경지에 이르면 신인(神人)이라고 한다.[134]

132 得志與民由之 不得志獨行其道 (滕文公下 2)

133 맹자는 제자인 공손추와의 문답에서 "공손추가 '선생님께서 제(齊)나라의 경상(卿相) 자리에 올라 도를 행하시게 되면, 비록 이로 말미암아 패왕의 공업을 이루신다고 해도 이상할 것이 없을 것입니다. 이렇듯이 임무가 막중하고 책임이 무거워도 선생님의 마음이 흔들리지 않으시겠습니까?'라고 묻자, '아니다. 나는 이미 마흔이 넘었으니 절대로 마음이 흔들리지 않는다'라고 대답하였다"(公孫丑問曰 夫子加齊之卿相 得行道焉 雖由此霸王 不異矣 如此則動心否乎 孟子曰 否 我四十不動心, 公孫丑上 2). 여기서 사십부동심(四十不動心)은 공자가 말하는 사십이불혹(四十而不惑)과 같은 의미로, 따라서 맹자는 공자가 제시한 연령에 따른 발달단계론을 받아들이고 있는 것으로 볼 수 있다.

134 可欲之謂善 有諸己之謂信 充實之謂美 充實而光輝之謂大 大而化之之謂聖 聖而不可知之之謂神 (盡心下 25)

이 인용문 중의 신인(神人)에 대해 주희는 『맹자집주』(孟子集註)에서 정자(程子)의 말을 인용하여 "성불가지(聖不可知)란 성의 지극히 묘함을 사람이 추측할 수 없다는 말이지 성인의 위에 또 한 등급의 신인이 있다는 말은 아니다"[135]라고 기술함으로써, 맹자의 입장을 '선 · 신 · 미 · 대 · 성'(善 · 信 · 美 · 大 · 聖)의 다섯 단계론으로 정리하고 있다. 여기서 '선'은 개인적인 도의 체득의 측면, '신'과 '미'는 대인관계의 측면, 그리고 '대'와 '성'은 사회적 책임의 측면의 이상적 인간의 특징과 결부되는 것이라고 볼 수 있고, 따라서 맹자는 '도의 체득을 통한 깨끗함과 순수함의 견지 → 대인관계에서의 조화의 달성 → 사회적 책임의 완수'로 이상적 인간형에 도달하는 단계를 논하고 있는 것이라고 할 수 있을 것이다.

이렇게 맹자도 '성지청 → 성지화 → 성지임'의 점진적 확대론을 제시하고 있다는 사실은 그가 직접 "군자에게 있어서 다른 사람들과 더불어 선을 이루는 일보다 더 큰 일은 없다"[136]고 표현하고 있다는 점에서도 잘 드러난다. 또한 각각 성지청과 성지화의 전형으로 평가하고 있는 백이와 유하혜에 대해 맹자 스스로가 "백이는 좁고, 유하혜는 소홀하다"[137]고 비판하기도 하였지만, 성지임의 전형인 이윤에 대해서는 시종 높이 평가하고 있다[138]는 사실에서도 그가 '성지청 → 성지화 → 성지임'의 점진적 확대론을 견지하고 있음을 확인할 수 있는 것이다.

3) 순자의 성인론

순자는 이상적 인간의 최종 단계를 성인이라고 보아, 군자보다 높게 평

135 程子曰 聖不可知 謂聖之至妙 人所不能測 非聖人之上又有一等神人也 (『孟子集註』)

136 公孫丑上 8.

137 公孫丑上 9.

138 이 장의 주 98(pp. 223~224) 참조.

가하고 있다. 이를 그는 "배움은 어디에서 시작하여 어디에서 끝나는가? 배움의 궁극적인 의의는 사(士)가 되는 데에서 시작하여 성인(聖人)이 되는 데에서 끝난다"[139]고 표현하고 있다. 『순자』에서 군자는 소인과 대비하여 이상적 인간형으로도 그려지고 있지만, 성인과 대비하여 아직 완전한 인격체에 도달하지는 못한 상태의 사람을 지칭하는 용어로도 쓰이고 있다. 따라서 순자가 그리고 있는 이상적 인간형의 대표적인 모습은 소인과 대비된 군자와 성인에게서 찾아볼 수 있다.

(1) 군자 · 성인의 세 가지 특징

순자는 이상적 인간인 군자의 특징을 다음과 같이 다양한 측면으로 나누어 고찰하고 있다.

> 그러므로 군자는 예에 있어서는(a) 삼가 이에 안주하며, 일에 있어서는(b) 바르게 행하여 실수가 없게 하며, 다른 사람에 대해서는(c) 원망이 적고 너그럽되 아첨하지 아니하며, 자기 자신에 있어서는(d) 조신하고 가다듬되 도에 어긋나지 않게 하며, 변전하는 일을 처리할 때는(e) 민첩하고 빠르되 미혹되지 아니하며, 천지만물 곧 자연계의 현상에 대해서는(f) 그렇게 된 까닭을 따지려 하지 않고 그 이용 가치를 발휘하는 데 힘쓰며, 많은 관리와 기술자에 대해서는(g) 그들과 능력을 경쟁하려 하지 않고 오직 그 공적을 잘 이용하며, 윗사람을 섬길 때는(h) 충성스럽고 순종하되 게으르지 아니하며, 아랫사람을 부릴 때는(i) 고르게 두루 미쳐서 편벽되지 않게 하며, 친구와 교제할 때는(j) 의로움에 따라 만사에 법도가 있게 하며, 향리에 거할 때는(k) 널리 포용하되 혼란스럽지 않게 한다.[140]

---

139 學惡乎始 惡乎終 〔……〕 其義則始乎爲士 終乎爲聖人 (『荀子』, 勸學 12)

순자가 이 인용문에서 제시하고 있는 11가지 측면은 대체로 자신의 수양에 관한 것(a, b, d, e, f), 대인관계에 관한 것(c, j, k), 그리고 사회적인 책임에 관한 것(g, h, i)의 세 가지로 묶어볼 수 있다. 이렇게 보면, 순자가 제시하고 있는 이상적 인간형의 특징은 이러한 세 측면에서 정리될 수 있는 것이다.

자기수양 군자나 성인은 예(禮)에 안주하고, 이에 따라 근신하며, 스스로를 가다듬은 사람이다. 곧 그들은 도(道)를 밝게 깨닫고 실행하여 도와 일체가 된 사람인 것이다.[141] 이러한 순자의 성인론에서는 무엇보다도 인식능력인 지(知)에 의한 인도(人道)의 분명한 자각을 강조한다.[142] 앞에서도 보았듯이, 순자는 심(心)의 지적 기능을 중시하여 인간의 지성 주체로서의 측면을 강조하고 있는데,[143] 성인론에서도 그의 이러한 측면이 잘 드러나고 있다. 그러나 순자가 보는 도의 명확한 인식 속에는 실생활에서의 실천이 전제가 되어 있는 것이다. 순자가 보는 "지(知)는 반드시 독실한 행위 가운데에서 완성되는 것이며, 따라서 '도에 밝다'는 사실은

140 故君子之於禮 敬而安之 其於事也 徑而不失 其於人也 寡怨寬裕而無阿 其爲身也 謹修飭而不危 其應變故也 齊給便捷而不惑 其於天地萬物也 不務說其所以然 而致善用其材 其於百官之事 技藝之人也 不與之爭能 而致善用其功 其待上也 忠順而不懈 其使下也 均徧而不偏 其交遊也 緣義而有類 其居鄕里也 容而不亂 (君道 6~7): 王先謙(1891)의 『荀子集解』에서는 其爲身也 謹修飭而不危의 危를 詭로 보아 違의 뜻으로 풀고 있다.

141 解蔽 13.

142 이에 대해서는 修身 36; 非相 20; 儒效 14,19~20; 禮論 15, 37; 解蔽 26; 性惡 16; 哀公 27~28 등에서 士 · 君子 · 聖人을 대비하여 제시한 부분에서 잘 드러나고 있다. 순자는 士 · 君子 · 聖人을 이상적 인간에 이르는 단계로 보고 있는데, 이에 대해서는 "이상적 인간이 되는 과정"의 진술에서 자세히 논의하게 될 것이다.

143 牟宗三, 1979, pp. 224~225; 蔡錦昌, 1989, pp. 82~86; 蔡仁厚, 1984, pp. 405~409; 黃公偉, 1974, pp. 454~458; 조긍호, 1995, pp. 2~18; 1998a, pp. 210~245.

이러한 독실한 행위 가운데에서 표현되는 것"[144]이기 때문이다. 이러한 사실은 순자가 여러 곳에서[145] 거듭 일상생활에서 예의 또는 선을 쌓으면, 도를 밝게 인식한 성인이나 군자가 된다고 진술하고 있다는 점에서도 잘 드러나고 있는 것이다.

이렇게 군자나 성인은 도와 일체를 이룬 사람(體道者)으로서, 도에 전일하기 때문에 항상 올바르고,[146] 따라서 당당함을 견지하게 된다. 곧 "이들은 예에 밝기 때문에 천하에 어디를 가더라도 항상 당당하며,"[147] 또한 어디를 가더라도 누구에게서나 귀하게 여김을 받는 것이다.[148] 이렇게 "뜻이 닦여진 사람은 부귀를 우습게 알고, 도의가 무거운 사람은 왕과 제후도 가볍게 보는 법이므로"[149] "군자는 빈궁해도 그 뜻이 넓고, 부귀 속에서도 체모가 공손한"[150] 당당함을 견지할 수 있는 것이다.

이렇게 자기수양을 이룬 군자나 성인은 '세상사를 처리'하는 데 있어서도 모든 일을 바르게 행하고, 변화하는 사태에 민첩하게 대응하되 실수가 없으며, 각 사물의 가치를 제대로 인식하여 실생활에 바르게 사용하는 사람이다. 일에 있어서 실수가 없고, 사물의 가치를 바르게 인식하고 있는 것은 이들이 올바른 이치에 밝기 때문이다. 곧 "군자는 행위와 논의에 있어서 구태여 어렵거나 자세한 것을 귀하게 여기지 않고 (……) 오로지 예

144 蔡仁厚, 1984, p. 465.

145 예: 儒效 36; 王制 19; 性惡 2,14.

146 故君子壹於道 而以贊稽物 壹於道則正 以贊稽物則察 以正志行察論 則萬物官矣 (解蔽 17)

147 古者先王審禮 以方皇周浹於天下 動無不當也 (君道 5~6)

148 體恭敬而心忠信 術禮義而情愛人 橫行天下 雖困四夷 人莫不貴 (修身 30): 楊倞(818)의 『荀子注』에서는 術은 法으로 보고 있으며, 王先謙(1891)의 『荀子集解』에서는 情愛人의 人은 仁의 誤字로 보고 있다.

149 志意修則驕富貴矣 道義重則輕王公矣 (修身 29)

150 君子貧窮而志廣 富貴而體恭 (修身 39); 故君子(……)貧窮而不約 富貴而不驕 (君道 6)

의에 합당한 것만을 귀하게 여기는 것이다."[151] 이렇게 "말은 반드시 이치에 합당하고, 일은 반드시 힘써 행해야 할 것에 합당한 것, 이것이 바로 군자의 장점인 것이다."[152]

이와 같이 군자나 성인은 도에 합치되어 지식이 온갖 사물과 일에 합당하게 되었으므로,[153] 여러 가지 사태의 변화를 한꺼번에 만나도 막히지 않고 속히 응할 수 있는 것이다.[154] 즉, "군자는 의로써 굽히고 펴며 또한 변화에 응할 수 있는 사람"[155]인 까닭에 "굽힐 때는 굽히고 펼 때는 펴는"[156] 알맞음을 간직하게 되는 것이다. 이를 순자는 다음과 같이 진술하고 있다.

> 그 말은 법도에 맞고, 그 행실은 예의에 맞으며, 그 하는 일에는 후회가 없고, 그 위험에 대처하고 변화에 응하는 데에는 간곡히 모두 이치에 합당하며, 때에 따라 옮겨가고 세태에 따라 움직이며 천 번을 일하고 만 번을 변화해도 그 도는 오로지 한 가지에 귀일하는 것, 이것이 바로 '큰 선비'[大儒]의 공험인 것이다.[157]

이렇게 "군자는 도에 전일하여 이로써 사물을 바라보는데, 도에 전일함으로써 뜻이 바르게 되고, 도로써 사물을 살펴봄으로써 사물의 이치에

---

151 君子行不貴苟難 說不貴苟察〔……〕唯其當之爲貴 (不苟 1): 『荀子注』에서는 끝 구절의 當을 合禮義라고 풀고 있다.

152 言必當理 事必當務 是然後君子之所長也 (儒效 12)

153 以義應變 知當曲直故也 (不苟 6); 宗原應變 曲得其宜 如是然後聖人也 (非十二子 39)

154 竝遇變態而不窮 審之禮也 (君道 6)

155 此言君子能以義屈伸變應故也 (不苟 7)

156 故君子時詘則詘 時伸則伸也 (仲尼 50)

157 其言有類 其行有禮 其擧事無悔 其持險應變曲當 與時遷徙 與世偃仰 千擧萬變 其道一也 是大儒之稽也 (儒效 28): 『荀子集解』에서는 첫 구절의 類를 法이라고 풀고 있고, 『荀子注』에서는 끝 구절의 稽를 成으로 풀고 있다.

밝게 통하게 된 사람이다. 그리하여 그들은 이러한 바른 뜻을 가지고 사물에 대한 밝은 이치를 실제에 활용하기 때문에, 만물이 모두 제자리를 잡게 할 수 있는 것이다"[158]

대인관계 군자나 성인은 예의에 따라 서로 사귀고, 다른 사람을 너그럽게 포용하는 사람이다. 이렇게 사람을 널리 포용할 수 있는 것은 이들이 "자기를 기준으로 하여 남을 헤아리는 사람"[159]이기 때문이다. 이러한 사실을 순자는 다음과 같이 진술하고 있다.

> 그러므로 군자가 자기를 바로잡을 때는 먹줄을 대듯이 엄격히 하고, 남을 접할 때에는 도지개로 이끌어 바로잡아주듯이 한다. 이렇게 먹줄을 대듯이 자기를 바로잡으므로 천하의 법칙이 되기에 족하며, 도지개로 바로잡아주듯이 남을 접하므로 능히 널리 포용할 수 있는 것이다. 이렇게 되면 많은 사람이 모이게 되고, 그 결과 천하의 큰일을 이루어낼 수 있는 것이다. 그러므로 군자는 현명하면서도 능히 노둔한 사람을 포용할 수 있고, 지혜로우면서도 능히 어리석은 사람을 포용할 수 있으며, 지식이 많으면서도 능히 지식이 얕은 사람을

---

158 故君子壹於道 而以贊稽物 壹於道則正 以贊稽物則察 以正志行察論 則萬物官矣 (解蔽 17)

159 聖人者以己度者也 (非相 13): 이렇게 자기를 기준으로 하여 남을 헤아리는 것은 공자로부터 비롯된 태도로, 유학사상에서 바람직한 대인관계를 형성하는 기본 원리로 제시하는 것이다. 『論語』에서 공자는 "자기가 서고자 하는 곳에 남을 먼저 세우고, 자기가 도달하고자 하는 곳에 남을 먼저 도달하게 하라"(己欲立而立人 己欲達而達人, 雍也 28)거나 "자기가 바라지 않는 것을 남에게 베풀지 말라"(己所不欲 勿施於人, 顔淵 2; 衛靈公 23)고 권하고 있는데, 『大學』에서는 이를 자기를 척도로 하여 남을 헤아리는 태도(絜矩之道)라고 부르고 있다(所惡於上 毋以使下 所惡於下 毋以事上 所惡於前 毋以先後 所惡於後 毋以從前 所惡於右 毋以交於左 所惡於左 毋以交於右 此之謂絜矩之道, 傳 10章). 이는 현대심리학에서 共感(empathy)으로 탐구되는 현상과 유사하다 하겠다. 이에 대해서는 졸고(조긍호, 1991, pp. 96~103) 참조.

포용할 수 있고, 순수하면서도 능히 혼잡한 사람을 포용할 수 있는데, 이를 일러 '두루 포용하는 법도'〔兼術〕라고 한다.[160]

군자나 성인은 이러한 겸술(兼術)로써 대인관계를 맺기 때문에 "군자는 유능해도 좋고 또 유능하지 못해도 좋다. 군자는 스스로가 유능하면 널리 사람들을 포용하고 솔직하여 남을 열어 이끌어주고, 스스로가 유능하지 못하면 공손하게 삼가고 굽혀서 남을 두려워하며 섬기기 때문이다."[161] 이와 같은 넓은 포용력〔兼術〕이 이상적 인간의 대인관계에서의 특징인 것이다.

사회에 대한 책임 순자는 군자와 성인 같은 이상적 인간은 사회에 대한 책임을 지고 이를 완수해야 한다는 점을 역설하고 있다. 이는 군자 통치라는 유가 이념의 전통으로 볼 때 당연한 일로, 군자는 본래 치자(治者) 계층을 지칭하는 용어로 많이 사용되어왔던 개념이었다.[162] 이러한

---

160 故君子度己以繩 接人則用抴 度己以繩 故足以爲天下法則矣 接人用抴 故能寬容 因求以成天下之大事矣 故君子賢而能容罷 知而能容愚 博而能容淺 粹而能容雜 夫是之謂兼術(非相 17): 王先謙(1891)은 『荀子集解』에서 接人用抴의 抴를 紲로 보아 檠의 뜻으로 풀고, 因求以成天下之大事矣의 求는 衆의 誤字로 보고 있다.

161 君子能亦好 不能亦好〔……〕君子能則寬容易直 以開道人 不能則恭敬繜絀 以畏事人 (不苟 4)

162 『荀子』에서도 君子는 治者 자신 또는 治者 계층을 나타내는 용어로 사용되고 있는 경우가 많다(예: 修身 39~40; 儒效 11~12; 王制 5,19; 富國 10~11; 君道 1, 4; 致士 17). 특히 王制篇에서 순자는 "천지가 군자를 낳았지만 군자는 천지를 다스린다. 군자라는 사람은 천지에 참여하여 만물을 거느리는 백성들의 부모인 것이다. 그러므로 군자가 없으면 천지가 다스려지지 못하고, 예의도 통일되지 않는 것이다"(故天地生君子 君子理天地 君子者天地之參也 萬物之摠也 民之父母也 無君子 則天地不理 禮義無統, 王制 19)라고 하여, 이러한 군자 통치의 이념을 극명하게 드러내 보이고 있다. 이는 『孟子』에서도 역시 마찬가지이다(이에 대해서는 조긍호, 1991, p. 50 참조). 이러한 군자 통치의 이념은 유가에서 "성인이 되는 것을 인생의 최고의 목표로 생각하도록 한다. 內聖外王이 바로 그것이다"(정인재,

사회적 책임의 측면에서 군자나 성인은 예의로써 위 아랫사람을 잘 섬기거나 부리며, 그들과 경쟁하려 하지 않고 오로지 자기의 책임을 다하고, 또 그들도 그들의 책임을 다하도록 도와주는 사람이다. 그들은 "공의(公義)로써 사적인 욕구를 제어하여 공(公)과 사(私)가 분명한 사람"[163]이므로, "의가 있는 곳에서는 권세에 기울어지지 않고, 개인적인 이익을 돌아보지 않으며, 온 나라를 다 준다 해도 눈도 깜짝하지 않는 〔……〕 진정한 용기"[164]를 갖추고 있는 사람이다. 그리하여 그들은 "인(仁)이 있는 곳이라면 가난한 것도 마다 않고, 인이 없는 곳이라면 부귀도 과감히 버린다. 천하가 자기를 알아주면 고통과 즐거움을 천하와 함께 하려 하지만, 천하가 자기를 알아주지 않으면 고독하게 천지 사이에 홀로 서 있어도 두려워하지 않는 것이다."[165] 따라서 "군자는 다스림의 원천"[166]이요 "도(道)와 법(法)의 요체로써, 잠시라도 없을 수 없는 존재이다. 그를 얻으면 다스려지고 편안해지며 존립하게 되지만, 그를 잃으면 혼란해지고 위태로워지며 망하게 된다. 〔……〕 그리하여 예부터 '다스려짐은 군자로부터 나오고, 혼란은 소인으로부터 나온다'고 했던 것이다."[167] 이렇게 군자와 성인이 사회적 책임을 져야 하는 까닭을 순자는 다음과 같이 진술하고 있다.

1992, p. 57). 內聖과 外王은 모두 성인의 경지에 도달하였다는 공통점이 있는데, "유가의 학문은 內聖을 본질로 삼고, 外王은 그 공능의 표현으로 보는 것이다"(蔡仁厚, 1984, p. 456). 이렇게 보면, 결국 이상적 인간이 사회에 대한 책임을 져야 한다는 것은 유가의 근본적인 이념인 것이다.

163 此言君子之能以公義勝私欲也 (修身 40)

164 義之所在 不傾於權 不顧其利 擧國而與之 不爲改視 〔……〕 是士君子之勇也 (榮辱 24)

165 仁之所在無貧窮 仁之所亡無富貴 天下知之 則與天下同苦樂之 天下不知之 則傀然獨立天地之間而不畏 (性惡 18)

166 君子者治之原也 (君道 4)

167 君子也者 道法之總要也 不可少頃曠也 得之則治 失之則亂 得之則安 失之則危 得之則存 失之則亡 〔……〕 傳曰 治生乎君子 亂生乎小人 此之謂也 (致士 17)

> 군자는 덕으로 아랫사람을 다스리고, 소인은 힘으로 윗사람을 섬긴다. 힘이란 덕의 부림을 받는 것이다. 백성들의 힘은 군자를 기다린 다음에야 공을 이루게 되며, 백성들의 무리는 군자를 기다린 다음에야 조화를 이루게 되며, 백성들의 재산은 군자를 기다린 다음에야 모여지며, 백성들의 형세는 군자를 기다린 다음에야 편안해지며, 백성들의 수명은 군자를 기다린 다음에야 길어진다. 군자가 없으면 부모와 자식이 친해질 수 없고, 형제가 순조롭지 못하며, 남녀는 즐거울 수 없다. 젊은이는 군자로 인해 성장하고, 노인은 군자로 인해 봉양받을 수 있는 것이다. 그러므로 예부터 "천지가 사람들을 낳지만, 성인이 사람들을 완성한다"고 하는 것이다.[168]

이렇게 군자나 성인은 "그 도를 닦고, 그 의를 행하여 천하 사람들이 함께 바라는 이익을 일으켜주고, 그들 모두에게 해가 되는 일을 제거해주는 사람인 까닭에, 천하의 모든 사람이 믿고 따르게 되는 것이다."[169]

(2) 성인이 되는 과정

이상과 같이 순자는 이상적 인간의 특징을 자기수양, 대인관계, 사회적 책임의 완수의 세 측면에서 고찰하고 있다. 순자가 보는 이러한 이상적 인간의 모습은 공자나 맹자의 그것과 유사하다고 볼 수 있다. 다만 순자는 군자의 자기수양의 특징의 진술에서 군자가 일 및 사물과 관계를 맺는 측면을 매우 강조하고 있다는 점이 특이할 뿐이다.

순자가 공자 · 맹자와는 달리 자기수양의 한 측면으로 '세상사의 처리'

---

168 君子以德 小人以力 力者德之役也 百姓之力 待之而後功 百姓之群 待之而後和 百姓之財 待之而後聚 百姓之勢 待之而後安 百姓之壽 待之而後長 父子不得不親 兄弟不得不順 男女不得不歡 少者以長 老者以養 故日 天地生之 聖人成之 此之謂也 (富國 10~11)

169 修其道 行其義 興天下之同利 除天下之同害 而天下歸之也 (正論 5)

라는 영역에서 군자의 특징을 고찰하고 있는 것은, 인간을 덕성 주체로 파악하는 공자 · 맹자와는 달리 순자는 인간을 지성 주체로 파악한다는 데 그 근거가 있다고 볼 수 있다. 위에 제시된 「군도편」(君道篇) 6~7의 인용문에서 '세상사의 처리' 항목에 해당하는 것은 "일에 있어서 바르게 행하여 실수가 없게 한다(b)", "변전하는 일을 처리할 때는 민첩하고 빠르되 미혹되지 않는다(e)", "자연계의 현상에 관해서는 그렇게 된 까닭을 따지려 하지 않고, 그 이용 가치를 발휘하는 데 힘쓴다(f)"의 세 가지이다. 곧 지성의 주관자인 지(知)에 의해 주변에서 벌어지는 일과 자연 현상에 대해 정확하게 인식한 기초 위에서, 이를 실수 없이 처리하고 실생활에 바르게 활용하는 합리적인 태도를 순자는 군자의 일처리 특징으로 강조하고 있는 것이다. 이렇게 순자가 인간 존재의 지성적인 측면을 강조하여 파악하고 있다는 사실은 그가 도덕적 행위〔守道 · 禁非道〕도 도덕적 인식과 수용〔知道 · 可道〕의 근거 위에서 성립하는 것으로 보고 있다,[170] 즉 "지도(知道)가 수도(守道)의 선결 조건"[171]이라고 보고 있다는 점에서도 잘 드러난다. 이러한 맥락에서 지성 주체로서의 인간 존재의 특징이 잘 드러나는 '세상사의 처리'를 순자가 군자의 자기수양의 한 측면으로 강조하게 된 배경을 이해해볼 수 있을 것이다.

순자에게 있어서도 이상적 인간의 여러 특징은 각각 별개가 아니라 상호 연관되고 통합되어야 하는 것이다. 이러한 사실은 순자가 도를 밝게 깨닫고〔察道〕 이를 실행함으로써〔行道〕 도를 체현한 사람(體道者)을 온전한 이상적 인간으로 보고 있다[172]는 점에서 잘 드러난다. 그에 따르면 수양을 통해 "선을 쌓아서 온전하게 다 이룬 사람"[173] 또는 "도를 갖추어 온

170 解蔽 11.
171 蔡仁厚, 1984, p. 409.
172 解蔽 13.

전히 아름답게 된 사람"[174]이 바로 성인인 것이다. 이러한 성인은 태어나면서부터 성인이 아니라, 사람이 할 일을 널리 배우고 닦아서 이루어지는 것이라고 순자는 강조하고 있는데,[175] 이렇게 배우고 닦고 쌓은 다음이라야 이상적 인간이 갖추어야 할 제반 특징을 온전하게 갖출 수 있기 때문이다. 그러므로 "배우는 사람은 본래 성인이 되기 위해 배우는 것"[176]이며, 이렇게 배운 내용을 실생활의 제반 분야(자기수양 · 대인관계 · 사회적 책임 완수)에서 실행하여 밝게 된 사람이 바로 이상적 인간의 전형인 성인[177]이라고 순자는 보는 것이다.

순자는 이러한 이상적 인간에 도달하는 단계를 '사(士) → 군자 → 성인'의 3단계로 설정하고 있다. 이러한 사실은 "배움의 궁극적인 의의는 사(士)가 되는 데에서 시작하여 성인이 되는 데에서 끝난다"[178]는 구절에서 잘 드러나고 있다. 왕선겸(王先謙)은 『순자집해』(荀子集解)에서 이 구절을 해설하면서 "『순자』에서는 사 · 군자 · 성인을 세 등급으로 보고 있다"[179]라고 하여, 이러한 사실을 확인해주고 있다. 이러한 '사 → 군자 → 성인'의 단계에 대해 순자는 다음과 같이 진술하고 있다.

> 예를 좋아하여 이를 실행하는 사람이 사이다. 뜻을 확고히 하여 도를 이행하

---

173 積善而全盡 謂之聖人 (儒效 36)

174 聖人備道全美者也 是縣天下之權稱也 (正論 6)

175 涂之人百姓 積善而全盡 謂之聖人 彼求之而後得 爲之而後成 積之而後高 盡之而後聖 故聖人也者 人之所積也 (儒效 36); 今使塗之人伏術爲學 專心一志 思索孰察 加日縣久 積善而不息 則通於神明 參於天地矣 故聖人者 人之所積而致也 (性惡 14)

176 聖人者道之極也 故學者固學爲聖人也 (禮論 14)

177 不聞不若聞之 聞之不若見之 見之不若知之 知之不若行之 學至於行之而止矣 行之明也 明之爲聖人 聖人也者 〔……〕 無他道焉 已乎行之矣 (儒效 33)

178 勸學 12.

179 荀書以士君子聖人爲三等 (『荀子集解』)

는 사람이 군자이다. 두루 밝게 통달해서 막힘이 없는 사람이 성인이다.[180]

저 배움이란 이를 실행하면 사가 되고, 행한 위에 더욱 힘쓰면 군자가 되고, 모든 일에 두루 통해서 알게 되면 성인이 된다.[181]

그러므로 배우는 사람은 성왕(聖王: 성인과 선왕)을 스승으로 삼고, 성왕의 제도를 법으로 삼아야 한다. 그리하여 그 법을 본받아 만사의 근본적인 원칙을 구하고, 그 사람됨을 닮도록 노력해야 한다. 이를 향해 힘쓰는 사람이 사이고, 이와 비슷하게 되어 가까이 이른 사람이 군자이며, 이를 완전히 통달하여 알게 된 사람이 성인이다.[182]

이 세 인용문에서 보듯이, 성인은 도를 완전히 통찰하고 있는 사람이다. 순자는 "성인은 그 원하는 바를 따르고 자기의 정(情)을 다 겸비하되, 이(理)에 따라 정도에 맞는 것이다. 그런데 억지로 할 것이 무엇이 있으며, 참아내야 할 것이 무엇이 있으며, 조심할 것이 무엇이 있겠는가?"[183]라고 하여, 도와 일체가 된 사람이 바로 성인이라고 보고 있는 것이다. 따라서 성인은 "백왕의 법을 익혀 이를 흑백을 구별하듯이 하고, 당시의 변화에 응하기를 하나 둘의 수를 세듯이 한다. 또한 예를 행하고 절도를 지키기를 사지를 가지고 태어난 듯이 편안히 하며, 때에 따라 공을 세우기를 사

---

180 好法而行士也 篤志而體君子也 齊明而不竭聖人也 (修身 36): 『荀子集解』에서는 첫 구절의 法을 禮로, 둘째 구절의 篤을 固, 體를 履道로 풀고 있다.

181 彼學者 行之曰士也 敦慕焉君子也 知之聖人也 (儒效 13~14): 『荀子集解』에서는 敦慕를 둘 다 勉으로 보아, 이 구절을 行而加勉 則爲君子라고 풀고 있다.

182 故學者以聖王爲師 案以聖王之制爲法 法其法以求其統類 以務象效其人 嚮是而務士也 類是而幾君子也 知之聖人也 (解蔽 26)

183 聖人縱其欲 兼其情 而制焉者理矣 夫何彊何忍何危 (解蔽 22)

계절이 비추듯이 자연스럽게 한다. 정치를 공평하게 하고 백성들을 조화롭게 하는 솜씨도 뛰어나서, 억만이나 되는 많은 사람에게 하기를 마치 한 사람에게 하듯 두루 베푼다"[184]는 것이다.

이에 비해 군자는 성인의 상태에 가까이 가기는 했지만, 아직 이에 이르지는 못한 상태를 가리킨다. 곧 이들은 "행위가 바르고 뜻이 견고하며, 들은 바 도를 닦아 바르게 함으로써 자기의 본성을 고치고 꾸미기를 좋아한다. 그러나 그 말이 대체로 합당하기는 하되 그 내용을 충분히 깨달은 것은 아니고, 그 행실이 대체로 합당하기는 하되 아직 편안한 상태는 아니며, 그 지려가 대체로 합당하기는 하되 아직 빈틈없이 짜여 있지는 못하다. 그럼에도 불구하고 이들은 위로는 자기가 높이는 도를 크게 확장시킬 수 있고, 아래로는 자기만 못한 사람을 깨우쳐 인도할 수 있는 것이다."[185]

끝으로 사는 "행위가 바르고 뜻이 견고하며, 사욕으로 인해 들은 바 도를 혼란스럽게 하지는 않는 사람이다."[186] 곧 사는 배움의 길에서 도를 배우고 이를 실천하려고 노력하기는 하되, 아직 크게 미숙한 상태를 이르는 것이다.

이상에서 보듯이 순자는 "지(志) · 행(行) · 지(知)의 세 방면에서 인격의 등급을 논하고 있다."[187] 이러한 사실은 순자의 다음과 같은 진술에서 잘 드러나고 있다.

---

184 修百王之法 若辨白黑 應當時之變 若數一二 行禮要節而安之 若生四枝 要時立功之巧 若詔四時 平正和民之善 億萬之衆 而博若一人 如是則可謂聖人矣 (儒效 19~20): 『荀子集解』에서는 平正의 正을 政으로, 博若一人의 博을 傅로 보고 있다.

185 行法至堅 好修正其所聞 以橋飾其情性 其言多當矣 而未喻也 其行多當矣 而未安也 其知慮多當矣 而未周密也 上則能大其所隆 下則能開道不己若者 如是則可謂篤厚君子矣 (儒效 19): 『荀子集解』에서는 첫 구절의 法은 正, 至는 志로 보고 있다.

186 行法至堅 不以私欲亂所聞 如是則可謂勁士矣 (儒效 19)

187 蔡仁厚, 1984, p. 495.

> 뜻〔志〕은 애써 사욕을 억제한 뒤에야 비로소 공평해지고, 행실〔行〕은 애써 자기 성정을 억제한 뒤에야 비로소 닦여지며, 지식〔知〕은 있으나 남에게 즐겨 물어본 뒤에야 비로소 재능을 발휘하게 된다. 이렇게 되어 뜻이 공평해지고, 행실이 닦여지고, 재주가 갖추어진 사람은 소유(小儒)라고 할 만하다. 그러나 아무런 인위적인 노력 없이도 뜻〔志〕은 저절로 공평하고, 행실〔行〕은 저절로 닦여졌으며, 지식〔知〕은 모든 법도와 원리에 통달했으면 대유(大儒)라고 할 만한 것이다.[188]

이와 같이 지(志) · 행(行) · 지(知)를 닦는 과정에 있는 사람이 사이고, 상당히 닦여 있지만 아직 미진한 상태에 있는 사람이 군자이며, 완전히 도와 일체가 되어 억지로 노력함이 없이도 스스로 편안하게 된 사람이 성인이라는 것이 바로 순자의 생각이다. 곧 "성인은 사람이 쌓아서 이루는 것"[189]으로써, 이들은 태어나면서부터 보통 사람과 다른 것이 아니라, 후천적인 쌓음의 정도가 다를 뿐이라는 것이다.[190] 이렇게 보면, 뜻 · 행실 · 지식의 세 측면에서의 점진적인 축적[191]의 과정을 통해 '사 → 군자 → 성인'의 단계를 거쳐 이상적 인간의 상태에 도달하게 된다는 다방면 동시 점진주의(漸進主義)가 바로 순자가 보는 이상적 인간형의 발달단계론의

188 志忍私 然後能公 行忍情性 然後能修 知而好問 然後能才 公修而才 可謂小儒矣 志安公 行安修 知通統類 如是則可謂大儒矣 (儒效 37~38).

189 儒效 36; 性惡 4.

190 故聖人之所以同於衆 其不異於衆者性也 所以異而過衆者僞也 (性惡 7); 凡人之性者 堯舜之與桀跖 其性一也 君子之與小人 其性一也 (性惡 11); 材性知能 君子小人一也 好榮惡辱 好利惡害 是君子小人之所同也 若其所以求之之道則異矣〔……〕故熟察小人之知能 足以知其有餘可以爲君子之所爲也 (榮辱 28~30); 可以爲堯禹 可以爲桀跖 可以爲工匠 可以爲農賈 在勢注錯習俗之所積耳 (榮辱 31~32)

191 이 세 측면에서의 축적을 표현하는 순자의 진술은 위의 인용문(儒效 37~38) 이외에도 榮辱 28; 非相 15, 19; 王霸 3; 君道 7, 16; 天論 28; 正論 6, 28~29; 解蔽 13 등 여러 곳에서 산견된다.

핵심이라고 할 수 있을 것이다.

4) 『대학』의 이상적 인간형론

『대학』(大學)은 본래 『예기』 49편 중 제42편으로 들어 있던 것인데, 한·당 시대에는 그리 존중되지 않다가, 북송(北宋) 시대에 와서 『예기』 제31편인 『중용』(中庸)과 함께 『예기』에서 따로 떼어 다루어지게 된 경전이다. 특히 이는 정호(程顥, 호 明道, 1032~1085)와 정이(程頤, 호 伊川, 1033~1107) 형제가 『논어』, 『맹자』, 『중용』과 대등하게 다뤄 연구와 검토를 한 이래, 남송(南宋)의 주희가 이에 주해를 붙여 『대학장구』(大學章句)를 출판하고, 이를 위의 세 책과 함께 사서(四書)로 합편하여 높인 이래, 유학의 기본 경전으로 받아들여져왔다.[192]

『대학』에 대한 여러 주석 가운데 가장 널리 받아들여져 온 것은 주희의 『대학장구』였다. 『대학장구』에서는 『대학』을 경(經) 1장과 전(傳) 10장으로 구분하여 제시하고 있는데, 경에서는 『대학』 전체의 기본 내용을 삼강령(三綱領)과 팔조목(八條目)으로 제시하고, 전에서는 이들 각각을 설명하는 형식으로 구성되어 있다. 이 중 삼강령은 이상적 인간의 특징을 진술한 것이고, 팔조목은 이상적 인간에 도달하는 단계를 서술한 것으로 볼 수 있다.

(1) 삼강령: 이상적 인간의 세 가지 특징

『대학』 첫 머리의 삼강령에는 '큰 배움'〔大學〕의 도를 다음과 같이 세 가지로 제시함으로써, 이상적 인간이 지향해야 할 바를 세 가지로 정리하고 있다.

---

192 권덕주, 1998; 차주환, 1985.

대학의 도는 자기가 갖추고 태어난 본래의 착한 덕을 드러내어 밝히는 데〔明明德〕 있고, 사람들을 친애하는 데〔親民〕 있으며, 지극한 선에 머무르는 데〔止於至善〕 있다.[193]

이렇게 『대학』에서는 대학의 도를 깨우쳐서 실천하는 이상적 인간의 특징을 지어지선(止於至善) · 친민(親民) · 명명덕(明明德)의 세 가지로 들고 있다. 여기서 '지어지선'은 도덕적 인격적 수양을 이룬 상태를 말하는 것으로, 이상적 인간의 여러 특징의 기초가 되는 것이다. 이는 공자가 말하는 수기이경(修己以敬)의 상태에 해당되는 것이라고 볼 수 있다.

이어서 '친민'은 일상생활에서 지선(至善)에 머물러 도덕적 인격적 완성을 이룬 다음, 이를 주변 사람들에게 확대하고 베풂으로써, 그들과의 사이에 친애함과 조화를 이룬 상태를 말하는 것이라고 해석할 수 있다. 이렇게 본다면, 이는 공자가 말하는 수기이안인(修己以安人)의 상태를 의미하는 것이라고 생각할 수 있을 것이다.

다음으로 '명명덕'은 자기의 착한 본심을 미루어 밝게 드러냄으로써, 온 천하의 사람들로 하여금 도덕 및 모든 일의 기초가 스스로에게 내재되어 있음을 깨달아 알도록 하는 상태를 말하는 것이라고 해석할 수 있

193 大學之道 在明明德 在親民 在止於至善 (『大學』, 經): 여기서 둘째 구절을 親民이라고 읽은 것은 古註와 『大學』 古本 및 王陽明의 독법(小島毅, 2004, pp. 124~137)을 따른 것이다. 朱熹의 新註에서는 程子의 전통을 따라 이를 新民이라고 읽어, "백성들을 새롭게 한다"라고 풀이하고 있다. 그러나 王陽明의 주장에 따라 親民이 옳다고 하는 측에서는 i) 원본에 따라 親民으로 읽어도 文義에 어긋남이 없다, ii) 이것은 『大學』 三綱領의 첫 머리에 나오는 중요한 부분인데, 첫 머리부터 틀린 글자를 쓸 리가 없다 등의 전거를 대고 있다(권덕주, 1998, p. 16). 필자는 이러한 논리 이외에 이를 이상적 인간의 특징을 진술한 문장으로 볼 경우, 이는 공자의 修己以安人에 해당하는 것으로 보는 것이 타당하다는 입장에서, 이를 親民으로 읽고자 한다. 또한 여기서의 民을 新註에서는 "백성"의 뜻으로 풀고 있으나, 필자는 『詩經』, 「大雅 生民篇」의 厥初生民 時維姜嫄의 예를 따라 보통의 여러 "사람"을 가리키는 뜻으로 풀어, 修己以安人의 人과 같은 뜻으로 보고자 한다.

다.[194] 따라서 이는 공자의 수기이안백성(修己以安百姓)에 해당되는 특징이라고 볼 수 있을 것이다.

이렇게 보면, 『대학』의 삼강령에서도 공자 · 맹자 · 순자의 군자론 · 성인론과 일관되는 특징으로 이상적 인간의 상태를 그리고 있는 것으로 추론할 수 있다. 곧 대학의 도를 배우고 실천하는 유학적 인간은 도덕적 인격적 완성을 이루어 이를 굳게 지키고〔止於至善〕, 이러한 수양 결과를 일상생활에서 실천하여 사람들과의 사이에 친애함과 조화를 이루며〔親民〕, 더 나아가 온 천하의 사람들로 하여금 스스로가 도덕 주체라는 사실을 밝게 깨닫도록 하는 사명을 다하는〔明明德〕 사람인 것이다.

(2) 팔조목: 이상적 인간의 욕구위계

『대학』의 경(經)에는 앞에 논의된 삼강령 이외에 수양의 단계론을 제시한 팔조목(八條目)이 제시되고 있다.

> 옛날에 자기가 가진 밝은 덕을 온 천하에 밝게 드러내고자 하는 사람은 먼저 자신의 나라를 다스렸고, 자기의 나라를 다스리고자 하는 사람은 먼저 자신의 집을 가지런히 하였으며, 자기의 집을 가지런히 하고자 하는 사람은 먼저 자신의 덕을 닦았다. 자기의 덕을 닦고자 하는 사람은 먼저 자신의 마음을 바로잡았고, 자기의 마음을 바로잡고자 하는 사람은 먼저 자신의 뜻을 참되게 하

194 新註에서는 明明德을 스스로의 至德을 닦아 일신을 수양하는 일, 즉 공자의 修己以敬을 가리키는 것으로 해석하고 있다. 그러나 여기서는 이를 온 천하의 사람들로 하여금 스스로의 至德을 밝게 깨달아 알도록 인도하는 修己以安百姓의 상태를 가리키는 것으로 보고자 한다. 이는 이 구절에 이어 八條目을 제시하는 구절이 "古之欲明明德於天下者 先治其國 欲治其國者 先齊其家 〔……〕"로 시작되어, 明明德이 治國보다 넓은 平天下를 대신하는 말로 쓰이고 있다는 점에서 그 근거를 찾을 수 있다. 이 구절에 이어서 八條目을 제시한 구절은 "〔……〕 家齊而后國治 國治而后天下平"으로 끝나고 있는데, 이는 앞의 古之欲明明德於天下者가 곧 古之欲平天下者의 뜻임을 알 수 있게 하는 증거가 되는 것이다.

였으며, 자기의 뜻을 참되게 하고자 하는 사람은 먼저 자신의 지식을 넓혔다. 이렇게 지식을 넓히는 것은 사물의 이치를 궁구하는 데 달렸다. 그러므로 사물의 이치를 구명한〔格物〕 후에야 지식이 극진하게 되고, 지식이 극진하게 된〔致知〕 후에야 뜻이 참되어지고, 뜻이 참되어진〔誠意〕 후에야 마음이 바로잡히고, 마음이 바로잡힌〔正心〕 후에야 덕이 닦여지고, 덕이 닦여진〔修身〕 후에야 집이 가지런해지고, 집이 가지런해진〔齊家〕 후에야 나라가 다스려지고, 나라가 다스려진〔治國〕 후에야 천하가 화평하여지는〔平天下〕 것이다.[195]

이것이 『대학』에 나오는 유명한 '격물(格物) → 치지(致知) → 성의(誠意) → 정심(正心) → 수신(修身) → 제가(齊家) → 치국(治國) → 평천하(平天下)'의 수양의 팔조목이다. 이는 마슬로우(A. H. Maslow)[196]의 동기위계설(動機位階說)과 같은 논리적 구조를 가지고 있는 이론 체계이다. 곧 하위 단계의 욕구가 충족되어져야 그 다음 단계의 욕구가 출현한다는 것이다. 『대학』에서는 격물이 가장 하위의 욕구이고, 평천하가 최상위의 욕구라고 보는 셈이다.

여기서 '격물 → 치지 → 성의 → 정심 → 수신'까지는 수기이경의 단계, '제가'는 수기이안인의 단계, 그리고 '치국 → 평천하'는 수기이안백성의 단계를 가리키는 것이라고 볼 수 있다. 이렇게 『대학』에서도 『논어』, 『맹자』, 『순자』에서와 마찬가지로 자기수양〔修己〕으로부터 비롯하여, 대인관계에서의 조화의 달성〔安人〕을 거쳐, 사회적인 책무의 자임과 완수〔安百姓〕의 경지에 이르는 것으로 이상적 인간상의 발달 단계를 그리고 있는

195 古之欲明明德於天下者 先治其國 欲治其國者 先齊其家 欲齊其家者 先修其身 欲修其身者 先正其心 欲正其心者 先誠其意 欲誠其意者 先致其知 致知在格物 物格而后知至 知至而后意誠 意誠而后心正 心正而后身修 身修而后家齊 家齊而后國治 國治而后天下平 (『大學』, 經)

196 Maslow, 1954/1970.

것이다.

5) 선진유학사상의 이상적 인간형론 종합

지금까지 『논어』, 『맹자』, 『순자』 같은 선진 시대 유학 창시자들의 경전과 후대에 유학의 핵심 경전 가운데 하나로 격상시켜 존숭해온 『대학』에 제시되어 있는 이상적 인간형론을 군자론과 성인론을 중심으로 살펴보았다. 이러한 이상적 인간형의 문제는 유학의 인성론과 밀접한 관련을 가지는 것이었다. 곧 인간의 심성을 덕 · 지 · 정 · 의 사분체계로 이해하며, 이 네 체계 사이의 관계도 덕성중심주의의 관점에서 이해하는 유학적 심리구성체론의 특징이 유학자들의 이상적 인간형론에 그대로 반영되고 있는 것이다. 유학사상에서는 이상적 인간인 군자와 성인을 한마디로 '덕을 이룬 사람'(成德者)이라고 보아 덕성중심주의의 입장을 드러내고 있는 것이다.

(1) 군자와 성인의 특징

앞에서 살펴보았듯이, 유학적 이상적 인간형인 군자와 성인은 공통적으로 세 가지 특징을 가지는 것으로 정리할 수 있다. 이는 '자기수양', '대인관계의 조화', 그리고 '사회적 책무의 자임과 완수'이다.

자기수양 공자의 '수기이경', 맹자의 '성지청', 순자의 '자기수양', 그리고 『대학』의 '지어지선' 같은 군자와 성인의 특징은 모두 자기를 닦고, 도덕 주체로서의 자기의 인격 완성을 위해 노력하는 사람이라고 한마디로 요약할 수 있다. 이들의 이러한 자기수양의 근거는 인간의 본성에 본유적으로 갖추어져 있는 인의예지 같은 도덕성이다. 군자와 성인은 이러한 도덕의 기초를 스스로가 갖추고 있다는 사실, 곧 스스로가 도덕 주체라는 사실을 명확히 인식하고, 이러한 깨끗하고 도덕적인 본성을 회복하고, 이를 일상생활에서 실현하려 노력하는 사람이다. 맹자는 이러한 자기수양의 측면의 군자의 특징을 다음과 같이 정리하고 있다.

> 그 마음을 다하는 사람은 그 본성을 깨달아 알게 되고, 그 본성을 깨달아 알게 된 사람은 하늘의 이치를 알게 된다. 모름지기 사람은 그 마음을 잘 간직하여 그 타고난 본성을 잘 길러야 하나니, 이것이 바로 하늘을 섬기는 일이 되는 것이다.[197]

스스로가 도덕 주체라는 사실을 깨달아 알고, 이렇게 스스로가 갖추고 있는 본유적인 도덕성을 일상생활에서 실천함으로써 그 본성을 잘 길러 내는 것, 이것이 군자와 성인의 자기수양의 요체이다. 이렇게 자기수양을 이룬 군자와 성인은 자기의 잘못을 확인하여 이를 바로잡아 자기 개선을 이루려고 노력한다(공자 · 맹자 · 순자). 이들은 이러한 자기 개선을 통해 일상생활에서 잘못을 범하지 않으므로, 정서적으로 안정된 삶을 살며, 이기적 욕구도 잘 조절하고 통제한다(공자). 이렇게 정서적으로 안정되어 있을 뿐만 아니라, 이기적 욕구도 잘 통제하는 삶의 자세를 견지함으로써, 이들은 비록 빈궁에 빠지거나 어려운 일을 당할지라도 언제나 당당할 수 있다(맹자 · 순자). 그리고 이들은 올바른 도를 잘 인식하고 있으므로, 항상 변화하는 상황에서도 빈틈없이 일처리를 할 수 있는 것이다(순자).

대인관계의 조화 공자의 '수기이안인', 맹자의 '성지화', 순자의 '대인관계', 그리고 『대학』의 '친민' 같은 데 드러나고 있는 군자와 성인의 특징은, 관계를 맺고 있는 주변 사람들에 대해 관심을 가지고 그들을

---

197 盡其心者 知其性也 知其性 則知天矣 存其心 養其性 所以事天也 (『孟子』, 盡心上 1)

우선적으로 배려함으로써, 대인관계에서 남들과 조화를 이루며 살아가는 삶의 자세를 가리킨다. 이러한 삶의 자세에 대해 『논어』에서는 다음과 같이 간명하게 표현하고 있다.

> 군자는 사람들 사이에 조화를 취할 뿐, 이익을 붙좇지는 않는다. 그러나 소인은 사람들과 이익을 도모할 뿐, 조화를 이루지는 못한다.[198]

군자와 성인이 이렇게 대인관계에서 조화를 이룰 수 있는 것은 이들이 공경과 예의를 기초로 하여 사람들을 널리 사랑하기 때문이다(공자). 이들은 자기 부모를 친애하는 마음을 넓혀 널리 사람들을 인애하고, 사람들을 인애하는 마음을 넓혀 사물을 아끼고 사랑한다(맹자). 이들이 이렇게 남을 보살피는 태도를 확장할 수 있는 것은 모든 일의 책임이 바로 자기 자신에게 갖추어져 있다는 사실을 잘 깨달아, 자기를 기준으로 삼아 남들을 보살피고 헤아리기 때문이다(맹자 · 순자). 곧 이들은 넓은 포용력을 가지고 대인관계를 맺기 때문에 남들이 이들을 믿고 따르게 되는 것이다(순자).

사회적 책무의 자임과 완수 공자의 '수기이안백성', 맹자의 '성지임', 순자의 '사회에 대한 책임', 그리고 『대학』의 '명명덕'에 드러나 있는 군자와 성인의 특징은, 자기 주변 사람들만 보살피고 배려하는 것이 아니라, 자기가 몸담고 있는 사회 전체에 대해 책임을 지고, 그 사회에 살고 있는 모든 사람들을 편안하게 해주려는 책임을 스스로 지려 하는 삶의 태도를 말하는 것이다. 이러한 삶의 태도를 맹자는 다음과 같이 진술하고 있다.

---

198 君子和而不同 小人同而不和 (『論語』, 子路 23)

> 순(舜) 임금은 역시 위대한 점이 있었다. 그는 착한 일을 남과 함께 하기를 좋아하여, 남에게 착한 점이 있으면 자기를 버리고 남을 좇았으며, 남에게서 좋은 점을 취하여 함께 선을 이루기를 즐겨하였다. [……] 남에게서 취해 선을 행한다는 것은 '남과 더불어 선을 행하는 일'(與人爲善)인 바, 군자에게 있어 '남과 더불어 선을 행하는 일'보다 더 큰 일은 없는 것이다.[199]

공자 · 맹자 · 순자 같은 선진 시대 유학자들뿐만 아니라 후대의 모든 유학자들이 이렇게 사회적 책무를 자임하고, 이를 완수하는 방법으로 삼고 있는 것은 두 가지였다. 그 하나는 현실 정치에 참여하여 인의왕도(仁義王道)의 정치를 펼침으로써, 현세에 덕화(德化)를 실현하는 일이었다. 공자와 맹자, 그리고 순자는 자기의 인의의 도를 펼칠 수 있는 지위를 얻기 위해 주유천하(周遊天下)를 마지않았다.

군자와 성인이 여인위선(與人爲善)하는 또 다른 방법은 교육이다. 공자 · 맹자와 순자는 자기들을 받아들여주는 군주를 찾지 못하자, 현실 정치에 참여하여 사회적 책임을 다하려는 꿈을 포기하고, 자기가 터득한 도를 동시대의 다른 사람들과 후세에 전달하려고 노력하였다. 이들은 이러한 교육이 현실 정치에 참여하여 현세에 왕도의 덕치를 펴는 것보다 더 크고 중대한 군자와 성인의 책임이라고 보았다. 공자는 스스로를 '배우기를 좋아하는 사람'(好學),[200] 또는 '가르치기를 게을리 하지 않는 사람'(誨人不倦)[201]이라고 하여 배우고 가르치는 일을 중시하였으며, 맹자는 이러한 교육은 군자와 성인의 의무[202]로 현실 정치에 참여하여 정사를 돌보는

199 大舜有大焉 善與人同 舍己從人 樂取於人以爲善 [……] 取諸人以爲善 是與人爲善者也 故君子莫大乎與人爲善 (『孟子』, 公孫丑上 8)

200 『論語』, 公冶長 27.

201 述而 33.

202 『孟子』, 離婁下 7; 萬章上 7.

일보다 훨씬 즐겁고 가치 있는 일[203]이라고 보고 있는 것이다.

이렇게 군자와 성인은 자기에게 주어지는 사회적 책무를 스스로 지려 하고, 이러한 사회적 책무를 실생활에서 다하려 노력하는 사람이다. 이들은 자기 혼자만 도를 터득하려는 것이 아니라, 함께 살고 있는 다른 사람들, 그뿐만이 아니라 후세의 사람들도 모두 도를 터득하도록 도와주려는 강한 사명감을 가지고 있는 것이다.

(2) 군자와 성인에 도달하는 단계

공자 · 맹자 · 순자 및 『대학』의 기자가 제시하고 있는 군자론 · 성인론에서 또 한 가지 읽어낼 수 있는 것은 이상적 인간형에 도달하는 단계에 관한 논의이다. 이에 대해 이들 선진유학자들이 제시하는 견해는 각각 서로 다르다.

공자는 자기의 경험을 빗대어 이상적 인간이 되어가는 단계를 연령의 함수로 제시하고 있다. 곧 '지학 → 이립 → 불혹 → 지명 → 이순 → 종심'의 단계가 그것이다. 여기서 '지학 → 이립 → 불혹'은 '수기이경' 곧 '자기수양'의 단계, '지명 → 이순 → 종심'은 '수기이안인'과 '수기이안백성'의 단계, 곧 자기수양의 결과를 '대인관계의 조화 추구'와 '사회적 책무의 자임과 완수'로 확대하는 단계를 뜻한다고 볼 수 있다. 이렇게 공자는 군자가 되는 단계를 '수기이경 → 수기이안인 → 수기이안백성', 곧 '자기수양 → 대인관계의 조화 추구 → 사회적 책무의 자임과 완수'의 단계로 보는 점진적 확대론을 제시하고 있다.

맹자도 공자의 연령 단계론과 유사한 단계론을 제시하고 있다. 그는 성인에 도달하는 단계를 '선 → 신 → 미 → 대 → 성'의 다섯 단계로 제

---

203 盡心上 20.

시하고 있는데, 여기서 '선'과 '신'은 '성지청' 곧 '자기수양'의 단계, '미'는 '성지화' 곧 '대인관계의 조화 추구'의 단계, 그리고 '대'와 '성'은 '성지임' 곧 '사회적 책무의 자임과 완수'의 단계를 가리킨다고 볼 수 있다. 이러한 맹자의 단계론도 공자와 마찬가지로 점진적 확대론의 성격을 띤다.

순자도 '사 → 군자 → 성인'의 삼단계론을 제시하여, 공자 · 맹자와 마찬가지의 점진적 확대론을 제시하고 있다. 다만 순자의 이러한 삼 단계는 뜻 · 행실 · 지식이라는 세 측면에서의 점진적 축적을 통해 이루어진다는 다방면 동시 점진주의의 성격을 띠고 있다는 점에서만 약간 다를 뿐이다.

『대학』에서는 욕구위계설이라는 독특한 논리 체계를 내세워, 이상적 인간에 도달하는 단계를 제시하고 있다. 곧 인간의 욕구는 하위 단계의 욕구가 충족되어야 다음 상위 단계의 욕구가 출현하는 위계구조를 갖는다는 것이 이 이론의 골자이다. 이러한 욕구의 위계는 '격물 → 치지 → 성의 → 정심 → 수신 → 제가 → 치국 → 평천하'의 여덟 단계의 위계구조로 이루어져 있다는 것이다. 여기서 '격물 → 치지 → 성의 → 정심 → 수신'까지는 '지어지선' 곧 '자기수양'의 단계, '제가'는 '친민' 곧 '대인관계의 조화 추구'의 단계, 그리고 '치국 → 평천하'는 '명명덕' 곧 '사회적 책무의 자임과 완수'의 단계를 가리키는 것으로 볼 수 있다.

이상에서 보듯이, 선진유학자들이 제시하는 이상적 인간형론은 모두 '자기수양 → 대인관계의 조화 추구 → 사회적 책무의 자임과 완수'의 삼단계 점진적 확대론으로 이상적 인간에 도달하는 단계를 정립하는 특징을 갖추고 있는 것이다.

2. 현대 서구심리학의 성숙인격론

현대심리학에서 외부 세계에 대한 한 개인의 고유한 적응과 삶의 양식에 관한 연구는 주로 성격심리학 분야에서 다루어져 왔다. 성격(性格, personality)이란 "환경에 대한 개인의 독특한 적응을 결정하는 개인 내의 정신 신체적 체계들의 역동적 조직,"[204] "개인의 행동을 한 시점으로부터 다른 시점까지 일관성 있게 하고, 다른 사람들이 유사한 상황에서 보일 행동과 다르게 만드는, 상당히 안정적이고 내적인 요인들,"[205] 또는 "개인의 삶에 방향과 패턴(통일성)을 부여하는 인지 · 감정 · 행동의 복합적 조직"[206]과 같이 다양하게 정의되는 개념이다. 성격에 대한 정의는 이렇게 다양하지만, 보통 "성격은 내적 속성으로서, 통합성 · 고유성 · 일관성 · 역동성을 지닌 존재,"[207] 곧 한 개인의 전반적이고도 고유한 사람됨을 말하는 것이라고 볼 수 있다.

현대심리학에서 이러한 성격을 연구하는 목적 중 한 가지는 "사람들로 하여금 더 원만하고 만족스러운 삶을 영위할 수 있도록 도와주는 것"[208]인데, 이러한 원만하고 만족스러운 삶의 모습은 이상적인 인간상의 모습으로 구체화된다고 볼 수 있다. 그러므로 성격에 관한 연구들을 잘 살펴보면, 각 이론가들이 제시하는 이상적 인간형의 모습을 추출해볼 수 있을 것이다.

현대 서구의 성격심리학에서는 이상적 인간의 상태를 자기실현(self-actualization),[209] 생산성(productivity),[210] 적응성(adaptability),[211] 통일성

---

204 Allport, 1937, p. 48.
205 Child, 1968, p. 83.
206 Pervin, 1996, p. 414.
207 민경환, 2002, p. 4.
208 Hjelle & Ziegler, 1981/1983, p. 13.
209 Adler, 1929; Jung, 1963; Maslow, 1954/1970, 1962/1968, 1971.

(integrity),[212] 성숙성(maturity),[213] 자율성(autonomy)[214] 등 다양한 관점에서 개념화하고 있으며, 이에 도달하는 단계에 대해서도 점성설(에릭슨, E. Erikson)과 욕구위계설(마슬로우)의 관점에서 고찰하고 있다.

현대 서구심리학에서 제시되어온 이러한 다양한 이상적 인간상을 김성태는 '성숙인격'(成熟人格)으로 개념화하여 통합하고 있는데, 앞에서의 논의에 따르면 성숙인격을 갖춘 사람은 곧 자기실현인을 의미하는 것이라고 생각할 수 있다. 여기에서는 이러한 개인주의 사회의 이상적 인간상에 대해 서구 성격심리학에서 제시된 내용들을 김성태[215]의 작업을 기본틀로 하여 살펴보기로 하겠다. 이러한 연구들은 이상적 인간상의 여러 특징들을 나열하여 제시한 연구들과 이러한 이상적 인간에 도달하는 단계를 논의한 연구들로 나누어볼 수 있다.

1) 성숙인격자들의 특징

필자는 앞선 연구에서 현대 서구 성격심리학에서 제시된 이상적 인간상을 정신역동이론 계열의 네 학자(융, C. G. Jung; 아들러, A. Adler; 프롬, E. Fromm; 에릭슨), 특질이론 계열의 세 이론(올포트; 커텔, R. B. Cattell; 5대 요인 모형), 현상학적 이론 계열의 두 학자(마슬로우; 로저스, C. R. Rogers), 그리고 이들 계열로 분류하기 힘든 네 학자(로턴, G. Lawton; 리즈먼, D. Riesman 등; 시먼, J. Seeman; 엘킨, H. Elkin)의 이론들을 통해 살펴보았다.[216]

---

210 Fromm, 1941, 1947, 1955; Rogers, 1951, 1959, 1961.

211 Erikson, 1959, 1963/1988, 1964; Lawton, 1946.

212 Cattell, 1965; Elkin, 1965; Seeman, 1959.

213 Allport, 1937, 1961.

214 Riesman, Glazer, & Denney, 1950.

215 김성태, 1976, 1984, 1989.

216 조긍호, 2006, pp. 222~278.

이 중에서 정신역동이론 계열의 학자들은 인간은 본유적으로 창조성과 통합성을 갖추고 있다는 사실을 전제로 하여, 개체로서의 개인이 가진 내적 외적인 잠재가능성을 최대로 발휘함으로써(융), 생산성이 풍부하고(프롬), 주체적 자율적이며(아들러), 독특하고도 건전한 사람(에릭슨)이 되는 것이 바로 이상적 인간이 되는 길이라고 본다. 특질이론가들은 이상적 인간의 특징은 긍정적 특성의 가산적 총화(加算的 總和)로 볼 수 있다는 전제에서, 올포트는 여섯 개(자기감 확대, 따뜻한 대인관계, 정서적 안정과 자기수용, 객관적 현실 인지와 업무 수행, 자기객관화, 통일된 인생관), 커텔은 한 개(성격 통일성), 그리고 5대 요인 모형은 다섯 개(외향성, 우호성, 성실성, 정서적 안정성, 체험 개방성)의 특질을 갖는 성격을 이루는 것이 이상적 인간이 되는 길이라고 본다. 현상학적 이론 계열에서는 인간의 본유적인 자기실현 경향성을 인정하고, 이를 통해 인간 삶을 조명하려는 특징을 보인다. 그들은 인간의 주관적 체험을 중시하는 입장에서, 부정적 자기개념이나 여러 가지 제약 조건의 간섭 및 제재를 받지 않고 개인이 갖추고 있는 자기실현 경향성이 제대로 기능을 발휘함으로써, 자기의 잠재가능성을 실생활에서 최대로 실현하는 상태를 이상적 인간의 상태라고 보면서, 이들의 특징을 16가지(마슬로우)와 5가지(로저스)로 제시하고 있다. 그 외의 학자들은 각자 나름의 이론적 관점에서 잘 적응되거나(로턴), 자주적이거나(리즈먼 등), 성격의 통일을 이룬 사람(시먼, 엘킨)을 이상적 인간상으로 보고, 그들의 특징을 나열하고 있다.

이렇게 네 계열의 이론들은 각각의 기본 입장이 서로 다르다. 정신역동이론들은 대체로 개인의 창조성과 통합성의 능력을 기초로 개인의 성격구조가 역동적으로 통일을 이루는 것에서, 그리고 현상학적 이론들은 개인의 자기실현 경향성을 전제하고, 이것이 실생활에서 제대로 발휘되는 것에서 이상적 인간상에 이르는 길을 찾으려 하며, 이런 경로를 통하여 이상적 상태에 이른 사람들의 주관적 현상적 체험이나 행동의 특징들을 제시하고 있다. 반면, 특질이론들은 인간의 기본적인 능력이나 경향성 또는 동기를 전제하지 않고, 성격이란 단순히 모든 사람의 성격 구성에 공통적인 요인들의 총합으로 이루어진다고 보아, 각 요인에 해당하는 긍정적 특질들의 합산으로 이상적 상태를 규정하고 있다. 기타 이론들은 이 두 종류 이론들의 특징을 약간씩 결합하여 가지고 있으나, 리즈먼 등을 제외하고는 대체로 특질이론 쪽으로 더 기울어져 있다고 볼 수 있다.

그러나 이들은 모두 이상적 인간상의 여러 특징들을 나열하여 제시하고 있다는 공통점을 보이고 있다. 따라서 이들이 제시하고 있는 이상적 인간의 현상적 특징들을 정리해보면, 서구 사회에서 제시되고 있는 이상적 인간상이 가지는 주요 특징들의 모습을 추측해볼 수 있을 것이다. 김성태는 이러한 맥락에서 현대 서구에서 제시된 10인[217]의 이상적 인간형론을 개관하여, 이들이 나열하여 제시하고 있는 이상적 인간형의 특징이 모두 52가지로 열거됨을 찾아낸 다음, 이들을 유사한 것끼리 다섯 가지의 군집(群集)으로 묶어낸 결과를 제시하고 있다. 이들 다섯 가지 군집은 주체성, 자기수용, 따뜻한 대인관계, 자기통일, 그리고 문제중심성으로, 김성태에 따르면 서구인들이 그리고 있는 이상적 인간상은 이 다섯 가지 군집의 특징을 가진 사람으로 볼 수 있다는 것이다. 이제 김성태[218]를 따라 현대 서구 사회인이 그리고 있는 이상적 인간형의 다섯 가지 특징을 제시해보기로 하겠다.

---

217 김성태(1976)는 필자(조긍호, 2006, pp. 222~278)가 개관한 이론 중 Jung, Adler, Rogers와 5대 요인 모형을 제외한 Fromm, Erikson, Allport, Cattell, Maslow, Lawton, Riesman 등, Seeman, Elkin, Arasteh의 이론을 개관하고 있다.

218 김성태, 1976, 1984, 1989.

(1) 주체성

열여섯 개의 특질들이 하나의 군집으로 묶이는데, 그 공통성을 추출해 보면 '주체성'[219]이라고 부를 수 있다. "로턴의 '자기의 책임과 역할을 잘 알아차려서 이를 해내는 것', 프롬의 '자기에게 부여된 가능성을 실현시키는 것', '부족과 토지에의 의존에서 탈피하는 것', '자기의 분리와 소외를 극복하는 것', '주체감을 갖는 것', '충분히 새로 태어나는 것', 에릭슨의 '자율성', '주도성', '정체성', '생산성', 리즈먼 등의 '자기주체감', 마슬로우의 '자주적이며 독자적인 것', '자발적이고 활발한 태도', '초월성', 올포트의 '크고 넓은 자아동일시 영역을 갖는 것', 그리고 시먼의 '적극적인 자기개념' 등이 이 군집에 속하는 것이라고 볼 수 있다." 이 군집의 특질들은 요컨대 자기 자신의 가능성을 실현하려고 노력하는 것, 주체감을 갖는 것, 자기의 책임과 역할을 알아차리고, 자기의 소임을 수행하기 위해 활발히 움직이는 것 등이 중심이 되는 것으로, 이러한 맥락에서의 이상적 인간의 첫째 특질은 "자기 성취를 해내는 것, 책임을 완수하는 것, 그리고 주체감을 갖는 것"[220]이라고 할 수 있을 것이다.

김성태는 이 군집을 '주체성'이라고 명명하고 있는데, 여기서 주체성이란 말은 매우 다양한 의미를 띠는 것이다. 넓은 의미로 이는 "인격의 성숙성과 같은 뜻"으로도 쓰이고, 좁은 의미로는 "자기동일성과 거의 같은 뜻"으로도 쓰인다. 즉, 이는 "자기에게 본질적인 것, 자기에게만 특유한 것으로 보람을 느끼는 인격 특질, 그리고 앞으로 자기가 지향해나가야만 할 것으로 보는 사명과 책임 등이 뭉쳐진 것"[221]이다. 이렇게 좁게 보면 이는 에릭슨의 '정체성'과 같은 의미를 가지는 것으로 생각할 수 있으나, 김

219 김성태, 1989, pp. 204~205.
220 김성태, 1976, pp. 24, 25.
221 김성태, 1989, p. 204.

성태의 군집분석[222]에서는 여기에 정체성뿐만 아니라 에릭슨의 자율성 · 주도성 · 생산성도 포함되고 있어서, 넓은 의미의 "자기 완성"[223]을 뜻하는 것으로 볼 수도 있는 포괄적인 개념이다.

이상에서 보듯이, 주체성은 좁은 의미에서는 에릭슨의 정체성과 같은 의미로 쓰인다. 에릭슨은 청년기가 되면 자기의 역량과 특징, 그리고 자기에게 주어진 기회와 가능성이 어떤 것인가를 알게 되고, 이에 따라 여러 가지 자기의 모습이 통합되어서 일정한 자기상을 굳힌다고 보고, 이를 정체감이라고 불렀다. 그는 정체성이란 "내적 동일성과 일관성을 유지하려는 한 개인의 능력이 타인이 그에게서 발견하는 통일감 및 일관성과 잘 일치하고 있다고 믿는 것"[224]이라고 정의하여, 스스로가 보는 나와 남이 보는 내가 일치할 때 정체감이 확립된 것으로 보고 있다. 곧 정체성이 확립된 개인은 자신의 위치 · 역량 · 기회 · 가능성 · 소임 등에 대한 객관적 현실적인 인식이 이루어진 사람이다. 이렇게 보면, 이상적 인간은 스스로의 현재와 미래의 가능성에 대해 객관적이고도 현실적인 인식을 하고 있는 사람이라는 특징을 갖는다고 볼 수 있겠다.

그러나 이들은 이에만 머무르는 것이 아니다. 넓은 의미에서 주체성은 이러한 자기 인식을 현실 세계에서 펴내고 성취한다는 자기 완성의 의미도 띠고 있다, 자기 완성이란 "자기가 지니는 가능성 · 능력 · 특질 들을 계속 실현시키고, 주어진 상황에서 자기가 해야 할 타당한 사명을 충실하게 달성하며, 또 한 인간의 본성과 개인마다 다르게 지니고 있는 개별성을 충분히 이해하고, 자신의 개별성이 무엇인지도 정확히 인지하여 이들을 담담하게 받아들이며, 또 자기라는 한 인간 속에서 이들 여러 가지를

---

222 김성태, 1976, p. 24.
223 김성태, 1984, pp. 281~283.
224 Erikson, 1959, p. 102.

통일하고 협동하여 결합되게 하는 것"이다. 이렇게 보면, 이상적 인간은 "참된 자기의 위치를 알고 그 자기를 성취시키는 사람됨"[225]의 특징을 가지고 있는 것이 된다.

요컨대, "주체성이란 자아상과 사명을 정확하게 파악하고, 이들이 그때그때 해야 할 과업과 장래 문제에 일관성 있게 확고히, 그러면서도 신축성 있게 대처하는 태세"[226]를 말하는 것으로, 이것이 개인주의 사회에서 제시하고 있는 이상적 인간상의 제일의 특징인 것이다.

(2) 자기수용

열다섯 개의 특질들이 '자기수용'[227] 또는 '정확한 현실 파악력'[228]이라고 부를 수 있는 군집으로 묶여진다. 이들은 "로턴이 말한 '현실을 그대로 받아들이는 것', 에릭슨의 '자기통정'(자기와 타인을 받아들이고, 이에 입각해서 자기 성취 · 자기 책임을 다하는 것), 프롬의 '현실을 있는 그대로 파악하는 것', '있는 그대로의 진리를 파악하는 것', '자기중심성을 극복하는 것', '사랑과 이성으로 세계를 이해하고 받아들이는 것', 올포트의 '자기객관화', '정서적 안정성'(수용적 태도), '현실적 인지력', 마슬로우의 '자기와 타인 및 자연을 있는 그대로 받아들이는 것', '비공격적인 유머', '현실의 효율적인 인지', 시먼의 '고도의 환경적 접촉', '지적 효율성' 등"으로 이루어지는 군집이다. 이 군집의 특질들은 "현실을 효율적으로 인지하고, 자기 자신을 현실 속에서 객관화시켜 현실과 자기 자신을 있는 그대로 받아들임으로써, 현실 속에서 조화 있게 살아나가는 것"[229]을 의미하

225 김성태, 1984, pp. 281, 282.
226 김성태, 1989, p. 205.
227 김성태, 1989, pp. 205~208.
228 김성태, 1984, pp. 283~284.
229 김성태, 1976, p. 25.

는 공통성을 보이고 있다.

'자기수용'의 특징을 보이는 사람들은 자기의 좋고 나쁜 점을 사실 그대로 인정하고 이들에 적절히 대처한다. 이렇게 자기수용은 "현실을 있는 그대로 파악할 수 있으며, 그 속에서의 자기의 위치를 객관화시켜서 볼 수 있고, 이러한 현실과 자기를 있는 그대로 받아들이는 것을 말한다. 여기서 받아들인다는 것은 이러한 현실과 자기를 좋아한다는 뜻을 지닌다. 현실 속에서의 자기의 좋고 나쁜 점을 사실대로 인정하면서, 나쁜 점에 대해서도 심한 신경증적 혐오를 보이지 않고 적절하게 처리해나간다는 것이다. 사실 정확하게 현실을 파악하는 지적 능력과 현실을 있는 그대로 받아들이고 좋게 보는 너그러운 정적(情的) 능력은 서로가 상보적 관계에 있어, 그 어느 쪽이 없어도 한쪽이 제 구실을 다하지 못한다고 볼 수 있다."[230]

세상 살아가면서 사람은 누구나 늘 좌절을 경험한다. 그러나 이러한 좌절에 대처하는 양식에는 개인 간에 차이가 많다. 대체로 인격적으로 미숙한 사람은 좌절에 대해 심한 감정적 동요를 보이면서, 남을 비난하거나 심지어는 스스로를 저주하기도 한다. 그러나 성숙한 사람은 흥분하는 스스로를 꾸짖으면서 흥분과 감정의 동요를 가라앉히기 위해 노력하고, 때를 기다리거나 장애물을 우회함으로써 좌절을 이겨내려 한다. 이들은 필요한 경우에는 문제 사태에서 후퇴하기도 한다. "이들은 충동적으로 반응하지 않으며, 남의 안녕을 해치지 않는 방식으로 정서적 안전을 지키며 살아가는 것을 익힌 사람들이다."[231]

이러한 '정서적 안정성'은 생활 속에서 지속적인 '안전감'을 발달시킨 결과 얻어지는 특성이다.[232] 에릭슨에 따르면, 영아기에 어머니와의 관계

---

230 김성태, 1989, pp. 205~206.

231 김성태, 1989, p. 207.

232 Maslow, 1954/1970.

를 통해 '기본적 신뢰감'을 발달시키게 되면, 정서적으로 안정된 사람이 된다.[233] 이들은 남의 신념과 감정을 고려하면서 자기의 신념과 감정을 표출하는 자제심을 지니게 되고, 또 이와 같이 남의 입장을 고려하는 버릇을 갖게 되면 당황함이 없이 조심성 있게 살아가게 되어, 정서적으로 안정성을 얻게 된다. 그러나 정서적으로 안정되어 있다고 해서, 이들이 항상 조용하고 밝은 상태에 처해 있기만 한 것은 아니다. 이들도 격정에 휩싸일 때도 있고, 비관에 빠질 때도 있다. 그러나 이들은 이에 대해 충동적으로 반응하지 않음으로써, 자기와 타인에게 해를 끼치지 않으며, 곧 그러한 상태로부터 헤어나서 안정을 되찾는다.

이들의 이러한 정서적 안정성은 자기객관화와 정확한 현실 파악의 바탕이 된다. 사실 정서적으로 흥분되어 있거나 너무 자기중심적으로 동기화되어 있으면, 자기의 능력이나 상황을 객관적으로 파악하지 못하고, 현실을 정확하게 파악할 수도 없게 된다. "현실 사태를 정확하게 인지할 수 있는 것은 단순한 지적 능력의 탁월성만의 소산이 아니고, 마음의 안정성, 순수하고 객관적인 무욕 상태, 편견 없는 공적인 상태에서 이루어지는 것이다."[234] 그러나 이러한 정서적 안정성만 이루어져 있다고 해서 정확한 현실 파악이 다 되는 것은 아니다. 넓고 깊은 지식의 축적이 있고, 이것을 참고로 하고 이용할 때, 정서적 안정성이 제 기능을 발휘하여 정확한 현실 인식이 가능해지는 것이다.

이렇게 이상적 인간은 정서적 안정성을 바탕으로 하여 자기에게 주어진 현실을 정확하게 파악하는 사람이다. 이들은 있는 그대로의 현실을 파악하지, 자기의 요구에 맞추어 현실을 왜곡해서 보지 않는다. "이들은 있

233 Erikson, 1963/1988.

234 김성태, 1984, p. 283.

는 그대로의 현실에 접하여 사물, 인물, 그리고 사태를 있는 그대로 파악한다. 이러한 방식으로 얻은 지각 내용을 자기수용적 입장에서 대하므로, 정서적 불안정은 있을 수 없고, 언제나 담담한 감정으로 대응하여 나가게 되는 것이다."[235] 앞에서 올바른 정체감 · 자율성, 그리고 책임감 등 주체성과 자기 성취가 이상적 인간의 제일의 특징임을 언급하였지만, 이러한 자기 책임과 사명의 완수를 위해서는 정확한 현실 파악과 주어진 현실을 자기에게 당연한 것으로 받아들이는 태도가 필요한 것이다.

요컨대, 자기수용이란 "자기의 현실을 효율적으로 인지하고, 현실 속에서의 자기를 객관적으로 볼 수 있으며, 현실과 자기 자신을 있는 그대로 받아들이는 것"[236]으로, 이것이 개인주의 사회에서 제시하고 있는 이상적 인간의 두 번째 특징인 것이다.

(3) 따뜻한 대인관계

아홉 개의 특질들이 또 하나의 군집으로 묶이는데, 그 공통성은 '따뜻한 대인관계'[237]이다. "에릭슨의 '신뢰감'과 '친밀감', 프롬의 '자연과 사람을 애정적으로 받아들여 좋은 관계를 맺는 것', '사랑하고 창조하는 능력', 올포트의 '따뜻한 대인관계', 마슬로우의 '좋은 대인관계', '민주적 성격구조', '친밀감', 그리고 엘킨의 '상호 애정과 이해 그리고 수용적 태도에 입각해서 나와 타인과의 관계를 유지하는 것' 등이 이 군집에 속한다." 이 군집의 특질들은 "타인과 친근하며, 동정심과 이해심을 가지고 부드러운 관계를 맺는 것"[238]의 중요성을 강조하는 공통점을 보이고 있다.

235 김성태, 1989, p. 208.
236 김성태, 1984, p. 280.
237 김성태, 1984, pp. 285~287; 1989, pp. 208~211.
238 김성태, 1976, p. 25.

이러한 특질들을 보유하고 있는 사람들은 애정과 이해심 및 존경심과 헌신감을 가지고 따뜻한 대인관계를 유지할 수 있는 사람이다. 여기서 애정이란 어떤 사람과 접촉하여 쾌감 · 안전감 또는 행복함과 같은 정서적 충족을 얻을 수 있기 때문에, 그 사람과 접촉을 계속하려는 경향성을 말한다. 이러한 애정에는 상대방에 대한 이해와 공동 의식이 전제가 되어 있다. 곧 "두 사람이 서로 개인적 가치들을 인정하고 서로 좋아하는 관계"가 애정 관계인데, "이러한 관계에 있으면 공동 의식이 생겨서 집단 전체의 문제를 우선적으로 생각하게 된다. 이렇게 서로의 개인적 가치를 인정하면서도, 서로 나와 너의 분별이 없이 우리의 일로써 모든 문제를 다루게 된다. 이같이 '우리'를 의식하는 인간관계가 바로 애정"[239]인 것이다.

다른 사람과 따뜻한 관계를 맺는 능력을 이상적 인간의 가장 중요한 특징으로 보고 강조한 사람은 프롬이다. 그는 인간은 타인과 밀접한 관계를 추구(관계성의 욕구, 정착의 욕구)하면서 동시에 독립을 추구(초월의 욕구, 정체성의 욕구)해야 하는 존재, 곧 타인과 하나가 되며 동시에 자기의 독특성과 특수성을 지켜야 하는 모순적인 욕구를 지니고 있는 존재라고 보았다. 프롬은 이러한 대립적 욕구들을 통합함으로써 인간의 가치를 수단으로서가 아니라 그 자체로서 인정하는 '생산적 성격'(productive personality)의 상태에 도달하게 되면, "타인과 사랑으로 이어지고, 우애와 연대의 결합으로 정착"[240]되는 따뜻한 관계를 형성하게 된다고 보고 있다. 그는 이러한 생산적인 대인관계의 핵심이 사랑이라고 보고, 이는 자신과 세계를 결합시키며, 동시에 통일된 완전한 모습과 개별성의 감정을 지니려는 요구를 함께 충족시키려는 정열이라고 보았다. 그리하여 "사랑이란 사람이 자기 자

239 김성태, 1984, pp. 285~286.
240 Fromm, 1955, p. 362.

신의 자아의 단독성과 본래의 완전한 모습을 그대로 보유하면서, 자기 외의 어떤 인물이나 사물과 결합하는 것"이어서, "자기 자신의 마음의 움직임을 전부 털어놓게 하는 공동 참여 의식이며, 마음의 교환 경험"[241]이 된다는 것이다.

사랑의 관계는 이렇게 공동 참여 의식을 전제로 하는 것이기 때문에, 상대방에 대한 책임과 헌신적 노력을 필요로 하게 된다. 프롬은 생산적 사랑의 특질로 상대의 발전과 행복에 관심을 가지고 상대방을 성심껏 돌보아주는 노고, 상대의 문제를 바로 자기의 문제로 느끼고 다루는 책임감, 상대의 개별성과 특이성을 있는 그대로 인정하는 존경심, 그리고 상대의 사람됨을 객관적으로 정확하게 파악할 수 있는 상대에 대한 정확한 지식의 네 가지를 들고 있다.[242] 이 중에서 노고와 책임감이 상대방에 대해 헌신하게 만드는 요인들이다. 그러나 이것만 가지고는 "지나치게 맹목적이고 헌신적이어서, 잘못하면 지배욕, 소유욕을 충족시키는 구실밖에 못한다. 그러므로 상대를 존경하고 잘 아는 이지적인 두 요인이 없이는 참된 사랑은 이루어지지 못한다."[243] 이렇게 프롬은 상대방에 대한 정확한 인식을 기초로 그의 개별성과 특이성을 있는 그대로 인정하고 존중하는 바탕 위에서, 상대의 행복과 발전에 깊은 관심과 책임감을 느껴서 상대방에 대한 수고를 아끼지 않는 것이 바로 참된 사랑의 관계이며, '생산적 성격'에 도달한 사람은 타인과 이러한 참된 사랑을 바탕으로 한 따뜻한 관계를 맺는 특징을 보유하고 있다고 보고 있는 것이다.

프롬 이외에 이상적 인간의 특징으로 타인에 대한 이해와 원만한 관계 형성의 측면을 강조하고 있는 대표적인 사람으로 올포트를 들 수 있다.

241 Fromm, 1955, p. 31.

242 Fromm, 1947.

243 김성태, 1984, pp. 286~287.

올포트는 이상적 성격의 상태를 '성숙 성격'(mature personality)이라고 부르고 있는데, 그는 성숙 성격자의 사회적 적응의 특질을 '자기감의 확대'와 '타인과의 따뜻한 관계 형성'의 두 가지로 나누어 고찰하고 있다.[244] 자기감의 확대는 가족이나 친구 등 주변 사람들과 주변에서 벌어지는 일들에 관심을 가지고 배려를 하는 특질로, 이를 통해 가족 간이나 친구들 사이에서 애착이 짙어져서 깊은 친밀감을 지니게 된다고 올포트는 본다. 이들은 이렇게 친밀성이 많기 때문에 타인에 대한 이해가 풍부해지고, 모든 사람에 대해 그의 인간 조건의 이해와 존경을 가지게 됨으로써 동정감 또는 자비심이 풍부하게 되어, 주위 사람들과 따뜻한 관계를 맺게 된다는 것이다. 이러한 친근감과 동정감은 남에게 짐이 되거나 그들을 괴롭히는 존재가 되지 않을 뿐더러, 스스로의 주체성을 추구해나가는 데 있어서도 방해가 되지 않아, 이들은 남들과 따뜻한 관계를 맺으면서도 자기의 주체성을 확고히 지키고, 자기 일에 몰두할 수 있게 된다고 올포트는 보고 있는 것이다.

요컨대, 이상적 인간은 "남을 사랑하고 이해할 수 있는 애정적 태도로써 타인과의 따뜻한 관계를 유지"[245]해나가는 특징을 가지고 있는 사람으로, 타인에 대한 애정과 이해심 및 존경감과 헌신감이 이들이 타인들과 따뜻한 관계를 맺을 수 있는 바탕인 것이다.

(4) 자기통일

다섯 개의 특질들이 '자기통일'[246] 또는 '확고한 인생관'[247]이라고 부를

---

244 Allport, 1961.
245 김성태, 1984, p. 281.
246 김성태, 1989, pp. 211~213.
247 김성태, 1984, pp. 284~285.

수 있는 군집으로 묶여진다. 이들은 "로턴이 주장한 '주체적 입장에서 확고한 인생 목표를 가지고 사는 것', 리즈먼 등의 '자기 행동을 의식적으로 통제할 수 있는 것', '합리적이고 비권위적이며 비강박적인 분명한 인생 목표를 갖는 것', 올포트의 '타당한 인생 목표를 갖는 것', 그리고 커텔의 '올바른 가치관에 입각해서 크고 먼 목표를 지향해 여러 욕구의 통제를 해내는 특성 구조' 등이다." 이 군집의 특질들은 "타당하고 확고한 인생 목표를 지니고, 이를 향해 살아가는 것"[248]의 중요성을 강조하는 공통점을 보이고 있다.

이상적 인간의 자기통일의 측면을 강조하고 있는 대표적인 사람 중의 하나가 올포트이다. 그는 자기가 보는 이상적 인간형인 '성숙 성격자'의 특징으로 자기객관화와 통일된 인생관을 강조하고 있다.[249] 여기서 자기객관화는 통찰과 해학의 두 요소를 기초로 하여 스스로에 대해 정확한 이해를 하는 것이다. 성숙한 사람은 자기 자신을 객체화하여 봄으로써, 현실적 자기와 이상적 자기 및 남들이 나에게 바라는 자기 사이의 차이를 잘 통찰하여 이해하고 있을 뿐만이 아니라, 타인에 대해서도 객관적으로 판단하고 안정적으로 반응한다. 이들은 이러한 통찰에 덧붙여, 삶에 대해 여유로운 태도를 가지고 임한다. 이들이 가진 유머감이 이를 가능케 하는데, 이러한 해학으로 인해 이들은 자신이나 남의 삶이 가지는 가소로운 측면을 이해하고 웃어넘기면서도 삶을 사랑하는 태세를 가짐으로써, 자기객관화를 유지할 수 있게 된다고 올포트는 보는 것이다.

성숙되지 못한 사람에게 있어 유머감은 자칫 삶에 대한 냉소로 드러나게 되기 쉬운데, 이는 뚜렷한 인생 목표가 결여되어 있기 때문이다. 올포

248 김성태, 1976, pp. 25~26.
249 Allport, 1961, pp. 291~294.

트에 따르면, 성숙한 사람은 그들의 삶 속의 의미를 분명하고 일관성 있게 또 체계적으로 보고, 이를 통합할 수 있다. 이들은 생활의 목적을 갖게 해주는 중심적 가치관을 가지고 있어서, 그것이 그들의 삶을 위한 통합된 기초로서의 역할을 하기 때문에, 삶을 진지하게 대하지 이에 대해 냉소적인 태도를 갖지 않는 것이다. 이러한 중심적 가치관이 타당한 인생 목표를 제시하게 되고, 결과적으로 올바른 가치지향적인 삶을 영위하게 한다. 이렇게 "자기 통찰, 유머에 더하여 이성적으로 잘 체계화된 분명한 인생 목표가 있어, 이것이 인격을 총괄하고 있으면 성숙성은 확고한 것이 된다. [……] 다시 말해서, 한 통일된 인생관의 형식으로 체계화된 인생 목표에 따라 생활을 영위할 때 참된 성숙 성격이 이루어진다"[250]는 것이 올포트의 입장이다.

커텔은 이상적 인간상을 '통일성격'(integrated personality)을 이룬 사람으로 보고, 이들은 "자기의 여러 가지 목표들이 단 하나의 조화된 인생 목표에 응집되어 살아가는 사람"[251]이라고 보았다. 이렇게 커텔은 성격의 통일이란 개인이 가지는 여러 가치들의 통일이라고 본다. 여기서 가치란 한 개인이 타인과 더불어 따르기를 원하는 사회적, 예술적, 도덕적 및 제반 삶의 표준을 말한다. "이러한 가치적 태도들이 초자아 구조와 자기를 보는 태도 구조 속에 자리 잡고 있는데, 이들의 조화된 통일이 성격의 통일을 좌우한다"[252]고 커텔은 보며, 바로 이러한 통일된 가치관 체계를 체득하는 것이 바로 이상적 인간의 기본적인 특징이라는 것이다.

리즈먼 등이 미국을 대표로 하는 현대 서구 사회의 이상적 인간형으로 내세우는 '자율적 인간'(autonomous person)도 확고한 인생 목표를 통해

250 김성태, 1989, p. 212.
251 Cattell, 1965, p. 264.
252 김성태, 1989, p. 212.

자기통일을 이룬 사람이라고 볼 수 있다. 그들이 말하는 자율적 인간이란 사회의 행동 규범에 능히 동조할 수 있으면서도, 실제 행동하는 데 있어서 동조 여부의 결정은 스스로 자유롭게 선택하는 사람을 말한다. 그렇기 때문에 사회가 요청하는 것 이상을 해낼 수 있다는 것이다. 특히 "내부지향형의 성격을 지닌 자율적 인간은 분명한 인생 목표를 내재화시켜 지니고 있어, 변화하는 세계에 꿋꿋하게 대응할 수 있게 훈련되어 있으며, 또 이들의 목표와 욕구는 합리적이고 비권위적이며 비강박적인 것이 특징"[253]으로, 타인지향형이 대다수를 차지하고 있는 오늘날 가장 바람직한 성격유형으로 볼 수 있다고 리즈먼 등은 보고 있다. 곧 자율적 인간의 핵심 특징도 확고한 인생 목표의 흔들림 없는 추구에 있는 것이다.

이렇게 개인주의 사회에서 그리고 있는 이상적 인간은 자기 통찰과 해학, 그리고 제반 가치관의 통합을 기초로 하여 "보람 있는 생활을 할 수 있게 확고하고도 타당한 인생관을 지니고 살며, 통일된 세계관을 세우고 이에 맞추어 행동해 나가는"[254] 특징을 가지고 있는 사람인 것이다.

(5) 문제중심성

네 개의 특질들이 '문제중심성'[255]이라고 부를 수 있는 하나의 군집으로 묶여진다. 이들은 "로턴이 말한 '당면한 일에 열중하는 것', '문제를 직접 현실 속에서 해결해나가는 것', 에릭슨의 '근면성', 그리고 마슬로우의 '문제중심성' 등"인데, "이는 요컨대 일에 열중하는 경향을 나타낸 것이라고 할 수 있다."[256]

---

253 김성태, 1989, pp. 211~212.

254 김성태, 1984, p. 280.

255 김성태, 1984, pp. 287~288; 1989, pp. 213~214.

256 김성태, 1976, p. 26.

성인의 적응 문제에 주로 관심을 가지고 '잘 적응된 사람'(well-adjusted person)의 특징을 연구한 로턴은 그들의 특징을 20가지로 제시하고 있는데, 이들 중 대략 반 정도가 직접적이든 간접적이든 문제중심성과 관련이 있을 정도로, 성숙한 성인의 특징으로 일에 열중하는 경향을 강조하고 있다.[257] 이들은 '생활을 위해 어떤 특수 역할을 하거나 지위를 차지하고 있는 것을 반대하고 있을지라도, 자신이 그 자리를 차지하고 있는 동안은 그 역할이나 그 지위에서 해야 할 책임과 경험을 기꺼이 받아들여 해낸다', '해결해야 할 어떤 문제가 있을 때, 그 문제를 피하려고 하기보다 그것을 해결하려고 노력한다', '자기의 발전과 행복을 방해하는 진정한 장애물을 쳐부수고 제거하는 데서 즐거움을 느낀다', '일단 하기로 결정한 것이면, 중대한 새 전기가 생기지 않는 한 그 일을 해낸다', '활동의 계획을 세우기 위해 진지하게 사고를 할 뿐이지, 활동을 늦추거나 도피하려는 계략을 꾸미기 위해 사고를 하지는 않는다", "자기의 실패에서 많은 교훈을 얻으며, 실패를 정당화하기 위해 애쓰지는 않는다', '자기의 성공을 과장하지 않고, 또 원래 성공한 분야에서 더욱 영역을 넓혀간다', '일할 때는 일에 열중하고, 놀 때는 노는 데 열중한다', '여러 가지 습성이나 태도가 잘 조직화되어 있어, 부닥치는 어려움을 근본적으로 조정해서 쉽게 해결한다', '일단 하려고 한 것은 그 일에 열중하여, 있는 힘을 다해 효율적으로 해낸다' 등의 열 가지이다. 이들은 대체로 일에 적극적으로 임하고 회피하려 하지 않으며, 일의 성 · 패에 따른 교훈을 겸허히 받아들여 부족되는 일의 해결에 이용하고, 스스로가 선택하지 않은 일일지라도 자기가 해야 할 일이라면 책임 있게 해내는 등 일에 열중하는 태도와 관련된 특징들이다. 이렇게 로턴은 잘 적응된 사람의 가장 중요한 특징을 문제중심

---

257 Lawton, 1946.

적인 일 처리에서 찾고 있는 것이다.

이렇게 일에 열중하는 태도는 '근면성'으로 드러나는데, 에릭슨에 따르면 이러한 근면성은 6~11세의 학령기 동안에 이미 습득되어야 한다.[258] 곧 성장된 후 긴요하게 쓰일 여러 가지 지적 사회적 기술의 숙달을 통하여 근면성은 매우 어린 시기부터 발달하게 된다는 것이다. 바로 이러한 근면성을 통하여 "자기에게 주어진 어떤 기술의 습득이나 해야 할 과제가 있으면, 이에 열중하고 몰입하는 습성이 두드러지게 나타난다."[259]

마슬로우도 '자기실현인'의 특징으로 문제중심성을 강조하고 있다.[260] 그에 따르면, 자기실현인은 자기중심적이 아니라 문제중심적이어서, 자의식에 구애를 받지 않고 문제에 집중해서 일을 하므로 훌륭한 일을 성취할 수 있다. 불완전한 사람에게서 흔히 볼 수 있는 내성적 경향과는 달리, 문제중심화된 사람은 생활에 어떤 사명감을 지니며, 성취해야 할 과업이 있다. "이런 문제들은 자기 자신을 위한 이기적인 문제라기보다, 책임이나 의무로 느끼는 과제인 경우가 많다."[261] 이들은 이런 과제에 집중해서 자기중심성에서 벗어나 열성적으로 이를 해결하려 노력한다. "해야 할 일에 열중하니 쓸데없는 잡념이 없고, 집중적으로 한 가지 일에만 골몰하여 특별히 흥분하지도 않고, 담담한 심정으로 살아가는 안정된 모습으로 일에 임하는 것이다."[262]

올포트도 이상적 성격형인 "성숙 성격자"의 특징으로 일에 열중하는 문제중심성을 중요하게 꼽고 있다.[263] 그에 따르면, 성숙한 사람은 현실과

---

258 Erikson, 1963/1988.
259 김성태, 1989, p. 213.
260 Maslow, 1954/1970.
261 김성태, 1989, p. 213.
262 김성태, 1984, p. 288.
263 Allport, 1961.

접촉하여 자신의 욕구와 상상에 맞도록 왜곡해서 지각하지 않고, 있는 그대로의 현실을 객관적으로 인식하는데, 이러한 정확하고 객관적인 현실 인식에 덧붙여, 그들은 문제 해결에 적절한 기술을 보유하고, 문제지향적으로 일에 달라붙는다. 그들은 지극히 문제중심적이어서, 업무가 우선일 때에는 사사로운 욕구나 충동은 제쳐놓고, 자신을 잊을 정도로 업무에 집중한다.

이렇게 문제중심적인 사람들은 대상을 인지하는 데 있어 지나치게 단순화하거나 왜곡시키지도 않고, 또 부당하게 추상화시켜보는 것도 아니고, 상반되는 경향이 공존되는 모습을 있는 그대로 받아들인다. 활동에 있어서도 마음의 안정성을 토대로 대상에 객관적으로 대처하며, 따라서 집중적이고 정확하며 착실하게 임하여, 효율적이고 성공적인 성취를 이룬다. 성숙 성격자나 자기실현인들은 이와 같이 정확한 현실 파악력과 문제중심성을 토대로 하여 "정상인에게서는 기대할 수 없는 탁월한 업적"[264]을 나타내 보이는 것이다.

요컨대, 문제중심성이란 "현실을 있는 그대로 파악하면서, 그 속에서 해야 할 일을 적절하게 선택하여, 그 일의 성패와 자기를 관련짓지 않고, 아무런 자의식 없이 일 자체에만 몰입하는 것"[265]으로, 이렇게 "문제를 직접 현실 속에서 해결하는 데 만족을 느끼며, 자기중심적이 아니고 문제중심적으로 일에 열중"[266]하는 것이 개인주의 사회에서 그리는 이상적 인간의 또 한 가지 특징으로 부각되는 것이다.

---

264 김성태, 1984, p. 284.
265 김성태, 1989, p. 214.
266 김성태, 1976, p. 27.

2) 이상적 인간의 상태에 도달하는 과정

이상적 인간상의 특징론과 함께 이상적 인간형론을 이루는 또 하나의 갈래는 어떠한 과정을 거쳐 이러한 이상적 인간상에 도달하게 되는지 하는 과정론이다. 이러한 과정론은 이상적 인간이 가지는 여러 가지 특성들이 점성적 원칙에 의해 연령 단계에 따라 개인에게 갖추어지는 것으로 보는 에릭슨의 점성설(漸成說, epigenetic theory)적 견해와, 개인의 행동을 지배하는 욕구의 위계를 설정하고, 그 최상의 욕구 위계에 도달한 사람을 최종적인 이상적 상태를 이룬 사람으로 간주하는 마슬로우의 욕구위계설적 견해로 나누어볼 수 있다.

(1) 에릭슨의 점성설

에릭슨은 사람의 성격은 태어나면서부터 늙어 죽을 때까지 지속적으로 발달한다고 보았다.[267] 그는 인생을 여덟 단계(영아기－유아기－놀이아동기－학령기－청년기－성인 초기－성인기－노년기)로 나누고, 각 단계마다 나타나는 고유한 심리 · 사회적 위기를 제시하고 있는데, 각 단계에서 이를 잘 극복하면 여덟 가지의 바람직한 성격 특성이 갖추어진다고 보았다. 이렇게 해서 갖추어지는 성격 특성은 차례대로 '신뢰감－자율성－주도성－근면성－정체성－친밀감－생산성－자기통정'이다. 그러니까 각 단계마다 겪게 되는 심리 · 사회적 위기를 극복하고, 이러한 여덟 가지의 바람직한 성격 특성을 갖추어가는 과정이 바로 이상적 인간형에 도달하는 길이라는 것이 에릭슨의 입장인 것이다.

여기서 이러한 여덟 가지 특성 중 영아기와 성인 초기의 위기 극복의 결과 갖추어지는 '신뢰감'과 '친밀감'은 '따뜻한 대인관계'를 유도하는 특

---

267 Erikson, 1963/1988.

성들이고, 나머지는 모두 '개체로서의 정체성의 확립 및 자기 가능성의 성취'와 관련되는 특성들이라고 볼 수 있을 것이다. 이렇게 보면, 에릭슨의 이론은 앞에서 고찰한 서구심리학의 이상적 인간상의 특징론과 똑같은 논리 구조를 가지고 있는 것으로 볼 수 있다. 즉, 에릭슨도 독립적인 개체로서의 개인의 독특성의 실현과 원만한 대인관계에 초점을 맞추어, 각각에 필요한 특성들이 연령 단계에 따라 발달해가는 과정을 제시하고 있는 것이다.

이러한 에릭슨의 입장은 공자를 대표로 하는 유학자들이 개인의 도덕적 완성을 시발점으로 하여, 대인관계의 인화의 달성을 거쳐 최종적으로 사회적 책무의 자임과 완수를 통해 이상적 인간상에 도달하게 된다는 입장을 제시하고 있는 것과는 커다란 차이가 있는 것이다.

(2) 마슬로우의 욕구위계설

마슬로우는 인간의 욕구가 위계적으로 출현한다는 이론을 제시하고 있다.[268] 그에 따르면, 인간의 욕구는 '생리적 욕구－안전 욕구－소속과 사랑의 욕구－자존감의 욕구－자기실현 욕구'의 순서로 출현하는데, 하위 단계의 욕구가 충족되어야 그 다음 단계의 욕구가 나타난다고 한다. 곧 생리적 욕구가 충족되어야 안전을 도모하게 되고, 안전의 욕구가 충족되어야 사회 집단에 소속되어 다른 사람과 애정을 주고받으려는 욕구가 나타나게 되며, 이것이 충족되어야 자존감을 높이려는 욕구가 나타나고, 자존감이 높아진 후에라야 비로소 자기실현의 욕구가 나타나게 된다는 것이다. "마슬로우는 자기실현 욕구가 개인의 핵심적 동기로 작용되고 있는 경우를 성숙된 성격으로 보았는데, 이러한 고차적인 동기는 보다 저급한

268 Maslow, 1954/1970, 1962/1968, 1967, 1971.

여러 수준의 동기들이 모두 충족됨으로써 발전될 수 있다고 보았다."[269] 곧 마슬로우는 자기실현을 지향하는 생활의 동기를 '성장 욕구'라고 보고, 이보다 하위에 있는 여러 동기들을 '결핍 욕구'라고 보면서, 개인의 생활이 '성장 욕구'와 그에 따른 '존재 가치'(B-values)에 의해 주도되는 상태가 바로 이상적 인간이라고 보는 것이다. 이는 그의 욕구위계설에 따른 당연한 논리적 귀결이다.

마슬로우는 하위 단계의 동기인 결핍 욕구에 의해 주도되는 사람과 상위 단계의 동기인 성장 욕구에 의해 주도되는 사람의 지각과 사고 양상의 차이에서 이러한 단계론의 근거를 찾고 있다. 그에 따르면, 결핍 욕구에 의해 삶이 주도되고 있는 사람은 자기집착성 · 자기중심성 · 자기의식성이 강하고, 성장 욕구에 의해 주도되는 사람은 자기초월성 · 문제중심성 · 자기망각성이 강한 편이라고 한다. 김성태는 이를 요약하여, 이 두 동기 사이에는 "특히 자기중심성 대 자기초월성의 차이가 중요한 것"[270]이라고 보고 있다. 곧 결핍 욕구에 의해 주도되고 있는 사람의 지각이나 사고는 자기중심적인 데 반해, 성장 욕구에 의해 주도되는 사람의 지각이나 사고는 자기초월적이라는 것이다. 이를 바꾸어 말하면, 이상적 인간형에 도달하는 과정은 자기중심적인 지각 및 사고가 지배하는 결핍 욕구의 단계에서 자기초월적 지각 및 사고가 지배하는 성장 욕구 단계로의 이행 과정으로 볼 수 있다는 것이다.

그러나 마슬로우가 얘기하는 자기초월성이란 기본적으로 독립된 개체로서의 자기실현을 지향하는 것일 뿐으로, 유학사상에서 말하는 사회적 책무의 자임과 완수라는 자기 존재의 확대 지향과는 거리가 먼 것이다. 유학사상에 있어서 개인 존재의 의의는 사회적 관계망 속에서 찾아질 수

269 김성태, 1989, p. 19.
270 김성태, 1989, p. 20.

밖에 없는 것이고, 이러한 점에서 사회적 책임의 완수 속에는 사회적 관계의 완성이라는 의미가 강하게 함축되어 있는 것이지, 결코 자기 개체의 실현에만 국한되는 것은 아니다. 이러한 관점에서 보면, 성장 욕구의 배경이 되는 자기초월성도 역시 자기중심적인 것일 수밖에 없으며, 이 점이 바로 유학자들과 마슬로우의 차이인 것이다.

이러한 마슬로우의 욕구위계설은 자기완성－관계완성－사회완성의 욕구 위계에 따라 이상적 인간형이 발달해가며, 개인의 모든 삶이 사회완성의 동기에 의해 지배되는 상태가 인간이 이룰 수 있는 최종 정착점이 된다는 『대학』의 욕구위계설과는 커다란 차이가 있다. 이러한 『대학』의 위계설은 사회성에서 인간의 존재 의의를 찾고 있는 유학의 입장에서 당연하게 도출되는 것으로서, 개체로서의 개인의 자기실현 욕구에만 초점을 맞추는 마슬로우의 입장과는 근본적인 차이를 보이는 것이다.

3. 동 · 서 이상적 인간형론의 비교

이상에서 동아시아 집단주의 사회에서 개념화하고 있는 이상적 인간상의 특징을 그 사상적 배경이 되어온 유학의 군자론과 성인론을 통해 살펴본 다음, 이어서 서구 개인주의 사회에서 그리고 있는 이상적 인간상의 특징을 현대 서구 성격심리학의 연구 결과들을 중심으로 해서 살펴보았다. 지금까지의 고찰에서는 예측하던 대로 이 두 문화권에서 제시하고 있는 이상적 인간상 사이에는 그 사상적 배경의 차이만큼이나 커다란 차이가 있다는 사실이 확인되었다.

이러한 동아시아와 서구의 이상적 인간형론은 두 지역인들이 인간 존재를 파악하는 기본 관점 및 각 지역에서 인간의 심성을 이해하는 관점의 차이와 밀접하게 관련되어 있을 것이라고 볼 수 있다. 이러한 맥락에서 여기에서는 동아시아 유학사상과 서구 자유주의사상에서 인간 존재를 파악하는 관점의 차이가 두 사상에서 제시해온 이상적 인간형론의 차이에 어떻게 반영되고 있는지를 우선 살펴보고, 이를 기초로 지금까지 고찰해온 동·서 이상적 인간형론의 차이를 대비해보기로 하겠다.

1) 동·서의 인간관과 이상적 인간형론의 관계

이상에서 드러난 것과 같은 이상적 인간형에 대한 동·서양의 입장의 차이는 근본적으로 두 진영에서의 인간관 및 개인과 사회 사이의 관계에 대한 입장의 차이로부터 비롯되는 것이다. 서구에서는 자유주의의 사상적 전통으로 인해 사회의 궁극적인 존재론적 단위는 평등하고 독립적인 개인이라고 보며, 사회는 이러한 개별적 개체들의 복수적인 집합에 불과하다고 본다. 그들은 이러한 개인들을 자유의 보유자, 이성 주체 및 안정적 고정적 실체로 인식한다. 이러한 입장에서는 다양한 능력·동기·정서 및 특성들을 완비하고, 상황이나 타인과는 분리된 독립적인 개인을 사회 제도의 출발점으로 삼기 때문에, 기본적으로 비사회적(非社會的)인 개인이 가지고 있는 고정적인 내적 특성들을 사회 행위의 규범적 단위로 보게 된다. 그 결과 상황유리적이고 개인중심적인 인간관이 두드러지게 되어, 개인의 자율성과 독특성의 추구를 사회관계의 목표로 삼는 개인주의적인 인간 파악의 입장이 부각되는 것이다.

이렇게 서구 사회에서는 개체로서의 개인 존재에 초점을 맞추어 인간과 사회와의 관계를 인식하므로, 사회나 집단의 규범이나 요구, 또는 개인 사이의 관계에서 부각되는 역할이나 타인에 대한 관심과 배려 같은 외적인 요인들보다는, 개인이 갖추고 있는 성격·능력·감정·의도·동기 같은 내적 속성에서 사회 행위의 원인을 찾는 경향을 띤다. 그러므로 서구 개인주의 사회에서는 개인이 지니고 있는 독특한 특성이나 능력을 적극적으로 드러내고 실현하는 일을 높이 평가하게 된다. 곧 서구 사회인의 개체중심적인 삶의 태도에서 자연스럽게 개체의 자기실현을 이상적 인간의 가장 중요한 조건으로 보는 관점이 나오게 되는 것이다.

서구인들은 또한 이러한 자기실현 과정에서 합리적인 이성의 작용을 중시한다. 이는 인간을 이성 주체로 보는 입장에서 자연스럽게 도출되는 관점이다. 합리적인 이성의 작용을 중시하기 때문에 서구인들은 이상적 인간의 조건으로 문제중심성을 꼽으며, 이러한 태도는 자연스럽게 현실생활에서의 성취를 중시하는 태도로 이어진다. 곧 서구 사회에서는 현실적으로 성공한 사람을 이상적 인간이라고 여기는 경향이 강한 것이다.

이에 비해, 동아시아에서는 유학사상의 전통으로 인해 인간은 타인과의 관계 속에 존재하고, 이에 의해 규정되며, 따라서 사회는 각자가 이러한 관계 속에 내포된 역할과 의무를 충실히 수행함으로써 유지된다고 본다. 곧 사회의 궁극적인 구성 단위는 사람 사이의 관계 또는 이러한 관계의 원형인 가족과 같은 일차 집단이라고 보며, 이러한 관계를 떠난 개인 존재는 상상적인 원자일 뿐 존재 의의를 상실하게 된다고 본다. 그들은 이러한 관계 속의 개인을 의무 · 역할 · 배려의 복합체, 덕성 주체 및 가변적 과정적 존재로 인식한다. 따라서 이러한 체계에서는 개인 간의 관계를 사회 제도의 출발점으로 삼기 때문에, 관계 속에서의 역할과 상호연계성을 사회 행위의 규범적 단위로 보게 된다. 그 결과 상황의존적이고 관계중심적인 인간관이 두드러지게 되어, 상호관계에서의 조화와 질서의 추구를 사회관계의 목표로 삼는 집단주의적인 인간 파악의 입장이 부각되는 것이다.

이와 같이 동아시아 사회에서는 인간을 개체로서가 아니라 사회관계 속에서 태어나고 살아가는 사회적 관계체라고 인식하므로, 개인이 갖추고 있는 개체적 특성보다는 사회나 집단의 규범과 요구 및 사회관계 속에서 부각되는 역할이나 타인에 대한 관심과 배려에서 사회행위의 일차적인 원인을 찾으려는 태도가 나오게 된다. 인간 존재의 사회성을 강조하는 이러한 관계중심적인 삶의 태도에서 필연적으로 '안인'과 '안백성', 곧 대인관계의 조화 추구와 사회적 책임의 자임과 완수를 이상적 인간의 조건으로 중시하는 관점이 도출되는 것이다.

이러한 타인에 대한 관심과 배려는 곧 덕의 근원으로, 이러한 덕의 근원이 인간의 본성에 본래부터 갖추어져 있다는 견해를 굳게 지니고 있는 것이 유학사상의 특징이다. 이러한 관점에서 인간을 이성 주체라기보다는 덕성 주체라고 보는 견해가 자연스럽게 도출된다. 그리고 바로 이렇게 인간을 덕성 주체라고 보는 입장에서 현실생활에서의 성취나 문제해결보다는, 함께 살아가고 있는 사람들과 조화로운 관계를 이룰 뿐만 아니라, 그들도 또한 덕을 이루어 함께 덕을 실천하는 일[與人爲善], 곧 '안인'과 '안백성'을 이상적 인간의 최종 상태라고 여기는 견해가 나오게 되는 것이다.

지금까지 고찰해온 바와 같은 동·서양의 이상적 인간형론의 차이는 바로 이러한 인간 이해의 입장의 차이에 근원을 두고 있는 것이다. 말하자면, 동·서양의 인간 이해의 입장의 차이는 이러한 이상적 인간형에 대한 입론의 차이에서 가장 극명하게 드러나고 있는 것이다. 이상적 인간형을 파악하는 이러한 동·서양의 입장의 차이는 필연적으로 두 진영에서 전개되어왔거나 또는 앞으로 전개될 심리학의 모습의 차이를 유발하게 될 것이다.

2) 이상적 인간형론의 동·서 대비

김성태는 현대 서구 성격심리학자들이 제시하고 있는 자기실현인(융,

마슬로우, 로저스), 창조적 성격(아들러), 성숙 성격(올포트), 건전 성격(에릭슨, 로턴), 생산적 성격(프롬), 자주적 성격(리즈먼 등), 통일 성격(커텔, 시먼, 엘킨) 등에 관한 이론들을 고찰하여, 이들을 대체로 주체성 · 자기수용 · 자기통일 · 문제중심성 · 따뜻한 대인관계의 다섯 가지 특징으로 종합하여 제시하고 있다.[271] 여기서 주체성은 "자기가 타고난 가능성을 실현하고 주체감을 가지며, 자신의 책임과 역할 성취를 충분히 완수"하는 특징을 말한다. 자기수용은 "자기의 현실을 효율적으로 인지하고, 현실 속에서의 자기를 객관화시키며, 현실과 자기 자신을 있는 그대로 받아들이는" 특징을 의미한다. 자기통일은 "확고하고도 타당한 인생 목표를 지니고 살며, 통일된 세계관을 세우고, 이에 맞추어 자주적으로 행동"하는 특징이다. 문제중심성은 "문제를 직접 현실 속에서 해결하는 데 만족을 느끼며, 자기중심적이 아니고 문제중심적으로 일에 열중"하는 특징을 지칭한다. 그리고 따뜻한 대인관계는 "사랑, 이해와 수용적 태도로 타인과의 따뜻한 관계를 유지"[272]하는 특징을 가리킨다.

이러한 다섯 가지 특징은 '따뜻한 대인관계'를 제외하고는 모두 개체로서의 개인에 대한 관심에서 도출되는 것이라고 볼 수 있다. 곧 자기 자신의 능력과 잠재력에 대한 인식(주체성), 자기를 둘러싸고 있는 현실에 대한 인식과 이의 수용(자기수용), 자기의 진로와 인생 목표의 객관적 정립(자기통일), 일상생활에서 자기의 가능성을 실현하려는 문제중심적인 일처리와 성취 지향(문제중심성) 등 개체로서 존재하는 개인의 정체성 확립 및 성취와 관련이 깊은 특징들인 것이다. 정체감이란 자신의 능력과 가능성에 대한 객관적이고도 정확한 이해와 수용, 자기의 현실에 대한 객관적이고도

271 김성태, 1976, 1984, 1989.

272 김성태, 1976, pp. 26, 27.

정확한 이해, 그리고 이 두 가지를 토대로 한 자기의 목표와 진로에 대한 객관적이고도 명확한 설정 등으로 구성되는 자기 동일성과 지속성에 대한 인식이고,[273] 이를 추구하여 현실 속에서 자기의 모든 잠재적 가능성을 성취하는 것이 곧 자기실현이다.[274] 이렇게 서구 개인주의 사회에서는 자기정체성을 확립하고 이를 추구하는 자기실현을 핵심으로 하고, 여기에 대인관계의 원만함을 덧붙여 이상적 인간상을 개념화하고 있는 것으로 볼 수 있다. 즉, '자기정체성을 확립하고, 일상생활 속에서 자기의 가능성을 실현하기 위해 노력하며, 다른 사람과 따뜻한 관계를 맺으면서 살아가고 있는 사람'을 자기를 실현한 사람(융, 마슬로우), 창조적인 사람(아들러), 생산적인 사람(프롬), 건전한 사람(에릭슨), 성숙된 사람(올포트), 통일된 사람(커텔, 시먼, 엘킨), 완전히 기능하는 사람(로저스), 잘 적응된 사람(로턴), 자주적인 사람(리즈먼 등)이라고 보아, 이상적 인간상으로 설정하고 있는 것이라고 요약할 수 있을 것이다.

유학사상에서는 이상적 인간상을 대인 · 대장부 · 대유 · 현인 · 군자 · 성인 등 다양하게 제시하고 있으나, 이 중 가장 일반적인 것은 군자와 성인이다. 『논어』, 『맹자』, 『순자』, 『대학』에서는 군자와 성인을 세 가지 특징으로 파악하고 있다. 그 하나는 자기수련을 통한 자기 완성이다. 군자와 성인은 끊임없는 자기수련을 통해 스스로가 도덕 주체라는 사실을 확고히 자각함으로써, 자기가 바라야 할 것〔所欲〕과 바라서는 안 되는 것〔所不欲〕, 해야 할 일〔所爲〕과 해서는 안 되는 일〔所不爲〕을 잘 분별하여, 소불욕(所不欲)은 억제하고 소욕(所欲)은 잘 간직하여 키워나가며, 소불위(所不爲)는 행하지 않고 소위(所爲)는 적극적으로 추구하는 도덕적

---

273 Erikson, 1959.

274 이부영, 2002, pp. 90~93.

자기 완성을 이룬 사람들이다. 그렇기 때문에 이들은 모든 일의 책임을 도덕 주체로서의 자기에게서 구하며〔反求諸己〕, 정서적으로 안정되어 있을 뿐만 아니라, 자기의 잘못을 고쳐 자기 개선을 함으로써 자기 향상을 이룰 수 있다.

군자와 성인은 이렇게 도덕적 자기 완성을 이루는 데에만 머물지 않고, 이를 다른 사람에게 널리 펼침으로써 대인관계에서 인화를 이루고 있다. 그들은 자기 가족에 대한 도덕적 의무와 역할 수행을 통해 가족관계에서 조화를 이룬 다음에, 이를 다른 사람들과의 관계에서 요구되는 의무와 역할 수행으로 확대해가고, 타인들에 대한 관심과 배려에서 남들을 포용함으로써 널리 사람들을 사랑하고, 그들과 조화로운 대인관계를 이루어나간다.

자기수련을 통해 도덕적 자기 완성을 이룬 군자와 성인은 이렇게 다른 사람들을 널리 포용하여 조화로운 관계를 이룬 다음에, 온 천하의 사람들을 편안하게 이끌어주는 일을 자기에게 부여된 사명으로 알고, 이러한 사회적 중책을 자임하고, 이를 일상생활에서 완수하려 한다. 그들은 현실 정치에 참여하여 인정(仁政)을 펼침으로써, 백성들이 인의의 은택을 입어 편안하게 살 수 있도록 하는 일을 자기의 책임으로 여긴다. 그러나 현실 정치에 참여하는 기회는 천명(天命)에 속하는 일이어서 원한다고 해서 얻어지는 것이 아니다. 그러므로 그들이 정치 참여보다 더욱 중시하는 것은 교육이다. 그들은 온 천하의 사람들에게 누구나가 도덕성을 본유적으로 갖추고 있는 도덕 주체라는 사실을 직접 가르치거나, 실생활에서의 행동 모범을 통해 깨우쳐줌으로써, 스스로가 도덕적 완성을 이루어 평화로운 사회생활을 할 수 있도록 이끌어주는 일을 자기들에게 부여된 사회적 책무라고 받아들여, 이를 완수하기 위해 평생을 노력하는 것이다. 이렇게 이들은 "인(仁)을 이루는 일을 자기의 책임으로 받아들임으로써, 임무는 무겁고, 죽어서라야 그 책임에서 벗어나게 되는"[275] 삶을 살아가는 사람들인 것이다.

이렇게 보면, 서구심리학에서 제시되고 있는 이상적 인간상과 동아시아 유학사상에서 제시되고 있는 이상적 인간상의 유사점과 차이점이 분명히 드러난다. 서구에서 제시되고 있는 자기정체성의 확립 및 자기실현(주체성 · 자기수용 · 자기통일 · 문제중심성)과 따뜻한 대인관계의 특징은 동아시아에서 제시되고 있는 자기수련을 통한 도덕적 자기 완성(수기이경 · 성지청 · 지어지선)과 대인관계의 인화 도모(수기이안인 · 성지화 · 친민)의 특징과 유사하다고 볼 수 있다. 물론 이 경우에도 전자는 독특하고 독립적인 개체로서의 자기 개성의 실현이 핵심 목표로 전제되고 있지만, 후자는 사회적 관계체로서의 개인의 타인에 대한 관심과 배려 및 책임의 달성이 그 핵심 목표로 전제되어 있다는 차이가 있다. 그러나 이러한 차이보다 더욱 근본적인 것은 유학사상에서 제시하는 사회적 책무의 자임과 완수(수기이안백성 · 성지임 · 명명덕)라는 특징은 서구의 이상적 인간상에서는 찾을 수 없다는 사실이다. 이는 서구에서는 전적으로 독립적인 개체로서의 개인의 특성에 초점을 맞추어 이상적 인간상을 제시하고 있음에 반해, 동아시아 유학사상에서는 인간의 사회적 존재 특성을 강조하는 관점에서 이상적 인간상을 개념화하고 있기 때문에 나오는 차이라고 볼 수 있다.

여기서 한 가지 고찰해보아야 할 것은 동 · 서양을 불문하고 그들이 제시하고 있는 이상적 인간상은 그야말로 바람직한 목표 상태로서의 인간의 특징을 제시하고 있는 것이지, 현실의 삶 속에서 누구나 그러한 이상적인 상태를 이룰 수 있다는 것은 아니라는 사실이다. 마슬로우에 따르면, 자기실현을 이루어 이상적 인간형의 상태에 도달한 사람은 극소수이

---

275 士不可以不弘毅 任重而道遠 仁以爲己任 不亦重乎 死而後已 不亦遠乎 (『論語』, 泰伯 7)

어서, 인구의 1% 이하만이 이러한 상태에 도달할 뿐이다.[276] 나머지 대부분은 무엇인가의 결핍에 매달려, 자기중심적이고 자기집착적인 삶을 살고 있을 뿐이라는 것이다. 공자도 "자기를 닦음으로써 온 천하의 사람들을 편안하게 해주는 '수기이인백성'은 요(堯)나 순(舜) 같은 성인도 오히려 어렵게 여긴 경지"[277]라거나, "널리 사람들에게 은혜를 베풀고 뭇 사람들을 구제하는 일(博施濟衆)은 (……) 요와 순 같은 성인도 오히려 어렵게 여긴 경지"[278]라고 진술하여, 사회적인 책무의 자임과 달성이 매우 어려운 일임을 지적하고 있다. 이렇게 이상적 인간형에 도달하는 것은 매우 어려운 일이고, 따라서 이는 인간의 삶이 지향해야 할 고귀한 목표 상태로서의 의미를 갖는 것이다. 이 책의 맥락에서 중요한 것은 현실적인 삶의 과정이나 거기서 드러나는 심성적 행동적 특징에서 뿐만이 아니라, 그러한 목표 상태의 설정에서조차도 동 · 서 문화권의 차이가 극명하게 드러나고 있다는 사실인 것이다.

지금까지 살펴본 동 · 서 이상적 인간형론의 특징을 대비하여 제시하면, 다음의 〈표 3〉과 같다.

이 표에서 보듯이, 서구심리학에서는 개체로서의 개인의 자기실현에 초점을 맞추어 이상적 인간의 모습을 그려내고 있는 데 반해, 유학사상에서는 사회적 존재로서의 인간의 타인 및 사회와의 관계에 초점을 맞추어 이상적 인간의 모습을 상정하고 있다. 그 결과 서구심리학에서는 이상적 인간의 발달 과정을 개체로서의 개인이 자기실현을 하는 데 필요한 긍정적 특성이 획득되는 과정이나 다양한 개인적 목표가 추구되고 획득되어지는 과정으로 파악한다. 이에 비해, 유학사상에서는 인간의 개인으로서

276 Maslow, 1971.

277 『論語』, 憲問 45.

278 雍也 28.

〈표 3〉 동 · 서 이상적 인간형론 대비

이론 유형		서구심리학	선진유학
특징론		자기실현 (주체성 · 자기수용 · 자기통일 · 문제중심성)	자기수련을 통한 자기완성 (수기이경 · 성지청 · 지어지선)
		따뜻한 대인관계	대인관계에서의 인화 도모 (수기이안인 · 성지화 · 친민)
			사회적 책무의 자임과 완수 (수기이안백성 · 성지임 · 명명덕)
과정론	점성설	자기실현 · 대인관계 특성의 연령 단계에 따른 첨가	도덕적 자기완성－대인관계의 인화－사회적 책무 자임 특성의 연령 단계에 따른 점진적 확대
	욕구위계설	생리－안전－소속－자존감－자기실현의 욕구위계	자기완성(격물 · 치지 · 성의 · 정심 · 수신)－관계완성(제가)－사회완성(치국 · 평천하)의 욕구위계

의 자기 완성은 조화로운 대인관계의 달성이나 사회적인 책무의 자임과 완수를 위한 기본 조건이라는 전제 아래, 자기 완성을 거쳐 관계 완성과 사회 완성을 지향하는 과정으로 이상적 인간형의 발달 과정을 정리해내고 있는 것이다.

3) 새로운 심리학의 과제: 정신건강심리학과 심리치료의 문제

이상에서 고찰해본 바와 같은 이상적 인간상에 관한 서구인과 동아시아인의 관점의 차이로부터 직접적으로 도출되는 심리학적 연구 문제는 정신건강심리학의 문제이다. 바람직한 이상적(理想的) 인간상에 대한 모습의 반대쪽에는 부적응적인 이상적(異常的) 인간의 모습이 놓여 있을 것이기 때문이다. 그러므로 누구나가 추구하려 하는 바람직한 인간상에 대한 입장의 차이는 어떠한 사람이 부적응적인 상태에 있는 사람인지에 대한 관점의 차이를 낳을 뿐만 아니라, 그 원인이 무엇인지에 대한 견해의 차이와 더불어, 어떠한 치료적 개입에 의해 부적응 상태에서 벗어나 바람직한 인간상에 근접하게 만들 수 있을 것인지에 대한 접근 양식의 차이를 유발하게 될 것이다.

현대 서구심리학에서는 "심리학의 중요한 목표 중 하나는 심리학의 연구를 통해 얻어진 지식을 활용하여, 심리적 부적응으로 인해 고통을 겪고 있는 사람들이 그러한 증상에서 벗어나도록 도와줌으로써, 더욱 효과적이고 생산적이며 행복한 삶을 영위하도록 이끌어주는 것"[279]이라는 전제에서 연구를 진행해왔다. 즉, 현대 서구심리학에서 가장 많이 연구되며, 또 가장 많은 학자들이 관심을 가지고 있는 문제는 바로 이러한 정신건강 심리학의 문제인 것이다. 현대 심리학의 메카인 미국의 경우뿐만 아니라, 그 영향을 고스란히 받고 있는 우리나라에서도 가장 많은 심리학자들이 활동하고 있는 분야가 임상심리학과 상담심리학이라는 사실은 이러한 경향을 잘 드러내준다.

정신건강과 심리치료에 관한 현대 서구심리학의 연구에서는 이상행동(異常行動, abnormal behavior)의 원인과 증상, 그리고 그 종류 및 이의 진단에는 보편적인 기준이 적용될 수 있을 것이라고 보는 입장이 주류를 이루어왔다. 곧 제반 이상행동은 문화권의 차이에 상관없이 동일한 원인에 의해 나타나고, 보편적인 증상을 보이며, 그 종류도 문화권에 따라 똑같을 뿐만 아니라, 이의 확인과 측정 기법도 문화에 따라 달라지지 않는다는 것이다. 그러나 정신분열증 · 우울증 · 신체화증상 · 약물중독 같은 가장 일반적인 이상행동에서조차 문화 유형에 따라 그 개념 규정이나 원인 및

279 Matsumoto, D., 2000, p. 251.

증상이 달라질 수 있다는 사실이 최근의 연구들을 통해 밝혀지고 있다.[280] 문화 유형별로 권장되는 정서의 종류가 달라지고 또한 그 표출규칙(display rule)이 달라짐에 따라,[281] 그리고 자기를 파악하는 입장이 달라짐에 따라[282] 정상과 이상의 개념 규정이 달라지고, 주로 나타나는 이상의 증상이 달라질 뿐만 아니라, 이에 대한 처치 또는 사회적 개입의 양상이 달라지는 것이다.[283]

이렇게 이상행동의 개념 규정과 이에 대한 치료적 개입이 문화 유형에 따라 달라지게 된다면, 지금까지 논의하여왔듯이 인간을 파악하는 입장과 바람직한 상태로 설정하고 추구하는 이상적(理想的) 인간상이 매우 다른 서구 개인주의 사회와 동아시아 집단주의 사회에서 보는 정신건강과 그 치료에 대한 입장이 서로 달라질 것이라는 사실을 쉽게 추론해볼 수 있을 것이다.

서구 개인주의의 배경이 되고 있는 자유주의 사상에서는 개인 존재를 자유의 보유자, 이성 주체, 안정적 실체라고 개념화하여 받아들인다. 그러므로 개인주의 사회에서는 자유의 보유자로서의 독립성 · 독특성 · 자율성, 이성 주체로서의 합리성 · 적극성, 안정적 실체로서의 일관성을 이상적 인간의 기준이라고 본다. 이에 비해, 동아시아 집단주의의 배경이 되고 있는 유학사상에서는 개인을 의무 · 역할의 복합체, 덕성 주체, 가변적 과정적 존재라고 파악한다. 그러므로 집단주의 사회에서는 의무 · 역할의 복합체로서의 연계성 · 조화성, 덕성 주체로서의 배려성 · 겸손성, 과정적 존재로서의 가변성을 이상적 인간의 기준이라고 본다.

---

280 Draguns, 1997; Jenkins, 1994; Marsella, 1979, 1985; Matsumoto, D., 2000.
281 Jenkins, 1994.
282 Marsella, 1985.
283 Lefley, 1994.

이러한 개인주의와 집단주의의 배경으로서의 자유주의와 유학사상에서 개인을 파악하는 입장과 이상적 인간의 기준의 차이는 두 사회에 살고 있는 사람들의 제반 심성과 행동의 차이를 유발하는 근거가 된다. 곧 개인주의 사회에서는 독립성과 독특성, 자기 주장 및 안정성을 강조함에 비해, 집단주의 사회에서는 각각 연계성과 조화성, 자기 억제 및 가변성을 강조한다. 이러한 강조점의 차이가 두 사회에서 이상적으로 보고 추구하는 인간상의 차이와 관련이 있다면, 이들은 또한 이 두 사회에서 정신적으로 건강하지 못한 사람을 규정하는 차이로 작용하는 것으로도 볼 수 있을 것이다.

서구 개인주의 사회에서 이상적이라고 보는 자기 독립성과 독특성을 추구하여 집단의 목표보다 개인적인 목표를 중시하는 자세, 집단의 조화보다는 자기 감정을 솔직하게 표현하는 것을 중시하여 분노와 같은 감정도 적극적으로 표출하는 경향, 상황의 변화에도 불구하고 과도하게 안정성과 일관성에 집착하는 태도 등은 동아시아인들의 눈에는 철이 덜 들었거나 유연성이 부족한 것으로 보일 것이다. 반대로 동아시아인들이 바람직하다고 여기는 개인의 목표보다 집단의 목표를 앞세우는 태도, 자기의 사적 욕구와 감정을 억누르고 집단의 조화를 앞세우는 경향, 상황의 변화에 맞추어 행동과 의견을 바꾸는 자세 등은 서구인들에게는 나약하거나 적응을 잘하지 못하는 것으로 비칠 것이다.

이렇게 문화 유형에 따라 이상성(異常性)의 기준과 그에 기저하는 심리적 원인이 달라진다면, 이를 치료하기 위한 접근법도 문화적 맥락에 따라 달라질 것이라는 사실은 자명한 일이다. 사실 심리치료(psychotherapy)의 여러 접근법들은 이러한 문화적 맥락에 따른 '문화화'(culturalization)의 결과였다고 볼 수 있다. 현대 심리치료적 접근법의 뿌리는 프로이트에 의해 창시된 정신분석학에 있다고 볼 수 있는데, 이에는 유태인이었던 프로이트가 받아들인 유태 문화의 가치가 반영되어 있으며,[284] 이에 기초를 두고 미국에서 변형 · 발전된 다른 심리치료법들은 또 그들 나름대로 미국의 문화적 가치를 드러내고 있는 것이다. 다음 진술은 이러한 사실을 잘 드러내고 있다.

> 심리치료의 뿌리와 그 발달의 역사를 검토하면서, 어떤 학자들은 현대 심리치료의 기초인 정신분석학은 유태인의 문화적 맥락 내에서 특수하게 발전된 것이며, 이는 유태인의 신비주의와 여러 가지 측면에서 공통성을 보유하고 있다는 사실을 지적하여왔다. 사실 행동적 접근이나 인본적 접근 같은 다른 심리치료 접근법의 발달은 전통적인 정신분석학이 미국 문화와 사회에 '문화화'한 결과라고 간주될 수 있다. 이렇게 보면, 심리치료는 문화적 산물이어서, 문화적 맥락을 반영할 뿐만 아니라, 재생산하고 있다고 생각할 수 있다. (……) 이러한 의미에서 심리치료는 결코 탈가치적인 것이 될 수는 없다. 왜냐하면, 모든 심리치료는 특정 문화 맥락에 구속되어 있으며, 문화란 필연적으로 도덕적 가치 체계와 연관되어 있는 것이기 때문이다.[285]

이러한 관점에서 보면, 이상성에 대해 서로 다른 기준을 보유하고 있는 개인주의와 집단주의 사회에서 제시하고 있는 심리치료의 목표와 그 기법은 서로 달라질 수밖에 없을 것이다.

이상의 논의에서 분명해졌듯이, 이상적 인간상에 관한 동 · 서의 입장 차이로부터 도출되는 새로운 심리학적 연구 문제들은 상당히 다양하다. 이들은 인간 발달의 과정에서 추구해야 할 최종 목표 상태로, 이상적 인간

284 Langman, 1997.
285 Matsumoto, D., 2000, p. 265.

상의 문제가 심리학적 연구 주제로서 과연 어떠한 가치를 가질 것인가 하는 발달심리학이 지향해야 할 연구 목적의 문제로부터 비롯하여, 이상(異常) 심리의 규정과 그 치료 과정의 문제에 이르기까지 다양한 문제 영역에 이를 것이다. 앞에서도 언급하였듯이, 유학사상의 배경에서 도출될 새로운 심리학은 군자와 같은 인간의 이상적 상태에 대한 지향성을 고려하는 심리학, 곧 인간을 긍정적으로 바라보는 심리학이 되어야 할 것이다.

제4장

도덕실천론과 사회관계론의 문제

앞 장에서 보았듯이, 서구 사회에서 그리고 있는 이상적 인간상인 '성숙인격자'의 가장 기본적인 특징은 '자기실현'이다. 이들은 개체로서 지닌 모든 능력과 잠재가능성을 삶의 과정에서 최대로 발휘하여 높은 성취를 이룬 사람으로 그려지고 있다. 이는 개체성 · 이성 · 실체성을 바탕으로 하여 인간 존재를 파악하는 자유주의의 인간관으로부터 도출되는 당연한 논리적인 귀결이다. 개인 존재를 이렇게 모든 행위의 원천을 내적으로 완비하고 있는 평등하고 상호 독립적인 이성의 주체라고 파악하게 되면, 삶의 목표를 개체로서의 자기실현에서 찾게 될 수밖에 없을 것이기 때문이다.

이렇게 개체적 존재로서 개인의 이성을 중시하는 관점에 서면, 사람과 사람 사이에 맺는 관계에서 추구하는 목표는 각자가 이러한 관계에서 얻을 수 있는 이익의 최대화에서 찾게 된다. 자유주의자들에게 있어 "이성은 본질적으로 자기 이익을 가장 효과적으로 추구할 수 있는 계산 능력"[1]

1 노명식, 1991, p. 41.

을 본질로 하는 것이기 때문이다. 이러한 맥락에서 현대 서구 개인주의 사회에서 사회관계를 인식하는 기본틀은 모든 대인관계를 교환의 관점에서 보는 합리적 계산자 모형(計算者 模型)이라는 점이 쉽게 이해될 수 있다. 이러한 사실은 현대 서구 사회과학에서 "사회관계에 대한 가장 영향력 있는 관점은 다양한 사회교환이론들(social exchange theories)에 의해 제공되고 있다"[2]는 점에서 잘 드러나고 있다.

이 모형은 사람들은 정보 · 도움 · 보상 · 애정 들을 주고받는 교환을 통해 자기의 이익을 최대화하려는 이기적 존재라는 기본 시각에서 출발한다. 이렇게 각자가 자기 이익 최대화를 꾀하는 과정에서는 필연적으로 개인 간에 이익 갈등이 빚어질 수밖에 없으므로, 이를 해소하고 원만한 관계를 유지하려면 공정한 교환이라는 규범이 필요하게 된다. 이러한 교호성(交互性, reciprocity)과 공정성(公正性, fairness)을 원칙으로 삼는 합리적 계산의 과정에 따라 사회관계를 개념화하는 것이 현대 서구 사회과학에서 제시해온 사회관계론의 핵심인 것이다.

이에 견주어, 유학사상에서는 이상적 인간의 상태에 도달한 군자와 성인을 자기 스스로의 수양과 완성에만 머무르고 이에 만족하는 사람이 아니라, 함께 살아가고 있는 다른 사람들에게 관심을 가지고, 그들도 도덕적 수양을 통해 자기 완성에 이르도록 하려는 책임감을 느끼고, 이러한 책임을 실생활에서 실천하고자 노력하는 사람으로 그려지고 있다. 이는 사회성과 도덕성, 그리고 가변성을 바탕으로 하여 인간을 파악하는 유학자들의 입장에서 나오는 당연한 논리적인 귀결이다. 개인 존재를 사회관계에 내포되어 있는 의무 · 역할의 복합체라고 보아, 타인과 사회에 대한 관심과 배려, 곧 덕성의 주체라고 파악하게 되면, 삶의 목표를 더불어 살

2 Taylor, S. E., Peplau, & Sears, 2003, p. 263.

아가고 있는 다른 사람들과 맺는 사회관계의 조화와 질서의 추구에서 찾게 될 것이기 때문이다.

이렇게 사람들 사이의 관계에서 요구되는 질서와 조화의 추구가 사회관계의 목표라는 전제에서 출발하는 것이 유학사상에서 도출되는 사회관계론의 특징이다. 이는 사회 구성의 궁극적 단위를 서로 독립적인 개인이 아니라, 사람들 사이의 관계에서 찾는 견해로부터 나오는 자연스러운 관점이다. 이러한 관점에서는 독립적인 개인끼리 공정한 교환을 거쳐 각자의 이익을 추구하는 것이 사회관계의 목표가 아니라, 특정 관계 당사자들(부모-자식, 군주-신하, 남편-아내, 형-아우, 벗-벗) 사이에서 추구하고 달성해야 할 기본적인 조화[親 · 義 · 別 · 序 · 信]의 추구가 사회관계의 목표로 부각될 수밖에 없다. 이러한 맥락에서 보면, 유학적 사회관계론의 핵심은 사회관계에서 요구되는 조화의 추구와 덕의 실천에 관한 이론, 곧 도덕실천론이 될 수밖에 없는 것이다.

나아가 유학사상에서는 이러한 조화의 달성은 각 관계에 본래부터 내포되어 있는 역할을 수행함으로써 이루어진다고 보아, 역할 수행을 사회관계 유지의 핵심 규범으로 여긴다. 이것이 이른바 "군주는 군주의 역할을 다하고, 신하는 신하의 역할을 다하며, 부모는 부모의 역할을 다하고, 자식은 자식의 역할을 다해야 한다"[3]는 정명론(正名論)의 체계인 것이다. 이렇게 유학자들은 역할의 문제를 사회가 구성된 이후에 사회를 유지하기 위해 필요한 제도의 한 가지로 생겨나는 것이라고 보는 것이 아니라, 인간 존재가 본래부터 지니고 있는 특성의 문제로 본다.

이 장에서는 선진유학자들의 사회관계론인 도덕실천론을 『논어』, 『맹자』, 『순자』에서 찾아 이를 현대 사회과학자들이 제시한 대표적인 사회관

3 君君 臣臣 父父 子子 (『論語』, 顔淵 11)

계론인 사회교환이론과 대비하여 살펴봄으로써, 동 · 서 사회관계론의 특징을 비교해보고, 이어서 이러한 차이에서 도출되는 새로운 심리학의 연구 문제를 확인해보기로 하겠다.

1. 선진유학사상의 도덕실천론

군자와 성인 같은 이상적 인간의 상태에 이른 사람들의 사회적인 삶의 양태를 제시하고 있는 것이 복례론(復禮論: 공자), 여인위선론(與人爲善論: 맹자), 군거화일론(群居和一論: 순자) 같은 도덕 실천론이다. 유학은 지행합일(知行合一)을 지향하고 있는 윤리 체계이다. 유학자들은 스스로가 도덕 주체라는 사실에 대한 인식과 자기 수련을 통한 도덕적 완성에 그치지 않고, 이를 일상생활에서 실천하는 것이 사회적 관계체인 인간이 그 존재 의의를 달성하는 일이라고 본다. 실생활에서 도덕을 실천하여 사회관계의 조화를 달성함으로써 이상적인 공동체를 이룰 수 있게 된다는 것이다. 이렇게 도덕실천론은 바람직한 사회생활의 양태란 어떠한 것인가에 대한 유학자들의 이론 체계라고 볼 수 있다. 이러한 도덕실천론에서는 사회관계에서 인간이 추구해야 할 것은 무엇이며, 사회관계를 유지하기 위해 해야 할 일은 무엇인지 하는 문제에 관한 심리학적 함의를 이끌어낼 수 있다.

1) 공자의 복례론

『논어』에서 제시되고 있는 공자의 도덕실천론은 덕이 가장 높았던 제자인 안연(顔淵)[4]과 공자의 인(仁)에 대한 문답 속에 잘 드러나 있다.

> 안연이 인(仁)에 대해 여쭙자, 공자께서 "자기를 극복하고〔克己〕, 예(禮)로 돌아가는 것〔復禮〕이 인을 이루는 일이다. 하루라도 자기를 극복하고 예로 돌아간다면, 천하가 인을 따르게 될 것이다. 인을 이루는 일은 자기에게 달려 있는 일이지, 남에게 달려 있는 일이겠느냐?"라고 대답하셨다. 안연이 그 세목을 청하자, 공자께서는 "예가 아니거든 보지도 말고, 예가 아니거든 듣지도 말며, 예가 아니거든 말하지도 말고, 예가 아니거든 움직이지도 말아라"라고 대답하셨다.[5]

이 문답에서 '자기를 극복하고, 예로 돌아가는 것이 인을 이루는 일'〔克己復禮爲仁〕이라고 한 응답은 "가장 함축적이고 정확한 인에 대한 공자의 설명이었다고 평가된다."[6] 여기서 인의 실행을 구성하는 두 요소, 곧 '극

---

4 子曰 從我於陳蔡者 皆不及門也 德行顔淵閔子騫冉伯牛仲弓 言語宰我子貢 政事冉有季路 文學子游子夏 (『論語』, 先進 2)

5 顔淵問仁 子曰 克己復禮爲仁 一日克己復禮 天下歸仁焉 爲仁由己 而由人乎哉 顔淵曰 請問其目 子曰 非禮勿視 非禮勿聽 非禮勿言 非禮勿動 (顔淵 1)

6 김승혜, 1990, p. 112. 이러한 '극기'와 '복례'를 인을 이루는 방법으로 존숭하는 것은 공자 이후 유학의 전통이 되어왔다. 그런데 이 두 측면 중에서 어느 것을 더 강조하느냐 하는 점에 대해서는 학자마다 차이를 보이고 있다. 예를 들면, 이 두 가지 측면 중에서 맹자는 도덕적이고 내면적인 극기를 강조하고, 순자는 사회 · 문화적인 복례를 강조하는 이론을 각각 전개하였다. 이러한 사실은 일과 대인관계에서의 올바름〔義〕에 대한 양자의 입장의 차이에서 극명하게 드러난다. 즉, "양자가 말하는 의(義)의 내포적 의미는 서로 다른데, 맹자는 주관 내재적 의미에서 의를 말하여 인(仁)과 의가 상통하는 것으로 보았고, 순자는 객관적 의미를 중시하여 예(禮)와 의를 함께 칭하고 있다. 인의(仁義)를 말하게 되면 이는 수양성덕(修養成德)을 문제의 핵심으로 삼게 되고, 예의(禮義)를 강조하게 되면 이는 정치 · 사회 방면의 효용을 중시하게 된다"(蔡仁厚, 1984, p. 456). 그리하여 공자는 仁義 또는 禮義라고 연용하여 사용한 경우가 전혀 없는데 반하여(『論語引得』 참조), 『孟子』에는 仁義라고 연용한 경우가 26회(84%)로 禮義라고 연용한 5회(16%)보다 압도적으로 많으며(『孟子仁得』 참조), 반대로 『荀子』에서는 禮義라고 연용한 경우(112회, 78%)가 仁義라고 연용한 경우(32회, 22%)보다 압도적으로 많다(『荀子仁得』 참조). 바로 이러한 차이 때문에 맹자는 사람을 교육시키는 데 있어서 "인에 거(居)하며, 의를 따른다"(居仁由義 大人之事備矣, 『孟子』, 盡心上 33)는 인의설(仁義說)을 주장하고 있는데 반해, 순자는 "예를 높이고, 의를 귀히 여긴다"(隆禮貴義者 其國治, 『荀子』, 議兵 7)는 예의설(禮義說)을 주장하고 있는 것(張其昀, 1984, pp. 117~119, 186~190)이라고 볼 수 있다.

기'(克己)와 '복례'(復禮)는 각각 공자가 제시하는 군자의 특징 가운데 '수기'와 '안인 · 안백성'에 대응된다. 극기(수기)는 자기의 인격을 닦는 일, 곧 자기 수양을 말하는 것이고, 복례(안인 · 안백성)는 사람들과의 관계 안에서 예에 맞는 바를 실천하여 사람들을 편안하게 이끌어주는 일, 곧 일상적인 도덕 실천을 말하는 것이다. "다시 말해서 극기 · 복례란 자기에게서 시작되어(자기 수양) 남에게로 확대되는(도덕 실천) 인의 사회적 성격을 드러낸다."[7] 이렇게 공자에게 있어 극기론은 곧 수양론이 되고, 복례론은 곧 도덕실천론이 되는 것이다.

(1) 도덕 실천의 목표: 복례를 통한 사회관계의 조화 추구

공자 사상의 핵심인 인(仁)에 대해 공자 자신은 "자기가 서고자 하면 남을 먼저 세워주고, 자기가 이루고자 하면 남이 먼저 이루게 해주는 일"[8]이라거나 "자기가 하려 하지 않는 것을 남에게 베풀지 않는 일"[9] 또는 "어려운 일은 남보다 먼저 하지만, 그 대가는 남보다 나중에 받는 일"[10]과 같이 "남을 아끼고 사랑하는 일"[11]을 근간으로 하는 덕목이라고 보고 있다. 이렇게 함께 더불어 살아가고 있는 다른 사람들에 대해 관심을 갖고 그들을 우선 배려해주는 일이 곧 공자가 주장하는 인의 내용인 것이다.

공자는 앞서 인용한 「안연」(顔淵)편 1장에서 이러한 인을 이루는 일, 곧 타인에 대한 관심과 배려를 실현하는 요체는 '자기를 극복하는 극기와 예의 체계로 돌아가는 복례'라는 사실을 분명히 하고 있다. 여기서 극기는

---

7 김승혜, 1990, p. 113.
8 『論語』, 雍也 28.
9 顔淵 2; 衛靈公 23.
10 雍也 20.
11 顔淵 22.

자기 수양을 말하고, 복례는 일상적 도덕 실천을 말하는 것이라는 사실을 상기해보면, 타인에 대한 관심과 배려를 이루는 일은 개체의 이기적이고 사적인 욕구와 감정의 지배에서 벗어나서 대인관계와 사회생활의 규범 체계인 예[12]의 정신을 회복하는 일을 바탕으로 하는 것이라는 사실이 명백해진다. 이러한 배경에서 공자는 극기 · 복례의 요체를 묻는 안연에게 '예가 아니거든 보지도, 듣지도, 말하지도, 움직이지도 말 것'을 주문하고 있다. 이러한 주문을 통해 공자는 인을 이루어 성덕하는 일의 핵심은 예의 인식과 실천, 곧 복례에 있음을 분명히 밝히고 있는 것이다.

이렇게 일상적 도덕 실천의 목표를 예의 체계로 돌아가는 복례에 두는 것이 바로 공자 사상의 요점이다. 이러한 사실은 안연과 함께 덕행에 뛰어났던 제자인 중궁(仲弓)과 가진 다음의 문답에서 잘 드러난다.

> 중궁이 인에 대해 여쭙자, 공자께서는 "문을 나가 남들과 대할 때는 큰 손님〔大賓〕을 뵙는 듯이 공경스럽게 하고, 나라 일을 맡아 백성들에게 일을 시킬 때는 큰 제사〔大祭〕를 받들 듯이 조심스럽게 하여라. 자기가 원하지 않는 바를 남에게 베풀지 않으면, 나라 안에 있어도 원망을 받지 않을 것이고, 집안에 있어도 원망을 받지 않을 것이다"라고 대답하셨다.[13]

이 인용문의 앞부분에서는 사람들을 대할 때와 나랏일 처리할 때의 마음가짐과 예에 대해 언급하여, 사회관계의 기초가 큰 손님과 큰 제사를

12 『論語』에서 禮는 學而 12, 13, 15; 爲政 3, 5, 23; 八佾 3, 4, 8, 9, 15, 17, 18, 19, 22, 26; 里仁 13; 雍也 25; 述而 17, 30; 泰伯 2, 8; 子罕 3, 10; 鄕黨 5; 先進 1, 25; 顔淵 1, 5, 15; 子路 3, 4; 憲問 13, 44; 衛靈公 17, 32; 季氏 2, 5, 13; 陽貨 11, 21, 24; 堯曰 3 등에 모두 75회 나오고 있다(『論語引得』 참조).

13 仲弓問仁 子曰 出門如見大賓 使民如承大祭 己所不欲 勿施於人 在邦無怨 在家無怨 (顔淵 2)

받드는 것과 같은 일상적인 예의 정신을 지키고, 이를 일상생활에서 펴는 것임을 밝히고 있다. 그리고 이 인용문의 뒷부분에서는 그렇게 예를 실천했을 때 얻어지는 효과에 대해 언급하고 있다. 예의 실천의 효과는 다른 사람들의 원망을 받지 않는 일, 곧 사회관계에서 조화를 이루는 일인 것이다. 예를 실천하는 목표가 이렇게 사회관계에서 조화를 이루는 일이라는 사실은 다음 진술문에 잘 드러나 있다.

> 예의 쓰임에서는 조화를 이루는 일을 귀하게 여긴다. 선왕의 도는 이렇게 조화를 이루는 일을 아름답게 여겨, 작은 일이나 큰 일이나 모두 이를 따랐다. 그러나 이러한 원칙이 행해지지 않는 경우도 있는데, 조화를 이루는 것만 알아서 오로지 조화만 이루려고 하고 예로써 절제하지 않는다면, (이는 예에 돌아가는 복례의 본연이 아니어서) 역시 행해지지 못하는 것이다.[14]

이 인용문에서 분명히 밝혀지고 있듯이, 예의 효용 가치는 사회생활에서 조화를 이루는 일이다. 예의 실천의 목표는 바로 사람들 사이에 조화를 취하는 일인 것이다. 그러나 오로지 조화만을 취하려 한다고 해서, 저절로 사람들 사이에 조화가 이루어지는 것은 아니다. 작은 일을 할 때나 큰 일을 할 때나 사람들과의 사이에 지켜야 할 예의 규범을 따르고, 예로써 절제하여, 예가 아니거든 보지도, 듣지도, 말하지도, 행동하지도 않도록 하여야 사회관계에 조화가 이루어진다는 것이 『논어』에 제시되어 있는 논리인 것이다. 이와 같이 예의 효용 가치, 그리고 그 일상적 실천의 목표는 사회관계에 조화를 이루는 일이다.

---

14 有子曰 禮之用 和爲貴 先王之道 斯爲美 小大由之 有所不行 知和而和 不以禮節之 亦不可行也 (學而 12)

예를 통해 이렇게 사회관계의 조화를 이룰 수 있는 것은 예를 실천하는 근본이 바로 인(仁), 곧 다른 사람에 대한 관심과 배려에 있기 때문이다. 공자는 "사람으로서 어질지〔仁〕 못하다면, 예가 있은들 무엇 하겠는가?"[15]라고 하여, 이러한 견해를 표현하고 있다. 이렇게 예는 속에 갖추어져 있어야 할 근본, 곧 어진 마음의 바탕이 갖추어져 있어야 성립하는 것이어서,[16] 겉으로 드러나는 꾸밈만 있어서는[17] 사회관계의 조화 추구라는 목표를 이룰 수 없는 것이다.

이와 같이 예는 사회관계에 조화를 가져옴으로써, 예를 실천하면 치욕을 받지 않게 되고,[18] 헛되이 수고롭거나, 두려워지거나, 혼란스럽거나, 절박하지 않게 된다.[19] "널리 배우고 예로써 몸을 단속하면, 사람의 도리에 어긋나지 않게 되기"[20] 때문에, 도덕성의 인식과 이의 체득 이후에 사람을 선(善)으로 이끄는 것은 바로 예의 실천인 것이다.[21] 그러므로 예는 나라를 다스리는 근본이기도 하다.[22] 그러기에 공자는 "예를 모르고서는 홀로 설 수가 없다"[23]고 보아, 평소에 예를 배울 것과[24] 이를 일상적으로

---

15 子曰 人而不仁 如禮何 (八佾 3)

16 林放問禮之本 子曰 大哉問 禮如其奢也寧儉 喪如其易也寧戚 (八佾 4); 子曰 繪事後素 曰禮後乎 子曰 起予者商也 始可與言詩已矣 (八佾 8); 子路問成人 子曰 若臧武仲之知 公綽之不欲 卞莊子之勇 冉求之藝 文之以禮樂 亦可以爲成人矣 (憲問 13)

17 子曰 禮云禮云 玉帛云乎哉 (陽貨 11)

18 恭近於禮 遠恥辱也 (學而 13)

19 子曰 恭而無禮則勞 愼而無禮則葸 勇而無禮則亂 直而無禮則絞 (泰伯 2)

20 子曰 博學於文 約之以禮 亦可以弗畔矣夫 (雍也 25; 顔淵 15); 顔淵喟然歎曰 〔……〕 夫子循循然善誘人 博我以文 約我以禮 (子罕 10)

21 子曰 知及之 仁不能守之 雖得之 必失之 知及之 仁能守之 不莊以涖之 則民不敬 知及之 仁能守之 莊以涖之 動之不以禮 未善也 (衛靈公 32)

22 子曰 道之以政 齊之以刑 民免而無恥 道之以德 齊之以禮 有恥且格 (爲政 3); 子曰 能以禮讓爲國乎 何有 不能以禮讓爲國 如禮何 (里仁 13); 爲國以禮 (先進 25)

23 子曰 〔……〕 不知禮 無以立也 (堯曰 3); 子曰 興於詩 立於禮 成於樂 (泰伯 8)

24 曰 學詩乎 〔……〕 不學詩 無以言 〔……〕 學禮乎 〔……〕 不學禮 無以立 (季氏 13)

실천할 것을[25] 그토록 강조하였던 것이다.

(2) 사회관계 유지의 규범: 정명(正名: 역할의 인식과 수행)

이상에서 보았듯이, 공자에게 도덕 실천은 예의 인식과 실천, 곧 복례를 의미하는 것이며, 그 목표는 사회관계에서 조화를 이루는 일에 있다. 예란 사회관계와 사회 행위의 규범 체계이다. 이러한 관계와 행위의 규범이 가장 잘 정립된 영역은 사회 구성의 가장 기초 단위인 가족생활의 영역과 그 가장 큰 단위인 국가생활의 영역이라고 볼 수 있다. 가족은 '수기'가 이루어지는 바탕이고, 국가는 '안인'과 '안백성'의 무대이므로, 인간의 삶이 이루어지는 가장 중요한 근거가 되기 때문이다.

사회관계에서 각자의 위치에 따라 요구되는 행위 규범의 체계가 곧 예의 체계이고, 이는 각자에게 요구되는 역할〔名〕로 구체화된다는 것이 공자의 생각이다. 그러므로 공자는 '사회생활을 하는 각자가 자기에게 부여된 역할을 충실히 수행하는 것'〔正名〕이 사회관계에 조화를 가져오는 지름길이 된다고 본다. 이것이 다음과 같은 공자의 유명한 정명론(正名論)의 체계이다.

> 제(齊) 나라 경공(景公)이 공자께 정사(政事)에 대해 물었다. 이에 대해 공자께서는 "군주는 군주의 역할을 다하고, 신하는 신하의 역할을 다하며, 부모는 부모의 역할을 다하고, 자식은 자식의 역할을 다하는 것입니다"라고 대답하였다. 이 말을 듣고 경공은 "좋습니다. 진실로 군주가 군주의 역할을 다하지 못하고, 신하가 신하의 역할을 다하지 못하며, 부모가 부모의 역할을 다하지 못하고, 자식이 자식의 역할을 다하지 못한다면, 비록 곡식이 있은들 내가 그것

---

25 子所雅言 詩書執禮 皆雅言也 (述而 17)

을 먹을 수 있겠습니까?"라고 말하였다.[26]

이 인용문에서 공자는 군주-신하 그리고 부모-자식의 쌍무적인 관계에서 각자에게 부여된 역할을 충실히 수행하는 것, 이것이 군주-신하 그리고 부모-자식 사이에 있어야 할 질서와 조화가 이루어지는 유일한 길이라는 견해를 피력하고 있다. 이렇게 각자가 각자에게 요구되는 역할을 충실히 수행해야만 경제생활 같은 삶의 기초가 안정되어, 사회관계의 조화가 이루어지게 된다는 것이다. 이러한 사실은 정사에 뛰어났던 제자인 자로(子路)와 가진 문답에 잘 드러나 있다.

> 자로가 공자께 "위(衛)나라 군주가 선생님을 맞아들여 정사를 펴려 한다면, 선생님께서는 장차 무엇을 우선하시렵니까?"라고 여쭈었다. 이에 대해 공자께서는 "반드시 '각자가 해야 할 역할을 분명히 하는 일'〔正名〕부터 시작하겠다. 〔……〕 각자가 해야 할 역할이 분명하지 못하면 말이 이치에 맞지 않고, 말이 이치에 맞지 않으면 일이 이루어지지 않는다. 일이 이루어지지 않으면 예악(禮樂)이 일어나지 못하고, 예악이 일어나지 못하면 형벌이 알맞지 못하게 되며, 형벌이 알맞지 못하게 되면 백성들이 손발을 둘 곳이 없어진다. 그러므로 군자가 각자의 역할을 분명히 밝혀주면 반드시 말이 이치에 맞게 되고, 말이 이치에 맞으면 반드시 모든 일이 올바르게 행해지는 법이다. 이렇게 군자는 (각자의 역할을 분명히 하는) 말을 세움에 있어 조금도 구차함이 없게 할 따름인 것이다"라고 말씀하셨다.[27]

26 齊景公問政於孔子 孔子對曰 君君 臣臣 父父 子子 公曰 善哉 信如君不君 臣不臣 父不父 子不子 雖有粟 吾得而食諸 (顔淵 11)

27 子路曰 衛君待子而爲政 子將奚先 子曰 必也正名乎 〔……〕 名不正 則言不順 言不順 則事不成 事不成 則禮樂不興 禮樂不興 則刑罰不中 刑罰不中 則民無所措手足 故君子名之必可言也 言之必可行也 君子於其言 無所苟而已矣 (子路 3)

이 인용문에서 공자는 각자가 해야 할 역할을 분명히 함으로써 각자가 자기의 역할을 충실히 수행하게 되면, 모든 이치가 순조롭게 시행되어 모든 일이 제대로 이루어지게 된다고 보고 있다. 그러므로 사회관계에서 각자가 해야 할 역할을 분명하게 규정하는 일, 곧 정명이 모든 일에 우선해서 해야 할 일이 된다는 것이다. 그러기에 공자는 정사에 대해 묻는 노(魯)나라의 실권자인 계강자(季康子)에게 "정사란 각자가 해야 할 일을 바르게 세우는 일입니다. 그대가 자기의 역할을 바르게 수행함으로써 솔선수범한다면, 누가 감히 자기가 해야 할 일을 다하지 않겠습니까?"라고 대답하였던 것이다.[28]

이와 같이 사회관계에 내재되어 있는 역할의 충실한 수행을 통하여 사회관계가 조화롭게 유지될 수 있다는 정명론의 체계는 인간을 '사회적 관계체'로 이해하는 유학자들의 인간 파악의 관점과 자연스럽게 연결된다. 유학자들은 그 창시자인 공자로부터 이미 인간을 기본적으로 함께 관계를 맺으면서 살아가고 있는 다른 사람들에 대한 관심과 배려를 지닌 존재로 보기 시작했으며, 모든 사회 행위의 원동력을 사회관계 속에 주어진 쌍무적인 역할에서 찾음으로써, 인간 존재가 갖추고 있는 사회성을 강조하고 있다. 바로 이렇게 인간을 사회적 관계체로 파악하는 관점으로부터 사회관계의 목표를 타인과의 조화 추구에서 찾고, 이어서 이러한 조화를 이룰 수 있는 방법론을 사회관계 속에 내재한 역할의 쌍무적인 수행에서 찾는 견해가 자연스럽게 도출되고 있는 것이다.

(3) 도덕 실천의 점진적 확대

앞 장에서 밝혀졌듯이, 공자는 이상적 인간이 되는 단계를 '수기 → 안

28 季康子問政於孔子 孔子對曰 政者正也 子帥以正 孰敢不正 (顏淵 17)

인 → 안백성'의 삼 단계로 제시하고 있다. 곧 자기 몸을 닦아 모든 일에 삼가게 된 다음에 사람들과의 사이에 조화를 이루게 되고, 사람들과의 사이에 조화를 이룬 다음에 온 천하의 사람들을 편안하게 이끌 수 있게 된다고 공자는 보고 있는 것이다. 이러한 군자가 되는 단계론은 그대로 일상생활에서 도덕 실천을 하는 단계론으로 연결된다고 볼 수 있다.

"무릇 인이란 자기가 서고자 하는 곳에 남을 먼저 세워주고, 자기가 이루고자 하는 일을 남이 먼저 이루도록 해주는 것이다. 능히 자기 몸 가까이에서 취해 남들에게 미루어가는 것, 이것이 바로 인을 행하는 방도라고 할 만하다"[29]는 진술에서 공자가 말하고자 하는 것은, 도덕 실천이 가깝고 쉬운 나에게서 시작하여 멀고 어려운 남에게로 점진적으로 확대되어야 한다는 의미라고 생각할 수 있는 것이다. 이러한 사실은 공자가 제자들과 가진 다음과 같은 문답에 잘 드러나 있다.

> 공자께서 "삼(參)아! 나의 도는 한 가지 이치로 관통되어 있다"라고 말씀하시자, 증자(曾子)가 "예"라고 대답하였다. 그리고 나서 공자께서 방에서 나가시자, 제자들이 "무슨 말씀입니까?"라고 증자에게 물었다. 이에 대해 증자는 "선생님의 도는 '자기를 다하는 일'〔忠〕과 '자기를 미루어 남에게 미치게 하는 일'〔恕〕일 뿐이다"라고 대답하였다.[30]

> 자공(子貢)이 "한마디 말로써 죽을 때까지 행할 만한 것이 있겠습니까?"라고 여쭈었다. 이에 대해 공자께서는 "그것은 '자기를 미루어 남에게 미치게 하는 일'〔恕〕일 것이다. 자기가 바라지 않는 일을 남에게 베풀지 말아야 할 것이니

29 夫仁者 己欲立而立人 己欲達而達人 能近取譬 可謂仁之方也已 (雍也 28)

30 子曰 參乎 吾道一以貫之 曾子曰 唯 子出 門人問曰 何謂也 曾子曰 夫子之道 忠恕而已矣 (里仁 15)

라"라고 대답하셨다.[31]

첫 인용문의 '충'과 '서'에 대해 주희는 '자기를 다하는 일'(盡己)과 '자기를 미루어 남에게 미치게 하는 일'(推己)이라고 풀이하여,[32] 가까이 자기에게서 시작하여 멀리 남에게 이르는 인(仁)의 사회적 성격을 드러내는 표현으로 간주하고 있다. 다음 인용문에서 공자는 이러한 도덕 실천의 점진적 확대는 일생 동안 지켜야 할 군자의 의무임을 명백히 하고 있다. 이러한 논의들은 인의 실행, 곧 도덕 실천이 점진적으로 확대되어야 함을 강조하고 있는 것으로, 앞에서 인용한 「안연」편 1장의 극기 · 복례에서 주장하고 있는 도덕 실천의 점진적 확대론을 재삼 분명히 드러내고 있다고 볼 수 있는 것이다.

2) 맹자의 여인위선론

맹자는 인을 행하는 방법으로 '극기'를 '복례'보다 중시하여, 주관 내재적인 도덕성의 인식과 실천을 강조하고 있다. 그는 '사회관계에서 마음의 다잡음과 일처리 과정에서의 올바름'인 의(義)[33]를 예(5회, 16%)보다는 인(26회, 84%)과 함께 더 많이 연용하여, 이러한 사실을 드러내고 있다.[34] 맹자의 이러한 관점에 따르면, 일상적 도덕 실천의 문제는 일상생활에서 의를 모두어 축적하는 일, 곧 '집의'(集義)라고 할 수 있다. 그는 유명한 '양호연지기론'(養浩然之氣論)에서 호연지기에 대해 설명하면서, "이 호연지

31 子貢問日 有一言而可以終身行之者乎 子日 其恕乎 己所不欲 勿施於人 (衛靈公 23)

32 盡己之謂忠 推己之謂恕 (『論語集註』)

33 朱熹는 『孟子』, 「梁惠王上」 1장의 王何必日利 亦有仁義而已矣에 대한 註에서 義者心之制事之宜也(『孟子集註』)라고 하여, 의가 '마음가짐과 일처리에서의 마땅함'이라는 점을 밝히고 있다.

34 이 장의 주 6(p. 301) 참조.

기는 의와 도에 짝하는 것〔配義與道〕이어서, 이것(의와 도)이 없으면 시들어 버린다. 이는 일상생활에서 차근차근 의를 모두어서〔集義〕 생겨나는 것이지, 하루 아침에 갑자기 의식적으로 노력한다고 해서 얻어지는 것은 아니다"[35]라고 하여, 이러한 견해를 밝히고 있다.

이러한 일상적 도덕 실천, 곧 집의는 다른 사람들과 함께 선을 이루는 일이다. 집의는 적선(積善), 곧 선을 모두어 쌓는 일[36]을 말하는 것이기 때문이다. 그러므로 맹자의 집의론은 곧 여인위선론(與人爲善論)이며, 이것이 그의 도덕실천론의 요체라고 볼 수 있다. 다른 사람들과 함께 선을 이루는 여인위선(與人爲善)이 일상적 도덕 실천의 요체라는 사실은『맹자』에서 고대의 성왕(聖王)인 순(舜)임금을 예로 하여 제시되고 있다.

> 순임금은 역시 큰 덕을 지녔다. 그는 착한 일을 다른 사람들과 함께 했으며, 다른 사람이 옳을 때는 언제나 자기를 버리고 다른 사람을 따랐고, 또 자진해서 다른 사람의 장점을 취해 착한 일 하기를 즐겁게 여겼다. 그는 일찍이 미천하여 농사짓고, 질그릇 굽고, 물고기를 잡아 생활을 꾸려나갔을 때부터, 후에 임금 자리에 올랐을 때까지, 언제나 다른 사람의 착한 점을 취하지 않은 일이 없었던 것이다. 다른 사람의 착한 점을 취하여 선을 행한다는 것은 '다른 사람들과 더불어 선을 이루는 일'〔與人爲善〕이다. 그러므로 군자에게 다른 사람들과 더불어 선을 이루는 일보다 더 큰 일은 없는 것이다.[37]

이렇게 일상적 도덕 실천, 곧 집의는 자기 혼자에만 머무르는 것이 아

---

35 其爲氣也 配義與道 無是餒也 是集義所生者 非義襲而取之也 (『孟子』, 公孫丑上 2)

36 集義猶言積善 (『孟子集註』)

37 大舜有大焉 善與人同 舍己從人 樂取於人以爲善 自耕稼陶漁 以至爲帝 無非取於人者 取諸人以爲善 是與人爲善者也 故君子莫大乎與人爲善 (公孫丑上 8)

니라, 다른 사람들과 함께 행해야 한다는 것이 『맹자』에서 도출되는 도덕 실천론의 기본 취지이다. 곧 집의를 통하여 사람들은 스스로 체득한 도를 일상생활에서 실천하게 되고, 그렇게 함으로써 다른 사람들과 함께 인(仁)을 이룰 수 있게 된다는 것이다. 이와 같이 다른 사람들과 함께 더불어 하는 일상적 도덕 실천을 통해 사회적 관계망(關係網) 속에서 생존하고 있는 사람들이 그들의 존재 의의를 달성하여 사회적 책임을 다하게 되는 것이며, 바로 여기에서 여인위선을 강조하는 맹자의 도덕실천론의 의의를 찾아볼 수 있는 것이다.[38]

(1) 도덕 실천의 목표: 여인위선을 통한 관계 융합의 도모

유학자들은 인간을 사회적 관계망 속에서 파악하며, 이러한 사회적 관계가 인간의 존재 의미를 규정하는 것이라고 본다. 이러한 사실은 전술한 바와 같이, 이상적 인간의 가장 중요한 특징 중의 하나를 사회적 책임의 완수라고 보고 있다는 점에서도 단적으로 드러나고 있다. 이러한 배경에서 맹자는 사람은 스스로가 체득한 인의의 도를 일상생활에서 실천함으로써 다른 사람들과 함께 선을 이루도록[與人爲善] 노력하여야 하며, 이것이 바른 삶의 태도라고 여기는 것이다.

이렇게 다른 사람들과 함께 선을 이룬다는 것은 "뜻을 얻으면 백성들과 함께 도를 행하고, 뜻을 얻지 못하면 혼자서라도 그 도를 실천하는"[39] 대장부의 태도를 말하는 것이다. 곧 "궁하면 혼자서라도 그 몸을 선하게 하고, 영달하면 온 천하를 모두 선하게 함으로써"[40] "위아래가 모두 천지의

38 맹자의 도덕실천론은 졸저(조긍호, 1998a, pp. 155~175, 377~381, 390~393)의 내용에 새로운 자료를 첨가하여 수정하고 보완함.

39 居天下之廣居 立天下之正位 行天下之大道 得志 與民由之 不得志 獨行其道 富貴不能淫 貧賤不能移 威武不能屈 此之謂大丈夫 (滕文公下 2)

40 古之人得志 澤加於民 不得志 修身見於世 窮則獨善其身 達則兼善天下 (盡心上 9)

조화와 일치하여 흐르도록 하는 것",[41] 이것이 바로 여인위선의 길인 것이다.

이와 같이 다른 사람과 함께 선을 이루게 되면, 사람의 도리를 다하게 되어 사람들 사이에 조화가 이루어짐으로써, 사회관계가 융합되는 효과를 얻게 된다. 이러한 사실은 오륜(五倫)에 관한 논의에서 확인할 수 있다.

> 사람에게는 반드시 이루어야 할 도리가 있는데, 사람이 배불리 먹고 따뜻하게 입기만 하면서 배움이 없으면, 새나 짐승과 다를 바가 없게 된다. 성인(여기서는 순임금을 가리킴)이 이를 걱정하여, 신하인 설(契)에게 사도(司徒: 주로 백성의 교화를 맡아 보았던 관리)를 시켜, 사람의 도리〔人倫〕을 가르치게 하였다. 이는 '부모와 자식 사이에는 친애함이 있어야 하고〔父子有親〕, 군주와 신하 사이에는 의로움이 있어야 하며〔君臣有義〕, 남편과 아내 사이에는 직분의 나뉨이 있어야 하고〔夫婦有別〕, 어른과 아이 사이에는 순서가 있어야 하며〔長幼有序〕, 벗과 벗 사이에는 믿음이 있어야 한다〔朋友有信〕'는 다섯 가지이다.[42]

유명한 이 오륜설을 통해 맹자가 주장하려고 했던 바의 핵심은, '인간 사회는 개별적인 개체로 존재하는 개인으로 구성되는 것이 아니라, 부모-자식, 군주-신하, 남편-아내, 어른-아이, 벗-벗의 관계로 구성되며, 이들 관계에는 필연적으로 친애함 · 올바름 · 분별 · 순서 · 믿음〔親 · 義 · 別 · 序 · 信〕의 질서가 이루어져야 하고, 그래야 조화롭고 평화로운 사회가 만들어질 수 있다'는 사실이다. 이러한 관점에서는, 모든 사회 행위는 각 관계 속에 내포되어 있는 질서와 조화의 달성을 목표로 삼게 된다는

41 夫君子所過者化 所存者神 上下與天地同流 豈曰小補之哉 (盡心上 13)

42 人之有道也 飽食暖衣 逸居而無教 則近於禽獸 聖人有憂之 使契爲司徒 教以人倫 父子有親 君臣有義 夫婦有別 長幼有序 朋友有信 (滕文公上 4)

논리가 이어진다.

이러한 논리를 미루어보면, 앞에서 언급했던 여인위선, 곧 다른 사람들과 함께 선을 이루는 일의 목표는 다른 것이 아니라, 사람들 사이에 조화와 질서를 이룸으로써 관계 융합을 도모하는 일이라는 사실이 분명해진다. 말하자면, 여인위선을 통한 사회관계 융합의 도모, 이것이 바로 『맹자』에서 제시되고 있는 도덕 실천(집의)의 목표인 것이다.

이렇게 『맹자』에서 도덕 실천은 일상생활에서 인의를 실행함으로써 다른 사람들과 함께 선을 이루어 사회관계에 질서와 조화를 이루는 일, 그리하여 관계 융합을 이루는 일을 목표로 하는 삶의 양식이다. 그렇다면, 이러한 도덕 실천의 궁극적 목표는 어떻게 이룰 수 있는가? 『맹자』에서 제시되고 있는 집의의 요체는 '자기를 미루어 다른 사람에게 미루어 가는 추기급인'(推己及人)과 '백성들과 즐거움과 괴로움을 함께 하는 여민동지'(與民同之)의 두 가지이다.

추기급인 공자는 "자기가 서고자 하는 곳에 남을 먼저 서게 하고, 자기가 이르고자 하는 곳에 남을 먼저 서게 하는 일"[43] 또는 "자기가 바라지 않는 일을 남에게 베풀지 않는 일"[44]이 바로 인(仁)이라고 하여, 타인에 대한 관심과 배려가 인의 핵심임을 천명하고 있다. 맹자도 이러한 관점을 이어받아, "어진 사람은 자기가 아끼고 사랑하는 것을 그 사랑하지 않는 것에까지 미루어감으로써 그것까지도 아끼게 되고, 어질지 못한 사람은 자기가 하고자 하지 않는 일을 그 아끼고 사랑하는 바에까지 미치게 하여 그것까지도 아끼지 못하게 된다"[45]고 보면서, 이렇게 "자기가 바라는 일

---

43 『論語』, 雍也 28.

44 顔淵 2; 衛靈公 23.

45 仁者以其所愛 及其所不愛 不仁者以其所不愛 及其所愛 (『孟子』, 盡心下 1)

을 남과 더불어 함께 모으고, 자기가 싫어하는 일을 남에게 베풀지 않으면, 사람들의 마음을 얻게 된다"[46]고 생각함으로써, 자기를 미루어 다른 사람에게 미루어가는 '추기급인'이 백성들의 마음을 얻고 나아가 천하를 얻는 기초가 된다고까지 표현하여, 이에 적극적인 의미를 부여하고 있다. 이러한 관점은 다음과 같은 진술문에 잘 드러나 있다.

> 나의 집 어른을 어른으로 공경하고 나아가 이런 공경심을 다른 사람의 어른에게까지 미루어가고, 나의 집 어린이를 사랑으로 보살피고 나아가 이런 마음을 다른 사람의 어린이에게까지 미루어 가게 되면, 천하는 마치 손바닥 위에 올려놓은 듯 다스릴 수 있다. [……] 그러므로 은덕을 널리 미루어가면 사해(四海)까지도 보전할 수 있지만, 은덕을 널리 미루어나가지 못하면 처자(妻子)도 보양할 수가 없다. 옛 성인들이 다른 사람들보다 크게 뛰어났던 것은 다름이 아니라, 오직 그 해야 할 바를 잘 미루어간 데 있을 따름인 것이다.[47]

이렇게 자기가 하고자 하는 바를 다른 사람들에게까지 미치도록 미루어 가고 또한 자기가 바라는 바를 다른 사람들에게까지 미치도록 미루어가는 것[推己及人], 이것이 바로 사람들과 함께 더불어 선을 이룸으로써[與人爲善] 사회관계의 융합을 이루는 하나의 요체라고 맹자는 보고 있는 것이다.

여민동지 추기급인 이외에 집의하여 사회관계의 융합을 도모하는 또 하나의 요체로 맹자가 들고 있는 것은 남과 더불어 즐거움과 걱정

---

46 得天下有道 得其民斯得天下矣 得其民有道 得其心斯得民矣 得其心有道 所欲與之聚之 所惡勿施爾也 (離婁上 9)

47 老吾老 以及人之老 幼吾幼 以及人之幼 天下可運於掌 [……] 故推恩 足以保四海 不推恩 無以保妻子 古之人 所以大過人者無他焉 善推其所爲而已矣 (梁惠王上 7)

을 함께 하는 '여민동지'이다. 이러한 여민동지의 태도는 특히 군주에게 요청되는 것으로, 이러한 점을 지적하여 맹자는 "군주가 백성들과 즐거움을 함께 하게 되면, 왕 노릇하는 데 아무런 문제가 없게 될 것"[48]이라고 보고 있다.[49] 곧 "군주가 백성들의 즐거움을 자기의 즐거움으로 삼게 되면 백성들도 또한 군주의 즐거움을 자기들의 즐거움으로 삼게 되고, 군주가 백성들의 걱정을 자기의 걱정으로 여기게 되면 백성들도 또한 군주의 걱정을 자기들의 걱정으로 여기게 된다. 이는 천하와 함께 즐거워하고 또 천하와 함께 걱정하는 것으로, 그러고도 왕 노릇을 못 한 사람은 아직까지 없었다"[50]고 맹자는 보고 있는 것이다.

그러나 여민동지는 단순히 선심(善心)만을 갖는다거나 또는 올바른 법도만을 갖추고 있다고 해서 이루어지는 것은 아니다. 이를 맹자는 다음과 같이 지적하고 있다.

> 요순(堯舜)의 도를 갖추고 있다고 해도 실제로 인정(仁政)을 베풀지 않으면 천하를 화평하게 다스릴 수가 없다. [……] 그러므로 한갓 착한 마음만을 지니고 있다고 해서 올바른 정사가 행해지는 것은 아니고, 한갓 옳은 법도만을 갖추고 있다고 해서 이것이 스스로 행해지는 것은 아니다. [……] 성인은 이미 그 마음과 생각을 다 기울이고 나서도, 이어서 남에게 차마 잔인하게 하지 못하는 정사[不忍人之政]를 베풀었기 때문에, 인(仁)으로 천하를 덮을 수가 있었던 것이다.[51]

---

48 今王與百姓同樂則王矣 (梁惠王下 1)

49 이러한 생각은 『孟子』의 첫 편인 「梁惠王篇」의 중심이 되고 있다: 1장의 주 80(p. 53) 참조.

50 樂民之樂者 民亦樂其樂 憂民之憂者 民亦憂其憂 樂以天下 憂以天下 然而不王者未之有也 (梁惠王下 4)

51 堯舜之道 不以仁政 不能平治天下 [……] 故曰徒善不足以爲政 徒法不能以自行 [……] 聖人 [……] 旣竭心思焉 繼之以不忍人之政 而仁覆天下矣 (離婁上 1)

이렇게 "천하에 물에 빠진 사람이 있으면 마치 자기가 빠뜨린 것처럼 생각하는 우(禹)나, 천하에 굶주리는 사람이 있으면 마치 자기가 굶주리게 한 것처럼 생각하는 후직(后稷)"[52]처럼, 천하의 중책을 자임하여,[53] 남에게 인의를 베푸는 것이 바로 남들과 더불어 즐거움과 걱정을 함께 하는 여민동지의 길이며, 이것이 바로 추기급인과 함께 여인위선을 통해 사회관계의 융합을 도모하는 또 한 가지 요체라고 맹자는 보고 있는 것이다.

(2) 관계 유지의 규범: 진도(盡道)

다른 유학자들과 마찬가지로 맹자는 개인 존재를 사회적 관계망 속의 상호 연관적인 존재로 본다. 개별적 존재로서의 개인은 이러한 사회적 관계망 속의 일부라는 의미만을 가질 뿐이며, 사회적 관계를 떠나서는 존재의의를 찾을 수 없다는 것이다. 개인 존재에 의의를 부여하는 이러한 관계망으로는 부자 · 군신 · 부부 · 장유 · 붕우 등을 들 수 있으며,[54] 이 중 부자와 장유(형제) 같은 가족 관계가 가장 기본적인 것이다. 이렇게 맹자는 사회관계의 단위를 개인 존재가 아닌 그가 속한 관계망으로 잡고 출발하는 것이다.

또한 맹자는 인간에게는 본유적으로 선단(善端)이 갖추어져 있으며, 스스로 이를 자각하고 일상생활에서 실천할 수 있다고 본다. 그가 보는 선단은 남을 불쌍하게 여기는 마음〔惻隱之心〕, 자기의 착하지 못함을 부끄러워하고 남의 착하지 못함을 미워하는 마음〔羞惡之心〕, 남을 공경하고 남에게 사양하는 마음〔辭讓之心〕, 옳고 그름을 가리려는 마음〔是非之心〕 같이 대체

52 禹思天下有溺者 由己溺之也 稷思天下有飢者 由己飢之也 (離婁下 29)

53 思天下之民匹夫匹婦有不與被堯舜之澤者 若己推而內之溝中 其自任以天下之重也 (萬章下 1)

54 滕文公上 4.

로 다른 사람과의 관계를 지향하고 있는 것이다. 곧 사람은 기본적으로 타인에 대한 관심과 사랑을 갖추고 있는 존재라고 맹자는 보는 것이다.

이러한 전제에서 보면, 사회관계에서 사람들이 추구하고 있는 목표는 각 관계에서 이루어야 할 자연적인 조화와 질서이다. 곧 부자 · 군신 · 부부 · 장유 · 붕우 사이의 관계에서 각각 친(親) · 의(義) · 별(別) · 서(序) · 신(信)을 유지함으로써, 각 관계에 내재하는 조화와 질서를 도모하는 것이 사회관계의 목표라고 보는 것이다. 이러한 조화와 질서는 각자가 놓여져 있는 관계망 속에서 각자가 '나'와 '너'라는 별개의 존재로서가 아니라, '우리'라는 하나의 단위로 통합되는 관계 융합을 통해 이루어진다고 볼 수 있다. 이렇게 보면, 맹자가 보는 사회관계의 목표는 바로 사람들 사이의 '관계 융합'이라고 할 수 있는 것이다. 전술한 '추기급인'과 '여민동지'는 바로 이러한 관계 융합을 이루는 요체라고 볼 수 있다.

앞에서 맹자는 인간 존재를 성선의 관점에서 이해함을 보았다. 그러나 그렇다고 해서 맹자가 인간의 생물적 이기적 욕구를 완전히 부정하는 것은 아니다. 아직 선단의 확충이 이루어지지 않아 물욕(物欲)에 가려지면, 이기적 욕구에 휩쓸릴 수도 있다는 점을 맹자도 받아들이는 것이다. 이렇게 보면, 사회 구성 이후 사람들 사이에 이기적 갈등이 빚어질 가능성이 있다는 점은 맹자도 인정하는 셈이다. 그렇다면, 맹자에게 있어서 이러한 사회관계에서의 이익 갈등을 제거함으로써 사회관계를 유지하는 방법은 무엇인가? 맹자는 이를 사회관계 속에 내재된 역할의 수행에서 찾는다. 맹자는 사회관계에 내포되어 있는 역할을 충실히 수행하는 일을 도를 이루는 길, 곧 진도(盡道)라고 표현하고 있다.[55]

맹자가 보는 사람을 둘러싸고 있는 기본적인 사회관계망은 부자 · 군

---

55 離婁上 2.

신 · 부부 · 장유 · 붕우의 다섯 가지이다. 이 다섯 가지 가운데 전자의 네 가지는 역할 구분에 의한 관계이다. 맹자에 따르면, 이러한 역할 구분은 인간 생활에서 필연적인 것이다. 그는 "무릇 모든 사물이 서로 같지 않은 것은 사물의 실상"[56]이므로, "대인(大人)이 할 일이 있고 또 소인(小人)이 할 일이 있다. (……) 어떤 이는 마음을 쓰게 마련이고, 또 어떤 이는 힘을 쓰게 마련"[57]이라고 본다. 따라서 사람들은 사회적 관계망 속에서 자기에게 부여된 역할을 충실히 수행해야 이러한 관계가 원만히 유지될 수 있다는 것이다. 이러한 사실은 공자도 이미 지적하고 있었던 바이다. 공자는 "제(齊)나라 경공이 정치에 대하여 묻자, '정치란 군주는 군주의 구실을 다하고 신하는 신하의 구실을 다하며, 부모는 부모의 구실을 다하고 자식은 자식의 구실을 다 하는 것일 뿐'이라고 답하여"[58] 유명한 정명론을 펴고 있다. 곧 각각의 관계망 속에 내재된 역할을 충실히 수행하는 것이 모든 일의 근본이 된다는 것이다.

맹자는 사회관계에서 이러한 역할을 수행하는 것은 바로 인의를 실행하는 일이라고 본다. 이러한 사실은 다음 진술문에 잘 드러나 있다.

> 군주다운 군주가 되려면 군주가 해야 할 일을 다해야 하고(盡君道), 신하다운 신하가 되려면 신하가 해야 할 일을 다해야 한다(盡臣道). 이 두 가지는 모두 요순(堯舜)을 본받아야 한다. 신하인 순(舜)이 군주인 요(堯)를 섬겼듯이 자기 군주를 섬기지 않으면 이는 자기 군주를 공경하지 않는 것이고, 요임금이 자기 백성들을 다스렸듯이 자기 백성을 다스리지 않으면 이는 자기 백성을 해치는 것이다. 공자께서도 이미 "도는 인(仁)을 지키느냐 아니면 인을 지키지 못

56 夫物之不齊 物之情也 (滕文公上 4)
57 有大人之事 有小人之事 (……) 故曰 或勞心 或勞力 (滕文公上 4)
58 『論語』, 顔淵 11.

하느냐의 두 가지가 있을 뿐이다"라고 말씀하신 바 있다.[59]

이 인용문에서 보듯이, 사회관계에서 각자에게 부여된 역할을 충실히 수행하는 것이 바로 인을 실행하는 길이며, 따라서 이를 통해 사회관계가 유지되는 것이라는 주장이 바로 맹자의 기본 입장이다. 맹자는 이 진술문에서 공자의 말씀을 인용하여, 각자의 역할을 다하는 것이 바로 인을 지키는 길이라고 함으로써, 사회관계에 내포되어 있는 역할을 충실히 수행하는 일은 인을 지키는 일, 곧 여인위선을 통해 사회관계의 질서와 조화를 도모하는 일의 핵심임을 천명하고 있다. 말하자면, 맹자는 사회관계 유지의 규범을 각 관계에 내재한 역할 수행에서 찾고 있는 것이다.

(3) 도덕 실천의 점진적 확대

이상에서 본 바와 같이, 자기를 미루어 남에게까지 미쳐 가고, 남들과 더불어 즐거움과 걱정을 함께 하며, 각자가 자기의 역할을 충실히 수행함으로써, 일상생활에서 남들과 더불어 인의(仁義)를 이루는 일이 바로 사회관계의 조화를 이룰 수 있는 방법이라는 것이 맹자의 도덕실천론의 요점이다. 맹자에게 도덕 실천은 곧 인의의 실천을 의미한다. 여기서 인(仁)은 곧 사랑이고, 의(義)는 인을 실행하는 일에서의 마땅함이다.[60] 그렇다면, 이러한 사랑의 실행은 처음부터 누구든지 똑같이 사랑하는 것이 마땅하다고 맹자는 생각하는가? 그렇지는 않다. 사랑의 실행에는 마땅히 그 차등 또는 단계가 있다는 차등애설(差等愛說) 또는 단계설을 주장하는 것이

---

59 欲爲君 盡君道 欲爲臣 盡臣道 二者皆法堯舜而已矣 不以舜之所以事堯事君 不敬其君者也 不以堯之所以治民治民 賊其民者也 孔子日 道二 仁與不仁而已矣 (『孟子』, 離婁上 2)

60 朱熹는 『孟子集註』에서 "인은 마음의 덕으로 사랑의 이치이고, 의는 마음을 다잡는 것으로 일의 마땅함이다"(仁者心之德 愛之理 義者心之制 事之宜也; 梁惠王上 1)라고 봄으로써, 인은 곧 사랑이고, 의는 곧 이를 실행하는 일에 있어서의 마땅함이라고 보고 있다.

바로 맹자의 입장인 것이다.[61]

그는 인의는 곧 어버이를 친애하고〔親親〕 어른을 공경하는 것〔敬長〕에서 출발한다고 본다. 즉, 어버이를 친애하는 친친(親親)과 어른을 공경하는 경장(敬長)이 인의의 근본이며, 출발점이 된다는 것이다. 그는 "인(仁)의 핵심은 어버이를 모시는 것이고, 의(義)의 핵심은 형을 따르는 것이며, 지(智)의 핵심은 이 두 가지를 깨달아 이를 버리지 않는 것이고, 예(禮)의 핵심은 이 두 가지를 조절하고 아름답게 꾸미는 것"[62]이라고 표현함으로써, 인간 행위의 당위적 규범인 인의예지의 핵심을 바로 친친과 경장에서 구하고 있는 것이다. 이러한 친친과 경장은 바로 사람이 양지(良知)와 양능(良能)을 구비하고 있으므로 나오는 자연스러운 것이지, 결코 인위적인 것이 아니다. 곧 "사람은 누구나 배우지 않고서도 할 수 있는 본연의 양능과 배우지 않고서도 알 수 있는 본연의 양지를 가지고 있는데, 바로 이러한 양지와 양능을 구비하고 있으므로, 사람은 누구나 어려서부터 자기 어버이를 사랑할 줄 알고, 점차 자라나면서는 누구나 자기 형을 공경할 줄 알게 마련이다. 어버이를 친애하는 친친이 바로 인이고, 윗사람을 공경하는 경장이 바로 의로, 인의란 다른 것이 아니라 바로 이러한 친친과 경장을 넓혀서 천하에 달통하도록 하는 일일 뿐인 것이다."[63]

따라서 "누구를 섬기는 것이 위대한가 하면, 바로 어버이를 섬기는 것이 위대하다. 〔……〕 누구를 섬기든 섬기는 것이 아니랴마는, 어버이를 섬기는 것이 섬김의 근본인 것이다."[64] 곧 어버이를 섬기는 사친이 모든 일

61 馮友蘭, 1948/1977, pp. 108~110.

62 孟子曰 仁之實 事親是也 義之實 從兄是也 智之實 知斯二者弗去是也 禮之實 節文斯二者是也 (離婁上 27)

63 孟子曰 人之所不學而能者 其良能也 所不慮而知者 其良知也 孩提之童無不知愛其親也 及其長也 無不知敬其兄也 親親 仁也 敬長 義也 無他 達之天下也 (盡心上 15)

64 孟子曰 事孰爲大 事親爲大 〔……〕 孰不爲事 事親事之本也 (離婁上 19)

의 근본이 되는 것이며, 그렇기 때문에 "부모의 마음에 들지 못 하면 사람이라고 할 수 없고, 부모에게 순종하지 않으면 자식이라고 할 수 없는 것이다."[65]

바로 이렇게 내 가까이에서 출발되는 친친과 경장의 도를 백성을 인애하고 사물을 아끼는 데까지 확장해야 한다는 것이 맹자의 단계설 또는 점진적 확장주의의 핵심이다. 이를 맹자는 다음과 같이 표현하고 있다.

> 군자가 사물을 대할 때는 이를 아끼고 사랑하기는 하지만, 사람을 대하듯이 인애하지는 않는다. 군자가 사람들을 대할 때는 그들을 인애하기는 하지만, 어버이를 대하듯이 친애하지는 않는다. 군자는 어버이를 친애하고 나서〔親親〕 사람들을 인애하고〔仁民〕, 사람들을 인애하고 나서 사물을 아끼고 사랑하는〔愛物〕 것이다.[66]

여기서 볼 수 있는 바와 같이, 다른 사람을 인애하는 것은 어버이를 친애한 후의 일이며, 사물을 아끼고 사랑하는 것은 다른 사람을 인애한 후의 일이라는 것이 맹자의 생각이다. 이렇게 친친과 경장을 인민(仁民)과 애물(愛物)로까지 확장하는 것이 바로 인의 실행의 단계이다. 이러한 확장을 통하여 "나의 집 어른을 공경하는 마음을 미루어 남의 어른을 공경하는 데까지 미쳐 가고, 나의 집 어린이를 보살피는 마음을 미루어 남의 어린이를 보살피는 데까지 미쳐 가는"[67] 추기급인을 이룰 수 있게 되는 것이며, 결국 여인위선으로까지 발전할 수 있게 되는 것이다. 맹자는 이러

65 不得乎親 不可以爲人 不順乎親 不可以爲子 (離婁上 28)

66 孟子曰 君子之於物也 愛之而不仁 於民也 仁之而弗親 親親而仁民 仁民而愛物 (盡心上 45)

67 梁惠王上 7.

한 인의의 점진적 확장을 강조하면서, 이를 "도는 가까이에 있는데 이를 멀리에서 구하려 하며, 해야 할 일은 쉬운 데 있는데 이를 어려운 데서 찾으려 한다. 사람마다 자기 어버이를 친애하고, 자기 어른을 공경한다면, 천하가 화평하게 될 것"[68]이라고 표현하고 있기도 하다. 이렇게 맹자는 여인위선을 통해 사회관계의 조화를 이루는 일은 가족관계 안에서 부모·형제 사이에 조화를 이루는 일을 바탕으로 삼아 점진적으로 미루어 나가야 할 일이라고 여기는 것이다.

3) 순자의 군거화일론

순자는 "도(道)는 하늘의 도도 아니고, 땅의 도도 아니며, 사람이 행해야 할 바로서 군자가 따르는 것"[69]이라는 유명한 인도론(人道論)을 제시하고 있는데, 이러한 인도의 표준이 바로 예(禮)이다.[70] 그러므로 순자의 예론은 곧 그의 인도론이 되는 셈이며, 이러한 점에서 순자 사상의 핵심[71]이라고 볼 수 있다.

순자 사상의 핵심으로서 이러한 예는 어느 시대, 어느 사회에서나 누구든지 걸어야 할 보편적인 이치이다.[72] 곧 예는 순자에게 있어서 절대 규범으로 부각되고 있으며,[73] 이러한 절대 규범으로서의 예를 인위적인 노

---

68 孟子曰 道在邇而求諸遠 事在易而求諸難 人人親其親 長其長 而天下平 (離婁上 11)

69 道者非天之道 非地之道 人之所以道也 君子之所道也 (『荀子』, 儒效 9~10): 楊倞(818)은 『荀子注』에서 人之所以道也를 人之所行之道也로 풀고 있으며, 王先謙(1891)도 『荀子集解』에서 人之所以道也의 道를 行의 誤字로 보고 있다.

70 禮者人道之極也 (禮論 13)

71 王先謙(1891)은 『荀子集解』의 序에서 "순자가 學을 논하고 治를 논함에 있어 모두 禮를 그 종지로 삼아 세밀한 부분을 반복하여 제시함으로써, 그 지향하는 뜻을 밝히기에 힘썼다"(荀子論學論治 皆以禮爲宗 反復推詳 務明其指趣)고 하여, 순자 사상의 핵심은 예론에 있음을 밝히고 있다.

72 蔡仁厚, 1984, pp. 362~367.

73 김승혜, 1990, pp. 261~271.

력을 통해 체득하고 일상생활에서 실천하는 것이 사람의 도리이며, 사람으로서 해야 할 일이라는 것이다. 이 점에서 바로 순자의 예론이 그의 인간론 전체에서 중심적인 위치를 차지하는 까닭을 찾아볼 수 있으며, 결과적으로 순자의 도덕실천론은 그의 예론을 근간으로 하고 있다고 생각할 수 있다.[74]

순자에게 예의 실천이 곧 도덕 실천이 되는 까닭은 순자가 예를 개인의 일상생활과 사회생활의 기본적인 규범이라고 보기 때문이다. 이러한 사실은 다음과 같은 진술문들에 잘 드러나 있다.

> 때를 만났을 때뿐만 아니라 궁할 경우에도 알맞고 이로운 것, 이것이 바로 예이다. 무릇 혈기와 의지와 사려는 예에 따르면 다스려지고 통하지만, 예에 따르지 않으면 어그러지고 느즈러진다. 음식과 의복과 거처와 행동은 예에 따르면 조화롭고 절도에 맞지만, 예에 따르지 않으면 조화를 잃어 병이 생기게 된다. 용모와 태도와 여러 동작은 예에 따르면 고상해지지만, 예에 따르지 않으면 거만하고 어긋나고 속되고 야비하게 된다. 그러므로 사람으로서 예가 없으면 살아갈 수가 없을 것이고, 어떤 일이든지 예가 없으면 이루어지지 않을 것이며, 나라 안에 예가 없으면 평안하게 될 수가 없을 것이다.[75]

> 천지는 예로 인해 합해지고, 해와 달은 예로 인해 밝아지며, 사계절은 예로 인해 순환하고, 별들은 예로 인해 운행하며, 강물은 예로 인해 흐르고, 만물은 예로 인해 번창한다. 좋아함과 싫어함(好惡)은 예로 인해 절도가 있게 되고,

74 순자의 예론과 이에 근거를 둔 군거화일론은 졸저(조긍호, 1998a, pp. 253~297, 381~387, 393~398)의 내용에 새로운 자료를 첨가하여 수정하고 보완함.

75 宜於時通 利以處窮 禮信是也 凡用血氣志意知慮 由禮則治通 不由禮則勃亂提僈 食飮衣服 居處動靜 由禮則和節 不由禮則觸陷生疾 容貌態度 進退趨行 由禮則雅 不由禮則夷固辟違 庸衆而野 故人無禮則不生 事無禮則不成 國家無禮則不寧 (修身 24~26)

> 기쁨과 노함〔喜怒〕은 예로 인해 온당하게 된다. 예로써 아랫사람 노릇하면 순조롭게 되고, 예로써 윗사람 노릇하면 밝게 통하게 된다. 만물이 변하여도 문란해지지 않고, 이에서 어긋나면 패망하게 되니, 예가 어찌 지극한 것이 아니겠는가? 그러므로 예를 근본으로 세워 표준으로 삼으면, 천하에 아무도 여기에 더할 것도 없고 또 덜어낼 것도 없을 것이다.[76]

위의 첫 인용문에서는 대체로 예가 개인의 일상생활의 규범임을 말하고 있고, 두 번째 인용문에서는 예가 자연 질서의 유지,[77] 개인 감정의 조화 및 사회 질서 유지의 규범으로도 작용하고 있음을 밝히고 있다. 이렇게 예는 모든 규범의 총칭이자 최고의 규범으로, 더 이상 더하거나 뺄 것이 없다는 것이다. 곧 "근본과 종말, 처음과 끝이 서로 따르고 맞지 않는 것이 없어서 만세의 법칙이 되기에 족한 것, 이것이 바로 예"[78]라는 것이다. 그러므로 순자에게 예는 바로 개인을 바로잡는 도구이면서[79] 동시에 국가와 온 세상을 바로잡는 도구이기도 한 것이다.[80] 바로 이러한 맥락에서 『순자』에서 예가 곧 사회관계를 맺는 핵심 규범 체계로 등장하게 된

---

76 天地以合 日月以明 四時以序 星辰以行 江河以流 萬物以昌 好惡以節 喜怒以當 以爲下則順 以爲上則明 萬物變而不亂 貳之則喪也 禮豈不至矣哉 立隆以爲極 而天下莫之能損益也 (禮論 11~12): 본문의 天地以合부터 以爲上則明까지에서 以는 모두 以禮를 가리킨다.

77 禮가 개인 감정의 조화나 사회 질서의 유지 이외에도 이렇게 자연 질서 유지의 규범으로도 작용한다는 것은 人道인 禮를 극진히 함으로써 사람이 천지에 참여하여(參於天地) 천지의 화육을 완성시킬 수 있다고 순자가 보고 있기 때문이다. 이는 天地者生之始也 禮義者治之始也 君子者禮義之始也 爲之貫之 積重之 致好之者 君子之始也 故天地生君子 君子理天地 君子者天地之參也 萬物之揔也 民之父母也 無君子 則天地不理 禮義無統 (王制 19); 天地生之 聖人成之 (富國 11)와 같은 순자 자신의 진술에서 잘 드러나고 있다.

78 使本末終始 莫不順比 足以爲萬世則 是禮也 (禮論 24)

79 禮者所以正身也 〔……〕 無禮何以正身 (修身 36); 禮及身而行修 (致士 16)

80 國無禮則不正 禮之所以正國也 譬之猶衡之於輕重也 (王覇 11); 禮者表也 非禮昏世也 (天論 36)

까닭을 찾아볼 수 있다.

(1) 사회관계의 목표: 군거화일(群居和一)

순자는 사람은 기본적으로 사회 조직을 떠나서는 살 수 없는 존재라고 본다. 곧 사람은 필연적으로 서로 모여 살〔群〕 수밖에 없는 존재라는 것이다.[81] 이렇게 사회생활을 할 수밖에 없는 까닭은 두 가지이다.[82] 첫째, 인간은 태어날 때부터 허약하고 무력한 존재이기 때문에 다른 생물과의 생존경쟁에서 살아남기 위해서 단결할 필요가 생긴다는 것이다.[83] 둘째, 인간 개개인은 능력과 기술에 한계가 있기 때문에, 삶을 영위하기 위하여 협동하고 상부상조할 필요가 생긴다는 것이다.[84]

이렇게 인간은 태어날 때부터 허약하고 무력하며, 또한 한 개인의 능력에는 한계가 있기 때문에 필연적으로 더불어 모여 살 수밖에 없는 존재로서, 이렇게 모여 살게 되면 다툼이 있게 되는데, 이러한 다툼을 제거할 수 있는 원칙이 필요하게 된다고 순자는 보고 있다. 이러한 "모여 사는 도리〔群道〕가 올바르면, 만물이 모두 마땅함〔宜〕을 얻게 되고, 가축들이 모두 잘 자라게 되며, 뭇 생물들이 모두 그 명(命)을 보존하게 되는데"[85] 이러한 올바른 사회생활의 도리, 곧 군도(群道)가 바로 인도의 표준인 예의[86]라는 것이 순자의 논리인 것이다.

---

81 故人生不能無群 (王制 21); 人之生不能無群 (富國 6)

82 馮友蘭, 1948/1977, pp. 202~204.

83 力不若牛 走不若馬 而牛馬爲用 何也 曰人能群 彼不能群也 人何以能群 曰分 分何以能行 曰以義 故義以分則和 和則一 一則多力 多力則彊 彊則勝物 〔……〕 故人生不能無群 群而無分則爭 爭則亂 亂則弱 弱則不能勝物 〔……〕 不可少頃舍禮義之謂也 (王制 20~21)

84 故百技所成 所以養一人也 而能不能兼技 人不能兼官 離居不相待則窮 群而無分則爭 窮者患也 爭者禍也 救患除禍 則莫若明分使群矣 (富國 2~3)

85 群道當 則萬物皆得其宜 六畜皆得其長 群生皆得其命 (王制 21)

86 禮論 13.

그렇다면, 사회관계에서 이러한 예의 실천, 곧 도덕 실천을 통해 인간이 얻게 되는 효과는 무엇인가? 순자는 인간은 자연 상태 그대로는 이기적 욕구에 가려 악하게 될 가능성이 크지만, 후천적으로 '몸과 마음을 두고 익히는 주조습속'(注錯習俗)에 따라 착하게 될 수 있는 존재라고 본다.[87] 곧 "반드시 장차 스승과 법의 감화와 예의의 인도가 있게 되면, 사양하는 데로 나아가고 규범과 합치되어, 안정된 사회가 이루어질 수 있다"[88]는 것이다.

앞에서 보았듯이, 이렇게 예의의 감화를 받을 수 있는 가능성을 지닌 사람들은 서로 의존하면서 사회를 이루어 모여 살지 않을 수 없는 존재여서, 사회관계를 떠나서는 존재 의의를 찾기 힘들다는 것이 순자가 인간을 파악하는 기본 관점이다. 그런데 사람들의 욕구는 많고, 자원은 부족하다는 데서 문제가 발생한다. 곧 "사람들은 같은 물건을 가지고 싶어 하기도 하고, 또 싫어하기도 한다. 또한 욕구는 많고, 자원은 부족하다. 이렇게 자원이 부족하면, 반드시 다투게 되는 것이다."[89] 그렇다고 해서 서로 떨어져서 살 수도 없는 노릇이다. 따라서 '몫과 사회적 역할을 분명히 하여 더불어 모여 삶'(明分使群)으로써,[90] 이러한 다툼을 방지하고, 사회생활을 평화롭게 하는 장치가 필요해지는 것이다. 이것이 바로 예로서, 예의 목적은 이렇게 사회관계에 조화를 이루게 하는 일인 것이다. 그러니까 예의

87 性也者 吾所不能爲也 然而可化也 情也者 非吾所有也 然而可爲也 注錯習俗 所以化性也 (儒效 35): 『荀子注』에서는 情也者의 情을 積의 誤字로 보고 있다; 材性知能 君子小人一也 好榮惡辱 好利惡害 是君子小人之所同也 若其所以求之之道則異矣 〔……〕 君子注錯之當 而小人注錯之過也 故熟察小人之知能 足以知其有餘可以爲君子之所爲也 譬之越人安越 楚人安楚 君子安雅 是非材性知能然也 是注錯習俗之節異也 (榮辱 28~30)

88 故必將有師法之化 禮義之道 然後出於辭讓 合於文理 而歸於治 (性惡 2)

89 欲惡同物 欲多而物寡 寡則必爭矣 (富國 2); 勢位齊 而欲惡同 物不能澹 則必爭 (王制 6)

90 離居不相待則窮 君而無分則爭 窮者患也 爭者禍也 求患除禍 則莫若明分使群矣 (富國 2~3)

필요성은 직접적으로 인간의 사회성에서 나오는 것으로, 순자는 바로 이러한 인간의 사회성에서 예의 필요성을 도출해내고 있다.[91] 그는 이를 다음과 같이 표현하고 있다.

> 무릇 귀(貴)하기로는 천자가 되고 부(富)하기로는 천하를 차지하는 것, 이것은 사람의 성정으로 똑같이 바라는 것이다. 따라서 사람의 욕구에만 따르면, 그 세(勢)는 용납할 수가 없고, 자원은 넉넉할 수가 없다. 그러므로 선왕이 그것을 위해 감안해서 예의를 제정하여, 각자의 몫과 할 일〔分〕을 나누었다. 그리하여 귀천의 등급, 장유의 차이, 지혜로운 사람과 어리석은 사람〔智 · 愚〕, 유능한 사람과 무능한 사람〔能 · 不能〕의 구분〔分〕이 있도록 하여, 사람들로 하여금 모두 자기의 일을 하도록 맡기고, 각각 그 합당함(宜)을 얻도록 하였다. 그런 뒤에 보수〔穀祿〕를 많거나 적게 하고, 후하거나 박하게 하는 알맞음〔稱〕이 있도록 하였다. 이것이 대체로 '더불어 모여 살면서 조화롭게 통일을 이루는 길'〔群居和一之道〕이다.[92]

이렇게 예의는 함께 모여 살면서 욕구는 많고 자원은 부족한 데에서〔欲多而物寡〕 필연적으로 빚어지는 다툼〔爭〕을 방지함으로써 '더불어 모여 살면서 조화롭게 통일을 이루는 길'〔群居和一之道〕이다. 이러한 사회생활에서 혼란 방지와 질서 유지의 필요성에서 바로 예의의 필요성이 도출되는 것이다. 그러므로 순자는 일상생활에서 예의를 실천하게 되면, 사회관계

91 김형효, 1990, pp. 122~133.

92 夫貴爲天子 富有天下 是人情之所同欲也 然則從人之欲 則勢不能容 物不能贍也 故先王案爲之制禮義以分之 使有貴賤之等 長幼之差 知賢愚能不能之分 皆使人載其事 而各得其宜 然後慤祿多少厚薄之稱 是夫群居和一之道也 (榮辱 39~40): 『荀子集解』에서는 知賢愚에서 知는 智로 읽어야 하고, 賢은 원문에서 삭제되어야 하며, 慤祿은 穀祿이 되어야 한다고 본다.

에 조화와 통일이 이루어진다고 본다. 이와 같이 예의 실천을 통해 '더불어 모여 살면서 조화롭게 통일을 이루는 군거화일'(群居和一)이 바로 모든 사회관계가 지향하는 목표라는 것이 순자의 예론의 핵심 요체인 것이다.

(2) 관계 유지의 규범: 명분(明分)과 수분(守分)

위의 인용문에서 보듯이, 순자는 일상적 도덕 실천, 곧 예의 실천의 목표를 군거화일에서 찾고 있다. 이러한 예를 통해 욕구는 많은데 자원은 부족한 데서 오는 다툼을 방지함으로써, 사회관계에 조화와 통일을 가져올 수 있다는 것이다. 서로 떨어져서 사는 환란과 서로 다투는 재앙을 방지하기 위해서는 서로의 몫과 역할을 나누어 같이 모여 살도록〔明分使群〕할 수밖에 없는데,[93] 이렇게 사회생활에서 각자의 역할과 그에 알맞은 몫을 나누는 규범 체계가 바로 예라는 것이 『순자』에서 제시되는 예론의 논리이다.

순자는 "사람은 무리지어 살지 않을 수 없다. 그런데 무리지어 살되 역할과 몫의 나뉨〔分〕이 없으면 다투게 되고, 다투면 혼란해지며, 혼란해지면 곤궁하게 된다. 그러므로 역할과 몫의 나뉨이 없는 것은 사람의 커다란 재앙이고 나뉨이 있는 것은 천하의 근본적인 이익"[94]이라고 봄으로써, 사회생활에서 역할과 몫의 구분이 가지는 가치를 높이 평가하고 있다. 이러한 구분의 기준이 바로 예인데, 그는 이를 "사람의 도(道)에는 변별〔辨〕이 없을 수 없고, 변별함에는 역할과 몫의 나눔〔分〕보다 더 큰 것이 없으며, 이러한 나눔의 기준으로 예보다 더 큰 것은 없다"[95]라고 표현함으로

---

93 富國 2~3.

94 人之生不能無群 群而無分則爭 爭則亂 亂則窮矣 故無分者 人之大害也 有分者 天下之本利也 (富國 6~7)

95 故人道莫不有辨 辨莫大於分 分莫大於禮 (非相 10)

써, 예의 가장 기본적인 기능이 역할과 몫의 구분임을 명백히 하고 있다. 이러한 그의 관점은 다음 진술에서 더욱 분명히 드러나고 있다.

> 나눔이 똑같게 되면 두루 미치지 못하고, 세력이 가지런하면 통일되지 못하며, 무리가 똑같으면 서로 부리지 못한다. 하늘이 있고 땅이 있듯이 위·아래의 차별이 있는 법으로서, 밝은 제왕〔明王〕이 세워져야 비로소 나라 일 처리함에 등차〔制〕가 생기게 된다. 대체로 두 귀한 존재는 서로 섬길 수가 없고, 두 천한 존재도 서로 부릴 수가 없는 법이다. 이것이 천수(天數)이다. 세력과 지위가 나란하고, 하고 싶은 것과 싫어하는 것이 같은데 자원이 풍부하지 못하면, 반드시 다투게 된다. 다투면 혼란해지고, 혼란해지면 곤궁해진다. 선왕(先王)은 이러한 혼란을 싫어하였다. 그리하여 예의를 제정해서 몫을 나누어, 가난한 이와 부자, 귀한 이와 천한 이의 등급이 있게 함으로써, 서로 겸하여 마주 대하기에 충분하게 하였다. 이것이 천하 사람들을 기르는 근본이다. 『서경』(書經)에 이르기를 "오로지 가지런하기만 한 것은 가지런한 것이 아니다"〔維齊非齊〕라고 했는데, 바로 이것을 말한 것이다.[96]

그렇다면, 이러한 예에 의해 무엇을 나누고, 또 이러한 나눔의 결과는 무엇인가? 앞에 인용된 「영욕」(榮辱)편 39~40의 논리에 따르면, 예의에 의해 "귀천의 등급, 장유의 차이, 지혜로운 사람과 어리석은 사람〔知·愚〕, 유능한 사람과 무능한 사람〔能·不能〕의 나뉨이 있게 되고, 그 결과 사람들이 모두 자기의 일을 맡아서 각각 그 합당함을 얻게 되며, 그런 뒤

---

96 分均則不偏 勢齊則不壹 衆齊則不使 有天有地 而上下有差 明王始立 而處國有制 夫兩貴之不能相事 兩賤之不能相使 是天數也 勢位齊 而欲惡同 物不能澹 則必爭 爭則亂 亂則窮矣 先王惡其亂也 故制禮義以分之 使有貧富貴賤之等 足以相兼臨者 是養天下之本也 書曰 維齊非齊 此之謂也 (王制 5~6): 『荀子集解』에서는 分均則不偏의 偏를 徧으로 읽어야 한다고 보고 있다.

에 보수의 다소(多少)와 후박(厚薄)의 알맞음이 있게 된다." 이 인용문에서 보면, 예의에 의하여 귀천으로 대표되는 사회등급, 장유로 대표되는 사회윤리, 지 · 우와 능 · 불능으로 대표되는 사회직분이 나누어지게 된다. 그리고 이러한 나눔의 결과 각자가 자기의 일을 맡아서〔各得其事〕 그에 맞는 합당한 보수를 얻게 됨으로써〔稱宜〕[97] 사회생활을 조화롭게 유지하게 되는 것〔群居和一〕이다.

예를 통한 나눔의 결과, 상례와 제례〔喪祭〕 같은 사회의식(儀式), 귀천과 같은 사회등급, 군신 · 부자 · 형제 같은 사회윤리, 그리고 사 · 농 · 공 · 상 같은 사회직분이 모두 예에서 통일되어, 각각의 맡은 몫과 역할을 충실히 수행하게 된다고 순자는 보고 있는데, 이러한 사실은 다음과 같은 지적에서 잘 드러나고 있다.

> 그러므로 상례와 제례〔喪祭〕, 조정의 의식〔朝聘〕, 군대의 의례〔師旅〕가 결국 하나로 통일된다. 사회적 신분〔貴賤〕, 사법 제도의 적용〔殺生〕, 정치 권한의 실천〔與奪〕도 하나로 통일된다. 군주가 군주의 역할을 다하고〔君君〕, 신하가 신하의 역할을 다하는 것〔臣臣〕, 부모가 부모의 역할을 다하고〔父父〕, 자식이 자식의 역할을 다하는 것〔子子〕, 형이 형의 역할을 다하고〔兄兄〕, 아우가 아우의 역할을 다하는 것〔弟弟〕도 모두 하나로 통일된다. 그리고 농부가 농부의 역할을 다하고〔農農〕, 선비가 선비의 역할을 다하며〔士士〕, 공인이 공인의 역할을 다하고〔工工〕, 상인이 상인의 역할을 다하는 것〔商商〕도 모두 하나로 통일되는 것이다.[98]

97 禮者貴賤有等 長幼有差 貧富輕重皆有稱者也 (富國 5); 曷謂別 曰 貴賤有等 長幼有差 貧富輕重皆有稱者也 (禮論 2)

98 故喪祭朝聘師旅一也 貴賤殺生與奪一也 君君臣臣父父子子兄兄弟弟一也 農農士士工工商商一也 (王制 20)

여기서 모든 사회의식과 사회제도 및 사회등급, 사회윤리, 사회직분 같은 모든 사회관계를 하나로 통일하는 원리는 바로 예이다. 바로 이렇게 예에 의해 일체의 관계를 조율하여[99] 군거화일할 수 있는 것은, 바로 예가 사회관계에서 각자가 해야 할 역할과 그 합당한 몫을 나누는 분(分)의 체계이기 때문인 것이다.

이렇게 나눔을 통해 다툼을 방지하고 군거화일을 이루기 위해서는 우선 각자가 할 일과 그 몫을 분명히 해야 하고〔明分〕, 이러한 기초 위에서 각자의 직분을 충실히 수행해야 한다〔守分〕는 것이 순자의 생각이다. 곧 순자의 사회관계론에서는 사회관계 유지의 규범을 바로 명분(明分)과 수분(守分)에서 찾고 있는 것이다. 다양한 사회관계 가운데 순자가 특히 중시하고 있는 것은 군신 · 부자 · 부부 · 장유 · 형제 같은 사회윤리의 관계와 사 · 농 · 공 · 상 같은 사회직분의 관계이다. 그러므로 사회관계 유지의 규범으로서의 명분(明分)과 수분(守分)도 이 두 관계의 측면으로 나누어 고찰해볼 수 있다.

명분 사회윤리 관계에서 각자가 할 일은 예에 의해 규정되는데,[100] 이의 핵심은 공경(恭敬)이다.[101] 곧 모든 사람을 예에 따라 공경하는 것이 바로 인륜(人倫)이라는 것이다.[102] 이러한 예에 따른 공경은 대상에 따라

---

99 修身 24~26; 程者物之準也 禮者節之準也 (致士 19); 夫義者 所以限禁人之爲惡與姦者也 〔……〕 夫義者內節於人 而外節於萬物者也 上安於主 而下調於民者也 內外上下節者義之情也 (彊國 19~20) 이 구절의 결론 부분에 故爲人上者 必將愼禮義 務忠信 然後可 此君人者之大本也라는 말이 이어지는데, 여기서는 禮義라고 연용되고 있는 것으로 보아, 본문의 義는 禮義라고 보아야 한다. 『荀子』에서 禮는 義와 연결되어 같은 의미로 사용되는 경우가 많은데, 이에 대해서는 이 장의 주 6(p. 301) 참조.

100 禮以定倫 (致士 19)

101 恭敬禮也 (臣道 2); 君子之於禮 敬而安之 (君道 6)

102 仁者必敬人 凡人非賢 則案不肖也 〔……〕 敬人有道 賢者則貴而敬之 不肖者則畏而敬之

다르게 불리는데, 예란 귀한 이에게는 삼가는 것〔敬〕이고, 노인에게는 잘 섬기는 것〔孝〕이며, 어른에게는 공손한 것〔弟〕이고, 어린이에게는 사랑을 베푸는 것〔慈〕이며, 천한 이에게는 은혜를 베푸는 것〔惠〕이다.[103]

따라서 이렇게 예에 의해 규정된 각 관계에 따른 올바른 도리〔義〕를 익히고 닦는 일이 인륜의 요체라는 것이 순자의 견해이다. 이는 다음 진술문에 잘 드러나 있다.

> 군주에게는 신하의 도리를 닦고, 동네 사람에게는 장유(長幼)의 도리를 닦으며, 어른에게는 젊은이〔子弟〕의 도리를 닦고, 벗에게는 예절과 사양의 도리를 닦으며, 신분이 낮고 나이가 젊은 사람에게는 바르게 타일러 이끌어주고 관용을 베푸는 도리를 닦아야 한다. 그리하여 마치 천지가 만물을 널리 끌어안듯이 누구나 다 사랑하고, 누구나 다 공경하며, 누구하고도 다투지 않아야 한다. 이렇게 하면, 현명한 사람은 그를 귀히 여기고, 어리석은 사람을 그를 친애하게 될 것이다.[104]

이러한 사회윤리 관계에서 각자가 해야 할 역할을 바르게 하는 명분의 원칙은 사회직분 관계에도 그대로 적용된다. 특히 이 경우에는 "덕에 비추어서 지위를 정하고, 능력을 헤아려서 관직을 수여함으로써, 각자가 맡아서 할 일을 분명히 하여 사회생활의 올바름을 이루는 일"[105]에 주안점

賢者則親而敬之 不肖者則疏而敬之 其敬一也 其情二也 若夫忠信端愨而不害傷 則無接而不然 是仁人之質也 (臣道 10~12)

103 禮也者 貴者敬焉 老者孝焉 長者弟焉 幼者慈焉 賤者惠焉 (大略 6)

104 遇君則修臣下之義 遇鄉則修長幼之義 遇長則修子弟之義 遇友則修禮節辭讓之義 遇賤而少者 則修告導寬容之義 無不愛也 無不敬也 無與人爭也 恢然如天地之苞萬物 如是則賢者貴之 不肖者親之 (非十二子 33)

105 論德而定次 量能而授官 皆使其人載其事 而各得其所宜 (君道 12); 德以敍位 能以授官 (致士 19)

을 두게 된다. 이러한 사회직분 관계에서 "할 일을 분명히 하는 것은 온 천하 사람들을 풍족하게 하는 길"[106]이 되기 때문에, 사회관계를 유지하는 규범으로서의 명분은 또한 치국(治國)의 근본이기도 한 것이다.[107] 이러한 사실은 다음과 같은 진술에 잘 드러나 있다.

> 농민은 토지를 나누어 경작하고, 상인은 재화를 나누어 판매하며, 여러 기술자들은 일을 나누어 근로하고, 사대부는 직책을 나누어 정사에 참여하며, 나라를 세운 제후의 군주는 영토를 나누어 수호하고, 삼공(三公)은 방략을 총괄하여 의논하니, 천자는 다만 자기 몸을 삼가기만 하면 될 뿐이다. 나가거나 들어오거나 이와 같아서, 천하에 평화롭고 고르지 않은 곳이 없고, 다스려지지 않은 곳이 없게 하는 것, 이것이 모든 임금이 실천해온 것이고, '예법에 따른 큰 나눔'〔禮法之大分〕인 것이다.[108]

이렇게 예에 따라 "모든 사람이 각각 그 일을 맡아 그 합당함을 얻게 하는 일"[109]이 바로 사회윤리 관계나 사회직분 관계 같은 모든 사회관계 유지의 제일 규범이라는 것이 순자의 입장인 것이다.

수분 순자가 보는 사회관계 유지의 두 번째 규범은 명분에 의해 밝

---

106 兼足天下之道 在明分 (富國 12)

107 王覇 11; 天論 36; 彼國者亦有砥礪 禮義節奏是也 故人之命在天 國之命在禮 (彊國 1~2)

108 農分田而耕 賈分貨而販 百工分事而勸 士大夫分職而聽 建國諸侯之君 分土而守 三公總方而議 則天子共己而已矣 出若入若 天下莫不平均 莫不治辨 是百王之所同也 而禮法之大分也(王覇 16~17, 25~26): 『荀子注』에서는 天子共己의 共을 恭으로 보고 있으며, 禮法之大分也의 分에 대해 禮法大分 在任人各使當其職分也라고 하여, 여기서의 分을 '각자에게 적합한 역할을 맡기는 것'이란 뜻으로 풀고 있다.

109 榮辱 40; 君道 12.

혀진 각자의 일을 사회관계에서 충실히 지키고 수행하는 일〔守分〕이다. 이러한 사실을 그는 다음과 같이 진술하고 있다.

> 무릇 군주와 신하 사이의 의(義), 부모와 자식 사이의 친(親), 남편과 아내 사이의 별(別) 같은 것은 매일매일 닦아서 실행하는 데 쉼이 없어야 한다.[110]

> 농민은 힘으로써 농사일에 최선을 다하고, 상인은 시장 동향을 잘 살핌으로써 재물을 늘이는 일에 최선을 다하며, 여러 기술자들은 도구와 그릇을 만드는 일에 최선을 다하고, 사대부 이상 공후(公侯)에 이르기까지는 누구나 어짊과 후덕함 및 지혜와 능력으로써 관직을 충실히 수행하는 데 최선을 다한다. 무릇 이러한 것을 일러 '지극한 평등'〔至平〕이라고 한다.[111]

여기서 처음 인용문은 사회윤리 관계에서의 수분을 말하는 것이고, 나중의 인용문은 사회직분 관계에서의 수분을 말하는 것이다. 그렇다면, 이러한 수분은 각각 어떻게 해야 하는가?

사회윤리 관계에서의 수분은 두 사람 사이의 관계에서 요구되는 역할을 쌍무적으로 수행하는 일이다. 이를 순자는 다음과 같이 비교적 자세하게 진술하고 있다.

> 남의 군주 노릇하는 방법은 백성과 신하들에게 예로써 나누어 베풀어 고르게 두루 미치면서 치우치지 않게 하는 것이고, 남의 신하 노릇하는 방법은 예로써 군주를 모시고 충성스럽게 순종하면서 게으르지 않은 것이다. 남의 부모

110 若夫君臣之義 父子之親 夫婦之別 則日切瑳 而不舍也 (天論 33)

111 農以力盡田 賈以察盡財 百工以巧盡械器 士大夫以上至於公侯 莫不以仁厚知能盡官職 夫是之謂至平 (榮辱 40)

> 노릇하는 방법은 자식들에게 너그럽게 베풀되 예를 지키는 것이고, 남의 자식 노릇하는 방법은 부모를 경애하면서 그들에게 지극히 공손한 것이다. 남의 형 노릇하는 방법은 아우에게 자애로우며 우애를 보여주는 것이고, 남의 아우 노릇하는 방법은 형을 공경하여 굽히고 어긋나지 않는 것이다. 남의 남편 노릇하는 방법은 아내와 조화를 이루려 노력하되 음란하지 않고, 일에 임하여 분별이 있는 것이고, 남의 아내 노릇하는 방법은 남편이 예가 있으면 부드럽게 따라서 듣고 모시고, 남편이 예가 없으면 두려워하여 스스로 나서지 않는 것이다. 이러한 역할 수행의 도를 한쪽만 지키면 둘 사이의 관계가 혼란스럽게 되지만〔偏立而亂〕, 양쪽이 다 지키면 두 사람 사이의 관계에 조화와 질서가 이루어지게 될 것이니〔俱立而治〕, 잘 상고해보아야 할 것이다.[112]

이 인용문은 사회윤리 관계에서 할 일은 쌍무적인 것이므로, 각자가 자기에게 주어진 역할을 동시에 함께 수행해야 양자 사이에 질서가 이루어져 관계의 유지가 가능함을 말하고 있다. 이는 군주-신하, 부모-자식, 형-아우, 남편-아내 사이의 관계가 엄격한 상하 관계가 아니라 쌍무적이고 상호의존적인 관계임을 의미하는 것으로, 이러한 역할 수행의 쌍무성(상호의존성)이 바로 사회윤리 관계에서 각자가 자기의 역할을 수행하는 수분의 핵심이라는 순자의 관점을 잘 드러내고 있는 것이다.

이에 견주어, 사회직분 관계에서 각자의 역할을 수행하는 수분의 방법으로 순자가 제시하는 것은 "각자가 자기의 일을 익히고 이를 확고히 지

112 請問爲人君 日以禮分施 均徧而不偏 請問爲人臣 日以禮待君 忠順而不懈 請問爲人父 日寬惠而有禮 請問爲人子 日敬愛而致文 請問爲人兄 日慈愛而見友 請問爲人弟 日敬詘而不苟 請問爲人夫 日致功而不流 致臨而有辨 請問爲人妻 日夫有禮 則柔從聽侍 夫無禮 則恐懼而自竦也 此道也 偏立而亂 俱立而治 其足以稽矣 (君道 5): 『荀子集解』에 따라 人子句의 文은 恭, 人弟句의 苟는 悖로 보고, 人夫句의 功은 鄭長澈(1992, p. 273)과 鄭仁在(1992, p. 68)를 따라 和로 보았다.

키며, 마치 눈 · 코 · 입 · 귀 같은 기관이 그 기능을 서로 빌려서 할 수 없듯이 사람의 모든 일도 마찬가지이므로, 일단 일이 나누어지면 다른 일을 찾지 말고, 차례가 정해지면 순서를 혼란스럽게 하지 말아야 한다"[113]는 것이다. 이러한 관점을 순자는 다음과 같이 표현하고 있다.

> 잘 다스려지는 나라에는 각자의 직분이 이미 정해져 있으므로, 군주와 신하 및 기타 모든 관리에 이르기까지 모두가 각기 자기의 직분에 대하여 들은 것만 삼가 지켜나갈 뿐, 듣지 못한 자기 직분 밖의 일은 들으려고 하지 않고, 각기 자기의 직분에 대하여 본 것만 삼가 지켜나갈 뿐, 보지 못한 자기 직분 밖의 일은 보려고 하지 않는다. 이와 같이 각자의 직분에 대하여 보고 듣는 것이 참으로 가지런하고 바르다면, 비록 먼 산간벽지에 사는 사람일지라도 누구나 다 자기의 본분을 소중히 여기며, 나라의 제도에 안심하여(敬分安制), 그 윗사람에게 감화를 받지 않는 사람이 없을 것이다. 이것이 바로 잘 다스려지는 나라의 징표인 것이다.[114]

이렇게 사회직분 관계에서의 수분의 방법은 다른 사람의 일에는 관여하지 말고, 자기에게 주어진 직분에만 충실하는 일이다. 곧 "군신과 상하, 귀천과 장유로부터 모든 서민에 이르기까지 모두가 예를 높여서 바른 표준으로 삼은 다음에, 안으로 스스로를 살펴서 자기의 본분에만 삼가 열심히 하는 것(謹於分), 이것은 모든 임금들이 같이 실천한 바로써, 바로 예법

113 人習其事而固 人之百事 如耳目鼻口之不可以相借官也 故職分而民不探 次定而序不亂 (君道 15)

114 治國者 分已定 則主相臣下百吏 各謹其所聞 不務聽其所不聞 各謹其所見 不務視其所不見 所聞所見 誠以齊矣 則雖幽閒隱辟 百姓莫敢不敬分安制 以化其上 是治國之徵也 (王覇 28~29)

의 핵심"[115]이라는 것이다. 이렇게 자기의 본분만을 삼가고 지켜서, 모든 사람이 자기의 일에만 열심이고, 다른 일에는 마음을 쏟지 않는 것,[116] 이것이 바로 사회직분 관계에서의 수분의 핵심이라는 것이 순자의 논지이다. 이렇게 해야 자기가 할 일 밖의 일을 찾아다니느라고 자기가 할 일을 미루어두는 일이 없어지게 됨으로써, 각자가 충실하게 자기 역할을 수행할 수 있을 것이기 때문이다.[117]

(3) 도덕 실천의 점진적 확대

순자는 사람이 우주 안에서 가장 귀한 존재가 되는 까닭을, 우주 안의 모든 생명체 가운데 사람만이 '변'(辨)[118]과 '의'(義)[119] 같은 도덕성의 체계를 갖추고 있다는 사실에서 찾고 있다. 여기서 '변'은 사회를 구성하는 사람들 각자가 해야 할 '역할과 몫을 나누는 일'을 말하고, '의'는 이러한 과정에서의 '마땅하고 올바름'을 말한다. 그러므로 순자에게 '변'과 '의'는 곧 예의 체계를 말하는 것이고, 따라서 인간이 우주 안에서 가장 귀한 존재가 되는 까닭은 바로 인간만이 예의 체계를 갖추고 있기 때문이라는 것이 순자의 주장이다.

여기서 사회관계에서 각자가 마땅히 해야 할 역할과 그에 합당한 몫을 나누는 '변'은 도덕적 인식능력인 '지'(知)를 기초로 하는 것이고, '의'는

---

115 君臣上下 貴賤長幼 至于庶人 莫不以是爲隆正 然後皆內自省 以謹於分 是百王至所同也 而禮法之樞也 (王覇 25)

116 순자는 이러한 생각을, 농부를 예로 들어, "농부가 성실하게 농사일에만 힘을 쓰고, 다른 일은 잘하지 못하게 한다"(使農夫樸力而寡能, 王制 6; 農夫朴力而寡能, 王覇 36; 農夫莫不朴力而寡能矣, 王覇 36)고 여러 번 진술하고 있다.

117 故職分而民不探 次定而序不亂 兼聽齊明 而百事不留 如是則臣下百吏 至于庶人 莫不修己而後敢安止 誠能而後敢受職 (君道 15)

118 非相 9~10.

119 王制 20.

사회관계에서 각자에게 부여된 역할을 올바르고 마땅하게 실행하는 도덕적 행위능력인 '능'(能)을 기초로 하는 것이라는 사실[120]을 상기해볼 필요가 있다. 순자는 자주 도덕적 인식능력인 '지'와 도덕적 행위능력인 '능'을 함께 언급하여,[121] 도덕성(예)의 인식은 그 실천을 목표로 하는 것으로 보고 있다. 이는 지행합일을 강조하는 유학사상의 기본 입장에 비추어볼 때, 매우 당연한 논리적인 귀결이라고 할 수 있는 것이다.

이러한 예의 인식과 실천의 관계에 대해 순자는 "도를 알기만 하는 것은 이를 행하는 것만 못하다. 배움이란 배운 것을 실제로 행하는 데에서 끝나는 것"[122]이라고 하여, 예의 인식은 그 실천을 위해 필요한 단계일 뿐이며, 예의 실천이 그 목표임을 분명히 하고 있다. 다음 인용문은 여기서 더 나아가 도덕적 인식과 실천의 구체적 내용에 대해 진술하고 있다.

> 마음으로 도를 인식하게〔知道〕 된 다음에라야 도를 올바른 것으로 인정하여 받아들이게〔可道〕 되고, 도를 올바른 것으로 인정하여 받아들인 다음에라야 도덕적 실천능력을 통해 도를 지키고〔守道〕, 그럼으로써 도가 아닌 것을 금할 수 있게〔禁非道〕 되는 것이다.[123]

이 인용문에서는 '지도(知道) → 가도(可道) → 수도(守道) → 금비도(禁非道)'의 순서를 도덕성의 인식과 그 일상적 실천의 순서로 제시하고 있다. 여기서 도를 옳은 것으로 받아들이는 가도(可道)는 도덕적 선택 작용을 말하고, 이를 일상생활에서 지키는 수도(守道)와 도가 아닌 것을 금하는 금비

120 2장의 '순자의 인성론'(pp. 140~160) 항목 참조.

121 榮辱 28~30; 性惡 13.

122 知之不若行之 學至於行之而止矣 (儒效 33)

123 心知道 然後可道 可道然後能守道 以禁非道 (解蔽 11)

도(禁非道)는 도덕적 실천을 말하는 것이다. 이러한 도덕적 선택과 실천이 바로 도덕적 행위라고 보면, 이의 근거는 도덕성의 인식, 곧 지도(知道)에 있다는 사실이 이 인용문에서 순자가 밝히려 했던 내용이라고 볼 수 있다.

이렇게 보면, 순자도 공자나 맹자와 마찬가지로 도덕성의 인식은 이의 일상적 실천을 목표로 하는 것이라는 관점을 지니고 있음이 분명하다. 다만 순자는 인간의 지성 주체로서의 측면을 강조하여, 도덕성의 실천은 도덕성, 곧 예의 체계에 대한 확실한 인식과 상황에 알맞은 내용의 선택을 전제로 하여 이루어지는 것이라는 견해를 강하게 피력하고 있다는 특징을 보이고 있는 것이다.

이러한 도덕성의 인식과 실천을 통합하여 온전하게 도를 체득한 성인(聖人)[124]이 되는 일이 배움의 목표이면서, 동시에 인간 삶의 최종적인 지향점이 된다는 주장[125]이 순자의 성인론의 특징이다. 순자는 이러한 성인의 단계는 '사(士) → 군자 → 성인'의 삼 단계를 거쳐 도달하게 된다고 본다. 이러한 사실은 "배움의 궁극적인 의의는 사(士)가 되는 데에서 시작하여 성인이 되는 데에서 끝난다"[126]는 구절에서 잘 드러나고 있다.

그런데 순자에게 사 · 군자 · 성인은 도덕 의지〔志〕, 도덕적 행실〔行〕 및 도덕적 지식〔知〕의 세 측면에서 어느 정도의 강도 또는 깊이까지 나아갔는지 하는 점에서의 차이를 통해 드러나는 것이다.[127] 이렇게 순자가 "지(志) · 행(行) · 지(知)의 세 방면에서 인격의 등급을 논하고 있다"[128]는 사실

124 儒效 36; 正論 6; 解蔽 13.

125 勸學 12; 儒效 13~14, 33; 禮論 14; 解蔽 26.

126 學惡乎始 惡乎終 〔……〕 其義則始乎爲士 終乎爲聖人 (勸學 12): 王先謙(1891)은 『荀子集解』에서 이 구절을 해설하면서 "『순자』에서는 사 · 군자 · 성인을 세 등급으로 보고 있다(荀書以士君子聖人爲三等)"라고 하여, 이러한 사실을 확인해 주고 있다.

127 修身 36; 儒效 13~14, 19~20, 37~38; 解蔽 26.

128 蔡仁厚, 1984, p. 495.

은 다음 진술문에서 잘 드러난다.

> 도덕 의지〔志〕는 애써 사욕을 억제한 뒤에야 비로소 공평해지고, 도덕적 행실〔行〕은 애써 자기 성정을 억제한 뒤에야 비로소 닦여지며, 도덕적 지식〔知〕은 남에게 즐겨 물어본 뒤에야 비로소 재능이 갖추어지게 된다. 이렇게 되어 의지가 공평해지고, 행실이 닦여지고, 도덕적 재능이 갖추어진 사람은 소유(小儒)라고 할 만하다. 그러나 아무런 인위적인 노력 없이도 의지〔志〕는 저절로 공평하고, 행실〔行〕은 저절로 닦여졌으며, 지식〔知〕은 모든 법도와 원리에 통달했으면 대유(大儒)라고 할 만한 것이다.[129]

이와 같이 도덕 의지(志), 도덕적 행실(行), 그리고 도덕적 지식(知)을 닦는 과정에 있는 사람이 사(士)이고, 상당히 닦여 있지만 아직 미진한 상태에 있는 사람이 군자이며, 완전히 도와 일체가 되어 억지로 노력함이 없이도 스스로 편안하게 된 사람이 성인이라는 것이 바로 순자의 생각이다. 곧 성인은 후천적인 노력을 통해 이루어지는 것으로,[130] 이들은 태어나면서부터 보통 사람과 다른 것이 아니라, 후천적인 쌓음의 정도가 다를 뿐이라는 것이다.[131] 이렇게 보면, 의지 · 행실 · 지식 세 측면의 점진적인 축적 과정[132]을 통해 '사 → 군자 → 성인'의 단계를 거쳐 도덕적 완성의 상태에 도달하게 된다는 다방면 동시점심주의(同時漸深主義)가 바로 순자

129 志忍私 然後能公 行忍情性 然後能修 知而好問 然後能才 公修而才 可謂小儒矣 志安公 行安修 知通統類 如是則可謂大儒矣 (儒效 37~38).

130 儒效 36; 性惡 4.

131 榮辱 28~30, 31~32; 性惡 7, 11.

132 이 세 측면에서의 축적을 표현하는 순자의 진술은 위의 인용문(儒效 37~38) 이외에도 榮辱 28; 非相 15, 19; 王覇 3; 君道 7, 16; 天論 28; 正論 6, 28~29; 解蔽 13 등 여러 곳에서 산견된다.

가 보는 도덕 실천의 점진적 확대론인 것이다.

4) 선진유학사상의 사회관계론 종합

지금까지 『논어』, 『맹자』, 『순자』 같은 선진유학의 경전에 드러나 있는 도덕 실천론을 통해 선진유학자들의 사회관계론의 모습을 살펴보았다. 선진유학자들은 수기를 통해 체득한 도덕성을 일상생활에서 실천하는 일이 군자와 성인이 사회적인 삶을 영위하는 기본적인 모습이라고 보며, 따라서 도덕실천론이 곧 그들의 사회관계론이 된다. 이러한 선진유학자들의 도덕실천론은 사회관계의 융합과 조화를 이루는 일을 사회생활의 목표라고 보는 공통성을 띠고 있다.

선진유학자들의 사회관계론이 갖고 있는 또 하나의 공통점은, 그들이 모두 사회관계의 조화 추구라는 도덕 실천의 목표는 각 관계에 내재해 있는 역할의 충실한 수행을 통하여 이루어진다고 주장하고 있다는 사실이다. 공자의 정명론, 맹자의 진도론, 순자의 명분 · 수분론은 모두 역할의 명확한 인식과 수행을 사회관계 유지의 가장 중핵적인 규범으로 여기는 체계들인 것이다.

이러한 선진유학자들의 사회관계론은 사회성을 강조하여 인간 존재를 파악하는 그들의 인간관을 그대로 반영하고 있다. 곧 인간은 개체적 특성만으로 살아가는 존재가 아니라, 태어날 때부터 다른 사람들과 맺는 관계 속에서 살아가는 존재라는 관점, 곧 인간 존재의 사회성에서 도덕 실천의 근거를 찾는 것이 선진유학자들의 견해인 것이다. 이제 여기에서는 선진유학자들의 이러한 사회관계론을 종합하여 정리해보기로 하겠다.

(1) 사회관계의 목표: 관계의 융합과 조화의 추구

공자는 개체가 지닌 이기적 욕구와 감정을 극복하는 극기가 이루어진 다음에, 일상적 도덕의 체계인 예로 돌아가는 복례를 통해 사회관계의 조화를 도모하는 일이 도덕 실천의 목표라고 보는 복례론을 제시하고 있다. 맹자는 일상적 도덕 실천, 곧 집의를 통해 다른 사람들과 함께 선을 이룸으로써 사회관계의 융합을 이루는 일이 도덕 실천의 목표라는 여인위선론을 제시하고 있다. 순자는 도는 하늘의 도나 땅의 도가 아니라 사람이 행해야 하는 일에서 찾아야 한다는 인도론의 바탕 위에서, 이러한 인도의 표준인 예의 체계를 일상적으로 실천함으로써 사회생활의 조화와 통일을 이루는 것이 도덕 실천의 목표라는 군거화일론을 제시하고 있다.

공자: 복례를 통한 사회관계의 조화 공자는 자기의 사욕을 극복하는 극기와 사회생활에서 예의 체계로 돌아가는 복례가 곧 인을 행하는 길이라는 극기복례론을 제시하여, 유학적 사회관계론의 초석을 놓고 있다. 그런데 극기와 복례 중에서 공자가 더 중시한 것은 복례이다. 공자는 인을 행하는 세목을 묻는 안연에게 "예가 아니면, 보지도, 듣지도, 말하지도, 움직이지도 말 것"을 주문함으로써,[133] 이러한 관점을 드러내 보이고 있는 것이다.

공자는 예가 없으면 사람의 자격을 갖추어 설 수가 없다고 보아,[134] 항상 예로써 자기 몸을 단속할 것을 강조하였다.[135] 그리하여 그는 예를 배우는 일을 배움의 가장 중요한 내용으로 중시하였던 것이다.[136] 공자가 이렇게 복례를 강조하는 까닭은 예를 통해 사회관계의 질서와 조화를 이룰 수 있기 때문이다.[137] 이와 같이 예의 근본으로 돌아가 일상생활에서

133 『論語』, 顔淵 1.
134 堯曰 3; 泰伯 8.
135 雍也 25; 顔淵 15; 子罕 10.
136 季氏 13; 述而 17.
137 學而 13.

이를 실천함으로써 사회관계의 질서와 조화를 이루는 일, 이것이 도덕 실천의 근본 목표라고 보는 것이 공자의 복례론의 핵심이다.

맹자: 여인위선을 통한 사회관계의 융합 맹자는 인을 이루는 방법으로 공자가 제시한 극기와 복례 가운데 극기의 측면을 복례보다 더 중시하였다. 맹자는 인의 외현적 표현보다는 그 내재적 본유성을 더욱 강조하여, 사회관계에서 '마음을 다잡음과 일처리의 마땅함'[138]을 나타내는 의(義)를 예보다는 인과 함께 더 연용하여 사용함으로써,[139] 이러한 입장을 드러내고 있다. 그러므로 맹자의 도덕실천론은 인의를 일상생활에서 펼치는 집의설(集義說)로 모두어지는 것으로 볼 수 있으며,[140] 이러한 인의의 일상적 실천을 통해 다른 사람들과 더불어 사회관계에서 선을 이루는 일, 곧 여인위선이라는 목표를 달성할 수 있게 된다는 것이 맹자의 도덕실천론의 요체이다.[141]

집의를 통해 여인위선할 수 있는 근거에 대해 집중적인 논의를 펼치는 것이 맹자의 사회관계론의 특징이다. 그는 '자기를 미루어 다른 사람에게까지 미쳐가는 추기급인'[142]과 '백성들과 더불어 즐거움과 괴로움을 함께 하는 여민동지'[143]가 사람들과 더불어 선을 이룰 수 있는 요체라고 보았다. 이렇게

138 義者心之制 事之義也 (『孟子集註』): 이는 『孟子』, 梁惠王篇 1장의 王何必曰利 亦有仁義而已矣에 대한 朱熹의 註이다. 맹자는 義의 外在說을 주장하는 告子의 주장을 반박하여 義의 內在說을 펼침으로써(告子上 4), 仁과 義의 人性本有說을 내세우고 있고, 따라서 義를 통한 仁의 실천을 강조하는 관점을 제시하고 있는 것이다. 이에 대해서는 졸고(조긍호, 1990, pp. 62~65) 및 蔡仁厚(1984, pp. 455~456) 참조.

139 이 장의 주 6(p. 301) 참조.

140 『孟子』, 公孫丑上 2.

141 公孫丑上 8.

142 梁惠王上 7.

143 梁惠王下 4.

집의를 통해 여인위선을 이루게 되면 사회관계에 질서와 조화가 이루어져 사회관계의 융합이 도모된다는 것이 맹자의 생각이다. 곧 일상적 도덕 실천을 통해 부모와 자식 사이의 친애함, 군주와 신하 사이의 올바름, 남편과 아내 사이의 직분의 나뉨, 어른과 아이 사이의 순서, 벗과 벗 사이의 신뢰 같은 오륜이 갖추어지게 되면,[144] 사회를 구성하는 근본적인 단위인 사회관계가 융합됨으로써 사회에 질서와 조화가 이루어지게 된다는 것이다.

순자: 예의 실천을 통한 사회생활의 조화와 통일 선진유학자 가운데 인간의 사회성을 가장 강조하고 있는 사람은 순자인데, 이는 그의 논리적인 탐색의 결과였다. 그는 인간이 다른 동물들에 비해 허약하고 무력하게 태어나기 때문에 생존경쟁에서 살아남기 위하여 단결할 필요가 생긴다는 사실[145]과 개개인의 능력과 기술에 한계가 있으므로 삶을 영위하기 위해 협동하고 상부상조할 필요가 생긴다는 사실[146]에서 인간의 사회성의 근거를 찾고 있다. 바로 이러한 생존의 필요성 때문에 인간은 서로 모여서 사회생활을 하지 않을 수 없는데,[147] 이렇게 사회생활을 하는 인도의 표준이 곧 예의라는 것이다.[148] 도는 곧 사람이 해야 할 일이라는 인도론[149]과 이러한 인도의 표준이 곧 예의라는 근거에서 보면, 순자의 도덕실천론은 곧 그의 예론을 근거로 하고 있으며, 이 점에서 순자가 공자의 극기·복례 가운데 극기보다 복례를 강조하는 입장을 전개하는[150] 까닭을 찾아

144 滕文公上 4.
145 『荀子』, 王制 20~21.
146 富國 2~3.
147 王制 21; 富國 6.
148 禮論 13.
149 儒效 9~10.
150 이 장의 주 6(p. 301) 참조.

볼 수 있다.

순자는 사람들이 모여서 사회생활을 하게 되면, 필연적으로 다툼이 빚어질 수밖에 없다고 본다. 사람의 욕구는 많고, 자원은 부족하기 때문이다.[151] 그렇다고 해서 서로 떨어져 살게 되면, 다른 동물과의 생존경쟁에서 살아남기 힘들 뿐만 아니라 상부상조를 하지도 못하니, 필연적으로 궁핍해질 수밖에 없다. 여기에서 사회관계에서 각자가 해야 할 역할과 각자의 합당한 몫을 나누는 체계인 예가 필요해지는 근거를 찾을 수 있으며, 결국 사람들은 이러한 나눔의 체계인 예를 통해 사회생활을 할 수 있게 된다(明分使群)는 것이다.[152] 이렇게 예를 통해 사회생활을 하게 되면 더불어 모여 살면서 조화롭게 통일을 이룰 수 있게 되며(群居和一),[153] 이러한 군거화일이 바로 도덕 실천, 곧 일상적 예의 실행의 근본적인 목표라는 것이 순자의 사회관계론의 요점인 것이다.

(2) 사회관계 유지의 규범: 역할의 인식과 수행

이상에서 보듯이, 선진유학자들은 모두 도덕 실천의 목표를 사회관계의 조화 추구에서 찾고 있다. 그렇다면, 이러한 사회관계의 조화를 이룰 수 있는 방법은 무엇인가? 사회관계에서 생겨나는 갈등을 해소하고 조화를 이루는 방법으로 선진유학자들이 공통적으로 강조하는 것은 사회관계에 내재해 있는 역할을 충실히 수행하는 일이다. 공자는 정명론의 체계를 통해 이러한 관점의 단초를 열었다. 맹자는 이를 진도론으로 전개하고 있으며, 순자는 명분 · 수분론으로 구체화하고 있다.

151 富國 2; 王制 6.
152 富國 2~3.
153 榮辱 39~40.

공자: 정명론 공자는 '수기'와 '안인 · 안백성'이 이루어지는 영역인 가족생활과 사회생활에서 각자가 자기에게 부여되어 있는 역할을 정확하게 인식하여 이를 충실히 수행하는 일을 '이름을 바로잡는 일', 곧 정명이라고 하여, 사회관계 유지의 핵심으로 잡고 있다.[154] 그는 이렇게 각자가 할 일을 분명히 하는 정명은 정사의 근본이므로, 자기에게 정사를 맡겨준다면 각자의 할 일을 분명하게 하는 일부터 하겠다고 말하고 있다. 이러한 정명을 통해 정령이 순조롭게 시행되고, 사람들이 교화되며, 사법제도가 제대로 시행되는 것과 같이 모든 일이 제대로 이루어지게 되어, 사회생활에 조화가 이루어지게 되기 때문이라는 것[155]이 공자가 정명론에서 주장하고자 하는 요점이다. 이렇게 공자는 사회관계를 유지하는 핵심 규범을 각 관계에 내재되어 있는 역할의 충실한 수행에서 찾고 있는 것이다. 이러한 정명론은 이후 모든 유학자들이 받아들이는 유학사상의 기초가 되어 있다.

맹자: 진도론 맹자도 공자의 정명론을 이어받아, 사회관계에 내재되어 있는 역할을 충실하게 수행하는 일을 사회관계를 유지함으로써 다른 사람들과 더불어 선을 이룰 수 있는 방법으로 중시하고 있다. 그는 군주다운 군주가 되려면 군주가 해야 할 일을 다해야 하고, 신하다운 신하가 되려면 신하가 해야 할 일을 다해야 한다면서, 이렇게 사회관계에서 각자의 역할을 충실히 수행하는 일은 인(仁)을 지키는 일이 된다고 보아, '도를 이루는 길', 곧 진도라고 표현하고 있다.[156]

맹자는 사회관계에 내재되어 있는 각자의 역할이 달라지는 까닭을 무

154 『論語』, 顔淵 11.
155 子路 3.
156 『孟子』, 離婁上 2.

릇 모든 사물이 서로 같지 않은 것이 사물의 본질이기 때문이라고 보고 있다. 그리하여 사회가 형성되고 나면, 각자가 해야 할 일이 나뉘게 마련이라는 것이다.[157] 즉, 부모–자식, 군주–신하, 남편–아내, 어른–아이, 벗–벗의 관계에서 각자가 해야 할 일이 달라지는 것이 자연스럽고도 당연한 일이므로, 각자가 자기의 역할을 충실히 수행해야 각 관계에서 이루어져야 할 질서와 조화, 곧 친애함, 의로움, 직분의 나뉨, 순서를 지킴 및 신의로움이 이루어지게 된다는 주장이 맹자의 진도론의 골자이다.

순자: 명분 · 수분론 순자도 맹자와 마찬가지로 사회관계에서 각자가 해야 할 역할과 몫을 알맞게 나누는 일은 각자의 능력과 지위가 다른 데에서 나오는 필연적인 결과라고 본다.[158] 그러므로 인도의 표준인 예에 따라 각자가 마땅히 해야 할 일과 그에 따른 합당한 몫을 나누어야 하며(명분), 이렇게 구분된 역할을 일상생활에서 충실하게 수행하는 일(수분)이 사회생활을 하면서 조화롭게 통일을 이루는 방법이라는 것이다.[159] 이러한 순자의 명분 · 수분론도 공자의 정명론의 논리를 그대로 이어받고 있는데, 순자의 명분론과 수분론은 공자의 정명론이나 맹자의 진도론에 비해 매우 구체적이라는 특징을 띠고 있다.

우선 순자의 명분론과 수분론의 특징은 명분과 수분의 영역을 비교적 자세히 언급하고 있다는 사실이다. 공자나 맹자가 주로 사회등급이나 사회윤리의 측면에서 역할의 구분과 그 수행에 대해 언급하고 있는데 반해, 순자는 상례와 제례 같은 사회의식, 사법제도 같은 사회제도, 군주와 신하 같은 사회등급, 부모–자식이나 형–아우 같은 사회윤리, 사농공상 같

157 滕文公上 4.
158 『荀子』, 王制 5~6; 非相 10.
159 榮辱 39~40.

은 사회직분의 관계에서 각자가 해야 할 역할을 분명히 규정하고, 이를 일상생활에서 충실히 수행하여야 사회 전체에 조화로운 통일이 이루어지게 된다고 명시하여,[160] 명분과 수분이 이루어져야 하는 영역을 세분화하고 있는 것이다.

다음으로 순자의 명분론에는 이와 같은 제반 사회관계에서 각자의 역할을 나누는 기준이 분명히 제시되고 있다는 사실이다. 예를 들면, 사회윤리 관계에서 역할을 나누는 기준은 공경 · 효성 · 자애 · 공손 같은 인륜이 되어야 하고,[161] 사회직분 관계에서 역할과 몫을 나누는 기준은 각자가 이룬 덕과 능력이 되어야 한다[162]는 것이다.

이어서 순자의 수분론에는 각 사회관계에서 규정된 역할을 충실히 수행하는 데 요구되는 원칙이 명시되고 있다는 사실이다. 예를 들면, 사회등급과 사회윤리 관계에서 각자의 역할을 수행하는 데는 교호성이 요구된다는 것이다. 군주-신하, 부모-자식, 형-아우, 남편-아내 및 벗-벗의 관계는 기본적으로 쌍무적인 관계이므로, 어느 한쪽만 역할 수행을 하면 둘 사이의 관계가 혼란스럽게 될 뿐이어서, 양쪽이 모두 각자의 역할을 동시에 수행해야 둘 사이의 관계에 조화가 이루어지기 때문이다.[163] 이에 비해, 사농공상 같은 사회직분 관계에서 역할 수행을 하는 데에는 각자가 자기의 역할만을 삼가 행할 뿐[謹於分], 자기에게 주어지지 않은 일에는 마음을 쓰거나 바라지 않는 일이 중요하다[164]는 것이다. 이렇게 누구나가 자기 일에만 마음을 쓰고 삼가 행해야 다른 일을 찾아다니지 않게 되어,

---

160 王制 20.

161 非十二子 33; 致士 19; 大略 6.

162 君道 12; 致士 19; 王霸 16~17, 25~26.

163 君道 5.

164 王霸 25, 28~29, 36; 王制 6.

각자가 할 일을 묵혀두는 폐단이 없이 각자의 역할을 충실히 수행할 수 있게 될 것이기 때문이다.[165]

(3) 도덕 실천의 점진적 확대

선진유학자들의 도덕실천론이 가지는 또 하나의 공통점은 그들이 모두 도덕 실천의 점진적 확대를 부르짖고 있다는 사실이다. 그러나 공자와 맹자의 점진적 확대주의와 순자의 그것은 자못 다른 데가 있다. 공자와 맹자는 도덕 실천 대상의 점진적 확대를 주장하는데 반해, 순자는 도덕 수준이 개인 내에서 점차 깊어져가는 과정의 점진적 확대를 주장하는 것이다.

공자: 충(忠)에서 서(恕)로의 확대 효행에 뛰어났던 제자인 증자는 한 가지로 관통되는 공자의 도를 '충'과 '서'로 해석하였다.[166] 주희는 여기서의 '충'을 '자기를 다하는 일'〔盡己〕, 그리고 '서'를 '자기를 미루어 남에게까지 미치게 하는 일'〔推己〕이라고 하여,[167] 자기에게서 시작하여 멀리 남에게까지 이르는 인(仁), 곧 도덕 실천의 사회적 확대를 가리키는 말로 풀이하고 있다.

공자의 도덕 실천의 점진적 확대론이 이렇게 도덕 실천 대상의 점진적 확대를 가리킨다는 사실은 인을 실행하는 일이 극기에서 시작하여 복례에서 마치는 것으로 제시된 점[168]에서도 잘 드러나고 있다. 공자는 "능히 가까운 데서 취하여 남에게까지 비유해나가는 것이 인을 행하는 방도"[169]라

165 君道 15.
166 『論語』, 里仁 15.
167 『論語集註』
168 顔淵 1.
169 雍也 28.

고 하여, 도덕 실천 대상의 점진적 확대를 주장하고 있기도 하다.

또한 군자가 되는 단계를 '수기 → 안인 → 안백성'의 삼 단계로 제시하고 있다는 사실[170]에서도 공자의 점진적 확대론을 읽어낼 수 있다. 이렇게 공자는 자기에게서 시작하여 주위 사람과 온 천하의 사람에게로 도덕 실천 대상을 점진적으로 확대해나가는 것이 일상적으로 도덕 실천을 하는 과정에서 요구되는 과정이라고 보고 있는 것이다.

맹자: 가족(親親)에서 주위 사람(仁民)과 사물(愛物)로의 확대 맹자도 공자와 마찬가지로 인의 실천 대상의 점진적 확대론을 펴고 있다. 그러나 맹자의 확대론은 공자보다 더욱 구체적일 뿐만 아니라, 그 범위도 더욱 넓다는 특징이 있다.

맹자는 인의의 본질을 어버이를 친애하는 친친(親親)과 형을 공경하는 경장(敬長)에서 찾으면서,[171] 이러한 친친과 경장의 도를 주위 사람과 온 천하의 사람에게로 확대해나가는 일이 바로 인의를 실행하는 길이라고 보고 있다.[172] 이렇게 맹자가 인의 실행의 단계설 또는 차등애설을 주장하는 것은 그것이 인간의 본성에 맞는다고 보기 때문이다. 이러한 관점에서 맹자는 극단적 이기주의자인 양주(楊朱)의 위아설(爲我說)과 극단적 박애주의자인 묵적(墨翟)의 겸애설(兼愛說)을 비판하여, 다음과 같이 말하고 있다.

> 양주는 자신만을 위하니 이는 사회적 책임을 무시하는 것이고, 묵적은 무차별적인 사랑인 겸애를 주장하니 이는 부모를 무시하는 것이다. 부모도 무시하고

---

170 憲問 45.

171 『孟子』, 離婁上 27.

172 梁惠王上 7.

사회적 책임도 무시하면, 이는 새나 짐승과 다를 것이 없다. 〔……〕 이러한 그릇된 학설은 백성들을 속이고, 인의의 도를 막아버리게 된다. 인의의 도를 막아버리면, 짐승들을 몰아서 사람을 잡아먹게 하다가, 끝내는 사람들끼리 서로 잡아먹게 만들고 말 것이다.[173]

이렇게 맹자는 극단적인 이기주의나 박애주의는 모두 인간의 본성에서 벗어나는 것일 뿐만 아니라, 인의의 도에 어긋나는 일이라고 본다. 가까이 자기 부모와 형제부터 사랑하고, 이를 다른 사람을 아끼고 사랑하는 데까지 확대해나가는 것이 인간의 본성에 맞는 일이라는 것이다. 친친과 경장이 사람의 본성에 맞는 까닭은 "누구나 배우지 않고도 어려서부터 자기 어버이를 친애할 줄 알고, 커서는 자기 형을 공경할 줄 알고 있기 때문이다."[174]

이런 까닭에 맹자는 가족관계에서 인의를 실행한 다음에 주위 사람으로 이를 넓혀가고, 이러한 마음을 사물을 아끼고 사랑하는 데까지 미루어가야 한다고 본다. 곧 친친(親親)한 다음에 인민(仁民)하고, 인민한 다음에 애물(愛物)해야 한다[175]는 것이 맹자의 점진적 확대론의 본지이다. 이와 같이 맹자는 인의 실천을 가족이나 주위 사람들과의 관계에만 국한하지 않고, 사물로까지 확대하여야 한다고 보고 있다. 곧 그는 도덕 실천 대상을 사물과의 관계까지로 확대하고 있으며, 이 점이 사람 사이의 관계에만 국한하고 있는 공자의 확대론과 다른 맹자의 점진적 확대론의 특징인 것이다.

---

173 楊氏爲我 是無君也 墨氏兼愛 是無父也 無父無君 是禽獸也 〔……〕 是邪說誣民 充塞仁義也 仁義充塞 則率獸食人 人將相食 (滕文公下 9): 군주와 신하의 관계는 사회적 책임을 위주로 하는 관계라고 보아, 여기서는 본문의 無君也를 "사회적 책임을 무시하는 것"이라는 뜻으로 새겼다.

174 盡心上 15.

175 盡心上 45.

순자: 도덕 의지(志), 행실(行), 지식(知)의 동시점심주의 순자도 도덕 실천의 점진적 확대론을 펴고 있으나, 그의 확대론은 공자나 맹자의 확대론과는 사뭇 다르다. 순자는 도덕적 인식(知道)이 이루어진 다음에 도덕적 선택(可道)이 이루어지고, 그 다음에 도덕적 실천(守道·禁非道)이 이루어진다고 보아,[176] 도덕 실천은 도덕 인식과 도덕 선택을 근거로 한다는 관점을 제시하고 있다. 한 걸음 더 나아가, 그는 이러한 도덕 실천의 단계는 도덕 의지(志), 도덕 행위(行) 및 도덕 지식(知)의 수준이 점차 깊어져 가는 과정으로 볼 수 있다[177]는 다방면 동시점심주의를 제시하고 있다.

이러한 순자의 다방면 동시점심주의는 공자와 맹자의 도덕 실천의 점진적 확대론과는 다르다. 앞에서 보았듯이, 공자는 '수기 → 안인 → 안백성'의 점진적 확대를, 그리고 맹자는 '친친 → 인민 → 애물'의 점진적 확대를 주장하고 있다. 이렇게 공자와 맹자의 점진적 확대론은 도덕 실천 대상의 확대론을 의미하는 것이다. 곧 자기 자신에게서 시작하여, 가족과 같은 가까운 주위 사람에게로 넓혀가고, 이어서 사회의 모든 사람과 사물로까지 확대하여 도덕 실천을 해야 하며, 이것이 도덕적 성숙이 이루어지는 자연스러운 과정이라는 것이 공자와 맹자의 관점인 것이다. 이에 견주어, 순자의 점진적 확대는 그 실천 대상의 범위를 점차 넓혀가는 것이 아니라, 한 개인의 도덕 의지, 도덕적 행실, 그리고 도덕적 지식의 차원이 점차 확고해짐으로써, 개인 내에서 도덕성의 수준이 점진적으로 깊어져 감을 의미하는 것이다. 다시 말하면, 순자에게 도덕적 성숙은 도덕 의지·행실·지식의 수준이 함께 깊어져가는 과정에 따라 이루어지는 것이

---

176 『荀子』, 解蔽 11.
177 儒效 37~38.

된다. '사 → 군자 → 성인'의 상태로 발전해가는 과정은 이 세 수준의 깊이가 점차 깊어져가는 과정으로 정리할 수 있다는 순자의 관점[178]은 이러한 사실을 잘 드러내준다. 이렇게 보면, 공자와 맹자는 개인 간의 공간적 확대론을 편 반면, 순자는 개인 내의 수준차 확대론을 전개하였다고 할 수 있을 것이다.

2. 현대 서구 사회과학의 사회교환론

현대 서구 사회과학에서 "사회관계에 대한 가장 영향력 있는 관점은 다양한 사회교환이론들에 의해 제공되고 있다."[179] 이러한 사회교환이론들의 배경에는 '경제적인 은유'(economical metaphor)가 놓여 있다. 시장에서의 경험은 인간 사회 어디에나 미만(彌滿)해 있고, 시장의 영상(映像)은 복잡하고 풍성한 감흥을 불러일으킬 뿐만 아니라, 그 도전은 감동적이기까지 하다. 그러므로 "사회생활의 다양한 영역을 모두 각자가 자기의 이익을 최대화하기 위해 애쓰는 시장의 확대판이라고 생각하는 것은 지적으

178 榮辱 28; 非相 15, 19; 儒效 19~20, 37~38; 王霸 3; 君道 7, 16; 天論 28; 正論 6, 28~29; 解蔽 13.

179 Taylor, S. E. et al., 2003, p. 263: 이러한 교환의 관점은 그 이론들이 대두되면서부터 사회과학 전반에 걸친 연구자들의 주목을 받아왔다. Gergen, Greenberg, M. S.와 Willis(1980, pp. viii~ix)에 따르면, 교환이론의 영향을 받은 연구 영역들에는 '사회심리학'의 협동·경쟁·갈등·동조·리더십·도움행동·규범형성·대인매력·동맹형성·분배정의·친밀관계형성·자기제시 같은 연구, '사회학'의 조직행동·조직간 관계·작업역할·행정의사결정·아노미·일탈·집단의사결정·권력배분·사회적 의무 같은 연구, '인류학'의 선물교환·교호성·의례활동·원시무역·원시문화의 구조 같은 연구, '정치학'의 개인 간 및 국가 간의 갈등·협상·의사결정 같은 연구, 그리고 '법학'의 형사재판제도·계약법 같은 연구들을 나열할 수 있을 정도로, 현대 사회과학의 거의 전 연구 분야가 망라되고 있다.

로나 정서적으로 매우 고무적인 일이 아닐 수 없다."[180] 다양한 형태의 사회교환이론들은 이렇게 '경제적 인간'(homo economicus)으로 사람의 특성을 파악하는 관점을 배경으로 하여 태어났던 것이다.

이러한 맥락에서 사회교환이론들에서는 인간을 쾌락적인 동기에 따라 행동하는 존재라고 보는 고전경제학의 전제를 따르고 있다. 인간의 모든 행위는 기본적으로 쾌락의 획득 및 고통의 회피를 목적으로 하고 있다는 것이다. 이 이론의 주창자들은 사회생활에서 이러한 목적에 기여하는 행동은 유지되고 강화되지만, 이러한 목적을 방해하거나 이에 도움이 되지 못하는 행동은 제거되게 마련이라고 본다. 이 점에서 사회교환이론들은 조작적 조건형성의 강화이론과 손을 잡게 된다. 이와 같이 사회교환이론은 고전경제학과 행동주의심리학의 강화이론을 바탕으로 하고 있는 것이다.[181]

사회교환이론들에서는 이성적 존재인 인간이 합리적 계산과 선택을 거쳐 보상과 부담을 주고받는 교환의 과정을 중시한다.[182] 사회교환 이론가들은 자기 이익 최대화를 추구하는 과정에서 사람들은 이러한 목적을 달성하는 데 가장 효과적인 교환의 규범을 합리적인 계산을 통해 선택하고 발전시키게 된다고 가정한다. 자기 이익의 최대화를 도모할 수 있는 최적의 교환 규범에 관한 관점의 차이가 바로 다양한 교환이론들의 차이를 낳는다고 볼 수 있다. 이러한 교환이론들 중 대표적인 것은 사회학자인 호만스(G. C. Homans)[183] 및 블라우(P. M. Blau)[184] 그리고 심리학자인 티보(J. W. Thibaut)와 켈리(H. H. Kelley)[185] 및 월스터(E. E. Walster), 버샤이드(E.

---

180 Gergen et al., 1980, p. vii.

181 Shaw, M. E., & Constanzo, 1982/1985, p. 90; Gergen et al., 1980, p. vii~viii.

182 Emerson, 1992, p. 30.

183 Homans, 1961, 1974.

184 Blau, 1964.

185 Thibaut & Kelley, 1959; Kelley & Thibaut, 1978; Kelley, 1979.

Berscheid)와 월스터(G. W. Walster)[186]의 이론들을 들 수 있다.[187] 이 가운데 블라우의 이론은 호만스의 이론을 기초로 하여, 이를 '사회 권력'(social power)의 여러 문제 상황으로 확장한 것이다.[188] 그러므로 여기서는 그를 뺀 나머지 세 이론을 중심으로 사회교환이론의 기본 내용을 살펴보기로 하겠다.

1) 호만스의 기본적 사회행동이론

호만스의 이론은 사회행동의 '기본적 형태'(elementary forms)를 다루고 있다. 그는 단순한 수준에서부터 복잡한 수준에 이르는 다양한 사회 단위(예: 두 사람, 소집단, 지역사회, 회사 조직, 국가 등) 가운데 어떤 수준의 사회 단위에나 적용되어지는 보편적인 행동 법칙이 있을 수 있다고 여기고, 이는 기본적 형태의 사회행동에 관한 연구를 통해 밝혀질 수 있다고 보았다. 여기서 호만스가 말하는 사회행동의 기본적 형태란 '이자관계(dyads) 같은 소집단의 상호작용에서 이루어지는 개인의 자연적이고도 자발적인 행동의 근본적인 과정'을 의미하는 것이다.

이러한 행동은 "구체적인 행동 그 자체가 아니라 그러한 행동이 이루어지는 근본적인 과정을 가리킨다"는 사실, 이러한 행동은 "의식적으로 이를 조직화하려 하든 또는 그렇지 않든 간에 저절로 나오게 된다"는 사실, 그리고 "거대 집단은 소집단들을 요소로 하여 구성될 수밖에 없다"는 사실 때문에 기본적 사회행동이라고 불려진다.[189] 이러한 맥락에서 호만스

186 Walster, E. E., Berscheid, & Walster, G. W, 1976; Walster, E. E., Walster, G. W., & Berscheid, 1978.

187 Gergen et al., 1980, p. vii; Shaw, M. E., & Constanzo, 1982/1985, pp. 90~145.

188 Blau(1964, p. vii)는 자기 저서의 서문에서 "이 책의 앞부분 절반 정도에는, 연구 접근에서 몇 가지 기본적인 차이는 있지만, 호만스의 이론이 지배적으로 스며들어 있다"고 적시함으로써, 그의 이론이 대체로 호만스의 것을 따르고 있음을 밝히고 있다.

는 '두 사람 사이의 대면관계에서 일어나는 이익(profit)과 부담(cost)의 교환 행동'을 기본적 사회행동이라고 보고, 이 가운데 '이익을 가져오는 상호작용의 행동은 지속되지만, 그렇지 못한 행동은 사라지게 된다'는 관점에서 사회 교환 행동에 관한 연구를 진행하였다.[190]

(1) 연구의 배경과 전제

호만스의 교환이론은 고전경제학과 조작적 조건형성에 관한 행동주의 심리학을 배경으로 하고 있다. 그는 기본적 사회행동은 이자관계에서 이루어지는 이익과 부담의 교환 행동이며, 이러한 교환 행동은 조작적 조건형성 과정의 원리에 따라 이루어진다는 기본 전제에서 출발하고 있다.

그의 이론은 고전경제학의 '쾌락주의적 관점'(hedonistic perspective)을 이어받고 있다. 이러한 쾌락주의적 관점을 따르면, 이자관계에서 각 개인은 이익과 부담의 교환을 통해 자기 이익을 최대화하려 한다고 가정하게 된다. 곧 사회관계의 기본 목표는 자기 이익의 최대화에 있다는 것이다. 이러한 배경에서 그의 이론에서는 이익, 부담, 한계 효용 체감(diminishing marginal utility), 시장(market), 경쟁(competition), 기회 비용(opportunity cost), 합리적 선택(rational choice) 같은 고전경제학의 용어를 동원하여 이

189 Homans, 1974, pp. 2~6: Homans의 이론은 원래 1961년에 Social Behavior: Its Elementary Forms라는 표제의 책에 제시되어 있으나, 그는 1974년에 같은 제목으로 개정판을 출간하였다. 개정판의 서문에서 그는 1961년 이래 받아온 많은 비판과 그동안 쌓인 연구 자료들을 포괄하기 위해 개정판을 내게 되었다면서, "원 저술의 장들과 페이지 가운데 바뀌지 않은 것은 거의 없을 정도로 철저히 개정하였음"(Homans, 1974, p. v)을 밝히고 있다. 그러므로 그의 이론의 진면목은 원 저술보다는 개정판에서 잘 드러나고 있는데, 이러한 맥락에서 Shaw, M. E.와 Constanzo(1982/1985, pp. 91~106)도 개정판을 기초로 Homans의 이론을 소개하고 있다. 이러한 배경을 고려하여 이 책에서도 1974년의 개정판을 참고하여 그의 이론을 살펴보기로 하겠다.

190 Shaw, M. E., & Constanzo, 1982/1985, pp. 92~93.

자관계의 교환행동을 이해하려 한다.

그의 이론은 또한 조작적 조건형성에 관한 행동주의심리학의 원리들을 상호의존적인 사회행동의 분석에 적용하려 한다. 그는 개인에게 보상을 가져오는 행동은 유지되거나 존속되는 반면, 보상을 가져오지 못하거나 처벌을 수반하는 행동은 개인의 행동 목록에서 사라지게 된다는 '효과의 법칙'이 교환관계에 있는 개인의 행동을 지배하는 기본적인 원리라고 여긴다. 그는 이러한 사회행동의 기본 원리를 통해 복잡한 사회행동을 모두 이해할 수 있다는 '환원주의적 관점'(reductionistic perspective)을 받아들인다. 그러므로 그의 이론에는 보상(reward), 처벌(punishment), 정적 강화(positive reinforcement), 부적 강화(negative reinforcement), 강화계획(reinforcement schedule) 같은 용어들이 자주 등장한다.[191]

이러한 호만스의 이론은 인간 존재와 사회 구성의 기본 단위에 대한 '개인주의적 관점'을 전제로 하고 있다.[192] 인간은 스스로 모든 행위 원동력을 내적으로 갖추고 있는 존재이며, 사회는 이러한 개별적이고 독립적인 개인들의 집합체라는 것이 고전경제학과 행동주의심리학에서 인간을 파악하는 기본 관점이다. 개인은 시장에서의 무한 경쟁의 주체이며, 이러한 평등하고 독립적인 개인들 사이의 거래(transaction) 관계가 곧 사회관계라고 보는 것이 고전경제학이다. 그리고 이러한 개인들의 행동 원리를 개인이 과거에 강화를 받아온 경험에서 찾아보려는 것이 행동주의심리학이다. 따라서 고전경제학과 행동주의심리학에서는 개체로서 존재하는 상호 독립적인 개인을 사회 구성의 기본 단위라고 인식하여, 개인의 특성과 경험에서 모든 사회행동의 원인을 찾아보려는 환원주의적 입장을 띠게

---

191 Emerson, 1992, pp. 30~65; Shaw, M. E., & Constanzo, 1982/1985, pp. 91~106.
192 Ekeh, 1974.

되는 것이다. 이러한 맥락에서 고전경제학과 행동주의심리학의 영향을 받은 호만스의 이론이 개인중심적인 경향을 보이는 것은 당연한 일이다.

호만스의 이론의 또 하나의 전제는 인간의 사회행동을 합리적 선택의 과정으로 본다는 사실이다.[193] 고전경제학에서는 인간은 이성의 주체로서, 다양한 선택지 중에서 자기에게 가장 이득을 가져다줄 수 있는 행동을 선택하여 수행한다고 본다. 이러한 선택 행동을 통해 개인은 자기 이익의 최대화를 이룰 수 있게 된다. 이러한 맥락에서 보면, 고전경제학의 영향을 받은 호만스의 이론에서는 인간의 사회 행위의 목표를 바로 자기 이익의 최대화에서 찾으려는 전제를 깔고 있는 것이다.

(2) 기본적 사회행동의 일반 명제

이성의 주체인 인간이 사회적 교환을 통해 자기 이익의 최대화를 도모하는 과정에서 실제로 수행하는 행동에 관한 원리를 고전경제학과 조작적 행동주의심리학에서 추출하여, 이자관계를 비롯한 소집단의 교환 행동과 이에 기초를 둔 복잡한 사회행동에 적용하려 한 것이 호만스의 교환이론의 핵심이다. 그는 기본적 사회행동의 원리를 다음과 같은 여섯 개의 명제(propositions)로 정리하여 제시하고 있다.

명제 1: 성공명제(success proposition) 사회교환의 제일명제는 '효과의 법칙'에서 직접 유도된 것으로, 이는 "개인이 수행하는 모든 행위 가운데, 특정 행위가 개인에게 더 자주 보상을 가져올수록, 개인이 그 행위를 수행할 가능성은 더욱 커진다"[194]는 것이다. 이는 개인의 어떤 행위가

---

193 Heath, 1976.

194 Homans, 1974, p. 16.

보상을 가져오면, 이 행동이 반복될 것이라는 학습의 기본 원리에 관한 일반 명제이다.

명제 2: 자극명제(stimulus proposition) 이 명제는 "과거에 어떤 특정한 자극에 대한 행위가 보상을 가져왔다면, 현재의 자극이 이 과거의 자극과 유사할수록 과거에 수행했던 행위, 또는 이와 유사한 행위를 수행할 가능성이 높아질 것"[195]이라는 것이다. 이는 학습심리학에서 밝혀진 일반화(generalization) 현상을 진술한 것이다. 곧 과거에 보상을 가져온 자극과 유사한 자극 사태에서 개인은 과거의 것과 유사한 반응을 하게 됨으로써, 계속 보상을 얻으려 한다는 것이다.

명제 3: 가치명제(value proposition) 앞의 성공명제는 보상을 가져온 행동의 빈도와 관련된 것이었다. 곧 보상을 가져온 빈도가 높은 행동일수록 반복될 가능성이 커진다는 것이었다. 이에 비해 가치명제는 "어떤 행위의 결과 얻은 가치가 클수록, 그 행위를 수행할 가능성이 높아질 것"[196]이라는 것으로, 보상의 빈도 이외에 보상의 가치도 행위가 반복될 가능성을 결정하는 요인으로 작용함을 나타내고 있다.

명제 4: 결핍-포만명제(deprivation-satiation proposition) 앞의 가치명제는 특정 행동 또는 자극이 갖는 가치가 다양한 상황에 걸쳐 안정적일 경우에 적용되는 행동 명제이다. 그러나 특정한 보상의 가치가 상황에 따라 동일하지 않은 경우가 발생할 수 있을 것이다. 곧 상황에 따라 특정 행

195 Homans, 1974, pp. 22~23.
196 Homans, 1974, p. 25.

동이나 자극이 갖는 가치가 달라질 수 있다. 이 명제는 이러한 경우에 적용되는 것으로, "한 개인이 최근에 특정 보상을 자주 받았을수록, 이 보상이 갖는 추가적인 가치는 줄어들 것"[197]이라는 것이다. 이는 보상의 가치에도 '한계 효용 체감의 법칙'이 적용됨을 의미하는 명제이다.

명제 5: 공격-인정명제(aggression-approval proposition) 앞의 명제들은 모두 특정한 사회적 교환을 하게 되는 선행 확률에 관한 것이다. 즉, 보상을 가져온 선행 행위(명제 1)나 이와 유사한 자극(명제 2), 그리고 보상가가 높은 행위나 자극(명제 3)에 대한 반응의 확률은 높아지지만, 최근에 자주 보상을 받아 그 한계 효용이 낮아진 행위나 자극(명제 3)에 대한 반응 확률은 낮아질 것이라는 것이었다. 간단히 말하자면, 이들은 보상에 대한 기대와 행동 확률 사이의 관계에 대해 진술하고 있다. 명제 5는 이와는 달리 특정 행위가 가져오는 감정적 결과와 차후 행위 사이의 관계에 대한 것이다. 이는 공격명제와 인정명제로 나뉘어지는데, 공격명제는 "어떤 행위의 결과 기대했던 보상을 받지 못하거나 예기치 못한 처벌을 받게 되면, 그는 화가 나게 되어, 상대방에게 공격적 행위를 하게 될 가능성이 커지고, 이러한 공격 행위는 그에게 더욱 가치 있게 될 것"[198]이라는 것이다. 이는 '좌절-공격 가설'(frustration-aggression hypothesis)[199]에 기초한 것으로, 교환관계에서 나타나는 공격 행위의 근거에 관한 것이다. 인정명제는 "어떤 행위의 결과 기대했던 것보다 더 큰 보상을 받거나 예상했던 처벌을 받지 않게 되면, 그는 기분이 좋아져서, 상대방을 인정하는 행위를 수행할 가능성이 커지고, 이러한 행위는 그에게 더욱 가

197 Homans, 1974, p. 29.
198 Homans, 1974, p. 37.
199 Miller, N. E., & Dollard, 1941.

치 있게 될 것"[200]이라는 것이다. 이 명제는 교환관계에서 나타나는 경쟁과 협동의 근거를 제시하고 있다.

명제 6: 합리성명제(rationality proposition) 이는 다양한 선택지가 있는 복잡한 사회관계에 처해서 사람들이 어떤 선택을 하게 되는지를 규정하는 명제이다. "여러 대안적 행위들 중에서 선택을 해야 할 때, 각 행위의 결과가 갖는 가치(V)와 그러한 결과를 얻을 수 있는 확률(P)을 곱한 수치가 가장 커지는 선택지를 선택할 것"[201]이라고 이 명제에서는 예측한다. 즉, 사람들은 어떤 행동의 기대된 유용성(expected utility)을 최대화시키려고 행동하므로, 각 행동에 부수되는 가치와 그러한 가치를 얻을 확률을 곱해서 나온 수치가 선택되는 행동의 내용을 결정하게 된다는 것이다. 바로 이러한 계산의 과정이 합리적인 선택의 과정이라는 것이 이 명제의 골자이다. 이 명제는 의사결정에 관한 '기대-가치이론'(expectancy-value theory)[202]을 답습하고 있는 것으로, 성공명제(P)와 가치명제(V)의 결합의 형태로 이루어져 있어서, 이러한 합리적 선택이 교환관계에서 자기 이익을 최대로 확보하는 길임을 강조하고 있다.

(3) 호만스 이론의 핵심: 사회교환의 목표 규정

이상에서 살펴본 바와 같이, 호만스는 두 사람 사이 또는 소집단 내에서 보상과 부담을 주고받는 교환행동을 사회행동의 가장 기본적인 형태로 간주하고, 이러한 기본적인 사회행동이 이루어지는 과정에서 작동되는 원칙들을 조작적 조건형성의 원리를 바탕으로 하여 도출해내고 있다.

200 Homans, 1974, p. 39.
201 Homans, 1974, p. 43.
202 Edwards, 1954.

사회교환 장면에서 각 사람이 하는 행동의 확률은 각 행동이 수반하는 보상(명제 1), 보상을 수반하는 자극 상황과의 유사성(명제 2), 각 행동의 가치(명제 3) 및 각 행동의 한계 효용(명제 3)에 비례해서 커진다. 곧 교환행동은 모든 종류의 행동이 학습되는 '효과의 법칙'에 따라 이루어진다는 것이다. 이러한 행동의 결과가 예측한 기대에 미치면 쾌락을 느끼지만, 기대에 어긋나면 분노를 경험하며(명제 5), 다양한 선택지 사이에서 선택을 해야 하는 상황에서는 최대의 보상이 예상되는 행동을 선택하게 된다(명제 6). 호만스는 이러한 기본적인 사회행동의 원리를 통해 사회장면에서의 제반 현상—세력과 권위, 협동·동조 및 경쟁, 지위, 리더십 등을 분석하고 있다.

그의 여섯 개의 명제 가운데 가장 중핵적인 것은 명제 6의 합리성명제라고 볼 수 있다. 이는 명제 1의 성공명제와 명제 3의 가치명제를 결합한 것으로, 교환 장면에 놓여 있는 다양한 행동 중 가치와 기대의 곱이 가장 커지는 행동을 선택하게 되는 까닭은 그런 행동이 개인에게 최대의 이익을 보장해줄 수 있기 때문이다. 이렇게 보면, 호만스 이론은 가장 기본적인 형태로부터 시작하여 모든 사회교환의 목표를 자기 이익의 최대화에 두고 있다는 점이 분명해진다. 이는 그의 이론이 인간을 이기적인 쾌락추구 존재라고 보는 고전경제학의 기본 이념을 바탕에 깔고 있다는 사실에서 나오는 자연스러운 결과이다. 이와 같이 호만스가 제시하는 교환이론의 핵심은 모든 사회관계의 목표는 보상과 부담의 교환을 통해 각자가 자기 이익을 최대화하는 데 있다는 점을 행동주의심리학과 고전경제학의 원리들을 동원하여 강조하고 있다는 사실인 것이다.

2) 티보와 켈리의 상호의존성이론

심리학자인 티보와 켈리도 두 사람 사이에 보상과 부담을 주고받는 교환관계가 모든 사회적 상호작용의 기초라고 보고, 이러한 이자관계를 분석하여 '상호의존성이론'(theory of interdependence)을 제안하였다.[203] 이들의 이론은 많은 점에서 호만스의 교환이론과 유사하지만, 이 두 이론 사이에는 다른 점도 많다.

우선 호만스는 동물학습과 인간학습의 연결성과 연속성을 전제하고 동물학습에서 밝혀진 원리를 인간의 교환행동에 그대로 적용하려 한 반면, 티보와 켈리는 이 둘의 차이를 인정하고 인간의 상호작용에서 나오는 보상과 부담을 독특하게 인간적인 변인(예: 매력 · 유사성 · 상보성 · 사회 규범 · 동맹 형성 등)과 연결 지어 해석하였다. 다음으로 호만스는 사회행동의 기본적인 형태인 이자관계의 원리들을 광범위한 사회적 상호작용 장면에 확장시키려 하였지만, 티보와 켈리는 자기들의 관점을 철저하게 이자관계나 소집단의 상호작용에 국한시켰다. 그리고 호만스가 1978년 수정판에서 받아들여 자신의 명제를 세련화시키는 데 이용하고 있기는 하지만, 티보와 켈리는 상호의존적인 사회관계의 분석을 위한 '성과행렬'(outcome

203 이들의 이론은 그들이 공동 저술한 원 저술인 The Social Psychology of Groups(Thibaut & Kelley, 1959)에 실려 있다. 그러나 이 책에서 그들은 이론의 개발보다는 사회교환의 과정 그 자체에 관심이 있었기 때문에, 자기들의 관점을 하나의 이론이라고 부르지 않았다. 그들은 이 책에서 제안한 소집단에서의 상호의존성의 과정에 개재하는 여러 가지 문제점을 정교하게 다듬기 위해 원 저술에 대한 자매편(Interpersonal Relations: A Theory of Interdependence)을 발간하면서, 자기들의 관점을 '상호의존성이론'이라고 부르기 시작하였다(Kelley & Thibaut, 1978, p. v). 그들의 1978년 저술은 1959년의 원 저술의 관점을 일부 새롭게 확장하고 세련화시킨 것일 뿐, 원 저술의 기본틀은 자매편인 새 저술에도 그대로 이어지고 있다(Shaw, M. E., & Constanzo, 1982/1985, p. 107). 이러한 사실은 그들이 1986년에 자기들의 원 저술을 그대로 새로운 판(Transaction edition)으로 출판하면서, 그 서문에서 "원 저술에 제시된 사회적 상호의존성이론의 기본 개념은 원 저술이 출판된 이후 우리들 자신과 다른 학자들에 의해 더욱 분석되고, 그 의미가 더욱 세련화되었지만, 그 기본틀은 견고하게 그대로 유지되고 있다"(Thibaut & Kelley, 1986, p. v)고 진술하고 있다는 사실에서 잘 드러난다. 그러므로 이 책에서는 1959년의 원 저술에 기초하여 그들의 이론을 살펴보기로 하겠다.

matrix)의 개념을 제안하여, 이를 소집단 연구를 위한 전형적인 틀로 발전시키고 있다.[204]

두 사람 사이의 상호작용을 분석하는 유용한 도구로서 '성과행렬'을 광범위하게 활용하는 그들의 이론은, 그들이 이 행렬에서 첫째 다양한 행동 선택지를 강조하고 있다는 사실, 둘째 대안적 사회관계도 선택지의 하나로 가정하고 있다는 사실, 그리고 셋째 다양한 선택지 중에서의 선택은 자기 이익 최대화의 경향에 의해 주도된다고 가정하고 있다는 사실을 바탕으로 하여 보면, '합리적 선택모형'(rational-choice model)이라고 부를 수 있다.[205] 사회적 상호작용을 합리적 선택을 통한 자기 이익 최대화를 도모하는 것으로 보고 접근하는 이러한 입장은 호만스와 유사한 점으로, 이들뿐만 아니라 모든 교환이론가들의 공통점이다.

(1) 상호의존성이론의 기본 개념

티보와 켈리의 상호의존성이론은 다음에 설명될 '성과행렬'에서 보듯이, 매우 구조적인 특징을 띠고 있다. 이 이론에서는 상호작용하고 있는 두 사람은 성과행렬이라는 "객관적인 또는 외적으로 조정된 형태의 상호의존성 구조 안에서 (보상과 부담을 교환하는) 행동을 하게 된다"[206]고 전제하는 것이다. 이 이론은 이렇게 구조적인 형식으로 제시되고 있기 때문에, 몇 가지 기본 개념만 알게 되면 그 골자가 쉽게 드러난다.

보상 · 부담 · 성과 보상(reward)은 상호작용을 통해 개인이 얻게 되는 이익을 말한다. 이렇게 상호작용 과정에서 또는 그 결과로 "개인

---

204 Shaw, M. E., & Constanzo, 1982/1985, pp. 106~108.
205 Emerson, 1992, pp. 42~43.
206 Emerson, 1992, p. 43.

이 향유하는 쾌락, 만족감, 및 충족이 곧 보상이다. 이러한 보상은 개인이 가지고 있는 어떤 충동을 감소시키거나 욕구를 충족시키는 수단을 제공함으로써 얻어진다. 그러한 충동의 감소나 욕구의 충족 경험에 의해 제공되는 보상의 양은 객관적으로 측정될 수 있으며, 다양한 종류의 욕구 충족에 수반되는 보상의 가치는 단일한 심리적 척도로 환원될 수 있는 것으로 가정된다."[207]

부담(cost)은 상호작용 과정에서 또는 그 결과 개인이 입게 되는 손해를 말한다. "이러한 부담은 어떤 행동 계열의 수행을 억제하거나 지연시키는 요인들을 가리킨다. 주어진 행위를 지연시키는 힘이 클수록—개인이 극복해야 하는 억제력이 클수록—그 행위를 수행하는 데 요구되는 부담은 커진다. 그러므로 어떤 행위를 수행하기 위해 물리적 및 심리적인 노력이 더 크게 요구되거나, 그러한 행위의 결과 당혹감이나 불안이 수반되거나, 또는 이러한 행위의 수행과 갈등을 일으키는 힘이나 이와 경쟁하는 반응 경향이 존재하고 있을 경우에 부담이 커지게 된다. 이러한 다양한 요인 때문에 도출되는 부담의 크기도 보상의 경우와 마찬가지로 공통적인 심리적 척도로 측정될 수 있으며, 다양한 종류의 부담은 누적되는 효과를 갖는 것으로 가정된다."[208]

개인이 다른 사람과 가진 상호작용에서 얻은 보상과 그러한 상호작용에 투입한 부담의 차이가 상호작용의 성과(outcome)이다. 곧 성과는 보상의 크기에서 부담의 크기를 뺀 결과(outcome = reward − cost : $O = R - C$)이다. "이러한 성과의 크기는 두 사람이 상호작용 과정에서 산출한 행동 항목에 따라 달라진다. (……) 보상이 크고 부담이 작을 때 성과의 가치는

207 Thibaut & Kelley, 1959, p. 12.
208 Thibaut & Kelley, 1959, pp. 12~13.

커지며, 반대로 보상이 작고 부담이 클 때 성과의 가치는 작아진다."[209] 이러한 성과의 가치, 곧 그 크기는 두 사람 사이의 상호작용의 지속 여부와 만족도를 결정하는 중요한 요인이다.

사람들은 타인과의 상호작용을 통해 얻는 보상은 가능한 한 크게 하고, 이에 들어가는 부담은 될 수 있는 대로 줄이려 노력한다는 것이 교환의 관점에서 사회관계를 이해하려는 이론들의 기본 전제이다. 그러므로 상호작용의 결과 야기되는 성과의 크기가 커질수록 상대방과의 상호작용에 대해 만족하고, 따라서 둘 사이의 관계를 지속하려는 경향이 커지게 되는 것이다.

비교수준 두 사람 사이의 상호작용에 대한 만족도는 성과의 크기에 크게 의존하지만, 이것만 가지고는 해당 관계에 만족하는지의 여부를 평가할 수 없다. 성과의 크기를 비교수준(comparison level: CL)과 대비해보아야 상호작용에 대한 만족의 여부를 평가할 수 있다는 것이 티보와 켈리의 생각이다. 비교수준은 상호작용 당사자들이 해당 관계의 매력도 또는 그 만족도를 평가하는 표준이다.

"비교수준은 개인이 어떤 관계에서 자기가 받아서 마땅하다고 느끼는 바에 터해서 주어진 관계의 보상과 부담을 평가하는 표준이다. 비교수준보다 높은 성과(O > CL)를 가져오는 관계는 상대적으로 성원들에게 만족감을 주어 성원들은 이 관계에 매력을 느끼지만, 비교수준보다 낮은 성과(O < CL)를 가져오는 관계는 상대적으로 성원들에게 불만족감을 주어 성원들이 매력을 느끼지 못하게 된다."[210] 이렇게 비교수준은 개인의 성과 척도 상에서 유의미한 심리적 중간점(mid-point)의 기능을 한다. 곧 개인

209 Thibaut & Kelley, 1959, p. 13.

210 Thibaut & Kelley, 1959, p. 21.

의 불만족—만족의 전체 범위에 이르는 척도 상의 중앙점이 비교수준이 되는 것이다.

이러한 비교수준의 크기를 결정하는 요인은 크게 세 가지다. 그 하나는 개인이 직접 경험하거나 또는 다른 사람의 경험을 관찰함으로써 알게 된 모든 성과들의 수준이다. 과거에 지속적으로 높은 수준의 성과를 경험한 사람의 비교수준은 그렇지 않은 사람에 비해 높아질 것이다. 또 하나는 이러한 성과들의 상황에 따른 특출성(salience)이다. 상황에 따라 여러 성과들의 특출성이 달라질 수 있으므로, 해당 장면에서 특출성이 높은 성과일수록 더 중요한 것으로 부각될 것이다. 비교수준은 이러한 두 요인—각 성과의 크기와 그 특출성—을 곱한 점수들의 평균치 또는 최빈치로 계산할 수 있다. 티보와 켈리에 따르면, 각 성과의 특출성은 상황에 따라 달라질 수 있으므로, 비교수준의 위치는 상황과 시간에 따라 달라지게 된다. 즉, 상호작용의 만족도를 평가하는 기준은 고정되어 있거나 일정한 것이 아니라는 점이 상호의존성이론의 주장이다. 나머지 하나는 개인차 요인이다. 자기의 미래를 이상화(idealization)하는 낙관적인 사람은 그렇지 않은 사람에 비해 비교수준을 높게 잡을 것이다.[211]

이렇게 한 개인이 다른 사람과 갖는 상호작용의 만족도를 평가하는 표준인 비교수준은 그가 경험한 과거의 성과 수준, 상황에 따른 각 성과의 특출성, 그리고 그의 낙관주의 경향성에 따라 달라진다. 이러한 점에서 비교수준의 개념은 헬슨(H. Helson)이 제시한 정신물리학적 현상의 '순응수준'(adaptation-level)의 개념과 유사하다고 티보와 켈리는 보고 있다.[212] 헬슨은 어떤 물리적 자극의 강도를 판단하는 기준인 순응수준은 그 자극

211 Thibaut & Kelley, 1959, pp. 21~24, 80~99.
212 Thibaut & Kelley, 1959, p. 82.

에 대한 과거의 경험 수준과 현 자극의 수준, 그리고 개인차를 반영하는 잔여(residual) 변인에 따라 달라진다는 사실을 밝혀내었던 것이다.[213]

대안적 비교수준 대안적 비교수준(comparison level for alternatives: CLalt)은 상호작용 당사자가 그러한 관계에 계속 남아 있을지 아니면 떠나야 할지를 결정하는 표준이다. 이는 앞의 비교수준과는 다른 것인데, 상황에 따라 만족하지 않는 관계를 지속해야 하는 경우도 있을 수 있기 때문이다.

대안적 비교수준은 "어떤 상호작용의 성원이 사용 가능한 대안적 기회들에 비추어 받아들일 수 있는 최저 수준의 성과이다. 그러므로 개인이 얻는 성과가 대안적 비교수준에 미치지 못하게 되면, 그는 곧 상호작용을 중단할 것이다. 이러한 대안적 비교수준의 크기는 그가 사용할 수 있는 선택지 중 최상의 것, 즉 다른 가용적인 관계 가운데 가장 만족할 만한 관계에 있는 것으로 믿어지는 보상—부담의 크기에 의존해서 달라진다."[214]

대안적 비교수준을 산출하는 과정에서 현재의 관계와 비교되어지는 대안적 관계는 다른 사람과 이자관계를 맺는 것, 여러 사람과 더 복잡한 관계를 맺는 것, 또는 집단에서 떠나 홀로 있는 것 등 여러 가지 대안들이 포함될 수 있다. 이용 가능한 대안적 관계의 종류 중에 집단에서 떠나 혼자 있는 것이 포함될 수 있다는 사실은, 개인의 대안적 비교수준이 그가 타인과 관계를 맺지 않고 혼자 있으면서 겪는 부담을 상회하는 보상을 산출해낼 수 있는 정도에 따라 높아지게 될 것이라는 사실을 드러내고 있다. 더 정확하게 말하자면, 개인이 타인과 관계를 맺지 않고 혼자 있으면

213 Helson, 1948.
214 Thibaut & Kelley, 1959, pp. 21~22.

서 받을 수 있는 보상과 혼자 있으면서 갖게 되는 부담의 차이가 클수록 대안적 비교수준은 높아질 것이다.

이러한 대안적 비교수준보다 높은 성과를 산출하는 관계(O > CLalt)는 계속 유지되지만, 이에 미치지 못하는 성과를 산출하는 관계(O < CLalt)는 즉각 중단될 것이라는 것이 티보와 켈리의 생각이다. 그러므로 개인이 특정 관계에서 얻는 성과가 대안적 비교수준을 상회하는 정도는 그가 해당 상호작용에 얼마나 의존하게 될는지 하는 정도를 결정하게 된다. 곧 개인이 현재의 상호작용을 계속 유지할는지의 여부는 대안적 비교수준과 현 상호작용에서 얻는 성과 사이의 차이에 의존하게 되며, 개인이 현재의 관계에 만족하고 매력을 느끼느냐의 여부는 현재 얻는 성과와 비교수준의 차이에 의존해서 달라지게 되는 것이다.[215]

성과행렬 성과행렬(outcome matrix)은 티보와 켈리의 이론에서 대인 상호작용을 분석하는 기본 틀이다. 이 행렬은 상호작용을 하고 있는 두 사람이 동시에 수행하는 행동들을 모두 고려하여 이루어진다. 이 행렬의 횡축에는 한 상호작용 당사자 A의 행동 목록 속에 들어 있는 모든 행동들이 기술되고, 종축에는 다른 상호작용 당사자 B의 행동 목록에 들어 있는 모든 행동들이 기술된다. 횡축과 종축이 교차하여 만들어지는 칸(cell)들은 A, B 두 사람의 상호작용에서 발생할 수 있는 모든 가능한 행위 사건들을 나타내며, 이 칸들 속에는 두 사람이 상호작용을 통하여 각각 얻게 되는 성과가 표시된다. 이때 사선의 위쪽에는 A가 얻게 되는 성과가, 사선의 아래쪽에는 B가 얻게 되는 성과가 들어간다.[216] 이러한 성과

215 Thibaut & Kelley, 1959, pp. 21~24, 100~101.

216 Thibaut & Kelley, 1959, pp. 13~14.

행렬의 가상적인 예가 〈그림 1〉에 제시되어 있다.

이 성과행렬에서 A와 B가 동시에 a1과 b1의 행동을 선택하면, A는 6만큼의 성과를 얻고 B는 2만큼의 성과를 얻는다. 이에 비해, A와 B가 동시에 a2와 b2의 행동을 선택하면, A와 B가 각각 얻는 성과는 2와 5가 된다. 이 성과행렬의 예에서 보듯이, A와 B 두 사람이 상호작용을 하여 얻게 되는 성과의 크기는 자신의 선택뿐만 아니라 상대방의 선택에 따라서도 영향을 받아 달라진다. 그러므로 상호작용하고 있는 두 사람은 서로

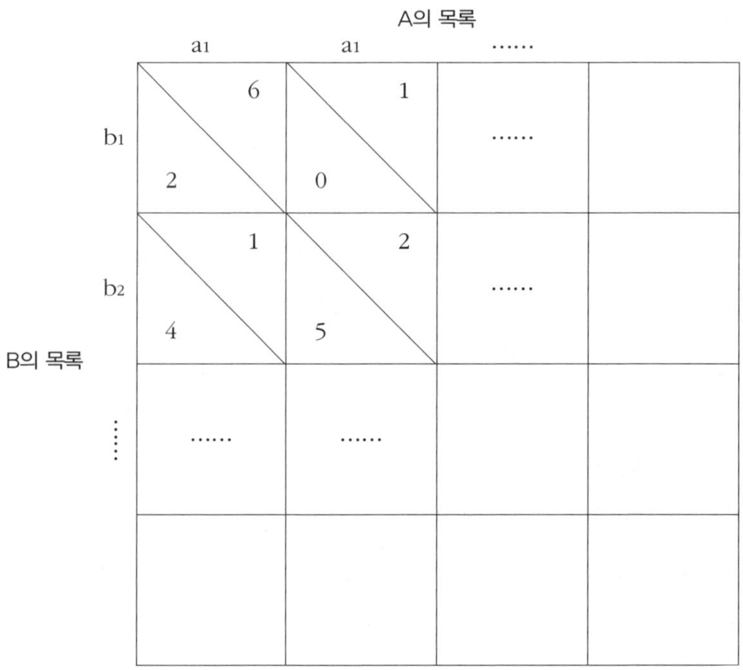

〈그림 1〉 가상적 성과행렬의 예[217]

217 Thibaut & Kelley, 1959, p. 15, Table 2~2에서 따옴.

상대방에게 상호의존하게 되는 것이다. 티보와 켈리가 성과행렬을 바탕으로 사회관계를 분석하는 자기들의 이론을 상호의존성이론이라고 부르는 데에는 이러한 배경이 놓여 있다.

이러한 성과행렬의 다양한 선택지 가운데 어떤 선택지를 두 사람이 선택하여 상호작용을 하게 될는지 하는 점은 이러한 성과행렬의 구조나 상호작용 당사자들의 특성, 상호작용의 목표, 두 사람 사이의 세력의 분포, 문제가 되고 있는 현안의 사회규범 등 다양한 변인에 따라 달라진다는 것이 티보와 켈리의 주장이다. 예를 들면, 두 사람이 협동적 관계를 맺을 때 양측은 상대방에게 가장 큰 긍정적 성과를 낳는 행동들을 수행함으로써 각자의 성과를 최대화시키려 하기 쉬울 것이다. 반대로 경쟁적 관계에서는 각 성원이 자기의 성과를 가장 크게 하는 행동계열을 선택하기 쉬울 것이다. 티보와 켈리의 상호의존성이론은 어떤 성과행렬에 제시되어 있는 다양한 행동계열 가운데 어떤 행동계열이 선택되어 수행될는지 하는 데 영향을 미치는 여러 변인들 사이의 관계를 분석하고자 하는 모형이다.

이 성과행렬 안에 제시되는 성과의 크기는 각 행동이 가져오는 보상과 부담의 차이로 계산되고, 어떤 상호작용의 만족도는 이 성과행렬에서 예측하는 성과의 크기와 비교수준을 대비해봄으로써 결정되며, 상호작용을 계속할는지의 여부는 최초의 상호작용에서 얻는 성과가 대안적 비교수준을 상회하느냐의 여부에 의존하게 된다. 그러므로 앞에서 고찰한 기본 개념들(보상 · 부담 · 성과, 비교수준, 대안적 비교수준)은 성과행렬의 개념으로 통합된다. 티보와 켈리의 상호의존성이론에서는 이러한 성과행렬의 분석을 통해 상호작용하고 있는 당사자들 사이의 관계, 상호작용에 대한 만족도, 상호작용의 지속 여부 등 두 사람 사이의 상호작용에 개재하는 제반 사항들을 분석하려 하는 것이다.[218]

이러한 성과행렬의 개념은 게임이론(game theory)[219]의 분배행렬(payoff

matrix)과 유사하다. 그렇지만 분배 결과의 고정성을 전제하는 게임이론과는 달리, 상호의존성이론에서는 같은 성과행렬일지라도 행렬 내의 성과가 고정된 것이 아니라 수시로 변화한다고 가정한다는 점, 그리고 게임이론과는 달리 상호의존성이론에서는 상호작용 당사자가 사전에 전체 성과행렬에 대한 완전한 지식을 가지고 상호작용을 시작하는 것이 아니라고 가정한다는 점에 게임이론과 다른 상호의존성이론의 특징이 있다.[220]

(2) 티보와 켈리 이론의 핵심: 상호작용 만족도와 지속 여부의 판단

상호작용에서 얻는 보상에서 이러한 상호작용을 위해 지게 되는 부담을 뺀 값인 상호작용의 성과를 크게 하려는 것이 상호작용을 하고 있는 사람들의 기본적인 관심이다. 곧 보상의 크기를 가능한 한 크게 하고, 부담의 크기를 될 수 있는 대로 작게 함으로써, 상호작용을 통해 얻는 성과의 크기를 최대화하려는 것이 대부분의 경우에 상호작용 당사자들이 갖는 목표인 것이다. 이러한 상호작용을 통해 얻는 성과는 자신의 선택뿐만 아니라 상대방의 선택에 따라서도 달라지게 마련이므로, 상호작용의 과정에서는 서로가 서로에게 의존하는 상호의존관계가 형성된다는 것이 티보와 켈리의 주장이다.

이러한 상호작용에 대한 만족도는 이를 통해 얻게 되는 성과의 크기에 따라 달라지지만, 직접적으로 성과의 크기에만 의존하는 것은 아니라는 것이 상호의존성이론의 핵심이다. 현재 하고 있는 상호작용의 만족도는 이를 통해 개인이 얻는 성과의 매력을 평가하는 표준인 비교수준과 대비해 보아서 평가된다는 것이다. 비교수준은 개인이 과거에 같은 관계에서

218 Thibaut & Kelley, 1959, pp. 10, 13~30.

219 Luce, R. D., & Raiffa, 1957.

220 Thibaut & Kelley, 1959, pp. 24~25.

지속적으로 얻었던 성과의 수준, 과거에 다른 사람들이 같은 관계에서 얻는 것을 관찰했던 성과의 수준, 현재의 행동 선택지가 가져올 성과의 특출성, 그리고 개인이 스스로의 장래에 대해 가지고 있는 낙관적인 기대의 수준에 따라 달라진다. 현재의 관계에서 얻는 성과가 비교수준보다 높으면 현 관계에 매력을 느끼고 만족하지만, 성과의 크기가 비교수준보다 작으면 현재의 관계에 만족하지 못하게 된다는 것이다. 이렇게 사회관계의 만족 여부를 결정하는 분명한 기준을 제시하고 있다는 것이 다른 사회교환이론들과 다른 상호의존성이론의 골자이다.

현재의 상호작용에 대해 만족하게 되면 그 관계를 지속하려 하고, 이에 불만족하게 되면 그 관계를 중단하려는 경향이 높지만, 관계의 중단 또는 지속 여부가 그 만족도, 곧 성과의 크기와 비교수준의 대비에만 의존하는 것은 아니다. 관계의 지속 또는 중단의 여부를 평가하는 표준이 대안적 비교수준이다. 이는 관계를 맺지 않고 혼자 있는 것을 포함해서 개인이 다른 최상의 대안적 관계를 통해 얻으리라고 예측하는 최저 수준의 성과치이다. 현재의 관계에서 얻는 성과가 대안적 비교수준보다 높으면 그 관계를 지속하려 하겠지만, 이보다 낮으면 관계를 중단하게 될 것이라는 주장이 티보와 켈리 이론의 또 다른 골자이다.

이러한 성과와 성과행렬, 비교수준, 대안적 비교수준은 모두 개인이 과거에 특정 상호작용을 통해 얻어왔거나, 현재 얻고 있는, 또는 앞으로 얻을 것으로 예측하는 보상과 부담을 철저하게 계산한 결과 갖게 되는 평가치들이다. 이러한 맥락에서 보면, 티보와 켈리의 상호의존성이론은 인간이 합리적 계산능력을 보유하고 있으며, 인간의 상호작용은 이러한 계산능력을 동원한 합리적 선택의 과정이라는 사실을 전제하고 있는 이론이다. 이렇게 상호작용의 만족도와 그 지속 여부를 평가하는 객관적 표준과 그 계산 양식을 제공하고 있다는 점, 그리고 성과행렬이라는 소집단 상호작용 연구의 기본틀을 제공하고 있다는 점이 티보와 켈리 이론이 갖는 핵심적인 특징인 것이다.

3) 월스터 등의 형평이론

월스터 등의 '형평이론'(equity theory)도 호만스나 티보와 켈리의 이론들처럼 행동주의심리학의 강화원리와 고전경제학의 기초 원리에 근거를 두고 있는 사회관계의 이해를 위한 일반 모형이다.[221] 월스터 등은 그동안 사회심리학에서 소규모의 정교한 이론 체계는 많았으나, 이들을 아우를 수 있는 거대 일반 모형은 없었다면서, "형평이론은 이러한 일반 이론에 대한 사회심리학계의 오랜 요구에 부응하기 위해 개발된 이론이다. 이는 강화이론, 인지일관성이론(cognitive consistency theory), 정신분석적 이론 및 교환이론에서 제시된 인간의 사회행동에 대한 관점들을 통합하려는 시도"[222]라고 주장하고 있다.

이러한 형평이론의 최초의 공식적인 제안은 애덤스(J. S. Adams)[223]에 의해 제시되었는데, 이 이론은 암묵적인 사회 계약에 포함되어 있는 사회정의(social justice)의 원리에 기초하고 있다. 형평이론은 자기 자신의 이익을 최대화하려는 개인의 경향성과 한정된 자원을 적절하고도 공정하게 분배하려는 사회 집단들의 요구 사이에 개재하는 갈등의 결과 나타나는 교환의 원리라고 볼 수 있다. 사회적 교환을 지배하는 원리로서의 이러한 형평성은 사회화 과정을 통해 내면화된 것이다. 이렇게 내면화된 형평규범은 불공정한 보상의 분배로 부당한 이익을 보거나 손해를 입은 사람 모두에게 불편한 긴장을 느끼게 하여, 그러한 불공정을 시정하려 노력하게 만든다는

221 Shaw, M. E., & Constanzo, 1982/1985, p. 136.
222 Walster, E. E. et al., 1978, p. 2.
223 Adams, 1963.

것이 형평이론의 주장이다. 곧 형평이론은 보상과 부담의 공정한 교환뿐만 아니라, 교환의 결과 나타나는 불공정성 또는 부정의에 대한 심리적 및 행동적 반응까지도 하나의 이론적 틀 속에 통합하려 하고 있는 것이다.[224]

(1) 연구의 배경과 형평성의 공식

사회정의와 호혜적 교환의 원칙은 인류 사회가 직면한 가장 큰 관심사였다. "진리가 사상 체계의 최고 덕목이라면, 정의는 사회제도의 최고 덕목"[225]이라고 표현될 정도로, 정의의 문제는 인류 역사를 통하여 가장 중시해온 문제였다. 아리스토텔레스 이후 이러한 정의의 문제는 한정된 사회적 자원이나 공동 작업의 성과를 해당 성원들에게 나누어주는 장면에서, 각자에게 합당한 몫을 공정하게 분배해주어야 한다는 분배정의(distributive justice)의 문제로 탐구되어왔다.[226]

한정된 자원이나 공동 작업의 성과를 정의롭게 분배하는 원칙의 핵심은 '공정성'(fairness)이다. 그러니까 분배정의의 문제는 어떻게 분배하는 것이 공정한가 하는 문제로 귀결된다. 한정된 자원과 공동 작업의 성과를 공정하게 분배하는 원칙에는, 이를 모든 성원들에게 균등하게 분배해주어야 공정한 분배가 이루어진다고 보는 균등규범(equality norm), 각자의 투입량에 따라 차등적으로 분배해주는 것이 공정하다는 형평규범(equity norm), 각자의 필요에 따라 분배해주는 것이 공정하다는 필요규범(need norm) 등 다양한 공정성의 원칙이 있을 수 있다.[227] 형평이론가들은 균등

---

224 Shaw, M. E., & Constanzo, 1982/1985, pp. 136~138; Walster, E. E. et al., 1978, pp. 1~5.

225 Rawls, 1971, p. 3.

226 Cohen & Greenberg, J. 1982, pp. 3~4; Homans, 1961, p. 242; Homans, 1982, pp. xii~xiv.

227 Deutsch, 1975; Leventhal, 1976; Homans, 1982, pp. xii~xiv; Schwinger, 1980, pp. 99~106.

규범이나 필요규범은 형평규범의 한 특수한 경우에 해당한다고 보아, 형평규범이 유일한 공정분배의 규범이 된다고 주장한다. 즉, 균등규범은 누구나 존엄성을 지니는 인간이라는 사실만을 투입 요인으로 보는 경우의 형평규범이고, 필요규범은 개인의 현실적 필요만을 투입 요인으로 삼을 경우의 형평규범이라는 것이다.[228]

형평이론은 이렇게 형평성이 사회교환의 기본 원칙이라고 보는 이론이다. 이 이론의 기본 개념은 호만스나 티보와 켈리의 것과 마찬가지로 행동주의심리학의 강화원리와 고전경제학의 가치이론과 깊은 관련을 맺고 있다.

투입 "교환에 대해 참여자들이 기여한 정도로서, 참여자들에게 보상을 받거나 부담을 질 자격을 부여하는 것으로 인정되는 것"[229]을 투입(input: I)이라고 한다. 이때 참여자 A의 투입은 I_A, 참여자 B의 투입은 I_B라고 쓴다. 참여자들이 교환관계에 기여하는 투입은 그들의 보상의 근거가 될 수 있는 자산들(assets)이나 그들이 겪게 되는 고통의 근거가 될 수 있는 채무들(liabilities)이 모두 포함된다.

상황에 따라서 서로 다른 요인이 투입 요인으로 인정된다. 예를 들면, 산업 장면에서 사업가들은 '자본'이나 '노동력' 같은 요인을 합당한 보상을 얻을 자격을 부여하는 투입 요인으로 받아들이고, '무능력'이나 '불성실' 같은 요인을 상호작용에 부담을 지우는 투입 요인으로 받아들인다. 사회 장면의 친구들 사이에서는 '미모'나 '친절성' 같은 요인이 보상받을 자격을 가져오는 투입 요인으로 받아들여지고, '과음'이나 '잔혹성' 같은

---

228 Austin & Hatfield, 1980, pp. 46~49; Mikula, 1980, pp. 15~18; Walster, E. E., & Walster, G. W., 1975; 조긍호, 1992, pp. 145~165.

229 Walster, E. E. et al., 1978, p. 10~12.

요인은 부담을 지우는 요인으로 간주된다.

성과 성과(outcome: O)는 "상호작용에 참여한 당사자가 상대방과 가진 교환의 과정에서 얻게 된 긍정적이거나 부정적인 결과들"[230]이다. 이때 참여자 A의 성과는 O_A, 참여자 B의 성과는 O_B라고 쓴다. 상호작용 참여자가 얻는 성과는 교환의 관계를 통해 그가 얻은 보상(reward: R)에서 교환관계를 위해 지게 된 부담(cost: C)을 뺀 값($O = R - C$)이다.

순이익 · 순손실 상호작용 참여자들이 "이 관계를 통해 얻게 된 성과의 크기에서 이 관계에 들인 투입의 크기를 뺀 값이 순이익(net gain) 또는 순손실(net loss)이다."[231] 이때 '성과−투입($O - I$)'의 값이 양수이면($O > I$) 교환을 통해 순이익을 얻은 셈이고, 음수이면($O < I$) 교환을 통해 순손실을 본 셈이며, 0이면($O = I$) 이익도 보지 못하고 손해도 입지 않은 것을 가리킨다. 참여자 A가 얻은 순이익 또는 순손실은 ($O_A - I_A$)라고 표시되고, 참여자 B의 순이익 또는 순손실은 ($O_B - I_B$)라고 표시된다.

형평성의 공식 상호작용을 통해 얻는 성과의 크기는 이에 들인 투입의 크기에 비례해야 한다는 것이 형평규범의 골자이다. 곧 상호작용에 더 크게 투입을 한 사람은 많은 성과를 얻는 것이 마땅하고, 조금밖에 투입하지 않은 사람은 성과도 조금만 얻어야 한다는 것이다. 이렇게 투입량과 성과의 양 사이에 비례균등(proportional equality)이 성립되는 것이 형평성이라는 것이 형평이론의 주장이다. 애덤스는 이러한 맥락에서 다음

---

230 Walster, E. E. et al., 1978, p. 12.
231 Walster, E. E. et al., 1978, p. 12.

과 같은 형평 공식을 제안하였다.[232]

$$\frac{O_A}{I_A} = \frac{O_B}{I_B}$$

이러한 단순한 공식은 임금이 성과가 되고 노동시간이 투입이 되는 것과 같이 I(I_A와 I_B)와 O(O_A와 O_B)가 모두 양수인 장면에는 잘 적용된다. 그러나 이 가운데 음수가 섞여 있는 장면에는 적용할 수 없다. 예를 들면, $I_A = 5$, $O_A = -10$, $I_B = -5$, $O_B = 10$인 경우, 애덤스의 공식대로 하면 A와 B 사이에 형평관계가 성립된 것으로 볼 수 있으나, 이는 잘못이다. 이러한 문제를 해결하기 위하여 월스터 등은 형평성의 공식을 다음과 같이 수정하였다.[233]

$$\frac{(O_A - I_A)}{(|I_A|)^{k_A}} = \frac{(O_B - I_B)}{(|I_B|)^{k_B}}$$

이 공식에서 지수 k_A와 k_B는 +1과 −1의 값을 갖는데, 각각 k_A = (I_A의 기호) × ($O_A - I_A$의 기호), k_B = (I_B의 기호) × ($O_B - I_B$의 기호)에 따라 계산된다. 또한 이 공식에서 투입량은 0의 값을 가질 수 없다.

이 공식은 참여자 A의 순이익 또는 순손실($O_A - I_A$)과 참여자 B의 순이익 또는 순손실($O_B - I_B$)이 각자의 투입(I_A와 I_B)의 절대치와 똑같은 비례관계에 있을 때, 형평성이 이루어졌음을 나타낸다. 월스터 등의 이 공식

232 Adams, 1963.
233 Walster, E. E. et al., 1976, pp. 2~4; 1978, pp. 9~12.

은 부적 투입과 부적 성과들 모두를 고려할 수 있게 해주면서도, 결국엔 애덤스의 원공식과 같은 결과를 낳게 된다. 다만 애덤스는 투입과 성과 사이의 비율을 형평의 기본 요인으로 삼고 있는 데 반해, 월스터 등은 투입과 순이익 또는 순손실 사이의 비율을 형평의 기본 요인으로 삼고 있다는 점이 다를 뿐이다.

(2) 형평이론의 기본 명제

월스터 등의 형평이론은 네 개의 기본 명제(propositions)로 구성되어 있다. "이 명제들 중 처음의 두 개는 주로 인간 행위와 사회의 기능에 관한 가정들인 반면에, 나머지 두 개의 가정들은 주로 예언된 불형평에 관련된 자료에서 유도된 개념적 가설들이다."[234]

명제 1: 사회관계의 목표 이 이론의 명제 1은 사회관계의 목표를 규정한 것으로, "사람들은 자신의 성과(보상에서 부담을 뺀 값)를 최대화하기 위해 노력할 것"[235]이라는 내용이다. 곧 이는 고전경제학의 쾌락주의적 인간관을 그대로 드러내는 명제로, 호만스나 티보와 켈리의 이론 등 교환이론들에 공통되는 것이다. 이 명제 1에서 "사람들은 자기들이 형평스럽게 행동함으로써 자신의 성과를 최대화시킬 수 있다고 인식하면, 그렇게 행동할 것이다. 그러나 자기들이 불형평스럽게 행동함으로써 자신의 성과를 최대화시킬 수 있다고 인식하면, 또한 그렇게 할 것"[236]이라는 방계명제(corollary)가 도출된다. 이는 사람들이 사회관계에서 추구하는 가장 중요한 목표는 자기 이익의 최대화라는 사실을 거듭 밝히고 있는 것으로,

---

234 Shaw, M. E., & Constanzo, 1982/1985, p. 141.
235 Walster, E. E. et al., 1976, p. 2; 1978, p. 6.
236 Walster, E. E. et al., 1976, p. 5; 1978, p. 16.

이 방계명제를 통해 월스터 등은 쾌락주의적 관심이 다음 명제 2에서 제시될 형평에 대한 관심보다 선행하는 것임을 분명히 하고 있다. 곧 이 명제 1은 "형평이론이 인간은 이기적 존재라는 가정에 기초하여 성립하고 있다"[237]는 사실을 잘 드러내주고 있는 것이다.

명제 2: 형평규범의 제도화 사회의 모든 성원들이 자기 성과의 최대화를 위해 노력한다면, 그들은 필연적으로 공동체의 자원을 독점하려 할 것이고, 이러한 과정에서는 반드시 만인의 만인에 대한 투쟁이 벌어지게 될 것이다. 이러한 지속적인 투쟁의 혼란으로부터 벗어나, 그런대로 자기 이익을 지키는 길은 타협을 통해 집단적 보상을 최대화하는 길밖에 없음을 사람들이 인식하게 되고, 그 결과 형평규범을 개발하여 이를 성원들에게 교육시킴으로써 이를 제도화하게 될 것이다. 이러한 형평규범의 개발을 명시한 것이 명제 2A로, "집단들은 그 성원들에게 보상과 부담을 '형평스럽게' 분배하기 위한 공인받는 체계를 개발함으로써 집단적 보상을 최대화할 수 있을 것이다. 그러므로 집단의 성원들은 이러한 형평 체계를 개발하고, 이를 수용하고 준수하기 위해 노력하게 될 것"[238]이라는 내용이다. 곧 형평규범의 개발과 그 준수를 위한 노력을 명시하고 있는 것이 명제 2A이다.

이렇게 제도화된 형평규범을 성원들이 지키도록 하려면, 이를 준수하여 사회관계에서 형평스럽게 행동하는 것이 개인에게 더 큰 이익을 가져오는 길이라는 사실을 인식하도록 할 수밖에 없을 것이다. 그러므로 어떤 집단이든지 상과 벌의 적용을 통해 성원들에게 형평 행동의 수익성을 보

---

237 Walster, E. E. et al., 1976, p. 2.
238 Walster, E. E. et al., 1976, p. 2; 1978, p. 7.

장해줌으로써, 성원들이 형평규범을 내면화하도록 유도하게 된다. 이러한 사실을 명시하고 있는 것이 "집단들은 일반적으로 다른 사람들을 형평하게 대우해주는 성원들에게 보상을 해주고, 다른 사람을 불형평하게 대우하는 성원들에게 벌을 줄 것(그러한 행동에 대한 부담을 증가시킬 것)"[239]이라는 것이 명제 2B의 내용이다.

명제 3: 불형평에 대한 심리적 반응 어느 집단이든지 그 성원들이 형평규범을 내면화하여 이에 알맞는 행동을 하도록 온갖 노력을 다 기울이게 된다. 이러한 노력은 주로 형평규범에 잘 따르는 사람에게는 보상을 해주고, 이에 따르지 않는 사람에게는 부담을 크게 지우는 형식으로 나타난다(명제 2B). 이러한 사회화를 통해 형평규범을 내면화하게 된 성원들에게 형평규범은 강력한 사회규범으로 작용하게 될 것이다. 그러므로 이러한 형평규범의 준수는 심리적 안정감과 유쾌한 기분을 느끼게 하겠지만, 이를 어기게 되면 불쾌한 긴장감을 느끼게 될 것이다. 곧 "사람들은 스스로가 불형평한 관계에 참여하고 있다는 사실을 인식하게 되면, 심리적으로 불편함을 느끼게 될 것이다. 이때 그 관계가 불형평할수록, 개인이 느끼는 불편감은 더 커질 것"[240]이라는 것이 형평이론에서 가정하는 명제 3의 내용이다. 불형평한 상태에서 느끼는 심리적 불편감 및 긴장의 내용은 죄책감이나 보복 공포(불형평 관계로 인해 이익을 본 사람의 경우) 또는 자기비하감이나 분노(불형평 관계로 인해 손해를 본 사람의 경우)의 형태로 나타나게 된다.[241]

239 Walster, E. E. et al., 1976, p. 2; 1978, p. 9.

240 Walster, E. E. et al., 1976, p. 6; 1978, p. 17.

241 Walster, E. E. et al., 1976, pp. 8~9, 24~25; 1978, pp. 17~18, 22~24, 43~44.

명제 4: 형평 회복을 위한 노력 불형평한 관계에서 경험되는 심리적 불편감은 개인 내에 불쾌한 긴장을 유발함으로써, 이를 제거하고 다시 심리적이거나 실제적인 안정을 회복하려는 행동을 유발하게 될 것이라는 점이 형평이론의 기본 가정이다. 이러한 가정은 "자기가 불형평한 관계에 놓여 있음을 인식하게 되면, 사람들은 형평성을 회복함으로써 심리적 불편감을 제거시키려 노력하게 될 것이다. 그들이 경험하는 불형평의 크기가 클수록, 심리적 불편감의 크기가 커지고, 형평을 회복하기 위한 노력의 강도도 강해질 것"[242]이라는 명제 4로 표현되고 있다. 이러한 형평 회복은 심리적 수준에서의 회복과 실제적인 회복의 두 가지 방법으로 이루어진다. 심리적 회복은 각자의 투입량(예: 이익을 본 사람은 자기 투입량의 과대평가, 손해를 본 사람은 과소평가)이나 성과(예: 이익을 본 사람은 자기 성과의 과소평가, 손해를 본 사람은 과대평가)에 대한 지각을 왜곡함으로써, 형평이 회복된 것으로 여기는 것이다. 실제적 회복은 두 사람의 투입량(예: 이익을 본 사람은 자기 투입량의 증대, 손해를 본 사람은 절감)과 성과(예: 이익을 본 사람은 자기 성과의 일부를 양여, 손해를 본 사람은 성과 증대)를 실제로 조정함으로써, 실제로 형평을 회복하는 것이다.[243]

명제 4를 보면, 형평이론은 인지일관성이론들과 맥이 닿아 있음을 알 수 있다. 이는 여타 교환이론과 다른 형평이론만의 특징으로, 월스터 등이 자기들의 이론을 사회행동의 일반 이론이라고 부르는 데에는 이러한 사실도 한몫 하고 있는 것이다.

---

242 Walster, E. E. et al., 1976, p. 6; 1978, p. 18.

243 Walster, E. E. et al., 1976, pp. 9~24; 1978, pp. 21~83.

(3) 형평이론의 핵심: 사회관계 유지의 규범

사회정의 문제에 대한 인류의 지속적인 관심에 토대를 두고 있는 형평이론은 사회교환의 규범을 직접 다루고 있다는 점에서 다른 교환이론들과 차별성을 보이고 있다. 호만스도 자기의 원 이론에서 분배정의의 문제를 다루고 있으나, 그의 주 관심은 조작적 강화의 원리를 기본적 사회행동의 분석에 적용하려는 데 있었을 뿐, 분배정의의 문제가 그의 이론의 핵심은 아니었다. 그는 교환관계에서 발생하는 '상대적 탈핍'(relative deprivation)의 문제를 해소하고, 자기 이익을 최대로 하는 방안의 하나로 분배정의의 문제를 다루고 있는 것이다.[244] 그러나 월스터 등은 사회적 자원과 공동작업의 성과를 성원들에게 공정하게 분배하는 분배정의의 원칙을 그들 이론의 중심에 놓음으로써, 사회교환의 규범을 직접 다루고 있다.

이들은 모든 사회관계 유지의 규범을 공정한 교환에서 찾는다. 그들에 따르면, 각 상호작용 당사자가 사회관계에 기여한 투입량에 비례해서 성과를 분배받을 때 공정한 교환이 이루어지고, 이러한 공정한 교환이 이루어질 때만이 사회관계에 개재하는 이익 갈등을 해소하고 각자가 자기 이익을 제한된 범위 안에서 최대화할 수 있게 됨으로써, 사회관계가 원만히 유지될 수 있다는 것이다. 즉, 사회관계를 유지하는 유일한 규범은 투입량에 비례해서 성과를 부여받는 형평규범이라는 것이 이들의 이론의 골자이다.

이들은 더 나아가 사회관계에서 이러한 형평이 깨지게 되면, 사회관계 자체가 붕괴하게 된다고 본다. 그리하여 상호작용 당사자들은 사회관계에서 항상 형평한 관계, 곧 공정한 교환이 이루어지도록 노력하게 된다고 주장한다. 월스터 등이 제시한 네 개의 명제 가운데 사회관계의 목표를

244 Homans, 1961, pp. 241~268.

규정한 명제 1을 제외한 명제 2, 3, 4가 모두 공정교환의 규범을 다루고 있다는 사실은, 그들의 이론의 핵심이 사회관계 유지의 규범에 집중되고 있다는 점을 잘 드러내주고 있는 것이다.

4) 서구의 사회관계론 종합

이상에서 호만스의 기본적 사회행동이론, 티보와 켈리의 상호의존성이론, 월스터 등의 형평이론을 중심으로 현대 서구의 사회과학자들이 제시하고 있는 사회관계론의 대체적인 모습을 살펴보았다. 이 가운데 호만스의 이론은 사회관계의 목표의 제시에 이론의 초점이 모아지고 있고, 티보와 켈리의 이론은 사회관계를 평가하는 기준의 제시에 이론의 핵심이 있으며, 월스터 등의 이론은 사회관계 유지의 규범을 제시하는 데 관심이 집중되고 있다.

(1) 사회관계의 목표: 자기 이익의 최대화

교환이론들은 모두 인간은 사회관계에서 가능한 한 보상은 크게 하고 부담은 줄이려는 이기적 관심을 가지고 있는 존재라고 가정하는 고전경제학의 인간관을 배경에 깔고 있다. 고전경제학에서는 합리적 이성을 갖추고 있는 존재인 인간은 합리적 계산과 선택을 통해 이러한 이기적 관심을 충족시키려 한다고 본다.

교환이론가들의 이론의 배경을 이루고 있는 또 하나의 공통 가정은 이러한 자기 이익 추구의 행동은 행동주의심리학에서 밝혀진 강화의 원리에 따라 이루어진다는 것이다. 즉, 교환이론가들은 사회관계에서 보상을 받았던 행동은 계속 추구하고, 부담을 유발했던 행동은 행동목록에서 제거함으로써, 자기 이익을 최대화할 수 있게 된다고 전제한다.

이러한 맥락에서 교환이론가들은, 상호작용을 하고 있는 당사자들이 강화의 원리에 따른 합리적 선택의 과정을 통한 사회관계를 통해 보상을 크게 하고, 부담을 줄이려 노력한다고 본다. 곧 사회관계의 목표는 자기 이익 최대화에서 찾을 수 있다는 것이 교환이론가들의 기본 전제인 것이다.

이러한 관점은 호만스의 이론에 잘 드러나고 있다. 그가 제시하고 있는 기본적 사회행동의 여섯 명제들은 모두 자기 이익을 최대화하려는 행동의 원리들을 제시하고 있는 것이라고 볼 수 있다. 티보와 켈리도 상호작용에서 얻는 보상에서 이에 소요되는 부담을 뺀 값, 곧 성과의 크기를 가능한 한 크게 하려는 것을 사회교환의 목표로 규정하고 있다. 월스터 등이 제시한 명제 1에서도 사회관계의 목표를 상호작용을 통해 얻는 보상에서 부담을 뺀 값, 곧 성과를 크게 하는 것으로 잡고 있다. 이러한 사실들은 사회교환이론들이 모두 사회관계의 목표를 상호작용을 통해 얻게 되는 자기 이익의 최대화에서 찾고 있다는 점을 확실히 드러내주고 있는 것이다.

(2) 사회관계의 평가: 비교수준과의 대비

사회적 상호작용의 목표가 개인적 이익의 최대화에 있다면, 상호작용에서 개인이 얻는 성과가 커질수록 해당 사회관계에 대한 만족도가 커질 것이라고 생각할 수 있다. 그러나 티보와 켈리에 따르면, 성과의 크기만 가지고는 관계 당사자가 해당 관계에 대해 만족할는지의 여부를 판정할 수 없다. 사회관계의 만족도는 상호작용에서 얻는 성과가 비교수준보다 높아야 한다는 것이다.

비교수준은 상호작용에의 참여자가 해당 관계를 통해 얻어 마땅하다고 느끼는 성과의 정도이다. 상호작용 참여자가 해당 상호작용을 통해 얻어 마땅하다고 느끼는 비교수준은 참여자 스스로가 과거에 지속적으로 경험했던 성과의 수준, 그가 지금까지 대리적인 경험을 통해 관찰해왔던 타인들의 성과 수준, 현재의 관계에서 얻는 성과의 특출성, 그리고 개인이 스스로의 장래에 대해 기대하는 낙관성의 수준들에 따라 달라진다는 것이 티보와 켈리의 생각이다. 비교수준은 이러한 여러 요인들의 평균치 또는 최빈치로 계산된다.

개인이 현재의 상호작용에서 얻는 성과가 비교수준보다 높을수록, 그는 해당 관계에 대해 만족하고 매력을 느끼게 될 것이다. 반대로 현재의 성과가 비교수준보다 낮을수록, 그는 해당 관계에 대해 불만족하는 정도가 커질 것이다. 그러나 해당 관계에 대한 불만족이 크다고 해서 곧바로 관계를 중단하게 되지는 않는다는 것이 티보와 켈리의 주장이다. 관계의 중단 여부는 해당 관계를 다른 것으로 대체했을 때 얻어질 것으로 기대하는 성과의 최저 수준인 대안적 비교수준과 대비해보아야 알 수 있다는 것이다. 현재의 성과가 비교수준에 대비해서 아무리 낮더라도 대안적 비교수준보다 높다면, 관계가 붕괴되지는 않을 것이라고 티보와 켈리는 가정한다. 그러니까 상호작용 관계가 붕괴되는 것은 현재의 관계에서 얻는 성과가 대안적 비교수준보다 낮을 때이다.

상호작용 관계의 만족도를 평가하는 표준인 비교수준과 관계의 중단 여부를 판정하는 표준인 대안적 비교수준은 이에 영향을 미치는 요인들의 크기에 따라 달라지므로, 고정되어 있는 것이 아니라 수시로 변화하게 된다. 또한 이는 상호작용 당사자들에게 주어져 있는 성과행렬의 구조에 의해서도 영향을 받게 마련이다. 그러므로 해당 관계의 지속 여부와 그 만족도의 평가에는 다양한 요인들을 종합하여 평가하는 고도의 계산 과정이 개재하게 된다고 티보와 켈리는 가정한다.

이렇게 상호작용의 만족도와 그 중단의 여부를 평가하는 기준의 문제는 티보와 켈리가 제시한 상호의존성이론의 핵심이다. 호만스나 월스터 등의 교환이론에서는 이러한 기준에 대해 언급하고 있지 않다. 바로 이

점이 티보와 켈리의 이론이 갖는 특이점이라고 할 수 있을 것이다.

(3) 사회관계 유지의 규범: 공정한 교환

호만스의 이론이 사회관계의 목표 설정에 초점을 맞추고, 티보와 켈리의 이론이 사회관계의 평가에 중점을 두고 있다면, 월스터 등의 이론은 사회관계를 유지하는 규범의 확인을 핵심으로 삼고 있다. 월스터 등은 사회관계의 목표 설정을 위한 명제 1 이외에 나머지 명제들을 모두 공정교환 규범의 제도화(명제 2)와 이의 준수의 문제(명제 3과 명제 4)에 할애하고 있는 것이다.

형평이론에 따르면, 사회관계의 유지를 위한 가장 기본적인 규범은 사회적 자원이나 공동작업의 성과를 성원들에게 공정하게 분배해주는 일이다. 즉, 공정교환이 사회관계를 유지하는 핵심 규범이라는 것이 형평이론의 골자이다. 그리하여 어느 사회이든지 상호작용 관계에 기여한 바에 따라 성과를 공정하게 분배하는 형평분배의 규범을 제도화하여 사회화 과정을 통해 성원들에게 이의 준수를 강요하고(명제 2), 그 결과 성원들은 이러한 규범을 내면화하여 간직하게 되므로 이를 어겼을 때 심리적인 불편감을 가지며(명제 3), 이러한 불편감을 해소하고 공정한 관계를 회복하기 위해 노력하게 된다(명제 4)는 것이다.

한 사회가 보유하고 있는 가치 있는 자원에는 한계가 있게 마련이다. 또한 공동 작업을 통해 얻는 성과의 크기도 제한되어 있는 것이 보통이다. 이러한 상황에서 사회의 성원들이 무제한적으로 자기 이익의 최대화를 도모하다 보면, 필연적으로 성원 사이에 갈등이 빚어질 수밖에 없다. 그러므로 이러한 이익 갈등을 회피하고, 제한된 범위에서나마 각자의 이익을 보호하기 위해서는 공정한 교환과 분배의 원칙이 필요하게 된다. 이는 서구 자유주의 이념의 근거가 되고 있는 '사회계약론'의 기본 전제이다. 이러한 공정한 교환의 핵심이 바로 형평규범이라는 것이 형평이론가들의 주장이다. 상호작용에 투입하는 기여도와 이로부터 얻는 성과를 공정하게 분배해야 모든 사회관계가 원만하게 유지됨으로써, 제한된 범위 안에서나마 개인의 이익을 최대화할 수 있게 된다는 것이다. 곧 사회관계 유지의 규범은 공정한 교환에서 찾아야 한다는 것이 형평이론의 핵심인 것이다.

3. 동 · 서 사회관계론의 비교

지금까지 동아시아 집단주의 사회의 핵심적인 사회관계론을 그 사상적 바탕이 되어온 선진유학자들의 도덕실천론(공자의 복례론, 맹자의 여인위선론, 순자의 군거화일론)을 중심으로 하여 고찰해본 다음, 서구 개인주의 사회의 지배적인 사회관계론을 현대 서구 사회과학자들이 제시한 사회교환이론(호만스의 기본적 사회행동이론, 티보와 켈리의 상호의존성이론, 월스터 등의 형평이론)을 중심으로 하여 살펴보았다. 이상에서 논구한 바와 같이, 두 문화권에서 제시하고 있는 사회관계론 사이에는 사회관계의 목표와 사회관계 유지의 규범 등에서 커다란 차이를 보이고 있다.

이러한 동 · 서 사회관계론은 두 지역인들이 인간 존재를 파악하는 기본 관점과 밀접하게 관련되어 있을 것이라고 볼 수 있다. 개인 존재를 타인과의 연계성 속에서 파악하느냐 아니면 개체의 독립성과 독특성을 기초로 하여 파악하느냐 하는 데 따라, 사회관계의 목표와 관계 유지의 규범에 대한 관점이 달라질 것이기 때문이다. 이러한 맥락에서, 여기에서는 우선 동아시아 유학사상과 서구 자유주의에서 인간 존재를 파악하는 관점의 차이가 그들의 사회관계론의 특징에 어떻게 반영되어 있는지를 확인해보고, 이어서 이를 기초로 지금까지 고찰해온 동 · 서 사회관계론의 차이와, 이를 배경으로 하여 도출되는 새로운 심리학적 연구 문제들을 살펴보기로 하겠다.

1) 동 · 서의 인간관과 사회관계론의 관계

유학사상에서는 사회적 존재 특성을 강조하여 인간을 파악한다. 유학자들은 인간을 사회적 관계체라고 인식한다. 인간의 존재 의의는 개체로서 가진 독립적이고 독특한 특성에서가 아니라, 부모-자식, 군주-신하, 남편-아내, 어른-아이, 벗-벗의 사회관계 속에서 드러난다는 것이 유학자들이 인간을 파악하는 기본 관점이다. 이렇게 유학사상에서는 개인 존재를 다른 사람들과의 연계성 속에서 바라보려 하는 것이다. 이러한 관점에서 개인 존재를 사회관계 속에 내포되어 있는 의무와 역할, 그리고 관계를 맺고 있는 다른 사람들에 대한 관심과 배려의 복합체로 인식하는 견해가 도출된다. 그리하여 유학자들은 개인의 사회 행동의 원동력을 개인의 독특한 성향 같은 내적 속성보다는 개인을 둘러싸고 있는 관계적 요인(의무 · 역할 · 배려 등)에서 찾으려는 경향을 보인다.

또한 유학사상에서는 인간이 도덕성의 원천을 태어날 때부터 본유적으로 갖추고 있는 존재라고 인식한다. 인간은 인의예지 같은 도덕성의 원천을 본유적으로 갖추고 있는 덕성 주체라는 것이다. 그러므로 이렇게 스스로 갖추고 있는 도덕성을 일상생활에서 주체적으로 체득하여 일상생활의 과정에서 실천하는 것이 인간 삶의 이상적인 모습이라고 유학자들은 파악한다.

인간은 스스로가 도덕의 주체라는 사실을 인식하여 일상생활의 과정에서 실천함으로써 군자와 성인 같은 이상적 인간의 상태에 도달할 수 있는 가능체로서의 존재라는 것이 유학적 인간 파악의 또 하나의 관점이다. 인간은 고정적인 능력이나 성격의 보유자가 아니라, 자기의 단점을 찾아 고쳐감으로써 자기 개선을 이룰 수 있는 존재라는 것이다.

이렇게 사회성 · 도덕성 · 가변성을 중심으로 하여 인간을 이해하는 입장에 서면, 사회생활의 과정에서 사람들 사이의 연계성과 조화성의 추구, 타인에 대한 관심과 배려 및 양보와 협동, 자기 억제와 자기 개선을 통한 자기확대의 추구와 같은 행동을 강조하는 경향을 낳게 된다. 따라서 유학자들은 사회관계에서 자기의 개인적인 이익을 추구하기보다는 관계를 맺고 있는 상대방을 우선적으로 배려할 것을 요구한다. 곧 사회관계의 목표를 조화로운 관계의 형성에서 찾게 되는 것이다. 그리고 유학자들은 타인과의 사이에 조화를 유지하기 위해서는 사회관계에서 속에 내포되어 있는 각자의 역할을 충실히 수행해야 한다고 본다. 곧 사회관계 유지의 제일 원칙을 각자의 역할의 인식과 충실한 수행에서 찾는 것이다.

이러한 맥락에서 보면, 앞에서 보았듯이 공자의 복례론, 맹자의 여인위선론, 순자의 군거화일론 같은 유학의 도덕실천론에서 사회관계의 목표와 그 유지 규범을 모두 사회관계의 조화 추구와 역할의 충실한 수행에서 찾고 있다는 점은, 이들의 사회관계론이 사회적 관계체, 덕성 주체, 가변적 과정적 존재로 인간을 파악하는 유학적 인간 이해의 관점에서 직접 도출되는 것이라는 사실을 여실히 보여주고 있는 것이다.

유학사상과는 대조적으로, 서구 개인주의의 배경이 되어온 자유주의사상에서는 인간을 독립적 개체라고 인식한다. 인간은 다른 사람과 구별되는 독특한 개성을 갖추고 있는 개별적인 존재라는 것이다. 이러한 관점에서는 각 개인이 수행하는 모든 사회 행동의 원동력을 그가 보유하고 있는 개인적인 욕구 · 능력 · 성격 · 의도 · 감정 같은 내적 속성에서 찾게 되며, 개인은 자유의 보유자로서 스스로의 자율성과 독특성을 신장시키기 위해 노력하게 된다고 본다.

또한 자유주의의 체계에서는 개인 존재를 합리적 이성의 주체라고 이해한다. 이성의 주체로서 개인은 다양한 선택 장면에서 자기에게 가장 유리한 행동 양식을 선택하여 행동하는 존재라는 것이다. 이러한 관점에서는 자기의 이익과 타인 또는 집단의 이익이 충돌할 때 각 개인은 합리적 선택을 통해 자기 이익을 우선적으로 보호하려 하며, 이렇게 자기 이익을 지키기 위해 적극적으로 자기를 내세우는 경향을 발전시킨다고 본다.

개인은 모든 욕구와 능력 및 성격 특성의 보유자로서 안정적이고 고정적인 실체라는 것이 자유주의에서 인간을 파악하는 또 하나의 관점이다. 안정적 실체로서 개인은 쉽게 변화하지 않으며, 항상 일관성과 안정성을 유지하기 위해 애쓰게 된다는 것이다. 그러므로 자유주의를 바탕으로 하고 있는 개인주의 사회에 살고 있는 사람들은 안정적이고도 명료한 자기개념을 지니고 있으며, 자기에 대한 확신도도 높은 특징을 보이게 된다.

이렇게 개체로서의 독립성, 합리적 이성, 안정성과 일관성을 중심으로 하여 인간을 이해하는 입장에 서면, 사회생활의 과정에서 자율성과 독특성의 추구, 자기 이익의 추구와 적극적인 자기 주장, 안정적이고 일관되는 자기개념과 행동 양식의 유지 같은 경향을 높이 평가하게 된다. 이러한 사회에서는 사회 장면에서 적극적으로 자기 이익을 추구하는 행동을 자연스럽게 여기며, 이를 개인의 존재 이유라고까지 여긴다. 곧 사회관계의 목표를 최대한의 자기 이익의 추구라고 보게 되는 것이다. 이러한 사회에서는 이렇게 이기적으로 개인의 이익을 추구하는 과정에서 야기되는 갈등을 해소할 수 있는 규범의 개발에 힘을 쏟게 된다. 자유주의 체계에서 사회 형성의 근거를 '사회계약설'을 통해 설명하려는 데에는 이러한 배경이 놓여 있다고 볼 수 있다. 이들이 고안해낸 갈등 해결의 방안이 바로 공정교환의 규범이다. 곧 자유주의자들은 사회관계 유지의 방안을 공정한 교환관계의 성립에서 찾고 있는 것이다.

이러한 맥락에서 보면, 앞에서 고찰한 호만스, 티보와 켈리, 월스터 등 현대 서구의 사회과학자들이 제시한 사회교환이론에서 모두 사회관계의 목표를 자기 이익의 최대화에 두고, 사회관계 유지의 규범을 공정한 교환에서 찾고 있는 까닭을 짐작할 수 있다. 이들 사회교환이론들은 모두 개인을 독립적인 자유의 보유자, 이성 주체, 고정적이고 안정적인 실체로 인식하는 자유주의의 인간관을 그 배경에 두고 있기 때문인 것이다.

2) 사회관계론의 동 · 서 대비

동아시아 집단주의의 사상적 배경이 되어왔던 "유학의 인간중심 철학에서는 사람은 개별적으로는 존재할 수 없으며, 모든 행위는 사람과 사람 사이의 상호작용의 맥락 속에서 이루어진다고 간주한다."[245] 이렇게 유학사상에서는 인간은 개별적 존재로서는 살아갈 수 없으며, 사회관계 속에서 인간의 존재 의의가 드러난다고 보는 것이다. 이러한 관점에서는 사회를 구성하는 궁극적인 단위를 사람들 사이의 관계에서 찾으려는 관점이 자연스럽게 도출된다.

이러한 관점을 가장 집약적으로 제시하고 있는 사람은 순자인데, 그는 "군신 · 부자 · 형제 · 부부의 관계는 처음이자 마지막으로, 천지와 더불어 이치를 같이 하고, 만세를 통하여 영구히 지속되는 것으로서, 무릇 이를 일러 '위대한 근본'〔大本〕이라고 한다"[246]고 진술하고 있다. 공자도 자기 사상의 핵심인 인(仁)을 사람들 사이의 관계에서 드러나는 덕목이라고 제시함으로써[247] 같은 관점을 피력하고 있으며, 맹자도 인간이 본유적으로 갖추고 있는 인의예지의 근거를 부모-자식〔親親〕 및 형-아우〔敬長〕의

245 King, 1985, p. 57.

246 『荀子』, 王制 19~20.

247 『論語』, 雍也 28; 顔淵 1, 2, 22; 衛靈公 23.

관계에서 찾거나[248] 유학자 가운데 최초로 오륜설(五倫說)을 제시함으로써[249] 부모 · 군신 · 부부 · 장유 · 붕우 같은 사회관계가 사회 구성의 기초임을 역설하고 있다.

이와는 대조적으로, 서구 개인주의의 사상적 배경이 되어왔던 자유주의 체계에서는 인간 개개인은 평등하고 독립적인 개별적 존재라고 본다. 자유주의의 관점에 따르면, "각 개인은 다른 사람과 구별되는 분명한 경계를 가진 독특하며 통합적인 소우주로서, 개별적인 전체로 조직화된 인식 · 정서 · 판단 및 행위의 역동적인 중심이며, 다른 사람이나 사회 및 자연적 배경과는 분명하게 대조되는 존재이다."[250] 그들은 사회관계란 이러한 평등하고 개별적인 존재들 사이의 계약과 거래의 관계라고 파악한다.[251] 이는 모든 사회관계를 논리적 관점에서 분석하려는 개인주의 사회의 합리주의적 사고의 소산이다.[252] 인간을 이렇게 타인과는 구별되는 독립적인 개체적 존재라고 여기고, 모든 사회 행위의 원동력을 개인의 특성에서 찾게 되면, 사회 구성의 궁극적 단위를 이러한 독립적 개인에게서 찾게 될 것임은 자명한 사실이다.

이렇게 개인 존재를 상호 평등하고 독립된 개별적인 존재로 파악하는 자유주의의 관점에서는 사회 구성의 기본 단위를 이러한 평등한 개별적 독립체인 개인에게서 찾으며, 사회는 이러한 개별적 개체들의 복수적인 집합에 불과하다고 본다.[253] 그러므로 그들은 상황이나 타인과 분리된 독

248 『孟子』, 離婁上 27; 盡心上 15.

249 滕文公上 4.

250 Geertz, 1975, p. 48.

251 Triandis, 1990, p. 60.

252 정양은, 1988, pp. 4~7.

253 정양은, 1988; Chung, 1994; Hui & Triandis, 1986; Markus & Kitayama, 1991; Miller, J. G., 1984; Miller, J. G., & Bersoff, 1992.

립적인 개인을 사회제도의 출발점으로 간주하기 때문에, 기본적으로 비사회적인(asocial) 개인을 모든 사회 행동의 규범적 단위로 보게 되며, 개인과 개인 또는 개인과 상황과의 상호의존성을 최소화하려고 노력하게 된다고 가정한다.[254]

유학사상과 자유주의 체계가 이러한 사회 구성의 기본 단위에 대한 관점에서만 차이를 보이는 것은 아니다. 그들은 인간 존재의 핵심 특성에 대해서도 견해를 달리 한다. 유학사상에서는 인간의 가장 기본적인 특성을 도덕적 지향성에서 찾는다. 그들은 인간은 태어나면서부터 선(善)에의 지향성, 곧 도덕성을 갖추고 있다고 본다. 맹자는 "인의 근거인 측은지심을 사람이면 누구나 가지고 있고, 의의 근거인 수오지심을 사람이면 누구나 가지고 있으며, 예의 근거인 사양지심을 사람이면 누구나 가지고 있고, 지의 근거인 시비지심을 사람이면 누구나 가지고 있다. (……) 인의예지는 외부로부터 들어온 것이 아니라, 인간이 본래부터 갖추고 있는 것"[255]이라고 하여, 인의예지의 근거가 인간에게 본유하고 있음을 밝히고 있다. 공자와 순자도 인간이 도덕성의 근거를 본유적으로 갖추고 있다고 보는 점은 같다. 물론 유학자들도 인간에게 이기적 생물적 욕구가 갖추어져 있어, 이기적이 되거나 악으로 빠지게 될 가능성이 있다는 사실을 인정한다.[256] 그러나 인간은 도덕적 지향성을 통해 이기적 욕구를 제어함으로써, 선화(善化)할 가능성이 더 큰 존재라는 것이 유학자들의 기본 관점이다.

이와는 대조적으로, 자유주의의 체계에서 보유하고 있는 인간 존재의 특성에 대한 기본 전제는 인간은 쾌락추구적이고 이기적인 존재라는 것

254 Markus & Kitayama, 1991

255 『孟子』, 告子上 6; 公孫丑上 6.

256 제2장의 '선진유학사상의 인성론'(pp. 107~168) 부분 참조.

이다.[257] 사실 이는 현대 서구심리학의 기초가 되어 있는 입장이라고 볼 수 있다.[258] 지금까지 인간의 사회행동을 설명하는 '단순하면서도 최고의 이론 체계'(simple and sovereign theories)로 제시된 것들 중 가장 핵심적인 것은 쾌락주의(hedonism)와 이기주의(egoism)이다.[259] 여기서 쾌락주의는 사람은 고통을 피하고 쾌락을 추구하려 한다는 입장이고, 이기주의는 사람은 자기의 쾌락과 이익을 무엇보다 중시한다는 입장이다. 현대심리학에서는 '강화의 원리' 또는 '효과의 법칙'이 쾌락주의를 대신하게 되었으며,[260] 이는 개인주의의 사조에 힘입어 이기주의와 연합하게 되었던 것이다.[261]

이상에서 보듯이, 동아시아 집단주의의 배경인 유학사상과 서구 개인주의의 배경인 자유주의 체계는 사회 구성의 궁극적 단위와 인간의 기본적인 본성에 관하여 매우 다른 관점을 보이고 있다. 이러한 차이는 사회관계의 목표와 사회관계 유지의 규범 설정 등 그들의 사회관계론의 차이에 그대로 반영되고 있다.

도덕적 관심에 따라 선화 가능성이 큰 존재인 사람들 사이의 관계를 사회 구성의 궁극적인 단위라고 인식하는 유학사상에서는 사회관계의 목표를 조화로운 사회관계의 형성에 두고, 이러한 사회관계의 유지 규범을 사람들 사이의 관계에 내포되어 있는 각자의 역할을 충실히 수행하는 것에서 찾으려는 사회관계론이 도출된다. 유학사상에서 도덕적 지향성은 다른 사람에 대한 관심과 그들에 대한 우선적 배려를 핵심으로 한다. 그러

257 Emerson, 1992; Gergen et al., 1980; Homans, 1961; Shaw, M. E., & Constanzo, 1982/1985; Thibaut & Kelley, 1959, 1986; Walster, E. E. et al., 1976, 1978.

258 Dollard & Miller, N. E., 1950; Sampson, 1977, 1978, 1989.

259 Allport, 1968, pp. 10~19.

260 Dollard & Miller, N. E., 1950, p. 9.

261 Allport, 1968, pp. 15~19.

므로 유학사상에서는 자기보다는 관계를 맺고 있는 타인이 관심의 초점으로 부각되며, 그와 조화로운 관계를 맺는 것이 사회생활에서 추구하는 중심적인 일이 될 수밖에 없는 것이다. 이렇게 다른 사람과 조화로운 관계를 형성하고 유지하기 위해서는 각자가 자기에게 부여된 역할을 충실히 수행하는 일이 핵심적으로 중요해진다. 이는 공자의 정명론으로부터 비롯된 유학의 전통인 것이다.

이와는 대조적으로, 이기적 욕구 추구에 관심이 큰 개별적이고 독립적인 개인을 사회 구성의 궁극적 단위라고 보는 서구 개인주의 사회에서는 사회관계를 보상과 부담을 주고받는 교환의 관점에서 이해한다. 교환이론에서는 사회관계를 이기적 존재인 개인이 자기와 똑같이 평등하고 독립적인 타인과 보상과 부담을 주고받는 거래를 하는 것이라고 본다. 따라서 각 개인은 이러한 거래 관계 속에서 각자가 추구하는 이익을 최대화하려고 노력하며, 결국 최대의 개인적인 이익의 추구가 바로 사회관계의 기본 목표라고 보는 것이 교환이론의 관점이다. 이렇게 교환이론의 관점은 바로 인간을 쾌락추구적이며 이기적인 존재라고 보는 데에서 출발하여, 이러한 이기적 존재인 개인들이 사회관계를 통해 각자의 이익의 최대화를 도모하려 하는 것이 사회관계의 기본 목표라고 간주하는 것이다.

이러한 사회관계 형성의 목표에 관한 명제에 이어, 모든 사회관계론의 이론적 초점은 집단이 형성됨으로써 발생하게 되는 이익 갈등과 분쟁을 어떻게 조정하여 사회관계를 유지하게 되는가에 관한 것이다. 이러한 사회관계 유지의 규범이 대부분의 사회관계론의 두 번째 핵심 명제를 형성한다. 교환이론의 관점에서는 이기적인 존재인 개인들은 모두 자신의 이익을 최대화하려 하므로, 이들이 모이게 되면 필연적으로 이들 사이에 갈등이 야기된다고 본다. 따라서 이 이론의 관점에서는 이러한 갈등의 회피를 위한 규정을 상정할 필요가 생기는데, 여기서는 이를 교호성 규범

(reciprocity norm) 또는 공정성 규범(fairness norm)으로 제시하고 있다. 즉, 교환이론에서는 상호간의 공정한 교환을 통해 성원들 사이에 야기될 수 있는 갈등을 해소함으로써, 사회관계의 유지가 가능하게 된다고 간주하고, 따라서 사회에서는 이러한 규범을 발전시켜서 사회화 과정을 통해 성원들에게 강요하게 된다고 보는 것이다.

지금까지 논의한 서구의 교환이론과 선진유학자들의 사회관계론의 차이는 다음 표와 같이 정리할 수 있다.

〈표 4〉 사회관계론의 동 · 서 대비

구분	사회교환이론	선진유학
기본 전제:		
인간 존재의 특성	이기적 욕구 보유	도덕적 지향성 보유
사회 구성의 단위	평등하고 독립적인 개인	사람 사이의 관계
기본 명제:		
사회관계의 목표	자기 이익의 최대화	사회관계의 조화 추구
관계 유지의 규범	공정한 교환	역할의 인식과 수행

위의 〈표 4〉에서 보는 대로 교환이론은 두 가지의 기본 명제를 축으로 하여 구성되고 있다. 즉, 이기적인 존재인 독립체로서의 개인이 사회관계를 통해 자기의 이익을 최대화하려 한다는 사회관계의 목표를 규정한 명제와, 공정한 교환을 통해 상호 간의 이익 갈등을 해소하려 한다는 사회관계의 유지 규범에 관한 명제이다. 인간의 사회관계를 이해하는 이러한 조망에서는, 이기적 본성을 가지고 있는 상호 평등하고 독립된 개인이 자기의 이익 극대화를 위해 어떤 행동을 선택하고 결정하는지 하는 문제와, 서로 간의 이익 갈등을 필연적으로 내포하는 사회관계가 어떻게 형성되고 유지되는지 하는 문제에 관심을 기울이게 된다. 교환이론의 관점에서

는 전자의 문제는 합리성을 기초로, 후자의 문제는 공정성을 기초로 하여 접근하려 한다고 생각할 수 있으며, 전자는 합리적 의사결정에 관한 연구를, 후자는 분배정의 및 친교관계 형성과 유지에 관한 연구를 이끌게 되었다고 볼 수 있을 것이다.

이에 비해, 유학사상에서는 사람과 사람 사이의 관계를 사회 구성의 기본 단위로 인식하여, 이러한 관계의 융합이나 조화롭게 통일된 관계를 형성하는 것을 사회관계의 목표로 본다. 그리고 이러한 관계의 융합이나 조화로운 관계는 모두 사회관계 속에 내포된 역할의 분명한 인식과 충실한 수행을 통해 이루어지는 것으로 본다. 이러한 관계중심적인 관점에서는 복례(공자), 여인위선(맹자) 및 군거화일(순자)의 방안으로서, 사회관계에 내포되어 있는 역할의 정확한 인식과 이의 충실한 수행의 문제가 연구 주제로 떠오르게 되는 것이다.

3) 새로운 심리학의 과제: 역할심리학의 문제

공자, 맹자와 순자의 사회관계론에서 도출되는 연구 주제는 사회관계 유지의 규범인 역할의 인식 및 수행과 관련된 역할심리학의 문제이다. 이 문제는 선진유학의 사회관계론에서 도출되는 핵심 주제라고 볼 수 있다. 그러나 이러한 역할의 문제는 지금까지 사회학자들의 관심사였지, 심리학자들의 관심 대상은 아니었다. 역할의 문제가 사회학자들의 관심의 표적이 되어왔다는 사실은, 사회학자가 사회학의 관점에서 정리한 '사회심리학' 교과서에서 현대 사회학적 사회심리학의 기본 이론 체계를 네 가지로 잡고 있는데(상징적 상호작용론, 사회교환이론, 사회비교이론, 역할이론),[262] 역할이론이 그 중의 하나에 들고 있다는 사실에서 잘 드러난다.

262 Rosenberg & Turner, 1992.

이에 비해, 심리학자가 심리학의 관점에서 정리한 '사회심리학'에서 현대 심리학적 사회심리학의 기본 이론 체계를 여섯 가지로 보고 있는데(동기이론, 학습이론, 인지이론, 의사결정이론, 사회교환이론, 사회문화적 관점),[263] 이 중에 역할이론은 들어 있지 않다. 이렇게 현대심리학에서 널리 사용되고 있는 '사회심리학'의 교과서에서는 역할의 문제가 전혀 다루어지지 않거나,[264] 기껏해야 성역할(sex role)의 관점이나[265] 의사소통 구조(communication structure)와의 관련에서[266] 간단히 언급되고 있을 뿐인 것이다. 그러나 최근에 심리학적 사회심리학에서도 문화가 주요한 연구 주제로 등장하면서 사회적 역할(social role)의 문제가 문화 비교 연구의 주된 개념틀의 하나로 제기되고 있는데,[267] 이는 이제 심리학자들도 서서히 역할의 문제에 관심을 갖기 시작했음을 시사하는 현상이라고 하겠다.

지금까지 심리학자들이 역할의 문제를 도외시해왔던 것은, '사회적 역할'이란 것이 개인의 심리적인 내용 속에 있는 것이 아니라, 객관적인 현실로서 제반 사회의 규정(social prescriptions) 속에 존재하는 것, 곧 개인 속에 내재하는 것이 아니라 개인 밖에 외재하는 것이라는 생각이 배경에 깔려 있었던 것이 아닌가 싶다. 그러나 역할의 문제를 유학사상에서처럼 개인 존재에 내포되어 있는 존재의 근거 자체라고 봄으로써, 이를 개인의 심리 내용 속의 본유적인 개념으로 인식하게 되면, 이는 중요한 심리학적

---

263 Taylor, S. E., Peplau, & Sears, 1994, 1997, 2000, 2003: 이 중 '사회교환이론'은 2000년의 10판과 2003년의 11판에서 '상호의존성이론'이라고 기술하여, 교환 당사자들 사이의 상호관계에 초점을 맞추는 표현으로 바꾸고 있으며, 10판부터는 '진화사회심리학'(evolutionary social psychology)을 첨가하여, 일곱 가지 이론적 관점으로 모든 사회행동을 아울러 설명하고 있다.

264 Jones & Gerard, 1967; Baron & Byrne, 1997; Aronson, 1988.

265 Raven & Rubin, 1983; Taylor, S. E. et al., 2003.

266 Raven & Rubin, 1983.

267 Taylor, S. E. et al., 2003, pp. 10~13.

인 연구 대상으로 떠오르게 될 것이다. 이러한 사실은 성역할의 문제도, 제도적으로 엄격하게 구분되어 상호불가침의 관계였던 남성의 일과 여성의 일이, 사회로 진출하는 여성의 수가 급증함으로 인해 그 경계가 모호해졌고, 그 결과 성역할을 생물학적 성(sex)에 의해서가 아니라, 사회문화적으로 형성(gender)되거나 각자가 받아들인 심리 내용 속의 개념으로 인식하기 시작한 이후에 본격적으로 심리학적 조명을 받기 시작한 것으로 볼 수 있다는 시사에서[268] 그 개연성의 일단을 찾아볼 수 있을 것이다.

순자도 역할 구분의 근거이며 예의 체계인 도에 대해 "마음이 도를 인식한(知道) 연후에야 도를 옳은 것으로 받아들이게 되고(可道), 그런 후에야 도를 지키고(守道) 도가 아닌 것을 금할 수(禁非道) 있게 된다"[269]고 봄으로써, 예에 의한 역할 구분의 규범이 개인의 심리적인 인식과 수용을 전제로 하여 실제에 실행될 수 있는 것임을 시사하고 있다. 그는 또한 "올바름(義)을 바른 것으로 받아들여서 이를 행하는 것이 바로 도덕적 행위"[270]라고 여김으로써, 예의의 실행은 이의 개인 내적 인식을 근거로 함을 말하고 있다.

이런 진술들은 모두 예(禮)의 개인 심리 내용으로의 전화(轉化)가 바로 화성(化性)이라는 사실[271]과 결부시켜보면, 예의 체계인 역할과 몫의 구분이 바로 개인 심리적 문제가 됨을 말하는 것으로 볼 수 있다. 이렇게 되면 역할의 문제는 바로 심리학적 연구 문제가 되는 것이며, 따라서 선진유학자들에게서 도출되는 역할과 예의 문제는 사회학의 문제가 아니라 심리학의 문제로 떠오르게 되는 것이다. 그러므로 사회적 존재인 인간의 상호

---

268 Taylor, S. E. et al., 2003, pp. 335~369.

269 『荀子』, 解蔽 11.

270 正義而爲 謂之行(正名 3)

271 蔡仁厚, 1984, pp. 392~398; 조긍호, 1995, pp. 10~12.

관계의 형성과 유지 과정을 포괄적으로 이해하기 위해서는, 사회적 역할 인식과 그 수행의 문제에 대한 탐구가 앞으로 사회심리학에서 본격적으로 전개될 필요가 있으며,[272] 이것이 바로 공자 · 맹자 · 순자 같은 선진유학자들의 사회관계론이 현대 사회심리학에 던져주는 중요한 시사점이라고 볼 수 있을 것이다.

---

272 이수원(1993, 1994)은 이미 '역할'이 개인 내의 심리 내용에 근거를 두고 있음을 밝혀내고, 이로부터 파생되는 외계 인식의 틀인 '조망'이 사회 행동의 근거임을 제시함으로써, 이러한 연구의 새로운 가능성을 보여주고 있다.

제5장

수양론과 자기통제론의 문제

전통적으로 서구심리학에서는 인간과 환경을 대립항으로 놓고, 환경의 자극에서 오는 영향력을 제어하는 것이 통제의 핵심이라고 여겨왔으며, 이러한 환경에 대한 통제력이 자기효능감을 구성하는 중추라고 인식해왔다. 이는 인간과 자연, 이성과 감성, 개인과 집단, 신과 악마, 선과 악 같은 이분법으로 세상사를 개념화하는, 고대 그리스시대부터 이어온 집요한 서구식 사상 체계가 빚어내는 필연적인 결과였다.[1] 곧 "서구인들이 가지고 있는 통제의 개념은 기본적으로 자기의 내적 속성의 주장과, 이를 위해 결과적으로 사회적 상황 같은 외적 측면을 자기에게 맞게 변화시키려는 시도라는 의미를 내포"[2]하는 것이다.

서구인이 가지고 있는 통제에 대한 이러한 관념은 서구에서 전개된 자기통제에 관한 연구들로 이어지고 있다. 곧 자기통제란 미래에 설정한 목표의 획득으로 얻게 될 더 큰 욕구의 충족이나 쾌락을 위해, 즉각적인 쾌

1 White, 1993, p. 31.

2 Markus & Kitayama, 1991, p. 228.

락을 추구하려는 욕구나 즉각적인 고통을 회피하려는 욕구를 제어하는 것이라는 관점이 서구심리학에서 전개된 자기조절이론들의 배경이었다. 그 결과 "자기통제에 관한 기존 연구들에서는 자기통제를 증진시키는 원천으로서 행위자 자신에게 돌아가는 보상(물질적 보상 또는 사회적 보상)을 이용하는 패러다임만을 사용하였다."[3] 말하자면, 외적 보상의 크기의 함수로서 표적행동의 유인력이 커지고 동시에 방해요인의 제어력이 줄어들 것이라는 전제에 따라, 미래에 주어질 보상의 크기를 크게 함으로써 표적행동의 유인력을 높이거나 즉각적인 쾌락이나 고통의 방해력을 줄이는 것과 같이, 외적 조건의 조작을 토대로 주로 연구해왔던 것이다. 외적 조건을 자기에게 맞추어 변화시키는 것을 통제라고 보는 서구인의 관점에 비추어볼 때, 이는 자연스러운 귀결이었다.

이렇게 외부 환경의 통제를 강조하는 서구 사회와는 대조적으로, 유학사상에서는 인간과 자연, 개인과 사회를 서로 대립하는 실체로 보지 않고, 서로가 서로를 내포하고 있어서 넓고 크게 서로 끌어안아 조화를 이루고 있는 광대화해(廣大和諧)의 존재들로 받아들였다. 인간은 모든 도덕성의 원천을 본유적으로 갖추고 있는 능동적 주체라고 유학자들은 인식한다. 따라서 모든 일의 원인은 스스로에게 갖추어져 있으므로, 통제해야 할 대상은 외부의 환경 세계가 아니라 모든 삶의 주체인 자기 자신이며, 결과적으로 자기의 이기적인 욕구와 사적인 감정을 다스리는 자기통제력이 수양의 핵심이자 효능감의 원천이라고 여겨왔던 것이다.

이러한 유학사상의 수양론은 기본적으로 자기 자신이 모든 덕성의 주체라는 명확한 인식을 근거로 하여, 스스로를 억제하고 통제함으로써 실생활에서 도덕을 실천하는 일을 근간으로 하고 있다. 곧 유학자들은 능동

3 정영숙, 1994, p. 2.

적 주체적으로 모든 책임을 스스로에게서 구함으로써, 자기의 이기적이고 사적인 욕구와 감정을 억제하고 절제하는 삶의 자세를 견지하는 일이 수양의 핵심이라고 여기는 것이다.

이렇게 동아시아인들에게 "통제란 고도의 자기통제와 다양한 대인관계 상황에서 자신을 효율적으로 변화시키는 효능성의 형태를 띤다. 이들에게 통제력의 주도적 행사는, 기본적으로 대인관계의 조화로운 평형 상태를 해칠 가능성이 있는 개인적이고 사적인 욕구 · 목표 · 정서 같은 내적 속성으로 지향하는 내부지향적인 것이 된다."[4] 유학사상을 배경으로 하고 있는 동아시아 사회인들에게 통제란 곧 자기 억제와 자기 절제를 의미하는 것이다. 그 결과 이들이 파악하는 자기의 문제는 서구인들의 그것과는 달라진다. 이러한 맥락에서 유학의 수양론에 근거하여 동양심리학에서 탐구될 자기통제론의 연구의 내용은 서구심리학의 그것과는 다른 내용이 될 수밖에 없는 것이다.

이 장에서는 선진유학자들의 수양론을 『논어』, 『맹자』, 『순자』에서 찾아 이를 현대 서구심리학자들이 제시한 통제 관련 이론들과 대비하여 살펴봄으로써, 동 · 서 자기 및 통제 관련 이론들의 특징을 비교해보고, 이어서 이러한 차이에서 도출되는 새로운 심리학의 연구 문제들을 확인해 보기로 하겠다.

1. 선진유학사상의 수양론

선진유학의 특징은 인간론을 중심으로 하고 있다는 것인데, 인간론의

4 Markus & Kitayama, 1991, p. 228.

문제 가운데서도 “인성론보다는 실천적인 수양론이 핵심을 이루고 있다. 〔……〕 (선진유학사상에서는) 인간은 누구나 천부적인 덕을 닦음으로써 군자와 성인이 되어야 한다는 것을 배움의 첫째 목표로 제시하였고, 이 면에서 공자 · 맹자 · 순자의 가르침은 완전히 일치하고 있다.”[5] 이는 유학이 기본적으로 지행합일(知行合一)을 통한 성덕(成德)을 지향하는 이론 체계라는 점에서 쉽게 이해될 수 있는 사실이다.

공자는 개인적인 이기적 욕구와 감정을 극복하고, 대인관계 안에서 자기를 다하는 충(忠)과 자기를 미루어 남에게까지 미쳐가는 서(恕)를 통해 덕을 높이고 존숭하는 일[崇德]을 인(仁)을 이루는 방법으로 제시하고 있다.[6] 맹자는 본유적으로 갖추고 있는 도덕성을 잃지 말고 마음속에 간직함으로써〔存心〕 본연의 착함을 기르는 일〔養性〕, 곧 자기 마음속에 본유하는 인의예지의 실마리를 보존하여 모든 사회생활 속에 이루어지게 하는 진심(盡心)을 통하여 도덕적 내면성을 확충하는 일을 수양의 방법으로 강조하고 있다.[7] 순자는 인도의 표준인 예[8]를 밝게 깨닫고〔察道〕 이를 일상생활에서 실천하여〔行道〕 예와 일체가 됨으로써〔體道〕,[9] 인간의 욕심과 감정이 예에 의하여 바르게 방향을 잡아 편안하게 되는 정안례(情安禮)를 이루는 일,[10] 곧 배움을 통해 성인이 이루어 놓은 예를 체현하는 문화 교육을 수양의 방법으로 중시하였다.[11]

---

5 김승혜, 1990, p. 328.

6 『論語』, 里仁 15; 顔淵 1, 10; 衛靈公 23.

7 孟子曰 盡其心者 知其性也 知其性 則知天矣 存其心 養其性 所以事天也 (『孟子』, 盡心上 1)

8 『荀子』, 禮論 13.

9 心知道 然後可道 可道然後能守道 以禁非道 〔……〕 知道察 知道行 體道者也 (解蔽 11~13)

10 修身 36~37.

11 김승혜, 1990, p. 328.

선진유학자들이 제시하는 이러한 수양론에서는 공통적으로 자기의 이기적인 욕구와 사적인 감정을 억제하는 일을 핵심으로 삼고 있다. 공자는 이를 극기(克己)라고 표현하고 있고,[12] 맹자는 과욕(寡欲)이라고 제시하고 있으며,[13] 순자는 도욕(道欲)과 절욕(節欲)[14]을 수양의 핵심으로 제시하고 있다. 이렇게 선진유학자들은 통제의 대상은 자기 자신이라는 관점에서, 자기를 통제하여 사회와 주변 사람들에게 맞추어가는 일을 강조하고 있는 것이다.

1) 공자의 수기론

공자는 도덕적 완성을 이룬 군자의 특징을 자기 인격을 닦아 삼가게 되는 일〔修己以敬〕, 다른 사람과 조화로운 관계를 맺는 일〔修己以安人〕, 그리고 사회적 책무를 자임하고 다하는 일〔修己以安百姓〕의 세 가지로 들고 있다.[15] 여기서 주목할 것은 그가 안인(安人)과 안백성(安百姓)도 모두 수기(修己)를 근거로 해야 한다고 명시하고 있다는 사실이다. 곧 공자는 다른 사람과 조화를 이루는 안인도 자기의 인격을 닦는 수기를 근거로 하지 않고는 이루어질 수 없고, 사회적인 책무를 자임하는 안백성도 수기를 근거로 하지 않고는 이루어질 수 없다고 보고 있는 것이다. 이렇게 공자에게 자기의 인격을 닦는 수기는 모든 삶의 기초가 되는 일이다. 그렇다면, 이러한 수기는 무엇을 하는 일인가?

『논어』에서 공자는 인의 본질에 대해 "자기를 극복하고〔克己〕, 예로 돌아가는 일〔復禮〕"[16]이라고 하여, 극기와 복례를 인을 이루는 두 가지 기본

12 克己復禮爲仁 (『論語』, 顏淵 1)
13 養心莫善於寡欲 (『孟子』, 盡心下 35)
14 『荀子』, 正名 19~22.
15 『論語』, 憲問 45.
16 顏淵 1.

적인 요소로 보고 있다. 여기서 자기를 극복하는 극기는 자기의 인격을 닦는 일, 곧 자기수양을 말하고, 예로 돌아가는 복례는 사람들과의 관계에서 예를 실천하여 사회관계의 조화와 통일을 이루는 일, 곧 도덕 실천을 말하는 것이다. 이렇게 보면, 공자의 도덕실천론은 곧 복례론으로 수렴되고, 수기론은 극기론으로 통합되는 것이라고 볼 수 있다. 그는 이러한 극기를 통해 도덕 주체로서의 자기 인식을 확고히 함으로써, 스스로가 갖추고 있는 도덕성을 높이고 존숭하는 숭덕(崇德)[17]을 이룰 수 있게 된다고 여긴다.

(1) 수기의 내용: 극기를 통한 숭덕(崇德)

이렇게 자기를 극복하는 극기를 통해 덕을 높이는 숭덕이 『논어』에서 제시하고 있는 수기론의 핵심이라면, 자기에게서 극복해야 할 것은 무엇인가? 공자는 자기수양을 통해 극복해야 할 내용을 개인이 가지고 있는 생물체적 이기적 욕구, 자기제시 욕구, 그리고 사적인 감정의 세 가지로 제시하고 있다.[18]

생물체적 이기적 욕구의 극복 공자는 『논어』에서 사람에게 식(食)·색(色)·거(居)·생(生) 같은 생물체적 생존 욕구, 부(富)·귀(貴)·이(利) 같은 이기적 욕구, 언(言)·벌(伐) 같은 자기제시 욕구, 및 인(仁)·선(善) 같은 도덕적 욕구가 본유적으로 갖추어져 있다고 본다.[19] 이 가운데 도덕적 욕구 이외의 나머지 욕구들, 특히 생물체적 욕구와 이기적 욕구는 그 충족

17 顔淵 10, 21: 김승혜(1990, pp. 106~107)는 修己는 崇德으로부터 시작된다고 하여, 숭덕을 수기의 핵심으로 제시하고 있다.

18 이 세 측면의 자기 억제에 대해서는 졸저(조긍호, 2003a, pp. 370~371, 394~398, 425~432; 2007, pp. 295~296, 385~388)의 내용을 참고하여 재구성함.

19 졸저(조긍호, 2007, pp. 366~367) 참조.

여부가 스스로의 통제 범위를 벗어나는 욕구이다. 공자는 이러한 사실을 다음과 같이 강조하고 있다.

> 부(富)가 구해서 얻어질 수 있는 것이라면, 비록 마부 같은 천한 일이라도 마다 않고 하겠지만, 구해서 얻어질 수 있는 것이 아니라면, 나는 내가 좋아하는 바〔인(仁)을 행하는 일〕를 따르겠다.[20]

> 죽음과 삶〔死 · 生〕에는 외적 조건〔命〕이 있고, 부(富)와 귀(貴)는 외적 조건〔天〕에 달려 있다.[21]

이 두 인용문은 생물체적 욕구〔死 · 生〕와 이기적 욕구〔富 · 貴〕는 그 충족 여부가 외적 조건에 달려 있어서, 스스로 통제할 수 없는 것임을 말하고 있다. 이렇게 생물체적 욕구와 이기적 욕구의 충족 여부는 스스로 통제할 수 없기 때문에, 이러한 욕구에 가려지면 여러 가지 폐단에 빠지게 되어 악으로 흐를 가능성이 높아진다.[22]

이렇게 생물체적 욕구와 이기적 욕구는 내재적인 통제 가능성이 없어서, 이를 그대로 방치하거나 추구할 경우 여러 가지 폐단에 빠지게 되기 때문에, 이들을 절제하고 제어할 필요가 있다는 것이 공자의 생각이다. 이러한 외적 조건의 통제를 받는 욕구의 절제와 제어에 관한 공자의 논지는 다음과 같은 진술들 속에서 엿볼 수 있다.

> 군자는 먹는 데서 배부르기를 구해서는 안 되고, 거처하는 데서 편안하기를

20 子曰 富而可求也 雖執鞭之士 吾亦爲之 如不可求 從吾所好 (述而 11)

21 死生有命 富貴在天 (顔淵 5)

22 里仁 5, 12; 公冶長 10; 顔淵 10; 子路 17; 陽貨 15; 微子 7.

구해서는 안 된다.[23]

> 부(富)와 귀(貴)는 사람들이 바라는 바이다. 그러나 그 도(道)로써 얻은 것이 아니면, 이에 머무르지 말아야 한다.[24]

위의 첫 번째 인용문에서는 생물체적 욕구의 절제를 강조하고 있고,[25] 두 번째 인용문에서는 이기적 욕구의 제어를 논술하고 있다.[26] 이와 같이 생물체적 이기적 욕구는 그 충족 여부가 외적 조건에 달려 있어서 스스로가 통제할 수 있는 동기가 아닐 뿐만 아니라, 이러한 동기를 무분별하게 추구하다 보면 삶의 전체 과정에서 많은 문제를 일으키는 폐단에 빠지게 된다. 그러므로 이러한 욕구들은 될 수 있는 대로 제어하고 통제하는 것이 바른 삶의 자세이며, 자기수양의 핵심이라는 것이 공자의 주장이다.

자기제시 욕구의 극복 공자는 "말을 잘 하고, 얼굴빛을 잘 꾸미는 사람은 인(仁)이 부족"[27]하게 마련이어서, "말을 삼가는 것은 인에 가까워지는 한 가지 조건이 된다"[28]고 보아, 자기제시 욕구의 억제를 강조하고 있다.[29] 자기제시 욕구의 억제를 강조하는 이러한 입장은 다음 진술에 잘

---

23 子曰 君子食無求飽 居無求安 (學而 14)

24 富與貴 是人之所欲也 不以其道得之 不處也 (里仁 5)

25 『論語』에서 생존 욕구의 절제에 대해서는 이밖에도 子路 8; 憲問 11; 衛靈公 8, 31, 37; 季氏 7 등에서 언급되고 있다.

26 이기적 욕구의 제어에 대해서는 이밖에도 學而 15; 述而 15; 泰伯 13; 子路 17; 憲問 13; 季氏 7 등에서 언급되고 있다.

27 子曰 巧言令色 鮮矣仁 (學而 3; 陽貨 17)

28 子曰 剛毅木訥近仁 (子路 27); 司馬牛問仁 子曰 仁者其言也訒 曰 其言也訒 斯謂之仁矣乎 子曰 爲之難 言之得無訒乎 (顔淵 3)

29 『論語』에는 言이란 말이 124회 출현하는데, 이 중에서 자기 표현의 억제와 관련된 표현이 대략 1/3 정도(40여 회)에 이른다는 사실이 이를 입증하고 있다(『論語引得』 참조).

드러나고 있다.

> 공자께서 "나는 말을 하지 않으려고 한다"고 말씀하시자, 제자인 자공(子貢)이 "선생님께서 말씀을 하시지 않는다면, 저희들이 어떻게 도(道)를 전술하겠습니까?"라고 여쭈었다. 그러자 공자께서는 "하늘이 무슨 말씀을 하시더냐? 그래도 사시가 운행되고, 온갖 사물이 생장하지 않더냐? 하늘이 무슨 말씀을 하시더냐?"라고 대답하셨다.[30]

이 인용문에서 공자는 자기 표현을 삼가는 것은 하늘의 도라고까지 표현하여, 자기제시 욕구의 억제를 매우 강조하고 있다.[31] 이러한 자기제시 욕구의 억제에 대하여 그는 말을 참고 조심하는 것(訒·訥) 이외에, "말에는 믿음이 있도록 해야 한다",[32] "일에는 민첩하고, 말은 신중히 해야 한다",[33] "말보다 행동이 앞서야 한다"[34]거나 "예가 아니면 말하지 말라"[35]는 등으로 구체적인 주문을 하고 있기도 하다.

군자가 이렇게 자기를 드러내지 않으려 하는 것은 도덕 실천, 즉 "인(仁)의 실천이 전적으로 자신에게 달린 일이지, 남에게 달린 것이 아니기"[36] 때

---

30 子曰 予欲無言 子貢曰 子如不言 則小子何述焉 子曰 天何言哉 四時行焉 百物生焉 天何言哉 (陽貨 19)

31 자기제시 욕구의 제어는 이밖에도 學而 14; 里仁 24; 顔淵 3; 憲問 2; 陽貨 19와 같이 여러 곳에서 강조되고 있다.

32 與朋友交 言而有信 雖曰未學 吾必謂之學矣 (學而 7); 言必信 (子路 20)

33 子曰 君子 〔……〕 敏於事而愼於言 〔……〕 可謂好學也已 (學而 14); 子曰 君子欲訥於言而敏於行 (里仁 24)

34 子貢問君子 子曰 先行 其言而後從之 (爲政 13): 이렇게 읽는 것은 何晏의 『論語集解』 같은 古注의 전통으로, 朱熹의 『論語集註』의 新注에서는 先行其言 而後從之라고 읽는데, 集註에서는 이렇게 읽고도 古注와 같이 풀이하고 있다; 子曰 古者言之不出 恥躬之不逮也 (里仁 22)

35 子曰 非禮勿視 非禮勿聽 非禮勿言 非禮勿行 (顔淵 1)

36 爲仁由己 而由人乎哉 (顔淵 1)

문이다. 군자는 스스로가 도덕 주체라는 사실을 확고히 인식하고 있기 때문에, "남에게 모든 책임을 돌리는 소인(小人)과는 달리, 모든 일의 책임을 자기 자신에게서 찾으려 한다."[37] 따라서 군자는 "남이 알아주지 않는다고 해도 성내지 않는데,"[38] 이는 그 원인을 바로 자기의 무능함에서 찾기 때문이다.[39]

이와 같이 공자는 자기를 드러내려 하지 않고 가능한 한 억제하며, 또 모든 일의 원인을 자신에게서 찾아, 그 책임을 스스로가 떠맡는 자세가 군자에게 요구되는 특성이라고 보아 중시하고 있으며, 이렇게 자기제시 욕구를 제어하는 것을 자기수양의 중요한 요체로 강조하고 있는 것이다.

사적 감정의 극복 공자는 '희(喜)·노(怒)·애(哀)·구(懼)·애(愛)·오(惡)·욕(欲)'의 칠정(七情) 가운데 외적 조건에 따라 유발되는 성격이 강한 '기쁨〔喜〕·성냄〔怒〕·두려움〔懼〕·미워함〔惡〕·하고 싶어함〔欲〕' 같은 정서와, 그밖에 이들과 유사한 '성내고 원망함'〔慍〕, '걱정하고 근심함'〔患〕, '근심하고 괴로워함'〔憂〕, '원망함'〔怨〕, '두려워함'〔畏〕, '겁내고 무서워함'〔恐〕, '싫어함'〔疾〕, '분하게 여겨 화냄'〔忿〕, '슬프게 여기고 걱정함'〔戚〕, '자기를 내세우고 자랑함'〔伐〕 같은 정서를 억제하고 배척한다. 이러한 감정들은 모두 사적인 '자기중심적 정서'들이다.

공자는 이러한 사적인 자기중심적 정서는 외적 조건에 따라, 또는 외적 조건이 자신의 포부나 바람 및 욕구와 일치하거나〔喜·欲·伐〕 불일치하기〔怒·懼·惡·慍·患·憂·怨·畏·恐·疾·忿·戚〕 때문에 나타나는 것이

---

37 君子求諸己 小人求諸人 (衛靈公 20)

38 人不知而不慍 不亦君子乎 (學而 1)

39 子曰 不患無位 患所以立 不患莫己知 求爲可知也 (里仁 14); 子曰 不患人之不己知 患其不能也 (憲問 32); 子曰 君子病無能焉 不病人之不己知也 (衛靈公 18)

라고 보고 있다. 이러한 사실은 다음 진술에서 잘 드러나고 있다.

> 군자는 도(道)를 도모하지 먹을 것을 도모하지 않는다. 〔……〕 군자는 도를 걱정하지 가난함을 걱정하지 않는다.[40]

> 사람들이 나를 알아주지 않더라도 성내고 원망하지 않는다면, 또한 군자답지 아니하겠는가?[41]

첫 번째 인용문은 군자의 걱정거리는 도를 이루는 일이지 외적 조건인 가난이나 호구지책에 있지 않음을 말하여, 도덕적 수양을 이루지 못한 사람들의 특징인 사적인 자기중심적 정서가 외적 조건에 의해 유발됨을 말하고 있다. 또한 두 번째 인용문에서는 외적 조건과 자신의 포부가 일치하지 않는 것(사람들이 나의 가치를 제대로 인정해주지 않는 것)이 자기중심적 정서의 유발 조건이 될 수 있음을 말하고 있다.

이렇게 사적인 '자기중심적 정서'들은 외적 조건 그 자체나 외적 조건과 자신의 현 상태(포부 · 욕구 · 원망)의 일치 여부에 따라 유발되는 재외자(在外者)에 속하는 정서들이어서, 스스로의 노력에 따라 유발될 수 없을 뿐만이 아니라, 도덕적 수양에 방해가 되거나 집단의 조화를 해칠 수 있기 때문에,[42] 통제하고 억제해야 한다고 공자는 보고 있는 것이다. 곧 공자는 사적 감정도 개인의 인격 수양에 방해가 된다고 여겨, 자기수양의 과정에서 통제해야 할 대상이라고 주장하고 있는 것이다.

---

40 子曰 君子謀道 不謀食 〔……〕 君子憂道 不憂貧 (衛靈公 31)

41 學而 1.

42 子曰 放於利而行 多怨 (里仁 12); 顔淵曰 願無伐善 無施勞 (公冶長 25)

숭덕 이상에서 보듯이, 공자는 생물체적 이기적 욕구, 자기제시 욕구, 그리고 사적 감정은 그 충족 조건이나 유발 조건이 외부 환경 요소에 달려 있어서, 이를 무분별하게 추구하다 보면 대인관계의 조화를 해치거나 여러 가지 잘못에 빠지게 될 가능성이 높으므로, 적극적으로 억제해야 한다고 본다. 이렇게 사적 욕구와 감정을 다스리는 일은, 인간에게 본유적으로 갖추어져 있는 도덕적 지향성을 높이고 존숭하는 기초가 된다는 것이 공자 수기론의 핵심이다.

공자는 숭덕(崇德)하는 것에 대해 배우기를 청하는 제자 자장(子張)에게 "자기를 다하는 충(忠)과 사람들 사이에 신뢰롭게 하는 신(信)을 위주로 하여 의(義)로 옮겨가는 일〔徙義〕이 곧 덕을 높이는 일〔崇德〕이다"[43]라고 답하여, 도덕적 지향성〔義〕를 회복하고 실천하는 일이 곧 덕을 높이고 존숭하는 숭덕임을 밝히고 있다. 이러한 숭덕은 곧 스스로가 도덕 주체임을 인식하여, 자기를 다하고 사람들 사이에 조화를 취하는 일[44]로서, 공자의 도를 하나로 꿰뚫는 원리[45]인 것이다.

이렇게 극기를 통해 "도덕적 지향성을 회복하게 되면, 악이 모두 소멸된다"[46]는 것이 공자의 견해이다. 그러므로 공자의 수기론은 이기적 사적 욕구와 감정을 극복하고, 덕의 근원을 회복하는 일, 그리하여 도덕 주체로서의 자기 인식을 확고히 하는 일을 목표로 삼는 논리 체계인 것이다.

(2) 수기의 방법: 자기 성찰과 자기 개선

이상에서 보듯이, 공자는 개인의 사적 욕구(생물체적 욕구, 이기적 욕구, 자

43 子張問崇德辨惑 子日 主忠信 徙義 崇德也 (顔淵 10)

44 徙義의 기초로서의 忠信은 顔淵 10 외에도 學而 4, 8; 公冶長 27; 述而 24; 子罕 24; 衛靈公 5 등 『論語』에 모두 8회 제시되고 있다(『論語引得』 참조).

45 里仁 15.

46 苟志於仁矣 無惡也 (里仁 4)

기제시 욕구)와 감정을 억제하는 일이 자기를 극복하는 극기의 기본이라고 여기고 있다. 그러나 공자가 개인이 갖추고 있는 욕구와 감정을 모두 극기의 대상이라고 보고 있는 것은 아니다. 공자는 도덕적 지향의 욕구와 타인지향적 정서는 적극 함양해야 한다고 본다.

공자는 사람에게 인(仁), 선(善), 역할 수행, 도덕 실천 같은 도덕적 지향성의 욕구가 갖추어져 있다고 본다. 이러한 욕구는 나머지 다른 욕구들과는 달리 스스로가 통제할 수 있는 것이기 때문에, 적극적으로 추구해야 한다는 것이 공자의 생각이다. 다른 욕구들은, 특히 생물체적 욕구와 이기적 욕구의 충족 여부는 외적 조건에 달려 있어서 스스로의 통제 범위를 벗어나지만, 도덕적 욕구는 스스로가 통제할 수 있기 때문이다. 그는 "인을 행하는 것은 자기에게 달려 있는 일이지, 어찌 다른 사람에게 달려 있는 일이겠는가?"[47]라고 하여, 이러한 관점을 드러내고 있다.

이렇게 도덕적 욕구는 내재적으로 통제 가능하므로, 이를 행하는 데 힘이 미치지 못하는 사람은 없다.[48] 따라서 이를 추구하면, 어디에서나 원망을 받지 않고,[49] 또한 스스로 뿐만 아니라 다른 사람들도 선으로 이끌기 때문에,[50] 이는 사람이 일생 동안 견지하고 추구해야 할 가장 핵심적인 동기[51]가 되는 것이다. 이렇게 도덕적 욕구를 인간의 가장 중핵적인 욕구로 보고, 실생활에서 이를 적극 함양하고 실천하도록 권장하는 것이 『논어』에서 도출되는 욕구이론의 가장 큰 특징이다.

또한 공자가 모든 감정의 억제를 주장하는 것은 아니다. 그는 '슬퍼함

---

47 顔淵 1.

48 有能一日用力於仁矣乎 我未見力不足者 (里仁 6)

49 己所不欲 勿施於人 在邦無怨 在家無怨 (顔淵 2)

50 子欲善而民善矣 (顔淵 19)

51 子貢問日 有一言而可以終身行之者乎 子日 其恕乎 己所不欲 勿施於人 (衛靈公 23)

(哀)·사랑함(愛)·부끄러워함(恥)·즐거워함(樂)·좋아함(好)·기뻐함(說)'같이 타인에 대한 관심에서 나오는 정서(哀·愛)나 도덕적 관심에서 나오는 정서(恥) 및 인의를 체득한 군자의 마음속으로부터 우러나오는 정서(樂·好·說)들은 타인을 일차적인 참조 대상으로 삼는 '타인지향적 정서'라고 보아 권장하고 있다. 이들은 모두 '타인에 대한 관심과 배려에서 나오는 정서'라는 공통점을 가지고 있어서, 도덕적 완성을 이룬 군자의 특징적인 정서라는 것이다.

이와 같이 공자는 사적이고 이기적인 지향성에서 우러나오는 욕구나 감정은 적극적으로 억제할 것을 주장하지만, 도덕적 지향성에서 우러나오는 욕구와 감정은 적극 옹호하고 권장한다. 이점이 바로 공자의 극기론의 핵심이다. 이렇게 보면, 공자가 주장하는 수양의 목표는, 사적인 욕구와 감정의 지배에서 벗어나 도덕적 욕구와 감정을 함양함으로써, 도덕적 완성을 이룬 군자가 되는 일이라고 생각할 수 있다.

그런데 사적인 욕구와 감정을 억제하기만 하면, 저절로 도덕적 욕구와 감정이 함양되는 것인가? 이 점이 공자의 커다란 숙제였다고 할 수 있는데, 그는 그렇지 않다고 본다. 도덕적 지향성이 함양되어 군자가 되는 데에는 매우 커다란 노력이 요구된다는 것이다. 그 요체는 배움을 통한 자기 성찰과 이를 근거로 한 자기 개선이다.

자기 성찰 『논어』는 '배움'(學)이라는 말로 시작될 만큼 배움을 강조하고 있는데, 학(學)이라는 글자는 『논어』에 무려 64회나 등장하고 있다.[52] 공자는 스스로를 "배우기를 좋아하는 사람"(好學)[53] 및 "가르치기를

52 『論語引得』 참조.

53 子曰 十室之邑 必有忠信如丘者焉 不如丘之好學也 (公冶長 27)

게을리 하지 않는 사람”(誨人不倦)[54]이라고 하여, 가르치고 배우는 일을 중시하고 있다.[55] 배우고 가르치는 일, 그리고 배운 내용을 강구하고 실천함으로써 자기를 개선하는 일은 공자와 제자들이 자기를 성찰하는 핵심 내용이었다.[56] 제자인 안연(顔淵)은 “선생님께서는 차근차근히 사람을 잘 이끌고 가르치시어, 글로써 나의 지식을 넓혀주시고, 예로써 나의 행동을 단속해주셨다”[57]고 진술하여, 공자의 교육자적인 풍모를 전해주고 있다. 공자는 가르침을 베풀면 누구나 착하게 된다고 보아, 사람을 가리지 않았다.[58]

이러한 배움은 배우는 사람으로 하여금 자기를 돌아보고 반성하는 자기 성찰로 이끌기 때문에 수양의 핵심적인 방법이 된다. 증자(曾子)는 “나는 매일 세 가지로 내 몸을 살펴보고 반성하노니, 그것은 ‘남을 위해 일을 도모해줌에 혹시 충성스럽지 못하지는 않았는가?’, ‘친구들과 더불어 사귐에 신실하지 못하지는 않았는가?’, ‘배운 것을 익히지 않은 것은 없는가?’ 하는 것이다”[59]라고 하여, 배운 것을 익히고 이를 대인관계에 적

54 子曰 若聖與仁 則吾豈敢 抑爲之不厭 誨人不倦 則可謂云爾已矣 (述而 33)

55 『論語』의 제일 첫머리가 學而時習之 不亦說乎(學而 1)라고 하여, 배움(學)이란 말로 시작한다는 사실은 공자와 그 제자들이 ‘가르치고 배우는 일’을 얼마나 중시하였는지 하는 단적인 증거가 된다. 『論語』에는 好學이란 말이 16회 출현하여(『論語引得』 참조), 배움의 중요성을 역설하고 있다.

56 子曰 默而識之 學而不厭 誨人不倦 何有於我哉 (述而 2); 子曰 德之不修 學之不講 聞義不能徙 不善不能改 是吾憂也 (述而 3)

57 顔淵喟然歎曰 (……) 夫子循循然善誘人 博我以文 約我以禮 (子罕 10). 여기 나오는 顔淵은 顔回와 동일 인물임.

58 子曰 有敎無類(衛靈公 38): 何晏 등의 古注의 전통에서는 이를 “가르치는 데에는 그 대상을 가리지 않는다”(人在見敎 無有種類)고 보아, 가르침을 베풀기 이전의 그 대상 측면에서 해석하고 있으나, 朱熹의 新注에서는 “가르침을 받으면 모두가 선해져서, 선악의 차이가 없어진다”(故君子有敎 則人皆可以復於善 而不當復論其類之惡矣)고 보아, 가르침을 베푼 이후의 효과 측면에서 해석하고 있다.

59 曾子曰 吾日三省吾身 爲人謀而不忠乎 與朋友交而不信乎 傳不習乎 (學而 4)

용하여 실천하는 일이 자기 성찰의 내용임을 밝히고 있다. 이렇게 배움은 자기 성찰의 근거가 되기 때문에 공자는 그토록 배움을 중시했던 것이다.

자기 개선 공자는 스스로를 호학(好學)이라고 자평했지만, 제자 중에서는 안회(顔回)만이 "배우기를 좋아하는 사람"이라고 하면서, 호학의 조건 가운데 하나로 "같은 잘못을 두 번 저지르지 않는 일"〔不貳過〕[60]을 들고 있다. 그는 "잘못을 하고도 고치지 않는 것이 바로 잘못"[61]이라고 보고, "잘못이 있으면, 고치기를 꺼리지 말아야 한다"[62]고 강조한다. 그는 "내게 잘못이 있으면, 사람들이 반드시 알려주니, 나는 참 다행이다"[63]라고까지 표현하여, 잘못을 고치는 일이 바로 스스로를 개선하는 첩경이 됨을 역설하고 있다. 이러한 태도는 그의 제자인 자공(子貢)의 다음과 같은 진술에서 잘 드러나고 있다.

> 자공이 "군자의 허물은 일식 · 월식과 같아서, 잘못이 있으면 사람들이 모두 알아보고, 잘못을 고치게 되면 사람들이 모두 우러러 본다"고 말하였다.[64]

그러나 이렇게 잘못을 고치는 일은 매우 어려운 일이어서,[65] 군자와 소인의 구별은 잘못을 고치느냐 아니면 이를 고치지 않고 꾸미느냐에 달려

---

60 哀公問 弟子孰爲好學 孔子對日 有顔回者好學 不遷怒 不貳過 不幸短命死矣 今也則亡 未聞好學者也 (雍也 2)

61 子日 過而不改 是謂過矣 (靈衛公 29)

62 過則勿憚改 (學而 8; 子罕 24)

63 子日 丘也幸 苟有過 人必知之 (述而 30)

64 君子之過也 如日月之食焉 過也 人皆見之 更也 人皆仰之 (子張 21)

65 子日 已矣乎 吾未見能見其過而內自訟者也 (公冶長 26)

있다.[66] 이렇게 자기를 성찰하여 잘못을 고침으로써 항상 자기 개선을 이루려 노력하는 자세,[67] 이것이 『논어』에서 도출되는 수양론의 핵심인 것이다.

2) 맹자의 존심 · 양성론

맹자는 "군자가 사람의 본성으로 여기는 것은 인의예지(仁義禮智)로, 이는 사람의 마음〔心〕에 뿌리를 두고 있는 것"[68]이라고 하여, 인간의 본성은 사람만이 독특하게 가지고 있는 마음에서 찾을 수 있으며, 사람의 마음속에는 인의예지의 뿌리가 갖추어져 있으므로 착하다고 본다. 곧 맹자는 사람은 다른 동물과는 달리 반성적 사고의 능력을 갖춘 마음을 본유적으로 가지고 있으며, 바로 이러한 사실에서 인간의 본성을 이해해야 한다고 보는 것이다. 그에 따르면, 사람의 마음속에는 인의예지 같은 도덕성의 기초인 사단(四端)이 내재적으로 갖추어져 있으며, 따라서 사람은 누구나 반성적 사고를 통해 스스로에게 갖추어져 있는 선단(善端)을 인식하여 스스로가 도덕 주체임을 자각함으로써, 누구나가 바라는 상태인 선을 이룰 수 있는 존재이다. 그는 이러한 사실을 다음과 같이 감각기관과 마음을 대비하여 제시하고 있다.

> 눈과 귀 같은 감각기관〔耳目之官〕은 생각하는 기능이 없어서, 외부의 사물에 가려진다. 그러므로 감각기관이 외부의 사물에 접촉하면, 거기에 이끌릴 뿐

---

66 子曰 人之過也 各於其黨 觀過 斯知仁矣 (里仁 7); 子路有聞 未之能行 唯恐有聞 (公冶長 13); 子夏曰 小人之過也 必文 (子張 8)

67 子曰 見賢思齊焉 見不賢而內自省也 (里仁 17); 子曰 三人行 必有我師焉 擇其善者而從之 其不善者而改之 (述而 21); 子曰 內省不疚 夫何憂何懼 (顏淵 4)

68 君子所性 仁義禮智根於心 (『孟子』, 盡心上 21)

> 이다. 그러나 마음이라는 기관〔心之官〕은 생각하는 기능을 갖추고 있다. 그러므로 마음을 통해 생각하면 스스로가 갖추고 있는 도덕성의 근거를 깨달아 얻을 수 있지만, 생각하지 않으면 스스로가 도덕 주체라는 사실을 깨닫지 못한다. 이렇게 마음의 생각하는 기능은 태어날 때부터 하늘이 사람에게 부여해준 것이다.[69]

여기서 마음의 생각하는 작용이란 가치의식의 자각을 말하는 것이다. 곧 가치의식의 자각이 마음의 작용인 것이다.[70] 이로써 보면, 맹자가 말한 성선(性善)은 곧 가치의식의 자각 주체가 개인 자신이며, 이러한 가치의식의 자각심이 본래 개인에게 갖추어져 있다는 점에서 인간의 본성은 착하다는 의미라고 볼 수 있다. 이는 맹자 자신이 "만약 그 실정을 말한다면, 착하게 될 가능성을 갖추고 있다는 것, 이것이 바로 착하다는 의미이다"[71]라고 지적한 데에서 잘 드러난다. 여기서 맹자가 말하는 선(善)이란 "그렇게 되고 싶은 것, 바람직한 것"[72]의 의미라는 점을 생각해보면, 마음의 생각하는 작용을 통하여 가치의식을 자각함으로써 누구나가 되고자

69 耳目之官 不思而蔽於物 物交物 則引之而已矣 心之官則思 思則得之 不思則不得也 此天之所與我者 (告子上 15)

70 心之官則思의 내용을 '마음의 기능은 가치의식을 자각하는 것'이라고 보는 것은 『孟子』를 연구하는 여러 학자들의 공통된 견해이다. 위의 인용문을 해석하면서 勞思光(1967/1986, p. 131)은 다음과 같이 말하고 있다: "이러한 가치의식이 발휘될 수 있는가 없는가는 자각심 자체의 자각이 어떠한가를 보아서 결정된다. 마음〔心〕이 물욕(物欲)에 빠져 있으면, 의지(意志)는 신체의 욕망을 방향으로 삼는다. 그리하여 이치대로 할 수 없다. 역시 가치를 실현할 수 없게 된다. 그러나 마음이 물욕에 빠지지 않고 이치대로 유창하게 행하면, 즉 본래 있던 가치 자각을 방향으로 삼는다. 의지 선택이 어떤 방향인가는 자각심이 스스로 결정하는 데에 말미암는 것이다. 그러므로 생각하면 그것을 얻고, 생각하지 않으면 그것을 얻지 못한다고 한 것이다. 이것은 맹자의 도덕 주체에 대한 해명임을 알 수 있다. 이 의미가 밝혀지면, 도덕 의지, 도덕 책임 등의 관념은 모두 이것으로 미루어 알 수 있다."

71 乃若其情 則可以爲善矣 乃所謂善也 (告子上 6)

72 可欲之爲善 (盡心下 25)

바라는 상태인 선을 이룰 수 있다는 것〔可以爲善〕, 이것이 바로 맹자가 말하는 성선의 근본 의미인 것이다.

그러나 맹자는 사람이 이러한 마음을 간직하지 못하고, 환경의 영향이나[73] 과다한 욕구의 가리움[74] 등으로 인해 스스로에게 내재적으로 갖추어져 있는 선단을 내쳐버리거나〔放心〕 잃어버리기〔失心〕 쉽다고 본다.[75] 그러므로 스스로에게 본유적으로 갖추어져 있는 가치의식의 자각심을 잃지 않고 간직하여〔存心〕, 타고난 본성을 잘 기르도록〔養性〕 주체적으로 노력해야 할 필요가 생기는 것이다. 맹자는 이렇게 존심·양성하는 일을 도덕성 그 자체와 인간 삶의 근거인 하늘을 섬기는 일〔事天〕이라고까지 높이고 있다.

> 그 마음의 생각하는 기능을 다 발휘하는 사람은 자기의 본성을 깨달아 알게 되나니, 본성을 알면 곧 모든 일의 생성 근거인 하늘을 알게 된다. 그러므로 그 마음을 잘 보존하여 본성을 기르는 일은 하늘을 섬기는 일인 것이다.[76]

이렇게 마음을 잘 간직하여 스스로가 도덕 주체임을 자각하는 일은 군자가 되는 수양의 핵심이다. 맹자는 "군자가 보통 사람과 다른 점은 그 마음을 잘 보존하여 간직하고 있기 때문이다. 군자는 인(仁)으로써 자기를 단속하여 마음을 보존하고, 예(禮)로써 자기를 단속하여 마음을 보존하고

---

73 滕文公下 6; 告子上 2, 7, 8, 9; 告子下 2, 6; 盡心上 36.

74 告子上 15; 盡心上 24; 盡心下 24, 35.

75 『孟子』에서 放心과 失心에 대하여 언급하고 있는 대표적인 구절은 離婁下 12(大人者 不失其赤自之心者也), 告子上 8(雖存乎人者 豈無仁義之心哉 其所以放其心者 亦猶斧斤之於木也 〔……〕 故苟得其養 無物不長 苟失其養 無物不消 孔子曰 操則存 舍則亡 出入無時 莫知其鄕 惟心之謂與), 告子上 10(此之謂失其本心), 告子上 11(仁 人心也 義 人路也 舍其路而不由 放其心而不知求 哀哉 〔……〕 學問之道無他 求其放心而已矣) 등을 들 수 있다.

76 盡其心者 知其性也 知其性 則知天矣 存其心 養其性 所以事天也 (盡心上 1)

있는 사람이다"[77]라고 하여, 자기 마음을 보존하여 간직하는 존심(存心)이 군자가 되는 첩경이라고 주장하였다. 이와 같이 존심·양성을 통해 인의를 체득함으로써 도덕 주체로서의 존재 특성을 확고히 할 수 있게 된다는 것이 맹자의 수양론의 대지인 것이다.

(1) 존심의 내용: 욕구의 절제〔寡欲〕를 통한 명도(明道)

인간이란 결코 완선(完善)의 상태로 태어나는 것이 아니다. 단지 착하게 될 수 있는 싹을 지니고 있을 뿐이며, 이러한 점을 자각하여 착하게 될 수 있는 존재일 뿐이다.[78] 따라서 인간은 "이러한 선단을 넓혀서 채워야 부모를 모시고 사해까지도 보전할 수 있게 되지만, 그렇지 못하면 부모조차도 모실 수 없는 존재이다."[79] 그러므로 인간은 자신에게 갖추어져 있는 본래의 착한 마음을 구하여 얻어야 한다. "이렇게 본래 갖추어져 있는 마음은 구하면 얻어지고, 그대로 두면 잃어버리게 마련이다. 이것은 나에게 갖추어져 있는 것〔在我者〕을 구하는 것이기 때문에, 구하면 반드시 얻어질 것이다."[80] 이렇게 "본래의 마음을 구하여 그것을 간직하고, 또 본래의 성을 기르는 것은 바로 하늘을 섬기는 일"[81]이기도 하다. 그렇다면, 맹자에게 있어 이렇게 마음을 간직한다는 것은 무엇을 의미하는 것인가?

욕구의 절제〔寡欲〕 맹자에 따르면, 환경의 영향으로 인해 어쩔 수

77 君子所以異於人者 以其存心也 君子以仁存心 以禮存心 (離婁下 28): 같은 진술이 離婁下 19(人之所以異於禽獸者 幾希 庶民去之 君子存之)에도 보인다.

78 告子上 6.

79 凡有四端於我者 知皆擴而充之矣 若火之始然 泉之始達 苟能充之 足以保四海 苟不充之 不足以事父母 (公孫丑上 6)

80 求則得之 舍則失之 是求有益於得也 求在我者也 (盡心上 3)

81 盡心上 1.

없는 경우도 있지만, 인간을 방심(放心) 또는 실심(失心)하게 만들어 불선(不善)으로 이끄는 대표적인 요인은 물욕이다. 앞에서도 언급하였듯이, "눈과 귀 같은 감각기관은 생각하는 기능이 없어서, 외부 사물에 가려진다. 감각기관이 외부 사물과 교접하면, 거기에 이끌려버릴 뿐"[82]이므로, 이렇게 물욕에 가려 좋은 맛, 아름다운 용모, 듣기 좋은 소리, 좋은 냄새, 편안함 같은 입 · 눈 · 귀 · 코 · 사지의 욕구를 추구하는 것이 곧 방심하게 되어 소인이 되는 까닭인 것이다. 그리하여 맹자는 "마음이라는 커다란 기관을 좇으면 대인이 되고, 감각기관 같은 작은 기관을 좇으면 소인이 된다"[83]거나, "사람의 몸에는 귀한 부분도 있고 천한 부분도 있으며, 작은 것도 있고 큰 것도 있는데(여기서 귀하고 큰 것은 마음, 천하고 작은 것은 감각기관을 가리킴), 작은 것으로 큰 것에 해를 끼쳐서는 안 되며, 천한 것으로 귀한 것에 해를 끼쳐서도 안 된다. 그 작은 것을 기르는 사람은 소인이고, 그 큰 것을 기르는 사람은 대인이다"[84]라고 표현하여, 감각기관의 물욕에 빠지는 것이 불선의 요인임을 지적하고 있는 것이다.

그런데 여기서 주목할 것은 맹자가 생물체적, 감각적, 이기적 욕구를 전적으로 부정한 것은 아니라는 사실이다. 이러한 욕구들도 인간 본성의 일부이므로,[85] 이것이 전적으로 없을 수는 없고, 다만 그 조절이 문제가 되는 것이다. 이러한 점을 맹자는 다음과 같이 지적하고 있다.

> 마음을 기르는 데에는 욕심을 줄이는 것〔寡欲〕보다 더 좋은 일은 없다. 그 사람됨이 욕심이 적으면, 본래의 착한 마음을 간직하지 못하는 바가 있다고 하

82 告子上 15.
83 從其大體爲大人 從其小體爲小人 (告子上 15)
84 體有貴賤 有小大 無以小害大 無以賤害貴 養其小者爲小人 養其大者爲大人 (告子上 14)
85 萬章上 1; 告子上 7; 盡心下 24.

> 더라도 그런 경우가 드물게 마련이고, 반대로 그 사람됨이 욕심이 많으면, 어쩌다가 본래의 착한 마음을 간직하는 수가 있다고 하더라도 그런 경우 또한 드물게 마련이다.[86]

이러한 지적에서 분명한 것은 욕심이 많은 것〔多欲〕이 불선의 요인이지, 욕구 그 자체가 불선의 요인은 아니라는 점이다. 생물체적 감각적 욕구는 생존을 위해 극히 필요한 것이다. 그러므로 이것이 없이는 생명을 유지할 수 없을 것이라는 의미에서 무욕(無欲)할 수는 없는 것이다. 그러나 이러한 욕구의 충족은 전적으로 외적 조건에 의지하고 있어서,[87] 마음의 생각하는 기능을 통해 다스리지 않으면 필연적으로 이에 이끌릴 수밖에 없다[88]는 데서 문제가 발생하는 것이다. 따라서 다욕하게 되면 외부 사물에 이끌려, 이에 가려지게 된다는 것이 맹자의 주장인 것이다. 이러한 사실은 다음과 같은 지적에서 분명히 드러나고 있다.

> 한 그릇의 밥과 국을 얻으면 살고 이를 얻어먹지 못하면 죽는다고 해도, 노엽게 소리를 지르면서 주면 길가는 사람도 받지 않을 것이고, 걷어차면서 주면 거지도 달갑지 않게 여길 것이다. 그러나 많은 재화라면 예의를 가리지 않고 덮어놓고 받는다. 도대체 많은 재화가 나에게 무슨 보탬이 되는가? 집을 아름답게 꾸미고, 처첩을 거느리며, 알고 있는 어려운 사람이 내게 와서 얻어 가도록 하기 위해서인가? 전에 몸을 위해서는 비록 죽더라도 한 그릇의 밥과 국도 받지 않았거늘, 이제는 집을 치장하기 위해서나, 처첩을 거느리기 위해서나,

86 養心莫善於寡欲 其爲人也寡欲 雖有不存焉者寡矣 其爲人也多欲 雖有存焉者寡矣 (盡心下 35)

87 口之於味也 目之於色也 耳之於聲也 鼻之於臭也 四肢之於安佚也 性也 有命焉 君子不謂性也 (盡心下 24)

88 告子上 15.

주위의 궁핍한 사람들에게 베풀어주기 위해 받으니, 이것을 어찌 어쩔 수 없어서 받는 것이라고 할 수 있겠는가? 이를 일러 본심을 잃었다고 하는 것이다.[89]

이렇게 다욕에 가려져서 그 본심을 잃어버리는 것이 불선하게 되는 요인인 것이다. 그러므로 인간은 생물체적 이기적 욕구의 이끌림에서 벗어나서, 자신에게 갖추어져 있는 본래의 착한 마음을 구하여 얻어야 한다. 이것이 바로 욕구의 절제〔寡欲〕를 통한 존심의 길인 것이다.

명도 맹자는 생물체적 이기적 욕구의 폐단에서 벗어나는 일은 욕구를 절제하는 일에만 그쳐서는 안 되고, 한 걸음 더 나아가 도덕적 지향성에 의해 제반 욕구들을 제어하도록 해야 한다고 본다. 다음 진술문은 이러한 관점을 잘 드러내고 있다.

삶〔生: 생존 욕구〕 또한 내가 바라는 것이고, 의〔義: 도덕적 지향성〕 또한 내가 바라는 것이다. 그런데 이 두 가지를 함께 얻을 수 없다면, 삶〔생존 욕구〕을 버리고 의〔도덕적 지향성〕를 취해야 한다. 삶 또한 내가 바라는 것이지만, 삶보다 더 간절하게 바라는 것〔義〕이 있으므로, 구차하게 삶을 얻고자 하지 않는 것이다. 〔……〕 이렇게 삶보다 더 간절하게 바라는 것이 있는데 〔……〕 오직 어진 사람만이 이러한 마음을 갖는 것은 아니다. 사람은 누구나 다 이러한 마음을 가지고 있지만, 오직 어진 사람만이 이런 마음을 잃지 않고 간직하는 것이다.[90]

89 一簞食 一豆羹 得之則生 弗得則死 嘑爾而與之 行道之人弗受 蹴爾而與之 乞人不屑也 萬鍾則不辨禮義而受之 萬鍾於我何加焉 爲宮室之美 妻妾之奉 所識窮乏者得我與 鄕爲身死而不受 今爲宮室之美爲之 鄕爲身死而不受 今爲妻妾之奉爲之 鄕爲身死而不受 今爲所識窮乏者得我而爲之 是亦不可以已乎 此之謂失其本心 (告子上 10)

90 生亦我所欲也 義亦我所欲也 二者不可得兼 舍生而取義者也 〔……〕 是故所欲有甚於生者 〔……〕 非獨賢者有是心也 人皆有之 賢者能勿喪耳 (告子上 10)

이 인용문에서는 도덕적 지향성에 의한 생존 욕구의 제어에 대해 논술하고 있다. 그런데 이렇게 욕구를 절제하거나, 제어할 수 있는 것은 마음이라는 기관이 가지고 있는 생각하는 기능 때문이다. 곧 "눈과 귀 같은 감각기관은 생각하지 못하고 외부의 사물에 가려진다. 감각기관이 외부의 사물과 만나면 거기에 이끌려버릴 뿐이지만, 마음의 기관은 생각을 한다. 이렇게 생각을 하면 욕구의 바름을 얻고, 생각하지 못하면 얻지 못하는데, 이것은 하늘이 사람에게 부여해준 능력으로, 먼저 그 큰 것[도덕적 지향성의 주관자인 마음]을 바로 세우면, 그 작은 것[생물체적 이기적 욕구의 주관자인 감각기관]이 큰 것의 자리를 빼앗을 수 없는 것이다."[91]

그러나 욕구의 절제나 도덕적 지향성에 의한 욕구의 제어가 그렇게 쉬운 일은 아니다. 생존 욕구나 이기적 욕구가 충족되지 않은 채로 도덕적 지향성을 추구하는 바른 마음을 가진다는 것은 아주 어려운 일로, 보통 사람들은 생물체적 이기적 욕구가 충족되지 않으면 도덕적 지향성을 추구하지 못하는 것이다.[92] 그렇지만 도덕적 지향성은 자발적인 통제가 가능한 것[在我者]이므로, "마음과 뜻을 한결같이 하지 못하면 깨달아 알지 못하지만",[93] "그 마음을 다하면 스스로에게 갖추어져 있는 도덕적 지향성의 본성[性]을 깨달아 알게 되는 것"[94]이다.

이러한 상태는 바로 욕구의 승화가 이루어진 상태라고 할 수 있는데, 그렇게 되면 '해야 할 일'[所爲]과 '해서는 안 될 일'[所不爲] 및 '바라야 할 것'[所欲]과 '바라서는 안 될 것'[所不欲]을 잘 구별하게 된다. 곧 "사람은

---

91 耳目之官 不思而蔽於物 物交物 則引之而已矣 心之官則思 思則得之 不思則不得也 此天之所與我者 先立乎其大者 則其小者不能奪也 (告子上 15)

92 無恒産 而有恒心者 惟士爲能 若民則無恒産 因無恒心 (梁惠王上 7); 民之爲道也 有恒産者 有恒心 無恒産者 無恒心 (滕文公上 3)

93 不專心致志 則不得也 (告子上 9)

94 盡其心者 知其性也 (盡心上 1)

해서는 안 될 일이 있게 된 후에야 해야 할 일을 이룰 수 있게 되므로,"[95] 소위(所爲)와 소불위(所不爲), 소욕(所欲)과 소불욕(所不欲)〔도덕적 지향성과 여타 욕구들〕을 잘 구별하여, "할 일만을 행하고 해서는 안 될 일은 하지 않으며, 바랄 것만을 바라고 바라서는 안 될 것은 바라지 않는 경지",[96] 곧 인간의 도리를 밝게 깨닫는 명도(明道)의 경지에 이르는 것이 바로 욕구의 승화가 이루어진 상태인 것이다. 이렇게 되면 "인의〔仁義: 도덕적 지향성〕에 배가 불러서 맛있는 음식〔생물체적 이기적 욕구〕을 더 이상 바라지 않게"[97] 되는 것으로, 이러한 욕구의 승화, 곧 명도가 바로 존심의 핵심 내용이라고 볼 수 있다.

이와 같이 생물체적 이기적 욕구의 절제를 통해 도덕적 지향성이 인간의 본성 속에 갖추어져 있다는 사실을 깨닫는 것, 그리하여 바라야 할 것과 바라서는 안 될 것, 해야 할 일과 해서는 안 될 일을 명확하게 구분하는 명도가 이루어지는 것이 바로 군자가 되는 길의 핵심이라는 주장이 맹자 수양론의 대지인 것이다.

(2) 존심의 방법: 전심치지(專心致志)와 반신(反身)

사람이 갖추고 태어나는 도덕적 지향성, 곧 "인의예지는 밖으로부터 사람에게 주어지는 것이 아니라, 사람이 본래부터 가지고 있는 것이다."[98] 사람에게 갖추어져 있는 "이러한 인의예지의 도는 마치 대로와 같아서 결코 알기에 어렵지 않은데도 사람들의 병폐는 단지 이를 구하지 않을 뿐"[99]

---

95 人有不爲也 而後可以有爲 (離婁下 8)
96 無爲其所不爲 無欲其所不欲 如此而已矣 (盡心上 17)
97 飽乎仁義也 所以不願人之膏梁之味也 (告子上 17)
98 仁義禮知非由外鑠我也 我固有之也 (告子上 6)
99 夫道若大路然 豈難知哉 人病不求已 (告子下 2)

인 것이다. 곧 자기에게 도덕적 기초가 갖추어져 있고, 따라서 자기 자신이 도덕 주체임을 자각하는 것이 본래의 착한 마음을 간직하여 기르는 요체이다. 이러한 점은 다음과 같은 지적에서 잘 드러나고 있다.

> 군자가 올바른 방법으로 깊이 탐구하여 나아가는 것은 스스로 깨달아 얻고자〔自得〕하는 것이다. 스스로 깨달아 도를 얻으면 이에 처하는 것이 안정되고, 그렇게 되면 도를 활용하는 데에 더욱 깊이가 있게 된다. 이렇게 도를 활용하는 데에 깊이가 있게 되면, 자기의 좌우 가까이에서 항상 그 근원을 파악하게 된다. 그러므로 군자는 스스로 깨달아 얻고자 하는 것이다.[100]

이렇게 자기가 도덕 주체임을 자각하는 것이 바로 명도이다. 이러한 도덕 주체로서의 자각이 바로 맹자 성선설의 요지인데, 이러한 도덕적 자각의 요체는 본래의 선성(善性)에 비추어 마땅히 해야 할 일〔所爲〕과 해서는 안 될 일〔所不爲〕을 분별하는 것이다.[101] 곧 소위(所爲)와 소불위(所不爲), 소욕(所欲)과 소불욕(所不欲)을 분별하는 일이 명도의 내용인 것이다. 그렇다면, 이러한 도덕적 자각을 이루기 위해서는 어떻게 해야 하는가?

전심치지 맹자에 따르면, 스스로가 도덕 주체임을 자각하여 마땅히 해야 할 일과 하지 말아야 할 일을 분별하는 명도를 이루는 데에는 '마음과 뜻을 한결같이 하는 일', 곧 전심치지(專心致志)가 중요하다. "그 마음을 다하는 사람은 그 본성을 깨달아 알게 되지만",[102] "마음과 뜻을 한결

100 君子深造之以道 欲其自得之也 自得之 則居之安 居之安 則資之深 資之深 則取之左右逢其原 故君子欲其自得之也 (離婁下 14)

101 勞思光, 1967, pp. 123~127.

102 盡心上 1.

같이 하지 못하면 이를 깨달아 얻지 못하므로",[103] 오로지 자기 마음속에 본래 갖추어져 있는 "도덕성(仁義)에만 뜻을 두고 지향해야"[104] 도덕 주체로서의 자각을 이룰 수 있는 것이다.

이러한 전심치지는 곧 스스로 노력하고 쉬지 않는 자강불식(自强不息)을 전제로 하는 것이다. 이에 대해 맹자는 자주 항상 쉬지 않고 흐르는 물을 예로 들어 설명하고 있다.

> 서자(徐子)가 맹자에게 "공자께서는 자주 물을 보시고 '물이여, 물이여' 하고 찬탄하셨는데, 물에서 무엇을 취하신 것입니까?"라고 물었다. 이에 대해 맹자는 "근원 깊이 솟아나는 샘물은 세차게 흘러 밤낮을 쉬지 않으면서, 웅덩이를 채우고 나서는 다시 앞으로 나아가 마침내는 사방의 바다로 흘러든다. 근본이 서 있는 사람도 이와 같으니, 공자께서는 이를 취하신 것이다"라고 대답하였다.[105]

곧 샘이 깊은 물이 쉬지 않고 흘러내리듯이 마음과 뜻을 한결같이 하여 쉬지 않고 노력하는 것, 이것이 바로 자기를 닦는 사람의 태도라는 사실을 맹자는 여기서 지적하고 있는 것이다. 그는 이러한 자강불식에 대해 "산 중에 있는 샛길도 사람들이 줄곧 밟고 다니면 큰 도로가 되지만, 한동안 내버려두면 다시 잡초에 막히고 만다"[106]라고 표현하고 있기도 하다. 이렇게 맹자는 "흐르는 물은 웅덩이를 채우지 않고는 앞으로 나아가지 않

---

103 告子上 9.

104 何謂尙志 日 仁義而已矣 (盡心上 33)

105 徐子日 仲尼亟稱於水日 水哉 水哉 何取於水也 孟子日 原泉混混 不舍晝夜 盈科而後進 放乎四海 有本者如是 是之取爾 (離婁下 18)

106 山徑之蹊間 介然用之而成路 爲間不用 則茅塞之矣 (盡心下 21)

는다. 마찬가지로 군자가 성인의 도에 뜻을 둔 이상 꾸준히 노력하여 자기의 도덕 수양이 빛을 발휘할 정도가 되지 못하면, 높은 경지에 도달하지 못한 것이므로",[107] 전심치지하여 자강불식하는 일이 수양의 요체라고 보고 있는 것이다.

반신 도덕 주체로서의 자각을 이루는 방안으로 맹자가 또 한 가지 강조하고 있는 것은 자기를 돌아보는 일, 곧 반신(反身)이다. "군자는 인과 예로써 자기를 검속하여 마음을 보전해야 하는데 〔……〕 어떤 사람이 있어 나에게 포악무도한 태도로 대한다면, 스스로가 어질지 못하고, 무례하고 〔……〕 자기를 다하지 못한 점이 없었는지를 반드시 스스로 돌아보아야 한다"[108]고 맹자는 주장한다. 이러한 자기 반성의 중요성에 대해서는 다음과 같은 진술문에 잘 표현되고 있다.

> 내가 남을 사랑하는데도 그가 나에게 친근해지지 않으면 내 스스로의 인이 부족하지 않은지 반성해야 하고, 사람을 다스리는데도 잘 다스려지지 않으면 내 지혜가 모자라지 않은지 반성해야 하고, 남에게 예로써 대했는데도 그가 예로써 답하지 않으면 나의 공경함이 부족함이 없는지 반성해야 한다. 어떤 일을 행함에 있어 그에 상응하는 결과를 얻지 못할 때에는 모두 자기에게 돌이켜 그 까닭을 찾아보아야 한다〔反求諸己〕. 자기 몸이 바르고 나서야 천하가 나에게 돌아오는 것이다.[109]

---

107 流水之爲物也 不盈科不行 君子之志於道也 不成章不達 (盡心上 24)

108 君子以仁存心 以禮存心 〔……〕 有人於此 其待我以橫逆 則君子必自反也 我必不仁也 必無禮也 〔……〕 我必不忠 (離婁下 28)

109 愛人不親 反其仁 治人不治 反其智 禮人不答 反其敬 行有不得者 皆反求諸己 其身正而天下歸之 (離婁上 4)

이렇게 모든 책임을 자기에게 돌이켜 찾는 것은 "만물의 이치가 모두 나에게 갖추어져 있기 때문이다. 그러므로 자기를 반성하여 보아 성실하다면 즐거움이 이보다 더 클 수가 없는 것이다."[110] 따라서 "스스로 반성하여 보아 내가 옳다면, 나는 비록 천만 사람이 있는 곳이라도 가서 대적할 수 있다"[111]는 당당함을 지니게 된다. 이와 같이 스스로에게서 모든 책임을 구하여 항상 반성하는 일이 도덕 주체로서의 자각을 이룰 수 있는 또 하나의 길인 것이다.

이러한 자기 반성과 자기 성찰은 자기를 개선하여 군자가 되는 과정의 핵심이다. 맹자는 인간 존재의 생성 근거인 하늘이 사람으로 하여금 성덕하여 군자가 되게 하려면, 그에게 시련을 주어 자기를 반성하고 성찰하게 함으로써 자기를 개선할 기회를 부여하는 법이라고 하여, 이러한 관점을 피력하고 있다.

> 그러므로 하늘이 장차 어떤 사람에게 큰 임무를 내리려 하면, 반드시 먼저 그 마음과 뜻을 괴롭게 하고, 그 신체를 수고롭게 하며, 그 몸을 굶주리게 하고, 그 가산을 궁핍하게 하며, 그가 하는 일을 어그러지게 만든다. 이는 그들에게 시련을 주어 마음을 분발시키고 인내성을 키워서, 그들이 하지 못하던 것까지도 할 수 있도록 능력을 증대시켜 주겠다는 배려인 것이다. 사람은 언제나 잘못한 후에야 고칠 줄 알고, 마음이 막히고 생각이 빗나가야 비로소 분발하게 되는 법이다.[112]

110 萬物皆備於我矣 反身而誠 樂莫大焉 (盡心上 4)

111 自反而縮 雖千萬人吾往矣 (公孫丑上 2)

112 故天將降大任於是人也 必先苦其心志 勞其筋骨 餓其體膚 空乏其身 行拂亂其所爲 所以動心忍性 曾益其所不能 人恒過 然後能改 困於心 衡於慮 而後作 (告子下 15)

이와 같이 자기 성찰과 자기 반성을 통해 자기 잘못을 고침으로써 자기 개선을 이루는 일은 도덕적 자각을 이룬 군자의 특징이다. 이들은 자기를 반성하여 보아 "자기가 옳지 않다는 사실을 깨닫자마자, 속히 이를 그만두며",[113] 이들은 이렇게 자기 잘못을 고침으로써 다른 사람들의 모범이 된다[114]는 것이 맹자의 견해이다. 그러므로 이렇게 자기 반성을 통해 자기의 잘못을 고쳐가는 일은 도덕 주체로서의 자각을 이루는 과정의 요체인 것이다.

3) 순자의 체도론

순자는 하늘이 부여한 것으로서, 태어나면서부터 스스로 그러하며, 그 재질이 질박한 인간의 본성(性)은 사람이 배우고 일삼아 노력해서, 사려를 쌓고 행위능력을 익히면, 도리어 문화와 이치가 융성한 인위(僞)로 변화될 수 있다고 본다.[115] 이것이 바로 성(性)을 변화시키고 위(僞)를 일으키는 화성기위(化性起僞)로서, 이를 통해 본성과 인위적인 노력의 통합, 곧 성위지합(性僞之合)이 이루어지게 되며,[116] 이러한 본성과 인위적인 노력의 통합을 이루는 과정이 바로 수양의 과정이다.

이러한 수양은 예를 기초로 하여 이루어지는 것이다. 예란 성인이 화성기위하여 만들어낸 것으로서,[117] 인도의 표준이자[118] 만세의 법칙으로서,[119] 일

---

113 如知其非義 斯速已矣 (滕文公下 8)

114 且古之君子 過則改之 〔……〕 古之君子 其過也如日月之食 民皆見之 及其更也 民皆仰之 (公孫丑下 9)

115 『荀子』, 性惡 3; 正名 2; 禮論 24.

116 無性則僞之無所加 無僞則性不能自美 性僞合 然後成聖人之名 一天下之功 於是就也 故日 天地合而萬物生 陰陽接而變化起 性僞合而天下治 (禮論 24)

117 榮辱, 39; 非相 10; 王制 6; 禮論 1, 32; 性惡 2, 3, 5, 6, 7 등.

118 禮者人道之極也 (禮論 13)

119 使本末終始 莫不順比 足以爲萬世則 是禮也 (禮論 24)

상생활 · 자연 질서 · 개인 감정 · 사회 질서 등 인간 생활 전체의 규범으로 작용하는 것이므로,[120] 순자에게 예는 바로 개인이 스스로를 바로잡는 도구이면서[121] 동시에 국가와 온 세상을 바로잡는 도구이기 때문이다.[122]

순자는 "예를 인식한 다음 이에 자세히 통달하고〔察道〕, 예를 인식한 다음 이를 일삼아 실천하면〔行道〕, 예와 일체가 된 사람〔體道者〕"[123]이 된다고 본다. 여기서 행도는 예의 밝은 인식을 근거로 하여, 이를 일상생활에서 실천하는 일을 말한다. 곧 순자의 도덕 실천은 예의 인식을 전제로 하는 셈이다.[124] 이렇게 도덕 실천의 전제가 되는 예의 밝은 인식을 이루어, 이를 체득하는 일이 바로 순자가 보는 수양의 핵심이다. 순자의 수양론은 곧 찰도를 통한 체도론인 것이다.

(1) 체도의 내용: 도욕(道欲) · 절욕(節欲)을 통한 정안례(情安禮)

순자는 인도의 표준인 예의는 성인이 본성을 변화시키고 인위를 일으켜〔化性起僞〕 만들어낸 것으로, 누구나 인위적인 노력에 따라 인식하고 체득할 수 있다고 본다. 이것이 바로 성위지합을 이루어 자기를 수양하는 핵심이라는 것이 순자의 생각이다. 순자는 "예의는 성인이 만들어낸 것으로, 사람이 배워서 할 수 있고〔所學而能〕 또한 일삼아서 이루어지는〔所事而成〕 것"[125]이라고 진술하여, 이러한 관점을 드러내고 있다. 여기서 '일삼는다'〔所事〕는 말이 일상생활에서의 수양을 가리키는 것이라고 보면, 이

---

120 修身 24~26; 王制 19; 富國 11; 禮論 11~12: 4장의 주 75, 76, 77(pp. 324~325) 참조.

121 禮者所以正身也 〔……〕 無禮何以正身 (修身 36); 禮及身而行修 (致士 16)

122 國無禮則不正 禮之所以正國也 譬之猶衡之於輕重也 (王覇 11); 禮者表也 非禮昏世也 (天論 36)

123 知道察 知道行 體道者也 (解蔽 13)

124 4장의 순자의 '도덕 실천의 점진적 확대'(pp. 338~342)에 관한 논의 참조.

125 禮義者聖人之所生也 人之所學而能 所事而成者也 (性惡 3)

는 인도인 예의는 수양을 통해 체득할 수 있음을 단적으로 표현하고 있는 것이라고 할 수 있다. 그렇다면, 이렇게 예의를 체득한다는 것은 무엇을 의미하는 것인가?

욕구의 절제(節欲)와 인도(道欲) 순자에게 있어 수양의 필요성은 인간의 향악성에서 직접 도출된다. 몸과 마음을 두기를 삼가고, 일삼아 익히는 것을 신중히 하지 않고, 타고난 생물체적 욕구와 사적 감정을 방자하게 따르기만 한다면 악으로 빠질 수밖에 없으므로, 수양을 통해 예의의 도를 체득함으로써 성위지합을 이루도록 노력해야 한다는 것이다. 이러한 사실은 다음과 같은 진술문에 잘 드러나 있다.

> 초나라에 살면 초나라 사람이 되고, 월나라에 살면 월나라 사람이 되며, 중원에 살면 중원 사람이 된다. 이는 천성 때문이 아니라 쌓고 따르는 인위적인 노력이 그렇게 만드는 것이다. 그러므로 사람이 마음과 몸을 두기를 삼가고, 익히는 바를 신중히 하며, 쌓고 따르기를 크게 할 줄 알면 군자가 된다. 그러나 감정과 욕구를 방자히 따르고, 묻기와 배우기를 충실히 하지 못하면 소인이 되고 만다.[126]

이 인용문에도 드러나고 있듯이, 순자는 생물체적 이기적 욕구를 제한 없이 추구하면, 천하의 온갖 폐해가 이로부터 일어나게 된다[127]고 본다. 이기적 욕구를 앞세우고 도덕적 지향성을 뒤로 돌리는 것은 치욕을 불러오는 일이며,[128] 이렇게 되면 욕구에 가려 큰 이치에 어둡게 됨으로

126 居楚而楚 居越而越 居夏而夏 是非天性也 積靡使然也 故人知謹注錯 愼習俗 大積靡 則爲君子矣 縱情性而不足問學 則爲小人矣 (儒效 36)

127 天下害生縱欲 (富國 2)

128 先利而後義者辱 (榮辱 25)

써,[129] 의혹에 빠진 채 무슨 일을 해도 즐겁지 않고,[130] 무엇이 화인지 복인지도 모르게 된다.[131] 또한 사물의 노예가 되어〔以己爲物役〕[132] 날로 퇴보하게 됨으로써,[133] 인륜도 저버리고,[134] 아무 일이나 마구 하는 소인이 되고 마는[135] 것이다. 그리하여 만일 군주가 이렇게 이기적 욕구만을 추구하면 난세가 되고,[136] 나라를 상하게 하여,[137] 결국에는 망하게 된다[138]고 순자는 보고 있다.

이러한 폐단에서 벗어나는 길은 생물체적 이기적 욕구의 추구를 절제하는 수밖에 없다고 보는 점에서도 순자는 공자 · 맹자와 같은 입장이다. 이러한 욕구와 감정을 제어하고 이를 올바르게 인도하는 것이 바로 인위적인 수양인 것이다. 이러한 입장은 다음과 같은 진술에 잘 드러나 있다.

> 무릇 수양〔治〕에 대해 말하면서 사람들의 욕구가 모두 없어지기를 기다리는 것은 욕구를 바르게 인도해 줌〔道欲〕이 없이 욕구가 있다는 사실에 곤란해 하는 것이다. 무릇 수양에 대해 말하면서 사람들의 욕구가 적어지기를 기다리는 것은 욕구의 추구를 절제하는 법〔節欲〕을 가르쳐줌이 없이 욕구가 많다는 사실에 곤란해 하는 것이다. 〔……〕 욕구는 충족되든 충족되지 못하든 간에 일

129 蔽於一曲 闇於大理 (解蔽 1)
130 以欲忘道 則惑而不樂 (樂論 7)
131 離道而內自擇 則不知禍福之所託 (正名 25)
132 故欲養其欲 而縱其情 〔……〕 夫是之謂以己爲物役 (正名 26~27)
133 小人錯其在己者 而慕其在天者 是以日退也 (天論 29)
134 人情何如 〔……〕 妻子具 而孝衰於親 嗜欲得 而信衰於友 爵祿盈 而忠衰於君 人之情乎 人之情乎 甚不美 又何問焉 (性惡 15)
135 唯利所在 無所不傾 如是則可謂小人矣 (不苟 17)
136 故義勝利者爲治世 利勝義者爲亂也 (大略 20)
137 大國之主也 而好見小利 是傷國 (王霸 33)
138 挈國以呼功利 不務張其義 齊其信 唯利之求 〔……〕 如是則 〔……〕 國不免危削 綦之以亡 (王霸 5~6)

> 어나게 마련이지만, 사람이 구하는 것은 가능한 바를 좇는다. 충족되지 못할지라도 욕구가 일어나는 것은 하늘〔天〕로부터 자연적으로 받은 바이기 때문이고, 가능한 바를 좇는 것은 마음〔心〕으로부터 나온 것이기 때문이다. 〔……〕 마음이 가능하다고 여겨 추구하는 것이 이치에 맞으면, 비록 욕구가 많다고 해도 수양이 잘 이루어지는데 무슨 해가 되겠는가? 〔……〕 마음이 가능하다고 여겨 추구하는 것이 이치에 맞지 않으면, 비록 욕구가 적다고 해도 어찌 혼란스러움〔亂〕에만 그칠 것인가? 그러므로 수양이 잘 이루어지느냐 아니면 그렇지 못하냐 하는 것〔治亂〕은 마음이 가능하다고 여겨 추구하는 것이 무엇이냐에 달려 있는 것이지, 사람이 본성적으로 바라는 바가 얼마나 많으냐 또는 적으냐에 달려있는 것이 아니다. 〔……〕 욕구란 비록 다 채우지는 못할지라도 이에 가까이 갈 수는 있고, 다 없애지는 못할지라도 구하는 바를 절제할 수는 있는 것이다.[139]

이 인용문에서는 생물체적 이기적 욕구의 추구를 절제하는 일〔節欲〕과 예의 체계에 의해 생물체적 이기적 욕구가 올바르게 방향을 잡도록 인도하는 일〔道欲〕을 욕구의 폐단에서 벗어나는 방법으로 제시하고 있다.[140] 이렇게 욕구를 절제하는 절욕(節欲)과 욕구를 올바르게 인도하는 도욕(道欲)을 통해 욕구의 바름을 얻고, 그럼으로써 혼란에서 벗어나 바른 몸가짐의 상태로 나아가는 것, 이것이 군자가 되는 지름길이라는 것이 『순자』

139 凡語治而待去欲者 無以道欲 而困於有欲者也 凡語治而待寡欲者 無以節欲 而困於多欲者也 〔……〕 欲不待可得 而求者從所可 欲不待可得 所受乎天也 求者從所可 所受乎心也 〔……〕 心之所可中理 則欲雖多 奚傷於治 〔……〕 心之所可失理 則欲雖寡 奚止於亂 故治亂在於心之所可 亡於情之所欲 〔……〕 欲雖不可盡 可以近盡也 欲雖不可去 求可節也 (正名 19~22)

140 이 밖에도 修身 29, 40; 不苟 4; 榮辱 37, 39; 儒效 19; 王制 7; 彊國 7; 正論 32 등에서 절욕(節欲)과 도욕(道欲)에 대해 논술하고 있다.

에서 도출되는 수양론의 특징인 것이다.

정안례 이와 같이 생물체적 이기적 욕구의 추구를 절제하는 절욕과 이러한 욕구가 예의의 지도를 받아 올바르게 방향을 잡도록 인도하는 도욕을 통해 욕구의 지배에서 벗어나고, 그럼으로써 인도의 표준인 예의 체계를 밝게 인식할 수 있다는 것이 바로 순자의 수양론의 대지이다. 이러한 절욕과 도욕을 거쳐 "인간의 욕심과 감정이 예에 의하여 바르게 방향을 잡아 편안하게 되는 정안례(情安禮)"[141]를 이룰 수 있게 된다고 보는 것이 순자의 수양론의 특징인 것이다. 정안례를 이루는 일이 수양의 핵심이라는 사실에 대해 순자는 다음과 같이 지적하고 있다.

> 예는 몸을 바르게 하는 것이고, 스승은 예를 바르게 해준다. 예가 없으면 어떻게 몸을 바르게 하며, 스승이 없으면 어떻게 예가 올바른 것인 줄 알겠는가? 예가 그와 같기에 내가 그것을 받아들이니, 내 욕구와 감정이 예 안에서 안정된다(情安禮). 스승이 그와 같이 말하므로 내가 그것을 받아들이니, 내 앎이 스승과 같아지게 된다. 욕구와 감정이 예 안에서 안정되고, 앎이 스승과 같아지면, 이것이 곧 성인인 것이다.[142]

이 인용문에서 드러나고 있듯이, 개인의 욕구와 감정은 스승의 지도를 받아 예를 옳다고 인정하여 받아들임으로써, 예에 의해 올바른 방향을 잡아 편안하게 될 수 있다. 곧 "사람이 욕구를 가지고 있다고 해서 혼란에 빠지거나 욕구가 모두 없어진다고 해서 수양이 잘되는 것도 아니고, 욕구

141 김승혜, 1990, p. 328.

142 禮者所以正身也 師者所以正禮也 無禮何以正身 無師吾安知禮之爲是也 禮然而然 是情安禮也 師云而云 則是知若師也 情安禮 知若師 則是聖人也 (修身 36~37)

가 많다고 해서 혼란에 빠지거나 욕구가 적어진다고 해서 수양이 잘되는 것도 아니다."[143] 다만 예에 따라 욕구를 올바르게 인도함으로써, 예의 체계에 맞도록 욕구와 감정을 추구하여 정안례를 이루는 일, 이것이 바로 순자가 보는 수양의 길인 것이다.

(2) 체도의 방법: 허일이정(虛壹而靜) · 성실함 및 억강보약(抑强補弱)

이상에서 보듯이, 예를 바르게 인식하여 이에 따라 욕구와 감정을 바르게 인도하고, 그 추구를 절제함으로써 예를 편안하게 받아들이는 일이 순자가 보는 수양의 핵심이다. 이러한 수양은 예를 밝고 자세하게 인식하여 체득하는 체도를 전제로 한다. 곧 순자의 체도론은 예의 인식과 이의 수용을 근거로 하여 성립하는 것이다. 그렇다면, 이러한 예를 인식하여 올바른 것으로 받아들이기 위해 구체적으로 해야 할 일은 무엇인가?

허일이정과 해폐(解蔽) 이렇게 순자의 수양론은 예의 체계인 도를 인식하는 일로부터 비롯된다. 이러한 도는 마음의 생각하는 작용을 통해 인식된다.[144] "마음(心)은 사람의 한가운데에 자리 잡고 있어서 감각기관을 다스리므로, 천군(天君)이라고 한다."[145] 순자는 이러한 마음이 절대적인 자율성과 능동성을 가지고 있다는 사실을 다음과 같이 진술하고 있다.

> 마음은 육체의 군주(形之君)이고, 정신작용의 주인(神明之主)이다. 명령을 내리기는 하지만, 명령을 받는 적은 없다. 스스로 금하고, 스스로 시키고, 스스로 빼앗고, 스스로 취하며, 스스로 행하고, 스스로 그친다. 그러므로 입은

143 有欲無欲異類也 生死也 非治亂也 欲之多寡異類也 情之數也 非治亂也 (正名 20)
144 人何以知道 日 心 (解蔽 11)
145 心居中虛 以治五官 夫是之謂天君 (天論 24~25)

겁을 주어서 침묵하거나 말하게 할 수 있고, 사지는 겁을 주어서 굽히거나 펴게 할 수 있지만, 아무리 겁을 준다고 해도 마음으로 하여금 그 뜻을 바꾸게 할 수는 없다. 마음은 옳다고 판단하면 스스로 받아들이고, 그르다고 판단하면 스스로 물리치는 것이다.[146]

이와 같이 마음은 절대적인 능동성과 자율성을 가지고 있고, 감각기관은 이의 지배를 받는 존재이다. 따라서 "마음이 시키지 않으면, 희고 검은 것이 눈앞에 있어도 눈은 이를 보지 못하고, 바로 옆에서 천둥이 치고 있어도 귀는 이를 듣지 못하는 것이다."[147] 그렇다면, 이러한 마음을 어떻게 간직하여야 도를 올바르게 인식할 수 있는가? 이에 대해 순자는 다음과 같이 주문하고 있다.

마음은 어떻게 하여 도를 인식할 수 있는가? 그것은 마음을 비우는 허(虛)와, 전일하게 하는 일(壹)과, 고요하게 하는 정(靜)에 달려 있다. (……) 사람은 태어나면서부터 인식능력(知)을 갖추고 있는데, 이를 통한 인식의 결과 기억(志)이 생긴다. 기억이란 채워서 간직하는(臧) 것이지만, 그러면서도 비워질 수 있는데, 이미 간직한 것 때문에 앞으로 받아들일 것이 방해받지 않게 하는 것, 이것이 바로 마음을 비우는 것이다. 또한 마음은 태어나면서부터 인식능력을 갖추고 있는데, 이를 통한 인식의 결과 변별(異)이 생긴다. 변별이란 동시에 여러 가지를 함께 인식하는 것이다. 동시에 여러 가지를 함께 인식하게 되면 마음이 여러 갈래로 나뉘어지지만(兩), 그러면서도 하나로 모아질 수 있

146 心者形之君也 而神明之主也 出令而無所受令 自禁也 自使也 自奪也 自取也 自行也 自止也 故口可劫而使墨云 形可劫而使詘申 心不可劫而使易意 是之則受 非之則辭 (解蔽 14~15)

147 心不使焉 則黑白在前 而目不見 雷鼓在側 而耳不聞 (解蔽 2)

는데, 이쪽 때문에 저쪽이 방해받지 않게 하는 것, 이것이 바로 마음을 전일하게 하는 것이다. 마음은 누우면 상상〔夢〕을 하고, 한가로우면 방종하며〔自行〕, 부려서 쓰면 여러 가지 계획〔謀〕을 한다. 그러므로 마음은 항상 움직이고〔動〕 있지만, 그러면서도 고요하게 될 수 있는데, 내외의 복잡하고 번다한 생각 때문에 인식능력을 혼란하지 않게 하는 것, 이것이 바로 마음을 고요하게 하는 것이다. 아직 도를 얻지 못하고 도를 얻고자 하는 사람에게는 허(虛)와 일(壹)과 정(靜)을 법칙으로 삼도록 가르쳐 주어야 한다. 도를 인식하기를 기다리는 사람〔須道者〕이 마음을 비우면 도를 받아들일 수 있고, 도를 일삼아 행하려는 사람〔事道者〕이 마음을 전일하게 하면 도를 다 행할 수 있으며, 도의 원리를 탐구하는 사람〔思道者〕이 마음을 고요하게 하면 도에 밝게 통할 수 있을 것이다. 도를 인식하여 자세히 통달하고, 도를 인식하여 실행하면, 도와 일체가 된 사람이니, 허일이정(虛壹而靜)을 일러 '크게 맑고 밝은 상태'(大淸明)라고 하는 것이다.[148]

비교적 길게 따온 이 인용문에서 지적하고 있듯이, 순자는 마음을 비우고, 전일하게 하며, 고요하게 하는 일이 바로 도를 얻어 체득하는 전제이며, 따라서 도를 체득하고자 하는 사람은 이러한 허일이정을 배워서 준칙으로 삼아야 한다고 보고 있다.[149] 이렇게 마음을 비우고 전일하게 하며

---

148 心何以知 日 虛壹而靜 〔……〕 人生而有知 知而有志 志也者臧也 然而有所謂虛 不以所已臧害所將受 謂之虛 心生而有知 知而有異 異也者同時兼知之 同時兼知之兩也 然而有所謂一 不以夫一害此一 謂之壹 心臥則夢 偷則自行 使之則謀 故心未嘗不動也 然而有所謂靜 不以夢劇亂知 謂之靜 未得道而求道者 謂之虛壹而靜 作之則 將須道者之虛則入 將事道者之壹則盡 將思道者之靜則察 知道察 知道行 體道者也 虛壹而靜 謂之大淸明 (解蔽 11~13): 蔡仁厚(1984, p. 415)는 본문 중 未得道而求道者 謂之虛壹而靜의 謂之를 告之로 보아, 이 글에서와 같이 '가르쳐준다'의 뜻으로 풀이하고 있다. 이 글의 해석은 대체로 蔡仁厚(1984, pp. 413~417)를 따랐다.

149 蔡仁厚, 1984, pp. 413~417.

고요하게 유지하면, 기존의 기억, 사물의 변별 및 마음의 혼란에서 벗어날 수 있다는 것이다.[150] 허일이정을 통해 마음이 '크게 맑고 밝은 대청명'(大淸明)의 상태에 이르게 되면, 서로 다른 것들끼리 서로를 가리는 '마음 씀의 공통되는 걱정거리'(心術之公患)[151] 곧 어느 한쪽에 가려져서 큰 이치에 어둡게 되는 폐단[152]에서 벗어날 수 있다(解蔽)는 것이 순자의 주장이다.

> 성인은 '마음 씀의 걱정거리'(心術之患)와 '가려지고 막히는 폐단'(蔽塞之禍)을 잘 알고 있었다. 그리하여 좋아서 하고 싶은 것(欲)과 미워서 하기 싫은 것(惡), 처음(始)과 끝(終), 멂(遠)이나 가까움(近), 지식이 많은 것(博)이나 적은 것(淺), 옛날(古)이나 오늘(今)에 가려짐이 없었다. 그는 오로지 자기 앞에 모든 사물을 한꺼번에 벌여 놓아(兼陳萬物) 어느 한쪽에 치우치지 않고, 중도(中道)에 맞게 저울을 드리워 평형을 취하였다. 이렇게 함으로써 만물을 아무리 변별한다고 해도, 이들이 서로를 가려서 이치를 어지럽히는 일이 없었던 것이다. 그렇다면, 무엇이 저울인가? 바로 도이다. 그러므로 마음으로 도를 인식하지(知道) 않으면 안 되는 것이다. 마음으로 도를 인식하지 않으면 도를 옳다고 여기지(可道) 않고, 도 아닌 것을 옳다고 여기게 될 것이기 때문이다.[153]

이렇게 모든 사물을 자기 앞에 한꺼번에 벌여놓고 중도에 맞도록 평형

150 蔡仁厚, 1984, pp. 424~426.

151 凡萬物異 則莫不相爲蔽 此心術之公患也 (解蔽 3)

152 凡人之患 蔽於一曲 暗於大理 (解蔽 1)

153 聖人知心術之患 見蔽塞之禍 故無欲無惡 無始無終 無近無遠 無博無淺 無古無今 兼陳萬物 而中縣衡焉 是故衆異不得相蔽以亂其倫也 何謂衡 曰 道 故心不可以不知道 心不知道 則不可道 而可非道 (解蔽 10): 여기서 欲惡 · 始終 · 遠近 · 博淺 · 古今은 서로 가려 蔽塞之禍를 가져오는 원천으로 순자가 제시하고(解蔽 3) 있는 것들이다.

을 취하는 것, 이것이 바로 욕구(欲惡)나 시공간적인 변별(始終 · 古今 · 遠近) 및 기존 지식 체계(博淺)의 가림에서 벗어나 해폐(解蔽)할 수 있는 요체라는 것이 순자의 관점이다. 순자에 따르면, 이러한 해폐는 마음을 허일이정하게 유지하여 맑고 밝은 마음의 상태를 이루고, 그 결과 도를 밝게 체득함으로써 이루어질 수 있다는 것이다.

성실함과 참기(參己) 순자가 자기를 닦는 방법으로 또 한 가지 강조하고 있는 것은 참됨을 견지하는 성실함(誠)이다.[154] 성실하게 자기를 닦음으로써, 자기의 본성을 변화시켜 도와 일체를 이룰 수 있다는 것이 순자의 주장이다.

> (A): 군자가 마음을 기르는 데에는 성실함(誠)보다 더 좋은 방법은 없다. 성실함이 지극하게 되면, 다른 일은 필요 없는 것이다. 이는 오로지 인(仁)을 지키고, 의(義)를 행하는 일이다. 마음을 성실하게 하여 인을 지키면 겉으로 드러나게 되고, 겉으로 드러나면 신묘한 힘을 가지게 되며, 신묘한 힘을 가지면 능히 내적으로 감화가 이루어진다. 마음을 성실하게 하여 의를 행하면 이치에 맞게 되고, 이치에 맞으면 밝게 되며, 밝아지면 능히 외적으로 개조가 이루어진다. 내적 · 외적으로 변화가 교대로 일어나는 것을 일러 천덕(天德)이라고 한다. (B): 하늘은 말이 없어도 사람들이 그 높음을 추앙하고, 땅은 말이 없어

154 蒙培元(1990/1996)과 김승혜(1990)는 誠을 虛壹而靜과 함께 수양의 한 형태인 養心의 또 한 가지 방법이라고 여기고 있다. 蒙培元(1990/1996, p. 178)은 이 두 가지를 "서로 다른 면에서 주체 자신의 수양 문제로 설명하였으나, 성실함은 실천의 면에서 말한 것이고, 허일이정은 인식의 면에서 말한 것"이라고 보고 있다. 김승혜(1990, p. 259)도 이러한 견해를 지지하면서, "허일이정은 心을 맑게 해주는 내면적이고 구체적인 방안이라고 한다면, 誠은 그 이전에 이미 가져야 할 인간의 전체적 삶의 자세 및 외부적 행위를 지칭하는 것"이라고 보고 있다.

> 도 사람들이 그 후함을 추앙하며, 사계절은 말이 없어도 백성들이 모두 그때를 기다린다. 무릇 이들이 이렇게 한결같음을 유지하는 것은 모두 그 성실함을 극진히 하기 때문이다. 이와 마찬가지로, 군자는 지극한 덕을 갖추고 있으므로, 말하지 않아도 사람들이 알아차리고, 은혜를 베풀지 않아도 친해지며, 노여움을 나타내지 않아도 위엄을 느낀다. 무릇 이와 같이 군자가 천명에 순응하는 것은 모두 오로지 한결같이 하기 때문이다. 〔……〕 천지가 아무리 위대할지라도 성실하지 않으면 만물을 화육하지 못하고, 성인이 아무리 지혜로울지라도 성실하지 않으면 만민을 감화시키지 못하며, 부모와 자식이 아무리 친할지라도 성실하지 않으면 소원해지고, 임금이 아무리 존귀할지라도 성실하지 않으면 비천하게 될 것이다. 무릇 성실함은 군자가 지키는 바이고, 또한 사람 다스리는 일〔政事〕의 근본인 것이다.[155]

이 인용문 중에서 A단락은 양심(養心)의 방법인 성실함의 효험에 대해서 말하고 있다. 순자는 여기서 양심의 방법인 성실함을 "일종의 정신 상태 혹은 심리 상태라고 생각했지, 결코 도덕 원칙이나 형이상학적인 존재라고는 생각하지 않았다."[156] 곧 이는 "인간의 전체적인 삶의 자세"[157]로서, 이를 통해 "오랫동안 선으로 옮겨가서 그 처음의 상태로 돌아가지 않

---

155 君子養心 莫善於誠 致誠則無它事矣 唯仁之爲守 唯義之爲行 誠心守仁則形 形則神 神則能化矣 誠心行義則理 理則明 明則能變矣 變化代興 謂之天德 天不言 而人推高焉 地不言 而人推厚焉 四時不言 而百姓期焉 夫此有常 以至其誠者也 君子至德 嘿然而喩 未施而親 不怒而威 夫此順命 以愼其獨者也 〔……〕 天地爲大矣 不誠則不能化萬物 聖人爲知矣 不誠則不能化萬民 父子爲親矣 不誠則疏 君上爲尊矣 不誠則卑 夫誠者君子之所守也 而政事之本也 (不苟 11~13): 『荀子集解』에서는 愼其獨者也의 愼을 誠의 뜻으로, 獨을 專一로 보아 愼其獨을 "오로지 한결같이 성실히 한다"로 풀고 있다. 蔡仁厚(1984, p. 488)도 이렇게 풀면서, 여기서의 愼其獨은 앞의 致誠則無它事의 뜻이라고 보고 있다.

156 蒙培元, 1990/1996, p. 177.

157 김승혜, 1990, p. 259.

는"[158] 화성(化性) 곧 성위지합이 이루어질 수 있다고 보는 것이다.

위 인용문의 B단락은 성실함이 양심의 방법이 되는 근거를 논하고 있다. 이 단락에서 "순자는 성실함이란 인간이 천지 및 사계절과 공유하는 덕으로서, 그 일정함이 여기에서 유래한다고 설명한다."[159] 따라서 하늘과 사람의 차이를 뛰어넘어 천지의 화육에 동참(參於天地)할 수 있는 근거가 바로 천지인(天地人)이 공유하고 있는 성실함에 있으며, 결과적으로 성실함에 의해 적선성덕(積善成德)하는 일이 바로 참어천지하여 천지인의 조화가 이루어지도록 하는 길이라는 것이다. 이렇게 순자는 "수양의 가장 중요한 길로 천지인이 모두 함께 나누는 덕인 성실함을 다하도록 권고하는 것이다."[160]

그렇다면, 사람이 성실하게 한결같이 해야 할 일은 무엇인가? 위의 인용문에서는 이를 "인을 지키고 의를 행하는 일"이라고 제시하고 있다. 이러한 인의는 순자에게서는 예의로 통합될 수 있는 것이다.[161] "성실함을 드러내고 거짓을 제거하는 것, 이것이 바로 예의 핵심이다"[162]라는 순자 자신의 진술에서도 예의가 바로 성실함을 드러내는 근거임을 볼 수 있다. 이러한 맥락에서 생각해보면, '인을 지키고 의를 행하는 일'은 곧 '예의를 지키고 행하는 일'로 귀결된다. 즉, 예의를 인식하고 실천하는 일이 곧 성실함을 한결같이 견지하는 일이 되는 것이다.

---

158 長遷而不反其初 則化矣 (不苟 13)

159 김승혜, 1990, p. 259.

160 김승혜, 1990, p. 259; 蒙培元, 1990/1996, pp. 177~179.

161 張其昀, 1984, p. 157, 186; 김승혜, 1990, pp. 261~271: 순자에게서 仁義가 禮義로 통합될 수 있다는 사실은 『荀子』에서 義를 仁과 연용해서 사용한 경우(32회, 22%)보다는 禮와 연용해서 사용한 경우(112회, 78%)가 압도적으로 많다(『荀子引得』 참조)는 점에서도 드러나고 있다.

162 著誠去僞 禮之經也 (樂論 7)

이러한 예의는 "인도(人道)의 표준"[163]으로, "자기 몸을 바르게 하는 도구"[164]이다. 그러므로 예의에 한결같이 한다는 것은 곧 항상 자기를 돌아보아 자기 몸을 바르게 한다는 의미이다. 순자는 이러한 자기 반성의 자세를 '자기에게 참험하여 본다'는 참기(參己) 또는 '자기를 살펴본다'는 자성(自省)이라고 표현하고 있다. 그는 이러한 논지를 "군자가 널리 배우고, 이를 매일 자기에게 참험하여 살펴보면, 예를 밝게 깨닫게 되고, 일상생활의 제반 행위에 아무런 잘못도 없게 될 것"[165]이라거나, "남이 착한 것을 보거든 마음을 가다듬어 반드시 스스로 내 자신을 돌이켜보고, 남의 착하지 않은 것을 보거든 걱정스럽게 혹시 나에게도 그러한 결점이 없나 스스로 살펴보아야 한다"[166]는 진술에서 드러내고 있다. 누구나 예를 높여서 이를 바른 표준으로 삼은 다음에, 안으로 스스로를 살펴서 자기의 본분을 다하도록 노력하는 것이 바로 예법(禮法)의 핵심[167]이기 때문이다.

억강보약과 중도(中道) 순자가 수양의 방법으로 한 가지 더 제시하고 있는 것은 "인간의 혈기(血氣), 곧 협의의 인간 본성으로서의 욕(欲)"[168]을 다

---

163 禮論 13.

164 禮者所以正身也 (修身 36)

165 君子博學 而日參省乎己 則智明而行無過矣 (勸學 2): 『荀子集解』에 인용된 兪樾은 본문 중 省乎 두 글자는 본래는 없었던 것으로, 후대인들이 參을 三으로 읽어 『論語』 學而 4장의 吾日三省吾身에 의거하여 잘못 첨가한 것으로 보고 있다. 따라서 그는 參을 驗의 뜻으로 보아, 參己를 "자기에게 참험하여 살펴본다" 또는 "자기에게 비추어 살펴본다"의 의미로 풀이하고 있다. 또한 그는 智도 知의 오자로 보아 智明을 知明으로 풀이하고 있다. 여기서는 이러한 兪說을 따랐다.

166 見善 修然必以自存也 見不善 愀然必以自省也 (修身 22): 『荀子集解』에서는 修然必以自存也의 存도 '살펴본다'는 省의 의미로 풀고 있다.

167 君臣上下 貴賤長幼 至于庶人 莫不以是爲隆正 然後皆內自省 以謹於分 是百王之所以同也 而禮法之樞要也 (王覇 25)

168 김승혜, 1990, p. 246.

스리는 치기(治氣)이다. 여기서 기는 욕구만이 아니라, 일상생활에서의 행동 양식도 모두 가리키는 것이다. 순자는 이러한 치기에 대해 다음과 같이 제시하고 있다.

> 기를 다스리고 마음을 키우는 방법(治氣養心之術)은 혈기가 너무 강하면 조화를 이루어 줌으로써 부드럽게 하고, 생각이 너무 깊이 빠지게 되면 평이하고 곧은 도로써 하나로 통일시켜준다. 용기와 담력이 너무 거세면 인도하고 훈도하여 도와주고, 행동이 지나치게 빠르면 움직임을 묵중하게 하여 조절하도록 해준다. 뜻이 좁고 작으면 넓고 크게 하여 틔워주고, 자기를 지나치게 비하하고 이익을 너무 탐하면 높은 뜻을 갖게 하여 고취시켜준다. 재능이 용렬하면 스승과 좋은 벗을 사귀어 구습을 버리도록 해주고, 지나치게 게으르고 자포자기하면 화와 재난이 닥치리라는 사실을 깨우쳐주며, 지나치게 고지식하여 트이지 못하였으면 예악으로써 통합하도록 해준다. 무릇 치기양심지술은 예에 따르는 것보다 빠른 길이 없고, 스승을 얻어 감화를 받는 것보다 긴요한 일이 없으며, 예를 좋아하여 이에 전일하는 것보다 더 신통한 길이 없는 것이다.[169]

이 인용문에서 "순자는 '치기양심지술'을 논하고 있지만, 여기서는 치기에 중점을 두고, 양심에 대해서는 적극적인 설명이 없다."[170] 따라서 이 인용문은 전적으로 치기의 방법에 대해 논하고 있는 것이다.

---

169 治氣養心之術 血氣剛彊 則柔之以調和 知慮漸深 則一之以易良 勇膽猛戾 則輔之以道順 齊給便利 則節之以動止 狹隘褊小 則廓之以廣大 卑濕重遲貪利 則抗之以高志 庸衆駑散 則刦之以師友 怠慢僄弃 則炤之以禍災 愚款端愨 則合之以禮樂 通之以思索 凡治氣養心之術 莫徑由禮 莫要得師 莫神一好 (修身 27~29): 『荀子集解』에서는 知慮漸深의 漸을 潛으로, 通之以思索을 衍文으로 보고 있다.

170 蔡仁厚, 1984, p. 486.

이 인용문에서 순자가 제시하고 있는 치기의 방법은 예를 통해서 너무 강한 것은 억누르고, 너무 약한 것은 보충해줌으로써(抑强補弱) 조화를 이루도록 하여, 도 곧 예에 합치되도록 하는 것이다. 이렇게 예를 통해 억강보약(抑强補弱)함으로써 조화를 이루어 도에 합치되도록 치기할 수 있는 것은 "예의가 곧 중도"[171]로서, "예란 긴 것을 잘라내어 짧은 것을 이어주고, 남는 것을 덜어내어 부족한 것에 보태주는 체계이어서 〔……〕 올바름을 행하는 아름다움이 크게 이루어지도록 해주기"[172] 때문이다.

이와 같이 예는 중도의 체계이므로, 이에 의해 넘치는 것은 억누르고 모자라는 것은 보충하여, 욕구와 행위의 올바름을 얻도록 하는 일이 곧 치기의 핵심이다. "무릇 사람이 좋아하는 것을 취하려 함에 있어서는 그 취하려 하는 것에 순수하지 않은 것도 끼어오게 마련이고, 싫어하는 것을 버리려 함에 있어서는 그 버리려 하는 것에 나쁜 것만이 아니라 좋은 것도 끼어서 버려지게 마련이므로, 사람은 항상 이를 달아볼 수 있는 저울을 갖추고 있지 않아서는 안 된다"[173]고 순자는 본다. 이러한 저울은 바로 인도의 표준인 예의이다.[174] 예의를 기준으로 하여 욕구와 행위를 지도하고 조절해야 한다는 사실을 순자는 다음과 같이 진술하고 있다.

> 좋아할 만한 것을 보거든 반드시 앞뒤로 그 싫어할 만한 점이 없는지 생각해 보고, 이로울 만한 것을 보거든 반드시 앞뒤로 그 해로움을 끼칠 만한 점이 없

---

171 曷謂中 禮義是也 (儒效 9)

172 禮者斷長續短 損有餘 益不足 〔……〕 而滋成行義之美者也 (禮論 20)

173 凡人之取也 所欲未嘗粹而來也 其去也 所惡未嘗粹而往也 故人無動而不可以不與權俱(正名 24): 『荀子集解』에서는 不可以不與權俱의 不可以를 衍文이라고 본다.

174 人道의 표준인 禮를 저울이라고 표현하는 것은 『荀子』 전체에서 산견된다: 儒效 38(禮者人主之所以爲群臣寸尺尋杖檢式也), 王覇 11(禮之所以正國也 譬之猶衡之於輕重也), 致士 19(禮者節之準也), 解蔽 10(兼陳萬物 而中縣衡焉 〔……〕 何謂衡 曰 道), 正名 25(道者古今之正權也) 등에서 그 예를 찾아볼 수 있다.

> 는지 생각해보아서, 그 득실을 두루 저울질하고 깊이 생각해본 다음, 좋아하거나 싫어하고, 취하거나 버릴 것을 결정해야 한다. 이렇게 하면, 언제나 잘못에 빠지지 않을 것이다.[175]

이렇게 인간의 욕구와 행위는 모두 복합적이어서[176] "도(道)에 따라 욕구를 제어하면(以道制欲) 즐거움이 따를 뿐 혼란스럽지 않으며, 욕구만을 따름으로써 도를 잊게 되면(以欲忘道) 만물에 현혹되어 즐거움이 없어지므로",[177] 인도의 표준인 예의에 따라 욕오(欲惡)와 취사(取舍)의 양단을 함께 고려함으로써, 욕구를 지도하고 조절해야 한다는 것이 순자의 생각인 것이다. 곧 예에 따라 억강보약하는 일은 예에 의해 중도를 취하는 태도를 말하는 것이다.

4) 선진유학사상의 자기통제론 종합

지금까지 『논어』·『맹자』·『순자』 같은 선진유학의 경전을 통해 선진유학자들의 수양론의 대략을 살펴보았다. 공자의 수양론은 자기의 사적인 욕구와 감정을 극복하고 예의 체계로 돌아가는 일이 수양의 핵심이라는 수기론이다. 맹자의 수양론은 마음의 생각하는 기능을 다하여 스스로에게 갖추어져 있는 도덕성의 근거를 명확히 깨달음으로써, 도덕 주체로서의 인식을 명확히 하는 존심론이 핵심이다. 순자의 수양론은 인도의 표준인 예를 인식한 다음, 이에 자세히 통달하여 예의 체계를 체득하는 체도론이 중심이다.

---

175 見其可欲也 則必前後慮其可惡也者 見其可利也 則必前後慮其可害也者 而兼權之 熟計之 然後定其欲惡取舍 如是則常不失陷矣 (不苟 17)

176 김승혜, 1990, p. 246.

177 以道制欲 則樂而不亂 以欲忘道 則惑而不樂(樂論 7)

이러한 선진유학자들의 수양론은 모두 인간의 향악성을 억제 또는 제거하고, 도덕성의 근거를 보존하는 데에 초점을 두고 있다. 공자 · 맹자 · 순자 같은 선진유학자들은 인간의 향악성이 생물체적 이기적 욕구와 사적 감정에서 나온다는 점에 생각이 일치하고 있다. 그러므로 이들의 수양론은 모두 사적 욕구와 감정을 통제하는 일을 근간으로 하고 있으며, 이러한 맥락에서 선진유학자들의 수양론은 곧 자기통제론으로 연결되는 것이다.

이렇게만 보면, 선진유학자들의 수양론이 인간의 억제와 통제에만 초점을 맞추고 있는 것으로 보이기 쉽다. 그러나 선진유학자들의 수양론을 논의할 때는 필히 이들이 인간의 도덕적 지향성과 도덕적 자각을 강조하고 있다는 사실을 염두에 두어야 한다. 인간은 스스로에게 갖추어져 있는 도덕적 지향성을 인식하고, 이를 일상생활에서 키워냄으로써 자기 개선을 이루어, 이상적 인격(군자와 성인)의 상태에 도달할 수 있는 존재라는 것이 이들의 기본 관점인 것이다.

이러한 선진유학자들의 자기통제론은 도덕성과 가변성을 강조하여 인간을 파악하는 그들의 인간관을 그대로 반영하고 있다. 곧 인간은 도덕성의 주체로서 능동적 주체적으로 스스로의 욕구와 감정을 통제하고 조절함으로써, 도덕성의 체계에 맞추어 자기 개선을 이룰 수 있는 존재라고 보는 관점이 그들의 수양론의 배경이 되고 있는 것이다. 여기에서는 선진유학자들의 수양론을 종합하여 정리해보기로 하겠다.

(1) 자기통제의 내용

선진유학자들은 인간이 도덕적 지향성도 갖추고 있지만, 생물체로서의 생존 욕구와 이기적 욕구 및 사적인 감정의 체계도 갖추고 태어난다고 본다. 이러한 사적 욕구와 감정은 인간으로서 없을 수는 없는 것이지만, 이것이 지나치게 되면 여러 가지 폐단을 일으키게 된다는 데서 문제가 생긴다. 더욱이 이러한 생물체적 이기적 욕구의 충족 여부는 외적 조건에 의지하고 있다는 데서 문제는 더욱 심각해진다. 사적 감정도 외적 조건에 의해 유발되는 것으로, 다양한 폐단을 불러일으키는 원천이 되기도 한다. 이러한 욕구와 사적 감정에 휘둘리게 되면, 마음의 올바름을 얻지 못함으로써, 도덕적 지향성을 잃게 되기 쉽다. 그러므로 수양의 핵심은 이러한 욕구와 감정을 통제하는 데로 모두어질 수밖에 없다는 것이 선진유학자들의 견해이다.

공자: 생물체적 이기적 욕구, 자기제시 욕구 및 사적 감정의 통제 공자는 이러한 욕구와 감정을 통제하는 일을 자기를 극복하는 일(克己)이라고 하여, 이에 적극적인 가치를 부여하고 있다. 그에 따르면 극기는 예의 체계로 돌아가는 일(復禮)의 전제로서, 생물체적 존재인 인간이 사회적 존재로 승화하는 근거가 되는 것이다. 곧 공자에게 자기 수양은 생물체적 개체적 존재로 머물기 쉬운 인간이 사회적 존재 특성을 실현할 수 있는 전제 조건인 셈이다.

공자의 극기론에서 특이한 사실은 그가 자기제시의 욕구도 통제해야 할 내용으로 보고 있다는 사실이다. 말로써 자기를 드러내려 하면 모든 일의 책임을 스스로 지려 하기보다는 남에게 책임을 미루려 하기 쉬우므로, 말보다 실천이 선행되어야 한다는 것이 공자의 관점인 것이다.

맹자: 욕구의 절제와 승화 맹자는 생물체적, 감각적, 이기적 욕구의 절제를 수양의 핵심으로 강조하고 있다. 그는 이러한 욕구, 특히 생물체적 욕구와 감각적 욕구는 생존에 필요한 것이어서 모두 없앨 수는 없으므로, 이러한 욕구의 과도한 추구를 줄이는 과욕(寡欲)을 중시한다. 즉, 생존

을 위해 무욕(無欲)할 수는 없으므로, 다욕(多欲)을 절제하는 일이 중요하다는 것이다. 다욕은 본심을 잃게 만드는 요체이기 때문이다.

그는 욕구의 절제에서 한걸음 더 나아가, 도덕적 지향성에 의해 나머지 욕구들을 제어함으로써, 도덕적 지향성이 욕구 추구를 지도하는 욕구의 승화가 이루어져야 한다고 본다. 이렇게 욕구의 승화가 이루어지면, 소욕과 소불욕, 소위와 소불위를 잘 구분하여 사람의 도리를 밝게 인식하는 명도(明道)가 이루어진다는 것이다. 생물체적 이기적 욕구의 절제와 욕구 승화를 통해 도덕적 지향성이 인간 본성 속에 갖추어져 있음을 깨달아, 바랄 것만 바라고 해야 할 일만 행하게 되는 일이 곧 수양의 핵심이라는 것이 맹자의 수양론의 대지이다.

순자: 욕구의 절제와 인도 순자는 욕구의 추구를 절제하는 절욕(節欲)과 욕구가 올바른 방향을 잡도록 인도하는 도욕(道欲)을 수양의 핵심으로 제시하고 있다. 그는 인간이 생물체적 이기적 욕구를 가지고 있다〔有欲〕거나 이러한 욕구가 많다〔多欲〕는 사실은 하등 문제될 것이 없다고 본다. 그러므로 그는 욕구를 모두 없애는 거욕(去欲)이나 욕구를 줄이는 과욕(寡欲)을 수양의 방법으로 제시하지 않는다. 순자는 욕구의 추구가 예의 체계를 벗어나서 절도를 잃는 것이 문제라고 여긴다. 따라서 욕구의 추구를 절제하고, 욕구의 추구가 올바른 방향을 잡도록 인도해주는 일이 수양의 핵심이라는 것이다.

이렇게 욕구의 추구를 절제하고 욕구가 올바르게 방향을 잡도록 인도해주면, 욕구와 감정이 예의 체계 안에서 안정을 취하여 편안하게 되는 정안례(情安禮)가 이루어진다고 순자는 주장한다. 곧 예에 따라 욕구를 바르게 인도함으로써, 예에 비추어 마땅하도록 욕구와 감정을 추구하여 정안례를 이루도록 해야 한다는 주장이 순자의 수양론의 근간인 것이다.

(2) 자기통제의 방법

선진유학자들의 수양론은 사적 욕구와 감정의 절제와 통제를 통해, 도덕 주체로서의 자기 인식이 확고하게 되어 도덕성을 회복하는 일을 수양의 목표라고 본다는 공통점을 가지고 있다. 그들은 예의 체계로 돌아가는 일(공자), 스스로 갖추고 있는 도덕의 근거를 잃지 않고 간직하여 기르는 일(맹자), 예의 체계를 명확히 인식하여 이와 일체를 이루는 일(순자)을 수양의 핵심으로 제시하고 있는 것이다.

이렇게 도덕적 지향성의 인식과 회복을 이룰 수 있는 방법에 대해서도 선진유학자들은 공통성을 보이고 있다. 그 가장 중심적인 방법은 자기를 도덕성의 체계에 비추어 살펴보는 일과 이러한 자기 성찰의 근거로서의 마음을 닦는 일이다.

공자: 자기 성찰과 자기 개선 공자는 예에 의해 자기 몸을 단속함으로써 자기의 행위가 도덕성의 체계에 비추어 어긋나지 않았는지 살펴보는 자기 성찰을 수양의 가장 중요한 방법으로 제시하였다. 그는 이러한 자기 성찰은 사람으로서 지향해야 할 바를 익히는 배움을 전제로 하여 이루어지는 것이라고 보아, 배움을 매우 중시하였다. 배운 바를 매일 익히고 이에 비추어 자기를 돌아보면, 자기의 잘못이 드러나게 된다는 논리였던 것이다. 그리하여 자기의 잘못을 고쳐나감으로써, 같은 잘못을 두 번 다시 범하지 않게 되는 자기 개선을 이루는 일이 공자가 제시하는 수양의 방법이었다.

맹자: 전심치지와 자기 반성 맹자가 제시하는 수양의 핵심적인 방법은 마음의 생각하는 기능을 간직하여 키우는 일이다. 그는 생물체적, 감각적, 이기적 욕구는 외부 사물의 영향을 받는 감각기관의 지배 영역이

고, 도덕적 지향성을 인식하고 실천하는 일은 생각하는 기능을 갖춘 마음의 지배를 받는다는 논리에서, 마음의 생각하는 기능을 키움으로써 감각기관의 지배에서 벗어나는 일이, 욕구를 절제하여 도덕 주체로서의 자기 인식을 확실히 하는 방법의 중핵이라고 보았던 것이다.

이렇게 마음의 생각하는 기능을 키우는 일은, 마음과 뜻을 한결같이 하여, 도덕적 지향성이 자기 자신에게 본유하고 있다는 사실을 깨닫는 일에서 시작된다는 것이 맹자의 주장이다. 그런 다음에, 자기의 행동을 이러한 도덕성의 체계에 비추어 반성하는 일이 뒤따라야 한다. 자기 반성을 통한 자기 개선은 도덕적 자각을 이룬 사람들의 특징인 것이다.

순자: 허일이정과 성실함과 및 억강보약 순자가 수양의 방법으로 제시하는 것은 마음을 기르는 양심(養心)과 혈기와 행동 양식을 다스리는 치기(治氣)이다. 그는 감각기관 같은 육체의 주인은 마음이므로, 이를 잘 길러 혈기를 예의 체계에 맞도록 다스리는 일이 욕구 추구를 절제하고, 욕구가 예에 맞추어 방향을 잡도록 인도하는 첩경이라고 보았다.

순자가 마음을 기르는 양심의 방법으로 제시한 것은 두 가지이다. 그 하나는 마음을 비우고, 하나로 통일시키며, 고요하게 유지하는 일이다. 마음을 이렇게 허일이정의 상태에 두게 되면, 여러 가지를 변별함에서 나오는 제반 폐해에서 벗어나게 되어, 도의 체계인 예를 밝고 자세하게 이해할 수 있게 된다는 것이 순자의 주장이다. 또 하나는 성실함이다. 성실함은 인간만이 아니라 자연의 도로서, 한결같이 성실하게 예의 체계에 비추어 자기를 돌아보아 자기의 잘못을 고쳐나가는 일은, 체득한 도와 일체를 이루는 지름길이 된다는 것이다.

이러한 양심 이외에, 순자는 예의 체계를 기준으로 삼아 자기의 혈기와 행동 양식을 다스림으로써, 중도를 취하는 치기를 수양의 또 한 가지 방법으로 제시하고 있다. 순자가 제시한 치기, 곧 혈기와 행동 양식을 다스리는 일의 요체는 너무 강한 것은 억누르고, 너무 약한 것은 보충해주는 억강보약이다. 이러한 억강보약을 통해 일상생활에서 중도를 취할 수 있게 되고, 그럼으로써 욕구의 올바름을 기약할 수 있게 된다는 것이 순자의 관점이다.

(3) 자기통제의 효과와 목표

이상과 같이, 선진유학자들의 수양론은 모두 자기통제를 그 핵심으로 하고 있다. 공자 · 맹자 · 순자 같은 선진유학자들은 모두 자기의 사적 욕구와 감정을 절제하고 통제함으로써, 도덕적 지향성을 굳건하게 견지하는 일이 바로 수양의 요체라고 보고 있는 것이다. 이렇게 이들은 통제의 대상은 바로 자기 자신이지 외부 대상이 아니라고 여긴다.

이러한 자기통제를 통해 스스로가 갖추고 있는 도덕적 지향성을 올바로 인식하게 되고, 이에 비추어 자기를 성찰하여 봄으로써 자기의 잘못을 고쳐나갈 수 있게 된다는 것이 선진유학자들의 공통적인 주장이다. 이렇게 자기통제의 효과는 곧 자기 개선을 이루는 일로 모두어진다고 할 수 있다. 자기의 욕구와 감정을 통제함으로써 자기 개선을 이루어 도덕적으로 바람직한 사람이 되는 것, 이것이 선진유학자들이 수양론의 체계를 통해 주장하려는 기본 논지인 것이다.

공자: 숭덕 공자는 극기를 통해 자기 개선을 이룸으로써 도덕 주체로서의 자기 인식을 확고히 하고, 덕을 높이고 존숭하는 숭덕에 이르는 일을 수기의 목표로 설정하고 있다. 그에 따르면, 이러한 숭덕은 자기가 갖추고 있는 도덕적 지향성을 다하고 사람들 사이에 신뢰를 쌓는 일(忠信)을 거쳐 이루어진다고 본다. 수기의 방법인 자기 성찰은 곧 스스로의

충신(忠信)을 돌아보는 일이 핵심인 것이다.

맹자: 명도 맹자는 과욕을 통해 인의예지의 도덕성이 스스로에게 본유적으로 갖추어져 있음을 깨닫는 명도를 존심의 목표로 설정하고 있다. 욕구를 절제하는 일을 통해 바라야 할 것과 바라지 말아야 할 것, 해야 할 일과 해서는 안 되는 일을 명확히 인식하게 되면, 일상생활에서 바랄 것만 바라고 할 일만을 행함으로써 자기 개선을 이룰 수 있게 된다는 것이다. 이렇게 이루어진 존심을 자기 반성을 통해 오로지 한결같이 유지함으로써 키워나가야 한다(養性)하는 것이 맹자의 존심 · 양성론의 핵심인 것이다.

순자: 정안례 순자는 절욕과 도욕을 통해 욕구와 감정이 예에 의하여 바르게 방향을 잡아 예 안에서 평안함을 이루는 정안례를 체도의 목표로 잡고 있다. 이렇게 정안례를 이루는 데에는 마음을 비우고 전일하게 하며 고요하게 유지하는 일, 성실하게 마음의 생각하는 기능을 키우는 일, 그리고 자기의 혈기와 행동 양식을 다스려 강한 것은 억누르고 약한 것은 보충해주는 일이 필요하다고 순자는 본다. 이렇게 하여 인도의 표준인 예를 밝게 깨닫고 일상생활에서 실행함으로써 자기 개선을 이루게 되고, 그럼으로써 예 안에서 평안하게 조화를 이룰 수 있게 된다는 것이 순자 체도론의 핵심 주장인 것이다.

2. 현대 서구심리학의 자기조절론

동아시아 집단주의 사회에서는 사적 욕구 및 감정의 억제와 사람들 사이의 연계성과 조화를 강조하는 반면, 서구 개인주의 사회에서는 독립성과 자율성을 신장시킬 수 있는 자기 주장을 적극 권장한다. 이러한 강조점의 차이로부터 '통제'의 의미와 자존심의 근거에 대한 문화 간 차이가 유발된다.[178]

집단주의 사회에서는 타인에의 민감성, 상황의 필요와 요구에의 적응 및 자기 억제와 조절의 노력을 통해 개인적 역량이 체험되므로, 통제란 결국 상호의존성과 연계성을 실현하기 위하여 개인적 욕구와 목표 및 사적 감정 등 내적 속성을 억제하는 것을 의미하게 된다. 따라서 이 사회에서는 이러한 자기 억제와 상황적응성 및 대인관계에서의 조화의 유지가 자존심의 근거가 된다. 앞에서 살펴본 선진유학사상의 수양론에서는 동아시아 사회의 이러한 특징이 잘 반영되어 있다. 곧 선진유학자들에게 있어서 자기통제란 사적 욕구와 감정의 조절과 억제를 의미하는 것이었다.

이와는 반대로, 개인주의 사회에서는 자기의 내적 욕구, 권리 및 능력의 표출과 사회적 압력에 대한 저항의 노력을 통해 개인적 역량이 체험되므로, 통제란 결국 개별성과 자율성을 성취하기 위하여 사회 상황이나 외적 제약을 변화시키는 것을 의미하게 된다. 따라서 이 사회에서는 독특성 · 수월성 · 자기 표현의 유능성 및 외적 제약으로부터의 자유로움이 자존심의 근거가 된다.

이러한 특징은 서구에서 전개된 자기조절에 관한 연구들에 그대로 반영되고 있다. 지금까지 서구에서 제시된 통제에 관한 이론들[179]은 모두 통제를 "환경 세계를 개인의 욕구에 합치되도록 변화시킬 수 있는 능력"이라고 보아왔다. 이러한 이론들에서는 "개인의 욕구에 부합되도록 외부

---

178 Markus & Kitayama, 1991, pp. 228~231.

179 예: Bandura, 1977, 1997; Seligman, 1975 등.

세계를 변화시키기 위한 노력"[180]을 강조하는 입장에서 능동성, 도전 및 저항과 극복 등 외부지향적 행동(outward behaviors)을 중시하고, 수동성, 후퇴 및 순종 등 내부지향적 행동(inward behaviors)을 통제 불능의 상태에서 나오는 병리적 현상이라고 간주해왔던 것이다.[181]

이러한 배경에서 서구의 현대심리학에서는 "자기통제(self-control)란 개인에게도 유익하고 사회적으로도 바람직한 결과를 가져오는 어떤 행동(표적행동)과 그 행동의 실행을 방해하는 요인이 있을 때, 방해요인의 영향을 제어하고 표적행동을 실행하도록 자신을 규제하는 것"[182]이라고 보고 연구를 진행해왔다. 이러한 자기통제 또는 자기조절(self-regulation)에 관한 심리학적 연구들에서는 개인이 설정한 목표 추구 활동의 과정에서 이를 방해하는 혐오 사건이나 방해요인의 영향을 제어함으로써 자기효능감(self-efficacy)을 유지하는 일이 자기통제 또는 자기조절의 핵심이라고 보아왔던 것이다. 즉, 자기통제란 미래에 설정된 목표의 획득으로부터 오는 더 큰 욕구의 충족이나 쾌(快)를 위해 즉각적인 쾌를 추구하려는 욕구나 즉각적인 고통을 회피하려는 욕구를 제어하는 것이라는 입장이 이러한 연구들의 배경이었다. 그 결과 "자기통제에 관한 기존 연구들에서는 자기통제를 증진시키는 원천으로서 행위자 자신에게 돌아가는 보상(물질적 보상 또는 사회적 보상)을 이용하는 패러다임만을 사용하였다."[183] 말하자면, 외적 보상의 크기의 함수로서 표적행동의 유인력이 커지고, 동시에 방해요인의 제어력이 줄어들 것이라는 전제에서, 미래에 설정된 보상의 크기를 크게 함으로써, 표적행동의 유인력을 높이거나 즉각적인 쾌나 고통의

180 Rothbaum, Weisz, & Snyder, 1982, p. 8.

181 Rothbaum, Weisz, & Snyder, 1982; Weisz, Rothbaum, & Blackburn, 1984.

182 정영숙, 1995, p. 86.

183 정영숙, 1994, p. 2.

방해력을 줄이는 등 외적 조건의 조작을 통해 주로 연구해왔던 것이다.

이렇게 서구 사회에서는 통제란 "기본적으로 개인의 내적 속성을 적극적으로 주장함으로써, 결과적으로 공적인 행동과 사회 상황 같은 외적 측면을 변화시키려는 시도"[184]를 의미하는 것이라는 관점에서, 외부 환경을 개인에게 맞추어 변화시킴으로써 개인의 목표를 성취할 수 있는 자기효능감을 높이거나 유지하는 데에 연구의 초점을 두어왔다고 볼 수 있다. 이들에게 효능감이란 "개인이 주어진 목표 획득에 필요한 행위를 조직하고 수행할 수 있는 가능성에 대한 신념"[185]이다. 곧 개인이 갖추고 있는 환경통제력에 대한 신념, 곧 스스로가 통제력의 원천이며, 이를 통해 통제해야 할 대상은 외부 환경이라는 신념이 바로 자기효능감인 것이다. 이러한 자기효능감의 바탕 위에서 스스로가 성취해낼 수 있는 목표를 설정하고, 이를 이루어내기 위해 필요한 인지적인 준비(계획 · 연습 · 책략 선택 등)를 갖추며, 설정한 목표를 이루기 위해 필요한 내용과 현실 사이의 관계를 검토하여 행위나 목표를 수정하거나 지속하는 자기점검과 평가가 상시적으로 이루어지는 과정이 곧 자기통제 또는 자기조절의 과정[186]이라는 것이 서구에서 전개된 자기통제론의 핵심이다.

1) 목표 설정

자기조절에 관한 연구자들은 "자기통제 행동이란 어떤 목표를 달성하기 위해 수행되는 행동"[187]이라는 전제에서 출발한다. 장래에 설정된 목표를 달성함으로써 주어질 물질적 보상이나 사회적 보상이 가져올 쾌락

---

184 Markus & Kitayama, 1991, p. 228.
185 Bandura, 1997, p. 3.
186 Fiske, S. T., & Taylor, S. E., 1991, pp. 195~211; Markus & Wurf, 1987, pp. 307~314.
187 Markus & Wurf, 1987, p. 308.

을 얻기 위해서는, 이를 추구하는 과정에서 개인이 체험하는 고통과 표적행동을 수행하는 과정에서 만나는 여러 가지 유혹 및 충동을 이겨내야 한다. 그러나 여러 종류의 방해요인들로 인해 장차 바람직한 결과를 가져오는 표적행동을 실행하지 못하는 경우가 많은 것이 사실이다. 이러한 방해요인들이 강하게 작용하는 상황 속에서도 표적행동을 실행하는 것이 곧 자기통제라는 주장이 자기조절 연구자들의 공통적인 논점이다. 이러한 연구들에서는 "행위자가 고통을 겪더라도 그 고통을 참아내고서 표적행동을 꾸준히 실행하는 것,[188] 수행해야 할 어떤 일보다 더 재미있는 유혹물이 있더라도 그 유혹을 물리치고서 표적행동을 수행하는 것,[189] 그리고 즉각적으로 충족하고 싶은 욕구가 각성되었을 때에라도 적절한 시기가 될 때까지 그 만족을 지연하는 것[190]은 행위자가 자기를 통제하는 것으로 간주한다."[191]

이와 같이 자기조절이론가들이 말하는 자기통제란 방해요인을 제어하고 표적행동을 계속 실행하는 것을 의미한다. 이러한 자기통제를 증진시키는 방안으로 제시되어온 대표적인 것은 표적행동을 실행한 후에 발생할 바람직한 결과에 주목하게 하는 것이었다. "빌헬름 분트와 더불어 현대 과학적 심리학의 공동 창시자로 간주될 만한 윌리엄 제임스"[192]는 일찍이 "의지가 전적으로 '자발적'일 때, 이것이 이루어내는 핵심적 성과는 하기 힘든 대상에 주목하여 그 대상을 마음에 꽉 붙잡아두는 것이다. [……] 따라서 주의하려는 노력이 의지의 본질적 현상"[193]이라고 말한 바

---

188 Kanfer & Goldfoot, 1966.

189 Patterson & Mischel, 1976.

190 Mischel, 1983.

191 정영숙, 1994, p. 3.

192 민경환, 2002, p. 322.

193 James, 1890/1950, Vol. 2, pp. 561~562. (정양은 역, 2005, 『심리학의 원리 3』, p. 2220.)

있는데, 이것은 자기통제를 촉진시키는 방안으로서 표적행동의 실행 후에 발생할 결과에 주목하는 일의 중요성을 지적한 것이다. "제임스의 이러한 착상에는 표적행동을 실행하도록 유인하는 측면을 부각시키면, 개인은 방해요인을 제어하여 표적행동을 실행하도록 동기화될 것이라는 전제가 깔려 있다."[194] 이렇게 외적인 표적행동의 유인가를 높임으로써 자기통제를 증진시키려는 것이 곧 목표 설정이 지향하는 바인 것이다.

(1) 목표 설정의 효과

현대심리학에서 목표 설정이 자기통제 과정에 미치는 효과에 대해 집중적으로 탐색하고 있는 사람은 로크(E. A. Locke)[195]이다. 로크의 '목표설정이론'(goal-setting theory)은 "다른 동물과 달리 인간의 경우에는 목적을 지니고 행동하기 때문에 대부분의 인간 행동이 목표와 의도에 의해서 결정된다고 가정한다. 그러므로 개인이 의도적으로 설정한 목표의 난이도 수준에 따라서 동기 수준이 달라진다고 주장한다."[196] 그러니까 이 이론의 골자는 설정 목표의 난이도 수준이며, 그에 따라 목표 추구의 동기 수준이 달라진다는 것이다.

'목표설정이론'의 기본 가설은 장차 실현하기를 바라는 바람직한 상태인 목표를 매우 높고 구체적으로 설정할수록, 목표가 아예 없거나, 낮은 목표를 설정하거나, 그저 최선을 다하라는 식으로 애매한 목표를 설정할 때보다 목표를 추구하는 행동의 동기 수준이 높아진다는 것이다. 이렇게 목표를 높고 구체적으로 설정함으로써 표적행동의 외적인 유인가를 높이

---

194 정영숙, 1994, p. 7.

195 Locke, 1968, 1991; Locke, & Latham, 1990: Locke의 목표설정이론에 대해서는 한덕웅 (1985, pp. 607~658; 1994, pp. 366~386; 2004, pp. 223~234) 참조.

196 한덕웅, 2004, p. 223.

면, 자동적으로 이를 달성하려는 동기가 높아진다는 것이 이 이론의 핵심이다. 곧 외적 유인가의 조작을 통해 이를 달성하려는 동기를 끌어올릴 수 있다는 것이 이 이론의 기본 전제인 것이다.

이와 같이 목표 설정의 효과가 목표 추구 행동의 동기화에 있다면, 높고 구체적인 목표는 어떠한 심리적 기제를 통해 개인의 동기를 끌어올리는가? 이에 대해 로크는 네 가지 기제를 제시하고 있다.[197] 첫째는 활동의 방향 설정이다. 설정된 목표는 주의를 기울일 대상과 활동의 방향을 결정한다. 둘째는 활동의 활성화이다. 설정된 목표는 신체적 정신적 에너지를 써서 열심히 노력하게 만든다. 셋째는 활동의 지속성이다. 설정된 목표는 시간적으로 오랫동안 노력을 계속 투입하도록 한다. 넷째는 활동의 책략 강구이다. 설정된 목표는 목표를 설정한 사람으로 하여금 목표 달성을 위해 사용할 수 있는 적절한 책략을 강구하도록 동기화시킨다. 목표 설정은 이 네 가지 기제를 통해 목표 추구 활동의 동기 수준을 높이게 된다는 것이다. 이때 목표 수준이 구체적이고 높아질수록 활동의 방향이 명확해지고, 활성 수준이 높아지며, 지속적으로 목표에 매달리게 되고, 이의 달성에 필요한 적절한 책략을 강구하기가 쉬워지기 때문에, 목표 수준이 애매하거나 낮을 때보다 동기 수준이 높아지게 된다는 것이 '목표설정이론'의 주장이다.

"로크의 이론이 자기조절 과정과 관련해서 중요한 시사점을 제공하는 이유는 목표가 설정된 후에 작동하는 자기조절 과정이 제안되어 있기 때문이다."[198] 이 이론에서는 목표의 수행 결과가 환류(還流, feedback)되어 목표와 수행 사이에 차이가 작으면, 자기 수행에 대해 만족하게 되어 목

---

197 Locke, Shaw, K. N., Saari, & Latham, 1981, p. 145.
198 한덕웅, 1994, p. 369.

표와 수행이 유지되거나 목표를 더 높여 잡게 되지만, 환류 결과 목표와 수행 사이에 차이가 크면 자기 수행 결과에 대해 불만족하게 된다고 가정한다. 이렇게 되면, 개인의 자기효능성 수준에 따라 수행의 개선이 이루어지거나(높은 자기효능성의 경우) 이루어지지 않는다(낮은 자기효능성의 경우)는 것이다.[199] 이와 같이 목표의 설정은 이를 달성하려는 동기 수준을 높여 목표 추구 활동을 강하게 지속적으로 수행하게 할 뿐만 아니라, 목표와 수행 결과를 상시 점검하게 하는 효과도 갖는다는 것이 이 이론이 주장하는 요지이다.

(2) 목표 선택의 요인

자기조절이론가들은 모두 개인이 설정된 목표의 달성을 위해 자기통제 행동을 수행한다는 사실에는 동의하지만, 어떠한 요인들이 이러한 목표의 선택에 영향을 미치는가 하는 점에 대해서는 의견이 분분하다. 그러나 그들은 대체로 기대, 욕구 · 동기 · 가치 같은 정동적(情動的) 요인 및 개인이 바라는 자기개념이 목표 선택 과정에서 중요한 영향을 미친다는 사실에는 의견을 같이하고 있다.[200]

기대 자기 자신과 과제에 대한 다양한 기대(expectations)가 개인의 목표 선택의 결정 요인으로 제시되어왔으나, 그 가운데 자기의 능력에 대한 기대, 효능감에 대한 기대 및 특정 행동을 수행하였을 때 얻게 될 성과

199 Locke, & Latham, 1990, p. 202. (한덕웅, 1994, p. 369의 그림 3~4를 재해석함)

200 Markus & Wurf, 1987, pp. 308~310: 여기서 '情動的 요인'은 affective factors를 우리말로 옮긴 것이다. 보통 이는 '감정적 요인'으로 옮기는 것이 상례이나, 여기서는 情的인 요인보다는 욕구(needs), 동기(motives), 가치(values) 같은 행동 촉발 또는 행동 동원의 성격이 강한 요인들을 지칭하는 것이어서, 이렇게 옮겼다.

에 대한 기대가 가장 주목을 받아온 요인들이다.

능력기대는 개인이 설정될 목표를 수행할 수 있는 능력을 보유하고 있다고 하는 기대이다. "목표 설정에서는 개인이 목표를 달성하거나 혹은 최소한 목표에 접근할 능력을 지닌다는 사실을 전제로 한다. (……) 만약에 수행을 높이는 일이 개인이 지니고 있는 능력의 한계를 넘는 것이라면, 노력을 더 쏟더라도 과제 수행이 그만큼 더 좋아지지는 않을 것이다."[201] 그러므로 일반적으로 사람들은 자기들이 성취할 능력을 가지고 있다는 기대의 범위 안에서 목표를 선택하게 될 것이다.

개인이 자기 자신과 타인 및 상황을 통제할 힘을 가지고 있다는 기대가 효능감기대이다. 자기효능감 신념이란 "특정 성과를 이루어낼 수 있는 개인의 능력과 관련된 고도로 특수한 통제 관련 신념으로서, 자기효능감을 강하게 지각할수록 개인은 과제를 수행하고 지속하려는 노력을 더 많이 하게 된다."[202] 사람들은 자기 행위를 통해 바라는 효과를 얻을 수 있다고 믿지 않으면, 행위를 하려는 유혹을 느끼지 않는다. "효능감기대는 행위의 주요 근거이며, 사람들의 삶은 이러한 개인적 효능감 신념에 의해 주도되는 것이다."[203] 그러므로 사람들이 자기의 통제력의 범위 안에서 목표를 선택하게 된다는 사실은 자명한 일이다.

통제 관련 기대는 목표 획득을 방해하는 요인이 갖고 있는 혐오성을 감소시키는 장면에서 특히 위력을 발휘한다. 즉, 이러한 효능감기대는 부적 사건이 가져올 혐오성을 감소시킬 구체적인 행동을 취할 수 있는 행동통제(behaviof control), 혐오 사건을 다르게 해석하거나 혐오 상황의 해롭지 않은 측면에 주의를 기울일 수 있는 인지통제(cognitive control), 혐오 사건

201 한덕웅, 1985, pp. 623~624.

202 Fiske, S. T., & Taylor, S. E., 1991, p. 198.

203 Bandura, 1997, p. 3.

의 시작이나 종류에 관한 결정을 하는 결정통제(decision control), 혐오 사건의 성격에 관한 정보를 수집하는 정보통제(information control), 이미 벌어졌던 사건의 재발을 통제할 수 있다고 믿는 회고적 통제(retrospective control), 행동과 사고를 환경의 힘에 맡겨버리는 이차통제(secondary control)를 통해 혐오 사건으로부터 개인을 보호하게 되는 것이다.[204] 이 중에서 행동통제, 인지통제, 결정통제, 정보통제, 회고적 통제 등 대부분의 통제는 모두 환경(예: 혐오 사건)을 개인의 원망(願望)에 맞추어 변화시키려는 시도들이다. 그러므로 효능감기대는 자기통제의 두 측면[205]인 표적행동의 실행과 방해요인의 제어 모두에 영향을 미치는 강력한 요인인 것이다.

성과기대는 특정 행동을 수행함으로써 자기가 원하는 성과, 곧 물질적 보상이나 사회적 보상을 얻을 수 있을 것이라는 기대이다. 능력기대와 효능감기대가 개인 내적 요인이라면, 성과기대는 장래에 설정될 목표 자체가 갖는 유인가에 대한 외적 기대이다. 설정될 목표의 유인가가 크고 구체적일수록 목표로 선택될 가능성이 커지는 것이다. 이와 같은 기대들—자기가 선택한 과제를 수행할 수 있는 능력에 대한 기대, 자기가 스스로나 타인 또는 상황을 통제할 수 있다는 자기효능감에 대한 기대, 자기 행위를 통해 바라는 성과를 얻을 수 있을 것이라는 기대—이 함께 작용하여 개인의 목표 선택 과정에서 중요한 영향을 미치게 되는 것이다.

정동적 요인 욕구 · 동기 · 가치 같은 정동적 요인들이 목표 선택 과정에 영향을 미치는 것으로 밝혀져왔다. 이 중에서 욕구는 개인과 환경 사이의 상호작용을 촉발하는 유기체 내적 동인을 말하는 것이다.[206] 이는

---

204 Fiske, S. T., & Taylor, S. E., 1991, pp. 197~204.
205 정영숙, 1994, pp. 3~9.
206 Nuttin, 1984.

상당히 넓은 범위로 확산되는 일반적인 생득적 흥분 상태로서, 활동의 동원을 위해 필요하기는 하지만, 그 충족의 여부는 개인의 가치, 경험 및 자기개념에 의해 결정된다.[207]

동기는 욕구보다는 특수한 것으로, 특정한 방향성을 갖는 학습된 행동의 동인이다. 이와 같이 동기는 일반적이고 확산적인 흥분 상태인 욕구와는 달리 특수하게 방향성을 갖는다는 점에서, 이를 '경로화된 욕구'(channelized needs)라고 부를 수 있다. 이렇게 방향 지워지고 개인화된 동기는 개인의 목표 설정 활동을 구체적인 의도와 계획으로 전환시킨다.[208]

가치는 동기보다 더 특수한 동인이다. 동기가 무의식적이어서 자동적이고 자발적인 행동과 관련되어 있다면, 가치는 의식적이어서 수행할 행동의 선택과 관련되어 있다. 가치는 동기화된 행동이 취할 방향을 결정하는 역할을 하는 것이다.[209] 예를 들면, 높은 수준의 유군동기(motive for affiliation)를 갖고 있지만 동시에 고독에 가치를 두고 있는 사람은, 직접 사람들과 어울리려 하기보다는 아는 사람들에게 편지를 쓰는 데 많은 시간을 보내는 경향이 있다.[210] 이처럼 가치는 동기보다 더 특수하고 구체적인 행동의 선택에 영향을 미치는 것이다.

이러한 일반적 흥분 상태인 욕구, 학습된 방향성을 갖는 동기, 구체적인 방향을 결정짓는 가치는 앞에서 진술한 기대 및 다음에 기술할 자기개념과 상호작용하여, 개인이 추구할 특정 목표를 선택하는 데 영향을 미친다. 이들 정동적 요인들은 특히 개인이 보유하고 있는 다양한 자기개념 가운데 어떤 것이 행동 수행 과정에서 작동하게 될 것인지 하는 데 영향

207 Markus & Wurf, 1987, p. 309.

208 Nuttin, 1984. (Franken, 1998, p. 401; Markus & Wurf, 1987, p. 309 참조)

209 McClelland, 1985, pp. 815~817.

210 Constantian, 1981. (McClelland, 1985, pp. 817~818에서 재인용)

을 미친다. 즉, 정동적 요인들은 다양한 자기개념 가운데 현 순간에 특출하게 의식화되어 개인의 행동을 주도하는 '작동적 자기개념'(working self-concept)의 구체화와 활성화에 영향을 미치는 것이다.[211]

자기개념 심리학 연구의 대상으로 '자기'(self)의 개념을 가장 먼저 소개한 윌리엄 제임스에 따르면, "자기란 개인이 자신의 것이라고 부를 수 있는 모든 것들의 총합"[212]이다. 제임스의 시원적인 연구 이후, '자기'에 관한 연구는 심리학에서 부침을 거듭하다가, 그 심리적 중요성[213]이 인정되면서 "오늘날 사회, 성격, 임상심리학 등 심리학의 여러 분야에서 가장 활발히 연구가 이루어지는 주제 중의 하나이다." 현대심리학에서 '자기'에 관한 연구는 인본주의 심리학, 정신역동이론 등 다양한 분야에서 접근하여왔으나, 성격 및 사회심리학에서 인지 혁명의 영향을 받아 '자기'가 정보처리에 미치는 영향을 강조하는 "사회인지적 '자기' 개념이 오늘날 '자기' 연구의 주류"[214]를 이루고 있다.

사회인지적 관점에서는 '자기'의 정보처리적 속성을 강조한다. 이 분야의 가장 활발한 연구자의 한 사람인 마커스(H. R. Markus)는 '자기'는 자신과 사람들에 대한 정보를 처리하는 과정에서 사물에 대한 지식구조인 도식(schma)과 같은 역할을 한다고 보아, '자기도식'(self-schma)의 개념을 제안하였다. 그녀에 따르면, "자기도식은 과거 경험으로부터 유도된 자신에 관한 인지적 일반화로서, 자신과 관련된 정보의 처리를 조직하고 인도

---

211 Markus & Kunda, 1986; Markus & Nurius, 1986.

212 James, 1890/1950, Vol. 1, p. 291. (정양은 역, 2005, 『심리학의 원리 1』, p. 526.)

213 Pervin(1996)에 따르면, 심리학에서 '자기'의 중요성은, 사람들의 경험 세계의 주된 부분이라는 점, 세상을 해석하는 양식을 반영한다는 점, 그리고 다양한 기능들에 통일성을 부여한다는 점들에서 찾아볼 수 있다.

214 민경환, 2002, pp. 321, 322.

한다."[215] 그 결과 '자기도식'과 일치하는 정보는 더 쉽게 지각되고, 기억되며, '자기도식' 관련 행동은 더 정확하게 예측되는 등 자신에 관한 정보처리의 모든 과정에 영향을 미치는 것이다.[216]

자기통제 및 목표 설정과 관련하여 자기개념이 가지는 중요성은 "자기개념이 그 자체 동기의 중요한 원천이 된다"[217]는 사실이다. 자기개념의 동기적 속성에 관한 연구는 매우 다양하지만,[218] 긍정적인 자기개념을 갖는 것이 인간의 삶의 과정에서 매우 중요하다는 사실에 대해서는 대체로 일치되는 입장을 보이고 있다. 그러므로 개인은 목표 선택 과정에서 긍정적인 자기개념을 유지하거나 이를 고양시키는 데 도움이 되는 목표를 선택하게 된다는 것이다.

2) 목표 수행 활동을 위한 인지적 준비

자기통제 과정에서 목표 설정 다음의 단계는 목표 달성을 위한 계획과

---

215 Markus, 1977, p. 63.

216 자신과 관련된 정보처리의 전 과정에서 '자기도식'이 미치는 효과에 관한 연구들의 개관은 Fiske, S. T.와 Taylor, S. E.(1991, pp. 182~189) 참조.

217 Markus & Wurf, 1987, p. 310: 자기개념이 개인 내 및 개인 간 과정에 미치는 영향에 관해서는 Markus와 Wurf(1987, pp. 315~329) 참조.

218 자기개념의 동기적 속성에 관한 연구는 대체로 세 가지 방향에서 이루어지고 있다. 그 하나는 미래에 설정된 자기상(自己像)을 달성하려는 동기적 속성을 강조하는 연구이다. Schlenker의 '자기정체화이론'(self-identification theory)과 Markus의 '가능한 자기이론'(theory of possible selves) 같은 것이 이 계열에 속한다. 또 하나는 자기개념의 여러 측면 사이의 차이를 해소하려는 동기적 속성을 강조하는 연구이다. Higgins의 '자기괴리이론'(self-discrepancy theory), Duval과 Wicklund의 '객관적 자기인식이론'(theory of objective self-awareness) 같은 것이 이 계열에 속한다. 나머지는 자기개념이 가지는 일반적인 행동유발자로서의 동기적 속성을 강조하는 연구이다. 이러한 동기적 속성으로는 '정확성 욕구'(need for accuracy), '자기고양 욕구'(need for self-enhancement) 및 '일관성 욕구'(need for consistency)가 많이 연구되고 있다. 이러한 연구들의 개관을 위해서는 민경환(2002, pp. 320~357), 한덕웅(1994, pp. 303~403, 407~500; 2004, pp. 282~292, 325~343), Fiske, S. T.와 Taylor, S. E.(1991, pp. 180~242) 및 Markus와 Wurf(1987)를 참조할 것.

책략 선택의 단계이다. 이 단계에서 작용하는 인지 과정은, 목표 획득에 필요한 절차적 지식(procedural knowledge) 또는 책략에 대해 개인이 보유하고 있는 목록과, 어떤 책략이 어떠한 경우에 그리고 어떠한 목표를 달성하는 데 효율적이라는 사실에 대한 초인지적 지식(metacognitive knowledge)을 동원하는 것이다.[219]

목표를 달성하기 위해 효율적인 행동 책략을 선택하기 위해서는 개인이 적절한 책략들의 목록을 보유하고 있어야 한다. 즉각적으로 이용할 수 있는 책략의 목록은 적절한 상황에서 자동적으로 수행되고, 또한 특정한 사건의 지식구조와 연계되는 '사건도식'(script)과 같은 절차적 지식의 형태를 띤다.[220] "사건도식이란 사건들이 일관성 있게 시간에 따라서 이루어지는 시계열에 대해서 개인이 지니는 기대를 말한다. (……) 개인이 달성하려는 행동의 목표 설정과 관련지어 볼 때 사건도식이 중요한 이유는, 목표지향 행동의 실행에서 이 사건도식이 행동을 실행하는 동안에 발생하는 절차 지식이거나 혹은 반응의 지침이 될 수 있기 때문이다. (……) 이 도식은 사건의 인식과 행동적 사건의 실행을 나타내기 위해서 사용되는 개념이므로, 계획 수준에서 행동의 기준을 마련하게 된다."[221] 초인지적 지식은 목표를 달성하기 위해 어떠한 행동이 효율적일는지를 계획하기 위해 사용되는데, 아무런 절차적 지식이 없거나 개인이 의식적으로 자신의 행동을 변경하려는 경우에는 이러한 초인지적 지식을 활용하여 하위 수준의 책략들을 결합함으로써 새로운 계획을 세울 수 있다.[222]

이러한 인지적 준비는 앞 단계에서 설정된 목표를 달성하는 데로 효율

---

219 Flavell, 1979; Mischel, 1981; Sternberg, 1984.

220 Abelson, 1976; Schank & Abelson, 1977.

221 한덕웅, 2004, pp. 280~281.

222 Markus & Wurf, 1987, pp. 310~311.

적으로 집중되어야 한다. 그러기 위해서는 목표 달성을 위해 선택되는 책략이 개인의 자기개념을 증진시키거나, 자기개념의 정확성과 일관성을 유지하는 데 도움이 되는 것이어야 한다. 이렇게 선택되는 책략은 개인의 상황통제력 안에 있는 것이기 때문에, 표적행동의 실행과 방해요인의 제어에 모두 효율적인 방략이 되는 것이다.

기본적으로 "자기통제가 필요한 상황이란 방해요인들이 표적행동의 실행을 방해하고 있는 상황이다. 그러므로 개인이 자신을 통제하고 설정한 목표를 달성하려면, 표적행동을 실행한 후 발생할 바람직한 결과에 관심을 가지고 있어야 할 뿐만 아니라, 방해요인들의 영향을 제어할 수 있도록 자신의 생각이나 정서 또는 행동을 규제할 수 있어야 한다."[223] 이렇게 보면, 목표 수행을 위한 인지적 준비는 우선 표적행동의 실행 후에 얻게 될 물질적 사회적 보상에 주의를 기울여 이를 계속 행동의 동인으로 삼는 것과, 방해요인의 유혹을 제어하고 지속적으로 표적행동의 수행을 위해 노력하는 것의 두 가지로 집약할 수 있다.

현대심리학의 창시자의 한 사람인 윌리엄 제임스는 "미래의 목표를 추구하고, 목표에 도달하는 수단을 선택하는 것이 정신이 있다는 표지이자 준거"[224]라고 하여, 목표 설정과 추구 및 이를 위한 책략의 강구와 선택이 동물과 다른 인간만의 특징임을 밝히고 있다. 그는 이러한 사실을 "목적을 지향하여 수단을 선택한 것으로 보이는 행동을 제외하고는, 그 어떤 행동도 틀림없는 정신의 표출이라고 말할 수 있는 행동은 없다"[225]고 강조하고 있기도 하다. 이러한 관점을 그가 내린 심리학의 정의, 곧 "심리학은 정신생활을 다루는 과학(Science of Mental Life)이며, 정신생활에 나타나

223 정영숙, 1994, pp. 1~2.

224 James, 1890/1950, Vol. 1, p. 8. (정양은 역, 2005, 『심리학의 원리 1』, p. 27.)

225 James, 1890/1950, Vol. 1, p. 11. (정양은 역, 2005, 『심리학의 원리 1』, p. 32.)

는 현상과 조건들을 연구하는 학문"[226]이라는 사실과 결부시켜보면, 목표를 설정하고 이를 달성하기 위해 여러 가지 책략을 선택하는 과정에 관한 탐구는 현대 서구심리학의 가장 중핵적인 연구 내용을 형성해왔다고 볼 수 있을 것이다.

3) 목표 수행 활동의 점검과 평가

추구해야 할 유인가 높은 외적 목표가 설정되고, 이의 달성을 위한 적절한 책략이 선택되고 나면, 실제로 이를 동원해서 목표 추구 활동을 수행해야 한다. 이러한 목표 추구 활동의 과정에서 개인은 스스로의 활동이 설정한 목표를 달성하는 데 얼마나 적절한지를 상시로 점검하고 평가해 보게 되는데, 이것이 바로 자기통제 또는 자기조절의 과정이다.

이러한 목표 수행 활동의 점검과 평가, 곧 "자기조절은 개인의 주의가 내부의 자기에게로 지향되느냐 아니면 외부의 환경 세계로 지향되느냐 하는 데 따라 달라진다."[227] 초기의 연구들에서는 개인이 자기 자신에게 주의를 기울일수록 상황 속에서의 자기 자신을 인과(因果)의 원천으로 인식하게 되고, 따라서 이는 인과의 적절한 정보를 점화(點火, priming)시키기가 더 쉽기 때문에 목표 수행 활동의 점검과 평가를 더 효율적으로 하게 만든다고 가정하였다.[228] 그러나 머지않아 환경에 주의를 기울이느냐 아니면 자기에게 주의를 기울이느냐 하는 구분이 그리 큰 의미가 없다는 관점이 제기되었다. 그 까닭은 주의는 항상 유동적이어서 환경과 자기 사이에서 수시로 변화하기 때문이라는 사실, 그리고 외부 자극이 개인 내부로 주의를 기울이게 하는 경우도 많다는 사실이 밝혀졌기 때문이다.[229]

---

226 James, 1890/1950, Vol. 1, p. 1. (정양은 역, 2005, 『심리학의 원리 1』, p. 15.)
227 Fiske, S. T., & Taylor, S. E., 1991, p. 204.
228 Fenigstein & Levine, 1984.

이렇게 보면, 목표 수행의 점검과 평가 과정에서 순전히 자기 내부로만 주의를 기울일 수도 없고, 또 순전히 외부 환경에만 주의를 기울일 수도 없음이 분명해진다. 자기조절 과정에서 개인의 주의는 설정된 목표와 이를 추구하는 자기의 상호작용으로 결정된다고 볼 수 있다. 그러므로 자기조절 과정에서 주의의 문제는 전적으로 개인 내부로 집중되느냐 아니면 환경 세계로 집중되느냐 하는 문제가 아니라, 행위자인 자기의 속성 또는 내용들에 자기조절의 비중이 더 주어지느냐 아니면 추구되는 목표의 달성 과정에 더 비중이 주어지느냐 하는 것이다.

(1) 자기초점적 자기조절

개인이 스스로에 대해서 가지고 있는 자기개념은 다양한 측면 또는 내용으로 구성되어 있다. 이러한 자기의 내용은 크게 현재의 실제적인 자기를 나타내는 부분과 미래의 바람직한 이상으로 설정한 부분으로 나눌 수 있다.[230] 개인이 가지고 있는 이러한 다양한 측면의 자기개념은 그 자체 여러 가지 동기적 속성을 유발하여 개인의 자기조절 과정에 영향을 미치게 된다. 자기개념이 자기조절 과정에 미치는 동기적 속성은 미래의 성과를 정확하게 예측하고 통제하기 위해 자기의 능력을 정확하게 평가하고자 하는 정확성의 욕구,[231] 긍정적인 자기개념을 가지고자 하는 자기고양의 욕구,[232] 및 자기개념의 일관성과 안정성을 유지하고자 하는 일관성의 욕구[233] 등을 들 수 있다. 이러한 동기들은 개인의 자기조절 과정에 영향

---

229 Carver, 1979; Carver & Scheier, 1981. (Fiske, S. T., & Taylor, S. E., 1991, pp. 204~211 참조.)

230 Markus & Wurf, 1987, pp. 302~304.

231 Trope, 1979, 1983.

232 Taylor, S. E., & Brown, 1988; Tesser, 1988.

233 Backman, 1988; Swann, 1983.

을 미쳐, 자기의 바람직한 측면은 증진시키고, 바람직하지 못한 측면은 회피하도록 만든다.[234]

이러한 자기초점적 자기조절 과정에 관한 연구들은 개인이 될 수 있거나, 되고 싶은 이상적 자기상을 추구하는 동기적 속성이 자기조절 과정에 미치는 영향을 강조하는 연구들과, 자기개념의 여러 측면 사이에 개재하는 차이를 해소하려는 동기적 속성이 자기조절 과정에 미치는 영향을 강조하는 연구들로 나누어볼 수 있다. 전자의 대표적인 연구로는 마커스의 '가능한 자기이론'[235]과 쉴렌커(B. R. Schlenker)의 '자기정체화이론'[236]을 들 수 있고, 후자의 대표적인 연구로는 히긴스(E. T. Higgins)의 '자기괴리이론'[237]과 두발(T. S. Duval)과 위크룬드(R. A. Wicklund)의 '객관적 자기인식이론'[238]을 들 수 있다. 여기서는 '가능한 자기이론'과 '자기괴리이론'을 중심으로 자기초점적 자기조절 과정을 살펴보기로 하겠다.

가능한 자기이론 　마커스와 누리우스(P. Nurius)[239]는 자기체계의 미래지향적인 성분을 '가능한 자기'(possible self)라고 부르고 있다. 이는 개인이 되고자 하거나 그렇게 될까봐 걱정하는 자기의 미래적 모습을 가리킨다. '가능한 자기'는 미래 상태의 자기에 대한 특수한 표상으로서, 그렇기 때문에 이는 개인이 설정하는 목표의 세분화와 실현 과정에서 중요한 연계 역할을 한다.

---

234 Baumeister, 1998, pp. 687~694; Fiske, S. T., & Taylor, S. E., 1991, pp. 211~226.

235 Markus & Nurius, 1986; Markus, Cross, & Wurf, 1990; Markus & Ruvolvo, 1989; Wurf & Markus, 1991.

236 Schlenker, 1985; Schlenker & Weigold, 1989.

237 Higgins, 1987, 1989.

238 Duval & Wicklund, 1972; Wicklund, 1975.

239 Markus & Nurius, 1986.

"가능한 자기는 개인이 바라거나 바라지 않는 최종 상태인 미래의 자기상을 제공해줌으로써, 개인의 장래 행동에 대한 유인 자극으로 작용하며, 또한 현재의 자기를 평가하거나 해석하는 준거를 제공하는 역할도 수행한다."[240] 따라서 '가능한 자기'는 추구해야 할 분명한 목표의 선택, 이를 추구하는 활동의 조직화, 그리고 이에 대한 지속적인 주의를 유발함으로써, 자기조절 과정에서 중요한 동기적 기능을 수행하게 된다. 개인은 바람직한, 그리하여 그렇게 되고자 하는 가능 자기를 목표로 설정하여 추구하지만, 바람직하지 않은, 그리하여 그렇게 될까봐 걱정하는 가능 자기를 회피하려 노력하게 된다는 것이다.[241]

자기괴리이론 히긴스는 자기개념을 '실제 자기'(actual self)와 '이상 자기'(ideal self) 그리고 '당위 자기'(ought self)의 세 측면으로 나누었다. '실제 자기'는 개인이 실제로 가지고 있다고 생각하는 속성들의 표상이다. '이상 자기'는 개인이 그렇게 되고 싶은 자기의 모습을 반영한다. 곧 이는 개인에 대해서 지니는 희망, 소망 또는 포부들의 표상이다. '당위 자기'는 개인이 그렇게 되어야 한다고 믿는 자기의 모습으로, 개인이 지녀야 하거나 반드시 지녀야 할 의무가 있다고 믿는 속성들의 표상이다.

이러한 세 측면의 자기개념은 개인이 스스로에 대해 지니고 있는 것과 부모와 친구 같은 중요한 타인이 개인에 대해 지니고 있는 것의 두 유형으로 나뉜다. 따라서 '실제 자기'에 대한 자신의 관점과 타인의 관점, '이상 자기'에 대한 자신의 관점과 타인의 관점, 그리고 '당위 자기'에 대한 자신의 관점과 타인의 관점이 있을 수 있다.

---

240 Markus & Wurf, 1987, p. 302.

241 이 이론에 관해서는 한덕웅(1994, pp. 471~482; 2004, pp. 328~332) 및 Fiske, S. T.와 Taylor, S. E.(1991, pp. 189~191) 참조.

이 중에서 '실제 자기'는 개인이 현실적으로 지니고 있는 자기개념을 구성하는 것이다. 이에 비해 '이상 자기'와 '당위 자기'는 개인 스스로가 그렇게 되고 싶어 하거나 주변 사람들이 그렇게 되기를 바라는 개인의 모습(이상 자기)이거나, 개인 스스로 그렇게 되어야 한다는 의무를 느끼거나 또는 주변 사람들이 마땅히 그렇게 되어야 한다고 믿는 개인의 모습(당위 자기)을 나타낸다. 그러므로 '이상 자기'와 '당위 자기'는 개인에게 있어 '자기 안내' 또는 '자기 지침'(self-guides)으로 작용한다.

자기괴리이론은 '실제 자기'와 '자기 지침' 사이에 차이가 있으면, 이는 심리적 불편감(감정적 반응)을 유발하여, 개인으로 하여금 이를 제거하려는 동기를 유발시킨다고 가정한다. 곧 '실제 자기'와 '자기 지침' 사이의 차이를 제거하려는 동기가 자기조절의 원천이 된다는 것이다.

'실제 자기'와 '이상 자기' 사이의 차이(AI 괴리)는 실망 · 불만족 · 슬픔 같은 '낙담 관련 정서'(dejection-related emotions)를 유발한다. 이에 비해 '실제 자기'와 '당위 자기' 사이에 차이(AO 괴리)가 있을 때는 공포 · 위협 · 불안정 · 불안 같은 '흥분 관련 정서'(agitation-related emotions)가 유발된다. "아마도 전자의 경우 희망이나 바람이나 이상이 성취되지 못했기 때문에 슬픔에 취약하게 된 것이고, 후자의 경우 의무를 수행하지 못한 데 대한 처벌의 위협 때문에 불안에 취약하게 된 것으로 보인다."[242]

자기괴리이론에서는 '실제 자기'와 '자기 지침' 사이의 차이로부터 나오는 이러한 심리적 불편감은, 이를 해소하고 '실제 자기'를 '자기 지침'과 일치시키려는 동기를 유발할 뿐만 아니라, 이러한 자기조절 과정에서 이루어지는 진전 수준을 평가하거나 점검하게 하는 정보처리 과정을 일으키게 한다고 가정한다. 이러한 자기 평가 또는 점검 과정은 '실제 자

242 민경환, 2002, p. 349.

기'와 '자기 지침' 사이의 차이 감소 정도를 환류시켜줌으로써 자기조절 과정에 기여하게 된다는 것이다.[243]

(2) 목표 달성 과정에 초점을 맞춘 자기조절

목표를 달성하기 위한 활동을 수행하면서 자신이 하는 활동이 목표를 달성하는 데에 얼마나 효율적일지에 관심을 기울이게 되면, 설정된 목표에 비추어 자기 행동을 점검하고 평가하는 자기조절 과정이 자동적으로 작동된다. 그것이 긍정적인 것이든 부정적인 것이든 간에 표준이 주어지면, 사람들은 자동적으로 자기의 행동을 이 표준과 비교하여 적절하게 조절하게 되는 것이다. 이때 외적으로 설정된 유인가 높은 목표나 이상적으로 설정해놓은 자기상이 표준으로 작용한다. 사람들은 이러한 표준에 맞추기 위해 자신의 행동을 조정하고, 이렇게 조정된 행동을 이상적인 표준과 비교해보아, 자신의 행동이 표준에 맞는지 아니면 그렇지 못한지를 결정하게 된다는 것이다.

삼 단계 순환 과정 목표 추구 활동이 목표 달성에 얼마나 효율적인지에 관심을 기울이게 되면, '자기 행동의 점검 → 자기 행동의 효율성에 대한 판단 → 자기에 대한 평가 또는 강화'라는 삼 단계의 자기조절 순환 과정이 작동된다는 것이 목표 달성 과정에 초점을 맞추는 자기조절이론들의 기본 가정이다. 이러한 관점은 많은 연구자들이 제안하여왔으나, 초기에 이러한 연구의 서막을 연 사람으로는 반두라(A. Bandura)와 칸퍼(F. H. Kanfer)를 들 수 있다.[244]

243 이 이론에 관해서는 민경환(2002, pp. 348~351), 한덕웅(1994, pp. 483~493; 2004, pp. 334~343) 및 Fiske, S. T.와 Taylor, S. E.(1991, pp. 191~192) 참조.

244 Bandura, 1978, 1991; Kanfer, 1970, 1990.

그들은 자기점검(self-monitoring) 단계에서 사람들은 행동의 질과 빈도 등 다양한 측면에서 자기 행동에 대해 주의를 기울인다고 가정한다. 그리고서 이렇게 관찰된 행동을 자신 또는 중요한 타인이 설정한 표준(목표)과 비교하여, 그 적합성 또는 효율성을 판단하게 된다. 마지막으로 개인은 자신의 행동이 이러한 표준에 비추어보아 효율적이라고 평가되면 스스로의 적합성을 인정하거나 기타 여러 가지 유형의 보상을 통해 강화하게 되지만, 그렇지 못하게 되면 스스로를 비난하는 등으로 처벌을 하게 된다는 것이다. 이들의 이론에서는 이 마지막 단계에서의 자기강화가 목표 추구 행동의 자기조절이 이루어지는 원천으로 작용한다고 본다.[245]

이렇게 이들의 이론에서 "자기조절이 이루어지는 기능들은 시계열로 볼 때 차례대로, ① 자신의 행동, 행동 결정 요인 및 행동의 효과를 스스로 점검하며 환류하는 자기 관찰 기능, ② 자신의 행동을 개인이 설정한 기준 환경의 상황과의 관계에서 판단하는 기능, 및 ③ 이 판단에 따른 자기 반응 기능의 세 가지이다."[246] 그들은 이러한 과정들이 의식적으로 진행되며, 이러한 삼 단계의 의식적인 순환 과정을 통해 개인은 목표의 달성을 위해 효율적으로 자기의 행동을 조정할 수 있게 된다고 보고 있는 것이다.[247]

인공두뇌적 자기조절이론 컴퓨터 정보처리 모형에 입각하여 정보처리 과정에서의 '환류 과정'(feedback process)에 초점을 맞추어 이러한 순환 모형적 자기조절 과정을 확장하고 있는 것이 카버(C. S. Carver)와 샤이어(M. F. Scheier)의 '인공두뇌적 자기조절이론'(cybernetic theory of self-

245 Markus & Wurf, 1987, p. 311~312.

246 한덕웅, 1994, p. 336.

247 Bandura의 자기조절이론의 자세한 내용은 한덕웅(1994, pp. 329~340) 참조.

regulation)[248]이다. 곧 "그들은 순환적 환류 과정에 기초하여 자기조절의 통제이론(control theory of self-regulation)을 제시하고 있는 것이다."[249]

이 이론에 따르면, 목표가 설정되어 달성해야 할 표준에 주의를 기울이게 되면, 자기의 행동과 이 표준을 비교하게 되고, 이때 양자 사이에 차이가 지각되면 그 차이 정보가 목표 수행 활동에 환류됨으로써, 이에 따른 감정적 반응과 이러한 차이를 해소하려는 동기가 유발되어, 자기 행동을 표준에 맞추어 조정하는 자기통제가 이루어진다는 것이다. 이러한 과정을 '환류 과정'이라고 하는데, 사람들은 표준에 일치하거나 또는 도저히 이에 맞출 수 없어 포기할 때까지 행동을 점검하고 평가하며 조정하는 환류 과정을 지속한다는 것이다. 목표 달성 과정에 주의를 기울여 목표와 행동 사이의 차이가 지각되면, 이러한 일련의 '환류 고리'(feedback loop)가 작동하게 된다는 것이 '인공두뇌적 자기조절이론'의 골자이다.[250]

이 분야의 초기 이론에서는 실내 온도 조절장치와 같은 '자동제어장치'(automatic control-system) 곧 "기계 체계의 작동 과정에 착안하여 행동의 조절이 이루어지는 과정을 다루었다."[251] 예를 들어, 실내 온도 조절장치에 표준(예: 섭씨 28도)을 설정해놓고 작동시키면, 현재의 실내 온도(예: 섭씨 23도)와의 차이가 감지되고, 이 차이가 온도 조절장치에 환류되면, 표준에 도달할 때까지 보일러를 작동시킴으로써, 실내 온도를 설정된 표준에 합치되도록 만든다. 인간의 자기조절 과정도 이와 마찬가지라는 것이 이 이론의 전제이다. 곧 '표준(목표) 상태에의 주의 → 자기 행동의 점검 및 표준과의 차이 지각 → 차이 정보 환류 → 차이 감소를 위한 동기 유발

---

248 Carver & Scheier, 1981, 1982, 1990; Scheier & Carver, 1988.

249 Markus & Wurf, 1987, p. 312.

250 Fiske, S. T., & Taylor, S. E., 1991, p. 207.

251 한덕웅, 2004, p. 272; Fiske, S. T., & Taylor, S. E., 1991, pp. 207~208.

→ 행동의 변화'의 순환 과정이 목표 달성이 이루어질 때까지 자동적으로 진행된다는 것이다.[252]

이 이론은 앞에서 제시된 반두라 및 칸퍼의 순환 과정 모형과 논리적인 구조가 유사하지만, 세 가지 점에서 근본적인 차이를 보인다.[253] 첫째, 반두라와 칸퍼는 단일 행동에 대한 자기조절 과정을 다루고 있지만, 이 이론은 자기조절 과정의 상호연관적인 위계를 설정함으로써, 세부적인 행동 같은 하위 위계의 행동으로부터 자기증진 같은 고차적인 위계의 행동에 이르기까지 전 범위에 걸친 자기조절의 과정을 다루고 있다. 이 이론에서는 자극의 강도, 감각, 형상화, 변환, 관계, 시계열적 순서, 계획 및 원리 같은 8단계 목표 및 통제위계를 설정하고, 각 단계마다 상호연관적으로 '환류 고리'가 작동한다고 보는 것이다.

둘째, 반두라와 칸퍼는 의식적인 수준의 자기조절에 대해서만 다루고 있지만, 이 이론은 행동의 의식적 통제뿐만 아니라, 비의식적 및 자동적 과정의 자기조절까지를 모두 다루고 있다. 인공두뇌적 자기조절이론에서는 목표위계 및 통제위계의 가정을 통해 행동의 감각적 방출 같은 하위 위계의 자기조절로부터 이상적인 자기상의 확립 같은 고차 위계의 자기조절까지를 모두 포괄함으로써, 비의식적이거나 자동적으로 이루어지는 행동의 '환류 고리'도 다루게 되는 것이다.

셋째, 반두라와 칸퍼는 자기조절 과정의 성공에 핵심적인 요소는 자기강화라고 보지만, 이 이론에서는 자기조절 노력의 핵심적인 결정 요소는 자기강화에 의한 보상이 아니라, 표준과 현재의 행동 사이의 차이에 대한 정보라고 본다. 반두라와 칸퍼는 설정된 목표 자체가 자기조절 과정을 작

---

252 이 이론에 대해서는 한덕웅(1994, pp. 341~365; 2004, pp. 271~292) 참조.
253 Markus & Wurf, 1987, p. 312.

동시키는 동기적 속성을 가진다고 보아, 자기의 행동이 이 목표에 근접했을 때 개인이 느끼는 긍정적 감정이나 이 목표의 달성으로 인해 얻게 될 보상에 대한 기대가 자기조절의 근본적인 원천으로 작용한다고 여긴다. 그러나 인공두뇌적 자기조절이론에서는 개인 행동에 대한 환류, 곧 자기 행동과 표준 사이의 차이에 대한 정보가 자기조절을 위한 동기와 정서의 원천이 된다고 보고 있다. 곧 반두라와 칸퍼는 설정된 목표가 갖는 동기적 속성을 강조함으로써 행동주의적 관점을 드러내고 있는 반면에, 카버와 샤이어의 이론은 환류되는 차이 정보 자체가 갖는 동기적 속성을 강조함으로써 정보처리적 관점을 드러내고 있는 것이다.

4) 현대 서구심리학의 자기조절론 종합

이상에서 현대 서구심리학에서 이루어진 자기통제에 관한 연구들을 살펴보았다. 이러한 연구들에서는 환경과 개인을 서로 대립하는 실체로 개념화하고, 개인이 환경 세계를 자기의 욕구에 합치하도록 변화시킬 수 있는 능력을 통제력의 원천이라고 보는 전제를 배경에 깔고 있다. 서구인들은 변화시켜야 할 대상은 외부 환경 세계이며, 개인은 이러한 환경 통제를 통해 자기 발전을 이룰 수 있다고 보아 왔다. 곧 서구인들은 개인의 내적 속성의 주장을 강조하고, 환경 세계를 변화시켜 내적 속성의 증진을 꾀하려는 노력을 강조하는 입장에서 자기통제의 문제에 접근해왔던 것이다.

서구 사회에서 이렇게 외부 환경을 변화시켜 개인에게 맞추는 것을 통제라고 보는 관점을 지니게 된 데에는 그들의 기독교적 전통에 기인하는 바가 크다. 기독교는 신과 개인 사이의 계약을 신앙의 근거로 삼는다. 특히 종교개혁 이후에는 이러한 종교적 개인주의가 개신교 신앙의 근거가 되고 있다. 기독교에서는 환경을 이용하여 인간의 복지에 활용하는 것을 신의 소명으로 받아들인다. 그러므로 "기독교도들은 세계를 변화시키려는 열망을 지니고 있는 것으로 알려져 있다. 이러한 열망이 굶주린 사람들에게 먹을 것을 제공하고, 쉴 곳 없는 사람들에게 쉼터를 제공하거나, 정의를 증진시키는 형태를 띤다면, 아무도 이에 대해 반대하지 않을 것이다. 그러나 역사적으로 이러한 열정이 종종 광신의 형태를 띠어, 세계를 물리적 군사적인 방법으로 변화시키려 해왔다는 데 문제의 심각성이 있다고 많은 사람들이 지적하고 있다. 오늘날에도 또한 스스로를 헌신적인 기독교도라고 공언하는 미국의 많은 기독교도들이 가장 군사주의적인 태도를 보유하고 있다는 증거가 있다."[254]

이러한 맥락에서 서구에서 이루어진 자기조절에 관한 연구들이 주로 외적 자극의 유인가의 조작을 통해 자기통제 과정에 관한 연구를 수행해왔던 배경을 찾아볼 수 있다. 이들은 "자기통제란 개인에게도 유익하고 사회적으로도 바람직한 결과를 가져오는 어떤 행동(표적행동)과 그 행동의 실행을 방해하는 요인이 있을 때, 방해요인의 영향을 제어하고 표적행동을 하도록 자신을 규제하는 것"[255]이라는 관점에서, 표적행동의 유인가를 높임으로써 방해요인의 제어력을 감소시키려는 전략을 통해 자기통제의 문제에 접근해왔던 것이다.

이렇게 표적행동의 유인가를 높이려는 전략이 곧 목표 설정의 방안이다. 곧 달성해야 할 목표를 외부에 높고 구체적으로 설정함으로써 자기통제의 동기를 높이려 했던 것이다. 목표설정이론에서는 설정되는 목표가 구체적일수록, 그리고 그 유인가가 클수록 방해요인을 제어하려는 동기 수준이 강해져서, 결과적으로 표적행동의 수행 수준이 높아지게 된다고 가정하고 있는 것이다. 이러한 연구들에서는 "표적행동의 실행을 이끄는

254 Weisz et al., 1984, p. 966.
255 정영숙, 1995, p. 86.

유인물로서 행위자에게 주어지는 물질적 보상이나 사회적 보상만을 사용하였다."[256] 즉, 환경 세계에서 주어지는 물질적 사회적 보상의 획득이 개인이 자기를 통제하고 표적행동을 실행하는 목적이라는 것이 이러한 연구들의 기본 가정이었던 것이다.

서구의 자기조절에 관한 연구들이 모두 외적 유인가의 설정에만 초점을 맞추었던 것은 아니다. 그들은 달성해야 할 목표를 '가능한 자기'나 '이상적 자기' 또는 '당위적 자기'같이 자기의 미래상으로 설정하고 연구를 진행하기도 하였다. 그러나 이러한 자기의 미래상도 외적으로 설정된 유인가 높은 목표와 마찬가지로 '실제적 자기'의 제어를 위한 동기적 기능을 갖는다는 것이 이들의 공통적인 관점이다. 이러한 미래적 자기상의 핵심적 속성은 외부 환경 세계에 대한 개인의 통제력에 대한 신념, 곧 자기효능감 신념의 증진이다.

이러한 자기효능감이 중요한 이유는 이를 근거로 해서 외부 환경 세계를 개인의 목표에 합치하도록 변화시킬 수 있기 때문이다. 외적으로 설정된 목표는 자기효능감에 기초한 자기 선택적 성취를 근거로 해서 달성될 수 있다. 그러므로 바람직한 자기의 미래상에 도달하려는 근본적인 목적은 외부 환경에 대한 통제력을 높임으로써, 외적으로 설정된 목표의 달성으로 얻게 될 물질적 사회적 보상을 획득하기 쉽게 하려는 데 있다고도 추론해볼 수 있다. 이러한 추론에 기대어보면, 자기의 속성과 관련된 자기조절 연구도 외적 목표 설정 방안의 연구와 같은 논리적 근거를 갖고 있는 것으로 생각해볼 수 있을 것이다. 이렇게 현대 서구심리학에서 전개된 자기조절 연구들에서는, 미래에 설정된 목표를 추구하는 과정에서 방해요인을 제어하고 자기를 통제하는 근본적인 목적을 이러한 과정을 통

256 정영숙, 1994, p. 9.

해 얻게 될 물질적 사회적 보상의 획득에 두고 있는 것이다.

3. 동 · 서 자기통제론의 비교

지금까지 동아시아 집단주의 사회의 핵심적인 자기통제론을 그 사상적 바탕이 되어온 선진유학자들의 수양론(공자의 수기론, 맹자의 존심 · 양성론, 순자의 체도론)을 중심으로 하여 고찰해본 다음, 서구 개인주의 사회의 지배적인 자기통제론을 목표설정이론, 가능한 자기이론, 자기괴리이론, 인공두뇌적 자기조절이론 등을 중심으로 하여 살펴보았다. 앞에서 논술한 바와 같이, 두 문화권에서 제시되고 있는 자기통제론 사이의 가장 커다란 차이는 이 두 문화권에서 규정하는 통제의 개념이 서로 다르다는 사실에서 도출되는 것이었다.

이러한 동 · 서 자기통제론은 두 지역인들이 인간 존재를 파악하는 기본 관점과 밀접하게 관련되어 있을 것이라고 볼 수 있다. 개인 존재를 상호 연관적인 관계 속의 존재로 보아 사람들 사이 또는 주변 환경과의 조화 유지를 강조하느냐, 아니면 자유와 통제력을 갖추고 있는 개체적인 존재로 보아 독립성과 자율성을 강조하느냐에 따라, 통제력의 원천과 통제 대상에 대한 관점이 달라질 것이기 때문이다. 이러한 맥락에서 여기에서는 우선 동아시아 유학사상과 서구 자유주의에서 인간 존재를 파악하는 관점의 차이가 그들의 자기통제론에 어떻게 반영되어 있는지를 확인해보고, 이어서 이를 기초로 지금까지 고찰해온 동 · 서 자기통제론의 차이와 이를 배경으로 하여 도출되는 새로운 심리학의 연구 문제를 살펴보기로 하겠다.

1) 동 · 서의 인간관과 자기통제론의 관계

유학사상에서는 사회성 · 도덕성 · 가소성을 기반으로 하여 인간 존재를 이해하려 한다. 인간을 개체적 존재라기보다는 사회적 존재라고 규정하는 것이 유학자들의 특징이다. 인간은 부자 · 군신 · 부부 · 형제 · 붕우 사이의 관계 속에서 태어나서, 이러한 관계 속에서 살다가, 관계 속에서 죽어가는 존재로서, 이러한 관계를 떠나서는 인간의 존재 의의를 찾을 수 없다는 것이 이들의 관점이다. 이와 같이 인간을 사회관계 속에서 바라보므로, 개인을 이러한 관계 속에 내재한 '의무 · 역할 · 배려의 복합체'로 인식하고, 사람들 사이의 연계성과 조화성의 추구를 강조한다.

이렇게 인간 존재를 '사회적 관계체'로 인식하는 관점으로부터 도덕성을 근간으로 인간을 파악하려는 입장이 나오게 된다. 도덕성이란 기본적으로 다른 사람에 대한 관심과 배려를 근간으로 하는 심성의 체계이기 때문이다. 그리하여 유학자들은 '능동적 도덕체'로서의 개인을 '덕성 주체'로 인식하고, 다른 사람에 대한 관심과 배려를 스스로에 대한 관심과 배려보다 앞세우는 일을 중시한다. 이러한 배경에서 유학자들은 자기의 사적인 욕구나 감정의 표출과 추구는 사회관계의 조화를 해치기 쉽다고 보아, 이를 억제하고 조절하는 삶의 태도를 강조한다.

사회성과 도덕성을 근간으로 하여 인간을 파악하는 유학자들의 관점은 곧바로 인간의 가소성을 중시하는 입장으로 이어진다. 인간은 관계를 맺고 있는 다른 사람들에 대한 관심과 배려의 체계인 도덕성의 기초(인 · 의 · 예 · 지 등)를 본유적으로 갖추고 있는 존재로서, 스스로에게 갖추어져 있는 도덕성의 기초를 주체적으로 자각하여 이상적 인간의 상태(군자 · 성인)에 이를 수 있는 '무한한 가능체'라는 것이 유학자들의 관점인 것이다. 이러한 맥락에서 유학자들은 개인을 '가변적 과정적 존재'로 인식하므로, 삶의 과정에서 가변성과 자기 개선을 강조하게 되는 것이다.

이러한 유학사상의 인간 이해의 관점으로부터 수양론으로 전개되고 있는 유학자들의 자기통제론의 특징이 그대로 유도된다. 공자는 수기론에서 개인의 사적인 욕구와 감정을 극복하는 극기를 통해 자기 개선을 이룸으로써, 도덕 주체로서의 자기 인식을 확고히 하고 덕을 높이는 숭덕에 이르는 일을 수양의 핵심으로 잡고 있다. 곧 수양의 목표는 자기 욕구와 감정의 통제를 통해 자기 개선을 이루는 일에 있다는 것이 공자의 견해이다. 맹자는 존심 · 양성의 수양론에서 욕구를 줄이는 과욕을 통해 인의예지 같은 도덕성이 자기에게 본유적으로 갖추어져 있음을 깨닫는 명도에 이르는 일을 수양의 핵심으로 잡고 있다. 그는 욕구의 절제를 통해 소욕과 소불욕, 소위와 소불위를 명확히 구분하게 됨으로써, 자기 개선이 이루어질 수 있다고 보고, 이를 존심 · 양성의 목표로 설정하고 있는 것이다. 순자는 체도론에서 욕구의 추구를 절제하는 절욕과 욕구 자체를 도덕적인 방향으로 인도하는 도욕을 통해, 욕구와 감정이 예에 의해 바르게 방향을 잡아 예 안에서 편안함을 이루는 정안례를 이루는 일을 수양의 핵심으로 잡고 있다. 이러한 과정을 거쳐 자기 개선을 이룸으로써, 예 안에서 평안하게 조화를 이루는 일이 순자의 체도론의 목표이다.

이러한 유학사상의 수양론에서는 모두 통제력의 근거를 도덕적 주체로서 개인이 갖추고 있는 도덕적 자각에서 찾아, 자기 자신의 욕구나 감정을 억제하는 것을 통제의 핵심이라고 보고 있다. 즉, 환경 세계를 나에게 맞추어 변화시키는 대신, 자기 자신을 다른 사람이나 상황에 맞추어 변화시키는 것을 통제라고 보는 것이 유학자들의 기본 관점인 것이다. 그들은 이러한 자기통제의 목적은 자기의 사적 욕구와 감정의 절제를 통한 자기 개선에 있다고 본다.

이와 같은 유학사상의 자기통제론은 사회성 · 도덕성 · 가소성을 기반으로 하여 인간을 파악하려는 유학사상의 기본 입장으로부터 직접적으로 도출되는 것이다. 인간은 사회관계 속의 존재로서 다른 사람들과 조화로운 관계를 유지해야 하고(사회성), 그러기 위해서는 조화를 해칠 가능성이 큰 자기의 욕구와 감정을 억제하고 조절할 필요가 있으며(도덕성), 이를 통해 자기의 단점을 찾아 고치는 자기 개선을 이루어 숭덕과 명도 및 정안례라는 수양의 목표를 달성할 수 있을 것(가소성)이라는 것이 유학자들의 자기통제론의 요지이다. 이렇게 인간 존재의 사회성을 중시하는 유학자들의 입장은 자기통제의 논리적 배경(사회관계의 조화 유지)을 형성하고, 도덕성을 중시하는 관점은 자기통제의 대상(자기의 사적인 욕구와 감정)을 제시하며, 가소성을 중시하는 견해는 자기통제를 거쳐 이루려는 목표(자기 개선)를 규정하고 있는 것이다.

이에 비해, 서구 개인주의의 배경인 자유주의의 체계에서는 개체성 · 합리성 · 실체성을 기반으로 하여 인간 존재를 이해하려 한다. 자유주의자들은 인간의 사회적 특성보다는 개체로서 지닌 독립성을 통해 인간 이해의 문제에 접근하여, 독립된 개체로서 지닌 자유와 권리를 존중한다. 그들은 개인을 '자유의 보유자'로 인식하는 것이다. 그러므로 그들은 사회행위의 목표를 개체로서 지닌 독특성의 확대와 자율성의 신장에서 찾는다.

개인 존재를 덕성 주체로 이해하는 유학자들과는 달리, 자유주의자들은 인간의 합리성을 중시하는 관점에서 이러한 합리성의 원천인 이성을 존중하는 입장을 보인다. 곧 그들은 개인을 '이성 주체'로 인식하는 것이다. 개인은 이러한 이성의 합리적인 계산 능력을 통해, 자기의 욕구를 적극적으로 추구함으로써 자기의 이익을 최대화하려 노력하며, 자기의 사적 감정도 적극적으로 표출하려 한다. 자유주의자들은 이러한 자기 이익의 추구와 적극적인 자기 주장을 자유의 보유자인 이성 주체의 당연한 권리라고 여겨 강조하는 것이다.

또한 자유주의자들은 인간이란 본래부터 완성적 실체로 태어난다고 여긴다. 인간은 태어날 때부터 고정되고 안정된 능력과 여러 특성들을 갖추고 있으며, 이러한 능력과 제반 특성들은 성장하면서 거의 변화되지 않고 일관적으로 유지된다는 것이다. 이렇게 '안정적 실체'로 개인을 이해하므로, 자유주의자들은 안정성과 일관성을 강조하는 경향을 띠며, 개인이 보유하고 있는 내적 속성들은 일관되는 안정성을 가지는 것으로 받아들인다.

이렇게 개체성 · 합리성 · 실체성을 기반으로 하여 인간을 이해함으로써, 개체로서 지닌 자율성과 독특성, 자기 이익 추구와 적극적인 자기 주장, 그리고 사회행위와 그 원천이 되는 제반 능력의 일관성과 안정성을 강조하는 자유주의자들의 관점으로부터 서구심리학에서 전개된 자기통제론의 특징들이 자연스럽게 도출된다.

현대 서구심리학에서 전개된 자기통제론은 다양하지만, 환경 세계를 개인의 욕구에 합치되도록 변화시키는 것을 통제의 본질이라고 본다는 점에서는 견해가 일치하고 있다. 즉, 이들은 자기와 환경 세계 중에서 변화시키고 통제해야 할 것은 자신이 아니라 환경 세계라고 보는 것이다. '자유의 보유자'로서 개인은 자율적인 합리적 선택 능력을 갖는 존재이고, 따라서 모든 통제력의 원천이 자유의 보유자이면서 '이성의 주체'인 개인에게 있다고 보는 입장에서 보면, 이렇게 통제력의 원천을 자기에게서, 그리고 통제의 대상을 외부 환경 세계에서 찾는 것은 당연한 논리적인 귀결인 것이다.

서구에서 전개된 자기통제론들에서는 자기조절의 목표를 외적 유인물을 획득함으로써 얻게 될 물질적 사회적 보상의 획득이나 자기효능감(환경통제력)의 신장에서 찾고 있는데, 이러한 관점도 '자유의 보유자'와 '이성 주체' 그리고 '안정적 실체'로 개인 존재를 파악하는 자유주의의 입장으로부터 자연스럽게 도출되는 것이다. 이성 주체로서 개인은 합리적으로 자기에게 가장 이익이 되고 적합한 행동을 선택해서 수행할 자유와 권리를 갖추고 있을 뿐만 아니라, 외부 환경 세계를 통제할 수 있는 능력을 안정적 일관적으로 갖추고 있으며, 이를 적극 추구할 권리도 보유하고 있는 존재이기 때문에, 외적 유인물의 수행으로 인한 보상의 획득과 환경통제력의 신장을 자기조절의 목적으로 삼는 것도 논리적으로 당연한 귀결이라고 할 수 있는 것이다.

2) 자기통제론의 동 · 서 대비

위에서 살펴보았듯이, 인간을 이해하는 관점의 동 · 서 차이로부터 필연적으로 통제의 의미에 대한 두 문화권의 차이가 유발된다. 유학사상에서는 인간을 사회성 · 도덕성 · 가소성을 중심으로 하여 이해함으로써, "동아시아인들에게 통제란 자기 자신을 다양한 대인적 상황에 맞추어 조정하는 것을 의미한다. 따라서 통제력의 주도적 행사는 일차적으로 자기의 내부로 지향하여, 사회관계의 조화로운 평형 상태를 해칠 가능성이 있는 개인적 원망(願望)과 목표 및 사적 감정 같은 내적 속성을 억제하는 데로 집중된다." 그러나 자유주의사상에서는 인간을 개체성 · 합리성 · 실체성을 중심으로 하여 이해함으로써, "통제에 대한 서구인들의 관념은 일차적으로 자기 내적 속성의 적극적인 주장과 결과적으로 사회 상황 같은 외부 환경적 측면을 변화시키려는 시도를 의미하는 것이다."[257] 곧 동아시아인들에게 통제는 자기 자신을 환경 조건에 맞추어 변화시키는 것을 의미하는 반면, 서구인들에게 통제는 외부 환경 조건을 자기에게 맞추어 변화시키는 것을 의미하는 것이다. 이러한 통제에 대한 개념 규정의 차이

---

257 Markus & Kitayama, 1991, p. 228.

는 그들의 자기통제론의 차이로 그대로 나타나고 있다.

유학사상에서는 통제력의 근거를 도덕 주체로서의 자기에 대한 확고한 인식에서 찾는다. 스스로에게 도덕성의 근거가 본유적으로 갖추어져 있으므로, 자기가 모든 일의 주체이고, 이러한 사실을 분명하게 깨달아〔自得〕 모든 책임을 자기 자신에게서 구하려 함으로써〔反求諸己〕, 사회적인 책임까지도 스스로 떠맡으려는 자세〔自任〕를 견지하는 데서 통제력의 근거를 찾으려 하는 것이 유학사상의 특징인 것이다.

통제력의 근거를 이렇게 도덕적 자기 인식에서 찾으므로, 이들에게서 통제해야 할 대상은 도덕성의 실현, 곧 타인과 사회에 대한 관심과 배려의 실천을 방해할 가능성이 있는 자기의 사적 욕구와 감정이라는 관점이 자연스럽게 도출된다. 즉, 개인적이고 이기적인 욕구와 감정을 통제해야 할 일차적인 대상으로 삼게 된다. 이러한 사적 욕구와 감정을 이겨내거나〔克己〕 줄이거나〔寡欲〕 그 추구를 절제하여, 욕구와 감정이 올바른 방향을 잡도록 인도해야〔節欲 · 道欲〕 한다는 것이다.

이러한 자기통제를 통해 자기 개선을 이룸으로써, 덕을 높이고 존숭하거나〔崇德〕, 바라야 할 일만을 바라고 해야 할 일만을 행하거나〔明道〕, 예 안에서 평안함을 이루는〔情安禮〕 등 자기통제의 최종 목적이 달성될 수 있게 된다. 이러한 자기통제의 과정에서는 성실하게〔誠〕 마음을 비우고 전일하고 고요하게 유지함으로써〔虛壹而靜〕, 자기 욕구와 감정의 억제와 조절이 제대로 이루어지고 있는지를 항상 살펴보고 돌아보는 일〔省察 · 反身 · 參己〕이 중요하다.

이와는 대조적으로, 현대 서구심리학에서 전개된 자기통제론들에서는 통제력의 근거를 개인의 자기효능감 신념 같은 개인이 갖추고 있는 통제 관련 능력에서 찾는다. 여기서 통제 관련 신념들은 표적행동의 실행을 방해하는 외적 요인의 영향력을 제어함으로써 표적행동을 지속적으로 실행하는 개인의 능력에 대한 신념을 말한다. 이러한 통제 관련 신념은 성격이나 지능 같은 개인의 내적 속성의 하나로서, 개인의 '자기개념'과 함께 발달하는 것이다. 곧 "신생아는 '자기'에 관한 인식이 없이 태어나지만, 환경과의 상호작용을 통해 '자기'에 대한 인식이 사회적으로 구성되어진다. 따라서 개인적 주도성(통제력)에 대한 인식도 주변에서 벌어지는 사건들 사이의 인과 관계의 지각과 자기 행위를 통한 인과 연쇄의 이해를 통해 자기 스스로가 원인행위자(causal agent)라는 사실을 인식하는 데까지 점진적으로 발달해간다."[258]

이와 같이 서구인들이 볼 때 통제 능력은 자기 행동을 통해 외부 사물에 작용을 가함으로써, 외부 환경의 변화를 유발할 수 있다는 신념을 근거로 하여 발달하는 것이다. 그러므로 이들에게 있어서 통제란 외부 대상에 대한 제어를 의미하는 것이다. 곧 외부 환경 세계를 변화시켜 자기의 의도에 맞게 변화시키는 것이 통제이다. 이렇게 서구인들은 통제의 대상을 환경 세계라고 보며, 따라서 통제력은 환경통제력을 의미하는 것이다. 즉, 환경의 영향을 제어하여 개인이 목표한 표적행동의 실행을 지속하는 것이 통제의 내용인 것이다.

이러한 환경 통제를 통해 개인은 표적행동의 달성을 통해 얻게 될 물질적 사회적 보상을 얻으려 한다. 그리고 이러한 과정을 통해 자기의 통제 관련 신념을 강화하게 된다. 곧 환경의 방해요인을 제어하고 표적행동의 실행력을 높임으로써, 표적행동의 성취로부터 얻게 될 물질적 사회적 보상을 추구하고, 이러한 과정에서 자기효능감에 대한 신념을 신장시키는 것이 자기조절의 목적으로 등장하게 되는 것이다.

서구의 자기통제론에서 이러한 자기조절의 목적을 달성하는 방안으로

---

258 Bandura, 1997, p. 164: 자기효능감의 발달에 관해서는 Bandura(1997, pp. 162~211) 참조.

제시되어온 대표적인 방안은 추구할 목표의 유인가를 높이는 것이다. 즉, 표적행동의 성취가 가져올 보상의 크기를 구체적이고도 높게 설정하여 표적행동의 실행을 위한 동기 수준을 강하게 촉발함으로써, 자기가 보유하고 있는 환경통제력을 강화하려고 한다. 이렇게 서구인들은 환경 세계의 유인가를 조작하는 것이 자기의 환경통제력을 신장함으로써, 이를 통해 얻게 될 물질적 사회적 보상을 효율적으로 획득하는 방안이라고 생각해왔던 것이다.

지금까지 논의한 현대 서구심리학과 유학사상의 자기통제론의 특징적인 차이를 알기 쉽게 정리하면, 다음 표와 같다.

〈표 5〉 자기통제론의 동 · 서 대비

구분	서구심리학	선진유학
통제의 의미	환경 세계를 자기에게 맞추어 변화시키는 것(환경통제)	자기를 환경 세계에 맞추어 변화시키는 것(자기통제)
통제력의 근거	환경통제능력(자기효능감)에 대한 신념	도덕 주체로서의 자기 인식
통제의 대상	환경 세계	자기의 욕구와 감정
통제의 내용	방해요인의 제어	극기 · 과욕 · 절욕 · 도욕
통제의 목적	• 목표달성으로 얻게 될 물질적 사회적 보상 획득 • 자기효능감의 신장	자기 개선을 통한 숭덕 · 명도 · 정안례
통제력 향상의 방안	외적 유인가의 크기 조작 (구체적이고 높은 목표 설정)	자기 성찰과 반성

이 표에서 보는 대로, 동 · 서의 자기통제론은 무엇을 통제라고 보느냐 하는 통제의 의미에 대한 견해차를 필두로 하여, 이러한 통제력이 어디에서 기인하는 것으로 보느냐 하는 통제력의 근거, 무엇을 통제의 대상으로 보느냐 하는 통제의 대상, 통제의 핵심적인 내용을 무엇으로 잡느냐 하는 통제의 내용, 이러한 통제를 통해 달성하려고 하는 목표를 무엇으로 설정하느냐 하는 통제의 목적, 그리고 자기통제력을 높이기 위한 방법은 무엇인가 하는 통제력 향상의 방안 등 여러 측면에서 매우 다른 차이를 드러내고 있다. 이러한 차이는 동 · 서 양 진영에서 전개될 자기 및 통제 관련 심리학의 내용이 매우 다를 수밖에 없음을 암시해주는 것이다.

3) 새로운 심리학의 과제: 자기심리학의 문제

앞에서 보았듯이, 동 · 서양에서의 인간 일반 및 자기에 대한 관점의 차이로부터 필연적으로 통제의 의미와 자존감(self-esteem)의 근거에 대한 문화 간 차이가 빚어지게 된다.[259] 서구의 개인주의 사회에서는 사회의 궁극적인 구성 단위를 개체로서의 개인이라고 봄으로써, 개체중심적인 인간관을 가지게 되어 독립성과 자율성을 신장시킬 수 있는 자기 주장을 적극 권장한다. 따라서 개인주의 사회에서는 개인 내적 속성의 주장과 성취를 강조하므로, 통제란 결과적으로 사회 상황이나 외적 제약을 변화시키는 '일차 통제'(primary control)를 의미하게 되고,[260] 따라서 독특성과 수월성이 자존감의 근거가 된다.

이에 비해, 유학사상의 전통이 강한 동아시아 집단주의 사회에서는 사회의 궁극적인 단위를 사람들 사이의 관계라고 봄으로써, 사회화 과정에

259 Markus & Kitayama, 1991; Kitayama, Markus, Matsumoto, H., & Norasakkunkit, 1997.

260 Rothbaum et al., 1982; Weisz et al., 1984.

서 충동의 억제와 집단지향적인 성취를 강조하게 된다. 그러므로 집단주의 사회에서는 자기 억제와 대인 상황에 맞게 자기를 효율적으로 조정하는 것을 주도성(agency)의 표현으로 받아들인다. 그 결과 내적 욕구나 개인적 목표 또는 사적 감정 등의 내적 특성을 억제하거나 조정하는 '이차 통제'(secondary control)를 중시하게 되고,[261] 이러한 이차적 통제와 상황 적응성 및 대인관계에서의 조화의 유지가 자존감의 근거가 되는 것이다.

바로 이러한 차이들 때문에, 서구의 심리학에서는 지금까지 환경 조건과 외적 보상의 조작을 통해 인간의 행위를 통제하려는 연구들이 주류를 이루어왔다고 볼 수 있다. 이러한 배경에는 바로 서구 사회를 지배해왔던 초월적 준거처의 지향과 획일적 이성에 의한 세계 개혁 내지 정복이라는 계몽주의 사상에 따른 근대화의 이념[262]이 깔려 있었던 것이라고 생각할 수 있다.

이에 비해, 선진유학자들은 모든 일의 원천은 자기 자신이라는 인문주의(人文主義)의 입장에서, 항상 모든 책임을 스스로에게서 찾고, 따라서 스스로를 통제함으로써 환경 세계와 조화를 이루며 사는 일을 지향해왔다고 볼 수 있다. 드 배리(de Bary)가 유학사상을 "도덕적 문화적 개인주의"[263]라고 부르는 것은 바로 이러한 점을 지적하여 말하는 것이다. 이러한 공자 및 맹자와 순자의 입장에서 생각해보면, 앞으로 자기통제에 관한 심리학적 연구에서는 자기 반성의 문제와 욕구의 조절을 유도하는 내적 요인의 문제들에 좀 더 주의를 기울여야 할 것이라고 사료된다.

---

261 김수인, 1996; 조긍호, 2003a, b; 최상진, 1995; Rothbaum et al., 1982; Weisz et al., 1984.

262 이에 대해서는 노명식, 1991, pp.153~169; 주명철, 1994; Gray(1995/2007, pp. 44~58) 및 졸저(조긍호, 2006, pp. 173~178) 참조.

263 de Bary, 1983/1998, p. 130.

그뿐만 아니라 새로운 심리학에서는 무엇을 자기 발전의 목표라고 보아야 할 것인지 하는 문제에 대해서도 고려해볼 필요가 있을 것이다. 서구심리학에서는 자기의 환경통제력을 신장함으로써 개체로서의 자기실현을 도모하는 것이 자기 발전의 최종 목표라고 보는 관점이 주류를 이루어왔다고 볼 수 있다. 그러나 유학사상에서는 다른 사람이나 사회적 책임까지도 끌어안음으로써 사회적 존재 특성을 실현하는 일, 곧 자기확대를 인간 삶의 최종 목표라고 간주한다. 그렇다면, 이렇게 자기확대를 이룰 수 있는 방안은 어떠한 것인가 하는 문제도 자기 관련 심리학에서 주목해야 할 중요한 연구 문제가 되어야 할 것이다.

제6장

새로운 심리학의 모색: 유학심리학의 체계

서구 개인주의의 배경에는 고대 그리스시대부터 면면히 이어져오다가 17세기에 들어서 절정에 이른 자유주의의 사상이 놓여 있다. 자유주의의 영향을 받아온 서구 개인주의 사회인들은 독립적이고 평등한 개인들 각자가 사회 구성의 궁극적 단위라고 보아, 개체적 존재인 개인의 독립성 · 자율성 · 독특성을 중시하고, 적극적으로 자기 주장을 하며, 개인의 고정된 안정성을 강조하는 개인주의적인 삶의 태도를 지니고 있다.

서구인들이 보이는 이러한 개인주의적인 삶의 모습은 이 사회에서 인간과 세상사를 파악하는 배경으로 작용해온 자유주의사상의 인간관에서 직접 나오는 것이다. 자유주의사상에서는 사회를 이루는 기본 단위인 개인을 '자유의 보유자', '이성의 주체', 그리고 '고정적이고 안정적인 실체'라고 개념화한다. 자유의 보유자이기 때문에 개인은 스스로의 자율적인 선택과 독특성을 중시하게 되고, 스스로가 이성의 주체로서 합리성의 원천이기 때문에 적극적인 자기 주장을 강조하게 되며, 안정적인 실체이므로 자기의 신념이나 행동 체계들 사이의 일관된 안정성을 추구하는 삶의 태도를 갖추게 되는 것이다.

서구 사회와는 대조적으로, 동아시아 집단주의의 배경에는 고대 중국에서 발원하여 중국은 물론 그 이웃인 한국과 일본 사회를 오랫동안 지배해왔던 유학사상이 놓여 있다. 이러한 유학사상은 동아시아 사회의 과거를 지배해왔던 역사적 유물이기만 한 것이 아니라, 현재도 살아 이 지역 사람들의 '문화 전통과 의식 구조의 중추'를 형성하고 있는 '실재성'을 가지는 현실의 체계이다. 동아시아인들은 아직도 '마음의 유교적 습성들'을 지니고 살아가고 있는 것이다.

이렇게 유학적 가치를 사상적 배경으로 삼고 있는 동아시아 사회인들은 강한 집단주의 문화를 형성해왔다. 이들은 사회의 궁극적인 구성 요소를 개인들 사이의 관계라고 보아, 사람들 사이의 연계성과 상호의존성을 중시하며, 이러한 관계 속에서 조화를 이루는 일을 삶의 가장 중요한 주제로 삼는 자세를 견지하고 있다. 이들은 자신의 개인적 감정이나 이기적 욕구는 대인관계와 집단의 조화를 해치는 핵심 요소라고 보아, 삶의 과정에서 이를 적극 억제하려 한다. 이들은 인간은 이러한 자기 억제를 통해 자기 개선을 이룰 수 있고, 그럼으로써 이상적 상태에 이를 수 있는 가변적인 존재라고 인식하는 것이다.

동아시아인들이 보이는 이러한 집단주의적인 삶의 모습은 기본적으로 이 사회를 오랫동안 지배해왔던 유학사상의 인간관에서 직접 도출되는 것이다. 유학사상에서는 인간을 개체적 존재로서는 그 존재 의의를 찾을 수 없는 '사회적 관계체', 모든 도덕의 근거를 스스로 갖추고 있는 '능동적 주체자', 그리고 자기 수련과 자기 개선을 통해 이상적 인간의 상태에 도달할 수 있는 '무한한 가능체'로 파악한다. 이렇게 사회적 관계체로 인간을 인식하므로 사람들 사이의 연계성과 상호의존성 그리고 조화성의 추구를 강조하게 되고, 능동적 주체로 인간을 파악하므로 도덕 주체인 스스로를 통제의 대상으로 보아, 스스로에게서 모든 책임을 구하는 자기 억제를 중시하게 되며, 사람을 무한한 가능체라고 생각하므로 자기 향상을 위해 자기 개선을 지향하는 태도를 간직하게 된다.

심리학은 인간이 삶의 과정에서 경험하는 심리 내용과 그 과정 및 이의 행동적 표출에 대해 객관적으로 탐구하여 그 법칙성을 찾아내려는 학문이다. 그러므로 심리학은 연구되고 있는 사회의 인간을 대상으로 할 수밖에 없으며, 따라서 해당 사회에서 인간을 파악하는 관점에 따라 탐구하는 내용이 달라질 수밖에 없다. 서구에서 발달한 현대심리학은 서구인이 가지고 있는 인간관을 그대로 반영하고 있는 것이다. 이러한 맥락에서 보면, 인간을 파악하는 관점이 서구와 다른 동아시아에서는 심리학의 체계를 달리 구성할 수밖에 없을 것이다.

이 장에서는 지금까지 고찰해온 내용들을 토대로 하여, 유학심리학의 체계를 시안적으로 모색해볼 것이다. 이를 위해 우선 현대 서구심리학이 안고 있는 문제점들을 살펴보고, 선진유학사상의 관점에서는 이를 치유할 수 있는 대안을 어떻게 제시할 수 있을 것인지 생각해보기로 하겠다. 현상의 문제점과 그 치유책이 강구되어야 새로운 방향이 설 수 있는 터전이 확고해질 수 있을 것이기 때문이다.[1]

1. 전통적 서구심리학의 문제점과 그 치유책

빌헬름 분트와 윌리엄 제임스 같은 거장들에 의해 19세기 중엽 이후 철학으로부터 독립하여 과학적 심리학이 창시된 이후, 서구심리학은 객관

1 이 장은 졸저(조긍호, 1998, pp. 411~427; 2006, pp. 511~572; 2007, pp. 478~515)의 내용을 기초로 하여 재구성하였는데, 경우에 따라서는 윗글들의 상당 부분을 그대로 따온 곳도 많다.

적 과학적 연구를 통해 인간 행동과 심리 과정에 관해 괄목할 만한 연구 성과를 축적해왔다. 이러한 연구들의 배경에는 데카르트(René Descartes)의 심신이원론에 근거한 근대적 과학관이 놓여 있었다. 그러나 최근에는 근대적 과학관에 기초하여 지나치게 경험주의와 객관주의에 몰두하여 심리학의 연구가 이루어지는 데 대한 비판들이 많이 제기되고 있다.[2]

이러한 비판들 중 대표적인 것은 지나친 개인중심주의, 과거 및 현상중심주의, 그리고 기계론적 환원론(還元論) 등을 들 수 있다. 현대 서구심리학이 안고 있는 이러한 문제점들은 서구인이 보유하고 있는 인간관과 직접 또는 간접적으로 관련을 가지는 것들이다. 즉, 개체성을 중심으로 인간을 이해하는 서구인의 관점은 심리학의 연구를 지나치게 개인중심주의에 경도되게 하였고, 인간의 실체성을 강조하는 관점은 과거 및 현상중심주의에 빠지게 만들었다. 그리고 합리성을 중시하여 인간을 이해하는 입장은 심리학의 연구가 기계론적 환원론에 의해 주도되도록 하는 데 어느 정도 영향을 미쳤다고 볼 수 있다.

앞에서 선진유학자들의 인간 파악의 기본 입장은 서구인들의 그것과 매우 다른 것임을 살펴보았다. 그들은 개체성보다는 사회성을, 실체성보다는 가소성을, 그리고 합리성보다는 도덕성을 강조하여 인간을 이해하려 하는 것이다. 이러한 선진유학의 인간 파악의 기본 입장으로부터 전통적 심리학이 가지고 있는 문제점들에 대한 반성을 도출해볼 수 있을 것이다. 현대 서구심리학이 가지는 문제점들은 일정 부분 그들의 인간관으로부터 연유하는 것이기 때문이다.

우선 '사회적 관계체'로 인간을 파악하는 선진유학자들의 입장을 통해서는 서구심리학의 지나친 '개인중심주의'에 대한 반성을, '무한한 가능

2 이러한 비판들에 대해서는 민경환(1986, pp. 233~267), 이정모(1994, pp. 21~61; 1997, pp. 155~180; 2006, pp. 7~33; 2007, pp. 1~38), Gergen(1973, pp. 309~320) 참조.

체'로서의 존재로 인간을 보는 입장을 통해서는 지나친 '과거 및 현상 중심주의'에 대한 반성을, 그리고 인간을 '능동적인 덕성 주체'로 보는 입장을 통해서는 전통적 심리학의 '기계론적 환원론'에 대한 반성을 이끌어낼 수 있을 것이다.

1) 개인중심주의

전통적 심리학은 인간의 사회적 존재로서의 특성을 도외시하고, 지나치게 추상화된 원자적(原子的) 존재로서의 개인(abstracted atomistic individual)을 대상으로 해왔다. 곧 실제적인 생활인이 아니라, 실제로는 존재하지 않는 상상적인 원자(imaginary atom)로서의 개인을 상정하고, 다시 말하면 사회적 존재 특성을 모두 사상(舍象)해버리고 남는 껍데기만을 다루어왔던 것이다. 이는 미국식의 개인주의적 생활 태도와 지나친 자연과학의 모방 및 과도한 보편성의 추구에 그 까닭이 있었던 것으로 보이지만,[3] 근본적으로는 인간을 개체성을 기반으로 하여 이해하려는 자유주의의 인간관으로부터 직접적으로 도출되는 연구의 태도였다고 볼 수 있다.

서구 개인주의의 사상적 배경이 되어온 자유주의는 "개인을 사회제도 및 사회구조에 앞서는 것으로 보아, 사회보다 더 현실적이고 더 기본적인 것"으로 여기는 신념 체계이다. 곧 자유주의는 사회의 존재론적 구성 단위를 서로 독립된 개체로 살아가는 개인이라고 보는 신념 체계로서, 이렇게 "개인이 사회보다 우선하고, 개인이 사회보다 더 진실하다"고 여김으로써, "논리상 사회는 개인들의 산술적 총계에 불과한 하나의 허구"[4]라고 인식한다. 이와 같이 자유주의의 세계관에서는 움직일 수 없는 중심점을

---

3 민경환, 1986, pp. 238~242; Burr, 2002, pp. 1~24; Gergen, 1973, 1982; Sampson, 1983, pp. 95~110.

4 노명식, 1991, pp. 31, 43.

개인에게 두고 있고, 그렇기 때문에 자유주의는 개인보다 사회를 앞세우는 어떤 종류의 사회이론에 대해서도 한결같이 대항해왔던 것이다.

이러한 사상적 맥락에서 서구인들은 개인의 특성을 통해 사회의 특성을 이해할 수 있다고 생각하는 전통이 강하였다고 볼 수 있다. 그들은 개인은 모든 원인을 스스로 갖추고 있는 존재이며, 따라서 자율적인 주체로서의 개인의 행동과 심리를 이해하여 종합해내면 곧 사회의 이해에 도달할 수 있다고 보는 입장을 견지하고 있었다.[5] 바로 이러한 태도가 서구심리학에서 개인중심적인 연구의 전통을 형성하였다고 볼 수 있다.

그러나 인간에게서 사회적 존재 특성을 제거하고 추상화시키게 되면, 실제로는 그런 사람은 어디에도 존재하지 않는다. 이는 단지 심리학자들의 상상 속에서만 존재할 뿐이며, 이런 빈껍데기들을 실험실에 모아놓고 실증적인 실험이나 관찰을 한다고 해서, 실제적인 인간 이해, 특히 사회행동의 이해에는 별로 도움이 되지 않을 것이다. 하이더(F. Heider)가 심리학, 특히 사회심리학의 나아갈 방향을 일상심리학(日常心理學, naive psychology) 또는 상식심리학(common-sense psychology)라고 규정한 것[6]은 바로 이러한 이유에서일 것이다.

선진유학자들은 인간 존재를 사회적 관계망(關係網) 속에서 파악한다. 인간의 존재 특성과 의미는 부자 · 군신 · 장유 · 부부 · 붕우 같은 사회관계 속에서 찾아질 수밖에 없으며, 따라서 인간 행위 또는 인간 완성의 당위 규범인 인의(仁義)의 핵심은 바로 이러한 관계에서의 자연적인 조화와 질서의 추구에서 구할 수밖에 없다는 것이 그들의 기본 입장이다. 친친(親親)과 경장(敬長)이 인의의 핵심[7]이라고 본 것은 부자와 형제 등 가족관계

5 Burr, 2002, pp. 4~10.
6 Heider, 1958, pp. 4~7.
7 『孟子』, 離婁上 27; 盡心上 15.

에서의 자연스러운 조화와 질서에서 인의의 근거를 찾는 것이며, 인의의 궁극적 실현을 극기복례(克己復禮)[8]와 인민(仁民) 및 애물(愛物)에서 찾는 것[9]은 가족이라는 좁은 관계에서 뿐만 아니라 모든 사회관계에서의 자연적인 조화와 질서의 추구를 인간 행위의 전범으로 보고 있는 것이다.

이러한 관점에서 보면, 사회관계를 제거해버린 추상화된 인간 존재란 그 자체만으로 상정할 수 없는 것이다. 따라서 전통적인 심리학의 지나친 개인중심주의를 타당한 연구 방향이라고 보기는 힘들다. 샘프슨(E. E. Sampson)도 이러한 점을 지적하여 "인류 역사에 대한 심리학의 가장 중요한 기여는 추상화된 원자적 개인의 분석으로부터 〔……〕 개인 중심에서 벗어난 관계 속의 대상(decentered subject in relation)의 이해로 〔……〕 그 자체 급격한 변혁을 하는 데에서 찾아질 수 있을 것"[10]이라고 진술하고 있다.

2) 과거 및 현상 중심주의

전통적인 서구심리학을 지배해왔던 연구의 태도는 모든 현상에는 원인이 있으며, 이러한 원인은 시간적으로 선행하는 것이 원칙이라는 '연역적-인과율적 설명 이론'에 기반을 두고 있었다.[11] "이 설명 이론에서는 어떤 현상을 관찰하고, 그 현상이 왜 일어났는가를 밝히기 위해 선행 사건을 찾고, 그 선행 사건이 일어나면 반드시 어떤 후행 현상이 뒤따른다는 한 예를 찾고, 이에서 일반적으로 보편적 법칙을 추론하여 설명하고, 그러한 보편적 법칙이 형성된 이후에는 특수 예들이 이 보편적 법칙에서 연역적으로 도출될 수 있다는 논리에 의해 설명하는 것이다."[12]

8 『論語』, 顔淵 1.
9 『孟子』, 盡心上 45.
10 Sampson, 1983, p. 140.
11 이정모, 1994, pp. 25~26; 1997, pp. 160~163.
12 이정모, 1997, p. 161.

이렇게 현재의 행동과 심리 현상의 원인을 과거의 사건과 경험에서 찾으려는 태도는 기본적으로 심리학을 과거지향적인 학문으로 만들었다. 즉, 심리학의 연구를 과거결정론(過去決定論)의 오류에 빠지게 하였던 것이다. 전통적인 심리학에서 이러한 과거결정론의 오류를 범하고 있는 대표적인 조류는 행동주의(behaviorism)와 정신분석학(psychoanalysis)의 체계였다.

행동주의는 자극-반응 관계(stimulus-response relationship; S-R relationship)에 대한 학습 경험에 의해 현재의 개인을 이해할 수 있다고 봄으로써, 현재의 개인 행동을 과거 학습사(學習史) 또는 강화사(强化史)를 통해 이해할 수 있다는 과거결정론에 빠지고 있다. 또한 정신분석학, 특히 프로이트의 입장도 개인의 현재의 행동 및 성격 체계는 5~6세 경, 곧 남근기(男根期, phallic period)까지의 욕구 충족의 양상에 의해 결정된다는 과거결정론에 빠지고 있다.

인본주의 심리학자들은 행동주의와 정신분석학의 과거결정론을 비판하면서, '여기서 현재'(here and now) 경험하는 주관적 체험을 강조한다. 1950~1960년대의 인지 혁명(cognitive revolution)을 거쳐 1970년대 이후 위세를 떨치고 있는 인지주의 심리학의 입장도 이렇게 현상적 인식을 강조하는 것이라고 볼 수 있다. 곧 객관적 환경 조건 자체보다는 이에 대한 현상적인 주관적 체험 또는 인식이 개인 행동의 결정 요인이라고 보는 입장인 것이다. 이렇게 보면, 지금까지의 심리학은 인간 행동의 원인을 전적으로 과거 경험에서 찾거나 또는 현재의 자극 조건이나 이에 대한 현상적 체험 및 인식에서 찾아왔다고 볼 수 있다. 즉, 지나치게 과거 및 현상중심주의에 기초하여 인간 행동을 이해하려 해왔던 것이다.

서구의 심리학자들이 이렇게 과거 및 현상중심주의에 빠져 있었던 배경에는 그들이 '고정적 실체'로 인간을 이해하려 하였다는 사실이 놓여 있다고 볼 수 있다. 인간을 포함하는 모든 존재를 고정적, 불변적, 안정적 실체로 인식하는 경향은 고대 그리스시대부터 서구 문화의 전통이 되어 왔다. "이렇게 고정적 불변적인 심리적 속성이 개인에게 원천적으로 부여되어 있다는 사실은 개인을 단순히 그러한 속성들의 담지자로서 파악하는 개인에 대한 추상적 관념을 산출한다."[13] 이렇게 스스로의 행동과 제반 심리적 경향의 원천이 되는 내적 성향을 본유적으로 갖추고 있는 고정적, 불변적, 안정적인 실체로 개인 존재를 인식하는 개인에 대한 추상적 관념은 개인주의의 기본 요소의 하나이다. 개인은 이러한 고정적인 내적 속성을 태어날 때부터 갖추고 있거나, 아주 어렸을 때부터 학습한다는 것이 자유주의자들의 관점이다. 즉, 개인의 고정적 불변적인 내적 속성은 생물학적으로 갖추어져 있는 특성이거나 과거 경험에 의해 습득되는 특징이라는 것이다. 그러므로 개인의 내적 속성에서 그의 행동의 원인을 찾으려는 서구인의 관점[14]은 필연적으로 과거 및 현상 회귀적인 태도를 낳을 수밖에 없는 것이다.

그러나 선진유학에서는 인간을 '무한한 가능체'로 파악한다. 사람은 누구나 요 · 순 같은 성인이 될 수 있는 가능성을 갖추고 있는 존재이다.[15] 이러한 점에서 본다면, 인간의 행동의 동인(動因)을 과거와 현재에서만 찾을 수는 없다고 볼 수 있다. 과거와 현재보다는 미래의 가능태(可能態)를 지향하는 데에서 인간의 독특한 특성을 찾으려고 하는 것이 유학자들의 기본 입장인 것이다.

13 Lukes, 1973, p. 73.

14 Ross와 Nisbett(1991, pp. 119~144)은 개인의 내적 속성에서 행동의 원인을 찾으려는 이러한 경향을 '일상적 성향주의'(lay dispositionism)라 부르면서, 이를 서구심리학의 특징 가운데 하나로 보고 있다.

15 『孟子』, 告子下 2; 『荀子』, 性惡 1.

이러한 관점은 순자에게서 잘 드러나고 있다. 그는 인간을 현실태(現實態, actuality)와 가능태(potentiality)의 이중적 존재로 인식한다.[16] 이러한 사실을 그는 "알 수 있는 근거가 사람에게 갖추어져 있는데, 이를 일러 지적 능력(知)이라 한다. 이러한 지적 능력이 외부 대상과 합치하여 얻어진 것을 또한 앎(知)이라 한다. 도덕을 실천할 수 있는 근거가 개인에게 갖추어져 있는데, 이를 일러 도덕 능력(能)이라 한다. 이러한 도덕 능력이 외부 대상과 합치하여 실천한 결과를 또한 도덕 실천(能)이라고 한다"[17]라고 표현하고 있다. 여기서 인식 근거(知)와 도덕 실천의 근거(能)는 인간에게 본유적인 가능태를 의미하고, 그 작용 결과인 지식(知)과 도덕 실천(能)은 현실태를 의미하는 것이다. 이렇게 순자는 지(知)와 능(能) 한 글자로 가능태와 현실태를 모두 지칭하고 있는데, "여기서 중요한 것은 순자가 가능태보다 현실태를 중시하여서, 가능태로서의 인간의 인식 능력과 행위 능력에 대해서는 직접적인 언급이 별로 없는 대신에, 사려와 선택을 통해 이루어지는 위(僞), 곧 인간의 도덕적 행위 및 인격 형성에는 지대한 관심을 표명했다는 것이다."[18] 즉, 인간은 가능태(현재의 상태)를 현실태(미래의 상태)로 만들어가야 하는 존재라는 것이다.

물론 유학자들도 인간생활에서 과거나 현재에 전적으로 의존되어 있는 측면이 없다고 보는 것은 아니다. 그들도 이기적 감각적 욕구의 충족은 현재의 자극 조건에 달려 있다고 본다.[19] 그러나 이러한 것은 동물적 생존과 관계가 있는 것으로, 인간만의 독특한 특성은 아니다. 스스로가 갖

16 이에 대해서는 김승혜(1990, pp. 236~239)와 졸저(조긍호, 1998, pp. 228~230) 참조.

17 所以知之在人者 謂之知 知有所合 謂之智 所以能之在人者 謂之能 能有所合 謂之能 (『荀子』, 正名 3): 『荀子集解』에서는 知有所合 謂之智의 智를 知의 誤字로 보고 있다.

18 김승혜, 1990, p. 237.

19 『論語』, 述而 11; 顔淵 5; 『孟子』, 告子上 15; 盡心下 24; 『荀子』, 天論 24~25; 正名 8.

추고 있는 선단(善端)을 주체적으로 자각하고, 이의 체득과 구현을 위한 능동적인 노력을 하는 데에 인간 존재의 특이성이 있는 것이다. 그러므로 유학자들은 인간에게 있어서는 현재의 조건이나 현상적인 체험보다는, 미래의 가능태를 인식하고, 이를 지향하는 것이 중요하다고 여긴다. 따라서 이러한 관점에서 보면, 인간 행동의 결정 요인을 과거의 경험 또는 생득 조건이나 현상적 인식에서만 구하는 것은 타당한 입장이 되지 못한다고 하겠다. 이러한 입장은 맹자의 다음과 같은 진술에서 잘 드러나고 있다.

> 그러므로 하늘이 요(堯)와 순(舜) 같은 사람에게 큰 임무를 내리고자 하면, 먼저 그들의 마음과 정신을 괴롭히고, 그들의 근골을 수고롭게 만들며, 몸을 굶주림에 시달리게 하고, 그들의 몸에 걸칠 옷도 없게 하며, 또 그들이 하는 일을 어긋나게 만든다. 이는 하늘이 그들에게 시련을 주어, 마음을 분발시키고 인내성을 키워서, 그들이 전에는 하지 못하던 경지까지 할 수 있도록 능력을 증대시켜주기 위해서인 것이다.[20]

이 구절에서 함축되고 있듯이, 현재의 자극 조건이 문제가 아니라 이를 통해 얻어지거나 달성될 수 있는 가능태를 인식하고, 이를 위해 주체적으로 노력하는 것이 올바른 삶의 태도라고 맹자는 보고 있는 것이다. 따라서 이러한 관점에서 보면, 인간 행동의 결정 요인을 과거나 현상적 인식에서만 구하는 것은 타당한 입장이 되지 못한다고 하겠다.

20 故天之將降大任於是人也 必先苦其心志 勞其筋骨 餓其體膚 空乏其身 行拂亂其所爲 所以動心忍性 曾益其所不能 (『孟子』, 告子下 15)

3) 기계론적 환원론

전통적인 서구심리학은 기계론적 인간관에 입각하여 인간의 반성적 능력을 무시하고, 인간을 단지 수동적인 피동체로만 파악해온 한계를 노정하고 있다.[21] 이러한 비판은 현대심리학 자체에서도, 특히 인본주의를 표방하는 학자들에 의해 제기되어왔던 것이다.

인본주의 심리학자들은 기존의 심리학을 지배해왔던 입장을 행동주의와 심층심리학이라고 보고, 이 두 세력이 모두 기계론적 환원론에 입각하여 인간을 이해하려는 오류에 빠져 있다고 지적한다. 즉, 행동주의자들은 인간을 환경 자극의 피동적인 수용체라고 보는 입장에서, 자극-반응 관계(S-R 관계)에 따라 인간 행동을 파악함으로써, 모든 행동의 원인을 환경 자극의 함수로써 파악하는 기계적인 환경환원론(環境還元論)에 빠지고 말았다는 것이다. 물론 신행동주의에서 유기체 변인(有機體 變因, organismic variable)을 삽입하여 S-O-R 관계의 연구로 그 입장을 변경시키기는 하였지만, 궁극적으로 환경 자극에서 인간 행동의 원인과 근거를 찾으려고 했다는 점은 같은 것이다. 또한 정신분석학 체계에서는 인간 행동의 원인을 전적으로 성욕과 같은 무의식적인 생물적 욕구에서 구함으로써, 역시 기계적인 생물학적 환원론(生物學的 還元論)에 빠지고 말았다.

이렇게 보면, 행동주의와 정신분석학은 레빈(K. Lewin)의 유명한 공식, B = f (P, E), 곧 인간의 행동은 개인적 요인(P)과 환경적 요인(E)의 상호작용의 함수라는 공식에서,[22] 어느 한쪽만을 강조하는 입장에 서왔다고 할 수 있다. 행동주의는 과도하게 환경 요인만을 행동의 원인으로 강조해왔고, 정신분석학은 과도하게 개인적 요인, 그 중에서도 생물학적인 욕구만

---

21 Harré & Secord, 1972.

22 Lewin, 1935, p. 79.

을 강조해왔던 것이다.

이와 같이, 전통적 심리학은 인간의 행동을 포함하는 자연 현상의 원인을 설명하는 원인 상태로 아리스토텔레스가 제시한 네 요인—질료인(質料因, material cause), 형상인(形相因, formal cause), 작용인(作用因, efficient cause), 목적인(目的因, final cause)—가운데,[23] 질료인(정신분석학의 경우)과 작용인(행동주의의 경우)만을 중심으로 하여 인간 행동을 이해하려 하였기 때문에 '기계적 결정론'에 빠지고 말았다고 볼 수 있다. 이러한 점은 거의 모든 전통적 심리학이 안고 있었던 문제점이라 할 수 있다. "그러나 과연 이러한 가정(질료인과 작용인만을 원인으로 인정하는 기계적 결정론의 가정)이 타당한가에 대하여 이의가 제기될 수 있다. [……] 인간의 심리 현상, 특히 심리적 현상들을 인간의 행위로 간주하게 될 때 목적과 의도의 개념을 포함시키지 않고서도 충분한 설명이 가능한가에 대하여는 심각한 의문이 제기"[24]되는 것이다.

전통적인 서구심리학이 이러한 기계론적 환원론에 빠지게 된 것은, 합리성을 기반으로 하여 인간을 이해하려는 서구인의 입장에서 어느 정도 기인된 바가 크다. 그들은 인간 행동의 설명 체계를 인간 자신의 내적 속성(질료인)과 환경 세계에서 주어지는 선행 자극(작용인)에서 찾으려는 관점을 가장 합리적이라고 보는 견해를 견지해왔던 것이다. 예컨대, 미래의

23 '질료인'은 물체 자체의 질료적 속성에서 그 원인을 찾는 것이다. 인간의 생물적 속성에서 행동 원인을 찾으려는 정신분석학은 이 요인을 중심으로 설명하려는 입장을 취한다고 볼 수 있다. '형상인'은 물체가 놓여 있는 본질적인 상황에서 원인을 찾는 것이다. 사물들 사이의 관계 구조에서 원인을 찾으려는 입장이 이에 속한다. '작용인'은 어떤 현상의 선행 사건에서 원인을 찾으려는 것이다. 행동주의자들이 환경 자극에 대한 반응으로 인간의 행동을 분석하려는 시도가 작용인에서 원인을 찾는 대표적인 관점이다. '목적인'은 행위가 지향하는 미래의 목적에서 원인을 찾는 것이다. '~하기 위해서'가 대표적인 목적인이다. Barns(1982/1989, pp. 100~109) 참조.

24 이정모, 1994, p. 25.

목적에서 원인을 찾으려는 것은 '선행 사건이 후행 사건의 원인'이라는 원리를 위배하는 것이어서, 합리성에 위반하는 것으로 받아들였던 데서 그 까닭의 일단을 찾아볼 수 있을 것이다. '선행 사건이 후행 사건의 원인'이라는 원리는 사물의 세계나 동물의 세계에는 매우 잘 적용되는 보편적이고 합리적인 것이기 때문에, 이에서 벗어나서 '후행 목적이 선행 행동의 원인'이라는 사실을 인정하기 어려웠을 것이다.

이러한 기계론적 환원론에서 벗어나는 길은 인간이 동물과는 질적으로 다르다는 전제에서 출발할 수밖에 없다. 쉘러(M. Scheler)는 인간과 동물의 근본적인 차이를 인간만이 반성적 능력을 갖추고 있다는 데에서 찾는다.[25] 이 반성의 능력은 인간에게 자신의 관찰자로서의 자격을 부여하고, 동시에 인간이 생물학적인 충동에 의해서만 움직이지 않고 적절한 행동을 선택하여 수행하는 내적인 자유, 즉 행위 주체성을 누릴 수 있게 해주는 것이다.[26]

유학자들은 인간과 동물의 차이를 인간은 생각하는 기능을 갖춘 마음〔心〕의 도덕적 인식능력〔良知 · 知〕과 도덕적 행위능력〔良能 · 能〕을 가지고 있다는 사실에서 찾는다.[27] 더 나아가 맹자는 인간은 인의예지의 근거가 되는 사단을 갖추고 있다는 점에서 다른 동물과 다르며,[28] 순자는 변(辨)과 의(義) 같은 도덕성을 갖추고 있다는 점에서 동물과 다른 인간의 특성을 찾는다.[29] 마음에 갖추어져 있는 인식능력과 행위능력은 이러한 도덕성을 인식하여 실천하려는 의지를 말하는 것으로, 이를 통해 도덕 주체로서의 자기 인식을 확고히 함으로써 군자와 성인의 상태에 이르는 것이 모

25 Scheler, 1928.
26 Mead, 1934.
27 『孟子』, 告子上 15; 『荀子』, 正名 3.
28 『孟子』, 公孫丑上 6; 告子上 6; 盡心上 21.
29 『荀子』, 非相 9~10; 王制 20.

든 사람의 삶의 기본적인 동인이자 목적이라는 것이 유학자들의 공통적인 견해이다.

이러한 도덕적 인식능력〔良知 · 知〕과 도덕적 실천능력〔良能 · 能〕의 핵심적 기능은 바로 반성적 능력을 말하는 것이며, 이러한 반성적 능력을 통해 모든 것을 자기에게 돌이켜 구하는〔反求諸己〕 태도를 견지함으로써, 도덕적 주체 인식을 명확하게 할 수 있게 되는 것이다. 이러한 점에서 보면, 인간과 다른 동물의 차이를 인정하지 않고 인간을 단지 환경 자극의 피동적 수용체로만 보거나, 생물적인 욕구 체계에 의해 지배되는 존재로만 봄으로써 기계론적 환원론에 의해 인간을 이해하려는 전통적 심리학의 입장은 타당한 것이라고 보기 힘든 것이다.

2. 유학심리학의 체계

지금까지 강조해왔듯이, 동아시아 집단주의의 사상적 배경이 되었던 것은 유학의 체계였다. 이러한 유학사상은 현재에도 동아시아인들의 삶의 과정에서 지배적인 영향력을 행사하고 있다. 이러한 배경에서 동아시아인들은 세상사와 인간을 파악하는 인지 양식이 서구인들과 다를 뿐만 아니라, 정서 · 동기 같은 심리 내용과 그에 따른 행동도 매우 달라진다. 그러므로 동아시아인들의 삶에 토대를 둔 심리학의 내용은 서구인들의 삶에 근거한 현대 서구심리학의 그것과는 다른 모습을 갖출 수밖에 없다. 동아시아인들의 삶의 배경을 이루고 있는 것이 유학사상이므로, 동아시아인들의 삶에 토대를 둔 동양심리학[30]은 유학적 심리학이 되지 않을 수

30 '동양심리학'이란 용어는 '동아시아인들에 관한 토착심리학'이라는 의미로 쓰일 수도 있고,

없는 것이다.

유학사상은, 특히 선진유학사상은 우주 안에서 인간이 지닌 독특한 위치와 특성에 관한 사색〔人性論〕, 이러한 독특함을 지닌 사람으로서 지향해야 할 이상적인 상태에 관한 사색〔君子論 · 聖人論〕, 사회적 존재로서 이러한 인간이 지녀야 할 삶의 양태에 관한 사색〔道德實踐論〕, 그리고 이러한 이상적 상태를 이루기 위해 인간이 해야 할 일에 관한 사색〔修養論〕의 네 체계로 정리될 수 있다. 그러므로 유학사상에 바탕을 두고 전개될 동양심리학은 이 네 체계를 근거로 하는 것일 수밖에 없다. 이들은 각각 심리구성체론, 이상적 인간형론, 사회관계론, 그리고 자기통제론과 관계된 내용이 될 것이다.

1) 인성론과 심리구성체론: 도덕심리학의 문제

인성론은 우주에서 인간이 차지하는 독특한 위상을 인간이 태어날 때부터 갖추고 있는, 그리하여 다른 생물체와는 구별되는 인간의 본성에서 찾아보려는 이론 체계로서, 유학사상이 성립하고 있는 논리적 바탕이다. 유학에서 인성론은 맹자와 순자에 의해 기초가 닦여졌는데,[31] 이들의 인성론은 인간 본성의 구성체들과 그들 각각의 기능 및 그들 사이의 관계에 관한 논리 체계로 구성되어 있다. 이러한 인성론에서는 인간이 태어날 때부터 갖추고 있는 심성의 내용에는 어떤 것들이 있느냐 하는 문제, 그래서 심리학에서 핵심적으로 탐구해야 할 인간 심성의 내용은 어떠한 것들이냐 하는 심리구성체론의 문제를 이끌어낼 수 있다.

'동아시아인들의 삶에 토대를 둔 보편심리학의 체계'라는 의미로 쓰일 수도 있다. 여기서는 이를 서구에서 전개된 현대심리학을 보완하는 새로운 심리학의 체계라는 관점에서 후자의 의미로 쓰기로 한다.

31 김충렬, 1982, pp. 172~175; 馮友蘭, 1948/1977, pp. 105~107.

서구에서는 인간 심성의 구성 요소를 지 · 정 · 의 세 가지로 보는 관점이 주류를 이루어왔으며, 이렇게 인간 심성을 구성하는 심리구성체를 지 · 정 · 의 삼분체계로 보는 것은 현대심리학이 받아들인 서구 철학의 전통이었다.[32] 플라톤은 인간의 영혼은 이성 · 열정 · 욕망의 세 부분으로 구성되어 있다고 보아, 이러한 관점의 서막을 열었다.[33] 이 세 부분은 각각 현대심리학에서 인지 · 정서 · 동기로 탐구되고 있는데, 플라톤은 이 세 심리구성체 가운데 이성이 중심이라는 이성중심주의를 택하여, 현대심리학의 핵심 교의인 인지우월론의 씨앗을 뿌리기도 했다.

그러나 선진유학자들이 보는 심리구성체론은 이와는 다르다. 공자와 맹자, 그리고 순자는 인간이 욕구 체계, 감정 체계, 지적 능력의 체계, 및 도덕적 지향성의 체계를 본유적으로 갖추고 있다고 여긴다. 이렇게 보면, 유학사상에서는 도덕성과 도덕 의지, 인식 능력, 그리고 동기와 정서 체계로 인간의 심리구성체를 파악하고 있는 셈이다. 곧 덕 · 지 · 정 · 의라는 사분체계로 인간의 심성 체계를 나누는 것이 유학사상에서 제시하는 심리구성체론의 특징이다. 이러한 맥락에서 보면, 지금껏 서구심리학에서 추구했던 인지 · 정서 · 동기에 덕성(德性)을 덧붙여서 연구해야 할 필연성이 도출되며, 여기에 바로 새로운 동양심리학이 성립할 수 있는 바탕이 놓여 있는 것이다.

이러한 인간 심성의 구조론에서 또 한 가지 도출해볼 수 있는 심리학적 문제는 각 구성 요소 사이의 관계 문제이다. 전술한 바대로, 현대심리학에서는 이성 중심의 인지우월론이 대세를 이루어왔다. 그러나 유학자들은 덕성의 우월성을 주장한다. 곧 덕성에 따라 인지 · 정서 · 동기의 체계

32 Geen, 1995, p. 17; Hilgard, 1980; Parkinson & Colman, 1995.

33 박전규, 1985, p. 44; Bordt, 1999/2003, pp. 108~110; Dickinson, 1967/1989, p. 148; Guthrie, 1960/2003, pp. 148~150.

가 통어되어야 한다고 보는 것이다. 이는 유학이 기본적으로 성덕을 지향하는 체계라는 점에서 당연한 논리적인 귀결이라 할 수 있다. 이렇게 보면, 동양심리학에서 덕성은 가장 중핵적인 체계가 될 수밖에 없고, 따라서 이에 따라 나머지 심적 구성 요소들이 제어되고 통합되는 과정에 관한 새로운 연구 문제가 제기되는 것이다.

이와 같이 인간을 이성 주체로 개념화하는 자유주의사상과는 달리, 유학사상은 인간을 덕성 주체로 보아, 도덕성이 인간의 가장 근본적이고도 중요한 특성이라고 인식한다. 따라서 동양심리학의 가장 핵심적인 체계는 도덕심리학이 되어야 할 것이다. 이러한 도덕심리학에서는 도덕성의 존재 근거의 문제, 도덕성의 본질과 기능의 문제, 그리고 덕성우월성의 문제들이 중요한 연구 문제로 등장될 것이다.

(1) 도덕성의 존재 근거

도덕심리학에서 다루어야 할 가장 기본적인 물음은 도덕성의 존재 근거에 관한 문제일 것이다. 도대체 도덕성이 인간 심성에 본유적인 것인가, 아니면 심성의 다른 요소에 부속되거나 다른 요소에 의해 부차적으로 갖추어지는 것인가? 만일 전자라면, 도덕성의 문제는 심리학의 고유한 문제 영역으로 검토되어져야 할 것이다. 그러나 만일 후자라면, 도덕성은 다른 심성 요소와의 관계에서 부차적으로 다루어질 수밖에 없을 것이다.

서구심리학의 부차요소설 서구심리학에서 도덕성에 관한 연구는 정신역동이론 · 학습이론 · 인지발달이론의 관점에서 탐구되어왔다. 이들은 도덕성을 "개인에 의해서 내면화된 사회적 행위 상의 일련의 문화적 규칙"[34]이라고 규정한 다음, 정신역동이론은 내면화의 정의적(情意的) 측면, 학습이론은 내면화의 행동적 측면, 인지발달이론은 내면화 현상 속의 인지적 판단의 측면을 중요시하여 연구해왔다고 볼 수 있다.[35] 이들은 모두 도덕성의 인간 본유설을 부정하고, 이를 부차적이거나 다른 심리구성체의 하위 종속 요인으로 본다는 공통점이 있다.

프로이트의 정신역동이론에서는 도덕성의 존재 자체는 인정하나, 그 근거는 개인 밖의 사회 속에 있다는 견해를 편다. 곧 개인 밖의 사회 속에 존재하는 도덕적 가치가 동성 부모에 대한 동일시 과정을 거쳐 내면화되어 개인 속에 자리 잡게 된다는 것이다. 이에 견주어, 학습이론이나 인지발달이론에서는 도덕성의 존재 자체를 거부하거나 인정하지 않는 입장을 취한다. 다만 사회적 규칙이 강화의 원리에 따라 학습되어 내면화되거나, 인지능력이 발달하는 데 따라 판단 과정에서 이러한 규칙이 고려되거나 고려되지 않을 뿐이지, 도덕성이라는 심리구성체가 별도로 존재하지는 않는다는 것이다.

또한 이들은 모두 도덕성을 인간 심성을 구성하는 고유 체계가 아니라, 하위 체계 또는 부속 체계라고 본다. 프로이트는 초자아(super-ego)라는 도덕성의 존재 자체는 인정하지만, 이는 욕구 체계(id)에 딸려 있거나 욕구 체계에 의존해서 발달되는 하위 체계라고 본다. 학습이론에서는 행동습관만이 있을 뿐이라고 보아, 도덕성이라는 것의 존재 자체를 거부하므로 말할 것도 없고, 인지발달이론에서도 도덕성은 인지능력의 발달에 수반되어 달라지는 인지능력의 부속 체계라고 보고 있는 것이다.

유학사상의 본유설 이와 같이 도덕성의 본유설을 부정하고, 이를 인간 심성의 부차 체계 또는 하위 체계라고 보는 서구심리학의 연구

34 Kohlberg, 1964, p. 384.

35 김호권, 1969, pp. 211~212.

경향과는 대조적으로, 유학사상에서는 도덕성의 본유설에 바탕을 두어, 이를 인간 심성을 구성하는 가장 기본적이고도 핵심적인 체계라고 본다. 이러한 사실은 공자 · 맹자 · 순자에게 공통적인 입장이다.

> 인(仁)이 멀리 있는 것이 아니다. 내가 인을 행하고자 하면, 곧바로 인이 (마음 속으로부터 올라와) 이르게 된다.[36]

> 인의예지 같은 도덕성은 외부로부터 사람에게 스며들어온 것이 아니라, 사람이 태어날 때부터 갖추고 있는 것이다.[37]

> 길거리의 보통 사람들에게도 누구에게나 도덕성과 올바른 행위 원칙을 깨달아 알 수 있는 바탕이 본래부터 갖추어져 있을 뿐만 아니라, 이러한 도덕성과 올바른 행위 원칙을 실천할 수 있는 능력이 본래부터 갖추어져 있다.[38]

이 이외에 맹자는 측은지심 · 수오지심 · 사양지심 · 시비지심, 곧 인 · 의 · 예 · 지 같은 도덕의 근거가 인간에게 본유적으로 갖추어져 있음을 설파하고 있고,[39] 순자는 동물과는 달리 인간에게는 옳고 그름을 구별하는 변(辯)과 의(義) 같은 도덕성의 바탕이 본래부터 갖추어져 있기 때문에 우주에서 가장 귀한 존재가 된다고 보아,[40] 도덕성의 본유설을 내세우고 있는 것이다.

---

36 仁遠乎哉 我欲仁 斯仁至矣 (『論語』, 述而 29)
37 仁義禮智非由外鑠我也 我固有之也 (『孟子』, 告子上 6)
38 然而塗之人也 皆有可以知仁義法正之質 皆有可以能仁義法正之具 (『荀子』, 性惡 13)
39 『孟子』, 公孫丑上 6; 告子上 6.
40 『荀子』, 非相 9~10; 王制 20~21.

이와 같이 도덕성을 인간 심성을 구성하는 중핵 체계로 보는 유학사상의 입장은 도덕성(초자아)을 욕구(원초아)의 하위 체계로 보는 정신역동이론이나 인지능력 발달의 부산물이라고 보는 인지발달이론 등 현대 서구 심리학의 입장과 크게 대비되는 것이다. 도덕성의 존재 근거를 보는 관점이 이렇게 달라지게 되면, 도덕심리학이 심리학 전체에서 차지하는 위상이 달라진다. 현대 서구심리학에서와 같이 도덕성을 인간 심성의 하위 체계 또는 부속 체계로 보는 관점에서는 이를 욕구나 인지의 하위 요소로 탐구하면 되므로, 도덕성은 그 자체가 심리학적 탐구의 중심 문제에서 밀려나게 된다. 그러나 유학사상에서와 같이 본유설에 근거하여 도덕성을 인간 심성의 중핵 체계로 보게 되면, 도덕성의 문제가 심리학에서 다루어야 할 가장 중심적인 문제 영역으로 떠오를 것이다. 곧 유학사상을 바탕으로 정립될 동양심리학의 체계에서는 도덕심리학이 중핵적인 위치를 차지하게 되는 것이다.

(2) 도덕성의 본질 또는 기능

위에서 살펴본 도덕성의 존재 근거에 관한 물음은 도대체 도덕성이 심리학의 연구 문제로서 어떠한 위상을 갖는 것인지에 관한 물음일 뿐이었다. 이러한 도덕성의 존재 근거에 대한 물음보다 도덕성에 관한 심리학적 탐구에서 더욱 중요한 물음은 도덕성의 본질 또는 기능에 관한 물음이다. 심리학은 인간의 행동에 미치는 상황적이거나 개인적인 요인의 영향을 객관적으로 분석하여 인간 행동 및 심성에 개재하는 법칙을 정립하려 하는 학문으로서, 이러한 법칙은 연구 주제가 되는 심리구성체 또는 심성 특성의 기능과 영향의 탐구를 통해 정립될 수 있을 것이기 때문이다. 그러므로 도덕성에 관한 심리학적 탐구는 도덕성이 개인에게 어떠한 기능을 하는지, 그리고 이것이 개인의 행동과 심성에 어떠한 영향을 미치는지

하는 문제에 대한 분석에 초점을 맞추게 될 것이다.[41]

개인주의와 정의의 도덕성 서구 개인주의 사회에서는 인간을 타인이나 집단과 분리되고 구획된 독립적인 실체라고 보므로, 개인은 자기실현을 비전으로 하여 자기가 지향하고 있는 바를 자유롭게 추구하고, 이에 맞게 살 자율적 권리를 보유하고 있다는 관점에서, 도덕성의 본질을 개인의 자유 선택과 독립적인 개인 사이의 계약에서 찾는다. 이러한 서구식 접근의 근본 가정은 사회란 개인들이 이익 갈등을 최소화하고 스스로의 이익을 지키기 위해 다른 성원들과 계약을 맺음으로써 형성된 것이며, 개인들은 이러한 계약을 통해 자기 이익을 최대로 보장해줄 수 있는 행위원칙에 합의하게 된다는 것이다.

이러한 행위 원칙 가운데 핵심은 정의(正義)의 원칙이며, 도덕성은 이러한 정의 원칙에 따른 자율적 선택에서 나온다고 본다. 곧 서구 개인주의 사회에서는 도덕성의 본질을 '정의의 도덕성'(the morality of justice)이라고 보아, 도덕적 문제의 핵심은 개인의 권리와 자유, 사회 계약에 의한 공정성의 확보, 그리고 개인의 자율적 선택에 있는 것이지, 타인이나 사회에 대한 배려와 책임에 있는 것이 아니라고 받아들이는 것이다.

이와 같이 정의의 도덕성은 개인적 자유의 관념과 사회계약의 개념을 핵심으로 하고 있다. 이 전통에서는 도덕성에 합치하느냐의 여부를 타인의 권리를 침해하느냐의 여부에 따라 판단한다. 여기서는 도덕 판단의 목표를 타인의 권리를 침해하지 않으면서 자기의 이익을 최대로 확보하는

41 Fiske, A. P. et al., 1998; Gilligan, 1982; Hamilton, V. L., Blumenfeld, Akoh, & Miura, 1990; Miller, J. G., 1991, 1994, 1997; Miller, J. G., & Bersoff, 1992, 1994; Miller, J. G., Bersoff, & Harwood, 1990; Miller, J. G., & Luthar, 1989; Shweder, Mahapatra, & Miller, J. G., 1990; Shweder, Much, Mahapatra, & Park, 1997; Taylor, C. 1989.

것에 두게 되며, 타인의 권리를 증진시키거나 타인을 돕는 것은 도덕 판단의 전제 조건이 아니다. 이렇게 정의의 관점에 초점을 맞추게 되면 남을 도울 의무나 책임은 없게 되고, 따라서 남을 돕거나 집단의 이익을 도모하는 것은 전적으로 개인의 재량권에 속하는 문제이지 도덕적 전제 조건은 아니게 된다. 이와 같이 서구 개인주의 사회에서 지배적인 정의의 도덕성은 개인의 권리와 자유, 그리고 사회 계약을 기초로 하여 성립되고 있으며, 자율적인 선택이 도덕 판단의 핵심이라고 보는 입장인 것이다.[42]

현대 서구심리학에서 이루어진 도덕성에 관한 연구들은, 특히 인지발달론자들의 연구들은 이러한 정의의 도덕성의 개념을 기반으로 하여 이루어진 것으로 볼 수 있다. 그들은 도덕적으로 자율적인 개인을 이상으로 규정하여 도덕 판단 단계를 설정하고 있으며, "도덕적 세계에 대한 판단도 물리적 세계에 대한 판단에서와 마찬가지로 진 · 위 또는 정 · 오의 문제"[43]라고 보고 있는 것이다. 또한 이러한 객관적인 정의 원칙이 도덕적 행위와 그 판단의 준거로 작용한다면, 스스로가 이러한 원칙에 위배되어 타인의 권리를 침해할 경우 이는 심한 죄책감을 유발하게 될 것이라고 추론할 수 있다. 이러한 맥락에서 보면, 양심의 가책에서 나오는 죄책감을 도덕적 행위의 근거라고 간주하는 프로이트의 입장도 정의의 도덕성의 관념에 기반을 두고 있는 것으로 생각해볼 수 있을 것이다.

집단주의와 배려의 도덕성 이와는 대조적으로, 동아시아 집단주의 사회에서는 인간은 타인 및 집단과 맺는 관계 속에서 존재 의의를 찾을 수밖에 없다고 보므로, 자기확대를 비전으로 하는 타인 및 집단에 대

42 Nunner-Winkler, 1984.

43 Fiske, A. P. et al., 1998, p. 940.

한 배려에서 도덕성의 본질을 찾는다. 유학자들은 인간에게서 사회성을 제거해버리면, 인간은 존재 의의 자체를 상실하게 된다고 본다. 이러한 관점에서 개인의 권리와 객관적인 정의의 원칙은 절대적이거나 보편적인 것이 아니라 이차적인 중요성을 가질 뿐이며, 이보다는 관계 상대방에 대한 관심과 배려 및 책임감이 더 중요하게 된다. 이러한 사실을 공자는 다음과 같이 제시하고 있다.

> 섭공(葉公)이란 사람이 공자에게 "우리 무리에 정직하게 행동하는 사람이 있습니다. 그는 자기 아버지가 남의 양을 훔치자, 관가에 고발하여 이를 증거하였습니다"라고 말씀드렸다. 이에 대해 공자께서는 "우리 무리의 정직한 사람은 이와 다릅니다. 아버지는 자식을 위하여 숨겨주고, 자식은 아버지를 위하여 숨겨줍니다. 정직함은 바로 이러한 가운데에 있는 것입니다"라고 말씀하셨다.[44]

객관적인 정의의 원칙보다 부모-자식 사이의 윤리가 더욱 중요하며, 구태여 정의의 원칙을 내세우지 않아도 사람들 사이의 관계가 바로 정립되면, 저절로 바른 행위가 이루어진다고 보는 것이 공자의 입장이었다. 사람들 사이의 관계 윤리, 즉 타인에 대한 배려와 책임이 객관적이고 보편적인 행위 원칙보다 우선한다고 공자는 보고 있는 것이다.

물론 이 인용문에서 공자가 객관적인 정의 원칙을 무시하는 것이 옳다고 보는 것은 아니다. 다만 객관적 원칙보다는 모든 행위 원칙의 출발 원천으로서의 대인관계, 그 중에서도 특히 부모-자식 사이의 관계에서 서

44 葉公語孔子曰 吾黨有直躬者 其父攘羊 而子證之 孔子曰 吾黨之直者異於是 父爲子隱 子爲父隱 直在其中矣 (『論語』, 子路 18)

로 간에 배려하고 상대방의 복지에 대해 책임을 지려 하는 자세가 더욱 중요함을 역설하고 있을 뿐인 것이다. 대인관계에서 서로 간의 배려와 책임이 도외시되거나 무시되면, 객관적인 행위 원칙의 도출 근거 자체가 사라지게 된다고 공자는 보고 있었던 것이라 생각할 수 있다. 이렇게 다른 사람에 대한 배려와 책임감에서 도덕성의 근거를 찾으려 하는 것이 '배려의 도덕성'(the morality of caring)으로, 동아시아 집단주의 사회에서는 이러한 관점에서 도덕성을 개념화하고 있다.[45]

이렇게 배려의 도덕성은 도덕성의 출처를 대인관계에서의 타인에 대한 관심과 배려 및 책임감에서 찾으려 하는 입장이다. 개인이 스스로의 권리나 자유 또는 이익보다는 관계를 맺고 있는 타인에 대한 배려와 책임을 우선시하는 데에서 도덕성이 나오게 된다고 보는 것이 집단주의 사회의 특징이다. 즉, "집단주의 사회에서 개인의 욕구와 권리에의 관심은 사회적 의무보다 부차적이며, 개인 간의 근본적인 상호의존성에서 나오는 대인간 책임감은 강력한 도덕적 '선'으로 경험되는 것이다."[46]

도덕성의 본질을 이렇게 서로 다르게 개념화하면, 도덕적 문제 상황의 규정이나 도덕성이 인간 삶에서 수행하는 기능들에 관해 서로 다른 관점을 가지게 된다. 개인주의 사회에서 도덕적 문제 상황은 개인의 권리가 침해되었는지의 여부이고, 이에 개입할 것인지는 개인의 자율적 선택에 달려 있지만, 집단주의 사회에서 도덕적 문제 상황은 관계 당사자가 곤경에 빠져 있는지의 여부이고, 이에 개입하는 것은 개인의 책임이자 의무가 된다. 그러므로 어떤 것이 도덕적인 문제 상황이고, 또 어떤 행동이 도덕적으로 착한 행동인지에 대한 규정과 그러한 행동이 가져오는 효과들을

45 Fiske, A. P. et al., 1998; Gilligan, 1982; Miller, J. G., 1994, 1997; Miller, J. G., & Bersoff, 1992, 1994.

46 Fiske, A. P. et al., 1998, p. 941.

놓고 서로 다른 관점을 가지게 되므로, 동양심리학에서 전개될 도덕성에 관한 탐구 주제들은 서구심리학의 그것과는 크게 달라질 것이다.

(3) 지배적인 심리구성체

서구심리학은 서구 철학의 전통인 인간 심성에 관한 지 · 정 · 의 삼분체계설을 바탕으로 하여 성립되고 있으며, 이 세 요소 또는 기능 가운데 지적인 요소 또는 기능을 핵심으로 여기는 이성중심주의의 지배를 받아왔다. 이에 비해 유학사상은 인간 심성의 구성 요소 또는 기능을 덕 · 지 · 정 · 의의 사분체계로 이해하고, 이 가운데 도덕성이 핵심이라는 덕성중심주의의 교의를 간직하고 있다. 이러한 심리구성체론의 차이는 양 진영에서 전개되어왔거나 혹은 앞으로 전개될 심리학의 근본적인 차이를 낳는다. 즉, 서구심리학에서는 인지심리학이 중심이지만, 유학심리학은 도덕심리학이 위주인 것이다.

서구심리학의 인지우월주의 이성 · 감성 · 욕구의 삼 요소로 인간의 심성을 이해하는 고대 그리스 이래의 서구 철학의 전통은 서구심리학에 그대로 이어졌다. 서구심리학에서 이성은 인지로, 감성은 정서로, 그리고 욕구는 동기로 개념화하여 연구해오고 있는 것이다.

서구 철학에서 이 세 체계 가운데 중핵을 이루는 것은 이성이었는데, 감성과 욕구는 동물들도 가지고 있지만 이성은 인간만의 고유한 특성이라고 보았기 때문이었다. 그러므로 서구심리학에서 항상 관심의 제일 대상이 되었던 것은 지적인 과정에 대한 연구였다. 정서나 동기는 인지와 대등한 위상을 갖는 심리구성체로 인정되었다기보다는 인지보다 중요성이 떨어지거나, 인지의 결과로 유발되거나, 합리적 인지 과정을 방해하는 요소로 간주될 뿐이었다.

서구심리학 자체가 지적 인식의 결과인 관념을 구성하는 요소의 분석이나 관념 연합의 문제를 객관적 과학적으로 분석하려는 시도에서 출범되었다[47]는 사실은, 서구심리학에서의 이러한 인지중심주의의 경향을 잘 드러내주고 있다. 이러한 경향은 1950~1960년대에 전개된 인지 혁명 이후에 더욱 심화되어, 인지 과정을 컴퓨터에서 정보가 처리되는 과정을 모의(computer simulation)하여 설명하게 되면서 더욱 굳어진 현대 서구심리학의 가장 핵심적인 조류가 되고 있는 것이다. 인지 과정은 이성의 지배를 받는 것이어서 합리적인 추구가 가능하지만, 정서나 동기는 이성의 지배를 벗어나는 것이어서 합리적인 접근이 힘들다고 본 데에 이러한 태도의 원인이 있었다.

물론 서구심리학에서 이러한 인지중심주의에 대한 반발이 없었던 것은 아니다. 1970년대 이후 인지 과정에 미치는 정서와 동기의 영향들이 밝혀지고, 인간의 합리성에 대한 신념을 절하시키는 여러 발견들이 이어지면서, 정서와 동기를 인지의 구속으로부터 해방시키려는 시도들이 나타났던 것이다.[48] 그러나 아직까지도 서구심리학이 인지중심주의에 의해 지배되고 있다는 사실은 부인하기 어렵다.

이러한 맥락에서 서구심리학에서는 도덕성의 문제도 인지능력 발달의 부수물로 보려는 관점이 지배적이다. 도덕성을 초자아의 발달의 부수물로 보려는 정신분석학이나 사회 관습에 따르는 행동 습관일 뿐이라고 보는 행동주의보다 인지발달론자들이 이 분야의 연구를 주도하고 있다는 사실은 서구심리학을 지배하고 있는 인지중심주의의 또 다른 일면을 드러내고 있는 것이다.

---

47 Mandler, 2007, pp. 1~15.

48 Petri, 1996, pp. 354~355; Pittman, 1998, pp. 549~550: 이러한 논의는 졸저(조긍호, 2003a, pp. 226~233, 264~272; 2007, pp. 248~257, 324~330) 참조.

유학사상의 덕성우월주의　　유학자들은 도덕성의 본유설에 대한 강한 신념에 덧붙여서, 도덕성이 인간 심성의 가장 중핵적인 체계라는 덕성우월론을 견지하고 있다. 맹자나 순자는 양지 · 양능 또는 지 · 능 같은 도덕적 인식능력과 도덕적 행위능력을 사람이 본유적으로 갖추고 있다고 보고, 이를 통해 스스로가 덕성 주체라는 자각을 이루어야 할 뿐만 아니라, 이기적 욕구와 정서를 억제하여, 이러한 이기적 욕구와 정서가 도덕성에 의해 지배되고 통어되도록 해야 한다고 주장한다. 이러한 관점은 공자로부터 이어지는 유학의 전통이며, 특히 성리학자들은 삶의 목표를 "이기적 욕구와 정서를 통제하고, 도덕성을 간직하는 일〔遏人欲 · 存天理〕"[49]이라고 보아, 도덕성에 의한 이기적 욕구와 정서의 통제를 중시하고 있다.

이러한 맥락에서 보면, 유학자들이 도덕성의 본유설을 통해 주장하려 했던 핵심은 덕성우월론의 관점이라고 할 수 있다. 곧 유학자들은 도덕성에 의해 인간 존재가 지닌 특성들이 모두 통합되어야 함을 강조하고 있는 것이다. 동양심리학에서는 이러한 도덕성에 따른 욕구와 정서의 통제가 어떻게 가능하고, 또 이는 개인에게 어떠한 효과를 가져올 것인지가 또 하나의 중요한 탐구 문제로 등장하게 될 것이다. 특히 이 문제는 자기심리학에서 다루어질 자기통제의 핵심이 된다는 점에서 도덕심리학과 자기

---

49 自精一擇執以下 無非所以遏人欲而存天理之工夫也 愼獨以下 是遏人欲處工夫 戒懼以下 是存天理處工夫 (『退溪全書上』, 聖學十圖 心學圖說 208): 이는 成均館大學敎 大東文化研究院刊(1958) 退溪全書 上卷 p. 208의 聖學十圖 중 心學圖說을 가리킨다. 앞으로 退溪의 인용은 이 예에 따른다; 大抵心學雖多端 總要而言之 不過遏人欲存天理兩事而已 〔……〕 凡遏人欲事當屬人心一邊 存天理事當屬道心一邊 可也 (『退溪全書上』, 書 答李平叔 849); 治心者 於一念之發 知其爲道心 則擴而充之 知其爲人心 則精而察之 必以道心節制 而人心常聽命於道心 則人心亦爲道心矣 何理之不存 何欲之不遏乎 (『栗谷全書』, 說 人心道心圖說 282~283): 이는 成均館大學敎 大東文化研究院 刊(1958) 栗谷全書 pp. 282~283의 說 중 人心道心圖說을 가리킨다. 앞으로 栗谷의 인용은 이 예에 따른다.

심리학을 관련짓는 연결고리가 될 수 있을 것이다.

2) 군자론 · 성인론과 이상적 인간형론: 정신건강심리학의 문제

군자론과 성인론은 인성론에서 전개된 바와 같은 존재 특성을 지닌 인간이 삶의 과정에서 도달할 수 있는 가장 바람직한 상태에 관한 이론 체계이다. 곧 이는 인간 삶의 목표를 설정한 논리 체계인 셈이다. 이러한 군자론과 성인론은 삶의 과정에서 추구해야 할 가장 이상적인 인간상에 관한 연구 문제를 낳는다. 역으로 이러한 군자론과 성인론에서 바람직하지 못한 인간의 삶의 모습에 관해 추론해볼 수도 있다. 그러므로 이로부터 정신건강과 심리치료 문제를 대하는 동양심리학의 체계를 도출해낼 수 있다.

타인과 구분되는 독립적 실체인 개인을 사회 구성의 기본 단위로 인식해온 서구에서는, 개인이 개체로서 지닌 독특한 능력과 특성을 현실 세계에서 최대한 실현하는 것을 이상적 인간의 기본 조건이라 여겨왔다. 이는 타인과 공동체에 대한 관심과 배려보다 삶의 여러 측면에서 개인이 성취하는 탁월성을 크게 여겨 덕(aretē)의 원형을 개념화해온, 고대 그리스시대부터 이어진 개인중심 인간관에서 필연적으로 생겨나는 관점이라고 할 수 있다.[50]

이러한 배경을 가진 서구심리학에서 이상적 인간상을 그리는 핵심 개념은 자기실현이다. 곧 서구심리학에서는 독립적인 개체인 개인이 자기의 독특성과 자율성을 인식하고(주체성), 이를 현실 속에서 자신의 것으로 받아들이고 인정하며(자기수용), 자기의 독특한 개성을 실생활에서 발휘하기 위하여(문제중심성) 통일된 인생 목표를 세우고 노력하며(자기통일), 그러

---

50 Guthrie, 1960/2003, pp. 21~24.

한 과정에서 사람들과 따뜻하고 원만한 관계를 맺으면서(따뜻한 대인관계) 살아가는 사람을 이상적 인간으로 여기고 있다.

이러한 과정에서 가장 중요한 것은 개인의 이성이다. 이성의 주체로서 개인은 자기에게 가장 유익하고도 바람직한 자기상을 합리적으로 설정하고 추구해야 하며, 이것이 이상적인 삶의 조건이라고 보는 것이다. 이러한 관점을 따르면, 타인에 대한 관심과 배려를 중핵으로 삼는 도덕성은 이상적 인간상을 설정하는 데 그다지 중요하지 않거나, 부차적인 중요성을 가질 뿐이다. 이들은 철저히 개인중심적이어서, 이성을 동원한 합리적이고 자율적인 선택을 통해 개체로서 자기 자신이 지니고 있는 능력과 특성을 실생활에서 남김없이 발휘함으로써, 자기실현을 이루는 일이 이상적 인간이 되는 길의 핵심이라고 보는 것이다.[51]

이와는 대조적으로, 유학사상에서 제시하는 이상적 인간상인 군자와 성인은 수기(修己)를 통해 도덕적 자기완성을 이루어야 할 뿐만 아니라, 이렇게 터득한 도를 타인에게까지 미루어나가서 그들 또한 도를 몸소 지니도록 도와줌으로써, 그들과 함께 더 나은 공동체를 이루고자 노력하는 인간상으로 그려진다. 이는 타인과 공동체에 대한 관심과 배려를 축으로 삼아 덕을 이해하는 유학사상의 관계중심 인간관에서 자연스럽게 나오는 지론이다.

유학자들이 보기에 인간은 사회적 존재로서, 사회성을 외면하고 인간을 이해한다는 것은 있을 수 없는 일이다. 사람은 타인들과 연결된 관계 속에서 태어나서, 새로운 관계를 맺으면서 살다가, 그러한 관계 속에서 죽어가는 관계 속의 존재이다. 이렇게 서로 관계를 맺고 살아가는 다른

---

51 서구 개인주의 사회에서 개념화해온 이상적 인간상과 이에 관한 심리학적 연구에 대해서는 졸저(조긍호, 2006, pp. 195~278, 466~479) 참조.

사람과의 연계 속에서 개인의 존재 의의와 특성이 드러나게 된다는 것이 유학자들의 생각이다. 그러므로 개체로서 자기의 존재 의의를 타인이나 사회와 맺는 관계 속에서 찾아, 그들에 대해 관심을 가지고 그들을 우선적으로 배려하며, 그들에 대한 책임을 다하려고 노력하는 것이 바람직한 삶의 태도이며, 이상적인 인간이 되는 길의 핵심이라고 보는 것이 유학사상의 관점인 것이다.

이러한 과정에서 가장 중요한 것은 덕성이다. 덕성 주체로서 개인은 스스로가 도덕 주체임을 깨달아, 남들과 함께 일상생활에서 도덕성을 실천해야 한다는 것이 유학자들이 보는 이상적 인간상의 전제 조건이다. 이러한 관점에서는 타인에 대한 관심과 배려를 핵심으로 하는 도덕성이 가장 중요한 특성으로 떠오르며, 인간 삶의 가치는 개체로서 가지는 개인의 능력이나 특성을 완전히 발휘하는 데서가 아니라, 덕성을 함양하고 실천함으로써 더불어 함께 사는 사람들과 조화로운 사회를 이루는 일에서 드러나게 된다고 보는 것이다.[52]

이상적 인간상을 설정하는 과정에서 드러나는 이러한 동·서 차이는 심리적 부적응과 그 치료의 문제에 접근하는 관점과 방법의 차이를 유발하게 된다. 바람직한 이상적(理想的) 인간상에 관한 입론을 뒤집으면, 역으로 부적응적인 이상적(異常的) 상태에 관한 개념화로 이어질 것이기 때문이다. 따라서 바람직한 인간상에 관한 동·서 차이는 부적응과 그 치료 문제를 보는 관점의 차이를 낳게 되고, 결국 서구심리학과 동양심리학에서 정신건강과 심리치료 문제에 접근하는 시각과 양상은 매우 달라질 수밖에 없을 것이다.

52 유학자들이 제시하는 이상적 인간상과 그 심리학적 함의에 대해서는 졸저(조긍호, 2006, pp. 353~420, 480~498) 참조.

정신건강과 심리치료에 관한 현대 서구심리학의 연구에서는 부적응 행동의 원인과 증상, 그리고 그 종류와 이의 진단에는 보편적인 기준이 적용될 수 있다고 보는 관점이 주류를 이루어왔다. 곧 여러 다양한 부적응 행동은 문화권의 차이에 상관없이 동일한 원인 때문에 나타나고, 보편적인 증상을 보이며, 그 종류도 문화에 상관없이 똑같을 뿐만 아니라, 이의 측정과 확인 기법도 문화에 따라 달라지지 않는다는 것이다.

그러나 정신분열증 · 우울증 · 신체화 증상 · 약물중독 같은 가장 일반적인 부적응 행동에서조차 문화 유형에 따라 그 개념 규정이나 원인 및 증상이 달라질 수 있다는 사실이 최근의 연구들을 통해 밝혀지고 있다.[53] 문화 유형에 따라 권장되는 정서의 종류와 그 표출 규칙이 달라짐으로 말미암아,[54] 그리고 자기를 파악하는 관점이 달라짐으로 말미암아,[55] 적응과 부적응의 개념 규정이나 주로 나타나는 부적응의 증상이 달라질 뿐만 아니라, 이에 대한 처치 또는 사회적 개입의 양상이 달라지는 것이다.[56] 이러한 사실에서 문화 유형에 따라 정신건강의 기준, 심리치료의 목표 및 심리치료 과정이 달라질 것임을 쉽게 추론해볼 수 있다.

(1) 정신건강의 기준

서구 개인주의의 배경인 자유주의사상에서는 개인 존재를 자유의 보유자, 이성 주체, 안정적 실체라고 개념화하여 받아들인다. 그러므로 개인주의 사회에서는 자유의 보유자로서 지니는 독립성 · 독특성 · 자율성, 이성의 주체로서 지니는 합리성 · 적극성, 안정적 실체로서 지니는 일관성

---

53 Brandt & Rozin, 1997; Draguns, 1997; Matsumoto, D., 2000.

54 Jenkins, 1994.

55 Marsella, 1985.

56 Lefley, 1994.

을 이상적 인간의 기준이라고 본다. 이와는 대조적으로, 동아시아 집단주의의 배경인 유학사상에서는 개인을 의무 · 역할의 복합체, 덕성의 주체, 가변적이고 과정적인 존재라고 파악한다. 그러므로 집단주의 사회에서는 의무 · 역할의 복합체로서 지니는 연계성 · 조화성, 덕성의 주체로서 지니는 배려성 · 겸손성, 과정적 존재로서 지니는 가변성을 이상적 인간의 기준이라고 본다.

이렇게 두 문화권에서 개인을 파악하는 세 가지 관점 각각에 따라 이상적 인간에게 요구하는 강조점들은, 문화권에 따라 개체성과 사회성(주의의 초점), 합리성과 도덕성(통제 대상), 실체성과 가소성(행위가변성) 차원에서 강조하는 내용들과 일치하는 것이다.[57] 이러한 강조점들은 두 문화권에서 각각 바람직한 정신건강의 기준으로 작용한다고 볼 수 있다. 그러므로 이러한 기준에 부합하는 특성을 가지고 있거나, 이에 부합되는 삶의 태도를 견지하고 있는 사람은 정신적으로 건강한 사람이 되지만, 그렇지 못한 사람은 해당 사회에서 부적응자로 낙인찍히는 것이다.

이와 같이 문화 유형에 따라 주의의 초점, 통제 대상, 행위가변성 차원에서 설정하는 정신건강의 기준이 달라진다면, 정신건강은 문화보편적인 문제가 아니라, 문화특수적인 문제가 된다. 그러므로 유학사상을 바탕으로 하여 정립될 새로운 동양심리학에서 정신건강과 관련된 문제를 다룰 때는, 지금까지 서구심리학에서 제시해왔던 정신건강의 기준을 재검토하는 작업부터 해야 할 것으로 보인다.

주의의 초점에 따른 정신건강의 기준 개체로서의 개인을 중심으로 하여 인간을 인식하느냐 아니면 사회적 존재 특성을 중심으로 하여 인간

57 제1장 〈표 1〉(p. 95) 참조.

을 이해하느냐 하는 관점의 차이는, 사회생활의 과정에서 개인의 주의가 개체로서의 자기 자신에게 기울어지느냐 아니면 다른 사람과 맺는 관계로 기울어지느냐 하는 주의의 초점을 다르게 한다. 개체성을 중시하는 개인주의 문화권에서는 주의의 초점이 개체로서의 개인이 됨으로써 독립성 · 자율성 · 독특성을 강조하지만, 사회성을 중시하는 집단주의 문화권에서는 주의의 초점이 다른 사람과 맺는 관계로 집중됨으로써 사람들 사이의 연계성 · 상호의존성 · 유사성을 강조하는 것이다. 그러므로 개인주의 사회에서 정신적으로 건강한 사람이 집단주의 사회에서는 부적응자로 여겨질 수도 있고, 그 반대의 경우도 있을 수 있다.

개인주의 사회에서는 사회 행위의 원동력을 능력 · 성격 · 정서 · 욕구 등 개인의 내적 속성에서 찾음으로써, 개인의 독립성과 자율성 및 독특성을 강조하게 되고, 결과적으로 자기 자신과 그 내적 성향이 주의의 초점으로 부각된다. 따라서 이들은 스스로의 자율성과 독특성을 사실 이상으로 과장하여 지각하고, 행위의 원인을 자기의 내적 속성에서 찾는 성향 귀인의 양상을 두드러지게 보인다. 또한 이들은 자기의 자율성과 독특성의 추구에 도움이 되는 분화적 정서를 권장하고, 자기의 주도성을 추구하려는 동기가 강한 경향이 있다.

그러므로 개인주의 사회에서는 일상생활에서 개인의 독립성과 독특성 및 수월성의 추구를 지향하게 되고, 여러 가지 점에서 독립적이고, 독특하며, 유능한 사람을 바람직하며 정신적으로 건강한 사람이라고 여겨 높이 평가하게 된다. 결과적으로 이들은 독립적이지 못하고 사회 규범이나 남들의 의견에 잘 동조하는 사람, 독특하지 않은 사람, 다른 사람보다 뛰어나지 못한 의견이나 태도를 보유하고 있는 사람, 그리고 여러 가지 점에서 남보다 못한 사람을 정신적으로 건강하지 못한 사람이라고 여겨 배척하게 된다.

이에 비해, 집단주의 사회에서는 사회 행위의 원동력을 사회관계 속의 역할 · 규범 등 상황적 속성에서 찾음으로써, 개인 사이의 연계성과 배려성 및 조화성을 강조하게 되고, 결과적으로 타인과 맺고 있는 관계 속의 역할 및 규범이 주의의 초점으로 떠오르게 된다. 따라서 이들은 타인과의 유사성을 사실 이상으로 과장하여 지각하고, 행위의 원인을 내적 속성보다는 역할 · 의무 · 규범이나 상황적 조건에서 찾는 상황 귀인의 양상을 두드러지게 보인다. 또한 이들은 타인과의 연계성과 조화성의 추구에 도움이 되는 통합적 정서를 권장하고, 타인과의 일체성을 추구하려는 동기가 강한 경향이 있다.

그러므로 집단주의 사회에서는 일상생활에서 타인과의 연계성과 조화성의 추구를 지향하게 되고, 타인과 잘 연계되고, 상호의존적이며, 원만한 관계를 유지하는 사람을 바람직하며 정신적으로 건강한 사람이라고 여겨 높이 평가하게 된다. 결과적으로 이들은 지나치게 독립성을 추구하거나 사회 규범이나 남들의 의견에 동조하기를 거부하는 사람, 지나치게 독특한 사람, 다른 사람과 잘 어울리지 못하는 사람, 그리고 지나치게 자기 주장이 강한 사람을 정신적으로 건강하지 못하거나 철이 없는 사람이라고 여겨 배척하게 된다.

이렇게 주의의 초점 차원에서 보면, 독립적이고 독특하며 특출한 사람은 개인주의 사회에서는 바람직하지만, 집단주의 사회에서는 철이 덜 든 사람일 뿐이며, 사회 규범에 잘 순응하고 모가 나지 않는 사람은 집단주의 사회에서는 바람직하지만, 개인주의 사회에서는 정신적으로 종속적이어서 문제가 있는 사람일 뿐인 것이다.

통제 대상에 따른 정신건강의 기준 개인을 합리적 이성의 주체로 인식하느냐 아니면 도덕적 덕성의 주체로 인식하느냐 하는 관점의 차이는, 통제의 대상을 외부 환경 세계라고 보느냐 아니면 자기 자신의 욕구와 감정으로 보느냐 하는 차원의 차이를 유발한다. 개인을 합리적 이성의 주체로 인식하는 개인주의 사회에서는 외부 환경 세계에 변화를 가하여 자기의 욕구를 추구하는 일을 당연하게 생각하여, 통제의 대상을 외부 환경 세계라고 본다. 그러나 개인을 덕성 주체로 인식하는 집단주의 사회에서는 자기의 욕구와 감정을 조절함으로써 사회관계의 조화를 추구하려 노력하게 되고, 결과적으로 통제해야 할 대상은 자기 자신이라고 보게 되는 것이다.

개인주의 사회에서는 개인의 독특성과 수월성, 사적인 감정과 욕구 등 내적 속성의 표출을 인간의 자연적인 권리라고 보아 적극적인 자기 주장을 강조한다. 이들은 개인의 목표를 무엇보다 우선시키고, 그 결과 적극성과 경쟁, 자기 고양 및 솔직한 자기 표현을 권장한다. 개인주의 사회의 성원들은 그것이 타인이든 상황 조건이든 간에 외적 대상과의 대립을 자연스러운 것으로 받아들여서, 경쟁과 대결을 통한 해결을 선호하며, 대인관계에서도 적극성 · 주도성 · 자발성 · 솔직성 · 외향성 등 자기를 드러내는 특성을 높이 평가한다. 이들은 환경을 자신에게 맞도록 변화시키려는 환경통제의 동기와 자율성을 추구하려는 동기가 강하다.

그러므로 개인주의 사회에서는 자기 표현과 자기 주장의 솔직성과 적극성을 추구하여 지향하게 되고, 솔직하고 적극적으로 자기를 드러내고 자기 주장을 하는 사람을 바람직하며 정신적으로 건강한 사람이라고 여겨 높이 평가하게 된다. 이들은 어려서부터 적극적으로 자기를 주장하는 훈련을 받으며, 남들과 함께 있는 장면에서도 남들의 반응에 신경 쓰지 않고 무엇이라도 자기를 드러내도록 권장된다. 이들은 자기를 드러내지 않거나 자기 주장을 하지 않는 것은 자신감이 없거나 솔직하지 못한 탓이라고 여겨 회피한다. 이들은 자기의 욕구나 감정을 표출하지 않는 것은 정신건강에 해를 끼치며, 장기적으로는 부적응을 유발하는 근본적인 원인이 되는 것으로 받아들이는 것이다.

이에 비해, 집단의 통합과 조화를 중시하는 집단주의 사회에서는 집단 목표를 개인 목표보다 상위에 두고, 개인적 감정이나 욕구의 표출은 사회의 통합과 조화를 깨뜨릴 가능성이 있으므로 이를 드러내지 않을 것을 강조하게 되며, 결과적으로 양보와 협동, 겸양 및 자기 표현의 억제를 권장한다. 집단주의 사회의 성원들은 관계 당사자들 사이의 대립을 매우 부자연스러운 것으로 받아들여서, 갈등 상황에서 양보와 중재를 통한 해결을 선호하며, 대인관계에서도 양보 · 협동 · 과묵함 · 내향성 등 자기를 통제하고 억제하는 특성들을 높이 평가한다. 이들은 정서와 욕구의 있는 그대로의 표출은 대인관계에서의 조화와 통합을 해칠 위험이 있다고 보아, 억제할 것을 권장한다. 특히 분노와 같이 대인관계를 해칠 위험성이 큰 정서는 적극적으로 억제할 것이 장려된다. 그리고 내집단의 규범을 개인적인 규범으로 내면화하는 경향이 강하고, 이는 내집단의 통합과 조화에 기여하므로 적극 권장되며, 결과적으로 자신을 내집단에 맞게 변화시키는 자기통제의 동기와 집단의 통합을 추구하려는 동기가 강하게 된다.

그러므로 집단주의 사회에서는 자기 억제를 지향하게 되고, 자기의 사적 감정이나 욕구를 잘 억누름으로써 집단의 조화와 통합에 기여하는 사람을 바람직하며 정신적으로 건강한 사람이라고 여겨 높이 평가하게 된다. 이들은 어려서부터 가능한 한 다른 사람과 잘 어울리고, 자기의 감정이나 욕구를 억제하도록 훈련을 받으며, 남들과 함께 있는 장면에서는 그들의 반응에 주의를 기울이도록 요구받는다. 이들은 자기의 사적 감정이나 욕구 또는 독특성을 있는 그대로 드러내는 것은 아직 철이 없는 탓이라고 여겨 회피한다. 이들은 자기를 있는 그대로 표출하고 적극적으로 자기 주장을 하는 것은 사회의 통합에 해를 끼칠 뿐만 아니라, 장기적으로는 외톨이가 되도록 함으로써 정신건강에도 악영향을 미치게 되는 것으로 받아들이는 것이다.

이렇게 통제의 대상 차원에서 보면, 적극적으로 자기의 사적 감정과 욕구를 표출하고 자기 존대를 추구하는 사람은 개인주의 사회에서는 바람직하지만, 집단주의 사회에서는 사회의 통합을 해치는 사람일 뿐이며, 자기의 감정과 욕구를 잘 억제하고 겸손을 추구하는 사람은 집단주의 사회에서는 바람직하지만, 개인주의 사회에서는 솔직하지 못하거나 정신적인 문제를 일으킬 가능성이 높은 사람일 뿐인 것이다.

행위가변성에 따른 정신건강의 기준 인간을 완성적 실체로 인식하느냐 아니면 가변적 과정적 존재로 인식하느냐 하는 관점의 차이는, 사회행동과 개인적 속성의 안정성과 일관성을 중시하느냐 아니면 이의 가변성을 중시하느냐 하는 차원의 차이를 유발한다. 개인주의 사회에서는 개인의 행동과 그 원인이 되는 성격 · 능력 · 욕구 · 의도 같은 내적 속성은 그리 쉽게 변하지 않는 일관성과 안정성을 가지고 있다고 본다. 그러나 집단주의 사회에서의 개인은 사회관계 속의 존재이므로, 관계의 종류가 달라짐에 따라 개인의 행동이 달라지는 것을 바람직하게 여긴다. 집단주의 사회인들은 개인의 욕구와 의도 같은 것도 상황에 따라 달라질 수 있는 것으로 보며, 능력이나 노력도 개인이 하기에 따라 변화할 수 있다고 여긴다.

개인주의 사회에서는 개인의 지속적이고 안정된 고정적 성향이 사회행위의 원동력이라고 여김으로써, 상황과 관계의 변이에도 불구하고 일관된 안정성을 유지할 것을 강조한다. 이들은 개인의 능력과 성격은 비교적 고정적이고 안정적인 실체이어서, 쉽게 변화되지 않는다고 보는 경향이 강하다. 따라서 이들은 자기가 갖추고 있는 정적(正的)인 측면에 초점을 맞추어 자기를 규정하려고 하며, 자기 향상의 통로를 긍정적인 안정적 속성의 확인과 증진에서 찾으려 한다. 그 결과 이들은 자기의 부적인 특성과 감정은 가능한 한 무시하거나 부인하려 하고, 반대로 정적인 특성과 감정을 추구하고 확충함으로써 긍정적인 자기개념을 유지하려는 경향이 강하다. 그리고 이들은 자기의 제반 측면, 예를 들면 태도와 행동 사이, 또는 하나의 상황과 다른 상황에서의 행동 및 생각 사이의 일관성을 추구하려는 동기가 강하다.

그러므로 개인주의 사회에서는 가능한 한 자기의 부적 특성은 무시하고 정적 측면을 확충함으로써 정적인 자기상을 유지하려 하며, 이렇게 정적인 특성에 기초해서 정적인 자기개념을 유지하는 사람을 바람직하며 정신적으로 건강한 사람이라고 여겨 높이 평가하게 된다. 이들은 정서 경험에 있어서도 기쁨 · 자부심 · 유쾌감 등 정적인 감정에 민감하고 이를 추구하며, 이러한 정적 감정을 많이 체험하는 것을 정신건강의 지표라고 여겨 중시한다. 이들은 부적인 특성의 확인으로 인해 자기개념이 손상 받거나 부적 감정의 체험 빈도가 많아지는 것은, 정신적인 부적응을 야기하는 첩경이라고 보아 적극 회피하려 한다. 또한 이들은 자기의 내적 속성과 외적 행동 사이에 일치성이 없거나 또는 상황 조건에 따라 행동이 달라짐으로써 내적 속성의 일관성이 깨지는 것은 심각한 부적응의 증상이라고 보아 적극 회피하고, 이들 사이에 일치성과 일관성을 유지하기 위해 온갖 노력을 경주한다.

이에 비해, 개인이 다양한 상황과 관계에 의해 규정된다고 보는 집단주의 사회에서는 상황과 관계의 변이에 따른 가변성을 인정하고 강조한다. 이들은 개인의 능력과 성격은 노력하기에 따라 변화될 수 있는 과정적인 것으로 보는 경향이 강하다. 따라서 이들은 변화 과정에 초점을 맞추어 자기를 규정하려고 하며, 자기의 단점이나 부정적 특성을 찾아 고쳐가는 자기 개선에서 자기 향상의 방안을 모색한다. 그 결과 이들은 자기의 단점이나 부적인 특성 및 감정을 무리 없이 자기개념 속에 받아들이는 경향이 강하다. 이들은 자기를 상황과 관계의 변이에 따라 다르게 규정되는 존재로서 항상 변화 과정 속에 있다고 받아들이기 때문에, 자기의 제반 측면 사이에 또는 상황의 변화에 따른 특성이나 행동 및 생각 사이에 일관성이나 일치성을 추구하려는 동기는 그리 크게 나타나지 않는다.

그러므로 집단주의 사회에서는 자기의 단점이나 부적 특성으로 인해 자기개념이 손상되는 것으로 받아들이는 경향은 개인주의 사회보다 약하다. 이들은 자기의 장점과 정적 특성을 적극적으로 추구하기보다는 단점이나 부적 특성을 찾아 고쳐나가는 데에서 자기존중감이 높아지는 것으로 받아들이고, 이를 정신적으로 건강한 태도라고 여긴다. 이들은 정서 경험에 있어서도 수치심 같은 부적 정서를 자기 발전의 통로라고 보아 중시하며, 자기의 단점이나 잘못에 대해 수치심을 느끼지 못하는 사람은 발전이 없다고 보아 낮게 평가한다. 또한 이들은 어느 상황에서나 또 누구에게나 일관적으로 똑같이 행동하는 것은 정신적으로 미숙한 상태라고 보아 회피하고, 반대로 상황에 따라 적절하게 자기의 모습이나 행동을 변화시키는 것을 높이 평가한다.

이렇게 행위가변성의 차원에서 보면, 자기의 정적 측면을 자꾸 확충하여 드러내려 하고 적극적으로 일관성을 추구하려는 사람은 개인주의 사회에서는 바람직하지만, 집단주의 사회에서는 지나치게 자기 과시적이거나 경직되고 유연성이 부족한 사람일 뿐이며, 자기의 부적 측면에 민감하고 상황에 따라 가변적인 사람은 집단주의 사회에서는 바람직하지만, 개인주의 사회에서는 부적응 증상을 보이는 사람일 뿐인 것이다.

이상에서 보듯이, 문화 유형에 따라 주의의 초점, 통제 대상, 행위가변성 차원에서 설정하는 정신건강의 기준이 달라진다. 이렇게 정신건강은 문화보편적인 문제가 아니라, 문화특수적인 문제이다. 그러므로 유학사상을 바탕으로 하여 정립될 새로운 동양심리학에서 정신건강과 관련된 문제를 다룰 때는, 지금까지 서구심리학에서 제시해왔던 정신건강의 기준을 재검토하는 작업부터 해야 할 것으로 보인다.

(2) 심리치료의 목표

문화 유형에 따라 부적응의 판정 기준과 그 밑바탕에 깔린 심리적 원인이 달라진다면, 이를 치료하기 위한 접근법도 문화적 맥락에 따라 달라질 것이라는 사실은 자명한 일이다. 사실 심리치료의 여러 접근법들은 이러한 문화적 맥락에 따른 문화적응(enculturation)의 결과였다고 볼 수 있다. 현대 심리치료적 접근법의 뿌리는 프로이트가 창시한 정신분석학에 있다고 볼 수 있는데, 이에는 유태인이었던 프로이트가 받아들인 유태 문화의 가치가 반영되어 있으며,[58] 이에 바탕을 두고 미국 사회에서 변형 · 발전된 다른 심리치료법들은 또 그들 나름대로 미국의 문화적 가치를 드러내고 있는 것이다.[59] 이러한 관점에서 보면, 이상성에 대해 서로 다른 기준을 보유하고 있는 개인주의와 집단주의 사회에서 제시하고 있는 심리치료의 목표는 서로 달라질 수밖에 없을 것이다. 각 사회에서 바람직한 인간상으로 강조하는 특성과 이에 부합하는 삶의 태도가 이러한 치료 목표에 반영될 것이기 때문이다.

개인주의 사회와 심리치료의 목표 개인주의 사회에서는 개인 존재를 자유의 보유자, 이성 주체, 그리고 안정적 실체라고 파악한다. 이 사회

---

58 Langman, 1997.
59 Matsumoto, D., 2000, pp. 264~269.

에서는 독립성 · 자율성과 독특성, 합리성과 적극성, 그리고 안정성과 일관성을 바람직한 개인의 특성으로 본다. 따라서 독립적 자율적이지 못하거나 독특하지 못한 사람, 적극적으로 솔직하게 자기 표현이나 자기 주장을 하지 못하는 사람, 그리고 안정적이고 긍정적인 자기상을 가지고 있지 못하거나, 태도와 행동의 일치성 및 성격 특성의 상황 간 일관성이 결여된 사람을 정신적으로 문제가 있는 사람이라고 간주한다. 따라서 개인주의 사회에서는 "개체로서의 자기의 독립성 · 자율성 · 독특성을 인식하고, 적극적으로 자기를 주장하며, 안정적이고 일관적인 정적 자기상을 보유하고 있는 사람"이 되도록 도와주는 것이 심리치료의 궁극적인 목표로 부각된다.

집단주의 사회와 심리치료의 목표 집단주의 사회에서는 개인을 역할 · 의무 · 배려의 복합체, 덕성 주체, 그리고 가변적 과정적 존재라고 인식한다. 이 사회에서는 타인과의 연계성과 조화성, 자기 억제와 겸손성, 그리고 자기 개선과 가변성을 바람직한 개인의 특성으로 본다. 따라서 집단으로부터 고립되거나 집단의 성원들과 잘 어울리지 못하는 사람, 자기의 감정이나 욕구를 억제하거나 통제하지 못하는 사람, 겸손하지 못하고 지나치게 자기 주장을 하는 사람, 그리고 자기의 단점이나 부적 측면을 부인하고 정적 측면만을 지나치게 추구하는 사람이나, 지나치게 일관성을 추구하는 사람을 정신적으로 문제가 있는 사람이라고 간주한다. 따라서 집단주의 사회에서는 "더불어 함께 사는 존재로서의 상호의존성과 조화성을 인식하고, 가능한 한 자기의 사적 감정과 욕구를 억제하고 드러내지 않으며, 자기의 단점을 수용하고 상황에 따라 유연한 적응성을 보이는 사람"이 되도록 도와주는 것이 궁극적인 심리치료의 목표로 부각된다.

(3) 심리치료의 과정

이렇게 문화 유형에 따라 부적응 행동의 기준과 이를 치료하기 위한 심리치료의 목표가 달라진다면, 개인주의와 집단주의 사회에서 이루어지는 심리치료 과정의 특징과 그 과정에서 중시하는 내용에 커다란 차이가 나타나게 된다는 사실은 두말할 나위도 없이 분명한 일이다.

통찰의 내용　　개인주의 사회에서는 독립적인 개인의 개체적 존재 특성을 강조하므로, 심리치료를 받으면서 통찰해야 할 핵심적인 내용은 자기의 독특성과 수월성에 근거를 둔 '자기에 관한 통찰'일 것이다. 이에 비해, 집단주의 사회에서는 대인관계 속에 있는 개인의 사회적 존재 특성을 강조하므로, 심리치료 과정에서 자기와 타인 사이의 유사성과 같은 '인간 일반에 관한 통찰'을 해내야 할 것이다.

주의와 이해의 강조점　　개인주의 사회에서는 개인의 사적 감정과 욕구를 있는 그대로 드러내는 것을 인간의 기본적인 권리라고 간주한다. 따라서 자기의 내밀한 사적 감정과 욕구를 솔직하게 적극적으로 표출하지 못하고 억압하게 되면, 심리적으로 부적응이 유발된다고 본다. 그러므로 개인주의 사회에서는 심리치료의 과정에서 자기의 진실한 사적 감정과 욕구가 무엇인지에 대해 항상 주의를 기울이고, 이를 정확하게 파악하여 이해할 것을 강조한다.

이에 비해, 집단주의 사회에서는 개인의 사적 감정과 욕구를 있는 그대로 드러내는 것은 대인관계의 조화와 집단의 통합을 해치는 원인이 된다고 간주한다. 따라서 자기의 사적 감정과 욕구를 솔직하게 있는 그대로 드러내게 되면, 대인관계에 갈등을 유발하여 집단원들로부터 배척당하게 되므로, 결과적으로 심리적 부적응이 유발된다고 본다. 그러므로 집단주의 사회에서는 심리치료의 과정에서 자기 자신의 감정과 욕구에 주의를 기울이고 이해하려 하기보다는, 관계를 맺고 있는 상대방의 감정과 욕구에 주의를 기울이고 이해할 것을 강조한다.

자기 확인의 내용 개인주의 사회에서는 자기가 가지고 있는 장점의 확충을 통한 자기만족감이 행복감과 자기존중감의 근원으로 작용한다. 따라서 이 사회에서는 자기의 단점을 부인하거나 무시하고, 그 대신 자기의 장점을 확충함으로써 정적인 자기상을 유지하는 일이 중요해진다. 이들은 자기의 단점이 불어나거나 부적 정서 체험의 빈도가 늘어남으로써 정적 자기상 대신 부적인 자기개념을 가지게 되면, 심리적 부적응이 유발된다고 본다. 그러므로 개인주의 사회에서 확인하고 강화해야 할 자기의 측면은 정적인 특성과 정적인 감정 경험이다.

이에 비해, 집단주의 사회에서는 자기의 단점을 찾아 이를 고쳐나가는 자기 개선이 행복감과 자기존중감의 근원으로 작용한다. 따라서 이 사회에서는 자기의 장점을 찾아 확충하려 하기보다는, 자기의 단점을 찾아 이를 개선함으로써 자기 향상을 이루는 일이 중요해진다. 그러므로 집단주의 사회에서 확인하여야 할 자기의 측면은 장점보다는 단점이나 부적인 특성이 된다.

자기 관련 훈련의 내용 개인주의 사회에서는 자기의 사적 감정과 욕구를 억제하고 드러내지 않는 일은 심리적 부적응의 직접적인 원인으로 작용하게 된다고 본다. 그러므로 이 사회에서는 심리치료 과정에서 적극적으로 자기를 주장하고, 자기의 감정과 욕구를 효과적으로 표현할 수 있는 훈련을 강조한다.

이에 비해, 집단주의 사회에서는 자기의 사적 욕구와 감정을 있는 그대로 드러내는 일은 집단 내에 갈등을 야기하고 조화를 해치게 되므로, 심리적 부적응이 유발되는 원천으로 작용한다고 본다. 그러므로 이 사회에서는 심리치료 과정에서 적극적으로 자기를 드러내는 대신, 자기를 억제하고 절제하는 극기(克己) 훈련을 강조한다.

3) 도덕실천론과 사회관계론: 역할심리학의 문제

군자와 성인 같은 이상적 인간상의 상태에 이른 사람들의 사회적인 삶의 양태를 제시하고 있는 것이 복례론(復禮論: 공자), 여인위선론(與人爲善論: 맹자), 군거화일론(群居和一論: 순자) 같은 도덕실천론이다. 유학은 지행합일(知行合一)을 지향하고 있는 윤리 체계이다. 유학자들은 스스로가 도덕 주체라는 사실에 대한 인식과 자기 수련을 통한 도덕적 완성에 그치지 않고, 이를 일상생활에서 실행하는 것이 사회적 관계체인 인간이 그 존재의의를 달성하는 일이라고 본다. 실생활에서 도덕을 실천하여 사회관계의 조화를 달성함으로써 이상적인 공동체를 이룰 수 있게 된다는 것이다. 이렇게 도덕실천론은 바람직한 사회생활의 양태란 어떠한 것인지에 관한 유학자들의 이론 체계라고 볼 수 있다. 이러한 도덕실천론에서는 사회관계에서 인간이 추구해야 할 것은 무엇이며, 사회관계를 유지하기 위해 해야 할 일이 무엇인지 하는 문제에 관한 심리학적 함의를 이끌어낼 수 있다.

서구의 현대 사회과학에서 사회관계를 보는 기본틀은 모든 대인관계를 교환의 관점에서 보는 합리적 계산자모형(計算者模型)[60]이다. 이 모형은

60 보통 '사회교환이론'(social exchange theory)이라고 통칭되는 이 관점은, 한 개인의 사회행동을 분석하는 거대 이론인 "학습이론과 의사결정이론의 두 가지를 토대로 구축"(Taylor, S. E. et al., 2003, p. 10)되어, 둘 이상의 사람의 관계를 분석하는 데 사용되어온, 현대 사회심리학의 가장 기본적인 이론 체계 가운데 하나이다(Brehm, 1992, p. 157; Emerson, 1992, pp. 30~31; Shaw, M. E., & Constanzo, 1982/1985, p. 90). 이러한 "교환의 관점은 (심리학뿐만 아니라) 사회과학 전체에 걸쳐 광범위하게 연구자들의 관심을 사로잡아온 이론틀이

정보 · 도움 · 보상 · 애정 들을 주고받는 교환을 통해 사람들은 자기의 이익을 최대화하려는 이기적 존재라는 기본 전제에서 출발한다. 이것이 사회관계의 목표를 구성하는 명제이다. 곧 사회관계의 궁극적인 목표는 이러한 사회관계를 통해서 자기 이익을 최대화하는 데 있다는 것이다.

이렇게 자기 이익 최대화를 꾀하는 과정에서는 필연적으로 관계 당사자들 사이에 이익 갈등이 빚어질 수밖에 없으므로, 이를 해소하고 원만한 관계를 유지하기 위해서 공정한 교환의 규범이 필요하게 된다. 이것이 관계 유지를 위한 규범을 구성하는 명제인데, 이 관점에서는 사회관계를 통해 얻게 될 이익과 부담의 철저한 계산과 공정한 교환을 강조한다.[61] 이렇게 교호성(交互性)과 공정성(公正性)의 원칙을 바탕으로 한 합리적 계산의 과정으로 사회관계를 개념화하는 것이 현대 사회과학에서 전개하는 사회관계론의 핵심이다.

이렇게 '자기 이익 추구 → 이익과 부담의 철저한 계산 → 공정하고 교호적인 교환에 따른 관계 유지'의 과정으로 사회관계를 개념화하는 사회교환이론들은 기본적으로 개인주의 사회에서 인간을 파악하는 기본 관점을 잘 따르는 데서 나오는 것이다. 개인주의의 이념적 바탕인 자유주의사상 체계에서 개인 존재를 자유의 보유자, 이성 주체, 그리고 안정적 실체라고 개념화하고 있다는 사실은 이미 보아온 바와 같다. 이러한 관점에서는 개인이 자기의 사적 소유와 이익을 확대할 수 있는 자유와 권리(재산권)

다"(Gergen et al., 1980, p. viii). 4장에서 논의되었듯이 현대 사회과학에서 제시된 대표적인 사회교환 관점의 이론들에는 Thibaut와 Kelley(1959), Homans(1961), Blau(1964), Walster, E. E. 등(1978)의 이론들이 있다.

61 자유주의 이념에서 "이성은 본질적으로 자기 이익을 가장 효과적으로 추구할 수 있게 하는 계산 능력"(노명식, 1991, p. 41)을 의미하므로, 이 모형에서 전제하는 이성에 근거를 둔 합리성의 추구란 곧 자기 이익에 대한 철저한 계산을 의미하는 것이다. 앞에서 '사회교환이론'을 '합리적 계산자 모형'이라고 이름붙인 것은 바로 이러한 맥락에 그 까닭이 있다.

를 갖추고 있고, 이를 위해 이성에 바탕을 둔 합리적 계산에 따라 자기에게 가장 유리한 방안을 선택할 수 있으며, 자기 이익 최대화라는 안정적 목표를 일관성 있게 추구하는 존재라고 본다. 이러한 관점이 바로 합리적 계산자 모형에 따른 사회교환이론의 논리적 바탕이 되고 있는 것이다.

이와는 대조적으로, 유학사상에서 개념화하는 인간은 기본적으로 관계를 맺고 있는 타인에 대한 관심을 가지고, 그들을 우선적으로 배려하는 도덕성을 갖추고 있는 존재이다. 이러한 관점에서는 사람들 사이의 관계에서 요구되는 질서와 조화를 추구하는 것이 사회관계의 목표라고 전제하는 사회관계론이 도출될 수밖에 없다. 사회관계는 일상생활에서 도덕성을 실천하는 장이기 때문이다. 이는 상호 독립적인 개인이 아니라, 사람들 사이의 관계가 사회 구성의 기본 단위라고 보는 데서 필연적으로 유추되는 관점인 것이다.

이러한 입장에 서게 되면, 독립적인 개인 사이의 공정한 교환을 통한 이익 추구가 사회관계의 목표가 아니라, 일상생활에서 자기를 다하고 타인에게까지 도덕 실천을 미루어가는 충서(忠恕)의 통합[62](공자), 특정 관계 당사자들〔君臣 · 父子 · 夫婦 · 長幼 · 朋友〕 사이에서 요구되는 기본적인 조화〔親 · 義 · 別 · 序 · 信〕의 추구와 달성[63](맹자) 및 함께 모여 살면서 조화롭게 통일을 이루는 일〔群居和一〕[64](순자)과 같이 조화로운 사회관계를 이루는 것이 사회관계의 목표로 부각된다.

나아가 유학사상에서는 이러한 조화의 달성은 각 관계에 본유적으로 내포되어 있는 역할의 수행을 통해 이루어진다고 보아, 역할 수행을 사회관계 유지의 핵심 규범으로 본다. 이것이 이른바 "군주는 군주의 역할을

62 『論語』, 里仁 15.
63 『孟子』, 滕文公上 4.
64 『荀子』, 榮辱 39~40.

다하고, 신하는 신하의 역할을 다하며, 부모는 부모의 역할을 다하고, 자식은 자식의 역할을 다해야 한다"[65]는 정명론(正名論)의 체계인 것이다. 맹자와 순자도 공자의 정명론 체계를 이어받아, 역할 수행이 관계 유지의 핵심 규범이라고 보고 있다. 맹자는 추기급인(推己及人)과 여민동지(與民同之)를 통해 이루어지는 여인위선(與人爲善)이 사회생활의 목표로서, 이는 각자의 역할 수행을 통해 관계 융합이 이루어져야 가능한 일임을 주장하고 있다.[66] 순자도 사회관계의 조화와 통일은 관계 속에 내재한 역할을 명료하게 인식하고〔明分〕 이를 수행〔守分〕하는 데서 이루어진다고 봄으로써, 공자의 정명론을 이어받고 있다.[67]

이렇게 공자 · 맹자 · 순자가 제시하는 사회관계론은 모두 관계 속에 내재하고 있는 역할의 인식과 그 수행의 문제로 집약되고 있다. 이러한 역할의 인식과 수행은 사회관계 유지의 규범이 될 뿐만 아니라, 사회관계가 추구하는 목표인 사회관계의 조화 달성을 이루는 전제이기도 한 것이다. 이러한 맥락에서 보면, 관계 속에 내재한 역할의 인식과 그 수행의 문제가 유학사상의 사회관계론에 바탕을 두고 정립될 동양심리학에서 탐구해야 할 중요한 연구 문제로 떠오르게 되는 것이다.

이러한 역할의 문제는 지금까지 사회학의 연구 분야로 미루고, 현대 서구 사회심리학에서는 다루지 않았던 문제임을 주목할 필요가 있다. 지금까지 서구의 심리학자들이 역할의 문제를 외면했던 까닭은, 사회적 역할이란 것이 개인의 심리 내용 속에 있는 것이 아니라, 객관적인 현실로서 여러 가지 사회적인 규정 속에 존재하는 것, 곧 개인 속에 내재하는 것이 아니라, 개인 밖에 외재하는 것이라는 인식이 그 배경에 깔려 있었던 때

65 『論語』, 顔淵 15.

66 『孟子』, 離婁上 2.

67 『荀子』, 富國 2~3; 君道 5.

문이라고 볼 수 있다. 그러나 유학자들에 따르면, 역할의 문제는 사회 구성 다음에 필요한 사회제도의 한 가지로 생겨나는 것이 아니라, 인간 존재가 본래부터 지닌 특성이다. 개인 존재는 역할의 연쇄망을 벗어나서는 존재할 수 없을 뿐만 아니라, 역할의 인식과 실천은 곧 도덕성의 인식 및 실천과 통하는 인간의 본질적 특성이기 때문이다.

(1) 사회관계의 목표

서구 개인주의 사회와 같이 사회관계를 교환의 관계로 파악하느냐 아니면 유학사상에서와 같이 도덕 실천의 과정으로 파악하느냐에 따라, 사회관계를 통해 이루어야 할 목표를 무엇이라고 보느냐 하는 데에 대한 관점의 차이가 빚어진다. 사회관계를 통해 이루고자 하는 목표에 대한 인식의 차이는 궁극적으로 동 · 서 양 진영에서 전개될 사회관계론의 모습을 근본적으로 다르게 만들 것이다.

사회교환이론 개인주의의 배경이 되고 있는 자유주의 체계에서는 개체성 · 합리성 · 실체성을 기반으로 하여 인간을 이해하려 한다. 이러한 맥락에서 서구인들은 사회관계를 안정적이고 고정적인 내적 속성을 갖추고 있는 독립적이고 개별적인 개인들이 합리적 선택을 통한 계약과 거래를 하는 관계라고 본다. 이러한 계약과 거래를 통해 정보 · 보상 · 도움 · 애정 등을 주고받는 교환을 하는 것이 사회관계의 핵심이라는 것이다.

사회교환이론의 핵심 전제는 상호 평등하고 독립적인 개인들이 사회 구성의 기본 단위이며, 사람들은 교환의 관계를 통해 자기 이익을 최대화하려는 욕구를 가지고 있다고 보는 것이다. 이성의 주체로서 개인들은 합리적인 선택을 통해 교환관계에서 자기에게 이익을 가져오는 행위는 계속 수행하고, 부담을 지우는 행위는 하지 않으려 한다고 가정된다. 서구인들은 상호 독립적이며 이익 추구적인 개인 사이의 계약과 교환의 과정을 통해 사람들은 각자가 자기 이익을 최대로 보장받을 수 있다고 여긴다. 이렇게 서구의 교환이론에서는 인간을 쾌락추구적인 존재로 보아, 사회 작용에서 얻게 되는 자기 이익의 최대화에서 사회관계의 목표를 찾는 것이다.

유학의 도덕실천론 유학사상에서는 사회관계를 다른 사람들에 대한 관심과 배려를 실천하는 장이라고 본다. 서로에 대해 관심을 가지고 있는 개인들이 서로를 배려하는 것이 사회관계의 바람직한 모습이라는 것이다. 그러므로 사회관계란 도덕 주체로서의 자기가 다른 사람과 사회에 대한 책임을 수행하기 위한 활동의 공간이라는 의미를 갖는다.

공자는 자신의 도가 자기를 다하는 충(忠)과 자기를 타인에게까지 미루어가는 서(恕)로 관통되어 있다고 하여, 충서의 통합을 사회관계의 목표로 제시하고 있다. 곧 도덕성의 인식과 실천을 사회관계의 목표로 부각시키고 있는 것이다. 그는 이러한 목표가 사회관계에서 모든 사람이 각자의 역할을 충실히 수행함으로써 이루어진다고 보는 정명론을 편다.

맹자는 사회관계의 목표를 대인관계에서 조화를 달성하는 일〔五倫〕 및 일상생활에서 다른 사람들과 함께 선을 이루는 일〔與人爲善〕로 잡고, 이러한 목표는 각자가 자기의 역할을 다하는 데서 이루어진다고 보고 있다. 순자도 조화롭고 통일된 사회관계를 이루기 위해서는 역할의 정확한 인식과 수행이 전제되어야 한다고 본다.

이렇게 유학자들은 모두 역할의 인식과 수행이 사회관계의 목표(복례를 통한 충서의 통합, 여인위선, 군거화일)를 이루기 위한 전제가 된다고 보아, 역할의 문제를 중시하고 있다. 그렇다면, 역할의 인식과 수행이 복례를 통한 충서의 통합, 여인위선, 군거화일이라는 사회관계의 목표, 더 나아가서는 인간 삶의 목표를 이룰 수 있는 전제가 되는 까닭은 무엇인가? 이러한 역할의 정확한 인식은 어떻게 해서 이루어질 수 있는가? 역할의 인식과 수행 사이의 관계는 어떠한가? 역할의 인식이 그대로 그 충실한 수행으로 이루어지는 것은 아닌데, 역할의 충실한 수행에 개재하는 요인에는 어떠한 것들이 있는가? 한 개인이 동시에 다양한 역할을 수행할 경우, 역할 사이에 개재하는 갈등은 어떻게 해결할 것인가? 앞으로 유학사상에 토대를 두고 정립될 동양심리학은 역할의 인식과 수행을 둘러싸고 있는 이와 같은 문제들을 집중적으로 탐구해야 할 것이다.

(2) 사회관계의 유지

개인은 이기적 존재이든 아니면 도덕적 존재이든, 모여서 사회생활을 하지 않을 수 없다. 사회관계를 유지하여야 하는 것은 인간 삶의 기본 조건인 것이다. 사회관계를 유지하는 데는 개인의 자유의 제한 같은 개인에 대한 제약이 따르게 마련이다. 그러므로 사회관계론에서는 이러한 제약을 극복하고, 사회관계를 유지하는 데 필요한 규범들을 설정할 수밖에 없는 것이다.

사회교환이론 서구의 사회교환이론에서는 개인들이 사회관계를 통하여 각자의 이익을 최대화하려 노력하게 된다고 전제한다. 그러나 한 사회가 보유하고 있는 자원에는 한계가 있는 것이 보통이고, 공동 작업을 통해 이루어내는 성과도 제한되어 있게 마련이다. 이러한 상황에서 상호작용을 하고 있는 각자가 자기 이익의 최대화를 위해 경쟁하다 보면, 그들 사이에 필연적으로 이익 갈등이 빚어질 수밖에 없게 된다. 그러므로 이러한 이익 갈등을 최소화하고, 사회관계를 유지하기 위한 규범이 필요하게 되는 것이다.

사회교환이론에서는 관계 당사자들 사이에 이익과 부담의 공정한 교환이 이루어져야 사회관계가 유지될 수 있다고 본다. 곧 합리적 계산에 따른 공정성의 추구가 사회적 갈등을 해소하고, 두 당사자들을 계속 기존의 관계 속에 묶어두는 핵심이라는 것이다. 그러나 이러한 공정한 교환은 관계 유지의 최소 충족 요건일 뿐이다. 공정한 교환이 이루어지면 관계가 깨지지 않을 뿐, 그에 만족하게 되거나 또는 그 관계가 더 강화되는 것은 아니다.

이러한 맥락에서 교환이론들에서는 공정한 교환을 통한 관계 유지에 대해서와 마찬가지로, 관계의 만족도에 영향을 미치는 요인들에 대해서도 관심을 쏟는다. 티보와 켈리의 '상호의존성이론'이 그 대표적인 예인데, 이 이론에서는 개인이 교환관계에서 얻은 자기 성과의 마땅함(deservingness)을 평가하는 '비교수준'이 관계의 만족도를 판단하는 기준이 된다고 보아 중시한다. 비교수준보다 높은 성과는 만족을 가져오지만, 낮은 성과는 불만을 유발한다는 것이다. 이렇게 사회교환이론에서는 '공정성'을 관계 유지의 규범으로, 자기가 얻는 성과가 자기의 노력에 비해 '마땅한 정도'를 관계의 만족도를 판단하는 기준으로 제시하고 있다.

유학의 도덕실천론 이와는 대조적으로, 유학사상에서는 관계 속에 내재한 역할을 충실히 수행하는 것이 관계를 지속하게 만들 뿐만 아니라, 이를 더 강화하기도 한다고 본다. 공자의 정명론, 맹자의 진도론, 순자의 명분 · 수분론은 사회관계에서 자기에게 부여되어 있는 역할을 분명하게 인식하고 수행하는 일이 사회관계를 조화롭게 유지하는 핵심이라고 보는 이론들이다. 한 걸음 더 나아가, 순자는 "역할과 몫을 나누지 않는 것은 사람의 커다란 재앙이고, 역할과 몫을 나누는 것은 천하의 근본적인 이익"[68]이라고 진술하여, 역할의 명확한 인식과 수행이 천하를 근본적으로 이롭게 하는 일이 된다고까지 표현하고 있다.

여기서 역할 수행과 관련하여 한 가지 더 살펴보아야 할 것은, 이러한 역할의 수행이 쌍무적으로 이루어져야 한다는 사실이다. 곧 부모가 자기의 역할을 다하는 것과 자식이 자기의 역할을 다하는 것이 함께 이루어져야 부모와 자식 사이에 친애함이라는 조화와 질서가 이루어지지, 어느 한 쪽만의 역할 수행에 따라서는 이루어지지 않는다고 유학자들은 보고 있는 것이다. 유학자들은 서로 하나의 단위를 이루는 사람들의 쌍무적인 역할 수행을 강조하여, 예를 들면 항상 군주와 신하〔君臣〕, 부모와 자식〔父子〕의 동시적이고도 쌍무적인 역할 수행을 부각시키고 있다.[69] 이러한 사실을 가리켜 순자는 "역할 수행의 길은 한쪽만 자기 역할을 수행하면 어지러워지지만, 양쪽이 모두 자기 역할을 수행하면 사회관계에 질서가 이루어지게 될 것"[70]이라고 진술하고 있다. 이렇게 보면, 유학자들은 교환물의 공정성이 아니라, 쌍무적인 역할 수행의 공정성을 강조하고 있었던 것이라 생각할 수 있다. 요컨대, 추구하는 공정성의 내용이 다른 것이지, 유학사상이라고 해서 공정성을 완전히 외면하는 것은 아니라는 말이다.

4) 수양론과 자기통제론: 자기심리학의 문제

유학의 체계에서 인성론과 군자론 · 성인론은 이론적 전개에 더 많은 관심을 기울이고 있는 부분이고, 도덕실천론과 수양론은 유학의 실천론에 해당한다. 유학은 인간의 본질적 존재 특성에 관한 논리(인성론)와 이에 근거하여 최종적으로 이루어야 하는 이상적 상태에 관한 논리(군자론 · 성인론)의 체계를 이론적 기초로 하여, 다른 사람과의 사회생활에서 이루어

68 故無分者 人之大害也 有分者 天下之本利也 (『荀子』, 富國 7)

69 『論語』, 顔淵 11; 『孟子』, 離婁上 2; 『荀子』, 君道 5 등.

70 此道也 偏立而亂 俱立而治 (『荀子』, 君道 5)

야 할 도덕적 삶의 양태(도덕실천론)와 개인적인 삶의 과정에서 추구해야 할 삶의 자세(수양론)에 대해 다루고 있다. 곧 수양론은 인성론에서 제시한 바와 같은 특성을 본유적으로 갖추고 있는 사람이 이상적 인간상인 군자나 성인의 상태에 도달하기 위해서 어떻게 해야 하는지를 물음하고 있는 실천철학 및 그 방법론의 체계인 것이다. 이러한 수양의 핵심은 이기적인 욕구와 사적 감정의 억제로 귀결된다는 것이 유학자들의 관점이다. 이러한 수양론에서는 자기통제를 주축으로 하는 자기통제론의 문제를 이끌어 낼 수 있다.

서구 개인주의의 사상적 배경인 자유주의의 체계에서는 개인 존재를 '자유의 보유자', '이성 주체', 그리고 '고정적 안정적 실체'로 개념화하여 인식함으로써, 개인의 독립성과 자율적 선택, 독특성과 개성 및 일관성과 안정성을 강조하는 특징을 보인다. 개인주의 사회에서는 사회의 궁극적인 구성 단위를 이러한 독립적, 이성적, 안정적인 개인 존재에서 찾는다. 그 결과 개인주의 사회에 살고 있는 사람들은 '개체중심적인 인간관'을 가지게 되며, 타인과는 구별되는 독특하고 독립적이며 안정적인 내적 속성을 통해 스스로를 규정하는 '독립적 자기관'을 보유하게 된다. 이러한 개체중심적 인간관과 독립적 자기관으로부터 이 사회에 살고 있는 사람들의 인지 · 정서 · 동기의 제반 특징들이 연유하게 되는 것이다.[71]

이에 비해, 동아시아 집단주의의 사상적 배경인 유학의 체계에서는 개인을 '의무 · 역할 · 배려의 복합체', '덕성 주체', 그리고 '가변적 과정적 존재'로 개념화하여 인식한다. 그리하여 집단주의 사회에서는 타인과의 상호연계성과 조화성, 타인에 대한 관심과 배려 및 자기 단점의 확인과 수용을 통한 자기 개선을 강조하는 특징을 보인다. 이 사회에서는 사회의

---

71 Markus & Kitayama, 1991.

궁극적인 구성 단위를 독립적인 개인이 아니라 사람들 사이의 관계 및 이러한 관계의 원형인 가족과 같은 일차 집단에서 찾는다. 그 결과 집단주의 사회에 살고 있는 사람들은 '관계중심적인 인간관'을 가지게 되며, 다른 사람과의 관계 속의 역할과 의무 또는 타인에 대한 배려를 통해 스스로를 규정하는 '상호의존적 자기관'을 보유하게 된다. 이러한 관계중심적 인간관과 상호의존적 자기관으로부터 이 사회에 살고 있는 사람들의 인지 · 정서 · 동기의 제반 특징들이 나오게 되는 것이다.

이러한 인간관과 자기관의 문화차는 두 문화권에서 개념화하는 자기통제의 차이로 그대로 연결되고 있다. 개인주의 사회에서는 이성 주체로서의 독립적이고 자율적인 독특한 개인의 적극적인 자기 주장과 자기 이익의 추구를 중시하고, 이러한 과정에서 환경 세계를 자기에게 맞추어 변화시키는 일을 통제의 의미로 받아들인다. 곧 서구인들에게 통제란 환경통제를 말한다. 이와는 대조적으로, 집단주의 사회에서는 덕성 주체로서의 개인의 타인 및 사회에 대한 관심과 배려 및 책무의 자임과 완수를 중시하고, 이러한 과정에서 자기의 욕구와 감정을 억제하는 일을 통제라고 여긴다. 곧 동아시아인들에게 통제란 자기통제를 말한다. 이러한 통제를 보는 관점의 동 · 서 대비를 통해 통제의 근원으로서의 자기의 문제가 중요한 심리학의 연구 주제로 도출된다고 볼 수 있다. 자기존중감의 근원 및 자기 향상 방안의 문화차의 문제, 자기확대 동기와 자기실현 동기 등 자기 관련 기본 동기의 문화차의 문제 등이 이 분야 연구의 주요 과제로 떠오르고 있는 것이다.

(1) 자기존중감의 근원

"윌리엄 제임스 이래 심리학자들은 자기에 대한 긍정적인 견해를 갖고자 하는 것이 아주 강력한 동기의 하나라는 사실을 지속적으로 밝혀왔다."[72] 이러한 정적(正的) 자기평가를 위한 욕구는 인간의 보편적인 동기인데[73] 이러한 욕구는 해당 사회의 문화적 명제를 달성하는 데서 충족되는 것임이 많은 문화 비교 연구들[74]에서 밝혀지고 있다. 곧 문화 유형에 따라 소속 성원들이 따를 것으로 가정하는 문화적 명제가 달라지는데, 소속 사회의 문화적 명제를 충족하는 일이 자기존중감의 근거가 된다는 것이다. 이렇게 문화 유형에 따라 성원들에게 강요하는 문화적 명제가 다를 수밖에 없으므로, 자기존중감의 근원이 문화 유형에 따라서 달라지게 될 것임은 쉽게 추론해볼 수 있다.

개인주의와 자기존중감의 근원 개인의 독립성을 중시하는 개인주의 사회의 문화적 명제는 자율성과 개별성 및 독특성의 추구이다. 따라서 개인주의 사회에서는 자기의 내적 욕구, 권리 및 능력의 표출과 사회적 압력에 대한 저항의 노력을 통해 개인의 역량과 주도성이 체험되므로, 결과적으로 독특성과 탁월성, 자기 표현의 유능성 및 외적 제약을 받지 않는 자유로움이 자기존중감의 근거가 된다.

집단주의와 자기존중감의 근원 이와는 대조적으로, 개인 사이의 상호의존성을 중시하는 집단주의 사회의 문화적 명제는 상호연계성, 사회 통합 및 대인 간 조화의 추구이다. 따라서 집단주의 사회에서는 타인

---

72 Matsumoto, D., 2000, p. 63.

73 Brown, 1998; Heine, Lehman, Markus, & Kitayama, 1999; Sedikides & Skowronski, 2000, 2002.

74 조긍호, 2002; Fiske, A. P. et al., 1998; Heine et al., 1999; Kitayama, Markus, & Lieberman,1995; Kitayama et al., 1997; Kunda, 2000; Markus & Kitayama, 1991, 1994; Matsumoto, D., 2000; Sedikides, Gaertner, & Toguchi, 2003; Sedikides, Gaertner, & Vevea, 2005.

에 대한 민감성, 상황의 필요와 요구에 대한 적응 및 자기 억제와 조절의 노력을 통해 개인의 역량과 주도성이 체험되므로, 결과적으로 이러한 자기 억제와 상황적응성 및 대인관계에서 조화를 유지하는 일이 자기존중감의 근거가 된다.

자기존중감의 근거가 이렇게 문화 유형에 따라 달라지게 되면, 문화에 따라 이를 측정하는 도구를 다르게 구성해야 할 것이다. 지금까지 이 분야의 연구에서는 서구인들의 자기존중감 수준이 동아시아인들의 그것보다 유의미하게 높다는 사실이 일관되게 나타나고 있다.[75] 이러한 결과가 나타나는 까닭은, 이 분야의 연구들에서 자기존중감을 측정하기 위해 사용되는 척도가 개인주의 사회의 문화적 명제는 잘 반영하지만, 집단주의 사회의 그것은 잘 반영하고 있지 못하기 때문이다.[76] 그러므로 자기 관련 동양심리학의 연구에서는 무엇보다도 먼저 집단주의 사회의 자기 관련 문화적 명제를 반영하는 측정 척도부터 개발해야 할 것이다.

(2) 통제력과 자기효능감

두 문화권에서 자기존중감을 낳는 근원의 차이는 그대로 자기 표현과 통제 양상의 문화 차이를 유발한다. 이러한 자기 표현과 통제 양상의 차이는 자기가 통제력을 갖추고 있다는 신념인 자기효능감의 문화차와 직접 연결된다.

보통 집단주의 사회에서는 자기효능감이 중요하지 않거나 경험되지 않을 것이라고 생각하기 쉬운데, 이는 그렇지 않다. 통제감의 주축인 효능감 신념의 기능적 가치는 문화보편적인 것이다. 하지만 "보편성이 탈 문

---

75 Baumeister, Tice, & Hutton, 1989; Diener, E., & Diener, M., 1995; Heine & Lehman, 1997; Heine et al., 1999, pp. 776~777, 그림 1, 2.

76 조긍호, 2006, pp. 540~542; Heine et al., 1999.

화적 관점(culture-free perspective)을 의미하는 것은 아니다. 자기가 바라는 효과를 산출할 수 있는 능력에의 신념은 어떤 문화권에서나 확립될 수 있는 것이다. 그러나 효능감 신념이 어떻게 발달되는지, 이것이 어떤 목적을 위해 쓰이는지, 그리고 특정 문화 환경 내에서 이것이 가장 잘 발휘될 수 있는 방법이 무엇인지는 문화적 가치와 실제가 결정하는 것이다. 따라서 효능감의 신념은 집단주의와 개인주의 사회에서 모두 생산성에 기여할 수 있는데, 다만 개인주의자들은 스스로가 사태를 관리할 수 있을 때 가장 효능감을 느끼고 생산적이지만, 집단주의자들은 타인들과 함께 사태를 관리할 때 가장 효능감을 느끼고 생산적일 뿐인 것이다."[77] 따라서 개인주의 사회에서는 '개인효능감'(personal efficacy)이 중요하지만 집단주의 사회에서는 '집단효능감'(collective efficacy)이 중요하며,[78] 이들은 각각 개인주의와 집단주의 사회의 '일차 통제'(primary control)와 '이차 통제'(secondary control)[79]의 주축이 되는 신념 체계라고 볼 수 있는 것이다.

개인주의와 자기효능감 개인주의 사회에서는 자율성과 독립성을 키울 수 있는 자기 주장을 적극 권장한다. 따라서 개인주의 사회에서는 자기의 내적 욕구 · 감정 · 권리 및 능력을 표출함으로써 개인 역량이 발휘된다고 여기고, 통제란 결국 개별성과 자율성을 성취하기 위하여 사회 상황이나 외적 제약을 변화시키는 것을 뜻하게 된다. 그리하여 이들은 "환경 세계를 개인의 욕구에 합치하도록 변화시킬 수 있는 능력"이 통제력의 원천이라고 보아, "개인의 욕구에 부합하도록 외부 세계를 변화시키기 위한 노력"을 강조하는 관점에서, 능동성 · 도전 및 저항과 극복 같은

77 Bandura, 1997, p. 32.

78 Bandura, 1997. pp. 31~33, 470~472; 2000, pp. 211~213.

79 Rothbaum et al., 1982; Weisz et al., 1984.

외부지향적 행동(일차 통제)을 중시한다.[80]

통제의 양상에 관한 이러한 개인주의적 견해는 곧바로 "통제감의 주축인 효능감 신념"[81]에 관해 일관되는 관점을 낳는다. 개인주의 사회에서 효능감의 근원은 개인으로서 유능하다는 '개인효능감'이다. 자기가 외부 환경에 대해 통제력을 가지고 있다는 신념이 곧 개인효능감의 내용이다. 이렇게 개인주의 사회에서 '나도 가치 있는 사람이라는 느낌'은 남이 못하는 일을 내가 할 수 있거나, 남과 다른 나만의 독특성이 드러날 때, 또는 환경과 타인을 통제하여 나에게 맞게 변화시켰을 때 높아지는 것이다.

집단주의와 집단효능감 이와는 대조적으로, 집단주의 사회에서는 대인관계 속의 조화와 통합을 꾀할 수 있는 자기 억제를 적극 권장한다. 따라서 집단주의 사회에서는 타인에 대한 민감성, 상황의 필요와 요구에 대한 적응 및 자기 억제와 조절의 노력을 통해 개인 역량이 발휘된다고 여기고, 통제란 결국 상호의존성과 연계성을 실현하기 위하여 개인적 욕구와 목표 및 사적 감정 같은 내적 속성을 억제하는 것을 뜻하게 된다. 그리하여 이들은 "자기를 외부 세계와 합치하도록 만들고 '현실과 타협'하려는 노력"을 통제력의 원천으로서 중시하여, 자기의 기대 · 목표 · 욕구 같은 내부의 속성을 외부 현실에 맞게 변화시키려 하는 내부지향적 행동(이차 통제)을 강조한다.[82]

개인주의 사회에서 효능감의 근원이 개인으로서 유능하다는 '개인효능감'인 것과는 달리, 집단주의 사회에서 효능감의 근원은 집단에 대한 소속감과 집단 속의 조화감에서 나오는 '집단효능감'이다. 개인주의 사회

---

80 Rothbaum et al., 1982, p. 8; Weisz et al., 1984.

81 Bandura, 2000, p. 212.

82 Rothbaum et al., 1982, p. 8; Weisz et al., 1984.

와는 달리, 집단주의 사회에서 '나도 가치 있는 사람이라는 느낌'은 나의 사적인 욕구나 감정을 억제하고 남들과 잘 어울리거나, 남들이 나를 유용한 성원으로 받아들여줄 때, 또는 남들과 같은 소속원으로서 집단의 통합을 위해 함께 노력할 때 높아지는 것이다.

이러한 맥락에서 보면, 동양심리학에서 다룰 자기통제의 문제는 자기의 사적 욕구와 감정의 억제와 이어진다. 이는 사단칠정설(四端七情說)이나 인심도심설(人心道心說) 같은 성리학의 정서이론과 동기이론에서 강조해온 내용이다.[83] 이들 이론에서 이러한 사적 감정과 욕구의 억제는 자기개선을 통한 도덕적 완성의 근간이 되는 수양의 핵심이다. 그렇다면, 이러한 욕구와 감정의 통제는 어떻게 이루어질 수 있는가? 성리학자들이 제시하는 방법은 거경(居敬)이다. 그러므로 동양심리학에서는 거경의 심리학적 탐색이 중요한 문제로 떠오르게 될 것이다.[84]

(3) 자기 향상의 방안

이상에서 보았듯이, 정적인 자기상을 추구하려는 경향은 인간 사회에서 누구나 가지는 문화보편적인 욕구이지만, 문화 유형에 따라 정적인 자기상을 구성하는 내용에 대한 생각은 서로 다르다. 그러므로 이러한 정적인 자기상을 이루기 위해 자기 향상(self-improvement)을 도모하는 방안에 대한 입장이 문화 유형에 따라 서로 달라지게 될 것이라는 사실은 자명한 일이다.

---

83 '사단칠정설'의 심리학적 함의는 한덕웅(1994, pp. 208~230)과 졸저(조긍호, 2007, pp. 310~320), '인심도심설'의 심리학적 함의는 한덕웅(1994, pp. 97~103)과 졸저(조긍호, 2007, pp. 404~418) 참조.

84 이에 관해서는 김성태(1989, pp. 1~53, 169~198, 244~287), 한덕웅(1994, pp. 76~96) 및 졸저(조긍호, 2003a, pp. 417~419, 464~469) 참조.

개인주의 사회에서는 개인이 보유하거나 이룩한 능력 · 태도 · 가치관 · 성격 · 정서 등 고정적이고 안정적인 내적 속성에 의해 개인 존재의 의의가 드러나게 된다고 본다. 따라서 이 사회에서는 스스로가 긍정적인 내적 속성을 가능한 한 많이 가지는 일이 자기 향상의 지름길이라고 보아, 자기가 가진 긍정적 속성을 적극적으로 드러내 보이려 노력하게 될 것이다. 이에 비해, 집단주의 사회에서는 개인의 내집단과의 연계성과 책임의 수행을 통해 개인의 존재 의의가 드러나게 된다고 본다. 따라서 이 사회에서는 집단의 조화와 통합을 이루기 위해 자기의 장점을 드러내는 대신, 자기의 단점을 찾아 이를 개선하는 데에서 자기 향상이 이루어진다고 보게 될 것이다.

개인주의 사회와 자기 고양 개인주의 사회에서는 독립성이 문화적 명제이므로 개인의 독특성을 강조하게 되고, 결과적으로 자기의 장점과 고유성에 민감하게 되어, 정적인 자기상과 자기에 대한 정적인 감정을 추구하게 된다. 이 사회에서는 스스로가 성취한 독특성과 장점의 확충에 의한 자기 고양(self-enhancement)을 자기 향상의 통로라고 본다. 즉, 개인주의 사회에서는 자기 고양의 방향으로의 문화적 압력이 존재하게 되어, 자기의 단점이나 부적 측면은 회피하거나 절감하는 대신, 자기의 정적 측면에 주의를 기울이고 이를 정교화하게 된다. 그 결과 개인주의 사회에서의 자기화(self-making)는 자기 속에 갖추어져 있는 안정적이고 일관적인 정적 특성을 확인하고 고양시키는 일이 주축이 되어, 이러한 자기 고양을 통해 자기 향상을 이루는 일이 자기 존중의 근거가 된다.[85]

---

85 조긍호, 1997a, c, 2003a, b; Diener, E., & Diener, M., 1995; Diener, E., & Larsen, 1993; Fiske, A. P. et al., 1998; Heine & Lehman, 1995; Kitayama & Markus, 1994, 1995; Kitayama et al., 1995, 1997; Markus & Kitayama, 1994.

개인주의 사회에서는 부적 특성보다는 정적 특성을 더욱 규범적이고 정상적인 것으로 받아들여, 이러한 정적 특성의 보유로 인한 자기만족도가 곧 행복감을 유발하는 기초가 된다.[86] 개인주의 사회에서 자기의 정적인 측면을 부적인 측면보다 더욱 규범적이고 정상적인 것으로 받아들이는 경향은 성격 특성의 경우에만 나타나는 것은 아니다. 그들은 정서의 체험에 있어서도 정적 정서 경험을 부적 정서 경험보다 더욱 바람직한 것으로 받아들일 뿐만 아니라, 실생활에서 더욱 자주 경험한다.[87] 그리하여 개인주의 사회에서는 부적 정서 경험의 빈도에 대비하여 정적 정서 경험의 빈도가 높을수록 행복감이나 주관적 안녕감이 높아지는 것이다.[88]

이와 같이 개인주의 사회에서는 자기의 장점이나 정적 특성 및 정적 정서 경험의 확충이 자기 향상의 통로라고 받아들여, 이를 적극적으로 추구하는 경향이 강하다. 그들은 자신을 정적 특성을 중심으로 개념화하고, 정적 정서를 가능한 한 많이 경험하려 하며, 자기의 자존감을 높이는 방향으로 성취 결과를 귀인하는 경향을 보인다. 같은 연장선 상에서 그들은 자기의 단점이나 부적 특성, 그리고 부적 정서의 경험은 애써 외면하려 하거나 적극적으로 회피하려 한다. 요컨대, 개인주의 사회에서 지배적인 자기 향상의 방안은 자기의 긍정적 측면의 확충을 통한 자기 고양인 것이다.

집단주의 사회와 자기 개선 집단주의 사회에서는 연계성이 문화적 명제이므로 타인에의 배려와 조화의 유지를 강조하게 되고, 결과적으로 정적인 자기상이나 자기에 대한 정적인 감정보다는 자기의 부적인 측면

86 Diener, E., & Diener, M., 1995; Heine & Lehman, 1995; Kwan, Bond, & Singelis, 1997.

87 차경호, 1995; Suh & Diener, E., 1995.

88 Diener, E., Suh, Smith, H., & Shao, 1995; Suh & Diener, E., 1995.

과 부적 감정에 더 민감하고, 또 이의 경험에 대해 수용적이 될 가능성이 높다. 이 사회에서는 다양한 상황과 관계에 의해 사람이 규정된다고 보므로, 이러한 상황과 관계에 맞추어 스스로의 행위를 적합하게 조정할 것을 강조하게 되고, 따라서 상황과 관계에 따른 행위의 가변성을 인정하고 중시하게 된다. 그러므로 집단주의 사회에서는 대인관계의 조화를 해칠 수 있는 자기의 단점을 찾아 이를 고치려고 노력하게 되고, 이러한 자기 개선(self-improvement)이 자기 향상의 통로로 부각된다. 그 결과 집단주의 사회에서의 자기화는 집단의 기대에 비추어보아 자기에게 결여된 것이 무엇인가를 찾아내어 이를 수정하는 일이 주축이 되며, 이러한 자기 개선을 통해 자기 향상을 이루는 일이 자기 존중의 근거가 되는 것이다.[89]

집단주의 사회에서는 집단 속에서의 조화와 사회관계 속에서의 자기의 적합한 위치에 주의를 기울이게 되어, 이러한 조화를 해치거나 남에게 피해를 줄지도 모르는 부적 측면의 확인과 개선에 힘쓰게 되므로, 이러한 노력이 곧 행복감의 기초가 된다. 즉, 자기의 정적 측면의 확인에 기초한 자기만족도가 삶의 만족도 및 행복감의 직접적인 지표가 되는 개인주의 사회와는 달리, 집단주의 사회에서 자기만족도와 행복감은 아무런 상관이 없고, 타인으로부터의 수용감이나 대인관계에서의 조화가 행복감의 직접적인 지표가 되는 것이다.[90]

이렇게 집단주의 사회에서는 자기의 부적인 특성에 대한 수용의 폭이 넓다. 이러한 경향은 성격 특성의 경우만이 아니라, 정서 경험의 경우에도 나타난다. 동아시아인들은 부적 정서 경험의 빈도가 서구인들보다 더

89 조긍호, 1997a, c, 2003a; Diener, E., & Diener, M., 1995; Diener, E., & Larsen, 1993; Fiske, A. P. et al., 1998; Heine & Lehman, 1995; Kitayama & Markus, 1994, 1995; Kitayama et al., 1995, 1997; Markus & Kitayama, 1994.

90 Diener, E., & Diener, M., 1995; Heine & Lehman, 1995; Kwan et al., 1997.

욱 빈번할 뿐만 아니라, 이러한 부적 정서 경험을 바람직한 것으로 수용하는 정도도 매우 높다.[91] 따라서 집단주의 사회에서 부적 경험의 빈도와 대비한 정적 경험의 빈도는 행복감 및 주관적 안녕감과 아무런 연관성이 없다.[92] 말하자면, 동아시아인들은 부적 정서를 많이 경험한다고 해서 불행하게 느끼지는 않으며, 그만큼 이들은 부적 정서에 대한 수용의 폭이 큰 것이다.

이와 같이 집단주의 사회에서는 자기의 단점이나 부적 성격 특성, 그리고 부적 정서 경험에 대한 수용도도 높고, 이를 적극적으로 회피하려 하지도 않는다. 집단주의 사회에서는 자기의 단점이나 부적 특성 및 부적 정서 경험이 부정적인 자기개념을 가져오는 것이라 받아들이지 않는다. 이들은 이러한 자기의 부적 측면에 대한 수용의 폭이 매우 커서, 이들도 무난히 자기개념 속에 받아들인다. 이들은 이러한 부적 측면의 개선을 통해 사회 집단의 조화가 이루어지고, 이러한 자기 개선을 통해 집단원들이 자기를 유용한 성원으로 인정하고 받아들이는 경향이 높아질 것이라 기대한다. 요컨대, 집단주의 사회에서 지배적인 자기 향상의 방안은 자기의 부정적 측면을 수용하고 이를 고쳐나가는 자기 개선인 것이다.

(4) 자기실현과 자기확대

이상에서 보아온 바와 같은 자기존중감, 통제력과 효능감, 자기 향상의 방안 등에 관한 문화 유형 사이의 차이는 필연적으로 두 문화권에서 상정하는 삶의 목표 및 이를 달성하는 데 필요한 동기에 관한 입장의 차이를 유발하게 된다. 인간 삶은 주관적으로 체험하고 인식하는 자기에 의해서

---

91 차경호, 1995; Suh & Diener, E., 1995.

92 Diener, E. et al., 1995; Suh & Diener, E., 1995.

이루어지는 것이기 때문이다.

개인주의와 자기실현 서구인의 삶의 배경이 되어왔던 자유주의사상에서는 '자유의 보유자'로서의 자율성과 독립성, '이성 주체'로서의 합리성, '안정적 실체'로서의 자기완비성과 독특성 등에서 개인 존재의 이상을 찾고, 이러한 이상을 추구함으로써 개체로서의 가능성과 잠재력을 최대로 발휘하는 '자기실현'(self-actualization)을 인간 삶의 목표로 규정하여 왔다. 그러므로 서구인의 삶의 가장 기본적인 동기는 '자기실현동기'가 된다고 볼 수 있다.

개인주의 사회에서는 능력 · 성격 · 태도 · 감정 · 신념 등 행위의 모든 원동력을 그 자체 속에 완비한 개인이 사회 구성의 기본 단위라고 본다. 이 사회에서는 타인이나 집단과 분리된 이러한 개인의 독특성과 자율성 및 독립성의 달성이 사회적 명제이고, 자기의 장점이나 독특성 · 자율성 · 독립성 등 긍정적 특성의 확충을 통한 자기 고양을 자기 향상의 방안이라고 본다. 따라서 이러한 독특하고 자율적이며 독립적인 실체로서의 개인이 개인주의 사회에서 보는 이상적 인간이다. 이러한 개인의 독특성 · 자율성 · 독립성을 달성하여, 개인이 잠재적으로 지닌 모든 내적 성향을 이루어내는 '자기실현'이 개인주의 사회에서의 인간 삶의 이상이다.[93] 따라서 이러한 이상을 이루어내려는 '자기실현동기'가 개인주의 사회의 핵심적인 근본 동기로 등장하게 되는 것이다.

이렇게 독립적이고 자율적인 개인의 '자기실현동기'를 가장 근본적인 동기로 보는 개인주의의 배경에는 신-악마; 선-악; 인간-자연; 마음-신체; 자기-타인; 개인-집단(사회)을 대립적인 관계로 파악하여, 전자

---

93 Wilson, 1997.

(신 · 선 · 인간 · 마음 · 자기 · 개인)를 후자(악마 · 악 · 자연 · 신체 · 타인 · 집단)보다 중시하는 서구의 이원론적 철학이 깔려 있으며,[94] 동시에 개인의 자유의지(free will)에 따른 합리적 선택으로 인간의 목표지향성을 이해하려는 자유주의적 전통이 놓여 있다.[95]

집단주의와 자기확대 집단주의 사회에서는 인간을 사회관계 속에서의 상호의존적인 존재로 파악하며, 이러한 관계 속의 역할 · 규범 및 사회적 연대가 개인의 특성보다 더 중요한 행위의 원동력이라고 본다. 이 사회에서는 상호연관된 관계적 존재인 개인들이 이러한 관계와 역할의 연쇄망 속에 참여하여 자기 개선을 통해 자기 향상을 도모함으로써, 상호의존성과 조화로운 관계, 그리고 원만한 사회의 통합을 이루는 것이 인간 삶의 이상이라고 여긴다.[96]

그러나 이 경우의 상호의존성은 사회관계의 중요성에 대한 관심과 지향을 의미하지, 자신의 개인적 가치에 관심이 없다는 것은 아니다. 즉, 상호의존적인 삶이란 자기의 상실이나 자기에 대한 관심의 부재를 의미하는 것이 아니라, 개인의 주의 · 인지 · 감정 · 동기가 관계 및 규범에 터해서 조직화되는 것을 의미할 뿐인 것이다.[97] 그러므로 집단주의 사회에서는, 어떤 의미에서 보면, 더 잘 발달되고 분화된 자기관이 요청되는 것이다. 이들에게 있어서는 자기의 여러 측면들이 서로 분리되어 일치하지 않을 수 있으므로,[98] 이들 간의 조화로운 관계 설정이 중요해지게 되는 것이다.

94 Fiske, A. P. et al., 1998; Johnson, 1985; Markus & Kitayama, 1991; Miller, J. G., 1997.
95 Johnson, 1985.
96 Fiske, A. P. et al., 1998; Miller, J. G., 1997; Tu, Wei-Ming, 1985, 1996.
97 Fiske, A. P. et al., 1998, pp. 924~926.
98 Triandis, 1989, 1990: 인도인들에게 있어서 '자기'는 구획된 실체(bounded entity)로서의 individual(분리할 수 없는 통합된 존재)이 아니라, 상호 연관되어 있지만 개별적인 여러 측

이러한 관점에서 보면, 집단주의 사회에서는 자기의 여러 측면, 예를 들면 스스로가 보는 '사적 자기'(private self), 일반적인 타인이 보는 나에 대한 견해인 '공적 자기'(public self) 및 집단의 성원들이 보는 나에 대한 견해인 '집단적 자기'(collective self) 사이에 조화를 이루어,[99] 상호의존성을 최대화하는 것을 이상적 인간의 중요한 특징이라고 받아들인다고 추론할 수 있다. 이러한 통합과 조화는 나에 대한 다양한 견해를 가지고 있는 타인이나 집단을 나 자신 속에 끌어들여, 나 자신과 동일시하는 데에서 가장 잘 이루어질 수 있을 것이다. 따라서 타인이나 집단을 자신의 중요한 속성의 하나로서 자신의 정의 안에 포함시키는 '자기확대'(self-expansion)가 집단주의 사회의 가장 핵심적인 근본 동기가 될 것이라고 볼 수 있을 것이다.[100]

이렇게 '자기확대동기'를 근본 동기로 보는 집단주의의 배경에는 유학사상이 깔려 있어서, 인간과 자연, 자기와 타인, 개인과 집단(사회) 등을 서로 대립적인 것으로 파악하지 않고, 서로를 포괄할 수 있는 것으로 파악한다.[101] 동아시아 집단주의의 배경에는 인간을 관계 속의 존재로 파악

면들의 dividual(분리할 수 있는 분절된 존재)로 받아들여진다(Bharati, 1985, pp. 219~225; DeVos, Marsella, & Hsu, 1985, p. 14; Marriott, 1976, p. 111)는 지적은 이러한 사실을 극적으로 드러내주고 있다.

99 Baumeister, 1986.

100 Aron과 그 동료들(Aron, A., & Aron, E. N., 1986; Aron, A., Aron, E. N., & Smollan, 1992; Aron, A., Aron, E. N., Tudor, & Nelson, 1991)은 이러한 '자기확대동기'가 인간의 기본적인 동기의 하나라고 제안하고, 이는 타인과의 밀접한 애착 관계의 형성을 통해 이루어질 수 있음을 밝히고 있다. 이러한 자기확대는 밀접한 관계 형성 이외에도 중요한 타인에의 인식이나 소속 집단의 인식을 활성화함으로써도 이루어지는 것으로 밝혀지고 있으며(Brewer & Gardner, 1996; Hinkley & Anderson, 1996; Smith, E. R., & Henry, 1996), 타인의 역할을 수행하여 타인의 조망을 취득하는 절차에 의해서도 자기확대가 이루어지고 있다(이수원, 1993, 1994; Davis, Conklin, Smith, A., & Luce, C., 1996).

101 Fiske, A. P. et al., 1998; Johnson, 1985; Markus & Kitayama, 1991; Miller, J. G., 1997.

하며, 이러한 관계 속의 조화와 사회성의 실현을 인간 발달의 궁극적인 지향처로 보는 유학사상이 놓여 있는데, 유학사상의 핵심은 바로 인간의 존재 확대 또는 확장이라고 요약할 수 있는 것이다.[102]

유학사상에서는 모든 일의 책임을 스스로에게서 찾음으로써〔反求諸己〕 스스로의 단점을 고쳐나가는 자기 개선을 자기 발전의 핵심으로 본다. 이는 공자 · 맹자 · 순자 등 초기 유학자들뿐만 아니라 성리학자들에게서도 공통적으로 나타나는 유학사상의 핵심적인 입장이다. 이러한 자기 개선은 곧 자기를 확대하여 도덕적 완성을 이루는 근본이 된다. 즉, 공자가 말한 이른바 주위 사람 및 온 천하 사람들과 하나가 되어 그들을 편안하게 해주는 안인(安人)과 안백성(安百姓)은 곧 자기 개선을 통해 자기를 닦는 수기(修己)를 기초로 하여 이루어지는 것으로, 따라서 공자는 이를 '자기를 닦음으로써 주위 사람들을 편안하게 해주는 일'〔修己以安人〕 및 '자기를 닦음으로써 온 천하 사람들을 편안하게 해주는 일'〔修己以安百姓〕이라고 표현하고 있는 것이다.[103]

이렇게 유학사상의 핵심은 바로 인간의 존재 확대라고 요약할 수 있는데, 『대학』에서 제시되고 있는 '격물(格物)－치지(致知)－성의(誠意)－정심(正心)－수신(修身)－제가(齊家)－치국(治國)－평천하(平天下)'의 팔조목(八條目) 동기위계설도 이러한 생각을 잘 드러내고 있다. 즉, 팔조목 각각에서 상위 조목은 하위 조목의 목표로, 최상위 목표인 평천하까지 자기확대가 이루어질 수 있고, 또 그렇게 되도록 노력해야 함을 역설하고 있는 것이다. 『대학』의 팔조목에서는 치국과 평천하를 최고의 욕구 위계에 둠으로써, 이러한 관점을 집약적으로 드러내고 있다. 그런데 이러한 치국 · 평천

102 조긍호, 1998a, 1999b, 2003a; Bond & Hwang, 1986; Hsu, 1971, 1985; King & Bond, 1985; Tu, Wei-Ming, 1985.

103 『論語』, 憲問 45.

하는 개체로서의 도덕적 자각과 수양(격물－치지－성의－정심－수신)에서 시작하여, 대인관계에서 조화를 이루는 일(제가)을 거쳐 이루어진다는 사실을 주목해야 한다. 곧 자기확대는 가까운 곳에서 시작하여 점진적으로 확대해감으로써 이루어지는 것이지, 한꺼번에 달성될 수는 없다는 것이 유학자들의 주장이다. 이러한 논의에서도 동양심리학에서 탐구해야 할 문제들이 도출되고 있다. 자기확대가 어떻게 하여 이루어질 수 있는가? 그것의 기능은 어떠한 것인가? 자기확대를 이룬 사람과 그렇지 못한 사람은 어떠한 차이가 있는가? 이러한 것들이 자기확대와 관련하여 동양심리학에서 탐구해보아야 할 문제의 예가 될 것이다.

삶의 가장 기본적인 동기를 '자기실현동기'라고 보는 서구인들의 태도는 인간 삶을 개체로서의 존재 특성에만 국한시켜 이해하고자 하는 것이다. 동아시아인의 삶의 배경이 되어왔던 유학사상에서는 이러한 개체적 존재 특성만 가지고는 인간 삶을 이해하는 데 한계가 있다고 본다. 그들은 개체로서의 존재를 넘어서는 사회적 특성에서 인간 존재의 의의를 찾으려 한다. 그러므로 이들은 '자기확대동기'를 인간 삶의 가장 기본적인 동기로 제시하고 있는 것이다.

이러한 맥락에서 보면, 자기실현과 개체로서의 존재 특성에만 초점을 맞추어온 서구심리학에서의 "자기"에 대한 탐구는 지나치게 좁은 조망에서 연구를 진행해온 것으로 보인다. 그러므로 서구 개인주의의 틀에서 벗어나서, 유학사상을 배경으로 하고 있는 동아시아인의 삶의 내용을 포괄하여 이해하기 위해 구축될 새로운 심리학에서는 자기에 관한 이해의 조망도 좀 더 폭 넓게 정립될 필요가 있을 것이다.

3. 맺는 말을 대신하여

지금까지 서구 개인주의와 동아시아 집단주의의 사상적 배경이 되어온 자유주의와 선진유학의 체계에서 인간을 이해하는 관점이 서로 다르다는 사실을 토대로 하여, 양 진영에서 전개되어 온 심리구성체론, 이상적 인간형론, 사회관계론, 자기통제론의 차이를 개관한 다음, 이를 바탕으로 하여 구성될 수 있는 유학심리학의 몇 가지 연구 내용들을 정리하여왔다. 앞에서 논의되었듯이, 유학사상을 기반으로 하여 구성될 새로운 동양심리학은 자유주의를 토대로 하여 전개되어왔던 현대 서구심리학과는 매우 다른 모습의 것이었다. 여기에서는 이러한 새로운 동양심리학을 구성하려는 시도가 갖는 몇 가지 심리학적 함의를 생각해봄으로써, 이 책의 결론에 대신하고자 한다.

1) 새로운 방향의 탐색

서구의 현대심리학은 개체성 · 합리성 · 실체성을 중시하여 인간을 이해하려는 자유주의의 사조를 바탕으로 하여, 인지 능력 · 동기 · 정서 및 성격 특성 등 행위의 모든 원천들을 완비하고 있는 개체로서의 개인이 인간 삶의 중심이라고 본다. 물론 이러한 개인의 속성들은 개인을 둘러싸고 있는 환경과 개인의 과거 경험에 의해 조형되는 것들이다. 그러므로 개인이 갖추고 있어서 그의 모든 행위의 원천이 되고 있는 이러한 개인의 인지 능력 · 동기 · 정서 · 성격 특성 등이 환경과의 접촉을 통하여 어떻게 조성되는지, 그리고 이러한 속성들이 차후에 개인의 행동에 어떠한 영향을 미치는지 하는 것을 심리학의 핵심적인 연구 문제로 보게 된다.

로스(L. Ross)와 니스벳(R. E. Nisbett)[104]에 따르면, 서구심리학은 개인의 속성에 초점을 맞추는 성향주의(性向主義, dispositionism)와 환경의 영향에 초점을 맞추는 상황주의(狀況主義, situationism)에 의해 지배되어왔다. 이 가운데서도 전통적인 심리학, 특히 사회심리학을 지배해왔던 것은 상황주의였다. 이러한 사실은 그들의 다음과 같은 진술에 잘 드러나 있다.

> 레빈의 일반적인 이론적 공식은 '인간의 행동은 개인적 요인과 상황적 요인의 함수'라고 보는 유명한 명제로부터 시작된다. (……) 레빈의 공식에서는 행동에 대한 (환경적) 상황과 (개인적) 성향의 결정력을 똑같이 보고 있음에도 불구하고, 레빈 자신과 그 제자들의 경험적 연구의 핵심을 형성했던 것은 개인을 둘러싸고 있는 직접적인 사회 상황의 행동 결정력이었다. 레빈은 정상적으로는 개인적 성향과 선호(개인적 요인) 때문에 나타나는 행동 유형임이 분명할지라도, 이에 미치는 상황적 요인 및 사회적 조작(환경적 요인)의 영향력에 특별한 관심을 보이고 있었던 것이다.[105]

빌헬름 분트 이래 과학적 심리학을 지배해온 연구의 태도는 이러한 상황주의였다. 심리학자들은 외적인 환경 자극을 피험자들에게 제시해주고, 이에 대한 그들의 반응을 관찰함으로써, 인간 행동의 보편적 원리를 찾아내려 해왔던 것이다. 이는 인간의 행동을 환경 자극의 함수로 보고 있는 태도의 반영이다. 곧 심리학자들은 행동에 미치는 환경결정력에 지나치게 경도되어 연구를 진행하고 있었던 것이다. 이러한 태도는 행동주의자들에게 이르러 절정을 이루었지만, 그 후의 심리학자들이라고 해서 이러한 태도에서 벗어나 있었던 것은 아니었다.

그러나 유학사상에서는 인간을 사회성 · 도덕성 · 가소성을 주축으로

---

104 Ross & Nisbett, 1991, pp. 1~26.
105 Ross & Nisbett, 1991, p. 9.

하여 이해하려는 관점에서, 인간 행동에 미치는 사회적 존재 특성과 주체적인 반성 능력 및 가능태(可能態)에의 지향성을 강조한다. 따라서 이러한 선진유학의 체계를 사상적 배경으로 하여 전개되는 심리학은 환경결정론을 강조해온 서구심리학과는 다른 모습의 것이 될 수밖에 없다. 즉, 인간의 사회적 존재 특성을 강조하는 유학심리학에서는 이러한 사회적 특성으로부터 비롯되는 도덕성이나 역할 수행 등을 개인의 특성과 함께 심리학의 중요한 연구 대상으로 삼을 수밖에 없는 것이다.

그뿐만 아니라, 인간의 주체적 반성 능력과 가능태에의 지향성을 강조하는 사상적 배경 하에서, 유학심리학에서는 인간의 능동적이고 주체적인 자기결정성(自己決定性)을 본격적으로 탐구하는 심리학이 되어야 할 것이다. 이렇게 해서 성향주의와 상황주의라는 지금까지의 서구심리학을 지배해왔던 질곡으로부터 벗어나고, 반성적 능력, 가능태에의 지향성 및 사회적 존재 특성에 기초를 둔 인간의 주체적인 행위집행성(行爲執行性, action agency)을 전제로 하는 대안적인 또는 보완적인 연구 패러다임을 정립하기 위한 노력을 기울여야 할 것이라 사료된다.

그러나 이것이 기존 심리학의 연구 방법론을 포기해야 한다는 사실을 의미하는 것은 아니다. 즉, 선진유학에서 도출되는 연구 문제들이 전적으로 기존의 실험 연구법에 의해 연구될 수 없다는 얘기는 아닌 것이다. 그렇다면, 구체적으로 이러한 심리학을 어떻게 탐구할 것인가? 이에 대해서는 많은 논의가 있어야 하겠지만, 유학의 사상적 전통 위에서 전개되는 심리학적 이론을 서구에서 제시된 다양한 이론들과 비교 · 검토해봄으로써 구체적인 연구 방향을 설정 받는 방법,[106] 이렇게 해서 도출된 연구 주

106 退溪의 심리학에서 도출되는 자기조절이론(自己調節理論)을 서구의 다양한 자기조절이론과 비교 · 검토하여, 퇴계에게서 도출되는 자기조절이론의 특징과 앞으로 이 분야에서 이루어질 새로운 연구 주제를 도출해낸 한덕웅(1994)의 연구는 이러한 방법의 연구의 좋은 예

제를 현대심리학의 실증적인 연구 방법을 통해 탐구해보는 방법[107] 및 전통적인 유학사상을 배경으로 하여 살아온 한국인에게 고유한 행동 특성을 찾아 다양한 심리학적 방법을 통해 개념적으로 재구성화해보는 방법[108] 등이 있을 수 있을 것이다. 이러한 작업들을 통해 구성되는 심리학은 문화적 배경에 따른 인간 이해 양식의 차이와 결과적으로 조성되는 심성과 행동의 차이 및 그 기제를 종합적으로 탐구하는 새로운 문화심리학(文化心理學, cultural psychology)의 모태가 되는 것이라고 생각할 수 있을 것이다.

하지만 기존의 실험 연구법에 의한 연구에 한계가 있을 수밖에 없는 연구 문제도 많을 것이다. 예를 들면, 자기의 차원, 동기의 차원, 이상적 인간형 및 그 발달 단계, 관계 융합, 역할 인식 등의 연구 문제들은 전통적인 단순한 현상적 기술의 방법보다는 심층적인 구조 분석의 방법에 의해 좀 더 포괄적으로 접근해볼 수 있을 것이다. 이러한 연구 방법으로는 설명분석(說明分析, account analysis)이나 분석모형(分析模型, analytical model)의 활용을 꾀하는 사회행위발생학(社會行爲發生學, ethogenics)의 연구 방법,[109] 사회적 지식의 형성 과정을 역동적으로 접근하는 사회표상(社會表象, social representation)의 연구 방법[110] 및 외인적 설명(外因的 說明, exogenic explanation) 체계보다 내인적 설명(內因的 說明, endogenic explanation) 체계를 선호하는 사회합리주의(社會合理主義, sociorationalism)

라고 할 것이다.

107 조선조 성리학의 사단칠정론(四端七情論)에서 제시되고 있는 인간의 정서 체계에 대한 명제를 구체적인 실험 가설로 설정하여, 대학생을 대상으로 한 실증 연구를 통해 그 타당성을 검증한 한덕웅(1997, 2000, 2003)의 연구는 이러한 방법의 연구의 좋은 예이다.

108 한국인의 토착심리학의 개념적 구조화를 위한 최상진(1991, 1993a, 1993b, 1997, 1999, 2000)의 작업은 이러한 방법의 연구의 좋은 예가 될 것이다.

109 Harré, 1979, 1984; Harré & Secord, 1972.

110 Moscovici, 1981, 1984.

의 연구 방법[111] 등을 생각해볼 수 있을 것이다.[112]

지금까지 보았듯이, 선진유학의 체계로부터는 도덕심리학, 정신건강과 심리치료를 새로운 방향에서 접근하는 심리학, 사회적 책임과 사회적 역할 수행을 강조하는 심리학, 그리고 자기의 통제 과정을 강조하는 심리학 등 종래의 전통적인 심리학과는 다른 모습의 심리학이 요청되고 있다. 선진유학의 체계에서 도출되는 이러한 심리학적 연구 문제들은 바로 인간의 존재 특성 자체에서 연유되는 연구 문제들이라고 볼 수 있다. 이러한 심리학은 도덕적 지향성과 무한한 가능성을 갖춘 사회적 관계체로서의 인간의 존재 특성 자체를 다루게 되는 것이다.

이렇게 보면, 선진유학에서 도출되는 심리학은 콩트가 그의 학문 분류체계에서 얘기하는 '도덕학'(道德學, la morale)과 유사하다고 할 수 있다.[113] 콩트는 그의 유명한 학문 분류 체계에서 '생물학' 다음에 '사회학'을 위치시키고, 모든 학문의 근거 학문으로 사회학 다음에 '도덕학'을 설정하였다. 여기서 '도덕학'이란 생물적 측면과 사회적 측면의 인간 존재를 모두 포괄하는 인간의 존재 특성에 관한 종합적인 연구를 말하는 것으로, 따라서 이는 인간학(人間學)을 지칭하는 것이라고 볼 수 있으며, 그런 의미에서 이는 모든 학문의 근거가 된다는 것이다. 올포트는 콩트의 '도덕학'이 '진정한 최종 과학'이라고 여기고 있는데, 그는 현대 학문 가운데 이에 근접하고 있는 것은 심리학이라고 보고 있다.[114] 여기서 그가 언급하고 있는 심리학이란 곧 선진유학에서 도출되는 바와 같은 연구 문제를 탐구하는 것이라고 볼 수 있을 것이다.

---

111 Gergen, 1973, 1982, 1985.

112 이들의 구체적인 내용에 관해서는 민경환(1986, pp. 242~264) 참조.

113 Comte, 1852.

114 Allport, 1968, p. 6~10.

끝으로 한 가지 강조해두어야 할 것은, 필자가 여기서 동아시아의 선진 유학사상에 바탕을 둔 새로운 심리학의 출현을 기대하고 있다고 해서, 이것이 전적으로 기존의 현대 서구심리학의 포기를 주장하는 것은 아니라는 사실이다. 동 · 서양의 철학과 사상들은 삶의 양식, 언어와 개념, 사유양식 등 다양한 차이를 배경으로 하고 있는 것으로, 서로 완전히 일치될 수 없다는 것은 너무나도 당연한 일이다. "따라서 우리가 보편적 진리에 대한 열망을 포기하지 않는다 해도, 우리의 작업은 우선 동 · 서양 철학에서 말하는 진리의 기준 자체가 다양하며 상대적이라는 사실에 대한 뚜렷한 자각으로부터 출발해야 한다. 우리에게 필요한 것, 그리고 우리가 바랄 수 있는 최상의 진리론은 어느 특정한 시각을 절대화한 하나의 획일적 진리론이 아니라, 상이한 문화 간에 해석학적 대화를 통해 얻어지는 '간문화적 진리론'(a cross-cultural theory of truth)일 것이다."[115]

이러한 관점에서 보면, 여기에서 심리학의 새로운 방향을 모색해보는 것은 기존의 서구심리학이 시공을 초월하여 보편적으로 타당한 인간관에 토대를 둔 것이 아닐 수도 있다는 인식 아래, 기존의 심리학에 대한 하나의 대안 또는 새로운 연구 문제의 제시에 목적이 있는 것이지, 이를 통해 기존의 심리학을 전폭적으로 대치해야 한다는 주장을 펴고자 하는 것은 아니다. 이렇게 하기에는 현재 우리의 역량이 너무 부족할 뿐만 아니라, 또한 이는 다양성의 포용이라는 동양적 다원주의(多元主義)의 전통[116]에 비추어볼 때 받아들여지기 힘든 태도이기도 한 것이다.

물론 여기에서 제안하는 바와 같은 동양심리학은 앞으로 오랜 세월에 걸쳐 여러 사람의 노력을 통해 더욱 정교하고 구체적인 모습으로 구축되

115 길희성, 1998, p. 16.
116 Hall, D. L., & Ames, 1995.

어야 할 것이다. 그러나 서구심리학과는 다른, 또는 그 미비점을 치유할 수 있는 하나의 대안으로서의 이러한 동양심리학의 탐색은 보편성 · 항구성 및 절대성을 해체하고, 특수성 · 시의 적절성 및 상대성을 추구하고자 하는 탈근대의 시대사조[117]에 비추어볼 때, 타당하면서도 동시에 시대를 선도하는 작업이라는 것이 바로 필자의 신념이다.

2) 문화 연구와 보편심리학의 꿈

오늘날 지구촌을 휩쓸고 있는 '세계화'(globalization)를 통해 문화 사이의 접촉이 활발해지고, 문화 간 경계의 장벽이 허물어지면서, 이러한 세계화가 몰고 올 문화적 효과에 대해 관심이 증폭되고 있다. 이 분야의 논자들에 따르면, 세계화가 가져오게 될 문화적 효과에 대한 논의는 대체로 '동질화'(homonization), '양극화'(polarization), '혼융화'(hybridization)의 세 가지로 정리될 수 있다.[118] 동질화 명제는 세계화에 따라 전 세계의 문화가 서구, 특히 미국 문화에 동화되어, 서구 문화 곧 미국 문화로 균일화될 것이라는 관점이다. 양극화 명제는 세계화가 진행되면서 서로 다른 문화 사이의 차이가 더욱 두드러져 양극화되고, 문명 사이의 갈등이 심화되어, 결국 문명 사이의 충돌로 이어질 것이라는 관점이다. 혼융화 명제는 세계화가 진행되어 서로의 문화에 대해 잘 이해하게 됨으로 말미암아, 상대방 문화의 장점을 수용하여 자신들의 문화 내용과 결합함으로써, 문화의 혼

117 Toulmin, 1990/1997, pp. 293~312.

118 이 분류의 영어 원어는 Holton(1998, pp. 167~180)의 용어이다. 이를 강정인(2002, pp. 225~227)은 동질화 · 양극화 · 혼융화라고 번역하여 사용하고 있다. Nisbett(2003, pp. 219~229)은 사고 양식의 동 · 서 차이가 겪게 될 미래상을 예측하면서, 똑같은 분류를 각각 서구화(Westernization), 지속적 차이(continued divergence) 및 동 · 서의 접근(covergence)이라고 표현하고 있다. 이 문제에 대해서는 강정인(2002), 졸저(조긍호, 2007, pp. 453~477), Nisbett(2003, pp. 219~229) 참조.

융 현상이 나타날 것이라는 관점이다.

이러한 맥락에 비추어본다면, 지금까지 논의해온 서구심리학과는 다른 동양심리학을 정립하려는 시도는 심리학 연구의 미래에 어떠한 효과를 미칠 것인가? 심리학 연구가 서구심리학, 특히 미국심리학으로 동질화하는 데 기여할 것인가? 아니면 동 · 서양의 심리학이 서로 각자의 길을 달려서, 결과적으로 서로의 차이가 심화될 것인가? 그것도 아니라면, 이러한 연구들을 통해서 서로의 차이와 그 원인에 대한 이해 수준이 높아짐으로써, 둘을 아우르는 그야말로 보편적인 심리학이 나올 수 있을 것인가?

이 가운데 첫 번째 가능성은 동양심리학 자체가 성립될 논리적 터전이 없다면 모를까, 그렇지도 않은 상황에서는 가능성이 없는 일이다. 우선 이 책과 같이 동양심리학을 구축하자고 주장하는 논의 자체가 미국심리학에 의한 심리학의 통일 가능성을 일축하고 있다. 미국심리학은 미국의 문화특수적인 토착심리학일 뿐이지, 더 이상 전 세계를 끌어안는 보편심리학은 아닌 것이다.[119]

그렇다면, 새로운 동양심리학을 구축하려는 시도는 심리학의 양극화를 부추겨 문화 차이를 확산시키게 될 것인가? 그럴는지도 모른다. 기존의 서구심리학을 보편심리학으로 받아들이고 있는 사람들에게 이러한 시도는 그 자체로 양극화 또는 문화차 확산의 위험을 내포하는 시도로 비칠 수도 있다.

그러나 이러한 시도는 동 · 서양 심리학의 혼융화를 꾀하는 새로운 시

119 1970년대에 시작되어 1980년대 이후 본격적으로 전개되고 있는 문화비교심리학의 연구들에서 밝혀지고 있는 가장 기본적인 내용은, 서구심리학은 서구의 문화특수적인 토착심리학일 뿐이지, 더 이상 전 세계인을 끌어안는 보편심리학은 아니라는 사실이다(Berry, Poortinga, Segall, & Dasen, 1992, p. 378; Greenfield, 2000, p. 231; Kim, 2000. pp. 284~285; Yang, 2000, pp. 245, 250). 이러한 사실에 대해서는 졸저(조긍호, 1998, pp. 44~54; 2003a, pp. 29~74; 2006, pp. 25~84; 2007, pp. 20~33, 57~75) 참조.

도로 여겨질 수도 있다. 필자의 바램은 이렇게 받아들여지는 것이다. 이러한 새로운 동양심리학이 정립되고, 그 연구 성과가 현재의 서구심리학만큼 쌓여 대등한 관계에 이른다면, 이 두 진영의 심리학은 제3의 보편심리학으로 통합될 수 있는 가능성을 열게 될 것이다. 그렇지 않고 현재의 상태에 만족하고 만다면, 심리학계에 진정한 의미의 보편심리학의 꿈은 이루어질 수 없을 것이다.

그렇다면, 어떻게 해야 새로운 동양심리학이 심리학의 양극화라는 치명적인 결과를 빚지 않고, 보편심리학의 모색을 위한 중간 단계의 중책을 담당할 수 있을 것인가? 그것은 아마도 연구의 자세에 따라 달라질 것이다. 문화 사이의 차이를 찾아내어 자꾸 벌려놓기만 해서는 양극화의 오류에서 벗어나기 힘들 것이다. 그렇게 되면, 서로 간의 차이만 확대해서 부각시키는 결과가 될 것이다. 그 대신, 그러한 차이의 원인을 정확히 밝혀내고, 그 원인이 삶의 과정에서 갖는 의미를 천착하는 작업을 계속 한다면, 문화차는 단지 다양성일 뿐이라는 인식에 도달하거나, 또는 문화 간의 차이는 단지 겉보기에 드러난 현상일 뿐이고, 그 배경의 맥락은 유사하다는 이해에 도달할 수 있을 것이다.

이러한 예를 한 가지만 들어보기로 하자. 문화 비교에 관한 초기의 연구들에서는, 서구인들은 자기의 독특성을 과장하여 생각하는 '허구적 독특성 지각 경향'이 동아시아인들보다 크다는 사실들이 지속적으로 밝혀져왔다. 이러한 연구자들의 견해는, 서구인들은 개인주의 사회에서 강조하고 중시하는 여러 가지 능력(지능 · 기억력 · 운동 능력)이나 개체성 특성(독립성 · 자립성 · 자기 주장성)뿐만 아니라, 집단주의 사회에서 중시하는 배려성 특성(동정심 · 배려성 · 타인 사정 이해심)에서도 비교 대상이 되는 다른 사람보다 자기가 더 특출하다고 생각한다는 것이었다. 그들은 문화 차이에 관해 가지고 있는 기존 관념에 기대어, 모든 특성과 능력을 통합하여 전체적으로 분석함으로써, 개인주의 사회인이 보이는 허구적 독특성 지각 경향이 집단주의 사회인이 보이는 그것보다 항상 크다는 결과를 거듭 제시하고 있었던 것이다.

그러나 얻어낸 자료를 특성 유형별로 분석해보면, 허구적 독특성 지각 경향은 개인주의 사회에서만 나타나는 특징이 아니라는 사실이 바로 드러난다. 곧 능력이나 개체성 특성의 경우에는 개인주의자가 집단주의자보다 허구적 독특성 지각 경향을 크게 보이지만, 배려성 특성의 경우에는 집단주의자의 허구적 독특성 지각 경향이 개인주의자의 그것보다 더 큰 것이다.[120]

이러한 결과는 이 현상에 대한 해석을 완전히 새로운 시각에서 하도록 요구한다. 곧 문화 유형에 따라 권장하고 강조하는 특성이 다르고, 해당 사회에서 권장하는 특성에 대해서는 어느 사회에서나 허구적 독특성의 지각 현상이 나타난다는 것이다. 이러한 해석을 통해, 정적(正的) 자기상의 추구는 개인주의 사회만의 특징이라고 생각하던 이전까지의 관점이 변화하게 되었다. 곧 정적 자기상의 추구는 어느 사회에서나 중요하지만, 정적 자기상을 낳는 특성들에서는 문화 간에 차이가 있을 수 있다는 좀 더 성숙한 해석이 유도되었던 것이다. 이러한 연구들을 통해, 보편적인 현상(정적 자기상의 추구)과 문화특수적인 현상(정적 자기상의 근원)을 구분해서 볼 수 있게 되는 것이다.

필자는 이러한 연구의 태도가 문화 비교 연구에 확산되어야 하리라 믿는다. 단순한 문화 차이의 나열이 아니라, 심층적인 보편적 심리 현상과 표층적인 현상적 차이를 구분해서 보는 성숙한 태도로 문화 비교 연구를 진행한다면, 새로운 동양심리학의 정립이 문화 차이를 확산하는 잘못된

120 이러한 방향의 기존 연구들의 개관과 새로운 결과에 대해서는 졸고(조긍호, 2002) 참조.

시도라는 비난에서 벗어나, 진정한 보편심리학의 구축을 위한 대안이라고 받아들여질 수 있을 것이라고 생각하기 때문이다.

3) 긍정적인 인간 이해를 위하여

현대심리학의 가장 기본적인 전제 중의 하나는 인간의 제반 능력과 특성들은 정상분포를 할 것이라는 가정이다. 예를 들면, 동일 연령층의 사람들에게서 지능의 분포는 평균 100을 중심으로 하여 좌우 대칭을 이루는 종 모양의 정상분포를 한다는 것이다. 이러한 분포 중 현대심리학에서는 오른쪽〔理想 狀態, ideal state〕보다는 왼쪽〔異常 狀態, abnormal state〕의 분포에 주로 관심을 가지고 연구를 진행해왔다고 볼 수 있다.

현대심리학자들은 "심리학의 중요한 목표 중 하나는 심리학의 연구를 통해 얻어진 지식을 활용하여, 심리적 부적응으로 인해 고통을 겪고 있는 사람들이 그러한 증상에서 벗어나도록 도와줌으로써, 더욱 효과적이고 생산적이며, 행복한 삶을 영위하도록 이끌어주는 것"[121]이라는 전제에서 연구를 진행해왔다. 그들은 목표 상태로서의 효과적이고 생산적이며 행복한 삶의 전형은 평균 부근의 많은 규범적이고 정상적인 사람들의 삶이라고 보고, 평균으로부터 왼쪽으로(부적인 방향으로) 치우친 이상을 보이는 사람들을 중간 부근의 정상으로 이끌어내려는 노력을 해왔다고 볼 수 있다. 즉, 현대심리학, 특히 상담심리학과 임상심리학은 이상성(異常性, abnormality)에 초점을 맞추어, 이러한 심리적 이상으로 인해 고통을 받고 있는 사람들을 규범적이고 전형적인 정상성(正常性, normality)으로 이끌어주는 일에 초점을 맞추고 있었던 것이다. 그리하여 정신건강과 심리치료 영역에서의 현대심리학의 연구는 일차적으로 이상행동(abnormal

---

121 Matsumoto, D., 2000, p. 251.

behavior)의 원인과 증상, 그 종류 및 이의 진단의 문제에 기울어져 있었던 것이다.

이에 비해, 동아시아인의 삶의 배경이 되어온 유학사상은 현대 서구심리학과는 매우 다른 입장에서 정신건강의 문제에 관한 이론을 전개해왔던 것으로 보인다. 그들은 여러 능력과 특성 분포의 왼쪽(부적인 방향)보다는 오른쪽(정적인 방향)의 이상 상태(理想 狀態)에 주로 관심을 가지고 있었다.

유학사상은 인간의 사회적 도덕적 특성〔人性論〕을 전제로 하여, 이러한 존재 특성을 가지는 인간이 지향해야 할 이상적 상태〔君子論 · 聖人論〕를 정립한 다음, 이러한 이상적 상태에 도달하기 위해 개인적으로 노력해야 할 바〔修養論〕와 이들의 사회적 삶의 모습〔道德實踐論 · 禮論〕을 제시하고자 한 이론 체계이다. 이렇게 유학자들은 군자와 성인 등 이상적인 인간상을 설정해놓고, 이를 지향해가는 것을 인간 삶의 목표로 규정함으로써, 전형적이고 규범적인 정상성의 상태로부터 바람직한 이상(理想) 상태를 지향하도록 사람들을 독려하고 권장하는 이론 체계를 전개하여왔던 것이다. 그러므로 이들의 사상에서는 인간의 존재 특성에 관한 이론 체계인 인성론(이는 규범적이고 전형적인 정상성의 상태를 규정하고 있는 체계이다)과 이상적인 인간상에 관한 이론 체계인 군자론 · 성인론(이는 정상성으로부터 오른쪽의 정적 방향으로 치우쳐있는 상태를 규정하고 있는 체계이다)이 중심이 되어 있다.

물론 유학의 경전에서도 부적응 상태에 관한 이론 체계가 없는 것은 아니다. 군자와 대비하여 제시되고 있는 소인에 관한 소인론(小人論)이나 걸(桀) · 주(紂) · 도척(盜跖) 등 악인에 관한 악인론(惡人論)의 논의가 그것이다. 그러나 소인이나 악인에 관한 논의는 군자 및 성인과 대비하여, 군자와 성인 같은 이상적 인간의 상태를 알기 쉽게 드러내기 위하여 전개된 것일 뿐, 그 자체 중요성을 갖는 이론 체계는 아니다. 이렇게 유학사상은 정상적 상태로부터 오른쪽 방향으로 치우쳐 있는 이상적 상태를 중핵으로 하는 이론 체계를 전개하고 있는 것이다.

이상에서 보듯이, 현대 서구심리학에서는 인간 존재를 다분히 부정적 시각에서 고찰하는 입장이 주류가 되고 있는 데 반해, 유학사상은 인간 존재를 매우 긍정적 시각에서 고찰하는 입장이 주를 이루고 있다. 즉, 독립적이고 독특한 자기주장적 존재로서의 인간을 환경 세계나 타인과의 대립각에 입각하여 고찰함으로써, 이러한 대립 관계에서 잘못 적응하면 부정적으로 흐를 가능성에 초점을 맞추어 인간을 이해하려는 것이 서구심리학의 기본 태도이었다. 이에 반해, 인간을 환경 세계나 다른 사람들과의 융합을 추구하는 존재라는 관점에서 고찰하는 유학사상에서는, 스스로의 존재 확대를 통해 정적인 방향으로 발전할 수 있는 무한한 가능체로서 인간을 이해하려는 태도가 기초를 이루고 있었던 것이다. 이러한 맥락에서 보면, 유학사상의 인간 이해의 조망을 포괄적으로 수용하는 입장에 서서 심리학의 연구 문제를 도출해보고자 하는 새로운 동양심리학에서는, 인간 존재를 다분히 긍정적인 관점에서 고찰하는 태도가 주류를 형성하게 될 것이라고 추론할 수 있을 것이다.

참고문헌

유학 경전 관련 자료

大東文化研究院 影印 (1958). 『栗谷全書』. 서울: 成均館大學校.

大東文化研究院 影印 (1958). 『退溪全書』 上 · 下. 서울: 成均館大學校.

民族文化推進會 編 (1976). 『국역 퇴계집』 (수정판). 서울: 경인문화사.

民族文化推進會 編 (1997). 『국역 율곡집』 (중판). 서울: 솔.

成百曉 譯註 (1998). 『大學 · 中庸集註』. 서울: 傳統文化研究會.

楊倞 (818). 『荀子注』. (服部宇之吉編, 『漢文大系』 卷十五. 東京: 富山房, 1972.)

王夢鷗 註譯 (1969). 『禮記今註今譯』. 臺北: 臺灣商務印書館.

王先謙 (1891). 『荀子集解』. (服部宇之吉 編, 『漢文大系』 卷十五. 東京: 富山房, 1972.)

李相玉 譯著 (1993). 『禮記』 上 · 中 · 下. 서울: 명문당.

張基槿 譯 (1980). 『孟子新譯』. 서울: 汎潮社.

鄭長澈 譯解 (1992). 『荀子』 (惠園東洋古典 19). 서울: 惠園出版社.

趙岐 (130~201?). 『孟子章句』. (服部宇之吉 編, 『漢文大系』 卷一. 東京: 富山房, 1972.)

朱熹 (1177). 『論語集註』. (京城書籍組合 編, 『原本備旨 論語集註』. 서울: 太山文化社, 1984.)

朱熹 (1177). 『孟子集註』. (京城書籍組合 編, 『原本備旨 孟子集註』. 서울: 太山文化社, 1984.)

朱熹 (1177). 『大學集註』. (京城書籍組合 編, 『原本備旨 大學 · 中庸』. 서울: 太山文化社, 1984.)

朱熹 (1177). 『中庸集註』. (京城書籍組合 編, 『原本備旨 大學 · 中庸』. 서울: 太山文化

社, 1984.)

車柱環 譯 (1969). 『論語』. 서울: 乙酉文化社.

車柱環 譯 (1974). 『中庸 · 大學』. 서울: 乙酉文化社.

何晏 (248). 『論語集解』. (服部宇之吉 編, 『漢文大系』 卷一. 東京: 富山房, 1972.)

韓相甲 譯 (1982). 『四書集註』 I · II. 서울: 三省出版社.

Dubs, H. H. (1928/1966). The works of Hsüntze. Taipei: Ch'eng-Wen Publishing Co. (Original ed. published by Arthur Probsthain, London in 1928.)

Harvard-Yenching Institute (1940). 『論語引得』. HYI Sinological Index Series, Supplement 16. Cambridge, MA: Harvard University Press.

Harvard-Yenching Institute (1940). 『孟子引得』. HYI Sinological Index Series, Supplement 17. Cambridge, MA: Harvard University Press.

Harvard-Yenching Institute (1950). 『荀子引得』. HYI Sinological Index Series, Supplement 22. Cambridge, MA: Harvard University Press.

Legge, J. (1970). The works of Mencius. New York: Dover.

Watson, B. (1963). Hsün Tzu: Basic wrightings. New York: Columbia University Press.

심리학 및 기타 관련 자료

강정인 (2002). 「세계화 · 정보화와 동아문명의 정체성: 서구중심주의와 아시아적 가치」. 『한국정치외교사 논총』, 24집 2호, pp. 211~238.

고병익 (1996). 『동아시아의 전통과 변용』. 서울: 문학과지성사.

郭沫若 (1945). 『十批判書』. 重慶: 科學出版社. (조성을 역. 『중국고대사상사』. 서울: 까치, 1991.)

권덕주 (1998). 「대학 해제」. 김시준 역해, 『대학 · 중용』 (혜원동양고전 3, pp. 8~35.). 서울: 혜원출판사.

길희성 (1998). 「철학과 철학사: 해석학적 동양철학의 길」. 한국철학회 1998년도 춘계학술발표회주제 논문.

김석근 (2000). 「현대 일본 사회와 유교: 로고스와 파토스의 거리」. 성균관대학교 유학 · 동양학부 편, 『동아시아의 유교문화와 미래적 전망』 (pp. 51~68). 서울: 성균관대학교 유학 · 동양학부.

김성기 (2000). 「동아시아에 있어서 유교의 현황과 미래」. 성균관대학교 유학 · 동양학부 편, 『동아시아의 유교문화와 미래적 전망』 (pp. 33~50). 서울: 성균관대학교 유학 · 동양학부.

김성태 (1976). 『성숙인격론』. 서울: 고려대학교 출판부.

김성태 (1984). 『발달심리학』 (전정판). 서울: 법문사.

김성태 (1989). 『경과 주의』 (증보판). 서울: 고려대학교 출판부.

김수인 (1996). 『집단주의-개인주의 성향과 1차-2차 통제 양식이 정신건강에 미치는 영향』. 미간행 석사학위 논문, 가톨릭대학교.

김승혜 (1990). 『원시유교』. 서울: 민음사.

김영한 (1975). 「서평: Steven Lukes (1973), Individualism」. 『서양사론』, 16집, pp. 107~114.

김충렬 (1982). 「동양 인성론의 서설」. 한국동양철학회 편, 『동양철학의 본체론과 인성론』 (pp. 169~184). 서울: 연세대학교 출판부.

김태영 (2002). 『유교 문화의 돌연변이 일본』. 서울: 보고사.

김형효 (1990). 『맹자와 순자의 철학 사상: 철학적 사유의 두 원천』. 서울: 삼지원.

김호권 (1969). 「도덕성의 발달과 교육」. 정원식 편, 『정의의 교육』 (pp. 211~234). 서울: 배영사.

노명식 (1991). 『자유주의의 원리와 역사: 그 비판적 연구』. 서울: 민음사.

唐君毅 (1986). 『中國哲學原論: 原性篇』. 臺北: 學生書局.

勞思光 (1967). 『中國哲學史: 古代篇』. 臺北: 三民書局. (정인재 역. 『중국철학사: 고대편』. 서울: 탐구당, 1986.)

牟宗三 (1979). 『名家與荀子』. 臺北: 學生書局.

蒙培元 (1990). 『中國心性論』. 臺北: 學生書局. (이상선 역. 『중국심성론』. 서울: 법인문화사, 1996.)

민경환 (1986). 「사회심리학의 방법론 논쟁」. 김경동 · 안청시 편, 『한국 사회과학 방법론의 탐색』 (pp. 233~267). 서울: 서울대학교 출판부.

민경환 (2002). 『성격심리학』. 서울: 법문사.
박재주 (2003). 『서양의 도덕교육 사상』. 서울: 청계.
박전규 (1985). 『아리스토텔레스의 실천적 지혜』. 서울: 서광사.
배종호 (1982). 「동양 인성론의 의의」. 한국동양철학회 편, 『동양 철학의 본체론과 인성론』 (pp. 343~367). 서울: 연세대학교 출판부.
徐復觀 (1969). 『中國人性論史: 先秦篇』. 臺北: 商務印書館.
小島毅 (2004). 『朱子學と陽明學』. 東京: 放送大學 出版會. (신현승 역. 『사대부의 시대: 주자학과 양명학 새롭게 읽기』. 서울: 동아시아, 2004.)
양승무 (1986). 「맹자 성설설의 함의에 대한 고찰」. 동양철학연구회 편, 『중국철학사상논구 1』 (pp. 99~120). 서울: 여강출판사.
柳熙星 (1993). 『荀子禮論的價值根源硏究』. 미간행 석사학위 논문, 中華民國 東海大學.
윤사순 (1997). 『한국 유학 사상사론』. 서울: 예문서원.
윤이흠 · 박무익 · 허남린 (1985). 「종교인구조사의 방법론 개발과 한국인의 종교성향」. 장병길 교수 은퇴기념논총 발간위원회 편, 『한국 종교의 이해』 (pp. 343~371). 서울: 집문당.
이강수 (1982). 「원시 유가의 인간관」. 한국동양철학회 편, 『동양철학의 본체론과 인성론』 (pp. 185~219). 서울: 연세대학교 출판부.
이광세 (1998). 『동양과 서양: 두 지평선의 융합』. 서울: 길.
이부영 (2002). 『자기와 자기실현: 하나의 경지, 하나가 되는 길』 (분석심리학의 탐구 3). 서울: 한길사.
이상은 (1976). 『유학과 동양문화』. 서울: 범학도서.
이수원 (1993). 「사회적 갈등의 인지적 기제: 사회적 자아중심성」. 『한국심리학회지: 사회』, 7(2), pp. 1~23.
이수원 (1994). 「사회적 자아중심성: 타인이해에서 성향주의의 원천」. 『한국심리학회지: 일반』, 13(1), pp. 129~152.
이승환 (1998a). 「후기 근대 유학담론의 두 유형: 뚜웨이밍(杜維明)과 에임스(Roger Ames)를 중심으로」. 『동아연구』 (서강대학교 동아연구소), 35, pp. 363~416.
이승환 (1998b). 『유가 사상의 사회철학적 재조명』. 서울: 고려대학교 출판부.

이승환 (2000). 「'아시아적 가치' 논쟁과 유교 문화의 미래」. 『퇴계학』, 11, pp. 197~226.

이정모 (1994). 「심리학의 개념적 기초의 제 문제(I): 과학이론의 재구성과 인지주의 심리학 연구의 의의」. 『한국심리학회지: 일반』, 13(1), pp. 21~61.

이정모 (1997). 「심리학 방법론의 개념적 재구성」. 한국심리학회 편, 『동양심리학의 모색』 (한국심리학회 1997년도 추계심포지엄 자료집, pp. 155~180). 서울: 한국심리학회.

이정모 (2006). 「마음 개념의 재구성과 심리학 외연의 확장: 인지과학적 접근과 심리학의 미래」. 한국심리학회 편, 『변화하는 심리학의 지평과 교육』 (한국심리학회 창립 60주년 특별심포지엄 자료집, pp. 7~33). 서울: 한국심리학회.

이정모 (2007), 「심리학의 개념적 기초의 재구성(II): 인지과학적 접근에서 본 '마음' 개념의 재구성과 심리학 외연의 확장」. 『한국심리학회지: 일반』, 26(2), pp. 1~38.

이진숙 (1960/1993). 『프로이드』. 서울: 중앙적성출판부.

張其昀 (1984). 『中華五千年史: 戰國學術編』. 臺北: 華岡書城. (中國文化硏究所 譯. 『中國思想의 根源』. 서울: 文潮社, 1984).

정양은 (1970). 「감정론의 비교 연구: 사회적 감정을 중심으로」. 『한국심리학회지』, 1(3), pp. 77~90.

정양은 (1976). 「심리구조이론의 동서 비교」. 『한국심리학회지』, 2(2), pp. 68~79.

정양은 (1986). 「심리적 사실에 관한 동서 비교」. 『사회심리학연구』, 3(1), pp. 1~16.

정양은 (1988). 「조직에서의 인간관계」. 『사회심리학연구』, 4(1), pp. 1~13.

정양은 (1995). 「Willam James의 근원적 경험주의」. 『학술원 논문집: 인문 · 사회과학편』, 34집, pp. 1~28.

정양은 (2003). 「진리적 지식과 현상적 지식」. 『학술원 논문집: 인문 · 사회과학편』, 42집, pp. 1~41.

정영숙 (1994). 『어머니에 대한 배려가 자기통제에 미치는 효과』. 미간행 박사학위 논문, 서울대학교.

정영숙 (1995). 「두 유형의 사회적 기대가 자기통제에 미치는 효과」. 『한국심리학회지: 사회』, 9(1), pp. 85~97.

정인재 (1981). 「순자의 지식론」. 강성위 외, 『동서 철학의 향연』 (pp. 323~357). 대구:

이문사.

정인재 (1992). 「중국사상에서의 사회적 불평등」. 김영한 · 정인재 · 길희성 · 최재현 · 조긍호, 『불평등사상의 연구』 (pp. 49~74). 서울: 서강대학교 인문과학연구소.

조긍호 (1990).「맹자에 나타난 심리학적 함의 (I): 인성론을 중심으로」. 『한국심리학회지: 사회』, 5(1), pp. 59~81.

조긍호 (1991). 「맹자에 나타난 심리학적 함의 (II): 교육론과 도덕실천론을 중심으로」. 『한국심리학회지: 사회』, 6(1), pp. 73~108.

조긍호 (1992). 「사회적 불평등의 인지와 그에 대한 반응: 사회정의에 대한 심리학적 접근」. 김영한 · 정인재 · 길희성 · 최재현 · 조긍호, 『불평등사상의 연구』 (pp. 127~182). 서울: 서강대학교 출판부.

조긍호 (1993). 「대인평가의 문화간 차이: 대인평가 이원모형의 확대 시론」. 『한국심리학회지: 사회』, 7(1), pp. 124~149.

조긍호 (1994). 「순자에 나타난 심리학적 함의 (I): 천인관계론에 기초한 연구 방향의 정초」. 『한국심리학회지: 사회』, 8(2), pp. 34~54.

조긍호 (1995). 「순자에 나타난 심리학적 함의 (II): 인성론을 중심으로」. 『한국심리학회지: 사회』, 9(1), pp. 1~25.

조긍호 (1996a). 「문화유형과 타인이해 양상의 차이」. 『한국심리학회지: 일반』, 15(1), pp. 104~139.

조긍호 (1996b). 「삶의 질과 주관적 안녕: 비교 문화적 고찰」. 『사회과학연구』 (서강대학교 사회과학연구소), 5, pp. 229~283.

조긍호 (1997a). 「문화유형과 정서의 차이: 한국인의 정서 이해를 위한 시론」. 『심리과학』 (서울대학교 심리과학연구소), 6(2), pp. 1~43.

조긍호 (1997b). 「순자에 나타난 심리학적 함의 (III): 예론을 중심으로」. 『한국심리학회지: 사회 및 성격』, 11(2), pp. 1~27.

조긍호 (1997c). 「한국인의 주관적 안녕과 정서의 조절」. 『사회과학연구』 (서강대학교 사회과학연구소), 6, pp. 27~86.

조긍호 (1998a). 『유학심리학: 맹자 · 순자 편』. 서울: 나남출판.

조긍호 (1998b). 「순자에 나타난 심리학적 함의 (IV): 수양론을 중심으로」. 『한국심리학회지: 사회 및 성격』, 12(2), pp. 9~37.

조긍호 (1999a). 「문화유형에 따른 동기의 차이」. 『한국심리학회지: 사회 및 성격』, 13(2), pp. 233~273.

조긍호 (1999b). 「선진유학에서 도출되는 심리학의 문제」. 최상진 · 윤호균 · 한덕웅 · 조긍호 · 이수원, 『동양심리학: 서구심리학에 대한 대안 모색』 (pp. 31~161). 서울: 지식산업사.

조긍호 (2000). 「문화유형과 동기의 차이: 한국인의 동기 이해를 위한 시론」. 『한국심리학회지: 사회 및 성격』, 14(2), pp. 83~122.

조긍호 (2002). 「문화성향과 허구적 독특성 지각 경향」. 『한국심리학회지: 사회 및 성격』, 16(1), pp. 91~111.

조긍호 (2003a). 『한국인 이해의 개념틀』. 서울: 나남출판.

조긍호 (2003b).「문화성향과 통제 양식」. 『한국심리학회지: 사회 및 성격』, 17(2), pp. 85~106.

조긍호 (2006). 『이상적 인간형론의 동 · 서 비교: 새로운 심리학의 가능성 탐색 I』. 서울: 지식산업사.

조긍호 (2007). 『동아시아 집단주의의 유학사상적 배경: 심리학적 접근』. 서울: 지식산업사.

조긍호 (2008). 「동아시아 집단주의와 유학사상: 그 관련성의 심리학적 탐색」. 『한국심리학회지: 사회 및 성격』, 21(4), pp. 21~53.

조긍호 · 이재영 (2007). 「문화성향, 성역할 정체감 및 도덕적 지향성」. 『한국심리학회지: 사회 및 성격』, 21(1), pp. 105~126.

조은경 (1994). 「사회심리학의 최근 동향: 동기와 정서의 복귀」. 한국심리학회 편, 『심리학 연구의 최근 동향: '94』 (pp. 39~82). 서울 : 한국심리학회.

주명철 (1994). 「계몽주의」. 김영한 · 임지현 편, 『서양의 지적 운동』 (pp. 373~404). 서울: 지식산업사.

陳大齊 (1954). 『荀子學說』. 臺北: 中華文化出版.

차경호 (1995). 「한국, 일본 및 미국 대학생들의 삶의 질의 비교」. 한국심리학회 편, 『삶의 질의 심리학』 (pp. 113~144). 서울: 한국심리학회.

차주환 (1985). 「대학에 대하여」. 한상갑 역, 『맹자 · 대학』 (pp. 399~404). 서울: 삼성출판사.

蔡錦昌 (1989). 『荀子思想之本色』. 臺北: 唐山出版社.

蔡仁厚 (1984). 『孔孟荀哲學』. 臺北: 學生書局.

최상진 (1991). 「'한'의 사회심리학적 개념화 시도」. 한국심리학회 편, 『1991년도 연차 학술발표대회 논문집』 (pp. 339~350). 서울: 한국심리학회.

최상진 (1993a). 「한국인과 일본인의 '우리'의식 비교」. 한국심리학회 편, 『1993년도 연차 학술발표대회 논문집』 (pp. 229~244). 서울: 한국심리학회.

최상진 (1993b). 「한국인의 심정심리학: 정과 한에 대한 현상학적 한 이해」. 한국심리학회 편, 『한국인의 특성: 심리학적 탐색』 (1993년도 추계 심포지엄 자료집, pp. 3~22). 서울: 한국심리학회

최상진 (1995). 「한국인의 통제 유형」. 임능빈 편, 『동양사상과 심리학』 (pp. 535~543). 서울: 성원사.

최상진 (1997). 「당사자 심리학과 제3자 심리학」. 한국심리학회 편, 『동양심리학의 모색』 (1997년도 추계 심포지엄 자료집, pp. 131~143). 서울: 한국심리학회.

최상진 (1999). 「한국인의 마음」. 최상진 · 윤호균 · 한덕웅 · 조긍호 · 이수원, 『동양심리학: 서구심리학에 대한 대안 모색』 (pp. 377~479). 서울: 지식산업사.

최상진 (2000). 『한국인 심리학』. 서울: 중앙대학교 출판부.

최영진 (2000). 「90년대 한국사회의 유교담론 분석」. 성균관대학교 유학 · 동양학부 편, 『동아시아의 유교문화와 미래적 전망』 (pp. 20~32). 서울: 성균관대학교 유학 · 동양학부.

馮友蘭 (1948). A short history of Chinese philosophy. 臺北: 雙葉書店. (정인재 역. 『중국철학사』. 서울 : 형설출판사, 1977.)

한덕웅 (1985). 『조직행동의 동기이론』 (수정증보판). 서울: 법문사.

한덕웅 (1994). 『퇴계심리학』. 서울: 성균관대학교 출판부.

한덕웅 (1997). 「한국유학의 4단7정 정서설에 관한 심리학적 실증연구」. 한국심리학회 편, 『97 연차학술대회 학술발표논문집』 (pp. 331~359). 서울: 한국심리학회.

한덕웅 (1999). 「한국 유학의 심리학」. 최상진 · 윤호균 · 한덕웅 · 조긍호 · 이수원, 『동양심리학: 서구심리학에 대한 대안 모색』 (pp. 163~286). 서울: 지식산업사.

한덕웅 (2000). 「대인관계에서 4단7정 정서의 경험」. 『한국심리학회지: 사회 및 성격』, 14(2), pp. 145~166.

한덕웅 (2003). 『한국유학심리학: 한국유학의 심리학설과 유교문화에 관한 심리학적 접근』. 서울: 시그마프레스.

한덕웅 (2004). 『인간의 동기심리』. 서울: 박영사.

胡適 (1961). 『中國古代哲學史』 (二版). 臺北: 商務印書館.

黃公偉 (1974). 『孔孟荀哲學證義』. 臺北: 幼獅書店.

Abelson, R. P. (1976). Script processing in attitude formation and decision making. In J. S. Carrol & J. W. Paine (Eds.), Cognition and social behavior (pp. 33~46). Hillsdale, NJ: Erlbaum.

Adams, J. S. (1963). Toward an understanding of inequity. Journal of Abnormal and Social Psychology, 67, pp. 422~436.

Adler, A. (1929). Problems of neurosis. London: Kegan Paul.

Allport, G. W. (1937). Personality: A psychological interpretation. New York: Holt, Rinehart & Winston.

Allport, G. W. (1940).The psychologist's frame of reference. Psychological Bulletin, 37, pp. 1~28.

Allport, G. W. (1961). Pattern and growth in personality. New York: Holt, Rinehart & Winston.

Allport, G. W. (1968). The historical background of modern social psychology. In G. Lindzey & E. Aronson (Eds.), The handbook of social psychology (2nd ed., Vol. 1, pp. 1~80). Reading, MA: Addison-Wesley.

Angell, J. R. (1907). The province of functional psychology. Psychological Review, 14, pp. 61~91.

Aron, A., & Aron, E. N. (1986). Love and the expansion of self: Understanding attraction and satisfaction. New York: Hemisphere.

Aron, A., Aron, E. N., & Smollan, D. (1992). Inclusion of Other In the Self Scale and the structure of interpersonal closeness. Journal of Personality and Social Psychology, 63, pp. 596~612.

Aron, A., Aron, E. N., Tudor, M., & Nelson. G. (1991). Close relationships as including other in the self. Journal of Personality and Social Psychology, 60, pp. 241~253.

Aronson, E. (1988). Social animal (2nd ed.). New York: Freeman. (윤진 · 최상진 역, 『사회심리학』. 서울: 탐구당, 1990.)

Austin, W., & Hatfield, E. (1980). Equity theory, power, and social justice. In G. Mikula (Ed.), Justice and social interactions (pp. 25~61). New York: Springer-Verlag.

Backman, C. W. (1988). The self: A dialectical approach. In L. Berkowitz (Ed.), Advances in experimental social psychology (Vol. 21, pp. 229~260). New York: Academic Press.

Bain, A. (1868). The senses and the intellect (3rd ed.). New York: D. Appleton.

Bandura, A. (1977). Self-efficacy: Toward a unifying theory of behavioral change. Psychological Review, 84, pp. 191~215.

Bandura, A. (1978). The self system in reciprocal determinism. American Psychologist, 33, pp. 344~358.

Bandura, A. (1991). Social cognitive theory of self-regulation. Organizational Behavior and Human Decision Processes, 50, pp. 248~287.

Bandura, A. (1997). Self-efficacy: The exercise of control. New York: Freeman.

Bandura, A. (2000). Self-efficacy. In A. E. Kazdin (Ed.), Encyclopedia of psychology (Vol. 7, pp. 212~213). Washington, DC: American Psychological Association.

Barns, J. (1982). Aristotle. Oxford: Oxford Univeraity Press. (문계석 역. 『아리스토텔레스의 철학』. 서울: 서광사, 1989.)

Baron, R. A., & Byrne, D. (1997). Social psychology (8th ed.). Boston, MA: Allyn & Bacon.

Baumeister, R. F. (1986). Identity: Cultural change and the struggle for self. New York: Oxford University Press.

Baumeister, R. F. (1998). The self. In D. T. Gillbert, S. T. Fiske, & G. Lindzey (Eds.), The handbook of social psychology (4th ed., Vol. 1, pp. 680~740).

Boston, MA: McGraw-Hill.

Baumeister, R. F., Tice, D. M., & Hutton, D. G. (1989). Self-presentational motivations and personality differences in self-esteem. Journal of Personality, 57, pp. 547~579.

Berry, J. W., Poortinga, Y. H., Segall, M. H., & Dasen, P. R. (1992). Cross-cultural psychology: Research and applications. New York: Cambridge University Press.

Bharati, A. (1985). The self in Hindu thought and action. In A. J. Marsella, G. A. DeVos, & F. L. K. Hsu (Eds.), Culture and self: Asian and Western perspectives (pp. 185~230). New York: Tavistock.

Blau, P. M. (1964). Exchange and power in social life. New York: Wiley.

Bond, M. H., & Hwang, K. K. (1986). The social psychology of Chinese people. In M. H. Bond (Ed.), The psychology of Chinese people (pp. 213~266). New York: Oxford University Press.

Bordt, M. (1999). Platon. Freiburg: Verlag Herder. (한석환 역. 『철학자 플라톤』. 서울: 이학사, 2003.)

Boring, E. G. (1950). History of experimental psychlogy (2nd ed.). New York: Appleton-Century-Crofts.

Brandt, A. M., & Rozin, P. (Eds.) (1997). Morality and health. New York: Routledge.

Brehm, S. S. (1992). Intimate relationship (2nd ed.). New York: McGraw-Hill.

Brett, G. S. (1921). A history of psychology: Medieval and early modern period (Vol. 1~3). London: George Allen & Unwin.

Brewer, M. B., & Gardner, W. (1996). Who is this "we"? Levels of collective identity and self representations. Journal of Personality and Social Psychology, 71, pp. 83~93.

Brown, J. D. (1998). The self. Boston, MA: McGraw-Hill.

Burr, V. (2002). The person in social psychology. New York: Taylor & Francis.

Carver, C. S. (1979). A cybernetic model of self-attention processes. Journal of

Personality and Social Psychology, 37, pp. 1251~1281.

Carver, C. S., & Scheier, M. F. (1981). Attention and self-regulation: A control theory approach to human behavior. New York: Springer-Verlag.

Carver, C. S., & Scheier, M. F. (1982). Outcome expectancy, locus of attribution for expectancy, and self-directed attention as determinents of evaluations and performance. Journal of Experimental Social Psychology, 18, pp. 184~200.

Carver, C. S., & Scheier, M. F. (1990). Origins and functions of positive and negative affect: A control-process view. Psychological Review, 97, pp. 19~35.

Cattel, R. B. (1965). The scientific analysis of personality. Baltimore, MD: Penguin.

Child, I. L. (1968). Personality in culture. In E. F. Borgatta & W. W. Lambert (Eds.), Handbook of personality theory and research. Chicago, IL: Rand McNally.

Chinese Culture Connection (1987). Chinese values and the search for culture-free dimensions of culture. Journal of Cross-Cultural Psychology, 18, pp. 143~164.

Chiu, C., Hong, Y., & Dweck, C. S. (1997). Lay dispositionism and implicit theories of personality. Journal of Personality and Social Psychology, 73, pp. 19~30.

Choi, I. (2002). Who trusts fortune telling? Self-concept clarity and the Barnum effect. Unpublished manuscript, Seoul National University, Seoul, Korea.

Choi, I., & Choi, Y. (2002). Culture and self-concept flexibility. Personality and Social Psychology Bulletin, 28, pp. 1508~1517.

Choi, I., & Nisbett, R. E. (1998). Situational salience and cultural differences in the correspondence bias and actor-observer bias. Personality and Social Psychology Bulletin, 24, pp. 949~960.

Choi, I., & Nisbett, R. E. (2000). The cultural psychology of surprise: Holistic theories and recognition of contradiction. Journal of Personality and Social Psychology, 79, pp. 890~905.

Choi, I., Nisbett, R. E, & Norenzayan, A. (1999). Causal attribution across cultures:

Variation and universality. Psychological Bulletin, 125, pp. 47~63.

Chung, Y. E. (1994). Void and non-conscious processing. In G. Yoon & S. C. Choi (Eds.), Psychology of the Korean people: Collectivism and individualism (pp. 3~14). Seoul: Dong-A.

Cohen, R. L., & Greenberg, J. (1982). The justice concept in social psychology. In J. Greenberg & R. L. Cohen (Eds.), Equity and justice in social behavior (pp. 1~41). New York: Academic Press.

Comte, A. (1852). The positive polity. Vol. 2. (Transl. London: Longmans, Green, 1875.)

Constantian, C. A. (1981). Attitudes, beliefs, and behavior in regard to spending time alone. Unpublished doctoral dissertation, Harvard University, Cambridge, MA.

Cousins, S. (1989). Culture and selfhood in Japan and the U. S. Journal of Personality and Social Psychology, 56, pp. 124~131.

Cua, A. S. (1985). Ethical argumentation: A study in Hsün Tzu's moral epistemology. Honolulu, HI: University of Hawaii Press.

Davis, M. H., Conklin, L., Smith, A., & Luce, C. (1996). Effect of perspective taking on the cognitive representation of persons: A merging of self and other. Journal of Personality and Social Psychology, 70, pp. 713~726.

de Bary, Wm. T. (1983). The liberal tradition in China. New York: Columbia University Press. (표정훈 역. 『중국의 '자유' 전통』. 서울: 이산, 1998.)

Deutsch, M. (1975). Equity, equality and need: What determines which values will be used as the basis of distributive justice? Journal of Social Issues, 31, pp. 137~149.

DeVos, G. A., Marsella, A. J., & Hsu, F. L. K. (1985). Introduction: Approaches to culture and self. In A. J. Marsella, G. A. DeVos, & F. L. K. Hsu (Eds.), Culture and self: Asian and Western perspectives (pp. 2~23). New York: Tavistock.

Dickinson, G. L. (1967). The Greek view of life (4ch ed.). New York: Macmillan. (박만준 · 이준호 역. 『그리스인의 이상과 현실: 서양철학의 뿌리』. 서울: 서광사,

1989.)

Diener, E., & Diener, M. (1995). Cross-cultural correlates of life satisfaction and self-esteem. Journal of Personalty and Social Psychology, 68, pp. 653~663.

Diener, E., & Larsen, R. J. (1993). The experience of emotional well-being. In M. Lewis & J. M. Haviland (Eds.), Handbook of emotion (pp. 405~415). New York: Guilford.

Diener, E., Suh, E., Smith, H., & Shao, L. (1995). National and cultural difference in reported subjective well-being: Why do they occur? Social Indicators Research, 34, pp. 7~32.

Dollard, J., & Miller, N. E. (1950). Personality and psychotherapy. New York: McGraw-Hill.

Draguns, J. (1997). Abnormal behavior patterns across cultures: Implications for counseling and psychotherapy. International Journal of Intercultural Relations, 21, pp. 213~248.

Dubs, H. H. (1927). Hsüntze: The moulder of ancient Confucianism. London: Arthur Probsthain

Duffy, E. (1962). Activation and behavior. New York: Wiley.

Duval, T. S., & Wicklund, R. A. (1972). A theory of objective self-awareness. New York: Academic Press.

Dweck, C. S. (1991). Self-theories and goals: Their role in motivation, personality, and development. In R. A. Dienstbier (Ed.), Perspectives on motivation: Nebraska Symposium on Motivation, 1990 (pp. 199~235). Lincoln, NB: University of Nebraska Press.

Dweck, C. S., Hong, Y., & Chiu, C. (1993). Implicit theories: Individual differences in the likelihood and meaning of dispositional inference. Personality and Social Psychology Bulletin, 19, pp. 644~656.

Dweck, C. S., & Leggett, E. L. (1988). A social-cognitive approach to motivation and personality. Psychological Review, 95, pp. 256~273.

Edwards, W. (1954). The theory of decision-making. Psychological Bulletin, 51, pp. 380~417.

Ekeh, P. P. (1974). Social exchange theory: The two traditions. Cambridge, MA: Harvard University Press.

Elkin, H. (1965). The unconscious and integration of personality. The Review of Existential Psychology and Psychiatry, 5(2), pp. 176~189.

Emerson, R. M. (1992). Social exchange theory. In M. Rosenberg & R. H. Turner (Eds.), Social psychology: Sociological perspectives (pp. 30~65). New Brunswick, NJ: Transaction Publishers.

Erikson, E. H. (1959). Growth and crisis on the healthy personality. Psychological Issues, 1, pp. 50~100.

Erikson, E. H. (1963). Childhood and society (2nd ed.). New York: Norton. (윤진 · 김인경 역. 『아동기와 사회: 인간발달 8단계 이론』. 서울: 중앙적성출판사, 1988.)

Erikson, E. H. (1964). Insight and responsibility. New York: Norton.

Fay, J. W. (1939). American psychology before William James. New Brunswick, NJ: Rutgers University Press.

Fenigstein, A., & Levine, M. P. (1984). Self-attention, concept activation, and the causal self. Journal of Experimental Social Psychology, 20, pp. 231~245.

Fiske, A. P., Kitayama, S., Markus, H. R., & Nisbett, R. E. (1998). The cultural matrix of social psychology. In D. T. Gillbert, S. T. Fiske, & G. Lindzey (Eds.), The handbook of social psychology (4th ed., Vol. 2, pp. 915~981). Boston, MA: McGraw-Hill.

Fiske, S. T., & Taylor, S. E. (1991). Social cognition (2nd ed.). New York: McGraw-Hill.

Flavell, J. H. (1979). Metacognition and cognitive monitoring: A new area of psychological inquiry. American Psychologist, 34, pp. 906~911.

Franken, P. E. (1998). Human motivation (4th ed.). Pacific Grove, CA: Brooks/Cole.

Fromm, E. (1941). Escape from freedom. New York: Rinehart.

Fromm, E. (1947). Man for himself. London: Routledge.

Fromm, E. (1955). The sane society. New York: Rinehart.

Geen, R. G. (1995). Human motivation: A social psychological approach. Pacific Grove, CA: Brooks/Cole.

Geertz, C. (1975). On the nature of anthropological understanding. American Scientist, 63, pp. 47~53.

Gergen, K. J. (1973). Social psychology as history. Journal of Personality and Social Psychology, 26, pp. 309~320.

Gergen, K. J. (1982). Toward transformation in social knowledge. New York: Springer-Verlag.

Gergen, K. J. (1985). Social constructionist inquiry: Context and implications. In K. J. Gergen & K. E. Davis (Eds.), The social construction of the person (pp. 3~18). New York: Springer.

Gergen, K. J., Greenberg, M. S., & Willis, R. H. (1980). Introduction. In K. J. Gergen, M. S. Greenberg, & R. H. Willis (Eds.), Social exchange: Advances in theory and research (pp. vii~xi). New York: Plenum.

Gilligan, C. (1982). In a different voice: Psychological theory and woman's development. Cambridge, MA: Harvard University Press.

Gray, J. (1995). Liberalism. London: Open University Press. (손철성 역. 『자유주의』. 서울: 이후, 2007.)

Greenfield, P. M. (2000). Three approaches to the psychology of culture: Where do they come from? Where can they go? Asian Journal of Social Psychology, 3, pp. 223~240.

Guthrie, W. K. C. (1960). The Greek philosophers: From Thales to Aristotle. New York: Harper & Row. (박종현 역. 『희랍 철학 입문: 탈레스에서 아리스토텔레스까지』. 서울: 서광사, 2003.)

Hall, C. S., & Lindzey, G. (1978). Theories of personality (3rd ed.). New York: Wiley. (이상로 · 이관용 역. 『성격의 이론』. 서울: 중앙적성출판부, 1987.)

Hall, D. L, & Ames, R. (1995). Anticipating China: Thinking through the narratives of Chinese and Western cultures. Albany, NY: State University of

New York Press.

Hamilton, V. L., Blumenfeld, P. C., Akoh, H., & Miura, K. (1990). Credit and blame among American and Japanese children: Normative, cultural, and individual differences. Journal of Personality and Social Psychology, 59, pp. 442~451.

Hamilton, W. Sr. (1854). The collected works of Dugald Stewart (Vol 1~4). Edinburgh: Thomas Constable.

Harré, R. (1979). Social being. Oxford: Blackwell.

Harré, R. (1984). Personal being. Cambridge, MA: Harvard University Press.

Harré, R. & Secord, P. F. (1972). The explanation of social behaviour. Oxford: Blackwell.

Heath, A. (1976). Rational choice and social exchange: A critique of exchange theory. Cambridge, UK: Cambridge University Press.

Heider, F. (1958). The psychology of interpersonal relations. New York: Wiley.

Heine, S. J., Kitayama, S., Lehman, D. R., Takata, T., Ide, E., Leung, C., & Matsumoto, H. (2001). Divergent consequences of success and failure in Japan and North America: An investigation of self–improving motivations and malleable selves. Journal of Personality and Social Psychology, 81, pp. 599~615.

Heine, S. J., & Lehman, D. R. (1995). Cultural variation in unrealistic optimism: Does the West feel more invulnerable than the East? Journal of Personality and Social Psychology, 68, pp. 595~607.

Heine, S. J., & Lehman, D. R. (1997). The cultural construction of self–enhancement: An examination of group–serving biases. Journal of Personality and Social Psychology, 72, pp. 1268~1283.

Heine, S. J., Lehman, D. R., Markus, H. R., & Kitayama, S. (1999). Is there a universal need for positive self–regard? Psychological Review, 106, pp. 766~794.

Helson, H. (1948). Adaptation–level as a basis of quantitative theory of frames of reference. Psychological Review, 55, pp. 297~313.

Higgins, E. T. (1987). Self–discrepancy: A theory relating self and affect. Psychological Review, 94, pp. 319~340.

Higgins, E. T. (1989). Self–discrepancy theory: What patterns of self–beliefs cause people to suffer? In L. Berkowitz (Ed.), Advances in experimental social psychology (Vol. 22, pp. 93~136). New York: Academic Press.

Hilgard, E. R. (1980). The trilogy of mind: Cognition, affection, and conation. Journal of the History of the Behavioral Sciences, 16, pp. 107~117.

Hinkley, K., & Anderson, S. M. (1996). The working self–concept in transference: Significant–other activation and self change. Journal of Personality and Social Psychology, 71, pp. 1279~1295.

Hjelle, L. A., & Ziegler, D. J. (1981). Personality theories: Basic assumption, research, and applications (2nd ed.). New York: MaGraw–Hill. (이훈구 역. 『성격심리학』. 서울: 법문사, 1983.)

Höffe, O. (1994~1995). Klassiker der Philosophie (Vol 1~2). München: Beck'sche Verlagsbuchhandlung. (이강서 · 한석환 · 김태경 · 신창석 역. 『철학의 거장들』 1~4. 서울: 한길사, 2001.)

Hofstede, G. (1980). Culture's consequences: International differences in work–related values. Beverly Hills, CA: Sage.

Hofstede, G. (1991). Cultures and organizations: Software of the mind. London: McGraw–Hill. (차재호 · 나은영 역. 『세계의 문화와 조직』. 서울: 학지사, 1995.)

Hofstede, G. & Bond, M. H. (1988). The Confucius connection: From cultural roots to economic growth. Organizational Dynamics, 16, pp. 4~21.

Holloway, S. D. (1988). Concept of ability and effort in Japan and the United States. Review of Educational Research, 56, pp. 327~345.

Holton, R. J. (1998). Globalization and the nation–state. London: Macmillan.

Homans, G. C. (1961). Social behavior: Its elementary forms. New York: Harcourt, Brace, Jovanovich.

Homans, G. C. (1974). Social behavior: Its elementary forms (rev. ed.). New York:

Harcourt, Brace, Jovanovich.

Homans, G. C. (1982). Forword. In J. Greenberg & R. L. Cohen (Eds.), Equity and justice in social behavior (pp. xi~xvii). New York: Academic Press.

Hong, Y., Chiu, C., & Kung, T. M. (1997). Bringing culture out in front: Effects of cultural meaning system activation on social cognition. In K. Leung, U. Kim, S. Yamaguchi, & Y. Kashima (Eds.), Progress in Asian social psychology (Vol. 1, pp. 139~150). Singapore: Wiley.

Hsu, F. L. K. (1971). Psychological homeostasis and jen: Conceptual tools for advancing psychological anthropology. American Anthropologist, 73, pp. 23~44.

Hsu, F. L. K. (1985). The self in cross-cultural perspective. In A. J. Marsella, G. A. DeVos, & F. L. K. Hsu (Eds.), Culture and self: Asian and Western perspectives (pp. 24~55). New York: Tavistock.

Hui, C. H., & Triandis, H. C. (1986). Individualism and collectivism: A study of cross-cultural researchers. Journal of Cross-Cultural Psychology, 17, pp. 225~248.

James, W. (1890/1950). The principles of psychology. New York: Dover. (정양은 역. 『심리학의 원리』 I~III. 서울: 아카넷, 2005.)

Jenkins, J. H. (1994). Culture, emotion, and psychopathology. In S. Kitayama & H. R. Markus (Eds.), Emotion and culture: Empirical studies of mutual influence (pp. 307~335). Washington, DC: American Psychological Association.

Johnson, F. (1985). The Western concept of self. In A. J. Marsella, G. A. DeVos, & F. L. K. Hsu (Eds.), Culture and self: Asian and Western perspectives (pp. 91~138). New York: Tavistock.

Jones, E. E., & Gerard, H. B. (1967). Foundations of social psychology. New York: Wiley.

Jung, C. G. (1963). Zur Psychologie westlicher und östlicher Religion (G. W. Bd. 11). Zürich: Rasher Verlag.

Kanfer, F. H. (1970). Self-regulation: Research, issues, and speculations. In C. Neuringer & J. L. Michael (Eds.), Behavior modification in clinical psychology (pp. 178~220). New York: Appleton-Century-Crofts.

Kanfer, F. H. (1990). Motivation and individual differences in learning: An integration of developmental, differential, and cognitive perspectives. Learning and Individual Differences, 2, pp. 219~237.

Kanfer, F. H., & Goldfoot, D. A. (1966). Self-control and tolerance of noxious stimulation. Psychological Reports, 18, pp. 79~85.

Kant, I. (1888). The philosophy of Kant: As contained in extracts from his own writings (New ed.). Glasgow: Maclehose, Jackson. (Selected and Translated by J. Watson.)

Kelley, H. H. (1979). Personal relationships: Their structure and processes. Hillsdale, NJ: Erlbaum.

Kelley, H. H., & Thibaut, J. W. (1978). Interpersonal relations: A theory of interdependence. New York: Wiley

Kim, U. (2000). Indigenous, cultural, and cross-cultural psychology: A theoretical, conceptual, and epistemological analysis. Asian Journal of Social Psychology, 3, pp. 265~287.

King, A. Y. C. (1985). The individual and group in Confucianism: A relational perspective. In D. Munro (Ed.), Individualism and holism. Ann Arbor, MI: University of Michigan Press.

King, A. Y. C., & Bond, M. H. (1985). The Confucian paradigm of man: A sociological view. In W. S. Tseng & D. Y. H. Wu (Eds.), Chinese culture and mental health (pp. 29~46). New York: Academic Press.

Kitayama, S., & Markus, H. R. (Eds.) (1994). Emotion and culture: Empirical investigations of mutual influence. Washington, DC: American Psychological Association.

Kitayama, S., & Markus, H. R. (1995). Construal of self as cultural frame: Implications for internationalizing psychology. In N. R. Goldberger & J. B.

Veroff (Eds.), The culture and psychology reader (pp. 366~383). New York: New York University Press.

Kitayama, S., Markus, H. R., & Lieberman, C. (1995). The collective construction of self-esteem: Implications for culture, self and emotion. In J. Russel, J. Fernandez-Dols, T. Manstead, & J. Wellenkamp (Eds.), Everyday conceptions of emotion: An introduction to the psychology, anthropology, and linguistics of emotions (pp. 523~550). Dordrecht, Netherlands: Kluwer.

Kitayama, S., Markus, H. R., Matsumoto, H., & Norasakkunkit, V. (1997). Individual and collective processes of self-esteem management: Self-enhancement in the United States and self-criticism in Japan. Journal of Personality and Social Psychology, 72, pp. 1245~1267

Kohlberg, L. (1963). The development of children's orientation toward a moral order: I. Sequence in the development of moral thought. Vita Humana, 6, pp. 11~33.

Kohlberg, L. (1964). Development of moral character and moral ideology. In M. L. Hoffman & L. W. Hoffman (Eds.), Review of child development research (Vol. 1, pp. 383~431). New York: Russell Sage Foundation.

Kövecses, Z. (1990). Emotion concepts. New York: Springer-Verlag.

Kunda, Z. (1990). The case for motivated reasoning. Psychological Bulletin, 108, pp. 480~498.

Kunda, Z. (2000). Social cognition: Making sense of people. Cambridge, MA: MIT Press

Kwan, V. S. Y., Bond, M. H., & Singelis, T. M., (1997). Pancultural explanation for life satisfaction: Adding relationship harmony to self-esteem. Journal of Personality and Social Psychology, 73, pp. 1038~1051.

Langman, P. F. (1997). White culture, Jewish culture, and the origins of psychotherapy. Psychotherapy, 34, pp. 207~218.

Lawton, G. (1946). Aging successfully. New York: Columbia University Press.

Lazarus, R. S. (1982). Thoughts on the relations between emotion and cognition.

American Psychologist, 37, pp. 1019~1024.

Lazarus, R. S. (1984). On the primacy of cognition. American Psychologist, 39, pp. 124~129.

Lee, F., Hallahan, M., & Herzog, T. (1996). Explaining real–life events: How culture and domain shape attributions. Personality and Social Psychology Bulletin, 22, pp. 732~741.

Lefley, H. P. (1994). Mental health treatment and service delivery in cross–cultural perspective. In L. L. Adler & U. P. Gielen (Eds.), Cross–cultural topics in psychology (pp. 179~199). Westport, CT: Praeger.

Leventhal, G. S. (1976). The distribution of rewards and resources in groups and organizations. In L. Berkowitz & E. Walster (Eds.), Advances in experimental social psychology (Vol. 9, pp. 91~131). New York: Academic Press.

Lewin, K. (1935). A dynamic theory of personality. New York: McGraw–Hill.

Locke, E. A. (1968). Toward a theory of task motivation and incentives. Organizational Behavior and Human Performance, 3, pp. 157~189.

Locke, E. A. (1991). Goal theory versus control theory: Contrasting approach to understanding work motivation. Motivation and Emotion, 15, pp. 9~28.

Locke, E. A., & Latham, G. P. (1990). A theory of goal setting and task performance. Upper Sadle River, NJ: Prentice–Hall.

Locke, E. A., Shaw, K. N., Saari, L. M., & Latham, G. P. (1981). Goal setting and task performance: 1969~1980. Psychological Bulletin, 90, pp. 125~152.

Luce, R. D., & Raiffa, H. (1957). Games and decisions. New York: Wiley.

Lukes, S. (1973). Individualism. New York: Harper & Row.

Mandler, G. (2007). A history of modern experimental psychology: From James and Wundt to cognitive science. Cambridge, MA: The MIT Press.

Markus, H. R. (1977). Self–schemata and processing information about the self. Journal of Personality and Social Psychology, 35, pp. 63~78.

Markus, H. R., Cross, S., & Wurf, E. (1990). The role of the self–system in competence. In R. J. Sternberg & J. Kolligan, Jr. (Eds.), Competence considered (pp. 205~225). New Haven, CT: Yale University Press.

Markus, H. R., & Kitayama, S. (1991). Culture and the self: Implications for cognition, emotion, and motivation. Psychological Review, 98, pp. 224~253.

Markus, H. R., & Kitayama, S. (1994). A collective fear of the collective: Implications for selves and theories of selves. Personality and Social Psychology Bulletin, 20, pp. 568~579.

Markus, H. R., & Kunda, Z. (1986). Stability and malleability of the self-concept. Journal of Personality and Social Psychology, 51, pp. 858~866.

Markus, H. R., & Nurius, P. (1986). Possible selves. American Psychologist, 41, pp. 954~969.

Markus, H. R., & Ruvolvo, A. (1989). Possible selves: Personalized representations of goals. In L. A. Pervin (Ed.), Goal concepts in personality and social psychology (pp. 211~242). Hillsdale, NJ: Erlbaum.

Markus, H. R., & Wurf, E. (1987). The dynamic self-concept: A social psychological perspective. Annual Review of Psychology, 38, pp. 299~337.

Markus, H. R., & Zajonc, R. B. (1985). The cognitive perspective in social psychology. In G. Lindzey & E. Aronson (Eds.), Handbook of social psychology (3rd ed., Vol. 1, pp. 137~230). New York: Random House.

Marriott, M. (1976). Hindu transactions: Diversity without dualism. In B. Kapferer (Ed.), Transaction and meaning: Directions in the anthropology of exchange and symbolic behavior (pp. 109~143). Philadelphia, PA: Institute for the Study of Human Issues.

Marsella, A. J. (1979). Cross-cultural studies of mental disorders. In A. J. Marsella, K. Tharp, & T. Ciborowski (Eds.), Perspectives in cross-cultural psychology (pp. 233~262). New York: Academic Press.

Marsella, A. J. (1985). Culture, self, and mental disorder. In A. J. Marsella, G. DeVos, & F. L. K. Hsu (Eds.), Culture and self: Asian and Western perspectives (pp. 281~307). New York: Tavistock.

Maslow, A. H. (1954). Motivation and personality. New York: Happer & Row.

(2nd ed. in 1970.)

Maslow, A. H. (1962). Towards a psychology of being. New York: Van Nostrand. (2nd ed. in 1968.)

Maslow, A. H. (1967). A theory of metamotivation: The biological rooting of the value-life. Journal of Humanistic Psychology, 7, pp. 93~127.

Maslow, A. H. (1971). The farther reaches of human nature. New York: Viking.

Matsumoto, D. (2000). Culture and psychology: People around the world (2nd ed.). Belmont, CA: Wadsworth.

McClelland, D. C. (1985). How motives, skills, and values determine what people do. American Psychologist, 40, pp. 812~825.

McDougall, W. (1923). Outline of psychology. New York: Scribner.

Mead, G. H. (1934). Mind, self and society. Chicago, IL: University of Chicago Press.

Mikula, G. (1980). Introduction: Main issues in the psychological research on justice. In G. Mikula (Ed.), Justice and social interactions (pp. 13~23). New York: Springer-Verlag.

Miller, J. G. (1984). Culture and the development of everyday social explanation. Journal of Personality and Social Psychology, 46, pp. 961~978.

Miller, J. G. (1991). A cultural perspective on the morality of beneficence and interpersonal responsibility. International and Intercultural Communication Annual, 15, pp. 11~23.

Miller, J. G. (1994). Cultural diversity in the morality of caring: Individually-oriented versus duty-based interpersonal moral codes. Cross-Cultural Research, 28, pp. 3~39.

Miller, J. G. (1997). Cultural conceptions of duty. In D. Munro, J. F. Schumaker, & S. C. Carr (Eds.), Motivation and culture (pp. 178~192). New York: Routledge.

Miller, J. G., & Bersoff, D. M. (1992). Cultural and moral judgement: How are conflicts between justice and interpersonal responsibilities resolved? Journal of Personality and Social Psychology, 62, pp. 541~554.

Miller, J. G., & Bersoff, D. M. (1994). Cultural influences on the moral status of reciprocity and the discounting of endogenous motivation. Personality and Social Psychology Bulletin, 20, pp. 592~602.

Miller, J. G., Bersoff, D. M., & Harwood, R. L. (1990). Perceptions of social responsibilities in India and the United States: Moral imperatives or personal decision? Journal of Personality and Social Psychology, 58, pp. 33~47.

Miller, J. G., & Luthar, S. (1989). Issues of interpersonal responsibility and accountability: A comparison of Indians' and Americans' moral judgement. Social Cognition, 3, pp. 237~261.

Miller, N. E., & Dollard, J. (1941). Social learning and imitation. New Haven, CT: Yale University Press.

Mischel, W. (1981). Metacognition and the rules of delay. In J. H. Flavell & L. Ross (Eds.), Social cognitive development: Frontiers and possible futures (pp. 240~271). New York: Cambridge University Press.

Mischel, W. (1983). Delay of gratification as process and as person variable in development. In D. Magnusson & V. P. Allen (Eds.), Interactions in human development (pp. 61~93). New York: Academic Press.

Moscovici, S. (1981). On social representation. In J. P. Forgas (Ed.), Social cognition: Perspectives on everyday understanding (pp. 181~209). London: Academic Press.

Moscovici, S. (1984). The phenomenon of social representations. In R. M. Farr & S. Moscovici (Eds.), Social representations (pp. 3~69). Cambridge, UK: Cambridge University Press.

Needham, J. (1969). Science and civilization in China (3 Vols.). Cambridge, UK: Cambridge University Press. (이석호 · 이철주 · 임정대 역. 『중국의 과학과 문명』. 서울: 을유문화사, 1986.)

Nisbett, R. E. (2003). The geography of thought: How Asians and Westerners think differently and why. New York: Free Press. (최인철 역. 『생각의 지도』. 서울:

김영사, 2004.)

Nisbett, R. E., Peng, K., Choi, I., & Norenzayan, A. (2001). Culture and systems of thought: Holistic vs. analytic cognition. Psychological Review, 108, pp. 291~310.

Norenzayan, A, Choi, I., & Nisbett, R. E. (2002). Cultural similarities and differences in social inference: Evidence from behavioral predictions and lay theories of behavior. Personality and Social Psychology Bulletin, 28, pp. 109~120.

Nunner-Winkler, G. (1984). Two moralities? A critical discussion of an ethics of care and responsiblility versus an ethics of rights and justice. In W. M. Kurtines & J. L. Gerwitz (Eds.), Morality, moral behavior and moral developments (pp. 348~361). New York: Wiley.

Nuttin, J. (1984). Motivation, planning, and action: A relational theory of behavior dynamics. Hillsdale, NJ: Erlbaum.

Parkinson, B., & Colman, A. M. (1995). Introduction. In B. Parkinson & A. W. Colman (Eds.), Emotion and motivation (pp. xi~xvi). London: Longman

Patterson, C. J., & Mischel, W. (1976). Effects of Temptation-inhibiting and task-facilitating plans on self-control. Journal of Personality and Social Psychology, 33, pp. 209~217.

Pervin, L. A. (1996). The science of personality. New York: Wiley.

Petri, H. L. (1996). Motivation: Theory, research, and applications (4th ed.). Pacific Grove, CA: Brooks/Cole.

Phares, E. J. (1984). Introduction to personality. Glenview, IL: Scott, Foresman & Co. (홍숙기 역. 『성격심리학』. 서울: 박영사, 1989.)

Piaget, J. (1926). The language and thought of the child. New York: Harcourt Brace.

Piaget, J. (1932). The moral judgement of the child. (tr. by M. Gabain, New York: Free Press, 1965.)

Pittman, T. S. (1998). Motivation. In D. T. Gilbert, S. T. Fiske, & G. Lindzey (Eds.),

The handbook of social psychology (4th ed., Vol. 1, pp. 549~590). Boston, MA: McGraw-Hill.

Raven, B. H., & Rubin, J. Z. (1983). Social psychology (2nd ed.). New York: Wiley.

Rawls, J. (1971). A theory of justice. Cambridge, MA: The Belknap Press.

Ricken, F. (1988). Philosophie der Antike. Berlin: Verlag W. Kohlhammer GmbH. (김성진 역. 『고대 그리스 철학』. 서울: 서광사, 2000.)

Riesman, D., Glazer, N., & Denney, R. (1950). The lonely crowd: A study of the changing American character. New Haven, CT: Yale University Press.

Roback, A. A. (1964). A history of American psychology (rev. ed.). New York: Collier.

Robinson, D. R. (1976). An intellectual history of psychology. New York: Macmillan.

Rogers, C. R. (1951). Clint-centered therapy: Its current practice, implications, and theory. Boston, MA: Houghton Mifflin.

Rogers, C. R. (1959). A theory of therapy, personality, and interpersonal relations, as developed in the client-centered framework. In S. Koh (Ed.), Psychology: A study of a science (Vol. 3). New York: McGaw-Hill.

Rogers, C. R. (1961). On becoming a person. Boston, MA: Houghton Mifflin.

Rosenberg, M. & Turner, R. H. (Eds.) (1992). Social psychology: Sociological perspectives. New Brunswick, NJ: Transaction Publishers.

Ross, L. (1977). The intuitive psychologist and his shortcomings: Distortions in the attribution process. In L. Berkowitz (Ed.), Advances in experimental social psychology (Vol. 10, pp. 174~220). New York: Academic Press.

Ross, L., & Nisbett, R. E. (1991). The person and the situation: Perspectives of social psychology. New York: McGraw-Hill.

Rothbaum, F., Weisz, J. R., & Snyder, S. S. (1982). Changing the world and changing the self: A two-process model of perceived control. Journal of Personality and Social Psychology, 42, pp. 5~37.

Russell, B. (1959). Wisdom of the West: A historical survey of Western philosophy in its social and political setting. London: Crescent Books. (이명수 · 곽강제 역. 『서양의 지혜: 그림과 함께 보는 서양철학사』. 서울: 서광사, 2003.)

Sampson, E. E. (1977). Psychology and the American ideal. Journal of Personality and Social Psychology, 32, pp. 762~782.

Sampson, E. E. (1983). Justice and the critique of pure psychology. New York: Plenum.

Sampson, E. E. (1989). The challenge of social change for psychology: Globalization and psychology's theory of the person. American Psychologist, 44, pp. 914~921.

Schank, R. C., & Abelson, R. P. (1977). Scripts, plans, goals, and understanding: An inquiry into human knowledge structure. Hillsdale, NJ: Erlbaum.

Scheier, M. F., & Carver, C. S. (1988). A model of behavioral self-regulation: Translating intention into action. In L. Berkowitz (Ed.), Advances in experimental social psychology (Vol. 21, pp. 303~346). New York: Academic Press.

Scheler, M. (1928). Die Stellung des Menschen im Kosmos. Darmstadt.

Schlenker, B. R. (1985). Identity and self-identification. In B. R. Schlenker (Ed.), The self and social life (pp. 65~99). New York: McGraw-Hill.

Schlenker, B. R., & Weigold, M. F. (1989). Self-identification and accountability. In R. A. Giacalone & P. Rosenfeld (Eds.), Impression management in the organization (pp. 21~43). Hillsdale, NJ: Erlbaum.

Schwinger, T. (1980). Just allocation of goods: Decisions among three principles. In G. Mikula (Ed.), Justice and social interactions (pp. 95~125). New York: Springer-Verlag.

Sedikides, C., Gaertner, L., & Toguchi, Y. (2003). Pancultural self-enhancement. Journal of Personality and Social Psychology, 84, pp. 60~79.

Sedikides, C., Gaertner, L., & Vevea, J. L. (2005). Pancultural self-enhancement reloaded: A meta-analytic reply. Journal of Personality and Social Psychology, 89, pp. 539~551.

Sedikides, C., & Skowronski, J. J. (2000). On the evolutionary functions of the symbolic self: The emergence of self-evaluation motives. In A. Tesser, R. Felson, & J. Suls (Eds.), Psychological perspectives on self and identity (pp. 91~117). Washington, DC: American Psychological Association.

Sedikides, C., & Skowronski, J. J. (2002). Evolution of the self: Issues and prospects. In M. R. Reary & J. P. Tangney (Eds.), Handbook of self and identity (pp. 594~609). New York: Guilford.

Seeman, J. (1959). Toward a concept of personality integration. American Psychologist, 14, pp. 633~637.

Seligman, M. E. P. (1975). Helplessness: On depression, development, and death. San Francisco, CA: Freeman. (윤진 · 조긍호 역. 『무기력의 심리』. 서울: 탐구당, 1983.)

Shaffer, J. S. (1981). Philosophy of mind. New York: Prentice-Hall. (조승옥 역. 『심리철학』. 서울: 종로서적, 1983.)

Shaw, M. E., & Constanzo, P. R. (1982). Theories of social psychology (2nd ed.). New York: McGraw-Hill. (홍대식 역. 『사회심리학이론』. 서울: 박영사, 1985.)

Shweder, R. A., Much, N. C., Mahapatra, M., & Park, L. (1997). The "big three" of morality (autonomy, community, divinity), and the "big three" explanations of suffering. In A. Brandt & P. Rozin (Eds.), Morality and health (pp. 119~169). New York: Routlege.

Smith, E. R., & Henry, S. (1996). An in-group becomes part of the self: Response time evidence. Personality and Social Psychology Bulletin, 22, pp. 635~642.

Sternberg, R. J. (1984). Toward a triarchic theory of human intelligence. Behavior and Brain Sciences, 7, pp. 269~315.

Stevenson, H. W., & Stigler, J. W.(1992). The learning gap. New York: Summit Books.

Suh, E., & Diener, E. (1995). Subjective well-being: Issue for cross-cultural research. 한국심리학회 편, 『삶의 질의 심리학』 (pp. 147~165). 서울: 한국심리학회.

Swann, W. B., Jr. (1983). Self-verification: Bringing social reality into harmony with the self. In J. Suls & A. G. Greenwald (Eds.), Psychological perspectives on the self (Vol. 2, pp. 33~66). Hillsdale, NJ: Erlbaum.

Taylor, C. (1989). Soures of the self: The making of modern identities. Cambridge, MA: Harvard University Press.

Taylor, S. E., & Brown, J. D. (1988). Illusion and well-being: A social psychological perspective on mental health. Psychological Bulletin, 103, pp. 193~210.

Taylor, S. E., Peplau, L. A., & Sears, D. O. (2003). Social psychology (11th ed.). Upper Saddle River, NJ: Prentice-Hall. (8th, 9th, 10th eds. in 1994, 1997, 2000 respectively.)

Tesser, A. (1988). Toward a self-evaluation maintenance model of social behavior. In L. Berkowitz (Ed.), Advances in experimental social psychology (Vol. 21, pp. 181~227). San Diego, CA: Academic Press.

Thibaut, J. W., & Kelly, H. H. (1959). The social psychology of groups. New York: Wiley.

Thibaut, J. W., & Kelly, H. H. (1986). The social psychology of groups: With a new introduction by the authors (Transantion ed.). New Brunswick, NJ: Transaction Books.

Tomkins, S. S. (1981). The quest for primary motives: Biography and autobiography of an idea. Journal of Personality and Social Psychology, 41, pp. 306~329.

Toulmin, S. (1990). Cosmopolis: The hidden agenda of modernity. New York: Free Press. (이종흡 역. 『코스모폴리스: 근대의 숨은 이야깃거리들』. 마산: 경남대학교 출판부, 1997.)

Triandis, H. C. (1989). The self and social behavior in differing cultural contexts. Psychological Review, 96, pp. 506~520.

Triandis, H. C. (1990). Cross-cultural studies of individualism and collectivism. In J. J. Berman (Ed.), Cross-cultural perspectives: Nebraska Symposium on

Motivation, 1989 (pp. 41~133). Lincoln, NB: University of Nebraska Press.

Triandis, H. C. (1995). Individualism and collectivism. Boulder, CO: Westview.

Trope, Y. (1979). Uncertainty-reducing properties of achievement tasks. Journal of Personality and Social Psychology, 37, pp. 1505~1518.

Trope, Y. (1983). Self-assessment in achievement behavior. In J. M. Suls & A. G. Greenwald (Eds.), Psychological perspectives on the self (Vol. 2, pp. 93~122). Hillsdale, NJ: Erlbaum.

Tu, Wei-Ming (1985). Selfhood and otherness in Confucian thought. In A. J. Marsella, G. A. DeVos, & F. L. K. Hsu (Eds.), Culture and self: Asian and Western perspectives (pp. 231~251). New York: Tavistock.

Tu, Wei-Ming (1996). Confucian tradition in East Asian modernity. Cambridge, MA: Harvard University Press.

Walster, E. E., Berscheid, E., & Walster, G. W. (1976). New directions in equity research. In L. Berkowitz & E. Walster (Eds.), Advances in experimental social psychology (Vol. 9, pp. 1~42). New York: Academic Press.

Walster, E. E., & Walster, G. W. (1975). Equity and social justice: An essay. Journal of Social Issues, 31, pp. 21~43.

Walster, E. E., Walster, G. W., & Berscheid, E. (1978). Equity: Theory and research. Boston, MA: Allyn & Bacon.

Warren, H. C. (1906). The fundamental functions of consciousness. Psychological Bulletin, 3, pp. 215~230.

Watson, J. B. (1913). Psychology as the behaviorist views it. Psychological Review, 20, pp. 158~177.

Weiner, B. (1974). Cognitive views of human motivation. New York: Academic Press.

Weisz, J. R., Rothbaum, F. M., & Blackburn, T. C. (1984). Standing out and standing in: The psychology of control in America and Japan. American Psychologist, 39, pp. 955~969.

Wesley, F. (1972). History of psychology. In H. J. Eysenck, W. Arnold, & R. Meili

(Eds.), Encyclopedia of psychology (Vol. 2, pp. 57~63). London: Search Press.

White, G. M. (1993). Emotions inside out: The anthropology of affect. In M. Lewis & J. M. Haviland (Eds.), Handbook of emotions (pp. 29~39). New York: Guilford.

Wicklund, R. A. (1975). Objective self–awareness. In L. Berkowitz (Ed.), Advances in experimental social psychology (Vol. 8, pp. 233~275). New York: Academic Press.

Wilson, S. R. (1997). Self–actualization and culture. In D. Munro, J. F. Schumaker, & S. C. Carr (Eds.), Motivation and culture (pp. 85~96). New York: Routledge.

Wurf, E., & Markus, H. R. (1991). Possible selves and the psychology of personal growth. In D. Ozer, A. Stewart, & J. Healey (Eds.), Perspectives on personality: Theory, research and interpersonal dynamics (Vol. 3, pp. 39~62). Greenwich, CT: JAI Press.

Yang, K. S. (2000). Monocultural and cross–cultural indigenous approaches: The royal road to the development of a balanced global psychology. Asian Journal of Social Psychology, 3, pp. 241~263.

Zajonc, R. B. (1980). Feeling and thinking: Preferences need no inferences. American Psychologist, 35, pp. 151~175.

Zajonc, R. B. (1984). On the primacy of affect. American Psychologist, 39, pp. 117~123.

Zajonc, R. B. (1998). Emotion. In D. T. Gilbert, S. T. Fiske, & G. Lindzey (Eds.), The handbook of social psychology (4th ed., Vol. 1, pp. 591~632). Boston, MA: McGraw–Hill.

사항

ㄹ

ㅁ

ㅅ

ㅇ

ㅈ

ㅋ

ㅌ

인명
(국문 · 한문)

(구미 어문)

고전
(장 · 쪽)

「孟子」

『荀子』